中国产业研究报告·物流与采购

·中国物流与采购联合会系列报告·

中国物流发展报告

中国物流与采购联合会
China Federation of Logistics & Purchasing
中国物流学会
China Society of Logistics

China Logistics Development Report (2017—2018)

中国财富出版社
China Fortune Press

图书在版编目（CIP）数据

中国物流发展报告．2017—2018 / 中国物流与采购联合会，中国物流学会编．—北京：中国财富出版社，2018.9

ISBN 978 - 7 - 5047 - 6759 - 2

Ⅰ．①中…　Ⅱ．①中…　②中…　Ⅲ．①物流—经济发展—研究报告—中国—2017—2018　Ⅳ．①F259.22

中国版本图书馆 CIP 数据核字（2018）第 218840 号

策划编辑　惠　婳　　**责任编辑**　邢有涛　马　铭

责任印制　尚立业　　**责任校对**　孙会香　张营营　　**责任发行**　敬　东

出版发行　中国财富出版社

社　　址　北京市丰台区南四环西路 188 号 5 区 20 楼　　**邮政编码**　100070

电　　话　010 - 52227588 转 2048/2028（发行部）　　010 - 52227588 转 321（总编室）

010 - 68589540（读者服务部）　　010 - 52227588 转 305（质检部）

网　　址　http：//www. cfpress. com. cn

经　　销　新华书店

印　　刷　北京京都六环印刷厂

书　　号　ISBN 978 - 7 - 5047 - 6759 - 2/F · 2942

开　　本　787mm × 1092mm　1/16　　**版　　次**　2018 年 9 月第 1 版

印　　张　34. 25　　**印　　次**　2018 年 9 月第 1 次印刷

字　　数　689 千字　　**定　　价**　160. 00 元

《中国物流发展报告》(2017—2018)

编　委　会

《中国物流发展报告》（2017—2018）

特约撰稿人

（按姓氏拼音排序）

曹允春　中国民航大学临空经济研究中心主任
陈悠超　上海国际航运研究中心航运研究室
邓　淼　中国物流与采购联合会医药物流分会医药物流研究中心主任
冯耕中　西安交通大学管理学院院长、教授、博士生导师
龚　英　重庆工商大学物流与电子商务研究室主任、教授
郭肇明　中国物流与采购联合会教育培训部主任
韩永生　天津科技大学物流工程系教授
侯海云　鞍钢股份有限公司物流管理中心副总经理
黄定政　国防大学联合勤务学院讲师
李红梅　中国物流与采购联合会标准化工作部主任
李倩雯　上海国际航运研究中心国内航运研究室
李勇昭　中储发展股份有限公司副总经理、中国物资储运协会会长
刘伟华　天津大学管理与经济学部教授、博导
刘宇航　中国物流与采购联合会危化品物流分会秘书长
梅赞宾　中国国际货运代理协会副秘书长
秦玉鸣　中国物流与采购联合会冷链物流专业委员会秘书长
邵　斐　上海国际航运研究中心国际航运研究室航运市场分析师
孙熙军　中国物流与采购联合会托盘专业委员会副秘书长
田　征　大连海事大学教授
万　莹　中国物流与采购联合会电商物流与快递分会秘书长
王继祥　《物流技术与应用》杂志常务副主编
吴志华　南京财经大学营销与物流管理学院副院长、教授、博士生导师
肖和森　中国物流与采购联合会物流金融专业委员会副会长
徐　勇　快递物流咨询网首席顾问
晏庆华　中国物流与采购联合会网络事业部主任

张晋姝　中国物流与采购联合会汽车物流分会秘书长助理兼研究中心主任
张晓东　北京交通大学交通运输学院副教授
张永锋　上海国际航运研究中心国际航运研究室副主任
赵　楠　上海国际航运研究中心秘书长助理、港口研究室主任
郑静文　上海国际航运研究中心国际航运研究室
周志成　中国物流与采购联合会研究室主任

《中国物流发展报告》（2017—2018）

编 辑 人 员

主　　编：贺登才
副 主 编：周志成

联系方式：

中国物流与采购联合会研究室：010－58566588 转 135
网　　址：中国物流与采购网（www. chinawuliu. com. cn）
电子信箱：zhouzhicheng56@ vip. 163. com

推动物流高质量发展　努力建设“物流强国”

——2017 年我国物流业发展回顾与展望（代前言）

2017 年，在以习近平同志为核心的党中央坚强领导下，我国国民经济稳中有进、持续向好，全年国内生产总值（GDP）实现 82.7 万亿元，比上年增长 6.9%；中国制造业采购经理指数（PMI）连续 15 个月保持在 51% 以上的较高水平；经济发展的稳定性、协调性和可持续性明显增强。

过去的一年，我国物流业全面贯彻落实党中央、国务院决策部署，坚持稳中求进工作总基调，贯彻新发展理念，以供给侧结构性改革为主线，推动结构优化、动力转换和质量提升，主要指标稳中向好、提质增效，实现了平稳健康发展。

一、2017 年我国物流业发展回顾

（一）总体运行平稳健康

物流需求持续增长。全年社会物流总额 252.8 万亿元，按可比价计算，同比增长 6.7%；社会物流总费用 12.1 万亿元，同比增长 9.2%；全国货运量 479 亿吨，同比增长 9.3%。中国沿海散货运价指数呈逐月上涨态势，全年均值 1148 点，较上年上涨 25.1%。

物流运行质量稳步提升。社会物流总费用与 GDP 的比率从 2015 年的 16%、2016 年的 14.9%，进一步下降到 2017 年的 14.6%；全年物流业总收入 8.8 万亿元，同比增长 11.5%；2017 年 12 月中国物流景气指数达 56.6%，全年始终保持在 50% 以上的景气区间，全年均值为 55.3%。

（二）结构调整趋于优化

消费成为物流需求增长的重要推动力。单位与居民物品物流总

额同比增长 29.9%。消费物流中的电商物流增势明显，中国电商物流指数中的总业务量指数全年均值为 143.4。电商物流带动快递业务加速扩张，12 月中国快递物流指数为 106.3%；全年快递业务量约 401 亿件，同比增长 28%。冷链物流成为吸引社会投资的热点，全国冷库总容量可达 4775 万吨。与消费相关的快速消费品、医药、汽车、服装等细分市场增势良好。

工业制造业物流仍然是物流需求的主要来源。全年工业品物流总额 235 万亿元，按可比价计算，同比增长 6.6%，占社会物流总额的 93.0%。工业品物流中的高技术产业、装备制造业等物流需求增长较快，高耗能产品、大宗商品物流需求延续回落走势。

运输结构调整见效。多式联运上升为国家战略，交通运输部、国家发展和改革委员会（以下简称国家发展改革委）先后确定了两批，共 46 个示范项目。首批 16 个示范工程企业累计开行示范线路 140 余条，完成集装箱多式联运量 60 万 TEU（标准箱）。2014 年以来，重点港口集装箱铁水联运量年均增长 16.8%。《“十三五”铁路集装箱多式联运发展规划》发布，铁路集装箱日均装车量占比超过 10%。国家铁路全年货物发送量约 29.2 亿吨，较上年增长 10.1%。全年重型卡车销量首次突破 100 万辆，车辆大型化、标准化、现代化步伐加快。全国四批共 209 个甩挂运输试点项目深入推进，试点企业货运车辆平均里程利用率超过 80%。挂车租赁、卡车航班、大车队等新模式试水，中物联公路货运分会组织“星级车队”评选。星级车队所有入网车辆月均行驶里程 9599.5 公里，重型牵引车月均行驶里程达 1.1 万多公里，运输效率稳步提升。

（三）资本和科技助推物流升级

多支物流产业基金上市，物流企业“扎堆”进入证券市场。全年有 8 家物流企业跻身国内主板，5 家在境外上市，45 家登陆“新三板”。上市企业加大网络建设、设备购置和基础设施投资力度，增强自身实力。企业兼并重组活动渐趋活跃；中国远洋海运集团收购东方海外，中国外运长航集团和招商局集团完成战略重组，铁路总公司 18 个铁路局完成公司制改革，东航物流“混改”启动，普洛斯完成私有化，海航收购扩充物流板块，顺丰控股与UPS（美国联合包裹服务公司）成立合资公司等。

科技引领未来。我国已有超过500万辆载重货车安装了北斗定位装置，智能快件箱超过19万组，还有大量托盘、智能柜、货物接入互联网。交通运输部组织的首批283家无车承运人试点企业平均整合运力近2000辆，平均等货时间缩短，车辆月均行驶里程提高，司机收入增加，传统货运交易成本有效降低。国家发展改革委开展骨干物流信息平台试点，规范和引领“互联网+高效物流”发展。如易流科技打造易流云平台，推动线下物流在线化。全行业以设施互联、人员互联、信息互联带动物流互联，“互联网+高效物流”成效显著。

科技和资本助推企业提质增效，做大做强。“中国物流企业50强”主营业务收入达8300亿元，进入“门槛”提至28.5亿元，市场集中度进一步提高。按照国家标准评审认定的A级物流企业近5000家，一批综合实力强、引领行业发展的标杆型物流企业不断涌现。

（四）新旧动能加快转换

理念创新引领发展。海尔集团提出“人单合一”概念，推动内部“自组织、自驱动”小微创业。菜鸟网络推动“新物流”模式，提出大数据、智能和协同，服务新零售战略。京东物流提出“下一代物流”的概念，将主要呈现短链、智慧和共生三大特征。国家发展改革委、商务部委托中国物流与采购联合会（以下简称中物联）评选认定首批10家智能化仓储物流示范基地。

人工智能为物流赋能。国务院印发《新一代人工智能发展规划》（国发〔2017〕35号），要求大力发展“智能物流”。如无人仓、无人港、无人机、无人驾驶、物流机器人等一批国际领先技术试验应用，全球最大自动化码头上海洋山港四期开港试运营，京东首个全流程无人仓投入使用，顺丰建设大型物流无人机总部基地，菜鸟网络将在雄安新区建设“智慧物流未来中心”，圆通牵头设立物流领域首个国家工程实验室。

现代供应链创新应用。2017年，《国务院办公厅关于积极推进供应链创新与应用的指导意见》（国办发〔2017〕84号）的印发，标志着现代供应链创新应用进入新阶段。海尔、华为、怡亚通等代表性企业强化供应链服务；宝供、南方、远成、德利得、佳怡等物流企业向供应链企业转型；物流领域互联网与供应链深度融合，服务模式正在由链主主导型向平台服务型、智慧供应链“生态圈”转型发展。

共享众包服务升级。继苏宁物流、菜鸟网络之后，京东物流实现独立运营，平台开放。神华货车驮背运输探索多式联运新路径，狮桥物流“超级大车队”集中优质运力资源，东方驿站、中集挂车帮等助推甩挂运输发展，地上铁、熊猫新能源等推广绿色新能源车，日日顺物流搭建“车小微”开放式创业平台，中铁快运联手顺丰速运推出“高铁极速达”“高铁顺手寄”服务产品。运满满、货车帮、天地汇、福佑卡车、中储智运、正广通等平台型企业线上线下增值服务延伸。美团外卖、饿了么以及点对点直达的闪送物流等即时生活物流服务进入千家万户。

（五）综合运输体系加速成网

“五纵五横”综合运输大通道基本贯通。截至2017年年底，全国铁路营业里程达12.7万公里，其中高铁营业里程为2.5万公里，占世界总量的66.3%；公路总里程为477.35万公里，其中高速公路里程为13.6万公里，覆盖全国97%的20万以上人口城市及地级行政中心；港口万吨级以上泊位达2366个，通江达海、干支衔接的航道网络进一步完善；民航运输机场发展到229个，覆盖全国88.5%的地市。规模为全球第四、亚洲第一，以顺丰航空为主的湖北国际物流核心枢纽开工建设。

物流网络“节点”加快布局。我国各类物流园区超过1200家，园区平台化、网络化、智慧化初步显现。传化物流打造覆盖全国的“传化网”，卡行天下枢纽达到200家。由中物联牵头，林安物流等17家网络化经营的物流园区发起建设互联互通服务平台“百驿网”。万科地产、普洛斯、深赤湾、平安银行等加大物流地产投入。

德邦物流、安能物流、“三通一达”等服务网点不断下沉，编织城乡一体化服务网络。粤港澳大湾区建设规则写入政府报告，有望协同共建世界级港口群。中欧班列连接“一带一路”沿线国家，已累计开行6235列，其中2017年开行3271列。

（六）政策环境持续改善

《国务院办公厅关于进一步推进物流降本增效　促进实体经济发展的意见》（国办发〔2017〕73号）提出27条具体政策措施。大件运输联网审批、年检和年审“两检合并”、规范公路执法、减费清税等政策正在落实。交通运输部牵头促进道路货运行业健康稳定发展，提出降本减负10件实事。车辆异地年审、驾驶员异地考核提上日程。国家发展改革委等20个部门签署对严重违法失信主体联合惩戒备忘录，首批270家“黑名单”公布。工业和信息化部开展服务型制造试点，提升工业物流发展水平。国家税务总局、交通运输部连续发文，破解道路运输企业“营改增”后遇到的问题。国家质检总局联合11部门出台《关于推动物流服务质量提升工作的指导意见》，扩大高质量物流服务供给等。随着“放管服”改革深入推进，制约行业发展的制度环境逐步好转。

总体来看，我国物流业许多指标已排在世界前列，论规模已成为全球“物流大国”。但必须清醒地认识到，我国物流运行质量和效率不高、服务供给能力不强、基础设施联通不够、创新能力不足等问题依然存在，发展不平衡、不充分的矛盾比较突出，体制政策环境有待进一步改善。传统的以数量规模、要素驱动的粗放发展方式难以为继，距离人民日益增长的美好生活对物流服务的需求，以及“物流强国”的建设目标还有很长的路要走。

二、今后一个时期我国物流业发展展望

党的十九大开启了中国特色社会主义建设的新时代，确定了全面建设社会主义现代化强国的新目标。物流业作为支撑国民经济发展的基础性、战略性、先导性产业，是社会主义现代化强国的必备

条件。我们要充分认识新时代对物流业发展提出的新要求，把建设“物流强国”作为战略目标，把高质量发展作为实现途径。要着力解决物流发展不平衡、不充分问题，带动和引领关联产业转型升级，更好地满足现代化经济体系建设和人民日益增长的物流服务需求，从整体上促进我国由“物流大国”向“物流强国”迈进。今后一个时期，以下几个方面应该引起高度重视。

一要从规模数量向效率提升转变，推动效率变革。当前，我国物流效率相对于发达国家仍有一定差距，降本增效仍然是工作重点。未来一段时期，优化经济结构、提升物流运作水平、降低制度性交易成本将是降本增效的重要途径。物流企业应把现代供应链创新应用与相关产业深度融合，将提升物流运作效率作为主攻方向。争取经过3~5年的努力，使我国社会物流总费用与GDP的比率再降低1~2个百分点。

二要大力发展智慧物流，推动动力变革。当前，新一轮科技革命和产业变革形成势头，互联网与物流业深度融合，智慧物流蓬勃发展。未来一段时期，物联网、云计算、大数据、区块链等新一代信息技术将进入成熟期，全面连接的物流互联网将加快形成，“万物互联”呈指数级增长。物流数字化、在线化、可视化成为常态，人工智能快速迭代，“智能革命”将重塑物流行业新生态。

三要创新应用现代供应链，推动质量变革。随着经济转向高质量发展，产业升级与消费升级、服务经济与体验经济均对物流服务方式和质量提出了新的要求。物流业与上下游制造、商贸企业深度融合，需要延伸产业链、优化供应链、提升价值链。互联网与供应链融合的智慧供应链将成为下一轮竞争的焦点，有望形成一批上下游协同、智能化连接、面向全球的现代供应链示范企业和服务平台。

四要加强物流基础设施网络建设，发挥协同效应。党的十九大报告明确提出：加强水利、铁路、公路、水运、航空、管道、电网、信息、物流等基础设施网络建设。要促进各种运输方式合理分工，“线路”与“节点”衔接配套，实现全程物流“一单到底”，无缝对接。要推动物流园区、配送中心、末端网点等多级物流网络与综合运输体系互联互通。实施重点通道联通工程和延伸工程，打造国际、国内物流大通道，建成一批具有战略意义的国家物流枢纽，统筹推进国际性、全国性、区域性交通运输物流网络建设。

五要坚持人与自然和谐共生发展理念，发展绿色低碳物流。随着环境负荷日益加重，物流业面临严峻挑战。重型柴油货车开始执行国五排放标准，多地对柴油货车实行环保新政。《巴黎协定》正式生效，多个国家将制定燃油车退出时间表。未来3~5年，自然环境与政策措施将“倒逼”绿色物流加快发展。节能降耗、新能源替代、可再生能源利用、减量化包装等绿色物流技术，带板运输、共同配送、多式联运、逆向物流等绿色物流模式将进入快速发展期。

六要坚持以人民为中心的发展思想，满足人民对美好生活的物流需要。推动物流业高质量发展，本质上是为了满足人民对美好生活的向往。我们要积极配合制造强国、乡村振兴、区域协调、美丽中国等重大国家发展战略，主动服务于精准脱贫、消费升级、民生改善、污染防治等物流需求；要进一步提高物流服务质量，不断开发新的物流产品，增强客户满意度，同时要激发和保护企业家精神，弘扬劳模精神和工匠精神；要关爱卡车司机、快递小哥等基层从业人员，使他们能够得到应有的尊重，更加体面地工作、幸福地生活，增加“获得感”，吸引更多市场主体自觉投身“物流强国”建设。

2018 年是贯彻党的十九大精神的开局之年，是改革开放 40 周年，也是决胜全面建成小康社会、实施“十三五”规划承上启下的关键一年。新的一年，我们要按照党中央、国务院决策部署，全面贯彻党的十九大精神，以习近平新时代中国特色社会主义思想为指导，坚持稳中求进工作总基调，坚持新发展理念，迈向高质量发展新阶段。我们要认清中国特色社会主义的历史方位，不忘初心、牢记使命，把建设“物流强国”作为新时代物流发展的新目标，务实创新，砥砺前行。中国物流与采购联合会作为行业社团组织，将始终与行业企业和广大从业人员站在一起，更好地服务行业、服务企业、服务员工、服务社会，携手共创我国物流业更加美好的明天！

何黎明

2018 年 5 月

（作者：何黎明，现任中国物流与采购联合会会长、中国物流学会会长、国际采购与供应管理联盟主席）

目 录

第一篇 综合报告

第二篇 专题研究

第三篇　资料汇编

CONTENTS

Part 1 General Reports

Part 2 Special Topics

Part 3 Information Collection

第一篇

综 合 报 告

第一篇

第一章

2017年中国物流业发展环境

2017年，国民经济稳中向好，经济活力、动力和潜力不断释放，稳定性、协调性和可持续性明显增强，实现了平稳健康发展。

一、国内经济环境

（一）经济运行

我国经济实现平稳健康发展。2017年，全年国内生产总值（Gross Domestic Product，GDP）约82.7万亿元，比上年增长6.9%，增速比上年加快0.2个百分点，为2011年以来经济增速首次回升，如图1所示。我国经济增量超过8万亿元，折合约1.2万亿美元。国内生产总值按年平均汇率折算超过12万亿美元，占世界经济的15%左右，比5年前提高3个百分点以上，稳居世界第二位。经济运行保持中高速增长，呈现稳健态势，为社会物流需求稳定增长奠定了坚实基础。

（二）经济结构

经济结构不断优化。2017年，经济增长实现了从主要依靠工业带动转为工业和服务业共同带动，从主要依靠投资拉动转为消费和投资一起拉动。

产业结构优化升级。2017年，第一产业增加值6.5万亿元，增长3.9%；第二产业增加值33.5万亿元，增长6.1%；第三产业增加值42.7万亿元，增长8.0%。三次产业增加值占国内生产总值的比重分别为7.9%、40.5%和51.6%，第三产业增加值占比比第二产业高11.1个百分点。（如图2所示）

历史数据表明，服务业占GDP的比重每上升1个百分点，物流费用与

GDP的比率就会下降0.3～0.4个百分点。我国服务业占比从2012年的46.7%上升至2017年的51.6%，累计提高了4.9个百分点，可以带动社会物流总费用下降约2.7个百分点。

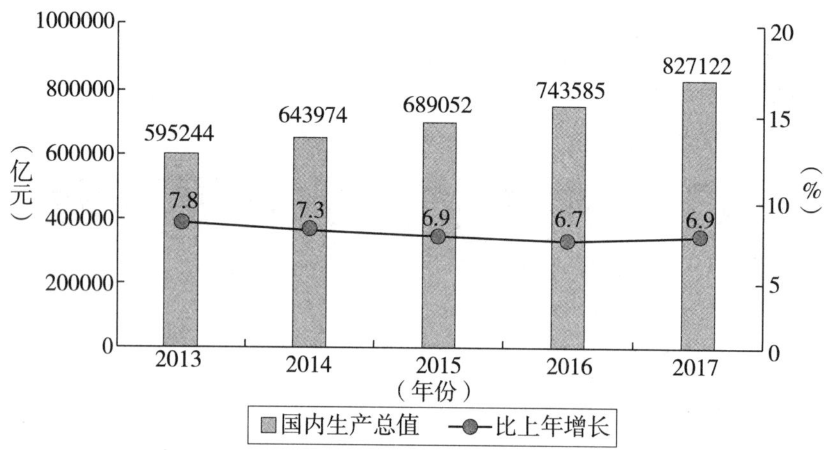

图1　2013—2017年国内生产总值及其增长速度

注：国内生产总值、各产业增加值和人均国内生产总值绝对值按现价计算，增长速度按不变价格计算。

资料来源：国民经济和社会发展统计公报。

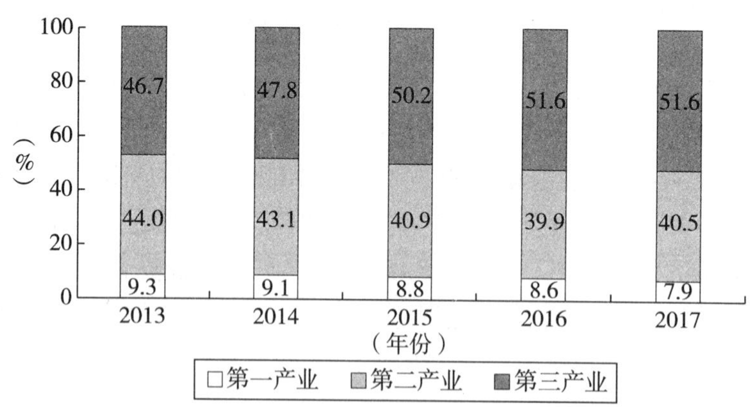

图2　2013—2017年三次产业增加值占国内生产总值比重

资料来源：国民经济和社会发展统计公报。

需求结构持续改善。2017年，最终消费支出对国内生产总值增长的贡献率为58.8%，资本形成总额贡献率为32.1%，货物和服务净出口贡献率为9.1%。最终消费支出对经济增长的贡献率比资本形成总额高26.7个百分点，消费保持经济增长第一驱动力的地位，也成为物流需求的重要来源。

国际经验表明，人均GDP超过8000美元，即进入中上等收入国家行列，将带动消费相关物流领域快速增长。

（三）工业生产

工业生产增长加快。2017 年，全部工业增加值约 28 万亿元，占 GDP 的 1/3，比上年增长 6.4%。规模以上工业增加值增长 6.6%，增速比上年加快 0.6 个百分点，改变了 2010 年以来持续放缓的运行态势，带动工业物流实现较快增长。（如图 3 所示）

从国际经验看，生产制造企业进一步集中主业，加快生产物流、采购物流和销售物流外包，实现“非核心业务外部化”，是挖掘生产制造企业成本潜力的重要手段，这对物流企业一体化、专业化服务能力提出了要求。

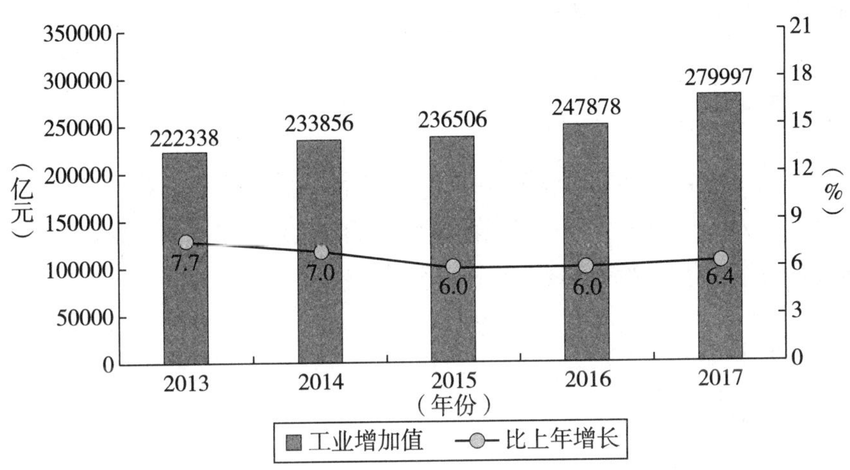

图 3　2013—2017 年全部工业增加值及其增长情况

资料来源：国民经济和社会发展统计公报。

（四）固定资产投资

投资结构不断优化。2017 年，全社会固定资产投资 64.1 万亿元，比上年增长 7.0%。其中，固定资产投资（不含农户）63.2 万亿元，增长 7.2%，增速比上年回落 0.9 个百分点，为 1999 年以来最低，固定资产投资对社会物流需求的带动作用有所弱化。

在固定资产投资（不含农户）中，分产业看，第一产业投资 2.1 万亿元，增长 11.8%；第二产业投资 23.6 万亿元，增长 3.2%；第三产业投资 37.5 万亿元，增长 9.5%。第三产业投资增速比第二产业高 6.3 个百分点。物流业作为重要的服务产业，也是第三产业重要的投资领域。2013—2017 年三次产业投资占固定资产投资（不含农户）比重如图 4 所示。

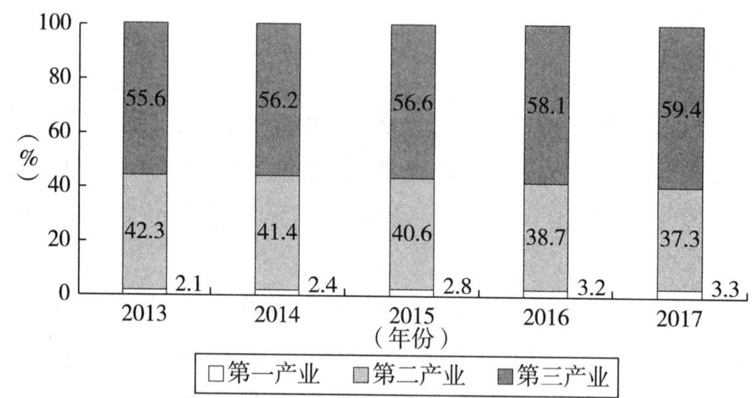

图4　2013—2017年三次产业投资占固定资产投资（不含农户）比重

资料来源：国民经济和社会发展公报。

（五）国内贸易

国内贸易平稳较快增长。2017年，社会消费品零售总额约36.6万亿元，比上年增长10.2%，增速比上年回落0.2个百分点，如图5所示。国内贸易保持中高速增长，对消费物流的拉动作用较为明显。

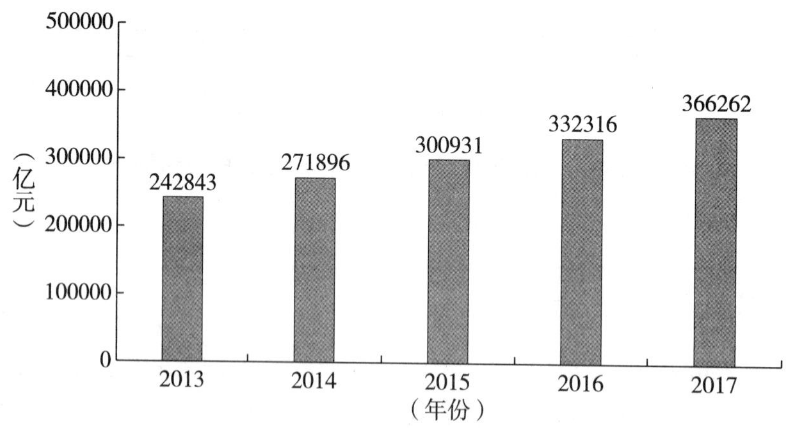

图5　2013—2017年社会消费品零售总额

按经营地统计，城镇消费品零售额31.4万亿元，增长10.0%；乡村消费品零售额5.2万亿元，增长11.8%。在限额以上企业商品零售额中，增速超过10%的行业包括化妆品类（13.5%）、中西药品类（12.4%）、通信器材类（11.7%）、家具类（12.8%）、建筑及装潢材料类（10.3%），消费升级类商品较快增长，带动消费物流快速增长。

全年网上零售总额为71751亿元，比上年增长32.2%，增速比上年加快6.0个百分点，如图6所示。其中网上商品零售额5.5万亿元，增长28.0%，占社会消费品零售总额的 15.0%。在网上商品零售额中，吃类商品增长 28.6%，穿类商品增长 20.3%，用类商品增长 30.8%。网上商品零售额增速较社会消费品零售总额增速高 17.8 个百分点，带动电商物流、快递快运、城市配送等物流市场保持高速增长。

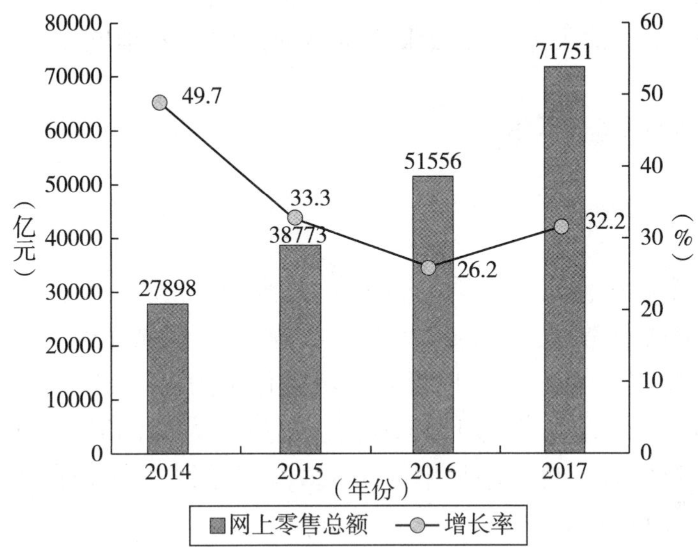

图 6　2014—2017 年网上零售总额及其增长情况

资料来源：根据 2014—2017 年国民经济和社会发展统计公报数据汇总。

（六）对外经济

进出口规模进一步扩大。如图 7 所示，2017 年，全年货物进出口总额约 27.8 万亿元，比上年增长 14.2%，扭转了连续两年下降的局面。其中，出口

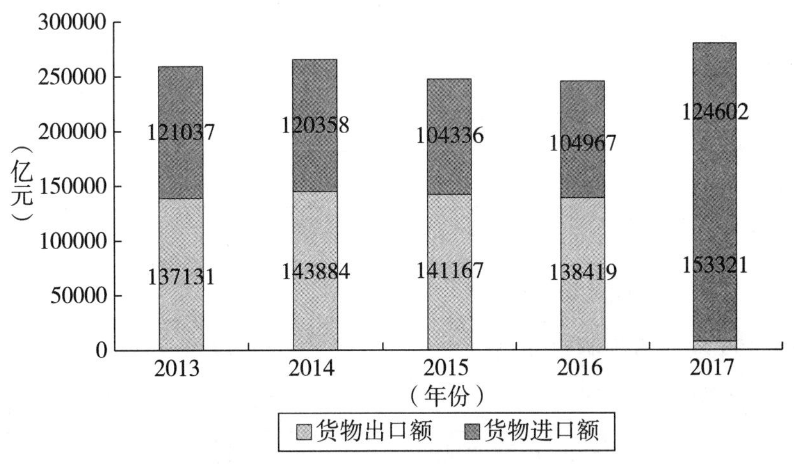

图 7　2013—2017 年货物进出口总额

约15.3万亿元，增长10.8%；进口12.5万亿元，增长18.7%。货物进出口顺差约2.9万亿元，比上年减少4733亿元。2017年，旺盛的货物进出口需求带动航运、货代等进出口物流快速增长。

全年服务进出口总额4.7万亿元，比上年增长6.8%。其中，服务出口1.5万亿元，增长10.6%；服务进口3.2万亿元，增长5.1%。服务进出口逆差1.7亿元，其中，运输服务是导致服务贸易逆差的重要领域之一。

二、资源要素环境

（一）人口资源

2017年年末，全国（不包含台湾省）总人口13.9亿人，比上年年末增加737万人，其中城镇常住人口约8.1亿人，常住人口城镇化率为58.52%，比上年年末提高1.17个百分点。户籍人口城镇化率为42.35%，比上年年末提高1.15个百分点。全年出生人口1723万人，出生率为12.43‰；死亡人口986万人，死亡率为7.11‰；自然增长率为5.32‰。全国人户分离的人口2.91亿人，其中流动人口2.44亿人。

从年龄构成看，16～59周岁的劳动年龄人口约为9亿人，比上年减少548万，自2012年以来绝对数持续下滑，劳动年龄人口占总人口的64.9%；60周岁及以上人口约2.4亿人，占总人口的17.3%，其中65周岁及以上人口约1.6亿人，占总人口的11.4%。（如表1所示）

表1　2017年年末人口数及其构成

指标	年末数（万人）	比重（%）
全国总人口	139008	100.0
其中：城镇	81347	58.52
乡村	57661	41.48
其中：男性	71137	51.2
女性	67871	48.8
其中：0～15岁（含不满16周岁）	24719	17.8
16～59岁（含不满60周岁）	90199	64.9
60周岁及以上	24090	17.3
其中：65周岁及以上	15831	11.4

2017年年末，全国就业人员7.8亿人，其中城镇就业人员4.2亿人，全年城镇新增就业人员1351万人，比上年增加37万人，如图8所示；城镇登记失业率为3.90%，比上年年末下降0.12个百分点；全国农民工总量2.9亿人，比上年增长1.7%，其中，外出农民工1.7亿人，增长1.5%，本地农民工1.1亿人，增长2.0%。

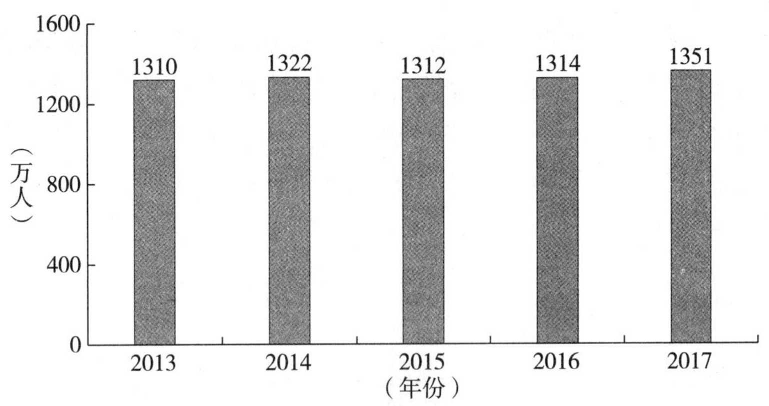

图8　2013—2017年城镇新增就业人数

（二）土地资源

2017年全年，全国国有建设用地供应总量60万公顷，比上年增长16.4%，如图9所示。其中，工矿仓储用地12万公顷，增长1.6%；房地产用地11.5万公顷，增长7.2%；基础设施等用地36.5万公顷，增长26.1%。全年建设用地供应多于往年，工矿仓储用地扭转下滑态势，实现小幅增长。

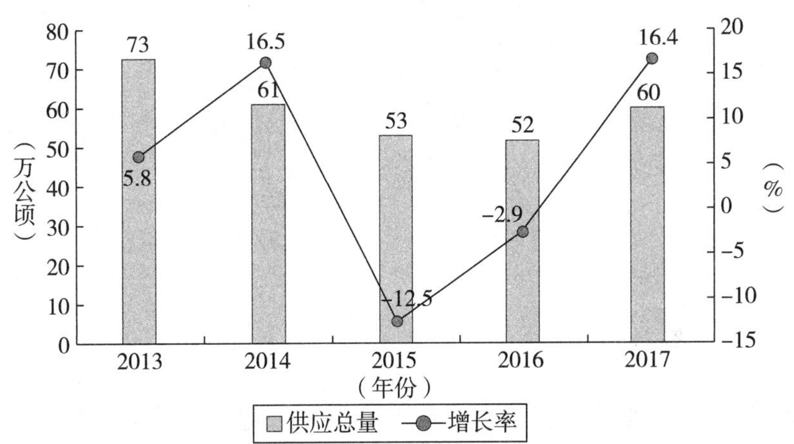

图9　2013—2017年国有建设用地（含工矿仓储、房地产、基础设施）供应总量及增长情况

资料来源：根据2013—2017年国民经济和社会发展统计公报数据汇总。

2017 年第四季度，全国主要监测城市地价总体水平为 4083 元/平方米，商服、住宅、工业地价分别为 7251 元/平方米、6522 元/平方米和 806 元/平方米，如图 10 所示。第四季度，全国主要监测城市综合、商服、住宅、工业地价同比增速依次为 6.71%、4.52%、10.21%、3.02%，如图 11 所示。其中，住宅地价快速增长，综合、商服地价保持低速增长，工业地价有所波动。

2017 年第四季度，主要监测城市中，一线城市各用途地价环比增速放缓，工业地价同比增速上升，其他用途地价同比增速放缓；二线城市各用途地价环比、同比增速均呈上升态势；三线城市综合、商服、住宅地价环比增速下降、同比增速上升，工业地价环比、同比增速均上升。一线城市工矿用地地价和增幅明显高于二三线城市。

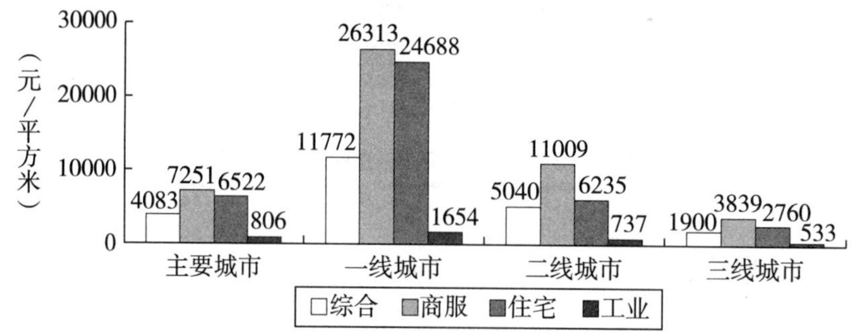

图 10　2017 年第四季度一、二、三线城市地价水平值

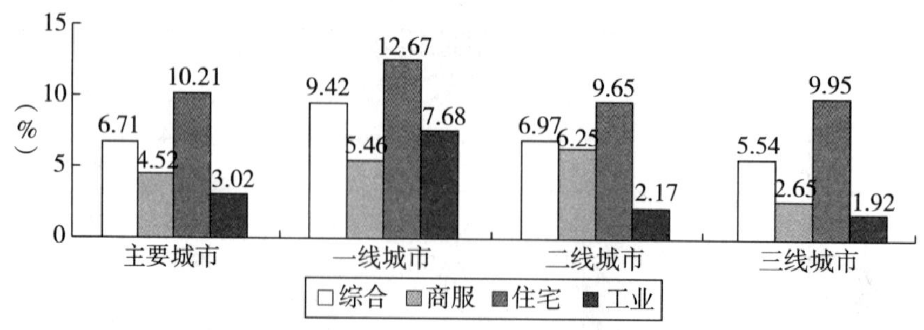

图 11　2017 年第四季度一、二、三线城市地价同比增速

（三）能源条件

初步核算，全年能源消费总量 44.9 亿吨标准煤，比上年增长 2.9%。煤炭消费量增长 0.4%，原油消费量增长 5.2%，天然气消费量增长 14.8%，电力消费量增长 6.6%。煤炭消费量占能源消费总量的 60.4%，比上年下降 1.6 个百分点。

成品油受国际油价高位震荡影响，2017 年共有 25 个成品油调价窗口，其中 11 次上调、6 次下调、8 次搁浅。汽油累计上调 435 元/吨，柴油 420 元/吨。折合升价相当于 92 号汽油累计上调约 0.33 元/升，0 号柴油累计上调约 0.36 元/升。（如图 12 所示）

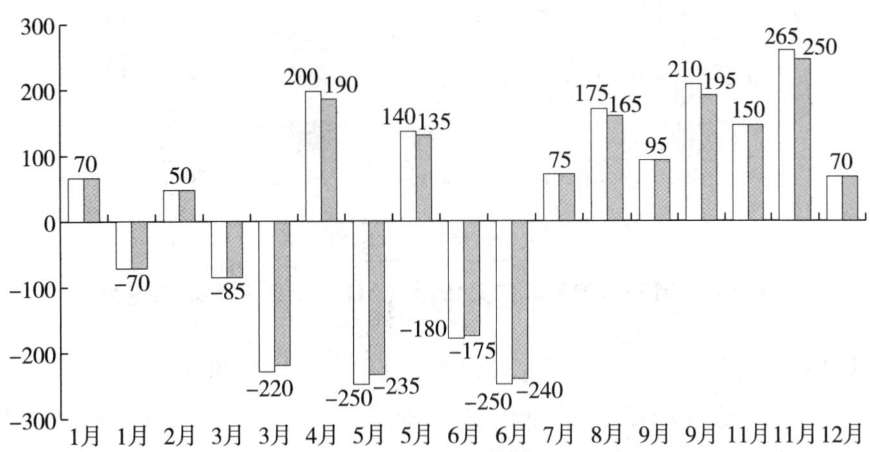

图 12　2017 年国内成品油历次价格调整概况

资料来源：隆众资讯。

天然气受国内储备不足和煤改气需求上涨等因素影响，国内液化天然气（LNG）出厂价格经历“17 连涨”，2017 年 12 月 1 日部分地区公布的最新 LNG 挂牌价创出 9400 元/吨的历史新高，6.7 元/方天然气，比柴油贵 3500 元/吨；比 LPG 价格贵 4800 元/吨。各地 LNG 均价也纷纷突破 7000 元/吨。2018 年 2 月初以后，受需求下滑和供给增加影响，液化天然气价格连续下跌，接近 5000 元/吨。

（四）金融条件

中国人民银行公布的数据显示，2017 年 12 月月末，广义货币（M2）余额 167.68 万亿元，同比增长 8.2%，增速分别比上月月末和上年同期低 0.9 个和 3.1 个百分点，为近年来最低值。（如图 13 所示）

12 月月末，本外币贷款余额 125.61 万亿元，同比增长 12.1%。人民币贷款余额 120.13 万亿元，同比增长 12.7%，增速分别比上月月末和上年同期低 0.6 个和 0.8 个百分点。

2017 年，社会融资规模存量为 174.64 万亿元，同比增长 12%。其中，对实体经济发放的人民币贷款余额为 119.03 万亿元，同比增长 13.2%；对实体经济发放的外币贷款折合人民币余额为 2.48 万亿元，同比下降 5.8%；委托贷

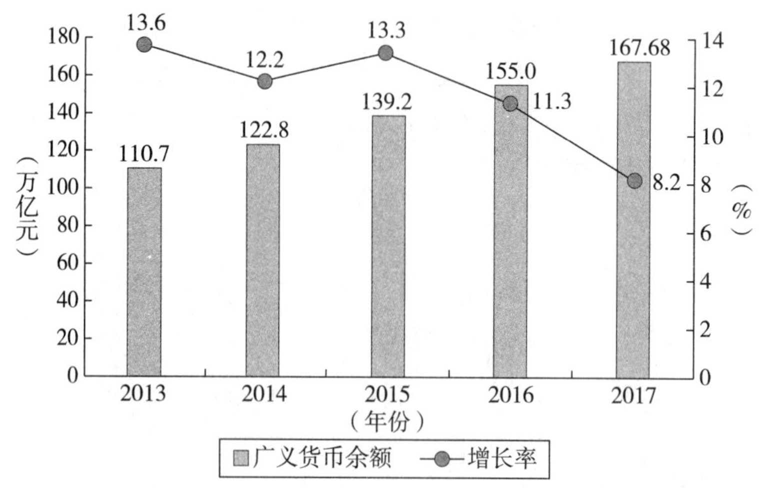

图13　2013—2017年广义货币（M2）余额及其增长速度

款余额为13.97万亿元，同比增长5.9%；信托贷款余额为8.53万亿元，同比增长35.9%；未贴现的银行承兑汇票余额为4.44万亿元，同比增长13.7%；企业债券余额为18.37万亿元，同比增长2.5%；非金融企业境内股票余额为6.65万亿元，同比增长15.1%。总体来看，社会资金紧张导致融资难对物流企业发展带来一定影响。

三、生态环保环境

应对气候变化的《巴黎协定》于2016年年底生效，我国提出了有雄心、有力度的国家自主贡献的四大目标。

第一，到2030年中国单位GDP的二氧化碳排放要比2005年下降60%～65%；第二，到2030年非化石能源在总的能源当中的比例，要提升到20%左右；第三，到2030年左右，二氧化碳的排放要达到峰值，并且争取尽早达到峰值；第四，增加森林蓄积量和增加碳汇，到2030年中国的森林蓄积量要比2005年增加45亿立方米。

（一）能耗水平

2017年，天然气、水电、核电、风电、太阳能等清洁能源消费量占能源消费总量的20.8%，同比上升1.3个百分点。（如图14所示）

非化石能源发电量为1.94万亿千瓦时，增长10%，占总发电量的30.2%，比上年提高1个百分点。各类能源发电量及其增长情况如表2所示。

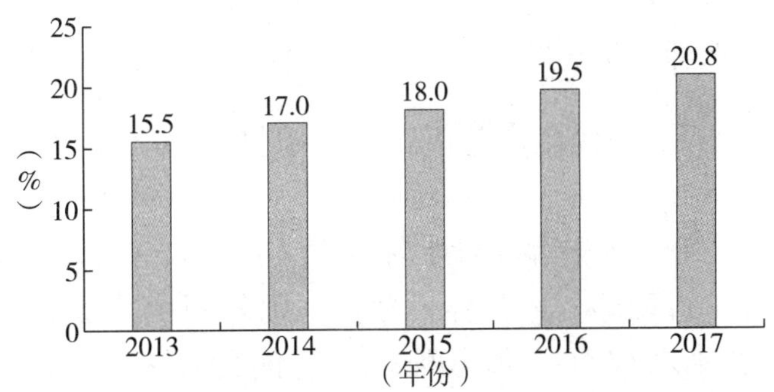

图 14　2013—2017 年清洁能源消费量占能源消费总量的比重

表 2　各类能源发电量及其增长情况

能源	发电量（亿千瓦时）	同比增长（%）	占全国比重（%）	占比相较去年增（+）/减（-）（%）
水电	11945	1.7	18.6	-0.9
火电	45513	5.2	70.9	-0.9
核电	2483	16.5	3.9	+0.3
风电	3057	26.3	4.8	+0.7
太阳能发电	1182	75.4	1.8	+0.7

全国万元国内生产总值能耗下降 3.7%。重点耗能工业企业单位烧碱综合能耗下降 0.3%，吨水泥综合能耗下降 0.1%，吨钢综合能耗下降 0.9%，吨粗铜综合能耗下降 4.8%，每千瓦时火力发电标准煤耗下降 0.8%。

交通运输部全年共监测公路水路运输企业 123 家。其中，公路专业货运企业每百吨公里单耗 1.8 千克标准煤，增长 3.4%；远洋和沿海货运企业每千吨海里单耗 4.4 千克标准煤，下降 11.1%；港口企业每万吨单耗 2.4 吨标准煤，下降 4.7%。

中国铁路总公司国家铁路能源消耗折算标准煤 1621.65 万吨，比上年增加 24.75 万吨，增长 1.5%。单位运输工作量综合能耗 4.33 吨标准煤/百万换算吨公里，比上年减少 0.39 吨标准煤/百万换算吨公里，下降 8.3%。单位运输工作量主营综合能耗 3.96 吨标准煤/百万换算吨公里，比上年减少 0.20 吨标准煤/百万换算吨公里，下降 4.8%。

中国民航吨公里油耗为 0.293 千克，较 2005 年（行业节能减排目标基年）下降 13.82%；机场每客能耗较“十二五”末（2013—2015 年）均值下降约 22%。

（二）排放水平

2017 年，全国万元国内生产总值二氧化碳排放下降 5.1%，减排工作稳步推进。

2017 年是《大气污染防治行动计划》（以下简称《行动计划》）第一阶段目标的收官之年，《行动计划》具体目标是：到 2017 年，全国地级及以上城市可吸入颗粒物浓度比 2012 年下降 10% 以上，优良天数逐年提高；京津冀、长三角、珠三角等区域细颗粒物浓度分别下降 25%、20%、15% 左右，其中北京市细颗粒物年均浓度控制在 60 微克/立方米左右。按照《行动计划》部署，各项工作稳步推进。

成品油质量加快升级。自 2017 年 1 月 1 日起，我国成品油市场已全面进入“国 V 时代”。北京于 2017 年 1 月 1 日起全面推行京 VI 油品标准。2017 年 6 月 30 日，国家发展改革委网站发布了关于普通柴油质量升级的公告，要求自 2017 年 7 月 1 日起，全国全面供应硫含量不大于 50ppm 的普通柴油，同时停止国内销售硫含量大于 50ppm 的普通柴油，国Ⅲ普通柴油正式退出历史舞台。10 月，国务院同意《关于做好全国全面供应硫含量不大于 10ppm 普通柴油有关工作的通知》，将普通柴油升级“国 V”标准的时间节点从原先的 2018 年 1 月 1 日提前至 2017 年 11 月 1 日，国 IV 普通柴油退出市场。

柴油车标准全面提高。自 2017 年 1 月 1 日起，我国所有制造、进口、销售和注册登记的轻型汽油车、重型柴油车（客车和公交、环卫、邮政用途），须符合国 V 标准要求。自 2017 年 7 月 1 日起，所有制造、进口、销售和注册登记的重型柴油车，须符合国 V 标准要求。

机动车排放严控排放标准。2017 年 3 月，环保部印发《京津冀及周边地区 2017 年大气污染防治工作方案》，其主要任务是以改善区域环境空气质量为核心，以减少重污染天气为重点，多措并举强化冬季大气污染防治，全面降低区域污染排放负荷。其中提出，严格控制机动车排放。北京、郑州、深圳、成都等城市采取各种措施加大对柴油货车限行力度。京津冀及周边地区 2017 年大气污染防治严格控制机动车排放主要措施，如表 3 所示。

表 3　京津冀及周边地区 2017 年大气污染防治严格控制机动车排放主要措施

天津港不再接收公路运输煤炭	大幅提升区域内铁路货运比例，加快推进港铁联运煤炭。充分利用张唐等铁路运力，大幅降低柴油车辆长途运输煤炭造成的大气污染。7 月底前，天津港不再接收柴油货车运输的集港煤炭。9 月底前，天津、河北及环渤海所有集疏港煤炭主要由铁路运输，禁止环渤海港口接收柴油货车运输的集疏港煤炭

续　表

全面加强机动车排污监控能力	12 月底前，“2 +26”城市均要安装 10 台（套）左右固定垂直式遥感监测设备、2 台（套）移动式遥感监测设备，覆盖高排放车辆通行的主要道口，重点筛查柴油货车和高排放汽油车。北京市进京主要道口安装遥感监测设备。加快推进京津冀地区电子标识试点，加快遥感监测设备国家、省、市三级联网，12 月底前完成。及时汇总分析排放情况，向社会公开超标严重的车型信息。建设国家、省、市三级机动车环境执法监管专业队伍，提高现场执法能力水平。环境保护部建立机动车污染控制实验室，提高管理政策制定的技术支撑能力
协同加强柴油车管控	实施重型柴油车在北京市六环路（含）管控措施，引导外埠过境重型柴油车绕行北京。强化对营运车辆的环保监管，积极推进柴油车辆加装颗粒物捕集器（DPF）和具备实时诊断功能的车载远程通信终端，并作为对在用营运柴油车排放检验的重要内容。环境保护部建立机动车环保违法信息平台，与公安交管、交通运输、发展改革、保监等部门共享。9 月底前，将机动车环保违法信息纳入企业征信系统，支持保险公司提高超标排放车辆保险费率，实现超标排放车辆异地处罚。查处一批篡改车载诊断系统（OBD）限扭要求、不添加车用尿素的典型违法案件，严厉处罚各类违法行为并向社会曝光
加强油品质量和车用尿素监督管理	“2 +26”城市率先完成城市车用柴油和普通柴油并轨，9 月底前，全部供应符合国Ⅵ标准的车用汽柴油，禁止销售普通柴油。各地借鉴河南做法开展专项行动，严厉打击生产、销售假劣油品行为，取缔黑加油站点，追究违法者责任。6 月底前，区域内高速公路、国道和省道沿线的加油站点均须销售符合产品质量要求的车用尿素。6 月底前，销售汽油的加油站全部安装油气回收设施，年销售汽油量大于 5000 吨及其他具备条件的加油站，要加快安装油气回收在线监测设备。北京市新增出租车应全部更换为电动车，其他城市积极推进出租车更换为电动车或新能源车。各地督促在用燃油和燃气出租车定期更换三元催化器

8 月，环保部印发《京津冀及周边地区 2017—2018 年秋冬季大气污染综合治理攻坚行动方案》，由环境保护部等十部门及跨北京、天津、河北等六省市联合行动，意在 2017 年 10 月至 2018 年 3 月，京津冀大气污染传输通道城市 PM2. 5 平均浓度同比下降 15% 以上，重污染天数同比下降 15% 以上。北京市移动源污染治理计划如表 4 所示。

表 4　　北京市移动源污染治理计划

序号	五点计划
1	严格重型货运车管控。10 月底前制订并实施高排放货运车辆管控方案，12 月底前加大重型柴油车惩处力度，将大型农副产品批发市场、物流客运场站等重型柴油车聚集地作为重点监管区域
2	10 月底前全市报废淘汰（含转出）老旧机动车 30 万辆
3	10 月底前，在城六区和通州区域部分区域、北京经济技术开发区划定并分布实施高排放非道路移动机械禁止使用区域
4	10 月底前，推广新能源、清洁能源车辆，全市应用规模累计达 16 万辆左右
5	从 2017 年 10 月 1 日起，禁止销售普通柴油和低于国 VI 标准的车用汽柴油

新能源车加快推广应用。《“十三五”国家战略性新兴产业发展规划》提出，推动新能源汽车、新能源和节能环保产业快速壮大，构建可持续发展新模式。交通运输部、公安部、商务部发布《关于组织开展城市绿色货运配送示范工程的通知》，加快标准化新能源城市货运配送车辆推广应用。

2016 年年底，财政部、科技部、工业和信息化部、国家发展改革委四部委正式发布《关于调整新能源汽车推广应用财政补贴政策的通知》，该通知明确 2017 年新能源汽车国家补贴政策在 2016 年补贴力度的基础上退坡 20%，同时规定地方补贴上限不得超过中央补贴的 50%，补贴资金由事前拨付改为事后清算。工业和信息化部下发的《关于调整新能源汽车推广应用财政补贴政策的通知》中要求，非私人用户购买的新能源汽车累计行驶里程要超过 3 万公里才能领取国家补贴，并于 2017 年 1 月 1 日起实施。9 月，工业和信息化部、财政部、商务部、海关总署、质检总局联合公布了《乘用车企业平均燃料消耗量与新能源汽车积分并行管理办法》，该政策自 2018 年 4 月 1 日起正式施行，目的是更好地推进国内新能源车的发展。2017 年 12 月 26 日，财政部、税务局、工信部、科技部共同发布的《关于免征新能源汽车车辆购置税的公告》明确，自 2018 年 1 月 1 日至 2020 年 12 月 31 日，对购置的新能源汽车免征车辆购置税。

第二章

2017年中国物流业政策回顾

2017年，国家深入推进供给侧结构性改革，加强行业顶层设计和布局规划，各部门、各地方陆续出台支持物流业发展的政策措施，物流业政策环境持续改善。

一、物流行业规划

（一）综合性规划

1.《“十三五”现代综合交通运输体系发展规划》

2017年2月，国务院印发《“十三五”现代综合交通运输体系发展规划》（以下简称《规划》）。《规划》提出，到2020年，基本建成安全、便捷、高效、绿色的现代综合交通运输体系，部分地区和领域率先基本实现交通运输现代化。“十三五”综合交通运输发展主要指标如表1所示。

表1　“十三五”综合交通运输发展主要指标

指标名称		2015年	2020年	属性
基础设施	铁路营业里程（万公里）	12.1	15	预期性
	高速铁路营业里程（万公里）	1.9	3.0	预期性
	铁路复线率（%）	53	60	预期性
	铁路电气化率（%）	61	70	预期性
	公路通车里程（万公里）	458	500	预期性
	高速公路建成里程（万公里）	12.4	15	预期性

续 表

指标名称		2015 年	2020 年	属性
基础设施	内河高等级航道里程（万公里）	1.36	1.71	预期性
	沿海港口万吨级及以上泊位数（个）	2207	2527	预期性
	民用运输机场数（个）	207	260	预期性
	通用机场数（个）	300	500	预期性
	建制村通硬化路率（%）	94.5	99	约束性
	城市轨道交通运营里程（公里）	3300	6000	预期性
	油气管网里程（万公里）	11.2	16.5	预期性
运输服务	动车组列车承担铁路客运量比重（%）	46	60	预期性
	民航航班正常率（%）	67	80	预期性
	建制村通客车率（%）	94	99	约束性
	公路货运车型标准化率（%）	50	80	预期性
	集装箱铁水联运量年均增长率（%）	10		预期性
	城区常住人口 100 万以上城市建成区公交站点 500 米覆盖率（%）	90	100	约束性
智能交通	交通基本要素信息数字化率（%）	90	100	预期性
	铁路客运网上售票率（%）	60	70	预期性
	公路客车不停车电子收费系统（ETC）使用率（%）	30	50	预期性
绿色安全	交通运输二氧化碳（CO_2）排放强度下降率（%）	7*		预期性
	道路运输较大以上等级行车事故死亡人数下降率（%）	20*		约束性

注：①硬化路一般指沥青（水泥）路，对于西部部分建设条件特别困难、高海拔高寒和交通需求小的地区，可扩展到石质、砼预制块、砖铺、砂石等路面的公路。

②通用机场统计含起降点。

③排放强度指按单位运输周转量计算的二氧化碳（CO_2）排放。

④*：与“十二五”末相比。

《规划》提出优化综合交通枢纽布局。着力打造北京、上海、广州等国际性综合交通枢纽，加快建设全国性综合交通枢纽，积极建设区域性综合交通枢纽，优化完善综合交通枢纽布局，完善集疏运条件，提升枢纽一体化服务功能。综合交通枢纽布局如表2所示。

表2　综合交通枢纽布局

国际性综合交通枢纽	重点打造北京—天津、上海、广州—深圳、成都—重庆国际性综合交通枢纽，建设昆明、乌鲁木齐、哈尔滨、西安、郑州、武汉、大连、厦门等国际性综合交通枢纽，强化国际人员往来、物流集散、中转服务等综合服务功能，打造通达全球、衔接高效、功能完善的交通中枢
全国性综合交通枢纽	全面提升长春、沈阳、石家庄、青岛、济南、南京、合肥、杭州、宁波、福州、海口、太原、长沙、南昌—九江、贵阳、南宁、兰州、呼和浩特、银川、西宁、拉萨、秦皇岛—唐山、连云港、徐州、湛江、大同等综合交通枢纽功能，提升部分重要枢纽的国际服务功能。推进烟台、潍坊、齐齐哈尔、吉林、营口、邯郸、包头、通辽、榆林、宝鸡、泉州、喀什、库尔勒、赣州、上饶、蚌埠、芜湖、洛阳、商丘、无锡、温州、金华—义乌、宜昌、襄阳、岳阳、怀化、泸州—宜宾、攀枝花、酒泉—嘉峪关、格尔木、大理、曲靖、遵义、桂林、柳州、汕头、三亚等综合交通枢纽建设，优化中转设施和集疏运网络，促进各种运输方式协调高效，扩大辐射范围
区域性综合交通枢纽及口岸枢纽	推进一批区域性综合交通枢纽建设，提升对周边的辐射带动能力，加强对综合运输大通道和全国性综合交通枢纽的支撑。推进丹东、珲春、绥芬河、黑河、满洲里、二连浩特、甘其毛都、策克、巴克图、吉木乃、阿拉山口、霍尔果斯、吐尔尕特、红其拉甫、樟木、亚东、瑞丽、磨憨、河口、龙邦、凭祥、东兴等沿边重要口岸枢纽建设

2.《全国国土规划纲要（2016—2030年）》

2017年2月，国务院印发《全国国土规划纲要（2016—2030年）》（以下简称《纲要》），《纲要》指出，全面推进国土开发、保护和整治，加快构建安全、和谐、开放、协调、富有竞争力和可持续发展的美丽国土。到2020年，全国主体功能区布局基本形成，国土空间布局得到优化；到2030年，主体功能区布局进一步完善，以重点经济区、城市群、农产品主产区为支撑，重要轴带为主干的新型工业化、城镇化格局基本形成，人口集疏更加有序，城市文化更加繁荣，全方位对外开放格局逐步完善，国际竞争力显著增强，国土开发强度不超过4.62%，城镇空间控制在11.67万平方千米以内。

《纲要》提出，要完善综合交通运输体系。适应多中心网络型国土空间开发格局建设需要，加快建设国际国内综合运输大通道，加强综合交通基础设施网络建设，构建由铁路、公路、水路、民航和管道共同组成的配套衔接、内通外联、覆盖广泛、绿色智能、安全高效的综合交通运输体系，建设发达完善的铁路网。

为培育现代服务业集聚发展区域，《纲要》提出，要推动物流贸易中心有序发展，加快推进重点物流区域和联通国际国内的物流通道建设，重点打造面向中亚、南亚、西亚的战略物流枢纽及面向东盟的陆海联运、江海联运节点和重要航空港，支持沿边地区建设国际商贸和物流中心，合理布局区域物流中心。

3.《国务院办公厅关于进一步推进物流降本增效促进实体经济发展的意见》

2017 年 8 月，《国务院办公厅关于进一步推进物流降本增效促进实体经济发展的意见》（国办发〔2017〕73 号）（以下简称《意见》）印发，明确要进一步推进物流降本增效，着力营造物流业良好发展环境，提升物流业发展水平，促进实体经济健康发展。《意见》从七个方面提出了 27 项具体措施，如表 3 所示。

表 3　　推进物流降本增效的七个方面具体措施

深化“放管服”改革，激发物流运营主体活力	年内实现跨省大件运输并联许可全国联网，完善城市配送车辆通行管理政策。推动依托公路超限检测站，由交通部门公路管理机构负责监督消除违法行为、公安交管部门单独实施处罚记分的治超联合执法模式常态化、制度化。年内将货运车辆年检（安全技术检验）和年审（综合性能检测）依据法律法规进行合并。精简快递企业分支机构、末端网点备案手续。年内实现全国通关一体化，将货物通关时间压缩 1/3
加大降税清费力度，切实减轻企业负担	完善物流领域相关税收政策。做好收费公路通行费“营改增”相关工作。选择部分高速公路开展分时段差异化收费试点。加强物流领域收费清理，着力解决“乱收费、乱罚款”等问题
加强重点领域和薄弱环节建设，提升物流综合服务能力	加强对物流发展的规划和用地支持。结合编制国家级物流枢纽布局和建设规划，布局和完善一批综合物流枢纽。着力推进铁路货运市场化改革，提升铁路物流服务水平。推动多式联运、甩挂运输发展。支持地方建设城市共同配送中心等，逐步完善县、乡、村三级物流节点基础设施网络。支持设立现代物流产业发展投资基金，鼓励银行业金融机构开发支持物流业发展的供应链金融产品和融资服务方案
加快推进物流仓储信息化、标准化、智能化，提高运行效率	大力发展“互联网 +”高效物流的新业态、新模式。加强物流装载单元化建设，推进物流车辆标准化
深化联动融合，促进产业协同发展	研究制定推进物流业与制造业融合发展的政策措施，大力支持第三方物流发展。加强物流核心技术和装备研发，建立制造业物流成本核算制度

续　表

打通信息互联渠道，发挥信息共享效用	推进物流相关领域政府数据开放共享。推动物流活动信息化、数据化，支持物流信息平台创新发展。制定对运输物流行业严重违法失信市场主体及有关人员实施联合惩戒的合作备忘录
推进体制机制改革，营造优良营商环境	选取部分省市开展物流降本增效综合改革试点，破除制约物流降本增效和创新发展的体制机制障碍

4.《道路货运行业健康稳定发展行动计划（2017—2020 年）》

交通运输部等十四个部门下发《关于印发促进道路货运行业健康稳定发展行动计划（2017—2020 年）的通知》（交运发〔2017〕141 号），该通知从减轻道路货运经营负担、促进货运行业创新发展、维护公平竞争的市场环境、改善从业人员生产经营条件和强化行业稳控综合治理五个方面提出了 55 条政策措施。2018 年年底前促进道路货运行业降本减负 10 件实事任务分工如表 4 所示。

表 4　　2018 年年底前促进道路货运行业降本减负 10 件实事任务分工

序号	工作任务	负责部门	完成时限
1	推进货运车辆安全技术检验和综合性能检测依法合并	交通运输部、公安部、质检总局	2017 年年底
2	推进道路普通货运车辆异地年审和驾驶员异地考核	交通运输部	2018 年年底
3	推进跨省大件运输并联许可全国联网	交通运输部	2017 年年底
4	改善货车司机停车休息条件，选择典型省份试点建设“司机之家”	交通运输部	2018 年年底
5	对使用 ETC 非现金支付卡并符合相关要求的货运车辆给予适当通行费优惠	交通运输部	2017 年年底
6	推进从业人员在各项社会保险中优先参加工伤保险	人力资源社会保障部、交通运输部	2018 年年底
7	编制公布货车非法改装和超限超载处罚清单	交通运输部、公安部	2017 年年底
8	完善交通运输业个体纳税人异地代开增值税专用发票管理制度，推进开具高速公路通行费增值税电子发票	交通运输部、税务总局、财政部	2017 年年底

续 表

序号	工作任务	负责部门	完成时限
9	开展道路货运驾驶员免费网络继续教育	交通运输部、财政部	2017 年年底
10	取消部分道路货运行政审批事项	交通运输部	2018 年年底

5.《铁路“十三五”发展规划》

2017 年 11 月，国家发展改革委、交通运输部、国家铁路局、中国铁路总公司印发《铁路“十三五”发展规划》。该规划指出，到 2020 年，路网布局优化完善，装备水平先进适用，运输安全持续稳定，运营管理现代科学，创新能力不断提高，运输能力和服务品质全面提升，市场竞争力和国际影响力明显增强，适应全面建成小康社会需要。“十三五”铁路发展主要指标如表 5 所示。

表 5　“十三五”铁路发展主要指标

指标	2020 年	五年增加值	年均增长率
营业里程（万公里）	15	2.9	4.8%
其中：高速铁路营业里程（万公里）	3	1.1	11.6%
复线率（%）	60	7	>2.0%
电气化率（%）	70	9	>2.5%
客运量（亿人）	40	14.6	9.5%
货运量（亿吨）	37	3.4	2.0%
其中：国家铁路货运量（亿吨）	30	2.9	2.1%
旅客周转量（亿人公里）	16000	4040	6.0%
货运周转量（亿吨公里）	25780	2030	1.7%
其中：国家铁路货运周转量（亿吨公里）	23500	1902	1.8%

《铁路“十三五”发展规划》提出七大重点任务，一是完善铁路设施网络；二是提升技术装备水平；三是改善铁路运输服务；四是强化安全生产管理；五是推进智能化现代化；六是推动铁路绿色发展；七是加强国际交流合作。

6.《全国民用运输机场布局规划》

2017 年 2 月 13 日，国家发展改革委、中国民航局联合发布《全国民用运输机场布局规划》，提出完善华北、东北、华东、中南、西南、西北六大机场群，到 2025 年，在现有（含在建）机场基础上，新增布局机场 136 个，全国民用运输机场规划布局 370 个（规划建成约 320 个）。

到 2020 年，我国民用运输机场数量将达 260 个左右，北京新机场、成都新机场等一批重大项目将建成投产，枢纽机场设施能力进一步提升，一批支线机场投入使用。到 2025 年，全国将建成覆盖广泛、分布合理、功能完善、集约环保的现代化机场体系，形成 3 大世界级机场群、10 个国际枢纽、29 个区域枢纽。京津冀、长三角、珠三角世界级机场群形成并快速发展，北京、上海、广州机场国际枢纽竞争力明显加强，成都、昆明、深圳、重庆、西安、乌鲁木齐、哈尔滨等国际枢纽作用显著增强，航空运输服务覆盖面进一步扩大。展望 2030 年，机场布局进一步完善，覆盖面进一步扩大，服务水平持续提升。

7.《新一代人工智能发展规划》

2017 年 7 月，国务院发布《新一代人工智能发展规划》（以下简称《规划》），提出推动人工智能与各行业融合创新，智能载运工具、智能物流等交通运输领域多项重点位列其中。

智能物流方面，《规划》明确要加强智能化装卸搬运、分拣包装、加工配送等智能物流装备研发和推广应用，建设深度感知智能仓储系统，提升仓储运营管理水平和效率，完善智能物流公共信息平台和指挥系统、产品质量认证及追溯系统、智能配货调度体系等。此外，在智能运载工具方面，《规划》对自动驾驶汽车提出了具体要求。

（二）专项性规划

1.《商贸物流发展“十三五”规划》

2017 年 1 月，商务部、国家发展改革委、国土资源部、交通运输部、国家邮政局发布《商贸物流发展“十三五”规划》（以下简称《规划》），《规划》提出发展目标是：“十三五”期间，我国基本形成城乡协调、区域协同、国内外有效衔接的商贸物流网络；商贸物流标准化、信息化、集约化和国际化水平显著提高，商贸流通领域托盘标准化水平大幅提升，标准托盘使用率达到 30% 左右，先进信息技术应用取得明显成效，商贸物流企业竞争力持续增强；商贸物流成本明显下降，批发零售企业物流费用率降低到 7% 左右，服务质量和效率明显提升；政府管理与服务方式更加优化，法治化营商环境更趋完善；基本建立起高效集约、协同共享、融合开放、绿色环保的商贸物流体系。

为达到上述目标，《规划》提出了构建多层次商贸物流网络，加强商贸物流基础设施建设、标准化建设和信息化建设，推动商贸物流集约化发展、专业化发展、国际化发展，促进商贸物流绿色化转型，建设商贸物流信用体系等九大任务，以及实施包括城乡物流网络建设工程、商贸物流标准化工程、商贸物流平台建设工程、商贸物流园区功能提升工程、电子商务物流工程、商贸物流创新发展工程、商贸物流绿色发展工程在内的七大工程。《规划》还公布了39个全国性商贸物流节点城市和具有地区辐射能力的64个区域性商贸物流节点城市名单，如表6所示。

表6　　商贸物流节点城市名单

全国性商贸物流节点城市	北京、天津、石家庄、唐山、太原、呼和浩特、包头、沈阳、大连、长春、哈尔滨、上海、南京、苏州、杭州、宁波、合肥、福州、厦门、南昌、济南、青岛、郑州、武汉、长沙、广州、深圳、南宁、海口、重庆、成都、贵阳、昆明、拉萨、西安、兰州、西宁、银川、乌鲁木齐
区域性商贸物流节点城市	保定、秦皇岛、邯郸、大同、临汾、呼伦贝尔、鄂尔多斯、锦州、丹东、延边、吉林、牡丹江、大庆、徐州、南通、连云港、无锡、舟山、金华、温州、阜阳、芜湖、泉州、漳州、九江、赣州、潍坊、烟台、临沂、洛阳、商丘、南阳、宜昌、襄阳、荆州、衡阳、娄底、株洲、东莞、佛山、桂林、柳州、钦州、防城港、绵阳、达州、南充、宜宾、遵义、六盘水、曲靖、红河、咸阳、榆林、天水、酒泉、海西、海东、石嘴山、喀什、伊犁、博尔塔拉、巴音郭楞、日喀则

2.《关于积极推进供应链创新与应用的指导意见》

2017年10月，国务院办公厅下发的《国务院办公厅关于积极推进供应链创新与应用的指导意见》（国办发〔2017〕84号）（以下简称《意见》）中提出，到2020年，形成一批适合我国国情的供应链发展新技术和新模式，基本形成覆盖我国重点产业的智慧供应链体系。供应链在促进降本增效、供需匹配和产业升级中的作用显著增强，成为供给侧结构性改革的重要支撑。培育100家左右的全球供应链领先企业，重点产业的供应链竞争力进入世界前列，中国成为全球供应链创新与应用的重要中心。

《意见》立足振兴实体经济，提出了六项重点任务：一是构建农业供应链体系，提高农业生产组织化和科学化水平，建立基于供应链的重要产品质量安全追溯机制，推进农村一二三产业融合发展；二是推进供应链协同制造，发展服务型制造，促进制造供应链可视化和智能化；三是应用供应链理念与技术，推进流通与生产深度融合，提升供应链服务水平，提高流通现代化水平；四是推动供应链金融服务实体经济，有效防范供应链金融风险，积极稳妥发展供应链金融；五是大力倡导绿色制造，积极推行绿色流通，建立逆向物流体系，打造全过程、全链条、全环节的绿色供应链发展体系；六是积极融入全球供应链网络，提高全球供应链安全水平，参与全球供应链规则制定，努力构建全球供应链。

3.《快递业发展“十三五”规划》

2017年2月，国家邮政局发布了《快递业发展“十三五”规划》（以下简称《规划》)。《规划》提出，到2020年，基本建成普惠城乡、技术先进、服务优质、安全高效、绿色节能的快递服务体系，形成覆盖全国、联通国际的服务网络。快递业“十三五”时期发展指标如表7所示。

表7　快递业“十三五”时期发展指标

指标	2015年	2020年	年均增长（%）［累计］
快递业务量（亿件）	207	700	27.6
快递业务收入（亿元）	2770	8000	23.6
乡镇网点覆盖率（%）	70	90	［20］
配备全自动分拣系统的枢纽型分拣中心数量（个）	61	150	［89］
用于快递运输的专用货机数（架）	71	200	［139］
快递电子运单使用率（%）	55	90	［35］
研发经费支出占快递业务收入的比重（%）	0.6	1	［0.4］
快递服务满意度（分）	74	75	—
快件延误率（千分之）	—	5	—
快件损毁率（十万分之）	—	5	—
快件丢失率（十万分之）	—	3	—
快件有效申诉率（百万分之）	13.3	11	—
年人均快件使用量（件/人）	15	50	［35］
新增就业岗位（万个）	—	—	［100］
快递专业人才教育和在职培训合作院校（所）	170	300	［130］
智能快件箱投递快件占比（%）	2	10	［8］

注：①［］内为五年累计数。

②配备全自动分拣系统的枢纽型分拣中心是指重点快递企业建筑面积在1万平方米以上且配备全自动分拣系统的分拣中心。

《规划》明确了“十三五”时期我国快递业发展的七项主要任务：一是壮大市场主体，打造快递航母；二是强化服务能力，加快普惠发展；三是深化“互联网+”快递，推进创新发展；四是拓展海外市场，加速国际化发展；五是加强寄递渠道综合治理，保障安全发展；六是加快信用建设，推进诚信发展；七是高效利用资源，推动绿色发展。在七大任务的基础上，《规划》还明确了九大工程，保障快递行业未来的发展，即航空快递枢纽工程、快递专业类物流园区建设工程、快递“上车、上船、上飞机”工程、城乡惠民综合服务平台建设工程、“快递下乡”工程、快递业与相关产业联动发展工程、寄递渠道安全监管“绿盾”工程、快递业信用管理信息化工程、快递绿色发展工程。

《规划》提出，依托物流节点城市，结合行业发展需求，加快布局建设快递专业类物流园区，实现产业集聚、经营集约、功能集成。全国快递专业类物流园区布局城市分为三级，一级快递专业类物流园区布局城市35个，二级快递专业类物流园区布局城市57个，各省（区、市）统筹规划，确定若干个三级快递专业类物流园区布局城市。（如表8所示）

表8　　快递专业类物流园区布局节点城市名单

一级快递专业类物流园区布局城市（35个）	北京、天津、廊坊、呼和浩特、沈阳、大连、长春、哈尔滨、上海、南京、无锡、杭州、宁波、金华（义乌）、厦门、泉州、济南、青岛、郑州、合肥、南昌、武汉、鄂州、长沙、广州、深圳、东莞、南宁、重庆、成都、贵阳、昆明、西安、兰州、乌鲁木齐
二级快递专业类物流园区布局城市（57个）	石家庄、保定、苏州、徐州、南通、连云港、淮安、温州、嘉兴、台州、福州、莆田、潍坊、烟台、临沂、佛山、汕头、惠州、中山、湛江、韶关、海口、太原、临汾、大同、漯河、洛阳、芜湖、蚌埠、阜阳、赣州、上饶、宜昌、襄阳、衡阳、岳阳、怀化、盘锦、延边（珲春）、齐齐哈尔、牡丹江、包头、赤峰、呼伦贝尔（满洲里）、柳州、桂林、绵阳、南充、泸州、铜仁、拉萨、宝鸡、榆林、安康、天水、西宁、银川

4.《“十三五”铁路集装箱多式联运发展规划》

2017年4月，国家发展改革委、交通运输部、中国铁路总公司联合印发《“十三五”铁路集装箱多式联运发展规划》（以下简称《规划》），《规划》提出，到2020年，布局合理、设施完善、便捷高效、协调融合、全程服务的铁路集装箱运输系统基本建成，铁路集装箱多式联运发展取得明显成效，为经济和社会发展提供安全、高效、便捷、绿色的运输服务。“十三五”铁路集装箱多式联运发展目标如表9所示。

表9　　“十三五”铁路集装箱多式联运发展目标

基础网络更加高效完善	铁路集装箱多式联运通道基本形成，枢纽设施及集疏运体系有机衔接，配套服务设施功能更加完善，接取送达网络覆盖广泛，信息开放共享程度明显提升，线上线下设施运营效率明显提高

续　表

集装箱运量快速增长	国际班列、铁水联运班列、快速班列等快速发展，集装箱运量达到铁路货运量20%左右，其中，集装箱铁水联运量年均增长10%以上，中欧班列年开行5000列左右，成为铁路货运增长的新引擎
先进技术模式广泛应用	多式联运、协同配送等先进运输组织方式加快发展，模式创新、联运装备取得新突破，信息化、标准化、集装化水平显著提升，整体服务水平焕然一新
综合效率效益显著提升	综合交通运输结构进一步优化，运输效率明显提升，准时率达到95%，全社会物流成本显著降低，能源消耗和污染排放大幅减少

《规划》明确了五项重点任务：一是完善联运通道功能，二是加强综合枢纽建设，三是扩大服务有效供给，四是加快技术装备升级，五是推动信息开放共享。优化集装箱场站布局如表10所示。

表10　　优化集装箱场站布局

场站类型	主要功能	年作业能力
一级集装箱场站	主要服务于国家级流通节点城市，承担集装箱集散与分拨任务，满足快速班列、国际班列和多式联运需要，配套服务设施完善，具有办理集装箱班列到发和整列装卸的能力，具备所有物流基本服务功能和较全面的物流增值服务功能，具备内陆港的基本功能，具有集装箱及车辆检修、清洗、消毒等设施。“十三五”期间，着力打造高碑店、石家庄、大田、城厢、平湖南、王家营西等20余个场站	场站年作业能力不低于60万TEU，经济发达地区不低于80万TEU
二级集装箱场站	主要服务于国家级、区域级流通节点城市，承担集装箱集散任务，满足快速班列、管内快运班列和多式联运需要，配套服务设施较完善，具有办理集装箱班列到发的能力，具备所有物流基本服务功能和多种物流增值服务功能，部分场站具备内陆港的基本功能	场站年作业能力不低于20万TEU，经济发达地区不低于30万TEU
三级集装箱场站	主要服务于地区级流通节点城市，承担向一、二级集装箱场站集散货物任务，具备物流基本服务功能和部分物流增值服务功能。此外，社会物流点、“无轨站”等可作为铁路集装箱集散点	场站年作业能力不低于5000TEU

5.《城乡高效配送专项行动计划（2017—2020 年）》

2017 年 12 月，商务部、公安部、交通运输部、国家邮政局、供销合作总社五部门联合下发《关于印发城乡高效配送专项行动计划（2017—2020 年）的通知》（商流通函〔2017〕917 号）（以下简称《通知》），《通知》提出到 2020 年，初步建立起高效集约、协同共享、融合开放、绿色环保的城乡高效配送体系。确定全国城乡高效配送示范城市 50 个左右、骨干企业 100 家左右。《通知》从完善城乡配送网络、优化城乡配送组织方式、强化城乡配送技术标准应用、推动城乡配送绿色发展、提升城乡配送管理水平等方面推动完善城乡物流网络节点，降低物流配送成本，提高物流配送效率。城乡高效配送专项行动重点工程如表 11 所示。

表 11　城乡高效配送专项行动重点工程

城乡配送网络建设工程	适应全渠道流通和供应链深度融合的趋势要求，优化仓储配送网点布局，促进地区之间、城乡之间网络衔接。引导仓储、邮政、快递、批发、零售、电商等企业，采取多种方式共建共用社会化配送中心。鼓励地方政府整合利用城市商业网点、快递网点、社区服务机构等设施资源及农村商贸、交通、邮政、快递、供销等网络资源，建设公共末端配送网点。鼓励经营规模大、配送品类全、网点布局广、辐射功能强的骨干企业，联合相关企业建立多种形式的联盟与协同体系，构建城乡一体、上下游衔接、线上线下协同的物流配送网络。（商务部会同交通运输部、国家邮政局、供销合作总社负责）
绿色货运配送示范工程	建立交通运输主管部门负责配送运力调控、商贸流通主管部门负责配送需求引导、公安交通管理部门负责通行管理的协同工作机制，推进城乡货运绿色创新发展。在城市中心城区周边、农村县乡等交通便利地区，统筹规划建设具有干支衔接功能并组织共同配送的大型公共货运与配送综合体。完善城市配送车辆便利化通行政策，探索建立城市配送车辆分类管理机制。推动城市配送车辆标准化、专业化发展，推广新能源配送车辆并给予通行便利。推动运输组织方式创新，支持发展多式联运、甩挂运输、带托运输等高效运输模式。在商业街区、大型商圈、居民社区、高等院校等场所合理设置城市配送所需的停靠、充电、装卸、夜间配送交接等设施。推动城乡货运与配送全链条信息交互共享，促进整合各方资源，形成集约高效的城乡货运组织链条。（交通运输部会同公安部、商务部负责）

续　表

技术与模式创新工程	推动现代物流技术和装备的创新与应用，推广使用标准托盘、周转箱（筐）、配送车辆等，推动城乡配送各环节高效衔接。推动将绿色包装纳入资源回收政策支持范畴，减少包装物料用量，研发生产可循环使用和可降解的包装材料。大力推进大数据、云计算与物联网等技术在城乡高效配送中的应用，推动智慧仓配网络与平台建设。创新配送模式，发展统一配送、集中配送、共同配送等多种形式的集约化配送，发展共享物流、智慧供应链等新业态，发展夜间配送、分时段配送。（商务部会同交通运输部、国家邮政局、供销合作总社负责）

6.《粮食物流业“十三五”发展规划》

2017 年 3 月，国家发展改革委、国家粮食局联合印发了《粮食物流业“十三五”发展规划》（发改经贸〔2017〕432 号）。该规划提出，要着力打造产销区有机衔接、产业链深度融合、政策衔接配套、节点合理布局、物流相对集中、经济高效运行的粮食现代物流体系，粮食物流系统化水平显著增强，专业化水平明显提升，标准化水平逐步提高，信息化水平跨越发展。“十三五”时期粮食物流业发展主要预期性指标如表 12 所示。

表 12　“十三五”时期粮食物流业发展主要预期性指标

序号	指标内容	2020 年
1	物流节点数量	一级节点 50 个，二级节点 110 个
2	原粮跨省散运比例	50%
3	跨省粮食物流量	2 亿吨
4	仓储设施完好率	95%
5	现代粮仓科技应用示范库数量	30 个
6	国有粮食物流企业信息化升级改造覆盖率	80%

为确保实现这一目标，“十三五”时期，要围绕“一个体系、一套标准、一个平台”的建设目标，重点实施“点对点散粮物流行动”“降本增效行动”“标准化建设行动”三大行动，以及完善现有粮食物流通道、打通“两横、六纵”重点线路、布局粮食物流进出口通道、提升区域粮食物流水平、推广应用新技术新装备、完善粮食物流标准体系、大力促进物流与信息化融合七个方面重点任务。八大重点工程和物流园区示范工程（“8 +1”工程）具体内容如表 13 所示。

表13　　八大重点工程和物流园区示范工程（“8+1”工程）

工程	主要任务
收储能力优化工程	以优化布局、调整结构、提升功能为重点，重建、扩建和新建粮食仓储设施，应用先进适用的储粮设备和技术，大幅提升仓储设施现代化水平
产后服务中心建设工程	强化产后服务，建设以烘干整理功能为基础的粮食产后服务中心，南方以新建为主，北方以改造为主，重点向核心产区及新型粮食经营主体倾斜
火车散粮运输系统工程	重点在沿京哈线路、京沪线路、京广线路上，以大型粮食企业为主体，在发运点和接卸点改造或新建散粮火车发运和接卸设施，形成相对固定的散粮火车运输班列线路 重点在沿陇海线路、京昆线路上，选择主要功能为集中省外来粮并向省内各地区中转的节点，改造或新建散粮集装单元化接卸设施，实现公铁无缝联运，形成散粮集装单元化火车运输线路
港口散粮运输提升工程	在沿长江沿线、沿运河沿线、“引江济淮”工程沿线、珠江水系沿线等码头，改造或新建一批内河码头散粮接发点，提升内河码头高效接发能力和公水或铁水无缝衔接的能力 在重点沿海港口完善提升集疏运设施，北方港口着力提升公铁集港效率，南方港口着力提升公水分拨能力
平房仓物流功能提升工程	对具备条件的平房仓进行横向通风技术改造，配备快速进出仓设备，提升现有设施的物流水平，提高物流效率
物流标准化和装备工程	推进粮食物流标准基础研究，编制急需标准。支持粮食物流标准化产品和节能环保新产品的研发和推广应用
物流信息平台工程	整合现有物流信息服务平台资源，建立全国粮食物流公共信息平台，促进各类平台之间的互联互通和信息共享。鼓励大型粮食企业建设粮食物流信息化服务平台，为企业、消费者与政府部门提供第三方服务。鼓励有条件的粮食企业整合配送资源，构建电子商务物流服务平台和配送网络
应急保障工程	改造建设一批区域性骨干粮食应急配送中心，提高突发事件发生时粮食的应急供给、调运、配送能力。依托骨干企业形成粮食应急加工能力。在大城市群、边疆及偏远地区建设一批成品粮应急储备设施
物流园区示范工程	建设一批仓储物流、加工、贸易、质检、信息服务一体化发展的粮食物流园区，发挥集聚产业、稳定物流、带动示范的作用

7.《道路交通安全“十三五”规划》

2017 年 8 月，国务院安委会发布了《道路交通安全“十三五”规划》，明确了“十三五”时期我国道路交通安全工作的指导思想、规划目标、主要任务、重大工程，对切实提高我国道路交通安全水平具有重大意义。

该规划目标分为两个层次，一是总体目标，包括道路交通安全管理体制机制和法律法规体系更加健全、道路交通安全基础设施和车辆安全性明显改善、交通安全执法管理效能明显提升、以信息共享为基础的部门协作机制基本形成、交通参与者交通违法率明显减少、交通事故得到有效防控并呈现有规律的稳定状态且重特大道路交通事故稳中有降。二是量化目标，包括道路交通事故万车死亡率下降 4% 以上、营运车辆万车死亡率下降 6%、较大以上道路交通事故起数下降 8% 以上等。

二、行业政策环境

1. 行政管理政策

（1）货运车辆年检和年审依法合并。2017 年 12 月，交通运输部、公安部、质检总局联合下发《关于加快推进道路货运车辆检验检测改革工作的通知》（交运发〔2017〕207 号），该通知要求推进货车检验检测依法合并，实现检验检测结果互认、统一检验检测标准、统一检验监测周期。采取多项检验检测便民服务，推行货车异地检验检测、推行货车异地年审、推行货车预约检验检测、优化检验检测服务流程。为贯彻落实三部门通知，推进道路货运车辆检验检测改革落地实施，2018 年 2 月，交通运输部出台《关于做好推进道路货运车辆检验检测改革工作的通知》，该通知要求各省抓紧研究制定本省推进道路货运车辆检验检测工作实施细则。

（2）大件运输并联许可全国联网。2016 年，交通运输部在 6 个省市试点跨省大件运输许可平台，由起运地完成网上一站式办理。2017 年 9 月，交通运输部等十四部门出台《关于印发促进道路货运行业健康稳定发展行动计划（2017—2020 年）的通知》（交运发〔2017〕141 号），该通知将推进跨省大件运输并联许可全国联网作为 2017 年年底前完成的促进道路货运行业降本减负 10 件实事之一。

（3）简化快递企业设立分支机构备案手续。2018 年年初，国务院发布的《快递暂行条例》中提出，经营快递业务的企业及其分支机构开办的快递末端网点无须办理营业执照，只需自开办之日起 20 日内向所在地邮政管理部门备案。

（4）全国通关一体化。2017 年 6 月，海关总署出台的《关于推进全国海关通关一体化改革的公告》中提出，自 7 月 1 日起海关通关一体化在全国范围内实施，覆盖全国口岸所有运输方式进口的商品。

（5）无车承运人试点工作。交通运输部出台的《关于进一步做好无车承运人试点工作的通知》（交办运函〔2017〕1688 号）和《关于公布无车承运人试点考核合格企业名单的通知》（交办运函〔2018〕235 号）中提出，对考核合格的试点企业延续试点期一年，许可证有效期至 2019 年 2 月 28 日。下一步将加快研究制定无车承运人管理制度及运营服务规范，建立健全试点监管考核机制。

（6）优化部分低危气体道路运输管理。2017 年 7 月，交通运输部出台《关于进一步规范限量瓶装氮气等气体道路运输管理有关事项的通知》（交运发〔2017〕96 号），该通知提出对氮、氦、氖、氩、氪、氙六种低危气体，在包装及运输数量符合相关条件时，道路运输环节按照普通货物进行管理。

2. 公路治超政策

2017 年，交通运输部、公安部、工业和信息化部等部门继续推进货车非法改装和超限超载治理工作。工业和信息化部牵头，年初启动货车非法改装专项整治行动，重点打击货车非法生产、改装、销售等违法违规行为。5 月，交通运输部下发通知，贯彻实施《超限运输车辆行驶公路管理规定》（以下简称《规定》），部署做好《规定》的各项工作。为进一步规范治超执法行为，交通运输部、公安部下发《关于印发规范公路治超执法专项整治行动工作方案的通知》（交办公路〔2017〕130 号），该通知提出从 9 月至年底，在全国范围内联合开展为期 4 个月的规范公路治超执法专项整治行动，坚决查处各类违法违规执法行为，明确了“十不准”纪律和“八项制度”。交通运输部、公安部还出台了《关于治理车辆超限超载联合执法常态化制度化工作的实施意见（试行）》（交公路发〔2017〕173 号），该意见要求各地交通运输、公安部门要在普通公路、高速公路、货运源头等区域全面实施联合执法，严格规范查处车货总质量超过公路货运车辆超限超载认定标准的违法超限超载运输行为，避免重复罚款。

按照交通运输部、公安部、工业和信息化部等五部委办公厅 2016 年联合印发的《车辆运输车治理工作方案》（交办运〔2016〕107 号）的部署，各地交通运输、公安、工业和信息化等部门联合行动，强化治理，各乘用车制造企业和汽车整车物流企业积极支持配合，顺利完成了第一阶段“双排车”变“单排车”的治理目标，为确保在用不合规车辆运输车按期退出，交通运输部、公安部、工业和信息化部联合出台《关于做好车辆运输车第二阶段治理工作的通知》（交办运函〔2017〕546 号），该通知再次明确了工作目标是：2018 年 6 月 30 日前，全面完成所有不合规车辆运输车的更新改造。其中，2017 年 6 月 30 日前完成总数的 20%，9 月 30 日前完成 40%，12 月 31 日前完成 60%，

2018 年 3 月 31 日前完成 80%。2018 年 7 月 1 日起，全面禁止不合规车辆运输车通行。

3. 车辆通行政策

交通运输部等十四部门出台《关于印发促进道路货运行业健康稳定发展行动计划（2017—2020 年）的通知》（交运发〔2017〕141 号），商务部等五部门联合出台《关于印发城乡高效配送专项行动计划（2017—2020 年）的通知》（商流通函〔2017〕917 号），交通运输部、公安部、商务部出台《关于组织开展城市绿色货运配送示范工程的通知》（交办运〔2017〕191 号）均对多部门协同工作机制提出，要求建立“交通运输主管部门负责运力调控，商贸流通主管部门负责配送需求引导，公安交通管理部门负责通行管理”的协同工作机制。进一步完善城市配送车辆通行管理制度，探索建立城市配送车辆分类管理机制，按照保障需求、便利通行、分类管理、适度调控的原则，保障配送车辆的城区通行与停靠需求。

4. 物流税收政策

2017 年下半年以来，为减轻物流企业税收负担，财政部、国家税务总局、交通运输部等部门陆续出台税收支持政策。2017 年 8 月，税务总局出台《关于跨境应税行为免税备案等增值税问题的公告》（国家税务总局公告 2017 年第 30 号），明确了交通运输业承运人进项税抵扣的问题。公告将行业长期存在的税收抵扣措施阳光化，在一定程度上为规模化承运人的出现奠定了基础。

财政部、税务总局和交通运输部陆续出台政策，重点解决通行费增值税电子发票开具问题、货物运输业小规模纳税人异地代开增值税发票问题、试点互联网物流平台企业代开增值税发票、延续物流企业大宗商品仓储设施用地城镇土地使用税减半征收政策、扩大小型微利企业所得税优惠政策、完善起运港退税政策等，在一定程度上减轻了物流企业的税收负担。（如表 14 所示）

表 14　　物流税收相关政策

时间	发文单位	题目	文号	主要内容
2017 年 4 月 26 日	财政部、税务总局	关于继续实施物流企业大宗商品仓储设施用地城镇土地使用税优惠政策的通知	财税〔2017〕33 号	决定自 2017 年 1 月 1 日起至 2019 年 12 月 31 日止，对物流企业自有的（包括自用和出租）大宗商品仓储设施用地，减按所属土地等级适用税额标准的 50% 计征城镇土地使用税。并明确了物流企业和大宗商品仓储设施的范围

续 表

时间	发文单位	题目	文号	主要内容
2017 年 6 月 6 日	财政部 税务总局	关于扩大小型微利企业所得税优惠政策范围的通知	财税〔2017〕43 号	决定自 2017 年 1 月 1 日至 2019 年 12 月 31 日，将小型微利企业的年应纳税所得额上限由 30 万元提高至 50 万元，对年应纳税所得额低于 50 万元（含 50 万元）的小型微利企业，其所得减按 50% 计入应纳税所得额，按 20% 的税率缴纳企业所得税
2017 年 8 月 14 日	国家税务总局	国家税务总局关于跨境应税行为免税备案等增值税问题的公告	国家税务总局公告 2017 年第 30 号	明确了交通运输业进项税抵扣的问题。纳税人以承运人身份与托运人签订运输服务合同，收取运费并承担承运人责任，然后委托实际承运人完成全部或部分运输服务时，自行采购并交给实际承运人使用的成品油和支付的道路、桥、闸通行费，如相应取得合法有效的增值税扣税凭证，其进项税额准予从销项税额中抵扣
2017 年 12 月 25 日	交通运输部、税务总局	关于收费公路通行费增值税电子普通发票开具等有关事项的公告	交通运输部公告 2017 年第 66 号	明确了通行费增值税电子普通发票的编码规则、开具流程、相关规定、平台上线时间及业务投诉咨询等内容
2017 年 12 月 29 日	国家税务总局	货物运输业小规模纳税人申请代开增值税专用发票管理办法	国家税务总局公告 2017 年第 55 号	明确了具备相关资格的纳税人可在税务登记地、货物起运地、货物到达地或运输业务承揽地中任何一地，就近向国税机关申请代开增值税专用发票
2017 年 12 月 29 日	国家税务总局	关于开展互联网物流平台企业代开增值税专用发票试点工作的通知	税总函〔2017〕579 号	明确了互联网物流平台企业可以为同时符合相关条件的货物运输业小规模纳税人代开增值税专用发票，并代办相关涉税事项

续　表

时间	发文单位	题目	文号	主要内容
2018 年 1 月 8 日	财政部、海关总署、税务总局	关于完善启运港退税政策的通知	财税〔2018〕5 号	一是扩大启运港范围，在原有 8 个启运港基础上，新增泸州市泸州港、重庆市果园港、宜昌市宜昌港、张家港市永嘉港、南通市狼山港 5 个启运港。二是扩大离境港范围，在原上海洋山保税港区基础上，增列上海外高桥港区为离境港。三是根据出口企业和航运企业实际需要，取消原政策所规定的直航限制，设置了苏州市太仓港、南京市龙潭港、武汉市阳逻港 3 个中途经停港口。四是细化完善了相关监管要求和实施流程

5. 涉企收费政策

（1）清理规范涉企经营收费。为进一步加强涉企收费管理，切实减轻企业负担，国家发展改革委、财政部、工业和信息化部、民政部下发的《关于清理规范涉企经营服务性收费的通知》（发改价格〔2017〕790 号）对以企业为缴费主体的各类经营服务性收费进行清理规范。该通知要求，清理规范涉及铁路货运收费、清理规范进出口环节收费、清理规范检验检疫检测相关收费等物流相关领域和环节收费，有助于进一步减轻物流企业负担。8 月，交通运输部、国家发改委修订发布《港口收费计费办法》（交水发〔2017〕104 号），该办法进一步完善了港口价格形成机制，预计每年可为航运企业减负 2 亿元。《国务院办公厅关于进一步推进物流降本增效促进实体经济发展的意见》（国办发〔2017〕73 号）要求，清理规范铁路运输企业收取的杂费、专用线代运营代维护费用、企业自备车检修费用等，以及地方政府附加收费、专用线产权或经营单位收费、与铁路运输密切相关的短驳等两端收费。

（2）收费公路政策改革和试点。交通运输部等十四部门出台的《关于印发促进道路货运行业健康稳定发展行动计划（2017—2020 年）的通知》（交运发〔2017〕141 号）中提出，在具备条件的省份和路段，组织开展高速公路分时段差异化收费试点。同时，将对使用 ETC（不停车电子收费系统）非现金支付卡并符合相关要求的货运车辆给予适当通行费优惠作为 2017 年年底前完成的促进道路货运行业降本减负 10 件实事之一。

6. 物流用地政策

《国务院办公厅关于进一步推进物流降本增效促进实体经济发展的意见》（国办发〔2017〕73 号）要求，加强对物流发展的规划和用地支持。研究制定指导意见，进一步发挥城乡规划对物流业发展的支持和保障作用。（住房城乡建设部负责）在土地利用总体规划、城市总体规划中综合考虑物流发展用地，统筹安排物流及配套公共服务设施用地选址和布局，在综合交通枢纽、产业集聚区等物流集散地布局和完善一批物流园区、配送中心等，确保规划和物流用地落实，禁止随意变更。对纳入国家和省级示范的物流园区新增物流仓储用地给予重点保障。鼓励通过“先租后让”“租让结合”等多种方式向物流企业供应土地。对利用工业企业旧厂房、仓库和存量土地资源建设物流设施或提供物流服务，涉及原划拨土地使用权转让或租赁的，经批准可采取协议方式办理土地有偿使用手续。各地要研究建立重点物流基础设施建设用地审批绿色通道，提高审批效率。（各省级人民政府、国土资源部、住房城乡建设部负责）

7. 金融支持政策

（1）拓展物流企业融资渠道。国办发〔2017〕73 号文要求，支持符合条件的国有企业、金融机构、大型物流企业集团等设立现代物流产业发展投资基金，按照市场化原则运作，加强重要节点物流基础设施建设，支持应用新技术新模式的轻资产物流企业发展。（国家发展改革委、财政部、国务院国资委负责）

（2）支持港口集疏运铁路建设。2017 年 2 月，交通运输部印发《交通运输部办公厅关于支持港口集疏运铁路建设有关工作的通知》，该通知拟利用车辆购置税资金对《“十三五”港口集疏运系统建设方案》（交规划发〔2017〕7 号）中的铁路建设项目给予投资补助支持。

（3）支持多式联运示范工程项目。交通运输部、国家发展改革委下发《关于组织开展第二批多式联运示范工程申报工作的通知》，第二批 30 个多式联运示范工程项目名单已经公布。示范工程被纳入交通运输部的货运枢纽（物流园区）建设项目库，并根据《交通运输部货运枢纽（物流园区）投资补助项目管理办法（暂行）》给予投资补助。

（4）支持货运枢纽（物流园区）项目。2017 年 10 月，交通运输部办公厅下发《关于对 2018 年拟投资补助的货运枢纽（物流园区）项目进行公示的公告》，按照《交通运输部货运枢纽（物流园区）投资补助项目管理办法（暂行）》有关要求，将拟安排投资补助资金的 8 个项目予以公示。

8. 技术支持政策

（1）国家智能化仓储物流示范基地。国家发展改革委、商务部联合委托中国物流与采购联合会组织开展了“国家智能化仓储物流示范基地”评选工作，最终确定京东上海亚洲一号物流基地等 10 家单位为“国家智能化仓储物流示范基地”。

（2）骨干物流信息平台试点。国家发展改革委、交通运输部、中央网信办委托综合运输研究所开展“首批骨干物流信息平台试点”评选，最终确定首批骨干物流信息平台试点名单，圆通速递“运盟集运平台”、货车帮＋运满满平台以及菜鸟网络“新能源智慧物流平台”等28家物流企业成为首批骨干物流信息平台试点单位。

（3）交通运输政务信息共享。2017年5月，《交通运输政务信息资源共享管理办法（试行）》（简称《办法》）正式施行。今后，经脱密处理的基础信息资源必须接入部级共享平台供政务部门无条件共享。省级共享平台应满足省级、省际间共享交换信息资源的需要，并实现与部级共享平台的对接。凡涉及交通运输部的信息资源共享均应通过部级共享平台实现。

（4）推广标准托盘单元化。商务部、国家标准委等十部门联合发布《关于推广标准托盘发展单元化物流的意见》（商流通函〔2017〕968号），该意见提出促进物流链各环节标准化衔接、推进物流载具循环共用、推进物流单元化、一体化运作、提高物流链信息化、智能化水平、推广先进成熟模式。

（5）开展智慧港口示范工程。交通运输部下发《关于开展智慧港口示范工程的通知》（交水函〔2017〕101号），该通知提出以港口智慧物流、危险货物安全管理等方面为重点，选取一批港口开展智慧港口示范工程建设，着力创新以港口为枢纽的物流服务模式、安全监测监管方式，以推动实现“货运一单制、信息一网通”的港口物流运作体系，逐步形成“数据一个库、监管一张网”的港口危险货物安全管理体系。

9. 行业诚信政策

国家发展改革委等36部门印发《关于对严重违法失信超限超载运输车辆相关责任主体实施联合惩戒的合作备忘录》（发改财金〔2017〕274号）、国家发展改革委等20部门印发《关于对运输物流行业严重违法失信市场主体及其有关人员实施联合惩戒的合作备忘录》（发发改运行〔2017〕1553号），文件提出经政府行政管理部门认定存在严重违法失信行为并被列入运输物流行业“黑名单”的市场主体及负有直接责任的法定代表人、企业负责人、挂靠货车实际所有人及相关人员，各部门将依法依规对联合惩戒对象从市场准入和政策支持、政府监管、金融守信、从业资格、社会形象等方面实施多项联合惩戒措施。中国物流与采购联合会组织23家国内重点物流服务平台，就加强信用建设实施联合惩戒达成一致意见，决定联合签署《物流服务平台加强信用建设实施联合惩戒备忘录》并采取一致行动。

运输物流行业严重违法失信市场主体及其有关人员实施联合惩戒的主要措施，如表15所示。

表 15 运输物流行业严重违法失信市场主体及其有关人员实施联合惩戒的主要措施

准入和支持方面的惩戒措施	1. 对失信主体申请从事道路、铁路、水路、民航运输和站场（港口、机场）经营业务，在班线和航线审批、经营许可等方面依法实行限制性管理措施。2. 对失信主体申请从事寄递物流业务，在经营许可方面依法实行限制性管理措施。3. 对失信主体申请城市货运车辆通行证予以限制。4. 对失信主体作为供应商参加政府采购活动依法予以限制。5. 对失信主体参与工程等招投标依法予以限制。6. 对失信主体在取得政府供应土地方面依法予以限制。7. 在财政补贴资金安排过程中，将失信信息作为审核的重要参考。8. 对失信主体在申请取得认证机构资质、获得认证证书方面予以限制
监管方面的惩戒措施	9. 将失信主体的信用状况作为税务部门评价其纳税信用级别的重要参考。10. 对失信主体申请适用海关认证企业管理的，不予通过认证；对已经成为认证企业的，按照规定下调企业信用等级。11. 在失信主体办理通关等海关业务时，对其进出口货物实施严密监管，加强单证审核、布控查验或后续稽查。12. 将失信主体的信用状况作为进出口检验检疫监管的重要参考
金融方面的惩戒措施	13. 将失信状况作为金融机构融资授信时的审慎性参考。14. 将失信信息作为公开发行公司债券核准的重要参考。对失信主体发行企业债券从严审核；在银行间市场发行非金融企业债务融资工具限制注册，并按照注册发行有关工作要求，强化信息披露，加强投资者保护机制管理，防范有关风险。15. 将失信信息作为股票发行审核及在全国中小企业股份转让系统公开转让审核的参考。16. 在上市公司或者非上市公众公司收购的事中事后监管中，对失信主体予以关注。17. 在境内上市公司实行股权激励计划或相关人员成为股权激励对象事中事后监管中，对失信主体予以关注。18. 在审批证券公司、基金管理公司、期货公司的设立、私募基金管理人登记及变更持有 5% 以上股权的股东、实际控制人时，将其失信信息作为审批的参考。19. 将失信状况作为保险公司核定保险费率的重要参考
从业资格方面的惩戒措施	20. 对失信主体担任国有企业法定代表人、董事、监事依法予以限制。21. 对失信主体登记为事业单位法定代表人依法予以限制。22. 对失信主体招录（聘）为公务员或事业单位工作人员依法予以限制。23. 对严重失信的自然人，依法限制其担任上市公司、债券公司、基金管理公司、期货公司的董事、监事和高级管理人员等，对其证券、基金、期货从业资格申请予以从严审核，对已成为证券、基金、期货从业人员的相关主体予以关注。24. 对失信主体担任保险公司的董事、监事、高级管理人员依法予以限制

续　表

社会形象方面的惩戒措施	25. 通过“信用中国”“信用交通”等网站和国家企业信用信息公示系统依法向社会公布失信主体信息。26. 对失信主体参评文明单位、道德模范依法予以限制。27. 行业协会商会对会员失信行为进行警告、通报批评、公开谴责等

交通运输部下发《关于界定严重违法失信超限超载运输行为和相关责任主体有关事项的通知》（交办公路〔2017〕8号），该通知对严重违法失信超限超载运输行为和相关责任主体予以界定。明确具有以下10项情形之一的，应当列入严重违法超限超载运输失信当事人名单。

（1）货运车辆1年内违法超限运输超过3次的；

（2）货运车辆驾驶人1年内违法超限运输超过3次的；

（3）道路运输企业1年内违法超限运输的货运车辆超过本单位货运车辆总数10%，被道路运输管理机构责令停业整顿的；

（4）机动车维修经营者擅自改装机动车，情节严重，被吊销经营许可的；

（5）指使、强令车辆驾驶人超限运输货物，被道路运输管理机构处以2万元以上罚款，或者1年内被给予3次以上行政处罚的；

（6）隐瞒有关情况或者提供虚假材料申请超限运输行政许可，或者以欺骗、贿赂等不正当手段取得行政许可的；

（7）超限超载运输车辆驾驶人、源头单位、大件运输企业无正当理由拒绝有关部门监督检查或者提供虚假情况的；

（8）因堵塞交通、强行冲卡、暴力抗法、破坏相关设施设备，被公安机关依法给予行政处罚的；

（9）因违法超限超载造成重大责任事故且负同等责任以上的；

（10）暴力抗法致人死亡或伤害的。

上述各项中的“超过”“以上”包含本数。“1年”从初次领取道路运输证、道路运输从业人员从业资格证、道路运输经营许可证之日算起，可跨自然年度。

10. 行业安全政策

2016年年底，国家邮政局、公安部、国家安全部联合下发《关于发布〈禁止寄递物品管理规定〉的通告》。该通告对2007版禁寄物品指导目录进行了修订，从安全检查、企业责任、用户义务、监督管理等方面提出了更加明确的规范要求，将指导目录从原有的14项增加到“18+1（18类物品及其他）”项，载明物品从58种增加到188种，并将《危险化学品目录》等法律、行政法规、国务院和国务院相关部门规定禁止寄递的上万种物品均纳入其中。

2017 年 2 月，国家邮政局、公安部、国家安全部印发《关于加快全国邮件快件实名收寄信息系统推广应用工作的实施方案》，该方案明确了实名收寄信息系统推广应用工作的总体要求，力争利用两年时间基本实现邮件、快件实名收寄信息化目标，着力构建企业低成本运行、用户易于接受、政府高效监管、信息安全有效保障的实名收寄制度，为维护国家安全、社会安全、公共安全和寄递行业长远健康发展奠定坚实基础。实名收寄信息系统由国家邮政局统一指导建设，寄递企业采集实名收寄数据信息并实时上传。

第三章

2017 年中国物流业发展回顾

2017 年，我国物流业加快结构优化、动力转换和质量提升，主要指标稳中向好、提质增效，实现了平稳健康发展。

一、总体运行情况

（一）社会物流需求

物流需求稳中向好。2017 年，全国社会物流总额 252. 8 万亿元，按可比价格计算，比上年增长 6. 7%，增速比上年提高 0. 6 个百分点。（如图 1 所示）

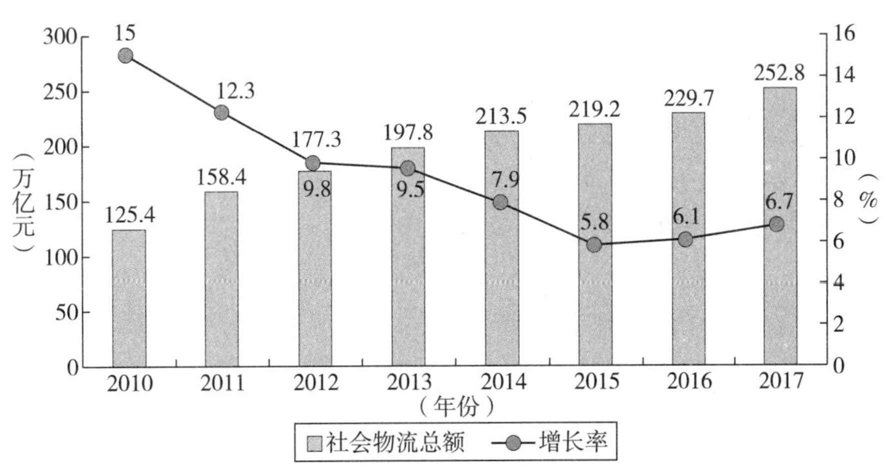

图 1 2010—2017 年社会物流总额及可比增长

分季度看，一季度 56. 7 万亿元，增长 7. 1%，提高 1. 1 个百分点；上半年 118. 9 万亿元，增长 7. 1%，提高 0. 9 个百分点；前三季度 184. 8 万亿元，增长

6.9%，提高0.8个百分点；全年社会物流总额呈现稳中向好的发展态势。

从构成看，工业品物流总额234.5万亿元，占社会物流总额的92.8%，制造型物流仍然是物流需求的主要来源。按可比价格计算，工业品物流总额同比增长6.6%，增速比上年同期提高0.6个百分点，其中，高技术产业、装备制造业等物流需求增长较快，基础原材料等高耗能行业物流需求延续回落走势。

单位与居民物品物流总额1.0万亿元，按可比价格计算，增长29.9%，消费型物流成为物流需求增长的重要推动力。其中，网络消费的物流需求在上年高增速的基础上继续快速增长，全年实物商品网上零售额规模超过5万亿元，增长28%，带动快递、电商物流需求高速增长。

进口货物物流总额12.5万亿元，按可比价格计算，增长8.7%，提高1.3个百分点，在全球经济温和复苏，内需稳中向好，扭转了上年同期大幅下降的局面。

农产品物流总额3.7万亿元，按可比价格计算，增长3.9%，提高0.8个百分点；再生资源物流总额1.1万亿元，按可比价格计算，下降1.9%。（如表1所示）

表1　2017年社会物流总额构成及其增长速度

社会物流总额构成	总额（万亿元）	增长率（%）
工业品物流	234.5	6.6
进口货物物流	12.5	8.7
农产品物流	3.7	0.8
再生资源物流	1.1	-1.9
单位与居民物品物流	1.0	29.9

（二）社会物流费用

社会物流费用稳步增长。2017年社会物流总费用12.1万亿元，同比增长9.2%。

其中，运输费用6.6万亿元，增长10.9%，增速比上年同期提高7.6个百分点；保管费用3.9万亿元，增长6.7%，提高5.4个百分点；管理费用1.6万亿元，增长8.3%，提高2.7个百分点。（如图2所示）

运输费用、保管费用、管理费用分别占社会物流总费用的54.5%、32.2%、13.2%，分别比上年增加0.6个百分点、减少0.9个百分点和增加0.4个百分点。

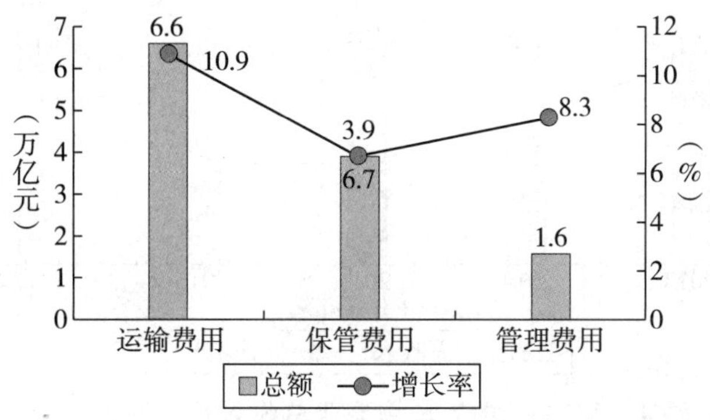

图 2　2017 年社会物流总费用构成及其增长速度

2017 年社会物流总费用与 GDP 的比率为 14.6%，比上年同期下降 0.3 个百分点。即每万元 GDP 所消耗的社会物流总费用为 1460 元，比上年下降 2.0%，社会物流总费用占 GDP 的比率进入持续回落阶段。（如图 3 所示）

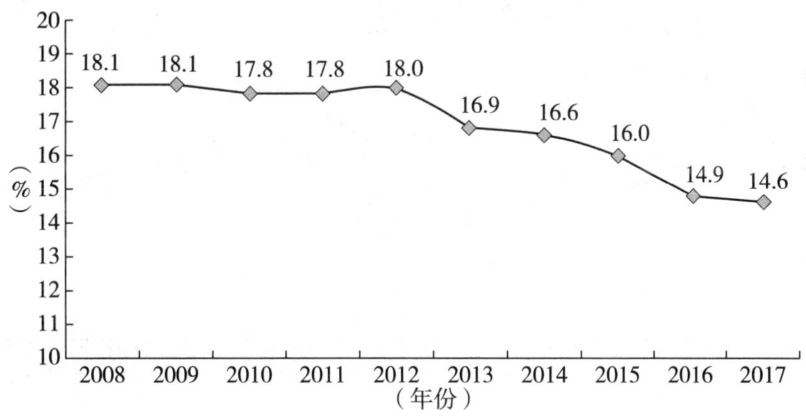

图 3　2008—2017 年社会物流总费用与 GDP 的比率

（三）社会物流收入①

物流业总收入较快增长。2017 年物流业总收入 8.8 万亿元，比上年增长 11.5%，增速比上年同期提高 6.9 个百分点。（如图 4 所示）

（四）物流服务价格水平

物流市场价格总体回升。2017 年，物流市场供需增长更趋平衡，物流价格水平稳中有升。

①物流业总收入是指报告期内，物流业参与物流活动，提供物流服务所取得的业务收入总额。包括物流活动中运输、储存、装卸搬运、包装、流通加工、配送、信息等方面业务活动的收入。

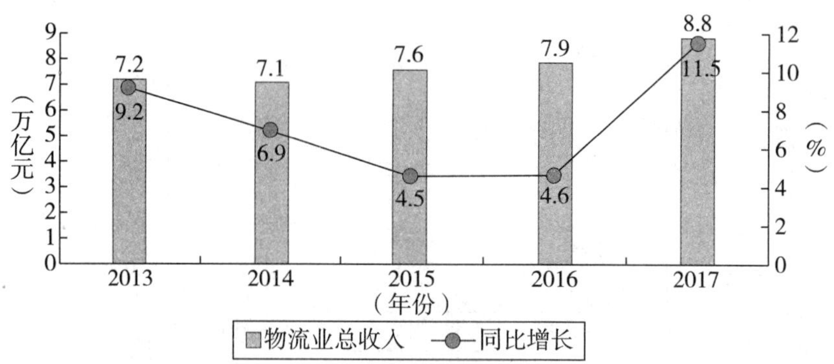

图 4　2013—2017 年物流业总收入及其增长速度

公路货运价格先升后降。2017 年，中国公路物流价格指数年平均为 106. 5 点，比上年均值回升 3%。其中，1 月运价指数为 118. 8 点，为全年峰值，此后运价指数呈持续下滑态势，出现“旺季不旺”的局面。12 月运价指数为 103. 1 点，低于上年同期水平。（如图 5 所示）

图 5　2016—2017 年中国公路物流价格指数走势

资料来源：中国物流与采购联合会。

水路货运价格连续上涨。2017 年，水路运力供给过剩情况有所改善，大宗商品需求不断上升，水路货运价格持续回升。其中，上半年价格震荡波动，下半年则显著回升，价格指数连续 5 个月上涨，回升幅度不断扩大，12 月中国沿海散货运价指数升至 1500. 83 点，为近五年来的最高水平。全年平均为 1148 点，比上年回升 25. 1%。（如图 6 所示）

仓储价格持续高位运行。2017 年，受大宗商品需求改善和社会消费带动配送物流需求上涨影响，中国仓储价格保持高位运行，并有稳步上行趋势。中国仓储指数收费价格指数年平均为 49. 8%，较上年小幅上涨 0. 3 个百分点。（如图 7 所示）

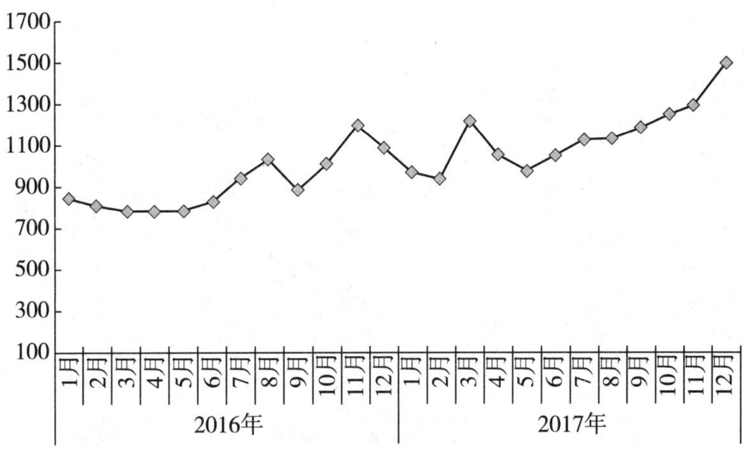

图 6　2016—2017 年中国沿海散货运价指数走势

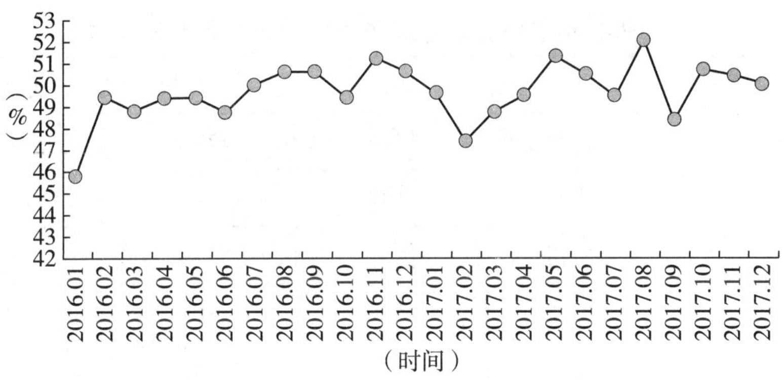

图 7　中国仓储指数收费价格指数

（五）货物运输规模

货物运输量保持较快增长。全年货物运输总量 479 亿吨，比上年增长 9.3%，如图 8 所示。货物运输周转量 196130 亿吨公里，增长 5.1%，如图 9 所示。2017 年各种运输方式完成货物运输量及其增长速度如表 2 所示。

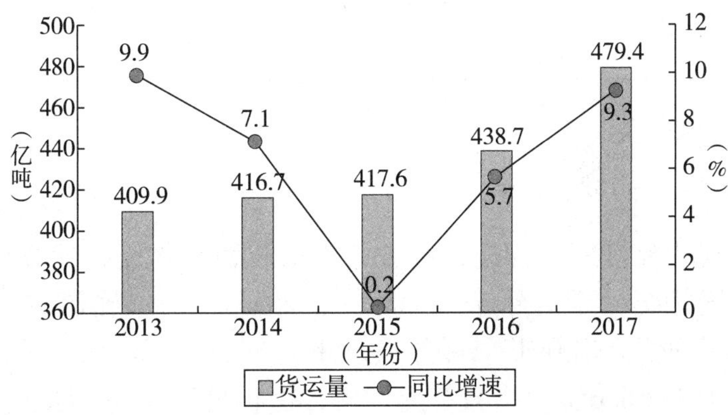

图 8　2013—2017 年货运量及其增长速度

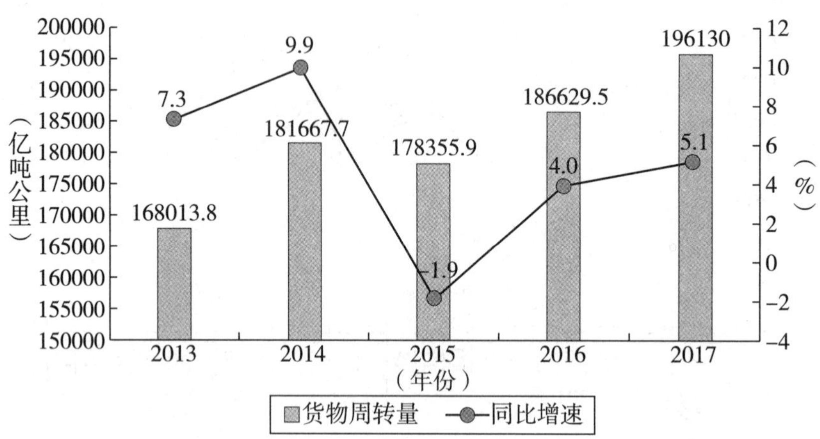

图 9　2013—2017 年货物运输周转量及其增长速度

表 2　　　　2017 年各种运输方式完成货物运输量及其增长速度

指标		单位	绝对数	比上年增长
货物运输量	总量	亿吨	479. 4	9. 3%
	铁路	亿吨	36. 9	10. 7%
	公路	亿吨	368	10. 1%
	水路	亿吨	66. 6	4. 3%
	民航	万吨	705. 8	5. 7%
	管道	亿吨	7. 9	7. 3%
货物运输周转量	总量	亿吨公里	196130. 4	5. 1%
	铁路	亿吨公里	26962. 2	13. 3%
	公路	亿吨公里	66712. 5	9. 2%
	水路	亿吨公里	97455	0. 1%
	民航	亿吨公里	243. 5	9. 5%
	管道	亿吨公里	4757. 2	13. 4%

（六）物流市场景气度

物流业景气状况良好。物流企业业务需求旺盛，物流行业整体呈现活跃态势，物流业景气状况处于近年来较高水平。2017 年中国物流景气指数平均为 55. 3%，比上年均值高出 0. 1 个百分点，11 月回升至 58. 6%，为 2017 年以来最高水平，12 月为 56. 6%，指数有所回落，但仍处于 55% 以上的高景气区间。

（如图10所示）

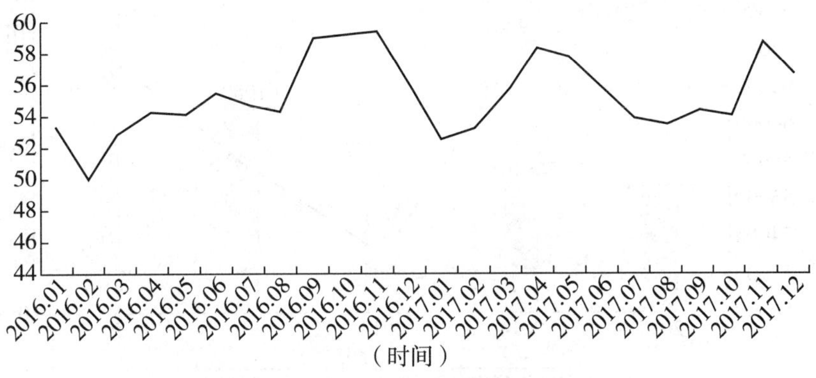

图10 2016—2017年物流业景气指数走势

二、物流细分市场

（一）公路货运市场

公路货运市场规模增加较快。2017年，全国道路运输费用为3.8万亿元，较上年增长10.3%，受大宗商品、基础建设和扩大消费影响实现较快增长。由于运力总体过剩、价格持续低迷，道路运输费用占运输费用的57.3%，占比较上年有所下降。

2017年，公路完成货运量368亿吨，增长10.1%，如图11所示；货物周转量66772.5亿吨公里，增长9.2%，如图12所示，较上年实现较快增长。公路货运量占全社会货运总量的78%，货运周转量占全社会货运周转量的34.7%。由此可见，公路货运依然是货物运输的主渠道。

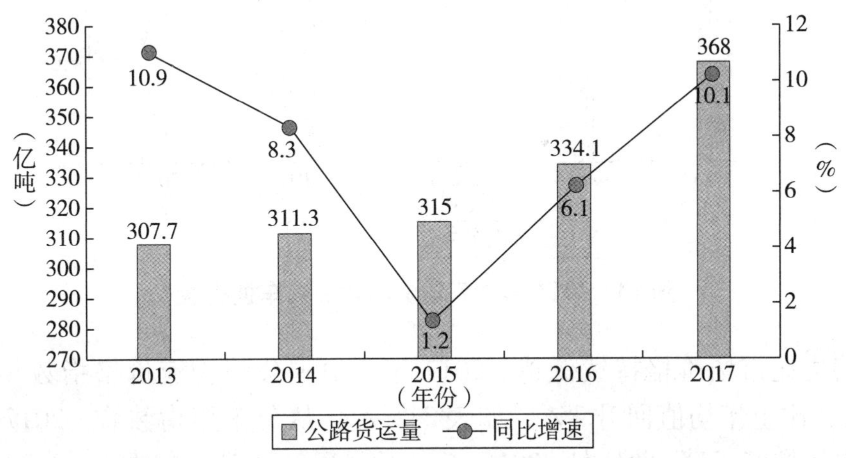

图11 2013—2017年公路货运量及其增长速度

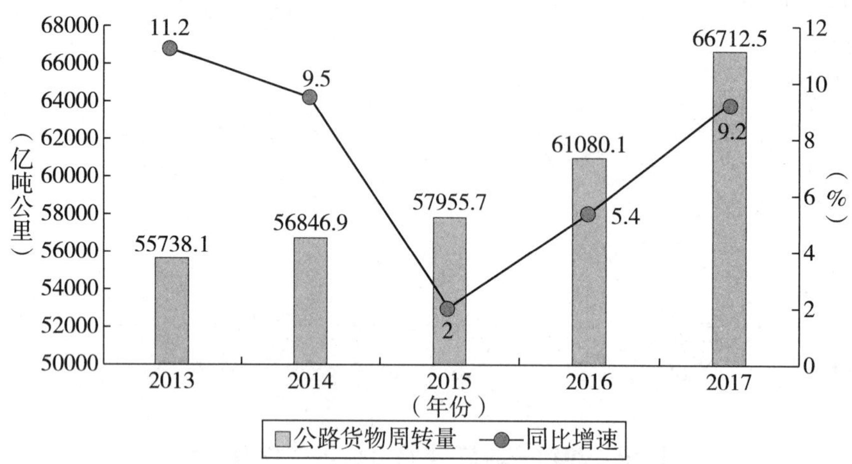

图 12　2013—2017 年公路货运周转量及其增长速度

公路货运市场运力小幅回升。2017 年年末全国拥有载货汽车 1368.62 万辆，比上年增长 1.2%，约 11775 万吨位，增长 8.8%，扭转了连续 3 年车辆数下滑的局面，车辆大型化、厢式化、集装单元化趋势明显，如图 13 所示。其中，普通货车 902.90 万辆，下降 4.6%，4868.40 万吨位，增长 0.5%；专用货车 46.25 万辆，下降 2.8%，499.10 万吨位，下降 5.4%；牵引车 207.29 万辆，增长 19.0%；挂车 212.18 万辆，增长 15.3%，车辆标准化取得一定成效。

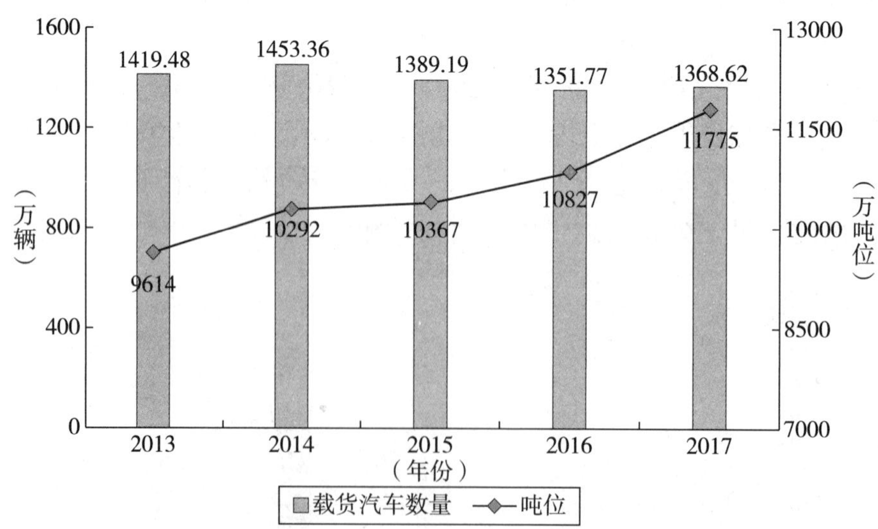

图 13　2013—2017 年全国载货汽车拥有量

公路货运市场价格持续低迷。2017 年，中国公路物流价格指数年平均为 106.5 点，比上年均值回升 3%，如表 3 所示。从分车型指数看，2017 年各车型指数整体持续下降，但同比 2016 年有不同程度回升，如图 14 所示。其中，整车指数逆转回落走势，指数上升至 103. 4 点，同比去年上升 7. 7%。零担轻货指数保持基本稳定，零担重货指数下降相对来说较为明显，同比下降 6%，如表 3 所示。

表 3　　2016 年和 2017 年中国公路物流运价指数全年均值

指数	2016 年	2017 年	2017 年较 2016 年增长
中国公路物流运价指数	103. 4	106. 5	3%
整车指数	96	103. 4	7. 70%
零担轻货指数	116. 9	117. 2	0. 26%
零担重货指数	112. 4	105. 7	-6%

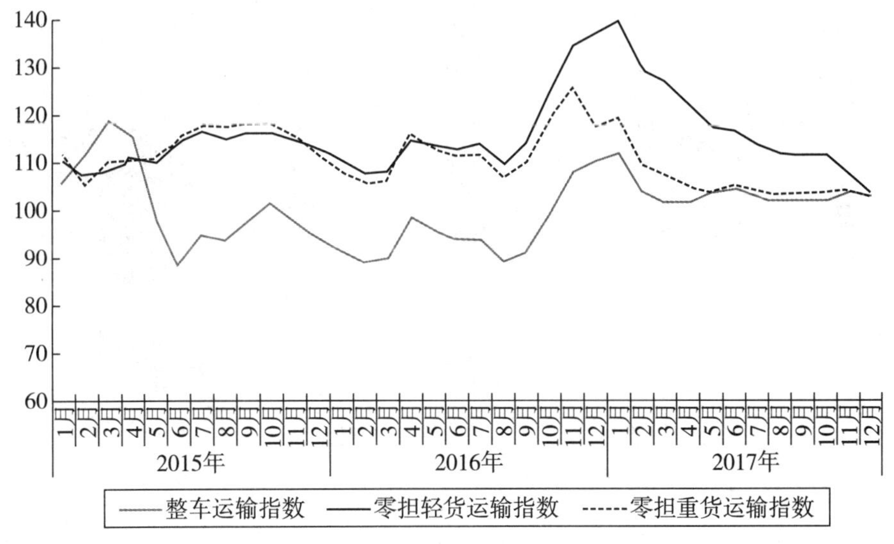

图 14　2015—2017 年中国公路物流运价指数

资料来源：中国物流与采购联合会。

公路货运市场效率分化加剧。2017 年中国公路货运效率指数月均指数为 95. 85，比上年降低 4. 7 个指数单位，反映出社会货运效率有所下降，如图 15 所示。这主要是受增量运力快速增长，存量运力淘汰不利影响。据测算，全国货运车辆月均行驶里程为 7001. 6 公里，月均行驶时长为 140. 6 小时。

据中物联公路货运分会对监测的星级车队数据显示，星级车队所有入网车辆月均行驶里程为 9599. 5 公里。其中，重型牵引车月均行驶里程为 11536 公里。5 星级车队两项月均行驶里程数最高，分别达到 10293 公里和 16021 公里。(如图 16 所示)

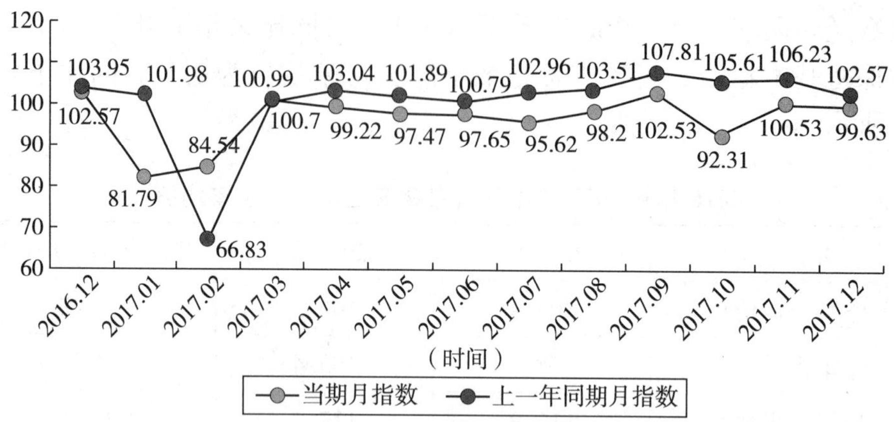

图 15　2016—2017 年我国货运效率指数（月指数）

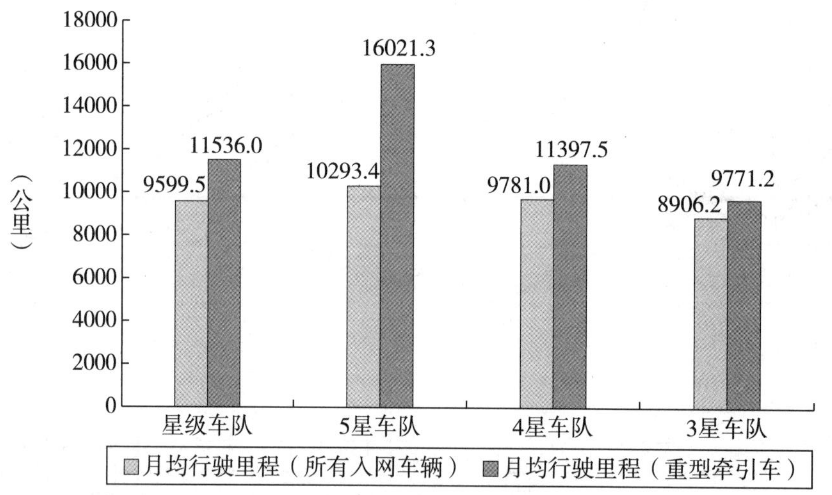

图 16　星级车队月均行驶里程情况

公路货运细分市场逐步分化。受资本和模式双重推动，公路货运市场加快变革，零担运输、整车运输更加分化。

1. 零担快运市场格局渐变

零担快运市场原来“一超多强”的格局随着资本推动和模式创新正在发生转变。2017 年 12 月 5 日，德邦物流 IPO（首次公平募股）首发申请上会获通过，2018 年 1 月初正式上市，成为中国第一家上市的零担快运企业。2017 年，德邦物流实现营业收入 203.5 亿元，净利润 5.47 亿元，分别较上年增长 19.70% 和 43.87%。全年业务件量为 3.13 亿票，同比增长 54.7%。其中，快运收入 129.94 亿元，同比增长 2.93%。德邦物流以直营模式为主，继续保持零担运输市场的领先地位，但是增长空间逐步收窄。2017 年主要零担快运企业情况如表 4 所示。

表 4　　**2017 年主要零担快运企业情况**

序号	企业	网点数	营业收入
1	德邦物流	近 10000 家	129.9 亿元
2	安能物流	近 17000 家	56.7 亿元
3	壹米滴答	7500 多家	30 亿元
4	盛辉物流	—	21.8 亿元
5	天地华宇	3000 多家	21.3 亿元

2010 年成立的安能物流以加盟模式起步，实现了年复合 140% 的快速增长，吸引了包括红杉、华平、高盛、凯雷、鼎晖等资本支持。2017 年，安能快运业务网点数近 17000 个。2015 年成立的壹米滴答以区域加盟模式，汇聚各区域领先物流企业，实现省地直达县镇直通。2017 年营业收入超过 30 亿元，服务网点超过 7500 家，快速赶超传统企业，获得了国开国际、鼎辉投资等资本领投的 B 轮和 B + 轮融资。

快递企业加速跨界融合。继顺丰、百世、中通进入快运市场后，圆通、韵达等采用擅长的加盟模式进入快运市场。2017 年主要快递企业进入零担快运市场情况如表 5 所示。

表 5　　**2017 年主要快递企业进入零担快运市场情况**

序号	企业	快运收入
1	顺丰控股	46.7 亿元
2	百世快运	33.4 亿元
3	中通快运	15.6 亿元

2. 零担专线市场转型升级

零担专线市场受市场需求调整和竞争压力影响，行业加快分化调整。整车市场加快碎片化，小票零担逐步被快递快运市场切割，大票零担对端到端服务的要求提升。零担专线企业深耕核心线路，提高运输效率，加快末端配送布网，提供端到端服务，提升服务质量。例如，佳施物流在干线运输提出“水车甩挂”模式，拆分运输路线，提高效率和司机服务，同时延伸末端能力，为客户提供个性化服务。可通物流江苏全境，珠三角发苏南日均达 25 ~ 30 个挂车，为降低破损、提升时效、增强客户的体验，广东江苏开通了 12 条点点直达专线。随着快递快运的快速扩张，对优质零担运力需求增强，大批小型零担专线企业通过承包加盟等方式加入快递快运网络，依托自身线路经营优势，拓宽了原有市场范围，实现与快递快运市场共同成长。

零担专线企业加快联盟合作。受市场竞争压力和快递快运市场示范带动，零担专线企业通过联盟加盟模式，打造统一品牌、统一产品、统一系统、统一经营，打造大票零担服务网络平台。德坤供应链将大票零担运营标准化、时效标准化。2017 年 7 月 1 日推出“德坤快线”，确保快线产品当天全部出库零留仓，增强客户服务体验；9 月又推出标准产品“一票通”，首批 23 个城市，一站直达，主攻 200～3000 千克市场。2017 年营业收入超过 12 亿元。每天全国往返 300 个挂车，已在多省拥有分拨中心，初步搭建全国网络。联运汇在顺德乐从、龙江的家具市场联合 23 家专线统一成一个品牌，开发了联运快运（干线）、联运到家（安装）、物流管家（商家）等全链条产品，实现送装一体化、可视化，更好地服务于家居大件客户。

3. 整车运输大车队、大平台规模渐起

受市场需求和政策引导，整车运输市场作为货运基础运力提供者，加快向大车队、大平台集中发展。

规模型车队逐步成型。随着快递快运和电商物流的快速增长，快递快运和电商企业运力外包趋势明显，社会化优质运力的灵活性、稳定性和经济性逐渐得到认可。以狮桥、则一、志鸿、赤湾东方等为代表的重资产型大车队进一步扩大市场份额。狮桥物流依托资金和技术优势，提出“超级车队”的概念，提供车况优良、安全可靠、税务规范的专属运力定制服务。2017 年主要大车队（整车）企业情况如表 6 所示。

表 6　2017 年主要大车队（整车）企业情况

序号	企业名称	车辆数（辆）	营业收入（亿元）
1	众卡运力	4000 以上	35
2	则一物流	2653	23
3	狮桥物流	2100	20
4	赤湾东方	1720	21
5	志鸿物流	1100	15

中物联公路货运分会星级车队数据显示，星级车队平均拥有货运车辆 300 辆。其中，5 星级车队平均拥有货运车辆数达到 1371 辆，在数量上遥遥领先。4 星级车队平均拥有货运车辆数为 185 辆，3 星级车队平均拥有 67 辆，如图 17 所示。车辆数排名前十的车队中，8 家车队车辆数超过 1000 辆，排名第一的车队拥有 2962 辆货车。

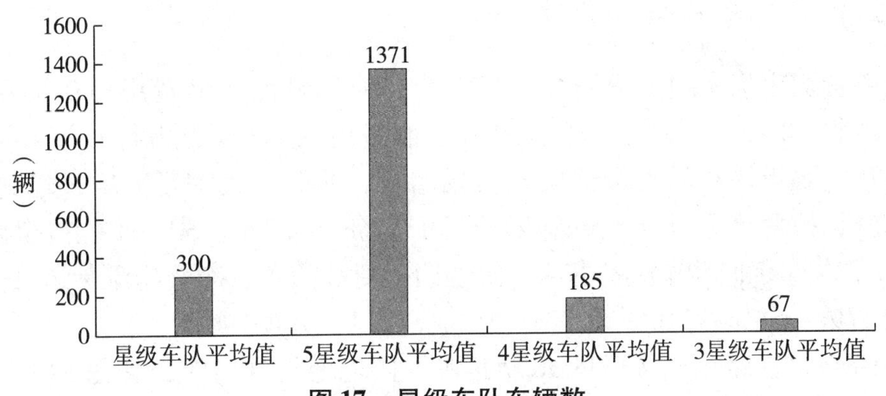

图 17　星级车队车辆数

整车互联网平台“独角兽”合并。2017 年 11 月 24 日，货车帮与运满满联合宣布战略合作，双方共同成立一家新的集团公司。科技部发布的《2017 年中国独角兽企业发展报告》显示，满帮集团以 20 亿美元估值居榜单 47 位。据满帮集团数据显示，满帮会员车辆 520 万辆，会员企业 125 万家，在整车互联网平台车货匹配市场中占据领先优势。福佑卡车凭借经纪人竞价模式，为货主企业提供整车运输服务，聚集了 6.8 万名货主企业和 2.5 万名货运经纪人。2017 年获得 2.5 亿元 C 轮融资，2018 年 1 月 2 日获得 C + 轮融资。

4. 城市配送分散局面依旧

传统配送企业规模普遍偏小，主要针对区域市场和细分行业提供配送服务，没有形成全国性品牌。货主企业为保障服务品质自建配送品牌和网络。日日顺物流是海尔集团旗下物流服务品牌，为客户提供送装同步、仓配一体、云仓云配等解决方案，提升用户服务体验，日日顺快线覆盖全国 2915 个区县，拥有家居大件物流行业唯一能够全网覆盖、到村入户的服务网络。益嘉物流是益海嘉里集团旗下的专业物流公司，以金龙鱼产品为依托，结合其他知名快消品客户，实现配送中心所在城市及周边城市的商超门店的共同配送，打造城市配送公共服务平台。

平台型配送企业全面扩张。平台型配送企业通过打造互联网平台资源分散整合，提供标准化、定制化产品，加快实现规模扩张。唯捷城配主营国内 B2B（企业对企业）同城物流（仓配一体化）业务，通过“直营 + 加盟”模式开拓市场，在全国已覆盖超过 20 个城市服务网络。云鸟配送通过打造互联网平台提供供应链配送服务，以信息技术为支撑，实现运力与企业配送需求精确、高效匹配，为客户提供同城及区域配送服务，已在北上广深等 20 个一线城市开展业务，运力池已拥有超过 80 万名司机，服务各类供应链客户近万家。2017 年 2 月，获得由华平投资领投的 D 轮融资。

（二）铁路货运市场

铁路货运市场实现大幅增长。2017 年，全国铁路运输费用为 0.5 万亿元，较上年增长 18.6%。铁路运输费用占运输费用的 7.6%，占比较上年有所上升。货物主要板块和品类全部实现大幅增长，尤其是大宗货物增长迅速。煤、冶炼物资、粮食等运量同比分别增长了 13.2%、8.7%、30.3%，占全路总增量的 92.5%。专业运输发展迅速，集装箱、商品汽车、冷链物流年运量分别同比增长 37%、58%、110%。

2017 年，铁路完成货运量 36.9 亿吨，同比增长 10.7%，如图 18 所示。其中，国家铁路完成约 29.2 亿吨，同比增长 10.1%。全国铁路货物周转量 26962.2 亿吨公里，同比增长 13.3%，如图 19 所示。其中，国家铁路完成 24091.70 亿吨公里，同比增长 13.2%。铁路货运量、货物周转量同比均实现正增长。铁路货运量占全社会运输总量的 7.9%，同比增加 0.2 个百分点。货物周转量占全社会货物周转量的 19.5%，同比增加 1.3 个百分点，这是自 2005 年铁路份额不断下滑以来首次实现增长。

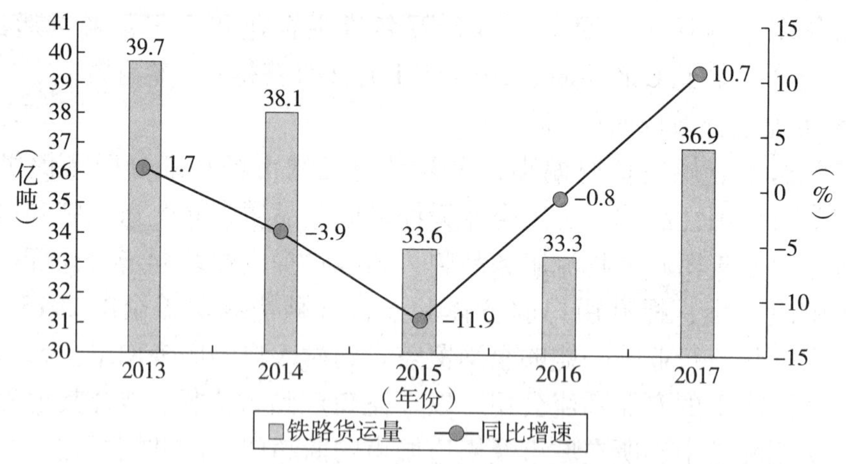

图 18　2013—2017 年铁路货运量及其增长速度

资料来源：根据 2013—2017 年交通运输行业发展统计公报数据汇总。

铁路货运市场运力有所增长。2017 年年末全国拥有铁路机车 2.1 万台，其中内燃机车占 40.4%，电力机车占 59.5%。拥有铁路货车 79.9 万辆，较上年增加 3.5 万辆，小幅增长 4.6%，如图 20 所示。2017 年年初中国铁路总公司启动了自其成立以来的最大规模货车招标，共招标货车 4 万辆。采购 NX70A 型共用平车和 X70 型集装箱专用平车各 2 万辆。总体来看，铁路运力布局不均衡，往往干线运力紧张，客货争能问题大，且符合现代物流需要的集装箱货车、商品汽车运输货车、冷链货车占比较小，制约了铁路货运市场的快速增长。

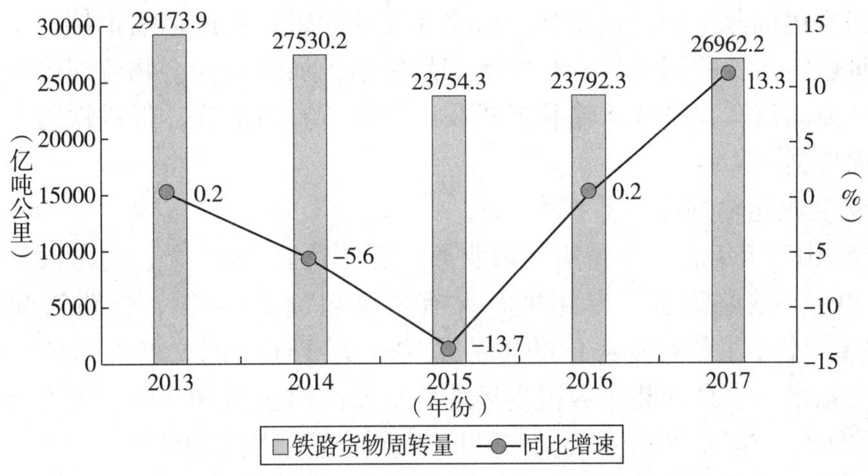

图 19　2013—2017 年铁路货运周转量及其增长速度

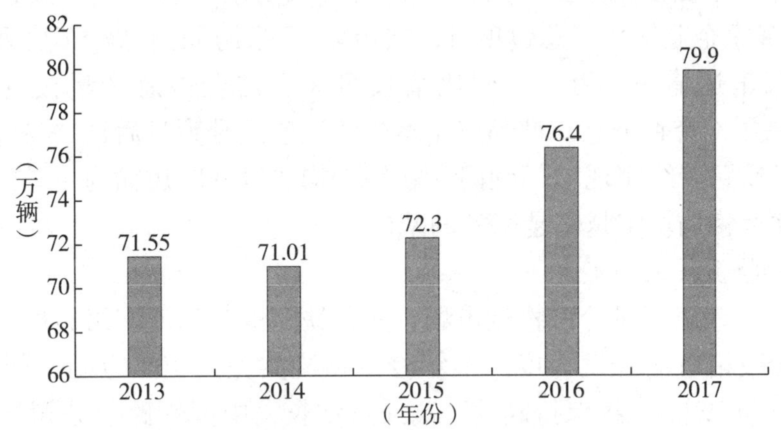

图 20　2013—2017 年全国铁路货车拥有量

铁路货运价格市场化改革继续深化。2017 年 11 月，《国家发展改革委关于深化铁路货运价格市场化改革等有关问题的通知》（发改价格〔2017〕2163 号）印发，该通知提出要扩大铁路货运价格市场调节范围，简化运价结构、完善运价体系。铁路集装箱、零担各类货物运输价格，以及整车运输的矿物性建筑材料、金属制品、工业机械等 12 个货物品类运输价格实行市场调节，由铁路运输企业依法自主制订。实行政府指导价的整车运输各货物品类基准运价不变，铁路运输企业可以国家规定的基准运价为基础，在上浮不超过 15%、下浮不限的范围内，根据市场供求状况自主确定具体运价水平。2017 年，铁路货运价格基本实行上浮价格，铁路抢抓市场回暖机遇，通过强化价格策略组合运用，经济效益实现了显著提升。中国铁路总公司货运总收入完成 3504 亿元，同比增长 26%，创下历史最高水平，且货运收入增幅远大于运量增幅，货运成为全路经济效益增长的主动力。

铁路货运细分市场全面做强。铁路在推动大宗货物产运需衔接、实现大宗货物运量稳定增长的同时，调整货运产品供给，加强与社会物流深度融合，对集装箱、商品汽车、冷链运输和多式联运采取了有力措施，促进铁路专业物流发展全面做强。

1. 集装箱运输规模日益扩大

截至2017年年底，全路集装箱业务办理站达到1843个，约占铁路货运营业站的50%。铁路集装箱专用平车保有量已超过10万辆，铁路箱配置达到37.2万只。全年集装箱发送总量共完成1031万TEU，同比增长37%，连续三年实现大幅增长。日均装车数占货运总装车数比例达到10.8%，较上年提高了2.2个百分点。全国28个主要港口铁路集装箱运量增长23%以上。

2. 商品汽车运输市场份额不断提高

2017年，中国铁路总公司通过深化与一汽、东风、上汽等大客户战略合作，与20多家企业签订了总包项目，共孵化45条跨局商品汽车班列线，全年完成商品汽车运输461万台，同比增长58%，占全国总产量接近18%，较2016年提高了4个百分点。商品汽车运量的迅速提升为日后铁路与汽车企业合资合作建设铁路专线实现“门到门”运输，构建以铁路运输为主导的全国商品汽车多式联运格局奠定越来越坚实的基础。

3. 冷链物流发展迅速

2017年，铁路深耕冷链物流市场，完善铁路冷链物流网络布局，加大冷冻品和港口冷藏箱市场开发力度。全年冷链物流共完成109万吨，同比增运59万吨，增长113%，继续保持高速、高质量增长。中国铁路总公司按照《铁路冷链物流网络“十三五”布局规划》有序推进冷链通道建设，加快布局冷链快运班列，成功打造一批精品线路。

4. 中欧班列品牌助力“一带一路”

2017年开行中欧班列3673列，同比增长116%，超过2011—2016年六年开行数量的总和，中欧班列已发展成为“一带一路”建设标志性成果。中国铁路总公司与哈、蒙、俄、白、波、德丝路沿线六国铁路部门签署了《关于深化中欧班列合作协议》，创建了第一个由中国铁路牵头的国际铁路合作机制——中欧班列国际运输联合工作组。中欧班列运输协调委员会成功发起成立，并先后吸纳了共39家会员单位，为中欧班列持续稳定发展奠定了坚实基础。2017年中欧班列线达到61条，同比增加22条，增幅56.4%。国内开行城市达38个，到达欧洲13个国家36个城市，同比增加4个国家22个城市。

5. 高铁快运助力“双十一”

2017年，铁路部门在上年试水的基础上，继续深入与电商、快递企业合作，推出高铁快运“当日达”“次晨达”及电商班列“一日达”等快运项目，特别是在京沪高铁推出高铁“极速达”快运新产品，实现10小时货物送达客户，这是目前我国最快的快运产品。同时，各个铁路运输企业根据当地电商物流特点，因地制宜地推出不同的高铁快运产品，利用高铁的“快运”优势，助力电商“双十一”。

（三）水路货运市场

水路货运市场逐步实现回暖。水路货物运输完成货运量66.78亿吨，增长4.6%，如图21所示；货物周转量98611.25亿吨公里，增长1.3%，保持平稳增长，如图22所示。其中，内河运输完成货运量37.05亿吨、货物周转量14948.68亿吨公里；沿海运输完成货运量22.13亿吨、货物周转量28578.71亿吨公里；远洋运输完成货运量7.60亿吨、货物周转量55083.86亿吨公里。

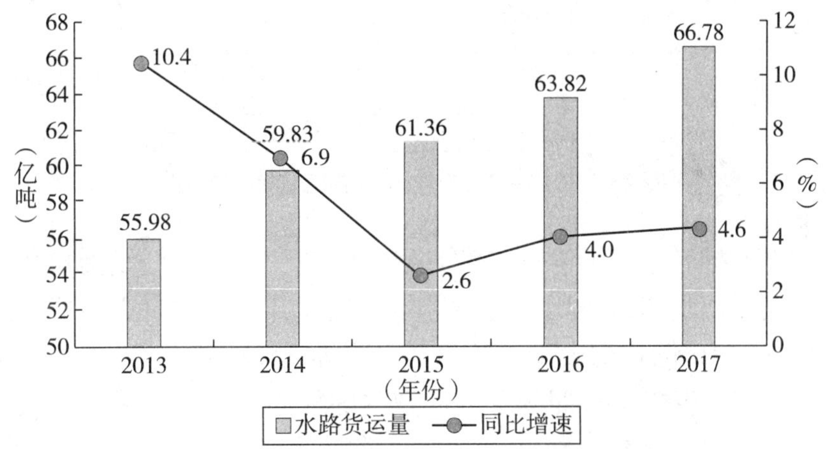

图21　2013—2017年水路货运量及其增长速度

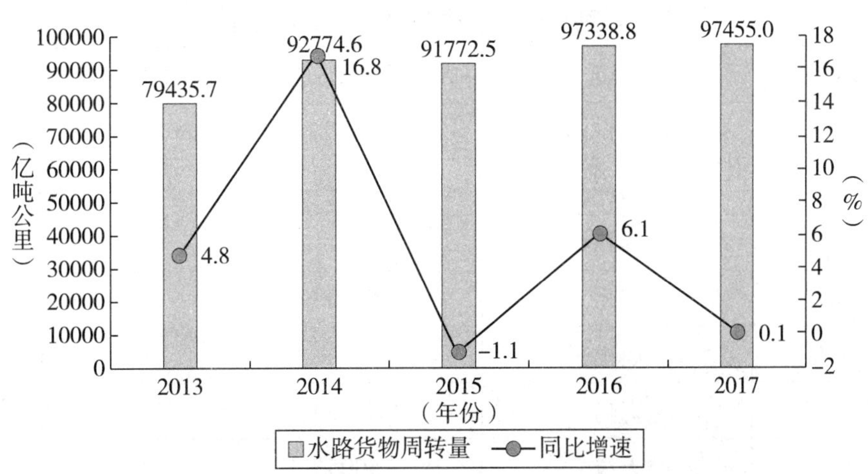

图22　2013—2017年水路货物周转量及其增长速度

受外贸和内需拉动，全国港口生产强势回升。全国港口完成货物吞吐量140.07亿吨，比上年增长6.1%，增速达到自2014年以来的新高。其中，沿海港口完成90.57亿吨，增长7.1%；内河港口完成49.50亿吨，增长4.3%。（如图23所示）

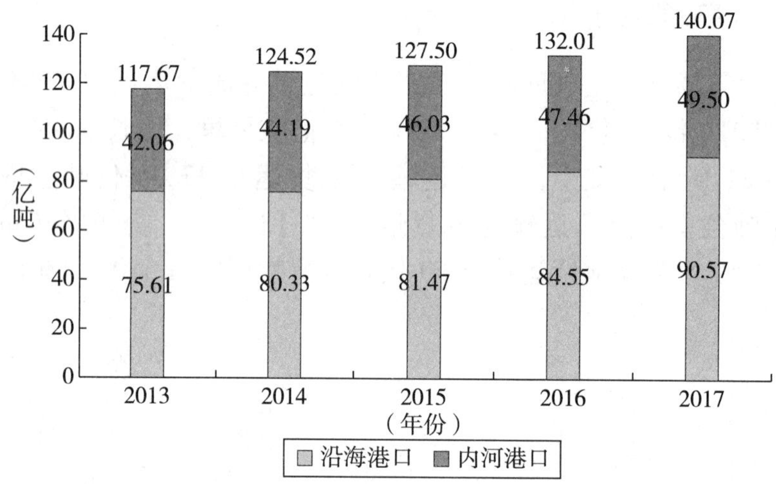

图23 2013—2017年全国港口货物吞吐量

在港口生产排名上，上海、宁波舟山、深圳、广州等一线港口货物吞吐量和集装箱吞吐量回暖明显，增速均较上年明显提升，宁波舟山港成为全球首个货物吞吐量突破10亿吨的大港，连续九年位居全球第一。而青岛、天津、大连、营口、苏州、营口、日照等部分区域内的核心港口吞吐量表现欠佳。内河港口货物吞吐量增长迅速，杭州、湖州、武汉等港口均步入亿吨大港的行列。（如表7所示）

表7　　2017年我国前三十位港口货物吞吐量排序

排名	港口	货物吞吐量（万吨）	2017年增速（%）
1	宁波—舟山港	100711	9.2
2	上海	75072	-1.0
3	苏州	60774	4.9
4	广州	59000	8.5
5	唐山	57320	10.1
6	青岛	50799	1.5
7	天津	50056	-9.1

续　表

排名	港口	货物吞吐量（万吨）	2017 增速（%）
8	大连	45517	4. 3
9	烟台	40058	13. 1
10	营口	36267	3. 0
11	日照	36136	3. 2
12	湛江	28208	10. 1
13	黄骅	27028	10. 4
14	秦皇岛	24520	31. 2
15	深圳	24136	12. 7
16	南京	23913	8. 8
17	南通	23572	4. 2
18	连云港	22841	13. 7
19	广西北部湾	21855	7. 2
20	厦门	21116	1. 0
21	泰州	19769	5. 0
22	重庆	19606	12. 9
23	江阴	15878	21. 0
24	丹东	14966	-5. 3
25	虎门	13194	-9. 6
26	福州	14599	23. 6
27	镇江	14429	9. 8
28	珠海	13581	15. 3
29	泉州	12886	2. 6
30	芜湖	12823	-2. 1

资料来源：交通运输部、中国港口协会、各港口所在地政府社会公报。

全国港口完成外贸货物吞吐量 40. 93 亿吨，比上年增长 6. 3%。其中，沿海港口完成 36. 55 亿吨，增长 5. 8%；内河港口完成 4. 38 亿吨，增长 10. 0%。（如图 24 所示）

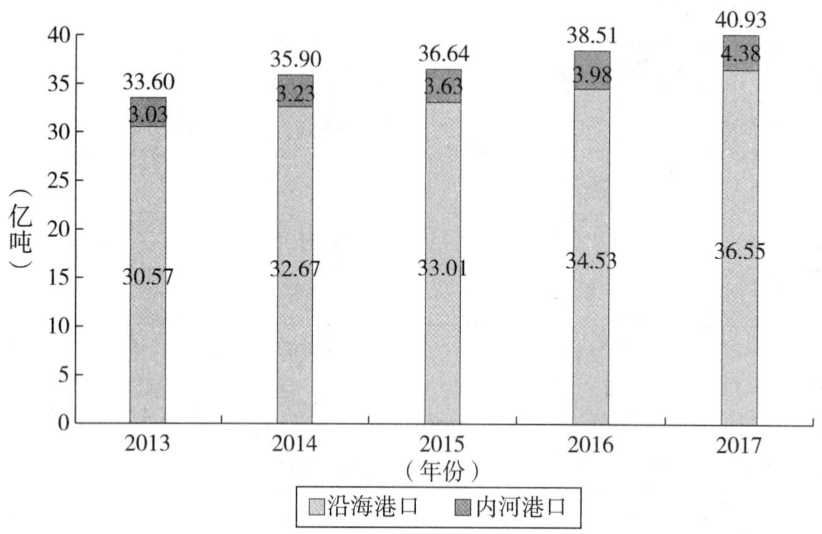

图 24　2013—2017 年全国港口外贸货物吞吐量

全国港口完成集装箱吞吐量 2.38 亿 TEU，比上年增长 8.3%，增速实现翻番。其中，沿海港口完成 2.11 亿 TEU，增长 7.7%；内河港口完成 2739 万 TEU，增长 13.4%。全国规模以上港口完成集装箱铁水联运量 348 万 TEU，占规模以上港口集装箱吞吐量的比重为 1.47%。（如图 25 所示）

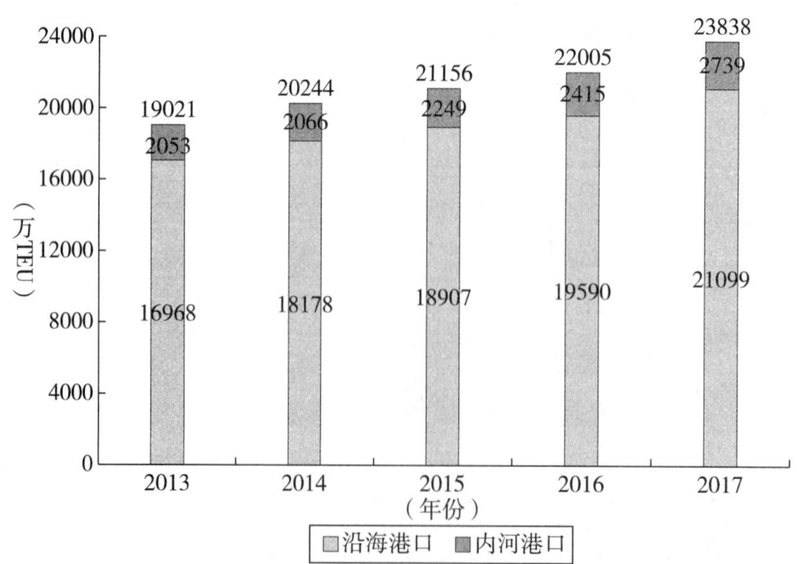

图 25　2013—2017 年全国港口集装箱吞吐量

全国规模以上港口完成货物吞吐量 126.72 亿吨，比上年增长 6.6%。其中，完成煤炭及制品吞吐量 23.34 亿吨，增长 8.5%；石油、天然气及制品吞吐量 10.02 亿吨，增长 7.7%；金属矿石吞吐量 20.28 亿吨，增长 6.0%。

水路货运市场运力规模小幅削减。2017 年年末全国拥有水上运输船舶 14.49 万艘，比上年下降 9.5%；净载重量 25652 万吨，下降 3.6%，如图 26 所示；载客量 96.74 万客位，下降 3.5%，如表 8 所示。由于水路货运市场回暖，货运船舶削减乏力，新投入船舶数量再回高位。截至 2017 年 6 月 30 日，从事国内沿海运输的万吨以上干散货船共计 1648 艘，5348.70 万载重吨，较 2016 年年底仅下降 0.44%。2017 年，集装箱箱位 216.30 万 TEU，增长 13.2%，实现快速增长，一批万箱大船进入集中交付期，船舶年轻化、大型化趋势明显。

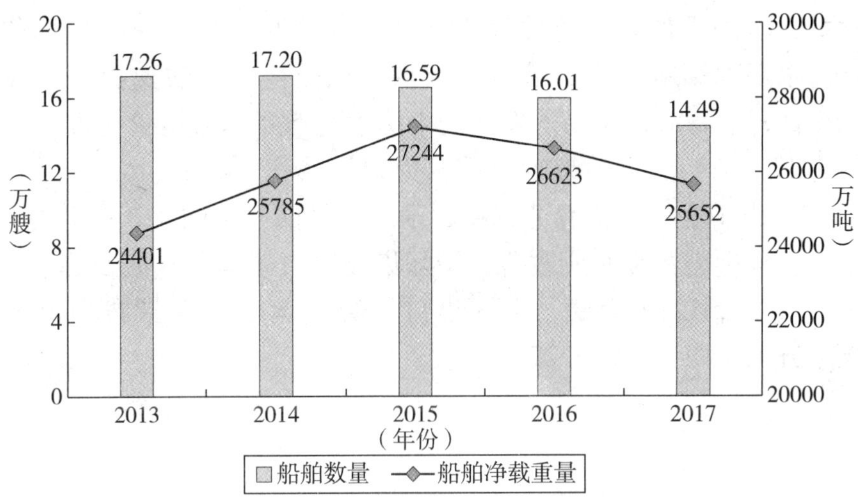

图 26　2013—2017 年全国水上运输船舶拥有量

表 8　　2017 年全国水上运输船舶构成（按航行区域分）

指标		计量单位	实绩	比上年增长
内河运输船舶	运输船舶数量	万艘	13.23	-10.1%
	净载重量	万吨	13149.73	-1.6%
	载客量	万客位	72.30	-6.6%
	集装箱箱位	万 TEU	32.48	9.3%
沿海运输船舶	运输船舶数量	艘	10318	-1.9%
	净载重量	万吨	7044.41	4.5%
	载客量	万客位	22.36	9.9%
	集装箱箱位	万 TEU	50.17	19.7%

续　表

指标		计量单位	实绩	比上年增长
远洋运输船舶	运输船舶数量	艘	2306	-4.3%
	净载重量	万吨	5457.50	-16.3%
	载客量	万客位	2.08	-13.7%
	集装箱箱位	万 TEU	133.66	11.9%

水路货运市场价格波动上行。2017 年，在下游运输需求爆发及船队规模停滞的背景下，沿海干散货运价震荡上行达近年高位。特别是受国内煤炭、钢材、粮食需求反弹影响，使得沿海散货采购积极性短时快速提振。截至 2017 年 12 月 15 日，上海航运交易所发布的中国沿海散货综合运价指数（CBFI）全年平均值为 1132.25 点，较 2016 年涨幅为 26.07%。

2017 年，由于全球经济复苏趋稳、国际贸易回升，同时新增运力入市步伐持续放缓，市场供需关系有所改善，国际集装箱市场运价触底反弹，高于上年运价水平。截至 2017 年年底，中国出口集装箱运价综合指数均值为 820.08 点，同比上升 15.3%。（如图 27 所示）

图 27　2007—2017 年集装箱市场运价走势（CCFI）

资料来源：上海航运交易所，上海国际航运研究中心整理。

2017 年，国际干散货市场处于恢复调整阶段，波罗的海干散货指数（BDI）全年均值为 1145 点，较 2016 年全年均值大幅增长 70%，从长期看均值恢复至中等水平，供需增速差恢复至景气区间，市场运价步入恢复调整上行通道。（如图 28 所示）

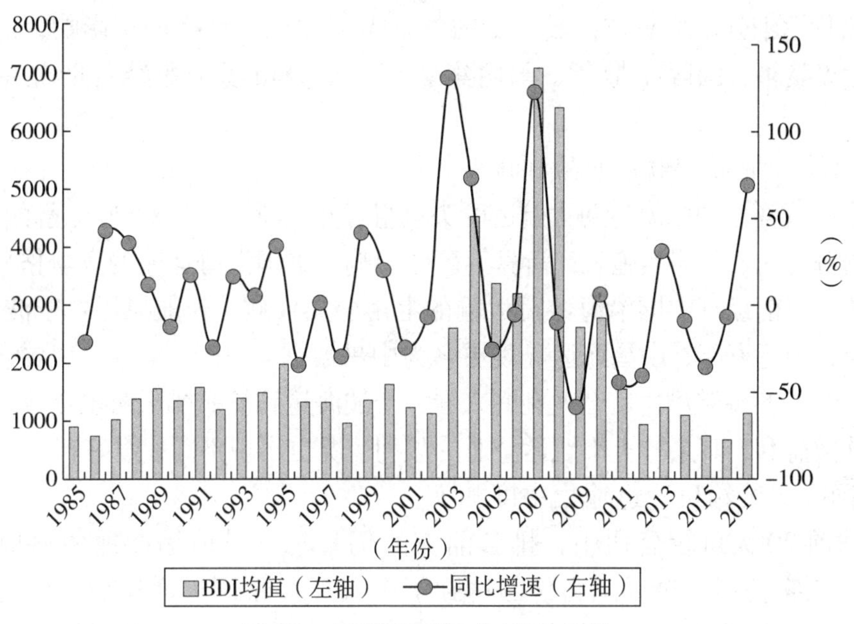

图 28　1985—2017 年 BDI 均值

注：1999 年以前为 **BFI** 数据。

资料来源：波罗的海交易所，上海国际航运研究中心整理。

2017 年中国国内集装箱市场运价大跌大涨。2017 年，受“9·21”治超的持续影响，国内集装箱综合运价指数于一季度小幅上涨，达到 1500 点；进入第二季度，由于大量运力投入导致市场竞争激烈，运价快速回落，跌至 2015 年来的最低点 830 点；至下半年，由于煤炭运价的影响，船舶交易价格上升，并且国内粮食运量的上涨也带动了市场运价的持续上涨，内贸集装箱运价于 12 月初再次创下 2015 年来的历史最高水平，达到 1773 点，总体呈 V 形增长趋势。（如图 29 所示）

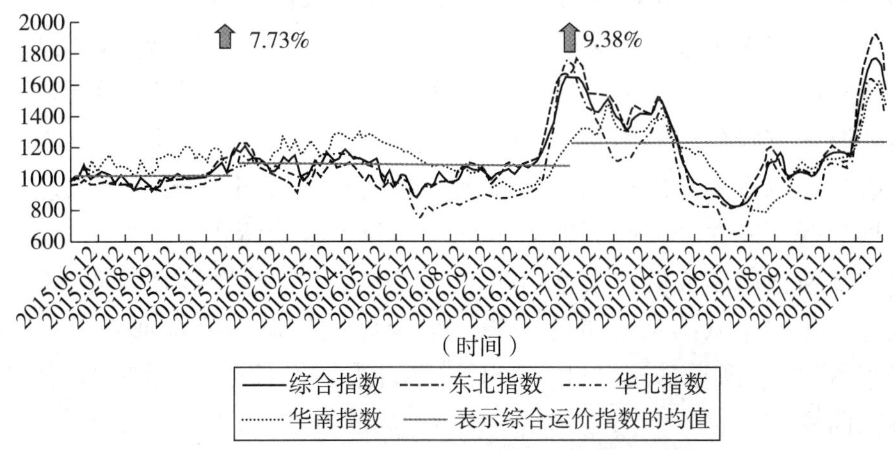

图 29　2015—2017 年中国国内集装箱运价指数走势

资料来源：泛亚电商，上海国际航运研究中心整理。

水路货运细分市场总体好转。受内外贸需求和运力结构调整影响，沿海干散货、国际集装箱、国际干散货、国内集装箱等细分市场企业经营情况总体好于预期。

1. 沿海干散货运输企业盈利普遍好转

受中国远洋、中国海运两大航运巨头重组合并，浙江交投对浙江远洋、温州海运和台州海运3家公司实施破产清算等事件影响，中国沿海运输的竞争格局有较大幅度调整。目前经营中国沿海散货运输的上市公司仅剩：长航凤凰、宁波海运等，中远海控、中远海能、中昌海运（现更名为中昌数据）、中海海盛（现更名为览海投资）等纷纷实现转型。就营业利润来看，宁波海运和长航凤凰两家企业均在2017年实现了微盈利，其余非上市航运企业的盈利情况也出现不同程度好转。

2. 国际集装箱班轮运输集中度加大

全球前20大班轮公司中，排名前三的仍是马士基航运、地中海航运、达飞轮船，三家公司占全球运力份额达到了45.5%。中国远洋运输总公司与中国海运总公司重组成立中国远洋海运集团有限公司，集装箱船队居第四位。2017年，中远海运旗下中远海控实现扭亏为盈，实现净利润26.62亿元。全资子公司中远海运集运实现量价齐升，完成货运量2091万TEU，同比增长23.7%；平均单箱收入3723元/TEU，同比增长11.1%。此外，一些中小型公司，如安通控股、海丰国际、中谷海运，首次跻身全球班轮公司排名前20。2017年4月1日，国际主要班轮巨头组成的三大航运联盟正式运营，其中，中远海运集运、达飞轮船、长荣海运以及东方海外组建海洋联盟（OCEAN Alliance），在亚洲、欧洲和美国区域内拥有最大规模的航线数。

3. 国际干散货运输市场稳步好转

2017年全球前20大干散货企业运力份额占比变化较大，前10名占全球运力份额的11%，较上年小幅上升1%。中国远洋海运经过兼并重组，运力规模晋升榜首。为有效防范市场风险，发挥船队规模效应，干散货运输市场联营池模式开始兴起。2017年3月，上海长航国际海运有限公司、嘉荣航运有限公司以及枫叶海运有限公司签署成立中国灵便型散货船船东联盟（CHBA）协议。上海长航国际海运还与山东海运（香港）控股有限公司、新加坡新诚航运、新加坡恒越签署了成立“卓越联盟”的四方协议。在大货主—大船东—大钢厂的寡头集团垄断格局形成后，大型船舶市场集中度、排他性显著增强，COA长期合同成为海岬型船队的重要货源保障。如全球大型矿商淡水河谷2017年还与日本船东NS联合海运株式会社（NSU）签订了一份长达25年的长期包运合同来运输巴西铁矿石。

4. 国内集装箱运输盈利颇丰

从国内几大集装箱运输企业发布的2017年前三季度业绩来看，虽然市场运价波动较大，但是较高的整体运价水平以及强劲的市场需求，使得部分公司获得较大利润。以中远海运、安通海运为例，2017 年前三季度，中远海运扭亏为盈，实现归属于上市公司股东的净利润为 27 亿元，增长 129.28%；安通海运 2017 年前三季度实现归属于上市公司股东的净利润为 3.66 亿元，同比增长 41.41%，内贸集装箱运输企业经营状况逐渐好转。由于 2017 年四季度市场运价创下新高，市场运量较大，预计内贸集装箱运输企业 2017 年盈利颇丰。（如表 9 所示）

表 9　中国国内主要内贸集装箱班轮公司运力情况（不完全统计）

内贸集装箱企业	新泛亚	中谷	安通
市场份额（%）	45	19	15
运力规模（TEU）	302970	109177	117496
运力结构	4000～5000TEU	2500TEU 为主	2500TEU 为主

资料来源：企业调研数据，上海国际航运研究中心整理。

（四）航空货运市场

航空货运市场平稳增长。2017 年，全国航空运输费用为 0.1 万亿元，较上年增长 7.9%，保持平稳较快增长。航空运输费用占运输费用的 1.1%，占比较小。

2017 年，我国航空完成货物运输量 705.8 万吨，比上年增长 5.7%，如图 30 所示，货物运输周转量 243.5 亿吨公里，增长 9.5%，如图 31 所示，连续四年保持稳定增长，逐步进入复苏阶段。

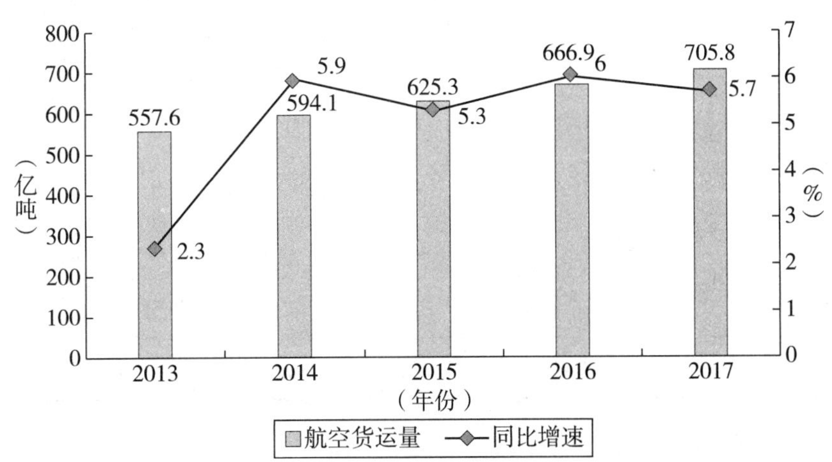

图 30　2013—2017 年航空货运量及其增长速度

资料来源：根据 2013—2017 年交通运输行业发展统计公报数据汇总。

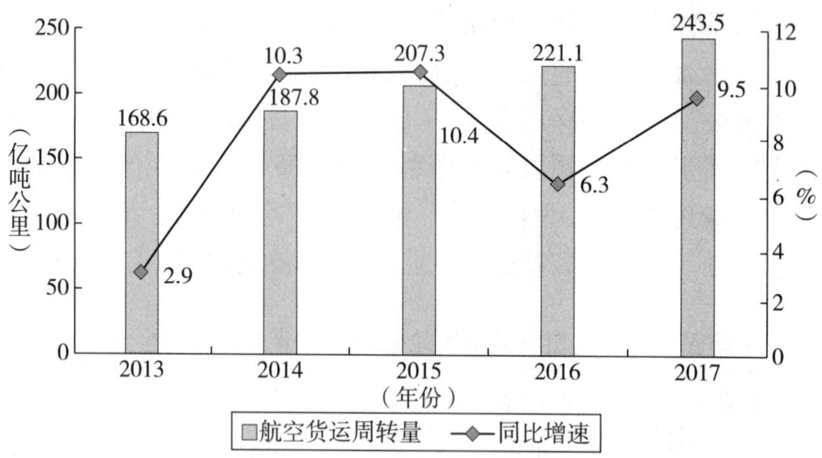

图 31　2013—2017 年航空货运周转量及其增长速度

资料来源：根据 2013—2017 年交通运输行业发展统计公报数据汇总。

在航空货运排名上，上海浦东国际机场、北京首都国际机场以及广州白云国际机场依然占据国内货邮运输的前三位，货邮吞吐量分别为 382.4 万吨、203.0 万吨和 178.0 万吨。（如表 10 所示）

表 10　　2011—2017 年我国部分机场货邮吞吐量排名　　单位：万吨

机场	2017 年	2016 年	2015 年	2014 年	2013 年	2012 年	2011 年
上海浦东	382.4	344.0	327.5	318.2	292.9	293.8	308.5
北京首都	203.0	194.3	188.9	184.8	184.4	180.0	164.0
广州白云	178.0	165.2	153.8	145.4	131.0	124.9	118.0
深圳宝安	115.9	112.6	101.4	96.4	91.4	85.5	82.8
成都双流	64.3	61.5	55.7	54.5	50.1	50.8	47.8
杭州萧山	58.9	48.8	42.5	39.9	36.8	33.8	30.6
郑州新郑	50.3	45.7	40.3	37.0	25.6	15.1	10.3
昆明长水	41.8	38.3	35.5	31.7	29.4	26.2	27.2
上海虹桥	40.7	42.9	43.4	43.2	43.5	43.0	45.4
南京禄口	37.4	34.1	32.6	30.4	25.6	24.8	24.7

资料来源：中国民用航空局。

航空货运市场运力稳定增长。国内传统航空公司仍然占据航空运力主体地位。受载运率过低、增速较慢、盈利能力差等问题困扰，机队规模增长乏力。

由于国内客运航线的增加，大量货物仍然通过客机腹仓解决。顺丰、圆通等国内上市快递企业纷纷组建货运航空公司。截至2017年12月31日，顺丰已拥有全货机机队41架，运营全货机数量居国内第一位。随着市场对窄体货机需求的快速增加，客改货成为发展趋势。

航空货运价格逐步分化。国内传统航空公司由于载运率不甚理想，航空货运价格总体较为低迷。随着航空货运专业化发展的趋势，中货航、国货航、南货航等专业航空货运公司重组整合，深耕航空货运市场，通过优化运力和布局网络，加大航班动态调整力度，尽力确保货运航班载货量、载运率及运价方面保持稳定。2017年，中货航载运率由去年的不到50%提升至85%左右，运价水平增长25%，实现了量价齐升局面。

航空货运细分市场开始发力。受内外贸向好驱动，国际航空货运、国内航空货运、专业航空货运等细分市场开始发力。

1. 国际航空货运市场成为增长主要动力

受全球经济一体化和跨境电子商务的发展，国际航空货运市场增长强劲。2017年，国际航线累计货物运输量增长14.1%，是2016年同期增速6.2%的两倍之多。从2016年12月开始，国际货物运输量增速已经超过国内市场，并保持此趋势一直到2017年年底。2017年12月国际货物运输量增长率高出国内17.5个百分点，如图32所示。但总体来说，现阶段国内航线货物运输量482.8万吨远超国际航线货物运输量220.5万吨。加大国际航线规划和建设力度，大力发展国际中转运输，提高市场化、国际化运营水平是未来航空市场的发展方向。

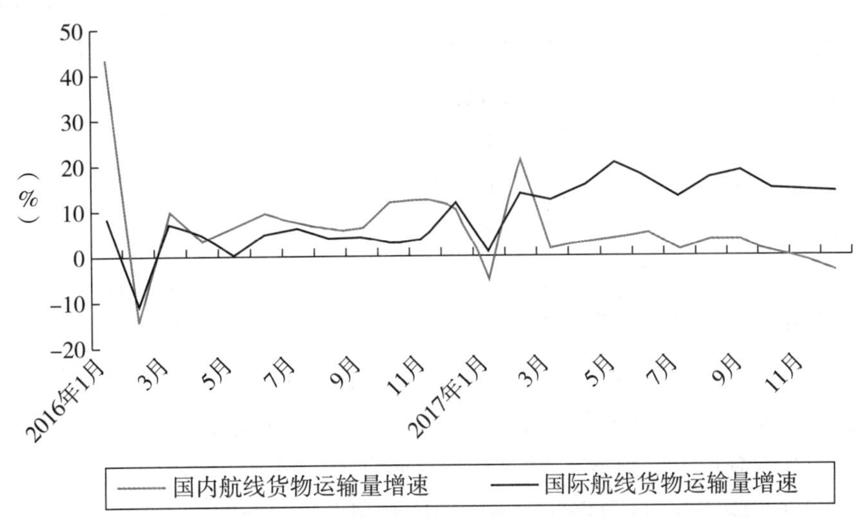

图32　2016—2017年我国国内、国际航线货物运输量增速

资料来源：中国民用航空局。

2. 国内航空货运市场平稳增长

2017 年，国内航线累计货物运输量同比增长 2.6%，低于 2016 年同期的 6%。由于国内电商快递运输对经济性要求较高，国内航空运输在电商快递中的使用率普遍偏低，不足 5%，没有享受爆发式增长的运输需求。同时，快速增长的高铁网络和时效性高的运输产品推出，对航空货运发展造成一定的冲击。例如，在 2017 年“双十一”期间，各铁路局、集团、公司都提供了货运特快、动车组产品服务。依托高铁路网和高铁列车等铁路优势资源，为客户提供高时效的服务体验。

3. 专业航空货运市场转型升级

截至 2017 年，国内三大航占据了 63%（按 2017 年货物运输量计算）的市场份额，仍然是市场的主体。随着专业航空运输企业重组到位，航空货运加快转型升级。为吸引民营及外国资本，促进航空货运持续发展，同时促进央企运营更加规范化、市场化，南航、东航、国航等航空巨头相继发布混改方案与进展程度，加快完成自身改制。专业航空货运企业的出现，加快延伸服务链条，深耕综合物流服务商。例如，中货航高端航空物流的全流程解决方案，不单单是港到港，而是集地面、关务、空运、转运等于一体，为大品牌、大客户专门定做全流程解决方案。为此，东航运输子公司还成立了专门的物流事业部。此外，依托跨境电商爆发式增长的机遇，各大公司大力发展跨境直达业务，并逐渐朝着规模化、速递化和枢纽化方向演变。

（五）仓储市场

仓储市场保持稳中回升态势。2017 年，受大宗商品市场回暖和电子商务快速增长的需求带动，全国仓储费用为 1.3 万亿元，较上年增长 9%。中国物流与采购联合会发布的中国仓储业指数显示，2017 年，除 7 月跌落至 50% 以下的收缩区间外，其余各月均保持在扩张区间，全年该指数平均水平保持在 52.4% 的较高水平，较上年增加 1.1 个百分点。（如图 33 所示）

仓储市场供应总体供不应求。我国物流仓储供应结构性短缺较为严重，存量仓储供应以传统低端仓储设施为主，高标准的现代仓储设施供不应求。据世邦魏理仕发布的《全球优质物流地产租金报告》显示，国内仓储供应总量为 5.5 亿平方米，其中高端仓供应量为 1 亿平方米，占比为 18%，普通仓供应量为 4.5 亿平方米，占比为 82%。同时，中国主要城市非自用中高标准物流设施存量累计仅约 2600 万平方米，人均面积不到 0.015 平方米。同时，在我国高端仓储市场供不应求的大背景下，各城市表现分化。北京、上海、广州、深圳等一线城市土地瓶颈仍在，高端仓储市场供不应求；武汉、重庆、成都等二线城市继续放量，供应仓储面积不断增长。

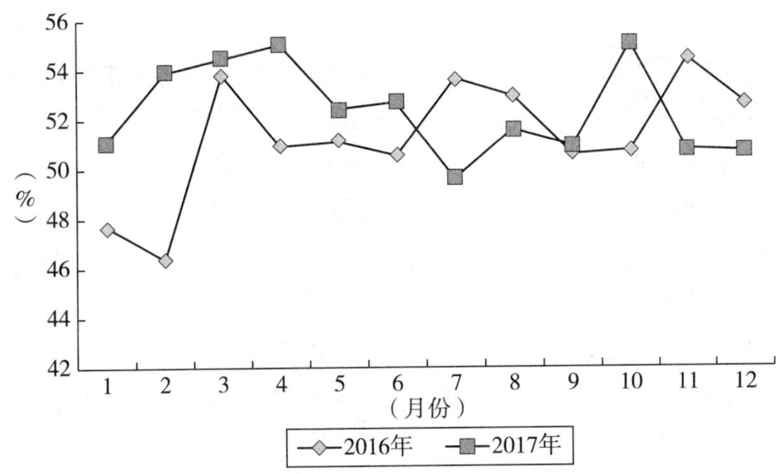

图 33　2016—2017 年中国仓储业指数

仓储设施租金持续上涨。受益于第三方物流和电商企业的强势需求和优质地段高标准物流设施供不应求的不平衡，再加上增值税的调整，使得大量城市物流租金上涨，空置率持续下降。从一线城市来看，高标准仓库租金继续上涨，整体市场空置率维稳在较低水平。一些传统热点区域由于仓储设施增量入市导致空置率增加和租金短期下调。苏州、杭州、宁波、无锡、南京等二线城市由于自身物流发展及一线城市需求外溢，市场租金处于良好增长态势。

高端仓储市场转型升级速度加快。受客户需求变化和供给能力制约，高端仓储市场正在自身调整和转型。

1. 电商化

受我国电商市场交易规模的高速增长，电商企业对物流仓储设施的需求快速提升。普洛斯数据表明，同等交易规模下电商对物流仓储的需求是传统零售的 3 倍左右，每平方米的物流仓储面积约能支撑 7 万元左右的交易额。2017 年中国电商网络零售额达 7. 18 万亿元，按此测算，电商领域对物流仓储的需求达 10257 万平方米。由于电商企业追求成本优化和体验消费的特性，电商企业对高端仓储的需求比传统零售和企业领域更为迫切。普洛斯（GLP）年报显示，GLP 普洛斯中国管理园区中电商租赁占比自 2011 年的 10% 持续提升至 26%，而该比例显著高于其他国家。

2. 立体化

近年来，在土地稀缺的一线城市和部分二线城市，土地价格持续处于高位以及土地集约利用的要求，开发商逐步开始建造多层仓库以满足不断增加的租赁需求。为了满足客户高标准要求，多层仓库建筑标准不亚于单层仓库，单位建造成本比同标准的单层仓库高出 25% 以上，导致租金稳步上涨。

3. 智能化

电商业务的爆发式增长，产生了巨量的仓储分拣需求。面对需要用最短的时间对千万件的快递进行运输、分拣和派送，物流设施向智能化转变是大势所趋。京东已经建成全流程无人仓，实现从入库、存储，到包装、分拣等环节全流程、全系统的智能化和无人化。菜鸟网络在广东惠阳设立超级机器人旗舰仓，上百台机器人单日发货可超百万件。

4. 全球化

受跨境电商快速发展影响，我国电商、快递企业加大海外仓布局。据初步统计，广东省约210家企业开展公共海外仓业务，建设面积达150万平方米，主要分布在美国、英国、德国、澳大利亚、中国香港等国家和地区，满足客户跨境物流需求。

（六）快递市场

快递市场保持快速增长态势。2017年，全国快递服务企业业务量累计完成400.56亿件，同比增长28%，如图34所示，连续4年保持全球第一，进入日均亿件时代；业务收入累计完成4957.11亿元，同比增长24.7%，如图35所示。以13.5亿人口计算，人均快递业务量约29.7件，人均快递消费约367元，均初具规模。

分区域看，2017年，东、中、西部地区快递业务量比重分别为81.1%、11.6%和7.3%，业务收入比重分别为80.9%、10.8%和8.3%，如图36、图37所示。可见，东部地区仍然是快递业务量和业务收入的主要来源。截至2017年年底，全国农村地区收投快件量超过100亿件，创历史新高。

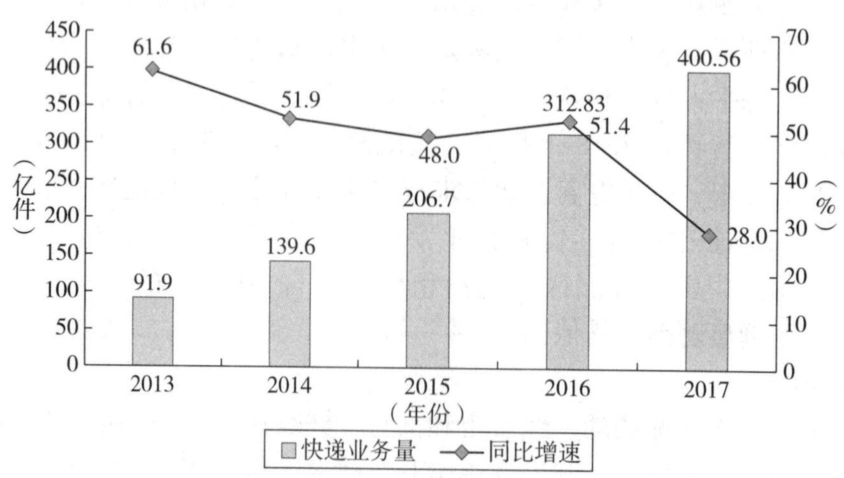

图34　2013—2017年快递业务量及其增长速度

资料来源：根据2013—2017年交通运输行业发展统计公报数据汇总。

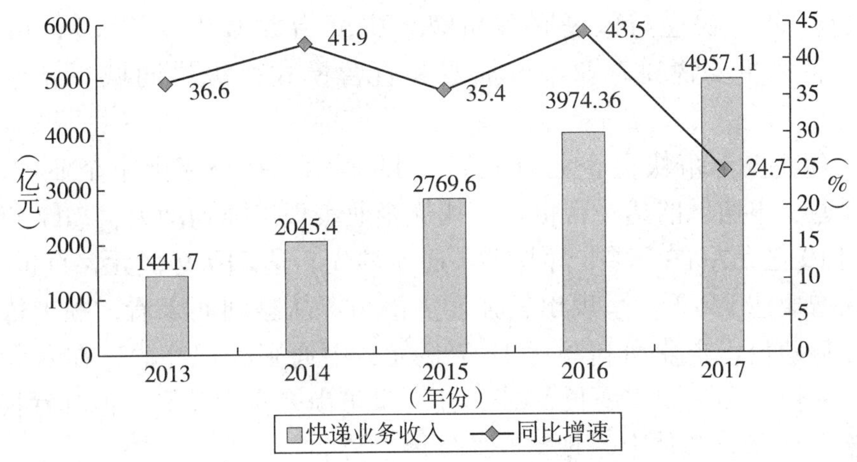

图 35 2013—2017 年快递业务收入及其增长速度

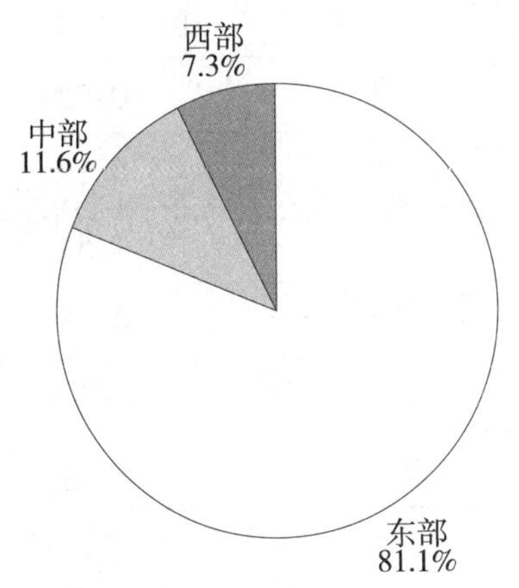

图 36 地区快递业务量结构

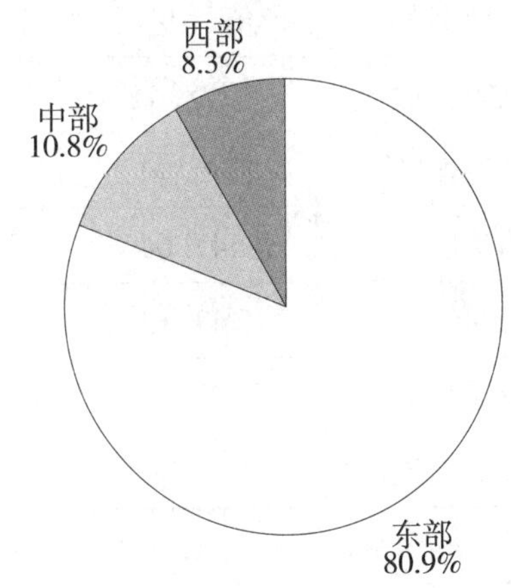

图 37 地区快递业务收入结构

快递服务满意度和准时率小幅调整。据 2017 年中国快递发展指数显示，快递满意度得分为 77.3 分，同比下降 0.3 分；72 小时准时率为 71.8%，同比下降 0.7 个百分点；快递服务有效申诉率为 5.9%，同比减少 4.2%。

快递市场价格持续回落。2017 年，快递件均收入 12.36 元，同比下降 3%。受制于电商借助货源优势对快递价格的"打压"，快递企业间的同质化竞争，以及人工成本上涨三重因素叠加，导致快递价格难以上涨。2017 年，部分加盟型快递企业上调内部派件费价格，以弥补基层网点经营压力，该调整正在逐步传导到客户快递服务价格，但是加盟商利润继续呈下滑趋势。微利化、无利化、亏损化的"三化"现象进一步突显。

快递细分市场增速出现分化。2017 年，有 4 家快递企业成功上市，其中 1 家在美国纽交所上市；2 家快递完成企业借壳上市，1 家通过 IPO 并顺利过会拿到批文。截至 2017 年年底，7 家上市快递企业市值约为 4613.27

亿元。2017 年，快递与包裹服务品牌集中度指数 CR8 为 78.7，市场集中度较高。各大主要快递企业采取加盟和直营模式，深耕同城、异地、国际快递细分市场。

2017 年主要上市快递企业市值如表 11 所示。在物流上市企业中，顺丰、中通、圆通、申通、韵达、百世六家快递企业表现出强劲动力，2017 年营业收入均达到 10 亿元左右。顺丰营业收入遥遥领先，达 710.9 亿元，百世 2017 年营业收入增速达 126%，呈现出较强发展潜力。从净利润来看，顺丰依旧处于明显的优势地位，企业净利润达 47.7 亿元，中通则表现亮眼，在六大快递企业中增速最快，实现同比增长 54%，而百世虽尚未实现盈利，但其亏损情况较 2016 年有所收窄，整体上呈现良好的发展趋势。

表 11　2017 年主要上市快递企业市值

企业名称	市值（亿元）	收盘价（元）	周波动（%）	换手率（%）
顺丰控股	2228.41	50.36	0.11	0.92
圆通速递	476.94	16.75	0.78	0.19
韵达股份	547.64	44.42	3.39	1.55
申通快递	347.13	24.69	0.28	0.55
中通快递	122.44	15.85	-0.21	10.75
百世物流	33.28	8.98	-0.86	5.44

注：表中数据截至 2017 年 12 月 29 日。

快递服务网点普及度高。2017 年，每万人快递网点 1.6 个，每百平方公里快递网点 2.4 个，网点密度持续增长。快递乡镇网点覆盖率达到 87.3%，同比增加 7.3 个百分点，等于便利了近 3000 万人使用快递。16 个省（市）实现乡镇快递网点全覆盖，人们使用快递更加便捷。

1. 同城快递保持稳定发展

2017 年，同城业务量累计完成 92.7 亿件，同比增长 25.1%。占全部快递业务量的 23.1%，占全部快递收入的 14.8%。与上年同期相比，同城快递业务量比重下降了 12.1 个百分点，如图 38 所示。新兴快递企业推出即时递送、代收代投等同城快递新业态，成为行业新的增长亮点，如表 12 所示。基于众包模式的同城快递企业闪送接单后由专人直送，平均 60 分钟送达全城，注册配送员已经超过 40 万人。2017 年，部分二三四线城市快递企业加快融合，成立共同配送企业，帮助共同配送合作伙伴降低末端快递成本。

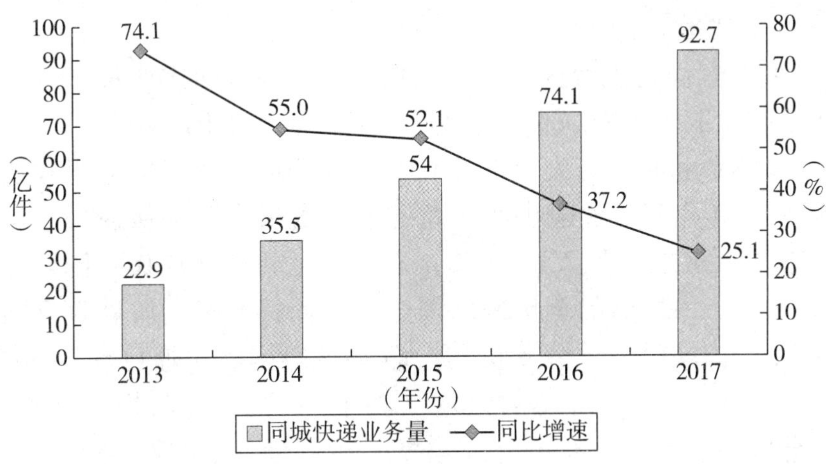

图 38 2013—2017 年同城快递业务量及其增长情况

资料来源：国家邮政局邮政行业发展统计公报。

表 12　　即时物流典型企业

公司名称	业务	下单响应时间	上门取货时间	送达时间
闪送	帮送	1 分钟内响应	10 分钟上门	5 千米平均 23 分钟，10 千米平均 33 分钟，15 千米平均 39 分钟（官网）
UU 跑腿	帮买 帮送 帮取	就近安排跑男	10 分钟上门	5 千米内 60 分钟以内到达
达达	帮送	—	15 分钟上门	5 千米内 60 分钟送达，每增加 5 千米增加 30 分钟
人人快送	帮买 帮送 帮取	下单即时响应	平均 10 分钟	3～5 千米的平均送达时间是 10.3 分钟；5～10 千米的平均送达时间是 33.17 分钟；20 千米的平均送达时间是 54.66 分钟

2. 异地快递继续快速增长

2017 年，异地业务量累计完成 299.6 亿件，同比增长 28.9%。占全部业务量的 74.8%，占全部快递收入的 50.7%。与上年同期相比，异地快递业务量的比重上升 0.5 个百分点。韵达、申通等大型快递企业充分利用自身网络优势和客户优势，向快运业务延伸，做大异地快递快运规模。铁路企业加强与快递企业合作，接入异地快递市场。2017 年 11 月，中铁快运携手顺丰速运共推“高铁极速达”，成功开启中国乃至全球物流陆运异地“当日达”新时代。

3. 国际快递增势明显加快

2017 年，国际/港澳台业务累计完成 8.3 亿件，同比增长 33.8%。占全部快递业务量的 2.1%，占全部快递收入的 10.7%，如图 39 所示。与 2016 年相比，国际/港澳台业务量的比重上升 0.1 个百分点。受跨境电商和快递需求带动，截至 2017 年年底，我国快递业尚处于“走出去”初级阶段，国际化程度最高的顺丰国际业务占比仅为 1.9%，而中外运敦豪（DHL）国际业务占比是顺丰的 27 倍。国内快递的全球网络覆盖范围尚待开拓。海外直营网络最大的顺丰仅在 51 个国家设立了分支机构，而 UPS 等国际快递巨头，网络遍及 200 多个国家和地区，提供“全球对全球”“门到门”寄递与物流服务。2017 年，顺丰泰国分公司、越南分公司分别建立，顺丰在东盟的网点布局已覆盖新加坡、马来西亚、越南、泰国四个国家。圆通速递正式启动“全球包裹联盟”（Global Parcel Alliance）。这是由国内物流快递企业发起的国际化物流快递联盟平台，首批联盟成员来自全球 25 个国家和地区，共 50 家网络加入联盟。

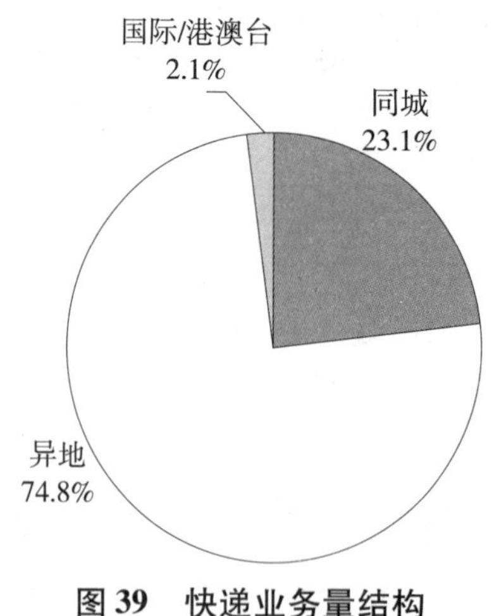

图 39　快递业务量结构

（七）货代市场

国际货代市场实现较快增长。2017 年，受国际贸易扭转连续两年下降局面，实现恢复性较快增长影响，带动国际海运、空运以及中欧班列规模大幅增长，国际货代市场延续上年增长态势，继续保持较快增长。中国外运股份有限公司国际货代业务实现 457.2 亿元，同比增长 21.8%，较上年有较快增长。

国际货代行业处于快速成长期。截至 2017 年 5 月 8 日，在商务部备案的国际货代企业 56097 家，其中，法人企业 42981 家，分支公司 13091 家，同比分别增长 11.84%、11.65% 和 12.41%，行业主体数量增加，特别是法人企业数量增幅远高于前 14 年（2004—2016 年）3.98% 的平均值。2016 年国际货代物流百强榜的企业中，国有企业 25 家，营业收入占比 55.67%；外资企业 27 家，营业收入占比 22.74%；民营企业 48 家，营业收入占比 21.59%。综合榜排名前 10 名企业中，国有企业占 5 席，外资企业占 4 席，民营企业占 1 席。国有货代企业虽然数量占比仅有 5%，但在竞争力、新业态拓展等方面仍是行业发展的主导力量，外资货代企业通过加快全面布局和扩张，已成为行业发展不可或缺的力量，民营企业数量占比达 90%，且逐年增多，正在成为行业发展的生力军。

国际货代行业获得政府关注。2017 年 3 月，商务部等 13 个部门印发《关于服务贸易发展“十三五”规划的通知》（商服贸发〔2017〕76 号），将国际货代作为服务贸易重点领域，提出重点工作和发展方向。2017 年 5 月，商务部首次将对外贸易、国内流通、吸引外资、对外经济合作、对外援助明确为其五大基本业务，并提出了与此配套的八大行动计划。国际货代是对外贸易发展的产物，服务类型多，五大基本业务明晰了新形势下商务部门的重要职责，为国际货代企业延展业务、拓展市场提供了新空间。

国际货代差异化服务成为竞争关键。随着国际货代上游企业加快“走出去”发展，国际货代企业通过专业化服务提升增长服务比重。更加重视物流技术、物流信息、物流装备的研发、进步和使用，更加重视“互联网 +”，利用大数据推行线上线下一体化服务。借助自有能力和实力引入物流金融、物流保险、物流法务、代理外汇结算等新业务，建立与核心客户的合作关系。引入供应链管理思维，提升多式联运、工程物流、合作物流等全程运输的价值。未来货代业的竞争一定是表现在专、精、特的差异化服务中。

三、行业物流市场

（一）电商物流

电商物流获得政策青睐。继商务部会同国家发展改革委、交通部等六部委于 2016 年发布《全国电子商务物流发展专项规划（2016—2020 年）》后，2017 年 1 月 19 日，商务部会同国家发展改革委、国土资源部等五部委发布《商贸物流发展“十三五”规划》。该规划提出，到 2020 年基本形成布局完善、结构优化、功能强大、运作高效服务优质的电商物流体系；围绕这一目标，明确提出了电商物流发展的七项任务和八项工程。跨境电商政策红利持续释放。2017 年 9 月 20 日，国务院常务会议决定将跨境电商零售进口监管过渡期政策延长一年。财政部发布《关于跨境电子商务零售进口税收政策的通知》，对跨境电商试点城市税收采取新制度，并设立跨境商品正面清单，加大对跨境电商领域的政策支持，与跨境电商配套的跨境电商物流迎来政策利好。

电子商务市场规模不断扩大。2017 年全国电子商务交易额达 29.2 万亿元，同比增长 11.7%；网上零售额约 7.2 万亿元，比上年增长 32.2%，增速比上年加快 6.0 个百分点，见图 6。其中，实物商品网上零售额 5.5 万亿元，增长 28.0%，占社会消费品零售总额的 15.0%，比上年提高 2.4 个百分点。

电商物流保持加快增长态势。在电子商务市场旺盛的需求带动下，电商物流保持较快的增长速度。2017 年中国物流与采购联合会发布的电商物流总业务量指数平均达到 143.4 点，业务量同比增速超过 40%。定比指数显示，以 2015 年 1 月为基期的定比来看，2017 年总业务量指数达到 354.1 点，3 年间电商业务量达到基期的 3.5 倍以上。

电商物流能力实现稳步增长。受消费者对时效和体验的要求影响，电商物流的运输及仓储环节高效运转，物流时效、履约水平、满意度水平及成本情况均保持平稳发展，延续了高质量服务的发展态势。2017 年电商物流运行指数中，物流时效指数平均为 121.2 点，比上年提高 6.4 点，物流配送时效进一步提升，物流运作总体效率较高；履约指数平均 100.0 点，与 2015 年基本持平，电商物流企业按照承诺时间准时送达的比例维持高位；物流实载率平均为 109.1 点，保持 100 点以上的较高水平；人员指数平均为 128 点，电商物流从业人员规模进一步扩大。总体来看，2017 年电商物流满意度指数平均达到 100.4，继续保持 100 点以上的高水平发展，表明电商服务能力得到了消费者的认可。继“211 限时达”服务后，京东宣布对“京准达”服务全面升级，预约送达时间将由 2 小时缩短至 30 分钟，服务覆盖 200 多个城市，成为电商物流新标配。

电商物流网络全面完善升级。电商企业为保障优质服务能力继续加大物流基础设施网络建设。据了解，2017 年一半以上的新增高标仓库租赁需求来自于电商和为其提供外包服务的第三方物流企业。目前，京东物流在全国共拥有超过 500 个物流中心、物流基础设施面积超过 1200 万平方米（其中 13 个亚洲一号智能物流中心已经投用）、末端服务网点超过 30 万个。菜鸟网络在全国仓储运营面积 700 多万平米，覆盖全国 2700 多个区/县。还有大量的共享物流基础设施。菜鸟联盟目前覆盖了近 3000 万平方米的仓库、18.8 万个快递网点，拥有近 3 万个末端驿站、20 万组自提柜、超过 10 万个快递代办点。电商企业加大城市仓和前置仓战略布局，为电商企业自身、中小电商和零售企业提供高效实时响应和全程一体化服务，正在深刻改变社会消费零售生态。例如，菜鸟网络通过全面布局前置仓，帮助商品提前下沉、包裹越库集货，形成集约式共同配送，服务全国数百万家小店，加快向 TOB（电商企业）领域延伸。

电商物流智慧化发展全面布局。智慧化作为提升物流服务能力的重要手段，成为电商企业的战略方向。京东加快推行智慧化发展战略。2017 年 6 月 6 日，无人机运营调度中心——京东智慧物流全国运营调度中心开展常态化运营；计划在四川、陕西建设 100 多座无人机机场。同时，宣布将推出无人轻型货车，推出快递机器人完成收单配送。阿里斥资 53 亿元增持菜鸟网络，预计未来 5 年将持续投入 1000 亿元用于全球物流网络建设，加快布局建设机器人仓库，宣布将在雄安新区建设“智慧物流未来中心”。苏宁发力无人机物流，“无人机运输和配送”已正式写入苏宁物流经营范围；苏宁快递第一架送货无人机完成了首单无人配送，未来苏宁将围绕无人机上下游配套产业在全国建设 5000 个无人机智慧物流枢纽。

电商物流国际化建设逐步推进。阿里巴巴物贸继与马士基建立战略合作关系后，宣布与世界货代联盟（World Cargo Alliance，WCA）达成战略合作，提供更为优质有保障的跨境物流服务。阿里进一步扩大运输体系，预计在 2019 年将完成泰国电商物流中心的建设，提供连接中小企业、制造商、服务提供商和物流合作伙伴的一站式服务，再扩东南亚版图；与荷兰邮政达成协议，由荷兰邮政投递阿里用户的跨境邮包，进一步将跨境邮包投递时间缩短至 5 ~7 天；此外，阿里还计划在克罗地亚的扎达尔建立一座欧洲物流中心，打通欧洲物流市场。菜鸟变革海外发展战略，集中在干线、通关政策、数据对接等方面进行优化，并将分仓等先进模式应用到海外场景，提升港澳台及东南亚地区的电商时效至次日达、隔日达；同时，菜鸟网络携手十多家合作伙伴，共同参与在吉隆坡打造中国境外首个服务于 eWTP（电子世界贸易平台）的国际超级物流枢纽。

电商物流绿色化成为行业共识。随着电商物流的迅速发展，以及人们环保意识的提高，使电商物流包装引发的问题成为全民关注的焦点。各龙头企业纷纷加大了在绿色包装方面的投入力度。菜鸟网络联合 32 家物流合作伙伴成立菜鸟绿色联盟，发起菜鸟绿色行动计划，成立菜鸟绿色联盟公益基金，推进绿色物流相关的工作。通过智能打包算法，实现减量包装，提升整个纸箱空间利用率，减少塑料填充物的使用。2017 年“双十一”发货量超过 10 亿件，可节省 4500 多万个箱子。京东物流承诺未来五年把所有自营货车换成电动车，目前进出北京的所有自营货车全部换成电动新能源车。同时，推出“青流计划”，联合九大品牌商与供应链上下游开展合作，推动品牌商到零售商、零售商到用户的绿色化、环保化。根据青流计划，预计到 2020 年，京东将减少供应链中一次性包装纸箱使用量 100 亿个，相当于 2015 年全年全国快递纸箱的使用数量。苏宁物流推出可循环的共享快递盒。到 2017 年 10 月，共投放 5 万个共享快递盒，累计节约了纸箱 650 万个，预计到 2018 年投放 20 万个共享快递盒。

（二）冷链物流

冷链物流迎来政策红利。2017 年，中央和地方政府出台了多项冷链物流支持政策。4 月 21 日，《国务院办公厅关于加快发展冷链物流保障食品安全促进消费升级的意见》（国办发〔2017〕29 号）印发，该意见立足于推动冷链物流发展，提出了冷链物流发展目标和八方面措施。8 月 24 日交通运输部印发了《关于加快发展冷链物流保障食品安全促进消费升级的实施意见》（交运发〔2017〕127 号），该意见重点围绕设施设备、运输组织、信息化、行业监管、配套政策等核心要素，明确了交通运输促进冷链物流发展的主要任务。2017 年，商务部、财政部继续支持十个省市冷链物流发展，广东、福建、河南等省市发布地方冷链物流发展规划，带动冷链产业投资、加速产业升级，冷链物流引来政策利好。

冷链物流市场增速加快。受政策利好带动和冷链需求推动，冷链物流市场供给保持较快增长。据中物联冷链物流专业委员会（以下简称中物联冷链委）和链库统计分析，2017 年全国冷库总容量达到 4775 万吨，折合 11937 万立方米，同比增长 18.9%，冷链库容增速加快，如图 40 所示。冷链专业化运输车辆数实现较快增长。据中物联冷链委和 CCLC（北京中转联认证中心）车辆认证平台统计分析，2017 年全国冷藏车总量预计达到 13.4 万量，全年增加 1.9 万辆，同比增长 16.5%，冷链物流市场运力保持较快增长。

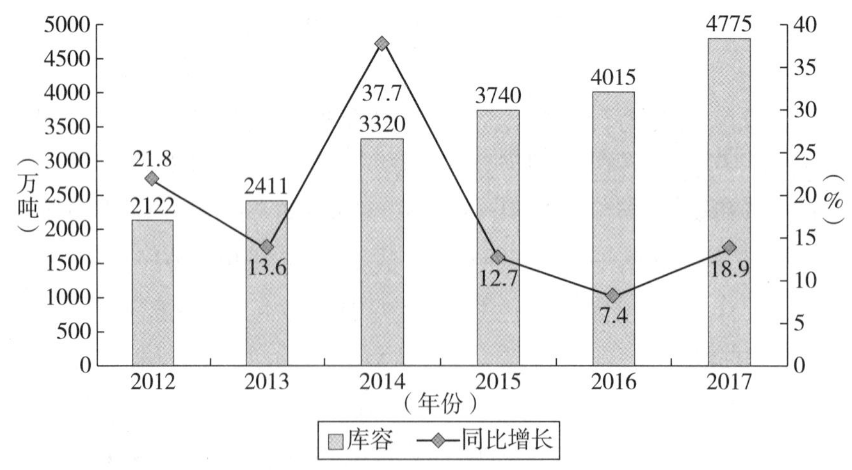

图 40　2012—2017 年全国冷库容量及其增长速度

冷链物流网络加速布局。作为京东物流六大网络之一，京东冷链物流已经在全国七大区域运营 10 个大型冷库，网络覆盖城市数量超过 300 个。6 月，太古海投冷链物流厦门冷库正式投入使用，加上同年启动的成都库，太古冷藏仓库有限公司在华已开启 7 座冷库，加速完善冷链网络。8 月，顺丰控股披露募集资金净额78.2亿元，其中，7.18亿元投入冷运车辆与温控设备采购项目。9月15日，海航冷链宣布其北京冷链物流中心启动，可为客户提供全方位、一体化、海陆空多式联运的特色服务。10月16日，万纬沈阳浑南冷链物流园的开业标志着万科物流地产正式进入冷链细分领域。还有中国铁路总公司和各铁路局开通多条冷链班列，助力冷链物流发展。

新零售驱动冷链物流升级。据统计，2017年中国生鲜电商市场交易规模为1418亿元，餐饮市场规模为39644亿元，外卖客户端市场规模也已突破2000亿元。无论是生鲜、餐饮还是外卖服务均需要高标准的冷链服务支持。2017年8月，天猫向易果集团投资3亿美元（约20亿元人民币），主要用于易果生鲜旗下安鲜达的冷链物流基础设施建设。京东物流加码冷链建设，冷链网络辐射的300多个城市中，近一半的城市可实现生鲜商品当日达或次日达。据统计，2017年“双十一”天猫生鲜频道在4个小时内卖出加拿大北极甜虾超过270万只、阿根廷红虾超过160万只。小批量、大批次、高时效的冷链电商推动冷链物流加快转型升级。

冷链物流吸引资本关注和市场进入者。2017年，中信资本、凯雷投资战略入股麦当劳（中国）。新希望布局冷链物流，整合了近十家冷链物流企业。海航集团2.8亿澳元收购澳洲冷冻物流业务公司，重点收购冷链业务。申通成立全资子公司上海申雪供应链管理有限公司，开展货物专用运输（冷藏保鲜）、食品流通、食用农产品的销售、餐饮企业管理等业务。卡力互联由九家传统干线运输公司抱团发展，战略重心放在冷链物流领域。传统物流企业加快进入冷链市场，凭借传统物流市场的运作经验和完善的基础设施支撑，将对冷链物流市场格局产生深远影响。

（三）医药物流

医药物流市场平稳较快增长。2017年1—9月，医药工业规模以上企业实现主营业务收入约2.29亿元，同比增长11.7%，增速较上年同期提高1.6个百分点，如图41所示。2017年零售药店终端上半年销售额为1813亿元，同比增长8%。其中实体药店市场上半年销售额1778亿元，同比增长7.5%。其中，网上药店市场上半年药品销售额35亿元，增长率45.8%，保持高速增长态势。随着消费者对身体健康和生命安全的日益重视，医保全面覆盖和医疗条件改善，医药市场持续扩大带动医药物流快速发展。

医药物流监管日益严格。2017年2月，《国务院办公厅关于进一步改革完善药品生产流通使用政策的若干意见》发布，该意见对药品生产、流通、使用各个环节均提出了具有针对性的改革要求。特别是随着药品采购“两票制”改革，将我国药品流通监管要求提到了空前高度。之后，在疫苗流通领域，出台

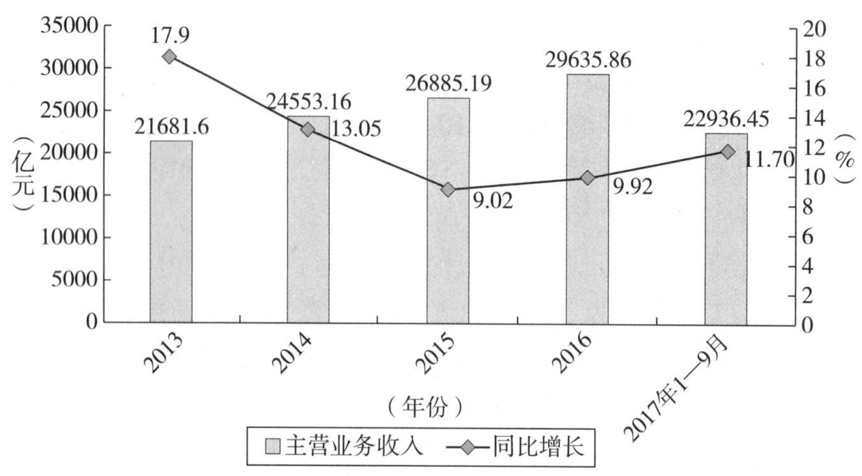

图41　医药工业规模以上企业主营业务收入及增速情况

资料来源：根据2013—2017年工业和信息化部数据汇总。

了《疫苗流通和防疫接种管理条例》《关于进一步加强疫苗流通和预防接种管理工作的意见》等政策，要求相关单位规范疫苗储运管理、提高疫苗配送效率，积极推动疫苗全程追溯体系建设，加强疫苗有效期管理，加强对疫苗流通安全监管等。在医疗器械领域，《国务院关于修改〈医疗器械监督管理条例〉的决定》的发布，以及国家食品药品监督管理总局开展的高密度飞行检查，也使器械质量安全监管更加严格。

医药物流网络深化布局。医药流通企业积极布局医药销售和物流网络。我国药品流通前三大企业，国药、华润、上药总计市场占有率为37.67%，凭借自身规模优势，通过兼并重组等多种方式吸收各地区域网点。2017年上半年，华润迅速扩张布局了新疆、青海、江西、海南四个省市销售网络；上药也扩充青海、重庆版图。目前，国药在上海、北京、广州、西安等地建有现代化枢纽物流中心与配送中心体系。各大区域物流中心共拥有近13万平方米的库房，初步建立了覆盖全国的物流网络体系。

第三方医药物流快速发展。随着国家取消从事第三方药品物流业务的行政审批事项，专业化的第三方物流企业加快进入市场，医药物流服务能力快速提升。顺丰控股携手赛诺菲在成都启动医药物流中心项目，实现药品、疫苗、生物制品的仓储和冷链运输，并为其他医药企业提供药品仓储、配送等医药物流解决方案。上海医药与DHL达成医药战略合作，共同拓展在医药、大健康产品、医疗器械相关的第三方物流仓储、配送及增值服务等业务。同时，各大医药流通企业陆续独立物流体系，成立社会化的医药物流企业，对外承接物流外包业务。随着市场逐步开放，医药物流社会化和专业化成为趋势。

电商企业发力医药物流市场。随着互联网时代的到来，医药物流短链化、去渠道化的需求不断扩大，为医药电商创造了有利发展环境。2017 年 1 月 23 日，国务院新规定要求取消互联网药品交易 B 证、C 证审批，网上药店实现高速增长。阿里、京东等电商企业积极布局医药物流市场。8 月 29 日，京东物流提出医药物流供应链解决方案，并与国药集团、红运堂、华潍药业等 8 家企业签约，开展医药领域的全面合作。菜鸟投入了近百辆冷藏车以及 500 多个医疗温控箱，在配送过程可实时进行温度监控。同时，还专门研发了一系列一次性泡沫包装以及可回收的中转箱，实现了快件运输中的温度控制。

医药供应链开始起步。随着行业需求特点的转变，越来越多的医药企业开始运用供应链理念，进行横向或纵向的服务延伸，向供应链服务商转型。各大医药流通企业纷纷建设供应链一体化管理平台，向上下游提供增值服务和综合解决方案，提升物流运作效率，降低供应链运作成本。随着医院重视度提高，医药物流外包（SPD）模式将得到进一步推广，给医药流通和物流企业带来进入机会。

（四）汽车物流

汽车物流市场增速放缓。据中国汽车工业协会统计分析，2017 年汽车产销 2901. 54 万辆和 2887. 89 万辆，同比增长 3. 19% 和 3. 04%，增速比上年同期回落 11. 27 个百分点和 10. 91 个百分点，如图 42 所示。其中乘用车产销 2480. 67 万辆和 2471. 83 万辆，同比增长 1. 58% 和 1. 40%，增幅小幅提升；商用车产销 420. 87 万辆和 416. 06 万辆，同比增长 13. 81% 和 13. 95%。商用车增幅好于乘用车，汽车产销增速总体呈下滑态势，直接影响汽车物流市场需求。截至 2017 年年底，全国机动车保有量达 3. 10 亿辆，其中全国汽车保有量达 2. 17 亿辆。随着汽车保有量的迅速增长，汽车后市场服务需求越来越旺盛，包括整车后市

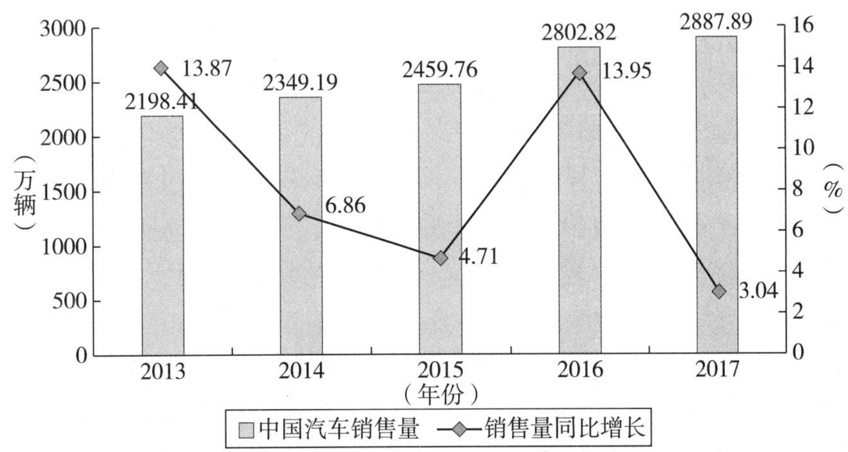

图 42 2013—2017 年中国汽车销量及增长速度

场物流、备件物流两个方面。据中国汽车流通协会统计，2017 年国内二手车交易量达 1200 万辆，同比增长近 20%，汽车二手车市场增速加快。汽车后市场需求成为推动汽车物流市场发展的新动能。

整车运输治理工作取得成效。自 2016 年 9 月 21 日起，交通运输部、公安部、工信部等部门下发了《车辆运输车治理工作方案》（交办运〔2016〕107 号），全面开启了车辆运输车治理工作，2017 年治理工作取得突出成效：行业内“双排车”全面退出市场；完成三批不合规车辆退出市场工作，1.8 万辆不合规车辆运输车逐步淘汰；公路执法进一步规范，实行联合执法制度，带路现象减少。运输环境的优化，对汽车整车运输起到了积极作用。同时，符合国标要求的中置轴车辆运输车开始进入整车物流市场，据不完全统计，整车物流行业新增 6 位半挂车近 10000 辆，新增中置轴车辆运输车近 7000 辆，逐步替代不合规车辆。

汽车物流多式联运效果明显。受公路运输运能减少和治理预期影响，整车物流行业铁水运输比例明显提高，多式联运成为趋势。中铁特货是全国铁路专业从事汽车物流业务的主体，2017 年完成汽车整车运输量 460 万辆，较 2015 年增长 51%，增加 7000 辆铁路商品车运输专用车辆，增长幅度达到 54%，建设物流基地 34 个，开行商品汽车运输精品班列线 40 条，整列运量已占年运量 61%。汽车整车水路运输仍以滚装运输模式为主，2017 年，滚装运量约为 295 万辆，相比 2016 年增长了 18%，参与整车物流水路运输的深圳长航、上海安盛、民生轮船、中远海运、中甫航运和华嘉船务等公司，全行业运力数合计 80 艘滚装船，总计 97060 车位。全国沿海沿江形成一批开展商品车整车滚装水运业务的港口，涵盖近 20 个滚装码头，覆盖了全国市场 80% 以上的商品车整车水运业务量。

汽车后市场物流潜力较大。在整车后市场物流领域中主要包括在用车物流、二手车物流、报废汽车物流等。在用车物流主要以私家车城市间托运服务为主，还包括租赁汽车物流、召回汽车物流、赛事汽车物流等，多家企业推出个人托运车辆服务，满足个人异地用车需求。随着多数城市二手车限迁政策的取消，二手车可在全国范围内开始流动起来，二手车的物流服务需求大大提升，除了基本运输服务外，异地提车、提档、验车上牌及过户等增值服务也是物流行业关注的重点。还有汽车售后服务市场，不仅仅包括汽车备件物流服务，还涉及维修保养、美容养护、汽车金融、保险服务等，市场空间非常大，物流服务的发展空间也非常大。

汽车物流引领智能物流潮流。随着汽车消费个性化、定制化和汽车制造一体化、精益化的发展。汽车物流逐步从推动式物流到拉动式物流再到智能物流发展。新技术应用是推动汽车物流智能化发展的关键，例如智能堆垛、自动化立体仓库、自动轨道系统、智能分拣机器人、自动识别技术、自动导引叉车等技术与装备在汽车物流领域中的应用是实现智能物流的重要基础。

（五）危化品物流

危化品物流市场增长较快。据中国石油和化学工业联合会统计数据显示，截至2017年年末，石油和化工行业规模以上企业29307家，累计主营业务收入13.78万亿元，同比增长15.7%，为五年来最大增幅，如图43所示；利润总额8462.0亿元，同比增长51.9%，利润总额和增幅几乎追平历史最高水平。主营业务收入和利润总额分别占全国规模工业主营收入和利润总额的11.8%和11.3%。2017年石油和化学工业行业存货资金上升12.3%，化学工业升幅达12.7%，均创5年来最大增幅，库存上升加快，相关物流需求增长较快。

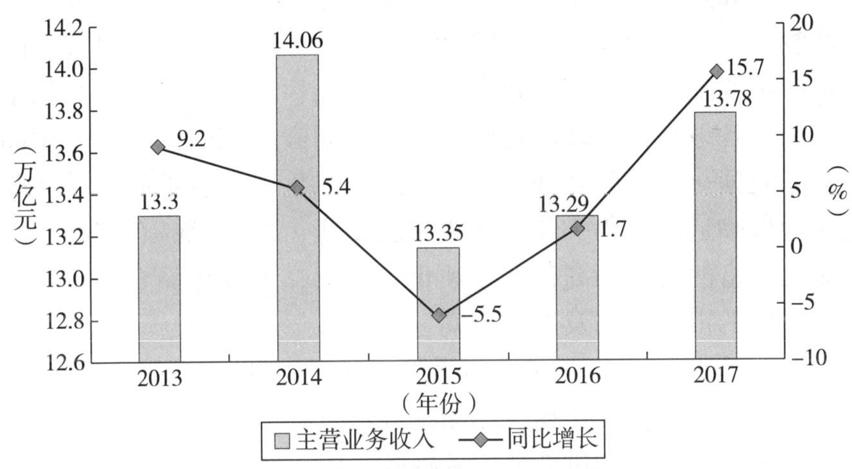

图43　2013—2017年石油和化学工业规模以上企业主营业务收入及增长情况

资料来源：根据2013—2017年国家石油和化工网数据汇总。

危化品物流监管力度加大。监管部门和地方政府加大对危化品行业的控制，在基础建设、证件批复、安全监管、清理整顿等方面加大整治力度。2017年，国务院安全生产委员会印发《道路交通安全“十三五”规划》，其中对危险货物道路运输安全提出具体要求。2017年，《交通运输部关于加强危险货物道路运输安全监管系统建设工作的通知》（交办运函〔2017〕333号）印发，该通知提出到2020年，全国危险货物道路运输安全监管系统基本建成，运用信息化手段实施“联网监管、精准监管、专业监管、协同监管”的格局基本形成，安全监管能力明显提升，提升安全监管的信息化水平。交通运输部还制定了《港口危险货物安全管理规定》（交通运输部令2017年第27号）和《关于加强港口危险货物储罐安全管理的意见》以提升港口危险货物安全管理水平，防范遏制重特大事故。国家邮政局等9部门部署开展了易制爆危险化学品和寄递物流专项整治工作，山东、上海、辽宁等区域均开展危化品运输专项整治行动。但是，危化品物流安全监管还存在明显的多头管理、条块分割和过度监管问题，增加了企业经营负担，也存在监管断链的风险。

危化品物流运输规模较为分散。2017 年我国危化品全行业货物运输量超过 16 亿吨，实现 10% 以上的年增长。每年通过道路运输危险货物总量达 10 亿吨，占危化品运输总量的 60% 以上，且呈逐年上升趋势。2017 年危化品运输车辆超过 36 万辆。我国危化品罐车占比已超过 70%，规模达到 22.6 万辆。从事危化品运输的驾驶员、押运员和装卸管理员共约 148.9 万人。从事道路危险货物运输业的户数共计 10928 户。危险品运输货物企业规模小且服务单一，制约了行业的发展水平，增加了行业的监管难度，对现有企业进行整合、规范势在必行。2017 年水路危化品运输量达到 2.5 亿吨，其中液货危险品船为主要船舶运力。受政策和规划的限制，铁路发展成为危化品物流发展的短板。

危化品物流入园集中发展。2017 年，以化工产业为主导的工业园区有 500 余家。根据政策要求，所有新建和搬迁的危化品生产、储存企业必须进入专业化工园区。随着各地环保新政的实施，化工企业搬迁入园政策对危化品物流产生重要影响。我国化工园区多处于沿海、沿江、化工经济重心区域和化工资源产地，这些地区临近港口码头和公铁路交通要道，为危化品仓储物流提供了便利条件，而且丰富的资源和高密度石油化工企业，为危化品仓储企业提供了充足的货源和稳定的市场需求及发展空间。

危化品供应链管理开始起步。随着我国石油和化学工业行业步入世界前列，生产精细化和管理科学化程度不断提高，危化品物流和供应链管理提出了更高的要求。全程一体化的供应链服务模式，能够提升整个供应链的效率和降低全程物流成本，强化全程监管和信息可追溯，有助于减轻危化品物流的安全风险，为企业创造新的利润增长点。一批大型危化品物流企业加快供应链转型，通过商业模式创新、物流产品创新、资源整合及资本手段，为我国石油和化工企业提供安全、高效、一体化的危化品供应链解决方案。

（六）钢铁物流

钢铁物流需求加速增长。2017 年受钢材价格上涨、地条钢退出市场等因素影响，钢铁市场对合规钢铁需求快速上升。据发改委发布数据显示，2017 年全国粗钢产量 8.32 亿万吨，比上年增长 5.7%，增速比上年提高 4.5 个百分点，如图 44 所示；钢材产量 104818 万吨，增长 0.8%；生铁产量 71076 万吨，同比增长 1.8%；铁合金产量 3289 万吨，增长 0.5%；铁矿砂进口 107474 万吨，增长 5%。钢铁产量的快速上涨，带动钢铁物流市场需求日趋上升。

钢铁物流园区功能拓展。2017 年，钢铁物流园区除了提供传统的钢材交易、仓储、剪切加工、配送运输等功能外，还加快电商交易、智能化仓库管理、综合

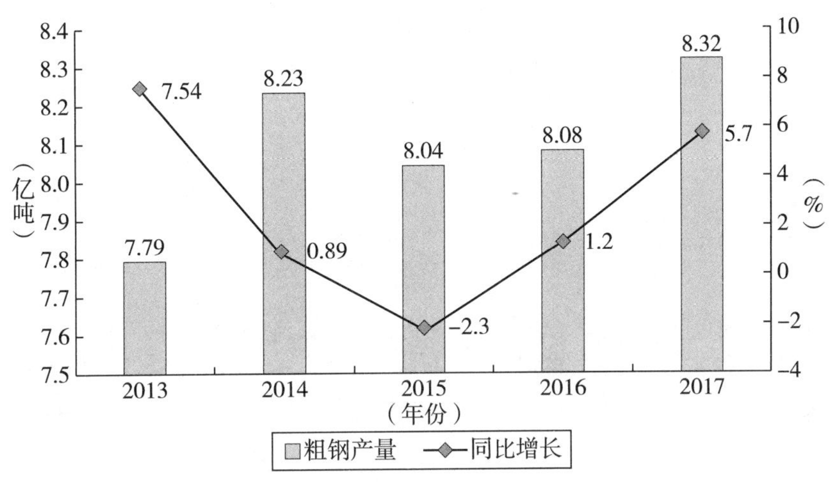

图 44　2013—2017 年粗钢产量及同比增长情况

资料来源：根据 2013—2017 年国家统计局数据汇总。

运输服务、物流金融服务等方面的功能拓展。在电商交易方面，运用电商平台开展网上选货、网上交易和网上支付服务，实现钢铁交易的业态升级；在仓储方面，建立数字式立体仓库，对存储钢材进行信息化管理；在剪切加工方面，大力吸引钢材深加工企业落户园区，将园区的剪切加工能力从单一化向全面化和精细化发展；在配送运输方面，物流园区将运输企业结成联盟，通过电子商务平台实现统筹安排，利用海运、河运、铁路和公路运输来提供低成本的综合货运方案，促进多式联运的发展；在物流金融方面，物流园区具备使园区企业能够存款、贷款、抵押、贴现、保险、有价证券发行与交易，以及金融机构所办理的各类涉及物流业的中间业务等功能，帮助解决园区内中小企业融资难的问题。

供应链服务成为钢铁物流发展的重要方向。一方面，钢铁企业重视与终端用户企业建立战略伙伴关系，注重建立具有针对性的加工配送中心，加强增值服务能力。同时，在重点用钢地区和城市设立贸易公司，并努力向国际市场挺进。另一方面，钢铁企业新型采购模式向外围资源基地延伸，采购、仓储、运输，三位一体。例如，各钢铁公司积极发展海运业务，通过自造船只或与海运企业、船舶公司、货物运输和存放港口建立长期合作关系，降低进口铁矿石的运输成本；陕钢集团优化供应链，与重庆市果园港深入合作，开辟了“海江铁”联运物流大通道，供应陕钢集团汉钢公司生产所需。

钢铁电商物流进入发展新阶段。经过 2017 年的发展，国内钢铁电商进入以服务取胜的新阶段。第三方钢铁物流电商将供应链服务做成服务型平台，实现社会服务型资源聚集，并通过第三方服务体系，在平台上进行嫁接，形成服务价值链，对其进行匹配和分层管理，有效提升钢铁物流服务效率，并成为企业的核心竞争力。

第四章

2017 年中国物流业投融资回顾

2017 年，物流业投融资热点纷呈，投资活跃，资本助推企业提质增效，做大做强。据统计，2017 年物流及相关行业共发生超 110 起投融资事件。在投融资领域，公路货运、快递、仓储、城市配送、物流地产、冷链、国际物流、供应链、物流技术与装备等受关注度集中度较高。物流业融资细分领域分布情况，如表 1 所示。

表 1　物流业融资细分领域分布情况

所属领域	融资次数	融资企业
公路货运	13	福佑卡车、货车帮、好运虎、运满满、飓风物流、找罐车、运车管家、壹米滴答、天地汇、商桥物流
快递	9	优速、天天快递、快递 100、韵达（IPO）、曹操到、快捷快递、顺丰（IPO）、百世（IPO）
仓储	20	菜鸟网络、易代储、鲸仓、快仓、仓小微、一一通、马路创新、申通贝宁仓储、心怡科技、CBD 迷你仓、头等仓、复融供应链、香蕉立方、三位通、万超帮
城市配送	29	云鸟科技、货拉拉、闪送、驹马物流、UU 跑腿、唯捷城配、快服务、快牛配送、千鸟配送、帮啦跑腿、风先生、深圳小闪快送、丰巢、递易、成都我来啦、熊猫快收、箱箱共用、迅蚁、乐收、火箭投递、小象驿站、蓝店、优乐赛
物流地产	5	易商红木、普洛斯、物流地产基金、平安不动产

续　表

所属领域	融资次数	融资企业
冷链	9	九曳、易鲜冷链、冻品汇、信良记、安鲜达物流、马力冷运、乐禾食材、郑明物流
国际物流	8	BUFFALO 供应链、影子速递、运去哪、燕文物流、鸭嘴兽
供应链物流	4	卓志跨境供应链、远孚物流、越海物流
物流技术与装备	15	G7、集行神州、大车东慧、富勒、雅澳供应链、欣视景、知藏科技、货车宝、Geek +、艾吉威、若步智能

一、公路货运市场

2017 年，公路货运市场中互联网平台类的货车帮、福佑卡车均实现两次融资，资本对市场领先企业认可度加大。2017 年年底，货车帮与运满满宣布战略合并，成立满帮集团。合并后，满帮集团主要业务依旧是为用户提供信息交互平台服务。同时，已发展成全国最大的货车车后服务平台，通过覆盖柴油、ETC、新车、金融、保险、园区等领域，为货车司机提供一站式服务。

轻资产加盟型的壹米滴答、商桥物流受到资本青睐。目前，壹米滴答累计融资 5 亿元。2017 年壹米滴答由原有的轻运营管理平台，逐步向轻重结合的运营管理平台过渡，完成了含核心区域在内 12 个省区的股权重组。2017 年，壹米滴答全网日均货量超过 3 万吨。公路货运市场投融资情况如表 2 所示。

表 2　　公路货运市场投融资情况

时间	企业	金额	轮次	投资方
3 月 9 日	福佑卡车	2.5 亿元	C	君联、钟鼎、真格、中航信托、普洛斯
3 月 22 日	好运虎	1000 万元	Pre – A	君上资本
4 月 19 日	运车管家	数千万元	A	清华企业家协会理事孟虎、大搜车、珠海高鹄资本
5 月 2 日	货车帮	1.56 亿美元	B +	百度、All – Stars
5 月 3 日	找罐车	350 万元	天使	找油网
6 月 20 日	天地汇	数千万元	C	—

续 表

时间	企业	金额	轮次	投资方
7月16日	壹米滴答	3亿元	B	鼎晖投资领投、普洛斯、源码资本、险峰长青、拓锋投资、GVC跟投
8月1日	飓风物流	640万元	战略投资	音飞储存
8月17日	货车帮	5600万美元	B3轮	全明星基金领投
8月28日	好运虎	700万美元	A	DCM领投、零一创投、君上资本跟投
9月29日	商桥物流	5000万元	A	启创资本与前海母基金联合领投、深创投跟投
11月17日	运满满	1.2亿美元	D3	老虎基金
12月25日	壹米滴答	数亿元	B+	国开国际领投、联峰投资

二、快递市场

2017年韵达、顺丰借壳上市，百世在美国上市后，主要快递企业基本完成上市。上市快递企业加大网络建设、设备购置和基础设施投资，增强自身实力。2017年年底，顺丰募集资金78.22亿元，主要用于四个方面：航材购置及飞行支持项目、冷运车辆与温控采购项目、信息服务平台建设和下一代物流信息化技术研发项目、中转场建设项目，启动下一轮战略布局。

第二梯队的快递企业通过与大型电商和快递企业合作，深耕电商物流和快递垂直细分市场。优速快递坚持走差异化发展道路，推行提供2～100千克门到门快递服务的“大包裹战略”，2017年年初获得总额达20亿元的银行授信和A+轮融资。2017年1月，江苏苏宁物流有限公司发布公告，以现金出资29.75亿元收购天天快递70%股份，并将继续购买天天快递剩余30%股份，强化苏宁物流“最后一公里”配送能力，全部交易标的估值为42.5亿元。（如表3所示）

表3　快递市场投融资情况

时间	企业	金额	轮次	投资方
1月1日	优速快递	20亿元	A+	普洛斯
1月2日	天天快递	42.5亿元	战略投资	苏宁物流

续　表

时间	企业	金额	轮次	投资方
1月12日	快递100	数百万元	A	京东
1月18日	韵达	—	IPO	A股
2月24日	顺丰	426亿元	IPO	A股
4月27日	曹操到	数百万元	天使	—
9月20日	百世	4.5亿美元	IPO	纽交所

三、仓储市场

2017年，仓储自动化成为投资热点，无人仓、机器人仓、共享仓受到资本关注。智能自动化仓库解决方案提供商鲸仓科技获得两轮投资。鲸仓科技成立于2014年，旨在帮助广大电商和零售企业免费将仓库升级为自动化仓库，提供仓库业务代运营服务，目前为浩方集团、环球易购、唯品会、深国际等电商服务。快仓科技完成B轮融资，以研发生产“机器人智能系统”为核心，将传统仓库中分拣人员处理订单速度提高一倍多，打造机器人智能仓储市场。电商仓配管理运营商心怡科技完成C轮融资，心怡科技成立于2004年，专注于云仓储和配送管理的业务，向电商客户提供综合电商物流解决方案和供应链管理服务。未来将战略布局智能化仓储，打造供应链一体化系统。9月，阿里巴巴宣布，向旗下菜鸟网络投资53亿元，增资后，阿里持有菜鸟股权将从原来的47%增加到51%。快递市场投融资情况如表4所示。

表4　　仓储市场投融资情况

时间	企业	金额	轮次	投资方
2月27日	鲸仓科技	6800万元	A	金沙江创投、南昌洪城、合力、臻云、德国博世等
3月10日	申通贝宁仓储	数千万元	A	熠帆资本
3月29日	快仓	2亿元	B	菜鸟、软银
4月5日	易代储	5000万元	A+	中集、展博
4月27日	心怡科技	6亿元	C	Welkin 汇勤、怡诺、博睿、易凯

续 表

时间	企业	金额	轮次	投资方
5月2日	仓小微	1000万元	天使	姚劲波
5月16日	CBD迷你仓	2800万美元	A	汇贯南丰
8月28日	头等仓	—	Pre－A	光大控股
9月26日	菜鸟网络	53亿元	战略投资	阿里巴巴集团
10月26日	复融供应链	数千万元	A	邦明资本领投，创业接力天使跟投
10月27日	香蕉立方	超亿元	天使	万达集团、花生地铁
11月24日	鲸仓科技	1亿美元	B	云锋基金领投，百度风投和金沙江联合跟投
11月28日	三维通	—	—	松禾远望资本
12月22日	万超帮	数千万元	Pre－A	君上资本领投，君孜资本战略跟投

四、城市配送市场

2017年，城市配送领域受到资本关注。互联网平台类的货拉拉、云鸟配送分别进入C、D轮。货拉拉累计融资总额达1.6亿美元，C轮融资主要用于已落地城市的深耕运营，以及拓展2B产品等新业务，此外，货拉拉还将发展一部分自营运力作为机动和补充。货拉拉平台注册司机达200万名，用户达1500万名，在深圳、广州、上海、重庆、西安等重点城市已实现单城盈利。2017年2月，云鸟科技宣布完成D轮融资，融资额为1亿美元。D轮融资将主要用于科技投入和开发，深入加强服务能力和品质，并将进一步发力城市拓展，预计2017年将开至30个城市。同时，云鸟科技继续在物流领域与相关企业展开战略合作。

闪送、UU跑腿等一批限时直送模式获得资本热捧。成立于2014年的闪送在半年内完成了1亿美元的融资。闪送已开通37个城市，拥有3532.00万名用户和27.52万名闪送员工。在C+轮融资后，将强化在1小时同城速递服务领域的地位，并持续加大技术和大数据的研发投入，打造更快更安全的专人直送服务产品，未来将推出次时效产品和跨地域服务。城市配送市场投融资情况如表5所示。

表 5　城市配送市场投融资情况

时间	企业	金额	轮次	投资方
1 月 8 日	UU 跑腿	9600 万元	A	天明集团、锐旗资本
1 月 8 日	唯捷城配	数千万元	A	德屹资本
1 月 10 日	货拉拉	3000 万美元	B	襄禾、MindWorks Ventures、清流、黑洞
1 月 13 日	快服务	数千万元	Pre - A	明家联合领投，峰瑞资本、福源精益、瀚霖汇、百度众筹跟投
2 月 6 日	闪送	5000 万美元	C	海纳亚洲（SIG）、执一、普思
2 月 13 日	云鸟科技	1 亿美元	D	华平、经纬、金沙江
3 月 30 日	爱便利	2 亿元	B	锴明
4 月 21 日	快牛配送	数千万元	A	贵格天使、心元资本（Cherubic Ventures）
5 月 2 日	驹马物流	4.5 亿元	B	普洛斯、鼎祥、联创等
6 月 5 日	闪送	5000 万美元	C +	顺为资本、华联集团、赫斯特资本和普思资本
6 月 9 日	UU 跑腿	1 亿元	A +	启赋资本、天明集团等
6 月 16 日	深圳小闪快送	1000 万元	天使	赛马资本
8 月 3 日	千鸟配送	1000 万元	天使	广东文投创工场领投，两个 A 股上市公司核心高管跟投
8 月 6 日	帮啦跑腿	500 万元	Pre - A	厦门漫游科技领投，深圳互丰投资及梅州市乐得鲜跟投
8 月 8 日	闪送	—	战略投资	华山资本
8 月 31 日	风先生	数千万美元	C	道生资本、执御
10 月 11 日	货拉拉	1 亿美元	C	顺位资本、襄禾资本、概念资本等
11 月 3 日	深圳小闪快送	2000 万元	Pre - A	—

2017 年，快递柜、无人机、绿色包装等一批“最后一公里”末端物流服务模式和设施受到资本青睐，成为未来城市配送争夺的“新战场”。年初，丰巢获 25 亿元 A 轮融资，深度布局“最后一公里”。自 2015 年 6 月启动，丰巢市场已经覆盖全国 74 个城市，投放 4 万组快递柜，格口数量达 300 万，日均包裹处理量位居快递柜行业第一。（如表 6 所示）

表 6　“最后一公里”末端物流服务市场融资情况

时间	企业	金额	轮次	投资方
1 月 5 日	丰巢科技	25 亿元	A	鼎晖、国开金融、钟鼎
1 月 16 日	递易	数千万元	A	三泰控股、真格基金
7 月 7 日	成都我来啦	26 亿元	战略投资	中国邮政、菜鸟网络、复星集团
7 月 13 日	熊猫快收	—	Pre - A	姚劲波、李如彬
8 月 8 日	箱箱共用	超亿元	B	七海资本领投，永柏领中跟投
8 月 17 日	迅蚁	数千万元	A	红杉资本中国（领投）、九合创投
10 月 5 日	乐收	3000 万元以上	A	顺丰
10 月 17 日	火箭投递	数千万元	A	旦恩创投领投
11 月 6 日	小象驿站	1000 万元	Pre - A	—
11 月 7 日	蓝店	2000 万元	A	海纳亚洲（SIG）
11 月 17 日	优乐赛	1 亿元以上	首轮	国发创投基金、元禾原点资本

五、物流地产市场

2017 年，物流地产市场迎来重大资本变局。普洛斯和中国财团发布联合公告，该财团以约 116 亿美元（约 786 亿元人民币）的价格全面收购亚洲最大、世界第二的物流设施地产商——普洛斯。交易完成后，普洛斯将退市、私有化，方案于 2018 年 4 月 14 日前完成。易商红木获得两次投资，截至 2017 年 6 月，易商红木管理的项目面积约 840 万平方米，在中国、韩国、日本和新加坡等国家管理资产总规模在 90 亿美元左右。万科 A、苏宁云商等企业设立物流地产基金，加大物流地产投入。物流地产市场投融资情况如表 7 所示。

表 7　　物流地产市场投融资情况

时间	企业	金额	轮次	投资方
1 月 4 日	易商红木	3 亿美元	C	广发信德、华融、光大、浦银、民银
7 月 14 日	普洛斯	116 亿美元	战略投资	厚朴投资占股 21.3%、万科集团占股 21.4%、高瓴资本占股 21.2%、中银集团投资有限公司占股 15%、普洛斯管理层占股 21.2%
7 月 31 日	易商红木	3.33 亿美元	战略投资	SK 电讯创投（中国）
11 月 13 日	物流地产基金	300 亿元	创立	苏宁、深创投
12 月 11 日	平安不动产	—	战略投资	普洛斯

六、冷链物流市场

2017 年，受电商需求和政策引导带动，冷链物流市场资本活跃度增加。九曳供应链获得远洋投资集团的 2 亿元 B 轮融资，成立于 2014 年的九曳供应的目标是帮中小农业企业提升互联网形势下的发展所需的物流、供应链能力，其目标客户一类是原产地中小种养殖企业、基地，另一类是拓展线上渠道的规模化农业食品企业，目前已服务客户上百家。8 月，天猫宣布，向易果集团投资 3 亿美元（约 20 亿元人民币），此次融资将主要用于易果生鲜旗下安鲜达的冷链物流基础设施建设和扩张。天猫超市生鲜频道由易果生鲜运营，易果生鲜将进一步融入天猫生态圈。易果生鲜已在 10 个城市建有 11 个冷链物流基地，其中北京、上海、广州、成都等城市可以做到物流当日达，其他 200 多个城市可以做到次日达。冷链物流市场投融资情况如表 8 所示。

表 8　　冷链物流市场投融资情况

时间	企业	金额	轮次	投资方
1 月 5 日	冻品汇	—	天使	金橡树投资
1 月 23 日	九曳	2 亿元	B	远洋资本
5 月 2 日	冻品汇	数千万元	Pre－A	金橡树投资控股、北京金海云天网络技术服务中心

续 表

时间	企业	金额	轮次	投资方
6 月 16 日	易鲜冷链	1000 万元	天使	冻品在线集团、国运通物流
7 月 6 日	信良记	1.2 亿元	A +	钟鼎创投、峰瑞资本
8 月 1 日	安鲜达物流	3 亿美元	战略投资	天猫商城
9 月 23 日	马力冷运	数千万元	天使	十维资本
9 月 28 日	乐禾食品	6000 万元	A +	无域资本等
11 月 27 日	郑明物流	4 亿元	战略投资	远洋资本

七、国际物流市场

2017 年受跨境电商和国际贸易带动，国际物流企业受到资本关注。运去哪和鸭嘴兽都获得了 2 次融资。运去哪上线于 2015 年 2 月，可为中国的外贸企业提供包括海运整箱、海运拼箱、空运、报关、拖车、仓储、保险等一站式国际物流服务。通过将互联网与传统的国际物流相结合，外贸企业可快捷的在线查询最新运费、在线预订物流服务，并通过 SaaS（软件即服务）物流管理系统，追踪物流进展、管理物流订单。截至 10 月中旬，运去哪已合作付费用户超过 4000 家，预计 2017 年营业额达到 10 亿元。国际物流市场投融资情况如表 9 所示。

表 9　国际物流市场投融资情况

时间	企业	金额	轮次	投资方
6 月 12 日	BUFFALO 供应链	数百万元	种子	原子创投
6 月 20 日	影子速递	300 万元	天使	汇卓资本
6 月 23 日	运去哪	5000 万元	A +	DCM（一家风险投资公司）、星河、春晓资本
8 月 1 日	鸭嘴兽	数百万元	天使	宁波芸苔永盈
10 月 31 日	运去哪	近亿元	战略投资	招商局创投
11 月 7 日	BUFFALO 供应链	数百万元	天使	大观资本、深圳城蓝资产、原子创投

续　表

时间	企业	金额	轮次	投资方
11 月 30 日	燕文物流	数亿元	B	君联资本领投，毅达资本等其他投资机构跟投
12 月 21 日	鸭嘴兽	1000 万元	Pre - A	拙扑投资

八、供应链物流市场

2017 年，供应链物流借政策东风和市场需求，迎来发展机遇。深圳越海全球供应链有限公司完成 12 亿元 A 轮融资，估值超过 10 亿美元。越海首创了“一体化供应链”模式，在国内建立了 8 个一级基地、50 个二级基地，管理仓储面积超过 200 万平方米。在马来西亚、泰国、菲律宾、越南、俄罗斯及中东、欧洲等“一带一路”经济带国家及地区建立起全球网络，与众多跨国企业建立起战略合作伙伴关系，为其建立全球供应链协同体系。2016 年，越海首创的“C2B + DIY”模式，以需求驱动供应链，帮助产业向工业 4.0 时代转型升级。供应链物流市场投融资情况如表 10 所示。

表 10　供应链物流市场投融资情况

时间	企业	金额	轮次	投资方
2 月 23 日	卓志跨境供应链	2 亿元	战略投资	普洛斯金融
3 月 29 日	远孚物流	数千万	A	三行资本、1898 创投
9 月 21 日	越海物流	12 亿元	A	涌铧投资、汇能金融领投，磐石资本、广田控股、唐融投资、惠友投资、宁波嘉展、盛世景等机构跟投

九、物流技术装备市场

2017 年，智能化物流技术装备成为投资热点。在运输智能化领域，智慧物联网公司 G7 获得两轮融资。G7 专注于面向物流行业提供基于物联网和大数据的车队综合管理服务，提升车队客户和物流行业的时效、成本和安全管理水平。G7 服务的客户涵盖快递、快运、消费、电商、食品、危化等各个行业，覆盖了行业中一批大型客户和众多中小物流车队。截至 2017 年 9 月，G7 服务客户超过 4 万家，连接车辆超过 60 万辆。

在仓储智能化领域，仓储机器人企业 Geek +（极智嘉科技）获得 B 轮融资。Geek + 成立于 2015 年，以 AI 和机器人为核心，为客户提供全面一站式的智能物流解决方案。本轮融资将用于进一步增强团队的业务实力，包括加速产品的迭代研发、加快国内业务布局和拓展、启动国际化战略布局。截至 B 轮融资前，Geek + 的机器人出货量已近千台，预计 2017 年的机器人出货量可达 2000 台。物流技术装备市场投融资情况如表 11 所示。

表 11　　物流技术装备市场投融资情况

时间	企业	金额	轮次	投资方
1 月 16 日	一一通	数千万元	A	合肥高投
2 月 13 日	G7	4500 万美元	C + +	国开、普洛斯
2 月 18 日	马路创新	数百万元	天使	—
3 月 19 日	极智嘉（Geek + ）	1.5 亿元	A +	祥峰、火山石、高榕
3 月 21 日	雅澳供应链	数百万	天使	上海普天物流、联创资本冯涛、天天快递创始人詹际盛、三银资本及山鹰资本
7 月 13 日	Geek +	6000 万美元	B	华平投资、火山石投资
8 月 3 日	艾吉威	3000 万元	A	东合创投、升鸿资本
8 月 5 日	雅澳供应链	3000 万元	Pre – A	马鞍山市雄鹰新兴产业基金领投，舍得资本、上海元赋资本跟投
8 月 25 日	集行神州	2500 万元	战略投资	探针资金、拙赢资管
9 月 1 日	大车东慧	1000 万元	A	上海市科创委创业基金、宁波万豪铭锐投资等
9 月 17 日	欣视景	1 亿	B	华睿投资领投
				南京高科
9 月 19 日	雅澳供应链	1000 万元	Pre – A +	合力投资、华山资本
10 月 25 日	知藏科技	数千万元	Pre – A	天创投领投，蓝驰创投跟投
12 月 1 日	货车宝	—	天使	罗格博领投

续　表

时间	企业	金额	轮次	投资方
12 月 7 日	FLUX 富勒	—	战略投资	霍尼韦尔
12 月 18 日	G7	7000 万美元	战略投资	普洛斯、中银集团投资有限公司
12 月 26 日	若步智能	1000 万元	A	宏华文化产业（深圳）有限公司

第五章

2017 年中国物流基础设施回顾

2017 年，综合运输体系加速成网，物流网络“节点”加快布局。党的十九大首次提出，要加强物流基础设施网络建设，提升物流基础设施的战略地位。

一、交通运输基础设施

（一）铁路

铁路建设小幅增长。2017 年年末全国铁路营业里程达到 12. 7 万公里，比上年增长 2. 4%，其中高铁营业里程为 2. 5 万公里。全国铁路路网密度 132. 2 公里/万平方公里，增加 3. 0 公里/万平方公里。

铁路营业里程中，复线里程 7. 2 万公里，比上年增长 5. 4%；电气化里程 8. 7 万公里，增长 7. 8%。（如图 1 所示）

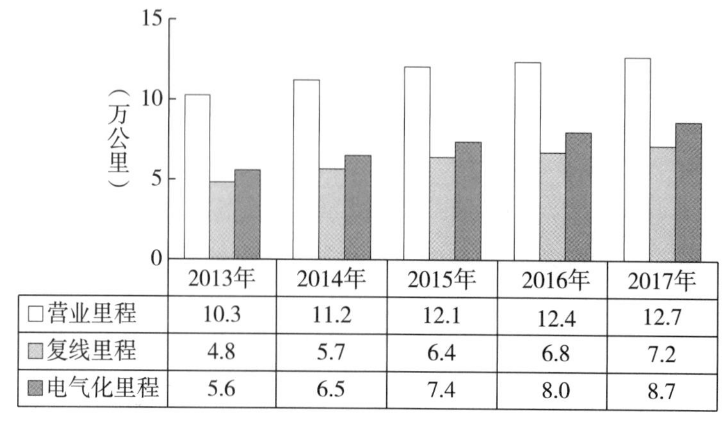

	2013年	2014年	2015年	2016年	2017年
□营业里程	10.3	11.2	12.1	12.4	12.7
复线里程	4.8	5.7	6.4	6.8	7.2
电气化里程	5.6	6.5	7.4	8.0	8.7

图 1　2013—2017 年全国铁路营业里程

注：图中铁路数据为速报数。

资料来源：交通运输行业发展统计公报。

全年完成铁路固定资产投资 8010 亿元，与上年基本持平。投产新线 3038 公里，其中高速铁路 2182 公里。

（二）公路

公路建设稳步增长。2017 年年末全国公路总里程 477.35 万公里，比上年增加 7.83 万公里。公路密度 49.72 公里/百平方公里，增加 0.81 公里/百平方公里，如图 2 所示。公路养护里程 467.46 万公里，占公路总里程 97.9%。

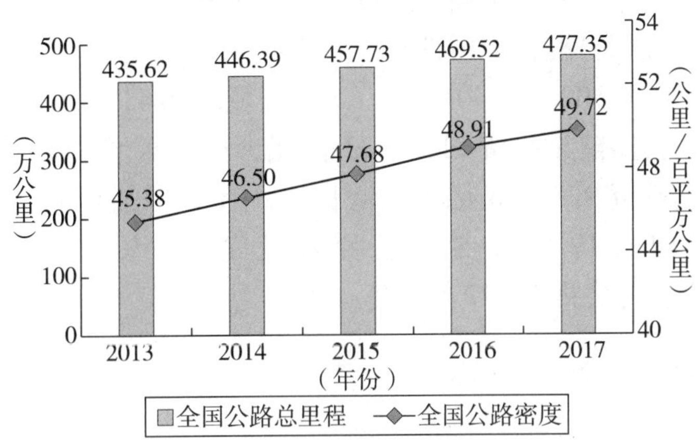

图 2　2013—2017 年全国公路总里程及公路密度

2017 年年末全国四级及以上等级公路里程 433.86 万公里，比上年增加 11.31 万公里，占公路总里程 90.9%，提高 0.9 个百分点。二级及以上等级公路里程 62.22 万公里，增加 2.28 万公里，占公路总里程 13.0%，提高 0.3 个百分点。高速公路里程 13.65 万公里，增加 0.65 万公里；高速公路车道里程 60.44 万公里，增加 2.90 万公里。国家高速公路 10.23 万公里，增加 0.39 万公里。2017 年全国公路里程分技术等级构成如图 3 所示。

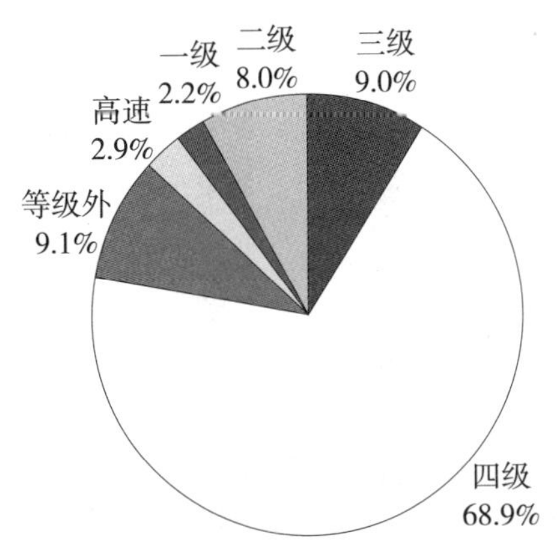

图 3　2017 年全国公路里程分技术等级构成

2017年年末国道35.84万公里，省道33.38万公里。农村公路里程400.92万公里，其中县道55.07万公里，乡道115.77万公里，村道230.08万公里。

2017年年末全国通公路的乡（镇）占全国乡（镇）总数的99.99%，其中通硬化路面的乡（镇）占全国乡（镇）总数的99.39%，比上年提高0.38个百分点；通公路的建制村占全国建制村总数的99.98%，其中通硬化路面的建制村占全国建制村总数的98.35%，提高1.66个百分点。

2017年年末全国公路桥梁83.25万座、5225.62万米，比上年增加2.72万座、308.66万米，其中特大桥梁4646座、826.72万米，大桥91777座、2424.37万米。全国公路隧道16229处、1528.51万米，增加1048处、124.54万米，其中特长隧道902处、401.32万米，长隧道3841处、659.93万米。

2017年完成公路建设投资21253.33亿元，比上年增长18.2%。其中，高速公路建设完成投资9257.86亿元，增长12.4%；普通国省道建设完成投资7264.14亿元，增长19.5%；农村公路建设完成投资4731.33亿元，增长29.3%，新改建农村公路28.97万公里。

（三）水路

1. 内河航道

2017年年末全国内河航道通航里程12.70万公里，比上年减少80公里。等级航道约6.62万公里，占总里程52.1%，下降0.2个百分点。其中三级及以上航道1.25万公里，占总里程9.8%，提高0.3个百分点。（如图4所示）

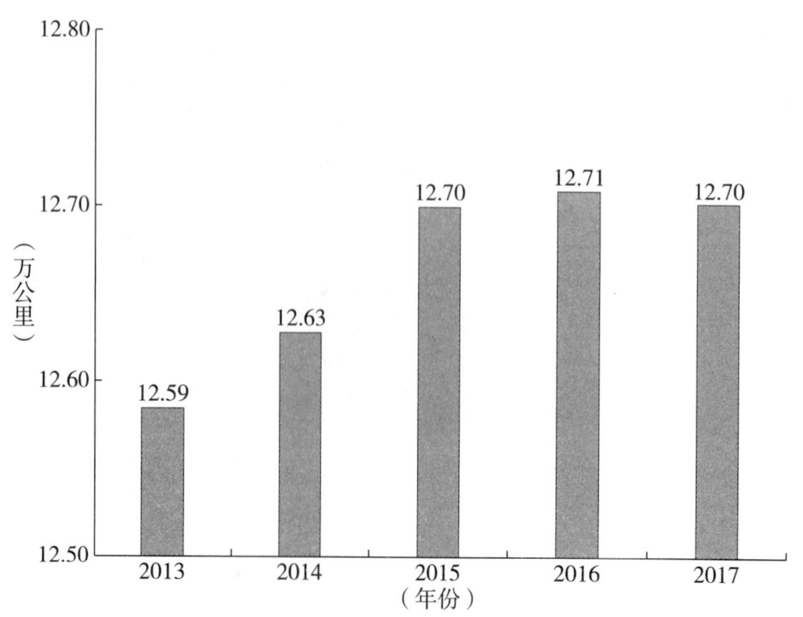

图4　2013—2017年全国内河航道通航里程

各等级内河航道通航里程分别为：一级航道1546公里，二级航道3999公里，三级航道6913公里，四级航道10781公里，五级航道7566公里，六级航道18007公里，七级航道17348公里。等外航道约6.08万公里。

各水系内河航道通航里程分别为：长江水系64857公里，珠江水系16463公里，黄河水系3533公里，黑龙江水系8211公里，京杭运河1438公里，闽江水系1973公里，淮河水系17507公里。

2. 港口

2017年年末全国港口拥有生产用码头泊位27578个，比上年减少2810个。其中，沿海港口生产用码头泊位5830个，减少57个；内河港口生产用码头泊位21748个，减少2753个。

2017年年末全国港口拥有万吨级及以上泊位2366个，比上年增加49个。其中，沿海港口万吨级及以上泊位1948个，增加54个；内河港口万吨级及以上泊位418个，减少5个。（如表1所示）

表1　　2017年全国港口万吨级及以上泊位数量　　单位：个

泊位吨级	全国港口	比上年年末增加	沿海港口	比上年年末增加	内河港口	比上年年末增加
1万~3万吨级（不含3万）	834	20	651	14	183	6
3万~5万吨级（不含5万）	399	15	285	6	114	9
5万~10万吨级（不含10万）	762	5	653	25	109	-20
10万吨级及以上	371	9	359	9	12	0
合计	2366	49	1948	54	418	-5

全国万吨级及以上泊位中，专业化泊位1254个，比上年增加31个；通用散货泊位513个，比上年增加7个；通用件杂货泊位388个，比上年增加7个。（如表2所示）

表2　　全国万吨级及以上泊位构成（按主要用途分）　　单位：个

泊位用途	2017年	2016年	比上年增加
专业化泊位	1254	1223	31
集装箱泊位	328	329	-1
煤炭泊位	246	246	0
金属矿石泊位	84	83	1

续 表

泊位用途	2017 年	2016 年	比上年增加
原油泊位	77	74	3
成品油泊位	140	132	8
液体化工泊位	205	200	5
散装粮食泊位	41	39	2
通用散货泊位	513	506	7
通用件杂货泊位	388	381	7

2017 年全年完成水运建设投资 1238. 88 亿元，比上年下降 12. 6%。其中，内河建设完成投资 569. 39 亿元，增长 3. 1%；沿海建设完成投资 669. 49 亿元，下降 22. 6%。

（四）民航

民航机场实现较快增长。2017 年年末共有颁证民用航空机场 229 个，比上年增加 11 个，其中定期航班通航机场 228 个，定期航班通航城市 224 个。年货物吞吐量达到 10000 吨以上的有 52 个，增加 2 个。

2017 年，民航固定资产投资总额 1806. 9 亿元，其中：民航基本建设和技术改造投资 869. 4 亿元，比上年增长 11. 1%。

二、物流节点基础设施

（一）物流园区（基地）

2017 年，全年完成装卸搬运和仓储业固定资产投资额 6855. 8 亿元，比上年下降 0. 4 个百分点。根据推算，我国物流仓储设施面积约 13 亿平方米，其中高标准仓储设施占比约为 8%。目前，全国各类物流园区超过 1200 家，园区网络化、平台化、智慧化初步显现。普洛斯在中国 38 个主要城市投资、建设并管理着 258 个物流园、工业园及科创园，物业总面积达 3300 万平方米。中储股份在国内 20 多个省、直辖市和自治区投资运营物流园区，拥有土地面积 600 多万平方米。传化物流打造覆盖全国的“传化网”，已开展业务的公路港城市物流中心项目 65 个，累计全国化布局 126 个项目，覆盖全国 27 个省、市、自治区，在建公路港及已运营公路港土地面积 1707 万平方米，签订协议项目土地面积 2258 万平方米。宝湾物流在中国 28 个城市拥有并管理着 46 个现代化的物流园区，仓储设施达到 186 万平方米，在建仓储设施面积 81 万平方米，规划中的仓储设施面积 296 万平方米。重点发展城市综合物流港，截至 2018 年 3 月底，已在 22 个重要物流节点城市实现战略布局，规划用地面积共计约 608 万平方米，其中 15 个项目已取得土地面积合计约 270 万平方米。林安集团已在 10 多个省市建立了物流节点和物流网络，并计划通过连锁加盟形式五年布局 100 个物流园区和信息化平台节点。由中物联牵头，林安物流等 17 家网络化经营的物流园区发起互联互通服务平台“百驿网”。截至 2017 年 9 月，万科已进入 25 个城市，新增 41 个物流项目，总面积为 313 万平方米。万科旗下万纬物流聚焦全国三大经济圈及中西部重点城市，运营及在建总面积 568 万平方米，运营及在建项目 74 个，进驻城市 33 个，服务客户 61 家。

国家发展改革委、国土资源部、住房城乡建设部联合公布两批示范物流园区名单。第一批物流园区开展示范工作以来，相关园区在园区建设、运营管理、服务水平提升等方面取得积极成效，对推动我国物流园区创新发展和服务水平提升、促进物流产业集聚升级发挥了重要作用。第二批示范物流园区名单（共 27 个）如表 3 所示。

表 3　　第二批示范物流园区名单（共 27 个）

地区/公司	园区名称
河北省	邢台好望角物流园区
山西省	中鼎物流园
内蒙古自治区	集宁现代物流园区
吉林省	香江物流园
上海市	中国（上海）自由贸易试验区洋山保税港区（陆域）物流园区
江苏省	南京龙潭综合物流园区
	上合组织（连云港）国际物流园
浙江省	义乌港物流园
	衢州工业新城物流园区
	宁波经济技术开发区现代国际物流园区
安徽省	安徽华源现代物流园
福建省	福建福港综合物流园区
江西省	鹰潭市现代物流园

续 表

地区/公司	园区名称
山东省	山东佳怡物流园
	威海国际物流园
河南省	郑州国际物流园区
	豫东综合物流产业园
湖北省	宜昌三峡物流园
湖南省	湘南国际物流园
广东省	南方物流集团物流园
	深国际华南物流园
广西壮族自治区	广西凭祥综合保税区物流园
重庆市	秀山（武陵）现代物流园区
四川省	南充现代物流园
贵州省	黔中（安顺）物流园区
甘肃省	甘肃（兰州）国际陆港
铁路总公司	成都铁路局城厢铁路物流基地

（二）铁路物流基地

按照中国铁路总公司组织研究编制的《铁路物流基地布局规划及2015—2017年建设计划》部署，2017年各铁路局积极推进铁路物流中心建设工作。根据中国铁路总公司货运工作会议数据，到2017年年底，规划建设的208个铁路物流中心里，已有21个一级铁路物流中心、85个二级铁路物流中心建设完成。未来各级铁路物流中心全部建成后，将基本覆盖通达铁路的重要城市，基本联结“一带一路”建设、“长江经济带”和“京津冀地区”三大国家战略规划的相关城市。

作为铁路集装箱运输网络体系的重要组成部分的铁路集装箱中心站布局也逐步完善。2017年6月21日，中铁联集乌鲁木齐集装箱中心站（三坪站）正式开通运营。自2004年《中长期铁路网规划》中提出加快主要枢纽及集装箱中心站建设以来，2005年12月上海中心站率先开通运营，昆明、重庆、成都、天津等12个铁路集装箱中心站也陆续开通，进一步形成了铁路集装箱运输骨干网络。

（三）多式联运枢纽

按照交通运输部等十八部门联合印发的《关于进一步鼓励开展多式联运工作的通知》要求，交通运输部等部门组织两批共46项多式联运示范工程。2017年前三季度，第一批16个示范工程累计开通示范线路140余条，完成集装箱多式联运量超过60万TEU，降低能耗约40万吨标准煤。多式联运示范工程企业已有16个符合条件的建设项目，纳入交通运输部“十三五”货运枢纽（物流园区）建设项目库。第二批多式联运示范工程项目名单如表4所示。

表4　　第二批多式联运示范工程项目名单

序号	项目名称	牵头企业
1	天津港中蒙俄经济走廊集装箱多式联运示范工程	天津港（集团）有限公司
2	河北省长久物流商品车公铁水联运示范工程	唐山长久物流有限公司、北京长久物流股份有限公司
3	太原铁路局“一核两网三联四通”铁海公集装箱多式联运示范工程	太原铁路局、山西中鼎物流（集团）公司、山西晋云现代物流有限公司
4	山西方略保税口岸型国际内陆港“一园双网两级多维”大宗货物集装箱多式联运示范工程	山西方略保税物流中心有限公司
5	“西北地区—京津冀区域”铁路多功能车智慧公铁水多式联运示范工程	神华铁路货车运输有限责任公司
6	液体化工（甲醇、成品油）罐式集装箱铁公海多式联运示范工程	中铁泰吉利石油化工有限公司
7	吉林省华航集团打造一汽物流供应链服务体系多式联运示范工程	吉林省华航实业集团有限公司
8	黑龙江省牡丹江国际（国内）陆海联运通道集装箱多式联运示范工程	牡丹江对俄贸易工业园区华晟国际物流有限公司

续 表

序号	项目名称	牵头企业
9	南京区域性航运物流中心“连长江、通欧亚、对接沿海、辐射中西部”多式联运示范工程	南京港（集团）有限公司
10	顺丰航空集装器空陆联运示范工程	浙江顺路物流有限公司
11	依托长江黄金水道、立足皖江城市带马鞍山多式联运示范工程	马钢集团物流有限公司
12	联通“一带一路”的厦门东南国际航运中心海铁多式联运示范工程	厦门港务控股集团有限公司
13	赣州港“一带一路”多式联运示范工程	赣州市南康区口岸发展有限责任公司
14	环渤海鲁辽公铁水滚装联运示范工程	深国际北明全程物流有限公司、渤海轮渡集团股份有限公司、中铁渤海铁路轮渡有限责任公司
15	河南省机场集团打造“空中丝绸之路”空陆联运示范工程	河南省机场集团有限公司、郑州铁路局
16	服务自贸区战略构建中原“米”字形高铁物流网络铁公空多式联运示范工程	河南中原铁道物流有限公司
17	长江中游黄石新港“打造一体化铁路港前站服务港产协同发展”铁水公联运示范工程	武汉铁路局、黄石新港港口股份有限公司
18	湖南城陵矶新港水公铁集装箱多式联运示范工程	湖南城陵矶临港新区开发投资有限公司、岳阳城陵矶新港有限公司、湖南弘元新港实业发展有限公司、湖南龙骧联运物流有限责任公司
19	广东省盐田港亚太—泛珠三角—欧洲国际集装箱多式联运示范工程	深圳市盐田港集团有限公司、深圳平盐海铁联运有限公司
20	广西服务“一带一路”倡议，“西南—北部湾—东盟/中国沿海”点线并举、境外布局多式联运示范工程	广西北部湾国际港务集团有限公司、广西中外运物流有限公司、广西沿海铁路股份有限公司

续　表

序号	项目名称	牵头企业
21	四川省“空中＋陆上”丝绸之路国际空铁公多式联运示范工程	成都铁路局
22	重庆果园港服务长江经济带战略铁水联运示范工程	重庆港务物流集团有限公司
23	贵州省贵州国际陆港联通川贵地区—粤港澳大湾区集装箱铁水联运示范工程	贵州昌明国际陆港有限责任公司
24	云南省面向南亚东南亚的“一核、三轴、多节点”国际多式联运示范工程	云南宝象物流集团有限公司
25	西安港建设“一带一路”内陆中转枢纽陆海空多式联运示范工程	西安国际陆港投资发展集团有限公司、西安国际陆港保税物流投资建设有限公司、西安国际陆港多式联运有限公司
26	甘肃省兰州新区空铁海公多式联运示范工程	兰州新区路港物流有限责任公司、甘肃省民航空物流有限责任公司
27	“东部沿海—宁蒙地区（石嘴山）—中阿国家”集装箱公铁海多式联运示范工程	宁夏富海物流有限公司
28	新疆“东联西出”集装箱公铁水联运示范工程	乌鲁木齐铁路局
29	新疆（奎屯）双向开放、多点支撑的“两主两拓展X形”物流大通道多式联运示范工程	新疆农资集团北疆农家乐有限责任公司
30	新疆生产建设兵团大宗物资国际多式联运示范工程	新疆天业（集团）有限公司

（四）自贸区和保税园区

2017年，辽宁、浙江、河南、湖北、陕西、重庆和四川7个自贸区分别发布了具体建设方案，至此我国自贸区达到11个。新设立的7个自贸区将继续紧扣制度创新的核心，进一步对接高标准的国际经贸规则，形成各具特色、各有侧重的试点格局，其中保税物流是重要内容之一。2017年分别有郑州经开、潍坊及重庆江津等转型升级为综合保税区，同时新增5个综合保税区，我国综合保税区已达67个。此外，还有一大批保税区、出口加工区、保税港区、保税物流园区和珠澳跨境工业区等海关特殊监管区域。2017年1—12月，我国海关特殊监管区域进出口累计6957.2亿美元，同比增长15.1%；其中出口3512.9亿美元，同比增加15.9%；进口3444.3亿美元，同比增加14.3%。相比2016年，进出口总额实现大幅增加，我国海关特殊监管区域在进出口贸易中将起到越来越大的作用。保税物流作为海关特殊监管区域的核心功能，加快模式创新，推进监管模式改革。招商局保税物流推出“全球中心仓”平台，优化仓储货物分类监管模式，为国内跨境电商企业出口提供保税区全程线上通关、区内操作、干线运输等服务，助力便捷通关、合法退税和阳光结汇，打通了中小企业出口贸易通道。广州卓志物流试点建设跨境电商国际分拨中心，将国际品牌企业跨境电商分拨中心从新加坡、中国香港等地转移到国内保税区，能够降低成本50%以上。

第六章

2017 年中国物流装备与技术回顾

2017 年，物流装备与技术全面发展，在一些领域取得突破，科技引领未来趋势明显。

一、基础物流装备与技术

（一）货运卡车

2017 年，货车总销 363.33 万辆，同比增长 16.91%。其中：重型货车销量约 112 万辆，同比增长 53%，如图 1 所示；中型货车销 22.91 万辆，同比增长 0.02%；轻型货车销 171.89 万辆，同比增长 11.63%；微型货车销 56.84 万辆，同比下降 6.21%。受基建需求提升、超限超载治理和环保政策实施等多种因素影响，重型货车迎来增长周期，销量创历史新高。

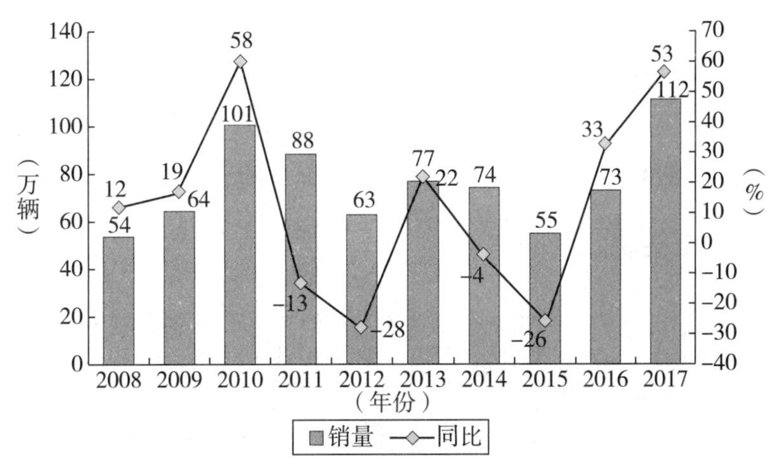

2008—2017 年重型货车销量及增长速度

资料来源：中国汽车工业协会。

（二）叉车

2017 年，叉车全年销量 49.7 万台，同比增长 34.2%，其中，国内市场销售 37.1 万台，同比增长 38.5%，出口销售 12.6 万台，同比增长 23%。叉车全系列车型普遍增长，国内、出口双双创历史新高，行业实现超预期高速增长。随着新技术引入，电动、仓储、新能源、智能化叉车得到广泛关注，叉车后市场、围绕叉车全价值链的服务备受叉车企业关注。

（三）货架

2017 年货架产销售额预计超过 129 亿元左右，同比增长 29%。随着电商和快递市场的发展，阁楼式货架等高端货架系统受到关注，电子商务物流、服装物流、医药物流、快消品物流、高端制造等领域是高端货架需求的主要行业，市场需求增长较快。

（四）输送分拣设备

根据监测，目前输送分拣设备行业市场需求呈现高速增长态势，2017 年全年增长预计在 35% 以上，市场规模超过 70 亿元以上。输送分拣设备更加强调模块化，以实现高效生产和快速安装调试，同时通过标准化达到低成本、低维修的目的。

（五）托盘

2017 年以来，托盘行业增长速度稳定回升，根据对企业的调研分析，估计 2017 年中国托盘生产增长速度同比增长率在 8% 左右，目前中国托盘保有量预计接近 12 亿片。

据全国物流标准化委员会、中国物流与采购联合会标准工作部及托盘专业委员会组织的托盘专项调查，该调查覆盖 10 个行业领域，调研托盘总量约 412 万片，其中 1200 毫米 ×1000 毫米与 1100 毫米 ×1100 毫米两种规格的标准托盘占到了调研托盘总量的 46.42%。托盘应用在不同行业领域，规格种类复杂。

（六）系统集成

根据调查分析，2017 年物流系统集成商的重点企业的市场规模快速扩张，增长速度都为 30% ~40%，综合分析 2017 年中国物流系统集成领域市场销售额增长率为 30% 左右。

（七）立体仓库

截至 2017 年 12 月，全国自动化立体库保有量超过 4300 多座，年立体库建设超过 700 座以上。

（八）智能快递柜

国家邮政局数据显示，截至 2017 年年底，全国投入运营的智能快递柜超过 19 万组。

2017 年丰巢科技获得增资 25 亿元，致力于提高快递“最后一公里”收派效率，并且降低快递企业末端收派的成本。并以 6. 3 亿元收购深圳中集电商物流科技有限公司（e 栈）78. 236% 股权。此次收购完成后，丰巢网络下的智能快递柜规模将增至 7. 4 万组。继速递易被中国邮政收入囊中后，菜鸟网络和复星集团参股速递易，重组完成后，速递易现有 5. 6 万组智能快递柜，拟整合的中国邮政旗下的约 2. 1 万组智能快递柜，中邮速递易柜体规模将增至 7. 7 万组左右。此外，快递和电商企业也在加速布局快递柜领域。

二、智能物流装备与技术

（一）物流机器人

根据中国电子学会发布的《2017 中国机器人产业发展报告》，2017 年中国机器人销售量超过 12 万台。物流机器人占机器人销售量的 10% 左右，保持高速增长态势。从国内市场来看，物流机器人的最大需求行业还是围绕汽车及汽车相关产业链，大约占市场销售额 50% 以上。众多新行业、新商业模式对物流机器人的需求量不断上升，而汽车、国防、自动码头、橡胶轮胎、3C、电商、金融等行业将是物流机器人的主要应用市场。

近年来，物流机器人供应商集中抢占的市场领域之一是无人叉车领域。据估计，未来几年将会有 5% 的电动叉车改成 AGV（自动导引运输车）。在应用方面，一些新建厂房和老厂改造过程中，在进行无人化设计和规划产线的时候，都已经考虑到采用无人叉车，由此可见未来市场潜力十分巨大。

受电商和快递无人化趋势影响，末端配送机器人也是热点领域。菜鸟网络 ET（外星人）实验室在 2016 年 9 月推出了第一代末端配送机器人小 G。2017 年“双十一”上线多款末端配送机器人，形成末端配送机器人矩阵。这些机器人以社区、写字楼为中心，能及时分析消费者数据，捕捉消费者需求，与消费者实时互动。京东配送机器人也正式落地投入运营。这些机器人主要是解决快递“最后一公里”的问题，目前只在校园里使用，未来会逐渐扩展到社区。

（二）无人机

2017 年，无人机商业化应用进入快速推进阶段。京东与陕西省政府签署战略合作协议，计划共同打造全球首个包含干线、支线到最终配送的全域无人机物流网络；这一网络将实现陕西省全域覆盖，利用载重量数吨、飞行半径 300 千米以上的中大型无人机，将包裹以最快的速度送到客户手中。顺丰宣布大型物流无人机总部基地项目落户成都双流自贸试验区，总投资 7.4 亿元。第一阶段将致力于开展大型物流无人机的相关试验工作；第二阶段将完成四川省区域内的无人机运行网络和基地建设；2020 年起，开始向全国复制推广。届时将实现无人机支线网络对接顺丰的全国航空网络，推动区域内货运航空网络的全覆盖，实现区域内货物运输全国次日达。

（三）无人仓（机器人仓）

2017 年，京东武汉亚洲一号仓储物流中心启用“无人仓”。目前投入使用的主要有穿梭车和拣选机器人两类机器人，配合 3D 视觉系统和机器学习算法，实现了货物拣选环节的无人化操作。京东上海亚洲一号三期物流中心推出全流程无人仓，其自动化、智能化设备覆盖率达到 100%，日处理订单的能力将超过 20 万单。菜鸟在嘉兴推出智能仓，宣布将在“双十一”启用超级机器人仓群，这些仓群将会分布在上海、天津、广东、浙江、湖北等重点城市和物流枢纽，通过智能算法、自动化流水线、AGV 机器人等，提升仓内的无人化作业水平，还有申通、心怡科技、日日顺、苏宁物流等也纷纷加大机器人仓的投入以提高自身机械化、无人化、智能化水平。

（四）车联网（智能网联）

2017 年，物流车联网继续保持高速发展。目前，我国已有超过 500 万辆载重型货车安装了北斗导航定位装置（BDS），具有良好的物流车联网发展基础条件。G7 专注于面向物流行业提供基于物联网和大数据的车队综合管理服务，提升车队客户和物流行业的时效、成本和安全管理水平。截至 2017 年 9 月，G7 服务客户超过四万家，连接车辆超过 60 万辆。易流科技以软、硬一体的物流透明 SaaS 服务为切入，在线服务的运输车辆 120 多万台，汇集了 130 多万一线司机的信息资源，打造中国运输产业链平台型企业。

（五）无人驾驶

2017 年，特斯拉发布新型电动卡车产品信息，充电 30 分钟即可行驶超过

600 千米，驾驶 6 ~7 个小时，产品预计于 2019 年上市。目前，无人驾驶在国内刚刚进入路测阶段，长途运输卡车无人驾驶还刚刚起步。一汽解放、陕西重汽、中国重汽和福田欧曼研发的 5 款重型货车，已经实现了无人驾驶功能，都在进行路试。一些企业在积极探索汽车队列等国外先进无人货运模式，在港口、封闭道路等特殊路段的无人驾驶正在先行试验应用。

国内无人驾驶卡车公司图森推出 L4 级别自动驾驶无人卡车，图森未来无人驾驶货运卡车使用了 10 个摄像头和多个毫米波雷达，配合自主研发的核心算法，能够实现环境感知、定位导航、决策控制等自动驾驶核心功能。

（六）人工智能（深度学习/机器学习）

2017 年，人工智能在物流领域的应用逐步深入。“双十一”菜鸟网络针对快递公司推出了更为详细的大数据预测支持，每个快递公司网点都能在线看到每天精准的预警信息，及时调拨人力车辆。同时，菜鸟网络还将针对商家推出大数据算法引擎，帮助商家及时规避物流拥堵。各大主要快递公司也纷纷在菜鸟智能分单的支持下引入新的流水分拨系统。

京东 Y 事业部发布“Y－SMART SC”京东智慧供应链战略，围绕数据挖掘、人工智能、流程再造和技术驱动四个原动力，形成覆盖“商品、价格、计划、库存、协同”五大领域的智慧供应链解决方案。智慧供应链解决方案的全面应用将有效提升运营效率，到 2017 年年底，预计自动化商品补货在核心品类中将覆盖 80% 以上的采购场景；同时，将有百家企业接入开放的京东智慧供应链系统，全面提升智慧运营能力。

运满满推出公路货运人工智能调度系统，该系统基于云计算、大数据、移动互联网和人工智能技术，运用先进算法模型，基于嵌入式与定位追踪的智能调度平台，服务车主与货主的智能车货匹配、智能实时调度、智能标准报价，对物流信息进行全程追踪和可视化，提升公路干线物流货源、车辆、路线、价格匹配速度、精准度和运输组织效率。

云鸟科技连续推出“百灵引擎”和“鸟眼系统”。“百灵引擎”将大数据运用到城配运力方面，提出了智慧运力解决方案。而作为同城供应链交付平台的“鸟眼系统”，在城配供应链交付环节进行信息精细化运作，打通物流、信息流和资金流，减少过多的人工干预，实现城配供应链全流程自动化、标准化服务。随着功能升级，可对货物运输过程进行全面掌控，也再次提升了城配效率。

（七）云计算

2017 年云计算市场竞争进一步白热化。阿里云和亚马逊 AWS 竞争加剧，百度云、腾讯云也进入了这个战场，网易云也被网易视为一大业务重点。华为云甚至宣布要和阿里云展开竞争。运营商以及其他 IT 厂商也在各自的细分领域悄悄扎根。

为应对“双十一”海量物流订单大规模数据及计算力需求，阿里云搭建起物流混合云应用，海量物流订单数据率先经过云上计算及智能算法的调度，众多物流合作伙伴通过将订单接收集群全部搬移至阿里云公共云平台上，从而实现“云上物流”体系。阿里云物流混合云通过部署在云端的“物流大脑”提供智慧规划，完成每一个物流订单的最优配送路径规划，为物流合作伙伴解决了“双十一”当天海量物流订单数据的计算资源需求。

京东云正式对外开放服务，提供 IaaS（基础设施即服务）、PaaS（平台即服务）、SaaS 三类解决方案。IaaS 包括计算、存储、网络、CDN（内容分发网络）等；PaaS 包括云数据解决方案等；SaaS 包括零售云、物流云、电商云、营销云、运营云等。其中，物流云依托京东物流基础设施提供基于云服务的物流数字化解决方案，快速实现企业仓储系统对接和信息平台搭建，降低企业自建仓储成本，满足仓储、配送需求。

（八）区块链

2017 年，区块链技术形成热点。以阿里、腾讯、京东等为代表的互联网巨头们相继发布了区块链技术应用到物流行业的白皮书及报告。其中京东梳理了区块链在金融场景中的应用，选取了资产证券化、保险、供应链金融等 10 个金融场景，就区块链技术如何助力金融行业提升效率进行了深入研究，京东还成立了国内首个“物流 + 区块链技术应用联盟”。腾讯与中国物流与采购联合会签署了战略合作协议，并联合发布了双方首个重要合作项目——区块供应链联盟链及云单平台。菜鸟与天猫国际共同宣布，启用了区块链技术跟踪、上传、查证跨境进口商品的物流全链路信息，这些信息涵盖了生产、运输、通关、报检、第三方检验等商品进口全流程，将给跨境进口商品打上独一无二的“身份证”，供消费者查询验证。

第七章

2018 年中国物流业发展展望

2018 年是贯彻党的十九大精神的开局之年，是改革开放 40 周年，也是决胜全面建成小康社会、实施“十三五”规划承上启下的关键一年。我国物流业作为国民经济的基础性、战略性、先导性产业，将把建设“物流强国”作为新时代物流发展的新目标，进入高质量发展的新阶段。

据中国物流与采购联合会 2018 年年初发布的《2017 年度物流企业营商环境调查报告》中对百家重点联系物流企业的调查显示，对于 2018 年经营形势的总体看法，27. 6% 的企业持乐观态度，认为将会好于往年；54. 1% 的企业认为会与往年持平。对于 2018 年业务增长率的预期目标，32. 7% 的企业预期目标好于往年，45. 9% 的企业预期与往年基本持平。（如图 1 所示）

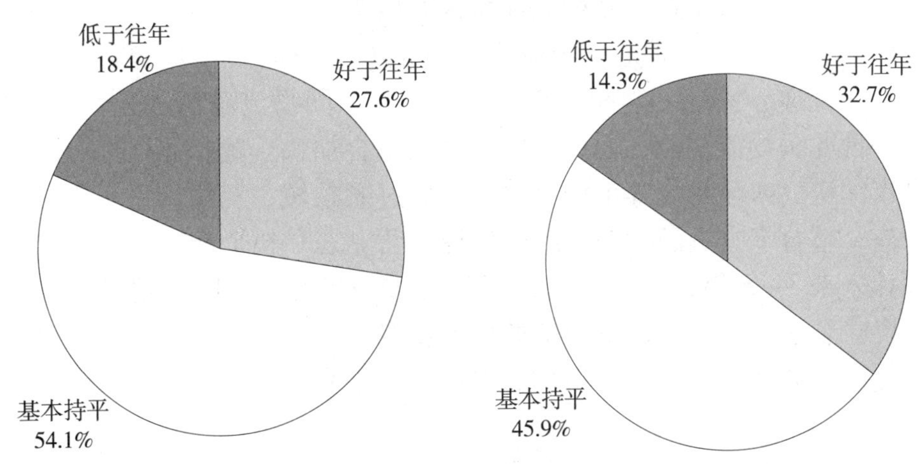

图 1　企业经营形势总体看法企业业务增长率预期目标

预计 2018 年，社会物流运行将继续保持稳中有进，全国社会物流总额增速在6.5%左右，社会物流总费用与GDP的比率则延续稳步回落的走势。

一、2018年及今后一个时期物流业发展展望

（一）高效物流

当前，我国物流市场已经初具规模，但是物流成本和效率相对于发达国家仍有一定差距。各有关部门陆续出台简政、减税、降费的政策措施，制度性交易成本稳步减少。随着政策环境的改善，公平竞争市场环境的逐步建立，提升物流运作水平、增强企业自身竞争力将成为降本增效的主攻方向。

2018年及今后一个时期，随着市场竞争日益激烈，物流企业竞争力将更多从降低运输、仓储单环节成本向降低全程物流成本转变，从降低企业物流成本向提升物流效率转变，从降低企业自身成本向降低供应链物流成本转变，提升供应链物流效率来降低系统物流成本，如减少库存浪费、优化运输组织、发展多式联运、开展共同配送、实施供应链管理等，将成为下一步降本增效的突破口。

预计经过3~5年的努力，将使我国社会物流总费用与GDP的比率再降低1~2个百分点。

（二）集约物流

当前，我国物流市场加快集中，物流企业趋向规模化、集约化发展，一批综合实力强、引领行业发展的标杆型企业不断涌现。随着物流业与互联网的深度融合，互联网平台企业推动行业前所未有的集中集聚。

2018年及今后一个时期，物流市场将从两个方向集中集聚，实现集约发展。一是在快递、快运、电商、冷链、汽车、合同物流等高成长性物流领域，将出现一批龙头物流企业，通过横向和纵向整合加快规模扩张。二是在公路干线、城市配送、末端物流等市场分散和运力过剩领域，互联网平台将发挥平台协同效应，整合多方资源，深刻改变传统经营业态和整个市场格局。

预计未来3~5年，市场集约化程度将进一步增加，随着规模型企业陆续上市融资，企业加大投入，细分市场集中度将快速提升。随着平台型企业市场洗牌，分散资源将加快集中，逐步实现“企业平台采购、平台协同资源”的新格局。

（三）智慧物流

当前，新一轮科技革命和产业变革形成势头，互联网与物流业深度融合，智慧物流蓬勃发展，平台经济迎来热潮，加快推动行业动力变革。

2018 年及未来一个时期，物联网、云计算、大数据、区块链等新一代技术将进入成熟期。无人机、无人车、无人仓、物流机器人等智能物流装备加快应用，全面连接的物流互联网将加快形成。物流数字化、在线化、可视化成为常态，人工智能快速迭代，平台经济日益普遍，助推商业模式加快变革。“互联网 +”智能仓储、“互联网 +”高效运输、“互联网 +”便捷配送等创新模式加快迭代，以新零售为代表的新经济对智慧物流提出更高要求，“智能革命”将重塑物流新生态，助力实体经济转型升级。

预计未来 3 ~5 年，硬件和软件相结合的智慧物流体系将初步建立，物流企业连接上线将更加便捷，共享经济、平台经济等创新模式将广泛应用，成为重构行业生态的新动力。

（四）协同物流

随着中国经济转向高质量发展，产业升级、消费升级，以及由此带来的服务经济、体验经济，都对物流服务方式和质量要求提出了新的标准，质量变革日益关键。

2018 年及未来一个时期，物流业与上下游制造、商贸企业深度融合，延伸产业链、优化供应链、提升价值链。现代供应链是衡量一国经济竞争力的重要指标，也是物流业迈向价值链中高端的必然选择。当前，我国供应链发展仍处于起步阶段，提升空间巨大。物流业作为供应链中整合上下游物流资源的主体，将放大物流整合功能，优化协同各相关利益方，加快向供应链转型是物流业高质量发展的重要途径。

预计未来 3 ~5 年，物流企业将迎来供应链转型的热潮，把物流服务延伸到整个供应链，在服务供应链上下游企业的同时，培育自身专有技术水平，聚焦整合资源、优化流程、协同创新，创造供应链新价值。

（五）集群物流

党的十九大报告明确提出要加强物流基础设施网络建设。物流基础设施规划布局和投入力度将稳步提升，土地、税收、投资等政策支持力度将进一步加强。随着物流基础设施联网成片，网络化效应逐步显现，对区域经济的支撑作用将显著增强。

2018 年及未来一个时期，物流基础设施与综合运输体系深化融合，运输结构调整优化，铁路运输占货运量的比重持续增加。多式联运将进入快速发展期，由物流园区、配送中心、末端网点构成的多级物流设施体系将逐步完善，将助力区域经济协同发展和产业集群转型升级。

未来 3 ~5 年，将布局和完善一批具有多式联运功能、支撑保障区域和产业经济发展的国家物流枢纽，铁路多式联运集装箱运量达到铁路货运量的20%左右，物流基础设施网络初步形成，产业集聚和辐射效应显现，物流集群助力产业集群，更好地服务和带动区域物流和区域经济发展。

（六）绿色物流

党的十九大报告提出，建设生态文明是中华民族永续发展的千年大计。绿色物流是生态文明建设的重要组成部分，也是三大攻坚战的重要内容。

中央经济工作会议要求调整运输结构，增加铁路运输比重。《政府工作报告》对2018年的工作部署，提出把推进污染防治取得更大成效作为三大攻坚战之一，2018年二氧化硫（SO_2）、氮氧化物排放量要下降3%，重点地区细颗粒物（PM2.5）浓度继续下降，也明确提出要开展柴油货车超标排放专项治理。目前，重型柴油货车开始执行国V排放标准，多地对柴油货车实行环保新政，环保政策力度加大。环保政策对物流业的硬约束日益增强。

预计未来3~5年，自然环境与政策措施将“倒逼”绿色物流加快发展。调整运输结构相关政策将陆续出台，节能降耗、新能源替代、可再生能源利用、减量化包装等绿色物流技术，带板运输、共同配送、多式联运、逆向物流等绿色物流模式将进入快速发展期，为美丽中国贡献一份力量。

二、2018年物流细分市场发展展望

（一）公路货运市场

2018年，受环保政策等多重因素影响，公路货运量增速有下滑趋势，与2017年持平或小幅增长。

（1）环保政策影响加大。2018年中央经济工作会议提出要调整运输结构，核心是提高铁路货运量占比，降低公路货运量占比。2017年开始实行的京津冀周边港口禁止煤炭汽运集港政策将逐步推开，对于禁止矿石汽运疏港政策也会逐步实施，对港口大宗商品公路货运将造成较大影响。同时，2018年政府工作报告提出开展柴油货车超标排放专项治理，公路货运高排放运力淘汰速度将加快。多地对重型柴油车限制通行和重污染天气禁行政策将在全国逐步推开，对公路货运行业带来严峻的挑战。

（2）市场格局出现转变。随着节能环保、交通管制等政策出台，公路运力存量资源将掉头重回下行通道，带动公路运价逐步回升，有利于规范化、专业化、规模化的优质车队健康发展。

（3）集约集聚水平提升。随着市场竞争压力、节能环保压力和政府监管压

力增大，一批不适应行业发展的运输主体加快退出市场，公路货运市场加快集约化发展，传统的“小、散、差、乱”的市场格局将向规模化和平台化两个方向集中集聚。

（4）差异化发展速度加快。受外部进入者和内部竞争者影响，零担快运、整车运输等细分市场竞争加剧，物流市场进一步细分，一批货运企业将瞄准占更精准的大票零担、专业运输等细分市场。一批货运企业将逐步开拓仓储、金融、供应链等新业务领域，增加新的利润增长点。

（5）平台模式迎来新一轮热潮。随着资本市场的示范效应，新一批企业将启动轻资产模式。与上一轮模式创新相比，本轮轻资产模式更加突出平台共享模式和资本合作模式，通过加强资本纽带，强化合作关系，推动公路货运生态圈协同发展。

（6）智能货运进一步提速。随着 12 吨以上重型货车全面接入北斗导航系统，为公路货运智能化奠定了基础。系统服务商将深耕市场，推广路径监测、智能路由、辅助驾驶、油耗监测、智能终端等智能化技术和装备，为客户提供多样化解决方案。

（7）高效货运持续推进。欧美发达国家的长途货运普遍采用甩挂运输方式，甩挂运输量占公路货运量的 70% 左右，牵引车与挂车的数量比达到 1：3。我国甩挂运输处于起步阶段，甩挂运输量只占公路货运量的 1% ~2%，牵引车与挂车的数量比为 1：1.14。交通运输部开展四批甩挂运输试点，示范效应逐步显现。甩挂运输比例将逐步扩大，推动高端牵引车车型替换。与甩挂运输配套的挂车租赁、挂车共享等新业态逐步涌现。中置轴汽车列车试点启动，为区域甩挂运输提供了更新车型。

（8）公路货运绿色化开始起步。随着有关部门推动和环保政策促进，新能源城市物流车加快推广。各地对新能源物流车通行优惠政策逐步推开，城市配送车型加快绿色更新。随着环保政策的影响，干线液化天然气（LNG）卡车销量加速增长，促进车型更新替换。

（二）铁路货运市场

2018 年，受多方发力带动，铁路货运量将延续 2017 年发展态势，预计将保持 10% 左右的较高增长速度。

（1）铁路制定三年增量目标。2018 年，中央经济工作会议提出未来三年要坚决打好三大攻坚战，其中，围绕打好污染防治攻坚战提出要调整运输结构、增加铁路货运量的要求。中国铁路总公司正在研究制定“货运增量三年行动方案”，将重点抓好西煤东运、北煤南运、港铁联运、多式联运等重点任务，推进物流信息互联互通，促进各种交通方式融合发展，确保实现铁路货运三年增量目标。

（2）高附加值产品稳步增加。一方面大宗货物中长期运输协议将有所提升，巩固扩大煤炭、矿石、钢铁、粮食等大宗货物运输市场；另一方面将大力发展集装箱运输、商品汽车、冷链运输、快运业务和多式联运，推动各种交通方式融合发展。同时，将积极探索扩大准时制、客车化开行的铁路运输班列，保障铁路运输产品的稳定供应。各专业公司与物流企业间的强强联合将更加普遍，推出更多标准运输产品，满足社会物流需要。

（3）铁路货运深化市场化改革。根据2018年中国铁路总公司货运工作会议，将从2018年起实施货运承运清算，强化效益导向，促进价格策略质量提升，构建适应物流市场发展的货运价格管理体系。

（4）铁路货运进入“电子货票”时代。2018年，货运票据电子化在全路实施，为客户提供更加方便、快捷的业务办理体验。铁路将与生产企业、港航企业、物流企业、地方政府统计部门建立稳定的信息数据交换机制，拓展与其他运输方式间信息共享和互联互通，强化铁路物流信息全程追踪服务。

（5）铁路加大基础设施开发建设。铁路将加大仓库场地经营开发力度，大力开展仓储、装卸、配送、包装等综合物流服务项目。未来将探索配合地方政府在特大型城市探索试点开展绿色物流项目，与快递物流企业研究推进集装箱快件货物运输箱。

（6）铁路加快“走出去”步伐。中欧班列开行列数将稳步增长，继续发挥“比海运省时，比空运便宜”的特色优势，提升营销水平和服务质量，创新国际班列运输组织方式，协调简化海关手续，建立统一的信息平台，相互交换列车实时信息和货物在途跟踪信息。加大班列尤其是回程班列组织力度，推进国际回程班列发展，助推中欧班列市场化和国际化水平提升。

（三）水路货运市场

2018年，预计我国规模以上港口货物吞吐量增速将保持在5%左右，内贸仍将是货物吞吐量增长的主要动力。受环保政策影响，部分货物将进一步实现散改集运输，规模以上港口集装箱吞吐量增速预计可达6%左右。

（1）沿海干散货运输温和增长。受国内外因素综合影响，预计2018年沿海干散货运输增速在7%～8%。沿海干散货运价均值企稳回升，预计2018年沿海干散货运价均值较2017年将温和上涨至1250点左右，上涨10%左右，增幅有所放缓。沿海干散货运力反弹迹象明显。国家拆船补贴政策至2017年已经结束，船舶拆解量将从高位下滑。预计至2018年年底，沿海干散货船舶运力有望达到5400万载重吨左右，较2017年上涨1.5%～2%，运力出现小幅反弹。

（2）国际集装箱运输保持平稳增长。受国际贸易稳定增长带动，全球集装箱运输需求增幅将呈扩大态势。克拉克森预测 2018 年全球集装箱海运量增速为 5.3%，达到 2.01 亿 TEU。国际集装箱运输市场仍处于恢复调整阶段，预计 CCFI 全年均值将在 800～900 点。集装箱船队运力小幅增长。2018 年计划交付的运力约为 170.5 万 TEU，老旧船舶存量大幅减少。预计 2018 年集装箱船队总运力将达到 2226 万 TEU，增幅 5.4% 左右。

（3）国际干散货运输出现小幅回落。随着铁矿石、煤炭运输需求减缓，预计 2018 年全球干散货海运贸易量增速将在 2.7% 左右。国际干散货运输市场仍处于恢复调整阶段，供需增速保持在良好区间。预计 2018 年 BDI 指数均值将维持在 1100～1300 点。运力增幅大幅放缓。由于近两年运力控制较好，2018 年交付运力继续走低，随着市场信心回升交付率将有所回升，预计 2018 年国际干散货船队运力增速小幅放缓至 2% 左右。

（4）国内集装箱运输保持较高增速。预计 2018 年国内集装箱运输需求增速将保持 8.6% 左右，运量将突破 6000 万 TEU。内贸集运企业在较高运价驱使下投入运力抢占市场，预计 2018 年市场运价将面临巨大挑战。民营企业借助资本市场迅速扩张运力，国内集装箱船队运力快速上涨。据不完全统计，2018 年中国内贸集装箱船运力将增长 9% 左右，预计交付量达到 5.25 万 TEU。

（5）国际集装箱运输大型化趋势明显。2018 年，1 万 TEU 以上型船共计将交付 89 艘，其中，1.8 万 TEU 以上型船 33 艘，计划交付量约为 68 万 TEU，同比增长约 66.3%，大型船舶交付压力加大，将引发新一轮梯级置换效应，加剧班轮市场竞争。

（6）国际集装箱运输集中度增加。在中远海控并购东方海外和日本 ONE 组建完成后，集装箱运输行业将进入寡占型市场结构。随着万箱大船交付，市场集中度进一步增加。韩进破产事件为行业敲响警钟，行业将不再选择“运价战”竞争手段，转而加大在协调运力、共享船舶和航线网点等方面的力度，降低航线经营成本。

（7）港口资源加快整合，跨省合作将成为发展趋势。天津市与河北省将实现更深层面的资源整合，浙江省与上海市在港口领域开展更深层次的合作，粤港澳大湾区内三地联动合作将加速。此外，中远海运和招商局两大全球码头运营商将加速对沿海港口布局渗透，参与到沿海港口整合工作中去。

（四）航空货运市场

2018 年，国际航协数据显示，消费者信心急剧上升，推动市场对空运货物的需求，在巴西、俄罗斯、印度、中国等主要新兴市场尤为明显。基于人口优势以及 GDP 的增长，亚太地区将逐渐成为航空货运增长的领军者。

（1）跨境电商带动航空货运发展。航空运输在国内电商快递中的使用率普遍偏低，不足5%。国内电商对航空货运的需求日渐平缓。跨境电商有望成为航空货运增长的核心驱动力之一。随着跨境电商井喷式发展，便捷的跨境电子商务势必大幅度增加空运进出口的运输需求。未来，国际航空货运将迎来一个快速发展的时期。

（2）冷链航空货运是优势方向。随着消费者对鲜活易腐产品要求提高，带动生鲜电商快速发展。冷链航空货运相对于其他运输方式更加高效便捷，未来冷链航空货运将加快向精细化、智能化、平台化方向发展。

（3）高铁对航空冲击持续加大。高铁以诸多优势抢占航空国内中短途货运市场。在2017年“双十一”购物热潮中，各铁路局、集团、公司都提供了货运特快、动车组，其中包括铁路新星“复兴号”，对航空货运造成一定冲击。

（4）航空货运运力稳步增长。根据《Cargo Facts》提供的数据显示，截至2016年年底，全球共有宽体货机1002架，窄体货机647架，窄体货机占整个商业航空货机机队数量的39%。近年来，窄体货机数量呈逐步上升趋势，同时宽体货机的数量正在逐年下降，主要原因是中国等国家和地区近年来快递业和国内电商的蓬勃发展，催生了对窄体货机的强劲需求。亚太地区、非洲地区拥有新舟较大机队，占比约80%，客改货是提高新舟飞机在二手市场活跃度的有效措施。

（五）仓储市场

2018年，仓储市场将保持平稳增长态势。仓储相关的物流地产需求将进一步扩大，电商与第三方物流依然主导需求。

（1）仓储租金将加速分化。一线城市由于新增物业供应量的增长速度跟不上整体需求增长，2018年平均租金将继续上涨。由于一线城市土地供应非常有限，需求外溢将进一步升级，卫星城市的枢纽地位越发凸现，重要卫星城市如昆山、嘉兴、东莞等，尽管有持续供给，但租金仍有进一步上涨的空间。二线城市中一些供应较为集中的城市如重庆、天津、西安、杭州等，租金或继续承压。

（2）仓储相关投资热度不减。随着我国金融市场开放，商业物流地产越来越受到投资者的青睐。物流产业投资基金加快发展，仓储业与金融市场的融合进一步深化。国内外投资者在物流地产市场持续加码，可售的高标准物流地产的持续紧俏，物流用地供应缺乏的矛盾进一步放大，预计2018年物流地产投资热度依然不减，但收益率将有所下探。

（3）仓储电商化趋势日益明显。电商化带来仓储企业深化经营变革。在快速消费品领域，仓储业与快递业深度融合，将地区调拨配送中心的延伸功能进一步延展，由传统仓储转向仓、配一体化、智能化。与传统零售相比，电子商务对仓储配送物流的依赖度更高。在大宗生产资料领域，仓储企业作为大宗生产资料的存货监管方，在大宗商品线上交易环节中承担着存货真实性担保的作用，成为大宗交易线上化必不可或缺的核心环节。

（4）仓储智能化转变势在必行。大型电商平台、工业制造企业的订单响应、管理模式转变对仓储管理提出了更高的要求，粗放型资产投资、硬件设施完善等外延式发展方式已不可持续，以完善末端节点建设、发展智慧技术、提供金融服务等内涵式手段来提升运营效率成为重要选择。与传统仓储相比，智能自动化仓库在空间利用率、作业效率、人工成本等指标上优势显著，降本增效明显，将是仓储业未来的发展方向。

（5）仓储国际化进程加快。仓储业跟随制造业“走出去”的脚步加强海外布局，支撑中国由制造业大国向制造业强国转变，仓储的全球化布局有助于提升“中国智造”的全球供应链服务水平，降低物流综合成本。同时，仓储国际化服务于供应链全球化的业务需要，助推全球市场进一步融合，满足国内市场对于进口商品的需求。

（六）快递市场

2018 年，我国快递业增速将进一步放缓。我国快递业务量已经连续 4 年保持全球第一的地位，从发展规律上看，发展速度放缓是正常的趋势。预计，2018 年我国快递业务量同比下降 5% ～10%；快递业务收入同比下降4% ～6%。

（1）兼并重组更加活跃。由于我国快递产业集中度较低，通过兼并重组提高产业集中度，是最快捷最有效的手段之一。特别是 7 家快递企业上市后，兼并重组的案例会越来越多。

（2）综合物流转型趋势明显。快递企业与快运（零担物流）企业的竞争将会加剧，这是快递企业向综合物流转型的初级阶段。快递企业还将向冷链、仓配一体化、金融、供应链等领域延伸，通过控制货源扩大市场份额，新一轮向综合物流转型的局面将会形成。

（3）加盟模式加快向自营模式转型。纵观进入世界 500 强的快递公司没有一家是特许加盟模式。我国以“三通一达”为主的加盟制快递企业将加快向自营模式转型，一种是向自营化管理转型，另一种是控股加盟商。自营模式的优势也日渐凸显。

（4）基础设施投资力度进一步加大。快递企业在转运中心纷纷采用自动化分拣设备和机械化装卸设备，有规模的加盟商网点也会加大自动化分拣设备的应用。目前，全国已建成上百个智能化分拨中心，无人仓、无人机和无人车开始尝试应用，行业科技日趋频繁。

（5）末端配送呈现多元化和集约化趋势。部分快递企业加快推出大包裹、快运、云仓、供应链解决方案等新产品，智能快递柜加快末端布局，即时递送、代收代投等新业态将为城市寄递服务提供了有益补充。

（6）包装绿色环保材料加快应用。据快递物流咨询网统计，我国快递环保材料应用不足10%，主要原因是环保材料成本高。绿色环保材料应用的重点是电商用户。2018年1月发布的《国务院办公厅关于推进电子商务与快递物流协同发展的意见》中，鼓励企业制定实施电子商务绿色包装、减量包装标准；开展绿色包装试点示范，培育绿色发展典型企业。

三、2018年行业物流市场发展展望

（一）电商物流市场

（1）电子商务市场将保持高速增长态势。其中，网上零售市场受“新零售”带动增速有所加快。以线上线下融合为特征的“新零售”不断强化新物流的支撑，未来智能仓储、智能配送、智能终端等将成为零售商提高坪效、提升消费者购物体验的重要一环。智能物流基础设施的布局也进入白热化阶段。区域仓、城市仓、前置仓构成的物流服务网络成为“新物流”的硬件基础条件。物联网、云计算、大数据为“新物流”提供了软件基础能力，线上线下的软硬兼施的物流基础设施构成“新物流”的生态体系。

（2）跨境电商迎来发展良机。随着国家主动扩大进口政策的实施，进口跨境电商将引来新机遇。跨境电商的需求对跨境电商物流和海关通关改革提出新要求，小批量、多批次、个性化的跨境电商物流将改变传统对外贸易大规模物流的服务模式，也对传统海关通关模式提出了挑战。同时，基于大平台、数据化、可追溯的跨境电商物流也为海关深化通关改革提供了条件。以海外仓、保税仓、国际采购中心等为节点的跨境电商物流网络也将成为竞争焦点。从采购、运输、仓储、加工到清关、检验、配送等构成的专业化、一体化、网络化跨境电商综合物流服务将迎来发展机遇。

（3）农村电商将获得发展机遇。随着精准扶贫政策的推进，电商企业与农村合作社紧密合作，充分利用合作社模式，推动农产品电商产销高效对接，这对物流企业构建“农产品进城”通道提出了挑战。由于农村市场覆盖广阔，农村电商终端将以合作加盟模式主导，创新农村集中配送、共同配送模式，仓库、枢纽等节点网络与城市共享共建，打造高效的农村电商物流体系。

（4）末端网络竞争进入快车道。随着各大电商前置仓、自提点/柜等末端网络的加快布局，对电商企业“新零售”转型奠定了基础，也对解决城市

“最后一公里”顽疾提供了机会。电商和快递企业前置仓围绕“物流前置”，通过自建和合作方式，将便利店、社区店、社区服务中心等社会化网点纳入物流服务网络，满足了“新零售”精确流量运营和末端急速配送的目标，提升了最终客户的消费体验。随着末端网络的构建完善，也为大型品牌生产企业掌控终端提供了新的渠道选择。

（二）冷链物流市场

（1）生鲜冷链市场加快格局调整。在传统生鲜冷链需求之外，新零售、冷链宅配、同城冷链保持较快增长速度，冷链订单将越来越小批量、多频次和个性化，冷链物流服务越来越网络化、准时化和专业化，大型电商、快递企业的进入将带动整个冷链物流市场的深度调整和重新布局。

（2）冷链物流基础设施改造升级。随着对冷链仓储设施监管要求趋严，不合规冷库拆除退出市场，冷链物流资源出现稀缺，将推高冷库租金上涨。第一代储存型冷库建设会越来越少，集仓储、加工、分拣、包装、办公等多功能的现代化配送中心会成为趋势。数字化、智能化、节能化是冷库升级和改造的关注点。

（3）电商生鲜冷链成为新热点。以菜鸟、京东、苏宁为代表电商企业纷纷加大生鲜冷链布局范围，顺丰、申通等快递企业紧随其后，生鲜冷链物流市场规模化和集中度水平将快速提升。电商生鲜冷链与“新零售”相结合，对生鲜冷链配送时效提出了更高要求，“一小时生鲜冷链配送”“全流程智能温控”等新的电商冷链物流标准的提出，为后来者抬高了进入壁垒，对电商冷链基础设施建设和服务网络搭建提出了挑战，也为传统冷链物流市场带来了机遇。

（三）医药物流市场

（1）医药流通市场加快整合集中。2018 年“两票制”在全国全面推开，压缩药品流通环节、兼并重组企业仍将持续。我国药品流通领域前三大企业，国药、华润、上药三家市场占有率总计为 37.67%，远低于美国的 96%，市场整合空间依然巨大。医药流通市场的集中对医药物流带来了挑战和机遇。

（2）第三方医药物流加速发展。随着医药物流市场的开放，第三方物流迎来发展机遇期。随着对药品质量的重视和市场监管的规范，小型医药生产企业无力承担高昂的物流成本，专业化、社会化、网络化的第三方物流的价值将更加凸显。顺丰、京东、邮政等一批社会化第三方物流企业加快进入市场，弥补现有医药流通企业在资源、网络、能力上的不足。

（3）医药供应链管理成为趋势。医药行业具有产供销联动发展的专业特征，具备发展现代供应链的突出优势。随着医药市场逐步开放，客户需求不断提升，产业链上下游深化融合，医药供应链将迎来快速增长期。医药流通企业将不断向当地主流医院输出院内药品供应链智能化物流延伸服务解决方案，在更高程度上推动医药供应链管理的扁平化，提高药品流通企业响应速度和供应链协同能力。

（四）汽车物流市场

（1）汽车市场将保持中速增长。受小排量车购置税鼓励政策完全退出、治理超限超载的市场拉动作用弱化等政策环境，汽车市场将保持小幅增长态势，商用车市场将出现持平或小幅下滑。受车辆运输车治理收官影响，汽车整车物流行业内将全面淘汰不合规车辆运输车，更新置换成为符合国家标准的车辆。铁路和水路运输量将继续上升，以公路运输为主的长途干线运输逐步转变为以铁、水干线运输为主。以多式联运为载体的汽车物流综合运输体系的建立也为汽车整车物流进一步降本增效提供了新机遇。

（2）汽车供应链物流成为热点。汽车物流向汽车产业链上下游不断延伸，向相关专业物流领域及跨界领域横向拓展。凭借自身专业化优势，全程一体化的汽车供应链物流成为汽车物流发展的重要方向。近年来，物联网、云计算、大数据等信息技术的深入应用，使智能化物流得以快速发展。汽车零部件物流使用 AGV 等物流机器人等先进技术装备应用减少人工操作、全面提高仓储作业效率；利用车货匹配、智能仓储系统等信息化、平台化、网络化管理逐步优化汽车供应链物流供给能力。

（3）汽车电商物流发展迅猛。越来越多的汽车备件电商模式涌现，车联网、大数据、移动支付等互联网模式为汽车后市场发展提供了强有力的保障，特别是消费方式的变化，将汽车后市场服务从传统的线下渠道，逐渐转变为线上渠道服务，如京东、天猫等第三方平台。随着互联网和移动互联网技术在汽车后市场的渗透率不断提高，后市场电商物流服务呈现出多样化态势，进入汽车后市场的企业也会越来越多，市场竞争将会日趋激烈。

（五）危化品物流市场

（1）危化品行业整治力度加大。危化品生产和物流仍是各地重点治理方向。各项针对安全生产、安全评估、环保治理、安全检查的评估工作将陆续开展，针对道路运输的专项整治也将全面推开，加大危化品物流行业转型升级推进力度，“散、小、弱”等安全隐患突出的危化品物流企业将被逐步淘汰，行业门槛将进一步提高，整个行业将步入集将约化发展阶段。

（2）供应链物流将加快创新升级。随着我国化工行业精细化程度逐年提高，对于危化品物流服务创新提出了要求。危化品物流行业通过强强合作，将进一步整合物流资源，依托商业模式的创新、物流产品的创新、资源整合及资本手段，为化工企业提供安全、高效、一体化的供应链物流服务，成为企业新的利润增长点。

（3）危化品物流园区化趋势明显。目前，化工企业搬迁入园的政策正在对物流模式产生深远影响。化工园区已成为危化品仓储企业的主要载体。物流企业将以园区为载体，加快集中经营成为提高管理水平的突破口。加强园区危化品物流服务配套项目规划，提升园区的功能性、安全性建设，建设港区化工码头、罐区和公路化工物流港等将成为未来危化品物流的竞争焦点。

（六）钢铁物流市场

（1）钢铁市场保持平稳增长。2018 年，是钢铁产业去产能的巩固之年，钢铁去产能目标预计为 3000 万吨。未来钢铁产业将长时期处于阶段性、结构性供大于求矛盾状态。钢铁物流加快适应产业发展要求，产业集中和质量提升要求日益增加。

（2）钢铁供应链体系加快建设。随着产业链的完善，钢铁物流业与上下游制造、商贸企业深度融合，延伸产业链、优化供应链、加快提升价值链。随着“一带一路”倡议的实施和“走出去”步伐加快，钢铁企业将要面对的是全球化的原料采购、全球化的生产力布局、全球化的产品营销要求，因此要求企业加强关键物流节点布局和物流资源掌控，实施供应链一体化管理，建立全球化的供应链体系，实现资源的全球化配置，掌控全球供应链的主导权。

（3）定制服务重塑物流格局。近年来，通过数据和行为分析，钢铁物流定制服务成为新的利润增长点。以钢企对船板客户的服务为例，通过实施供应商管理库存（VMI）实现协作库存管理，是基于信息共享，能提高物流效率、消除冗余库存的有效策略。应对船厂客户“分段配送”的物流需求，钢企做好与客户的信息互动，依托数据和供应链资源编制良好的柔性物流计划，为客户提供准时物流支持。在“最后一公里”方面，钢铁企业通过店仓一体化、目的港/库模式、众包物流等方式，解决“最后一公里”难题，实现快速配送支持。

（4）运输结构调整压力加大。按照国家有关部署，钢铁物流运输结构调整是运输结构调整的重中之重。占钢铁物流量最重的铁矿石运输将以铁路发运为主。例如唐山地区，曹妃甸港疏港铁矿石将逐步由公路运输转由铁路运输，预计铁路运输量将由目前的每年 200 万吨增加到 1500 万吨以上，2019 年将全部实行“公转铁”。占钢铁物流量较大比重的煤炭运输也以铁路发运为主。2018 年煤炭铁路运量将有望超 23 亿吨达近年来峰值水平。对于水运煤炭的物流模式，一直以来水运煤炭多是散货装船，给企业的成本和保产造成一定的压力。未来内贸水运煤炭“散改集”模式将得到推广。

（七）物流园区市场

（1）物流园区将保持稳定增长。物流园区过剩和不足两极分化进一步加剧。各地物流园区建设速度将有所放缓，传统的依赖土地投机粗放式的拿地运营模式难以为继，规模化、专业化、网络化的园区运作企业竞争优势加大。物流园区产业联动趋势加快。物流园区作为物流业的重要节点，加快适应产业革命、技术革命的新变化，推动物流园区与相关产业的深度融合，将助力区域经济发展。

（2）园区网络化进一步提速。物流园区投资大，回报慢是客观事实，脱离了产业实际需求的投资更将面临严峻的市场检验。在园区产权分拆销售、资产证券化等套现手段尚需政策层面支持的局面下，在2018年甚至更长的时间里，物流园区不良资产将会明显上升，区域性单体运营的物流园区将成为网络化经营的专业物流园区运作企业整合的对象。一些开发建设较早，运营管理稳定的物流园区将快速进入连锁复制阶段。

（3）铁路物流基地加快开放。铁路公司加快既有铁路货场和物流中心转型升级，将转变为面向社会的物资集结和配送中心。完善物流中心周边交通基础设施配套，实现多式联运无缝衔接。同时，铁路物流基地建设将创新铁路土地综合开发合作模式，联合工商企业、物流企业展开协作分工、共同经营。

（4）园区多式联运功能进一步凸显。一直以来，我国物流园区多式联运功能都不足。表现为大多数物流园区的运输方式以公路为主，较为单一，拥有铁路专用线的园区占比不到40%。这不仅影响到物流效率提升，而且造成我国货运方式结构不合理。近年来国家不断出台相关政策促进园区多式联运功能显现，而2018年正是众多政策的“丰收”之年，铁路进港、进园、进企将加快推进。

（5）保税物流区域获得新商机。自由贸易区加快开放，保税区等海关特殊监管区域逐步改革，特别是随着跨境电商的高速发展，保税物流模式创新迎来新高潮。为适应跨境电商的保税物流需求，海关监管模式也将逐步调整改革，这将为我国贸易便利化开辟一条新路径。

参考文献

[1] 何黎明. 2017年我国物流业发展回顾与展望.

[2] 周志成，祁薇，陈征. 2017年公路货运发展回顾和2018年展望.

[3] 张晓东，曾茹冰. 2017年铁路物流发展回顾与2018年展望.

[4] 赵楠. 2017年港口物流发展回顾与2018年展望.

[5] 郑静文. 2017年国际集装箱运输市场回顾与2018年展望.

[6] 陈悠超. 2017年国内集装箱运输市场回顾与2018年展望.
[7] 邵斐. 2017年国际干散货运输市场发展回顾与2018年展望.
[8] 李倩雯，杨庚，陈宇赫. 2017年沿海干散货运输市场回顾与2018年展望.
[9] 曹允春，张凯迪，宋文妍. 2017年航空货运市场发展回顾与2018年展望.
[10] 李勇昭. 2017年仓储业发展回顾与2018年展望.
[11] 徐勇，徐梦馨. 2017年快递业发展回顾与2018年展望.
[12] 梅赞宾. 2017年国际货代业发展回顾与2018年展望.
[13] 白甜，冯耕中，刘昀皓，等. 2017年物流地产业发展回顾与2018年展望.
[14] 郭苏慧，李鹏，肖和森. 2017年物流与供应链金融业发展回顾与2018年展望.
[15] 王涛，田征. 2017年保税物流发展回顾与2018年展望.
[16] 刘伟华，刘丽微，司铖，等. 2017年制造业物流发展回顾与2018年展望.
[17] 侯海云. 2017年钢铁物流发展回顾与2018年展望.
[18] 张晋姝. 2017年汽车物流行业发展回顾与2018年展望.
[19] 秦玉鸣. 2017年冷链物流发展回顾与2018年展望.
[20] 邓淼. 2017年医药物流发展回顾与2018年展望.
[21] 刘宇航. 2017年危化品物流发展回顾与2018年展望.
[22] 万莹. 2017年电子商务（网络购物）物流发展回顾和2018年展望.
[23] 王继祥. 2017年物流装备业发展回顾与2018年展望.
[24] 孙熙军. 2017年托盘行业发展回顾与2018年展望.

（撰稿：周志成　审稿：贺登才）

第二篇

专 题 研 究

第一章

物流服务业

2017 年公路货运发展回顾与 2018 年展望

一、2017 年公路货运业发展回顾

（一）市场规模

2017 年，社会物流总费用 12.1 万亿元，同比增长 9.2%。其中，公路运输费 3.8 万亿元，同比增长 11.8%，公路货运市场规模较之前有大幅上涨。从占比来看，公路运输费用占社会物流总费用的 31.7%，与 2016 年相比有所下降，但仍是我国规模最大的货运市场。

（二）货运量

2017 年，全社会货运量实现大幅增长，完成货运量 472.43 亿吨，同比增长 9.5%。其中，公路运输累计完成货运量 368.96 亿吨，同比增长 10.3%，凸显出公路货运需求持续扩大的发展态势。

从货运量占比来看，公路运输在多种运输方式中占比第一，仍为我国最主要的货物运输方式，其 2017 年货运量占比全社会货运量的 78%，整体上保持小幅上升。（如表 1 和图 1 所示）

表1　　2012—2017 年货运量及公路货运量完成情况

年份	2013	2014	2015	2016	2017
货物运输量（亿吨）	403.37	431.30	410.00	431.34	472.43
同比增长（%）	9.9	6.9	0.2	5.2	9.5
公路货运量（亿吨）	307.66	333.28	315	334.13	368.69
同比增长（%）	10.9	8.3	1.2	6.1	10.3
公路货运量/货物运输量（%）	75.1	74.7	75.4	77.6	78.0

资料来源：交通运输行业发展统计公报。

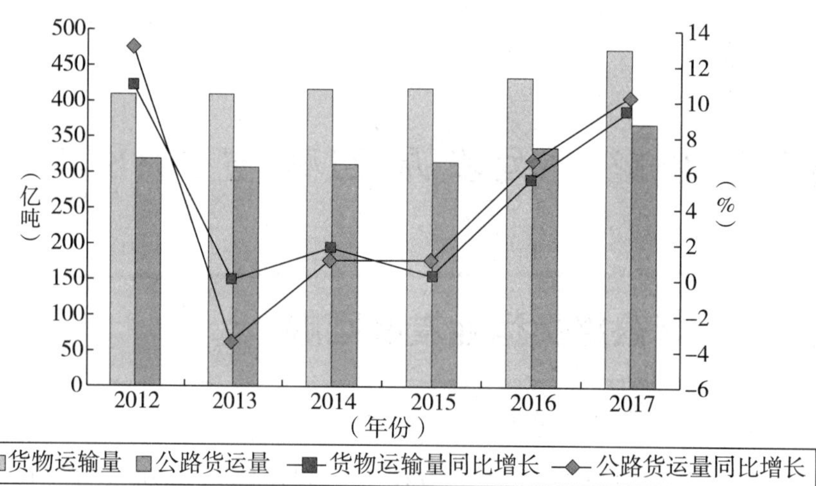

图1　2012—2017 货运量及公路货运量增长情况

（三）市场运力

2017 年，货运车辆超限超载治理工作有序开展，对联合执法对象和执法模式进一步明确，并进一步加强治超力度，各项政策的不断完善进一步规范货运市场，推进了车辆更新和车型标准化步伐加快。

受治超影响，行业运力需求持续旺盛。截止 2017 年年底，货车产销 368.27 万辆和 363.34 万辆，同比增长 16.87% 和 16.91%，如图 2 所示。分车型看，其中重型货车产销 114.97 万辆和 111.69 万辆，同比增长 55.07% 和 52.38%，创历史新高，也是继 2010 年首次突破 100 万辆后，再次超过百万辆，成为拉动货车较快增长主力军。

（四）公路运价

2017 年，公路物流价格总体平稳，全国公路物流运价指数年均值为

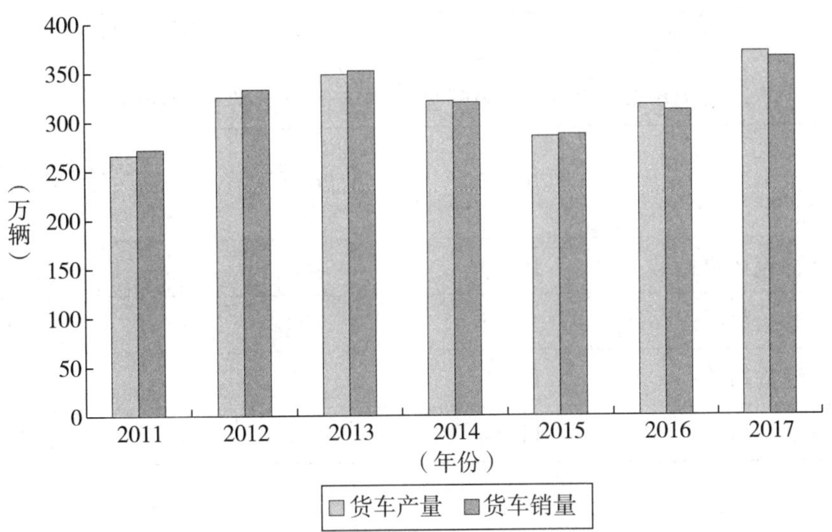

图 2　2017 年货车产销情况

106.5，较上年比增长 3%，运力更新升级不断加快，价格总体小幅回升。其中，1 月运价指数为 1198.32，达到该年峰值，此后全年运价指数呈现持续下降态势，到 12 月运价指数为 103.1 点。尤其在第四季度，随着春节等节假期临近，公路物流运价指数震荡波动较为频繁，环比前期有所趋缓，但运价指数低于上年同期水平。（如图 3 所示）

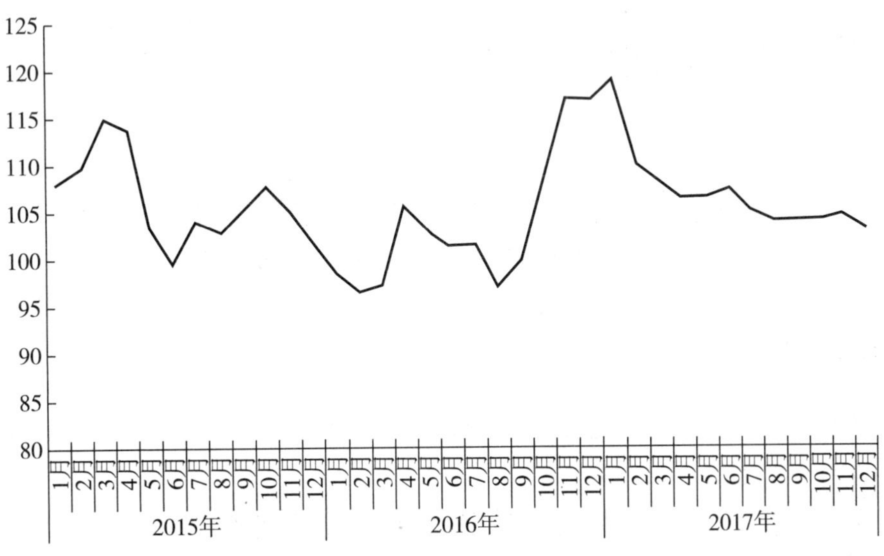

图 3　中国公路物流运价指数走势

从分车型指数看，2017 年各车型指数整体呈现持续下降，但同比 2016 年有不同程度回升。其中，整车指数逆转回落走势，指数大幅上升至 103.4 点，同比去年上升 7.7%。在零担货物中，零担轻货指数保持基本稳定，零担重货

指数下降相对来说较为明显，同比下降6%。（如表2和图4所示）

表2　2016年和2017年中国公路物流运价指数全年均值

	2016年	2017年	2017年较2016年增速（%）
中国公路物流运价指数	103.4	106.5	3
整车指数	96.0	103.4	7.70
零担轻货指数	116.9	117.2	0.26
零担重货指数	112.4	105.7	-6

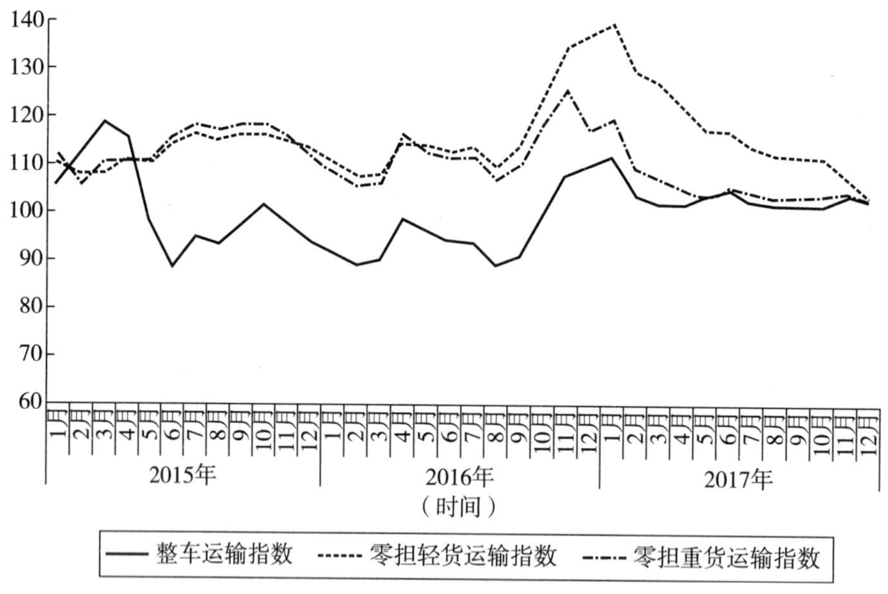

图4　2017年中国公路物流运价指数

（五）货运效率

2017年12月公路运输效率指数99.63，对比11月下降了0.9个指数单位；与去年同期相比下降了2.94个指数单位。

2017年年初以来，公路货运效率指数呈现低迷态势，全年平均指数为95.85，比基准数（100）低4.15个指数单位，同比2016年降低4.7个指数单位；指数值超过基准数（100）的月份数为3个，比2016年减少8个月。从各月货运效率来看，3月份指数短暂超过100后，即出现回落，9月份以前都在100以下。10月份指数再次由102.53跌落至92.31，11月份上涨至100.53，但仍低于2016年水平。总体上，受治超和公路货运执法严格等多因素影响，2017年的指数表现与2016年相比有较大差距。（如表3和图5所示）

表3　**2015—2017年公路货运效率指数情况**

	2015年	2016年	2017年	年差值
指数在100以上月数	6	11	3	-8
年均指数值	97.3	100.35	95.85	-4.7
第一季度指数均值	88.95	89.93	89.01	-0.98
第二季度指数均值	97.69	101.91	98.11	-4.22
第三季度指数均值	100.79	104.76	98.78	-3.97
第四季度指数均值	101.78	104.8	97.49	-3.02

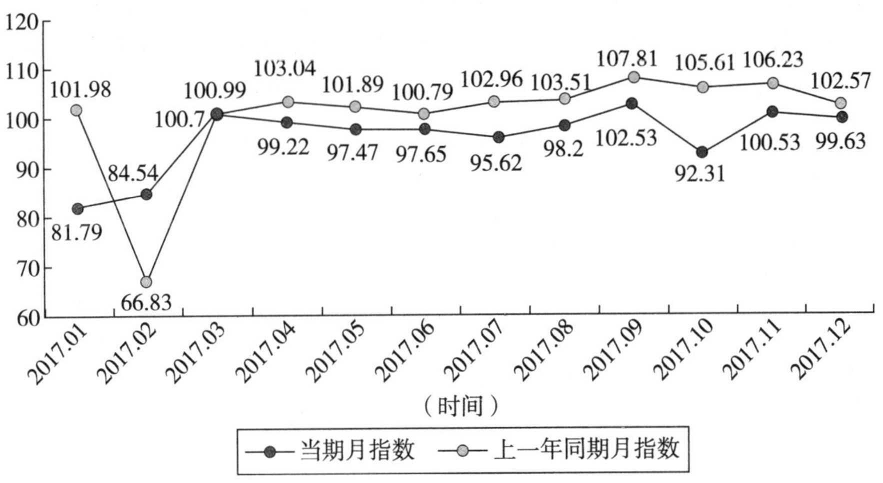

图5　2017年各月公路货运效率指数及上一年同期月指数

星级车队所有车辆月均行驶里程为9599.5公里。其中，重型牵引车月均行驶里程为11536公里。平均月均行驶时长为156.2小时，即日均行驶5.2小时。

排名前十的星级车队月均行驶里程均超过1200公里。其中排名第一的车队达到19158公里；月均行驶时长均超过210小时，即日均行驶7小时。其中，排名第一的车队为291.7小时，即日均行驶约9.7小时。

从不同车型来看，星级车队中整车无论在月均行驶里程还是时长方面均超过零担运输。其中，整车运输月均行驶里程为12809公里，月均行驶时长为197小时；零担运输月均行驶里程为9973公里，月均行驶时长为164小时。无论是整车还是零担运输，重型牵引车月均行驶里程明显高于一般车辆。

（六）细分市场

1. 零担快运

零担龙头突围资本市场。截至2016年10月，四通一达（圆通、中通、申通、百世汇通、韵达）和顺丰陆续上市，其中顺丰一度冲破3000亿元市值，可见金融市场对快递物流行业的看好，但相比市场规模较大的零担物流还未有上市企业。德邦物流作为快运企业的标杆企业，从2015年7月启动IPO申请流程，历时两年半，2018年1月16日，在上海证券交易所主板上市交易，成为中国第一家上市的快运企业，同时也是国内快递行业中唯一一家通过IPO严苛的审核机制并顺利过会拿到批文的快递企业。

快递快运加速跨界融合。继顺丰、中通宣布进入快运市场后，圆通依赖已有加盟商，采用加盟模式进军快运市场。韵达启动快运招商联盟也加速布局快运业务，申通进入快运市场也步入调研阶段。此外，快运企业迎来重大变革，加速向快递市场进军，远成物流、晟邦物流获得国家邮政局颁发的“快递业务经营许可证”，可以从事跨省（区、市）经营国内快递业务。

零担联盟跨步异军突起。网络众筹、运力众包，以壹米滴答为代表的“新联盟”模式快速发展，区域零担龙头“带网加盟”，充分发挥加盟企业末端网点优势，迅速搭建全国网络，通过信息化系统，形成聚合效应，极大地降低了传统零担快运企业的运营成本。2017年7月和12月分别拿到B轮和B+轮融资后，壹米滴答的服务网络已覆盖全国31个省、100%的一二级城市、86%的县级区域和60%的乡镇，全网日均货量超过30000吨，同比增长逾4倍。

快运企业延伸供应链服务。在市场竞争日趋激烈的今天，越来越多的货运企业开始重视供应链的整合带来的“第三利润源”效应。有效地整合供应链上下游产业链条，将成为货运企业保证市场竞争优势的重要课题。山东佳怡明确企业定位，从零担转变为供应链服务商转变。目前佳怡的供应链业务在整体营收占比70%，为客户提供从CDC（中央配送中心）到RDC（区域配送中心），从RDC到终端消费者，包括干线运输、RDC的管理规划，城市配送等全链条服务。

电商企业开放物流网络。11月23日，京东集团在京宣布推出“京东物流”的全新品牌标识，并正式宣布京东物流将以品牌化运营的方式全面对社会开放。同时，京东物流还公布了全面迈向“开放化、智能化”的战略规划，并希望借此成为中国整个商业社会的基础设施提供商。京东物流开放网络以后，首先先从快递和小件快运入手，依托强大的自建网络、良好的时效口碑，在客户端逐渐实现送货与取货的闭环流程，极大提升了物流效率，同时也为企业自身注入新动能。

2. 零担专线

零担专线领域受到市场结构调整的影响，运费空间持续收窄，竞争压力进一步加大，行业转型升级的愿望迫切，一部分企业选择了“小而精”的发展模式，在自己熟悉的线路和物品种类上深耕细作，打通客户端到端的服务，寻找精益管控下带来的成本节约和附加利润的创造。另一部分企业选择了“大而全”的发展模式，通过合并重组、联盟协作等方式做大做强，创造规模效益。延伸出以下三种典型模式。

一是专线 + 城配端到端模式。立足专线资源，拓展以城市 + 城际物流，以中心仓 + 移动门店的服务模式，深耕末端，精准服务，形成服务与产品的差异化，打通线上交易，形成线上流量。佳施物流，干线运输提出“水车甩挂”模式，拆分运输路线，提高效率和司机服务，同时延伸末端能力，为客户提供个性化服务。

二是专线联盟合作模式。联合多家专线资源，形成统一品牌、统一系统、统一公关，通过专线的联合，使得平台、车队、网点及线路的多重融合，从而打造大型服务网络，并开发全链条产品，形成一体化服务。德坤供应链，起初由十家专线联盟，通过好友汇平台整合，形成“德坤整车、一票通、德坤城际、德坤快线、德坤专线”全业务链产品，将大票零担运营标准化、时效标准化。

三是大零担、大通道模式探索。将大零担进一步细分出相对高价值的产品，进行重新合理定价，将其推介给做小票零担平台型企业的网点、承包区，形成门店共享，由他们来完成揽件与派件业务，再将各地有优势的始发专线用一定的游戏规则串联起来，形成大通道，再由更有实力的物流园区或三通一达各地完成原始积累的大加盟商出资建省、地级市的枢纽港，每个省、地级市都能直发全国。网点的大票零担货源 + 专线的运力 + 枢纽港三者完美地结合在一起赋能公路港、专线、网点，是仓、干、配成线成网的最佳解决方案。

3. 整车运输

整车互联网平台“独角兽”出现。整车运输相比较零担运输流程相对简单、操作相对方便，最初的互联网平台企业大多都以整车物流为切入点，提供车货匹配服务，2016 年据统计的此类平台达到 200 多家，从最盛时的“百团大战”到 2017 年市场上的“硕果仅存”，平台企业商业模式在实际场景中的实践和考验得到充分验证，独角兽逐渐出现。运满满和货车帮合并之后而成立的满帮集团，凭借着全链条的服务优势，公司目前总估值达 20 亿美元。其针对中国公路物流市场仍存在着的管理粗放、效率低下、高空驶率等痛点，以车货匹配为核心，以金融为连接点深入交易，通过提供车后市场全链条的服务实现盈利，打造物流行业生态。福佑卡车独创经纪人竞价模式，为货主企业提供整车运输服务，业务已覆盖30个省、直辖市，93个大中城市；聚集了68000余名货主企业和25000余名货运经纪人。2017年3月9日，获得2.5亿元C轮融资，重点致力于数据平台的建设，团队的升级和供应链金融体系的搭建。2018年1月2日，获得C+轮融资，将持续强化移动互联网、大数据和人工智能技术投入，致力于驱动整车运输变革。

大车队运力模式崛起。随着电商物流的快速增长，大型快递、快运企业运力外包的趋势明显，第三方优质运力的灵活性、稳定性和经济性逐渐得到行业的认可，以狮桥、则一、志鸿、赤湾东方等为代表的重资产型大车队进一步加大市场份额。同时涌现出卡里互联、靠谱网等平台型运力，直接整合货源，以第三方物流服务模式为基础，赋能整车市场。大车队崛起需具备几个条件：一是稳定集中的货源需要匹配稳定的运输能力；二是行业法律规范的逐步建立和执行；三是车队规模运营的技术和资金优势；四是车辆技术的进步；五是车队经营者管理水平的提升。狮桥物流适时提出“超级车队”的概念，为平台和物流公司提供车况优良、安全可靠、税务规范的专属运力定制服务。司机产业化和车辆实施全生命周期管理，是狮桥“超级车队”不同于其他大车队的地方。对车辆实施的全生命周期管理，贯穿车辆服务的全过程。卡力互联是由中国9个著名物流实体公司实际控制人（G9合伙人）携手共创，依托G9现有实体网点，形成强大的区域优势、资源互补，并通过统一标准接口的信息系统，实现线上、线下互联互通，为上下游合作伙伴提供全程可视化、网络化、透明化、标准化的运输服务。

（七）资本市场

物流企业加快上市步伐，2017年有8家物流企业跻身国内主板，5家在境外上市，45家登陆“新三板”。物流企业特别是新上市7家快递企业纷纷加大网络建设、设备购置和基础设施投资，提高行业进入门槛，进一步推高市场集中度。2017年，顺丰控股募资80亿元投入中转场站建设、航材购置、信息服务平台建设等，年营业收入超过700亿元，货运飞机超过40架，居全国快递第一。多只物流产业基金上市，风险资本关注“互联网+”物流创新模式，集中在干线运输、城市配送、电商仓储、冷链物流等领域，有望孵化一批“互联网+”物流“独角兽”企业。2017年，干线运输互联网平台运满满与货车帮合并，市场占有率稳居第一。资本市场看好规模化企业，普洛斯完成私有化退市，万科成为最大股东。

（八）基础网络加快布局

2017 年，各类物流“节点”加快布局。我国各类物流园区超过 1200 家，园区平台化、网络化、智慧化初步显现。传化物流打造覆盖全国的“传化网”，卡行天下枢纽达到 200 家。由中物联牵头，林安物流等 17 家网络化经营的物流园区发起互联互通服务平台“百驿网”。万科地产、普洛斯、深赤湾、平安银行等加大物流地产投入。德邦物流、安能物流、“三通一达”等服务网点不断下沉，编织城乡一体化服务网络。

（九）政策环境

2017 年，公路货运相关政策持续出台，其重点主要集中在车辆超限超载治理、“营改增”降税、无车承运人试点、货运车辆两检（安检、综检）合并，以及失信主体联合惩戒几方面，对规范运输市场秩序，优化货运市场环境具有深远影响。

1. 货运车辆超限超载工作持续推进

2017 年 9 月 16 日，交通运输部、公安部发出《关于印发规范公路治超执法专项整治行动工作方案的通知》，决定从 9 月至年底，在全国范围内联合开展为期 4 个月的规范公路治超执法专项整治行动，坚决查处各类违法违规执法行为，并在此后出台了相关的实施意见。2017 年公路超限治理相关政策如表 4 所示。

表 4　　2017 年公路超限治理相关政策

发文单位	发文题目	文号	发文时间
交通运输部、公安部	交通运输部办公厅 公安部办公厅关于印发规范公路治超执法专项整治行动工作方案的通知	交办公路〔2017〕130 号	2017 年 9 月 11 日
交通运输部、公安部	关于治理车辆超限超载联合执法常态化制度化工作的实施意见（试行）	交公路发〔2017〕173 号	2017 年 11 月 24 日
交通运输部办公厅	关于进一步严格规范公路治超执法行为的紧急通知	交办公路明电〔2018〕4 号	2018 年 1 月 24 日

此次治超在 2016 年工作的基础上进一步推进，通过明确公路执法制度、加强超限超载治理力度，提升货运市场有序化程度。2017 年超限超载治理工作界定了联合执法的对象是车货总质量超过《公路货运车辆超限超载认定标准》

的违法行为，明确了公路管理机构和公安交通管理部门实行驻站联合执法模式，由公路管理机构负责检测和监督消除违法行为，由公安交通管理部门处罚和计分，并对治理工作提出了“十不准”纪律要求和执法八项制度。

2017 年，治超政策还推行高速公路入口称重劝返，采用车辆轴型和装载标准自动识别、设置电子抓拍系统等科技手段加强科技治超，对违法货运车辆、驾驶人、道路运输企业和货运场所经营者实施“一超四罚”的联动管理与失信联合惩戒等。对于载运标准集装箱挂车列车和低平板半挂车等特殊车辆治理，近期则采用以车货总质量是否超过限载标准为主，暂不对外廓尺寸进行检查的方式进行处理。

2. “营改增”有效降低企业税收负担

2017 年 3 月 28 日，国务院总理李克强主持召开国务院常务会议，确定深化增值税改革措施，决定从 5 月 1 日起，制造业等行业增值税税率将 17% 降至 16%，交通运业增值税税率从 11% 降至 10%，税负水平小幅下调，但并未从根本上解决企业赋税增加问题。

在公路货运行业，承担公路货物实际运输服务的为个体运输户，其普遍存在的进项税抵扣不足问题成为公路货运业赋税增加的主要原因。因此，经由中国物流采购联合会的积极反应，国家税务总局发布《关于跨境应税行为免税备案等增值税问题的公告》，基本采纳联合会提出的诉求中的抵费方案，规定纳税人以承运人身份与托运人签订运输服务合同，收取运费并承担承运人责任，然后委托实际承运人完成全部或部分运输服务时，自行采购并交给实际承运人适用的成品油和支付的道路、桥、闸通行费，符合相关条件的，其进项税准予从销项税额中抵扣，使得行业普遍采用的抵扣政策阳光化。

为加强税务机关代开增值税专用发票的管理工作，国家税务总局印发《货物运输业小规模纳税人申请代开增值税专用发票管理办法》，就个体纳税人异地代开增值税发票的适用主体、提交材料、纳税期限、主管税务机关征管职能等事项出台相关规定。与此同时，税务总局发布《关于开展互联网物流平台企业代开增值税专用发票试点工作的通知》，决定在全国范围内开展互联网物流平台企业代开增值税专用发票试点工作。

在收费公路通行费发票开具上，交通运输部、国家税务总局联合印发了《关于收费公路通行费增值税电子普通发票开具等有关事项的公告》，明确了通行费增值税电子普通发票的编码规则、开具流程、相关规定、平台上线时间及业务投诉咨询等内容，最大限度方便纳税人获取发票和实现税款抵扣，将进一步提升高速公路供给服务质量，推动实现货运行业转型升级。

总体来看，政策虽已出台，但执行过程中面临着新的问题，如各地区执行情况不一，个体司机道路运输资质和税收开票资质难以取得，便利运费发票、便利成品油发票难以取得，油卡支付方式、通行费电子发票取得方式需进一步改进等。

3. 无车承运人试点工作深入开展

如何解决行业挂靠问题，使个体司机车辆产权回归本体、运营权责回归本位、市场监管回归本源一直是公路货运市场关注的重点，而无车承运人试点工作为问题的解决提供了机遇。

交通运输部办公厅发布《关于进一步做好无车承运人试点工作的通知》，明确要加强对试点企业的考核和管理，对考核合格的试点企业延续一年试点，试点资格和无车承运人经营资质有效期至2018 年12 月31 日，并要求进一步做好试点监测工作：一是提升数据报送质量；二是加强数据比对监测；三是及时做好异常数据处理。在2018 年2 月交运运输部发布的“无车承运人试点考核合格企业名单的通知”中，表示共有229 家无车承运试点企业考核合格，合格企业需在现有无车承运人运单的基础上，增补资金流水单，并于2018 年3 月31 日前完成与部、省两级监测平台的对接，4 月1 日起上传资金流水单。

总体来看，无车承运人作为运输新业态，其在政策方面仍存在诸多难点，如无车承运人的界定、与实际承运人的关系、无车承运人的资质要求和准入要求，安全主体责任的范围和边界、应承担的管理责任等，都需要进一步明确。

4. 货运车辆安检、综检两检合并

近年来，货运车辆安检、综检合并一直是公路货运行业各企业关注的重点，对有效减轻企业费用负担，提升货运通行效率具有重要影响。对此，交通运输部、公安部、质检总局联合召开电视电话会，通报《关于加快推进道路货运车辆检验检测改革工作的通知》（交运发207 号），交通部同样出台《关于加快推进道路货运车辆检验检测改革工作的通知》（交办运〔2018〕21 号）。

两项通知重点围绕统一检验检测标准、实现检验检测结果互认、统一检验周期、推行货车异地检验检测、推行货车异地年审、优化检验检测服务流程等进行详细规定。其中，检验检测标准中推行货车安全技术检验项目、方法、标准和检验报告全国统一；对已实现“两检合一”的机动车检验检测机构，按照“一次上线、一次检测、一次收费”原则，同时出具安全技术检验和综合性能检测两份报告；在检测周期上，货车10 年以内每年检验1 次，超过10 年的，每6 个月检验1 次，自2018 年1 月1 日期，货车两检实行统一检测周期，以安检周期时间为准；推行全省范围内异地检验检测，并逐步推行全国范围“通检”；完善全国道路运政管理信息系统，允许货运车辆营运证异地年审。

5. 开展城市配送行动

为深入贯彻落实《国务院办公厅关于进一步推进物流降本增效促进实体经济发展的意见》（国办发〔2017〕73 号）、《商贸物流发展“十三五”规划》

（商流通发〔2017〕29 号）等文件，完善城乡物流网络节点，降低物流配送成本，提高物流配送效率，交通运输部联合公安部、商务部印发《关于组织开展城市绿色货运配送示范工程的通知》，将于 2018 年年初启动城市绿色货运配送示范工程，至 2020 年年底，力争在示范城市建成"集约、高效、绿色、智能"的城市货运配送服务体系。此后，商务部等 5 部门联合印发的《城乡高效配送专项行动计划（2017—2020 年）》，指出到 2020 年，初步建立起高效集约、协同共享、融合开放、绿色环保的城乡高效配送体系。确定全国城乡高效配送示范城市 50 个左右、骨干企业 100 家左右。配送成本明显下降，商贸企业物流费用率降低到 7% 左右。

6. 降低高速公路收费

2017 年 9 月 19 日，交通运输部等 14 部门印发《促进道路货运行业健康稳定发展行动计划（2017—2020）》（以下简称《行动计划》），将优化收费公路通行费政策作为减轻道路货运经营负担方面重要方面，要求在具备条件的省份和路段开展高速公路分时段差异化收费试点，全面取消政府还贷二级公路收费，推广货车使用电子不停车收费系统，并对使用 ETC 非现金支付卡并符合相关要求的货运车辆基于适当通行费优惠等。

根据《行动计划》要求，财政部进一步出台《地方政府收费公路专项债券管理办法（试行）》，在政府收费公路领域试点发行收费公路专项债券，规范政府收费公路融资行为。据了解，2017 年收费公路专项债券额度已经随同 2017 年分地区地方政府专项债务限额下达。交通运输部办公厅在此基础上印发《收费公路政府和社会资本合作操作指南》，对《管理办法》作了修订完善，明确了新建、改扩建收费公路 PPP 项目的识别和准备、社会资本方选择、执行和移交等方面内容，进一步规范 PPP 项目操作流程。

但就目前实施情况来说，货运车辆 ETC 收费优惠无法跨省使用，分时段收费的要求没有显现，对不同车型的差异化收费要求没有显现，对于鲜活农产品运输，还需进一步"绿色通道"政策。

7. 多式联运推进工作

2017 年 2 月，国务院印发《"十三五"现代综合交通运输体系发展规划》。该规划提出，到 2020 年，基本建成安全、便捷、高效、绿色的现代综合交通运输体系，部分地区和领域率先基本实现交通运输现代化。对此，港口、铁路等多式联运相关部门也纷纷出台相关政策予以积极落实。其中，《"十三五"港口集疏运系统建设方案》中明确提出拟安排车购税资金支持港口集疏运铁路和公路项目建设；《"十三五"铁路集装箱多式联运发展规则》描绘出未来我国铁路集装箱多式联运的发展蓝图，明确了"十三五"时期的发展方向、发展目标和重点任务；《关于深化铁路货运价格市场化改革等有关问题的通知》决定扩大铁路货运价格市场调节范围，简化运价结构、完善运价体系，并自2018年1月1日起执行。

对此，交通运输部、国家发展改革委在总结第一批多式联运示范工程经验基础上，组织开展第二批多式联运示范工程申报工作，优先支持冷链、商品车等专业化领域的多式联运项目，以及驮背运输、铁路双层集装箱运输、半挂车滚装运输和可交换箱体应用等装备技术创新类多式联运项目，优先支持中欧班列、海铁联运资源整合类项目，优先支持长江等内河铁水联运项目，并于11月完成项目评选，共选出30项示范工程。

8. 失信主体联合惩戒制度

2017年1月18日，交通运输部下发关于界定严重违法失信超限超载运输行为和相关责任主体有关事项的通知，将严格界定严重违法失信超限超载运输行为和相关责任主体，有货运车辆1年内违法超限运输超过3次等情形，应当列入严重违法超限超载运输失信当事人名单，并予以公示。

为进一步做好车辆超限超载治理工作，以信用手段加强对超限超载运输的惩戒，2017年2月9日，国家发展改革委、中国人民银行、交通运输部等36个部门联合签署发布了《关于对严重违法失信超限超载运输车辆相关责任主体实施联合惩戒的合作备忘录》（简称《备忘录》），对联合惩戒对象、惩戒措施、实施方式及持续管理进行详细说明，提出了三个方面26条具体惩戒措施，由36家部门依照有关法律法规联合实施。

此后，国家发展改革委等20部门又针对运输物流业出台了《关于对运输物流行业严重违法失信市场主体及其有关人员实施联合惩戒的合作备忘录》，明确由国家发改委负责全国运输物流行业“黑名单”管理工作的指导和协调，利用全国信用信息共享平台和“信用中国”网站开展“黑名单”的汇总、交换和发布，公安部、交通运输部、商务部等相关部门负责“黑名单”认定标准的制定，县级以上相关部门及国家部门有关直属机构依据职能分工负责管辖范围内“黑名单”的管理工作。

9. 绿色货运环保政策

《2018年政府工作报告》中指出，要推进污染防治取得更大成效，开展柴油货车超标排放专项治理。《中华人民共和国环境保护法税法实施条例》要求自2017年1月1日起，全国所有地区在售重型柴油车需符合国五排放标准。鉴于此，交通部、公安部、商务部在《关于组织开展城市绿色货运配送示范工程的通知》中，提出加快标准化新能源城市货运配送车辆推广应用，并从2018年1月1日至2020年12月31日，对新能源汽车免征购置税。

10. 货运枢纽与物流园区

2018年2月，国家发展改革委、国土资源部、住房城乡建设部联合印发

《关于做好第二批示范物流园区工作的通知》，要求地方有关部门和银行业金融机构等继续支持示范物流园区重大物流基础设施建设，并加强对示范物流园区的规划指导和支持，对纳入国家示范的物流园区新增物流仓储用地，优先列入建设用地供应计划并给予重点保障。

2017 年公路货运相关规划和政策文件要目，如表 5 表示。

表 5　　2017 年公路货运相关规划和政策文件要目

发文单位	发文题目	文号	发文时间
交通运输部、公安部	交通运输部办公厅、公安部办公厅关于印发规范公路治超执法专项整治行动工作方案的通知	交办公路〔2017〕130 号	2017 年 9 月 11 日
交通运输部、公安部	关于治理车辆超限超载联合执法常态化制度化工作的实施意见（试行）	交公路发〔2017〕173 号	2017 年 11 月 24 日
交通运输部办公厅	关于进一步严格规范公路治超执法行为的紧急通知	交办公路明电〔2018〕4 号	2018 年 1 月 24 日
国家税务总局	国家税务总局关于跨境应税行为免税备案等增值税问题的公告	国家税务总局公告 2017 年第 30 号	8 月 22 日
国家税务总局	货物运输业小规模纳税人申请代开增值税专用发票管理办法	国家税务总局公告 2017 年第 55 号	12 月 29 日
国家税务总局	关于开展互联网物流平台企业代开增值税专用发票试点工作的通知	税总函〔2017〕579 号	12 月 29 日
交通运输部税务总局	关于收费公路通行费增值税电子普通发票开具等有关事项的公告	2017 年 66 号	12 月 14 日
交通运输部	关于进一步做好无车承运人试点工作的通知	交办运函〔2017〕1688 号	11 月 21 日
交通运输部、公安部、质检总局	关于加快推进道路货运车辆检验检测改革工作的通知	交运发 207 号	12 月 21 日
交通运输部	关于加快推进道路货运车辆检验检测改革工作的通知	交办运〔2018〕21 号	2 月 7 日

续　表

发文单位	发文题目	文号	发文时间
商务部、公安部、交通运输部、国家邮政局、供销合作总社	城乡高效配送专项行动计划（2017—2020年）	商流通函〔2017〕917号	12月27号
交通运输部、公安部、商务部	关于组织开展城市绿色货运配送示范工程的通知	交办运〔2017〕191号	12月18日
交通运输部	交通运输部等十四个部门关于印发促进道路货运行业健康稳定发展行动计划（2017—2020年）的通知	交运发〔2017〕141号	9月19日
财政部 交通运输部	财政部、交通运输部关于印发《地方政府收费公路专项债券管理办法（试行）》的通知	财预〔2017〕97号	7月12日
交通运输部	关于印发《收费公路政府和社会资本合作操作指南》的通知	交办财审〔2017〕173号	11月29日
国务院	关于印发“十三五”现代综合交通运输体系发展规划的通知	国发〔2017〕11号	2月28日
交通运输部办公厅 国家发展改革委办公厅	交通运输部办公厅 国家发展改革委办公厅关于组织开展第二批多式联运示范工程申报工作的通知	交办运〔2017〕53号	2017年4月25日
交通运输部、国家铁路局、中国铁路总公司	“十三五”港口集疏运系统建设方案	交规划发〔2017〕7号	
国家发展改革委 交通运输部 中国铁路总公司	关于印发《“十三五”铁路集装箱多式联运发展规划》的通知	发改基础〔2017〕738号	2017年4月19日
交通运输部办公厅	交通运输部办公厅关于界定严重违法失信超限超载运输行为和相关责任主体有关事项的通知	交办公路〔2017〕8号	2017年1月18日

续 表

发文单位	发文题目	文号	发文时间
国家发改委等36部门	关于对严重违法失信超限超载运输车辆相关责任主体实施联合惩戒的合作备忘录	发改财金〔2017〕274	2017年2月9日
国家发展改革委及20部门	关于对运输物流行业严重违法失信市场主体及其有关人员实施联合惩戒的合作备忘录	发改运行〔2017〕1553号	2017年12月18日

二、2018年公路货运业发展展望

（一）运力释放，运价竞争激烈

截至2017年年底，货车销量363.34万辆，同比增长16.91%，其中重型货车销量111.69万辆，同比增长52.38%，创历史新高，同时根据中国公路物流运价指数，2017年运价受到2016年“9·21”治超影响，高开低走，出现了旺季不旺的局面，2018年伴随着大量更新后的运力和新的优质运力进入公路干线运输市场，运力过剩现象依旧存在，市场竞争进一步加剧。

（二）协同共赢，联盟合作扩围

壹米滴答7月获得3亿元B轮融资，12月再获数亿元B+轮融资，区域小霸王合作的模式继续受到资本的青睐。卡力互联9月正式成立，整合9家规模性物流企业，依托各方物流实体强大的服务能力，搭建全国整车运输网络。商桥物流9月获得5000万A轮融资，整合公路物流优质专线，以自营、托管与加盟结合的形式，形成以分拨中心为节点、为全国第三方中小微服务供应商开放服务的全国性公路零担物流网络。2018年，随着公路货运行业的进一步升级，在已有优秀模式的指引之下，将会有更多的企业探索联盟合作的方式，放弃传统的形式“软联盟”，寻找硬连接，在分工协同中创造自己的价值。

（三）市场细分，货运产品分层

一个好公司的标志之一是能否拥有让客户愿意花钱购买的产品。在公路货运领域，根据公斤段主要分为4个细分市场。公斤段小于30千克，是快递物流市场；30～300千克，是零担小票物流市场；300～3000千克，是零担大票物流市场；大于3000千克，是整车物流市场。在快递、小票零担细分领域，已经有成熟的物流企业在提供产品服务，占据较大的市场份额。大票零担和整车物流市场格局尚未确定，一些物流企业都在积极探索具备特色的货运产品，同时期待2018年，可以有创新的企业，进一步在公斤段分层，提供更加细分的专业化服务。

（四）传统升级，智慧技术附能

物联网、云计算、大数据、人工智能（AI）在货运领域的应用效果逐步显现，各大物流公司在系统建设方面也不惜重金投入，顺丰物流“阿修罗”、德邦物流“FOSS”、百世物流“Q9”等都是典型代表，智能路由、辅助驾驶、车载智能终端也在不断地提升车辆使用效率，随着电商零售企业物流系统的开放，2018年将会有更多的智慧物流技术被应用到公路货运领域，区块链技术的不断成熟，也将会逐渐成为货运领域技术应用的红海。

（五）回归本质，无车承运洗牌

2017年，无车承运人试点全面深化，制约无车承运人的税务问题得到有效解决，税总30号文，明确了成品油和道路、桥、闸通行费的进项抵扣政策，税总578号文，明确了互联网物流平台企业代开增值税专用发票政策，税总55号公告，明确了货物运输业小规模纳税人申请代开增值税专用发票管理办法。2018年，无车承运企业应该回归本质，围绕“线上资源合理配置、线下物流高效运行”原则，实现车辆产权回归本体、运营权责回归本位、市场监管回归本源，加强数据报送质量，淘汰不合规企业，净化市场环境，凸显货运领域无车承运新动能。

（六）抓住红利，货运政策落地

2017年，为促进行业降本增效，国家发展改革委、交通运输部等部委发布了大量政策，改善货运市场环境，特别是针对货运车辆综检安检合并、高速公路通行费电子发票、取消道路运输车辆二级维护审核备案等发布了细则文件，2018年是政策的落实年，企业期待好的政策可以真正落地，全国一盘棋，破除区域障碍，营造公平、高效、可持续的行业发展环境，中国物流与采购联合会将积极跟踪相关政策实施情况，与企业建立反馈机制，确保政策有效推进。

（中国物流与采购联合会公路货运分会　祁薇　陈征）

2017 年铁路物流发展回顾与 2018 年展望

一、2017 年铁路物流发展回顾

2017 年，铁路货运系统积极服务国家战略，深化运输供给侧结构性改革，坚持“强基达标，提质增效”工作主题，努力提高铁路货运质量和效益，取得了良好成绩。

（一）铁路货运生产经营业绩突出

1. 运量实现大幅增长

2017 年全国铁路累计完成货运量 36.89 亿吨，同比增长 10.7%。其中，国家铁路完成 29.19 亿吨，同比增长 10.1%。全国铁路货物周转量完成 26962.2 亿吨公里，同比增长 13.3%。其中，国家铁路完成 24091.70 亿吨公里，同比增长 13.2%。货运量、货运周转量同比均实现正增长，扭转了自 2012 年以来铁路运输持续下滑的不利局面。货物主要板块和品类全部实现大幅增长，尤其是大宗货物增长迅速，煤、冶炼物资、粮食等运量同比分别增长了 13.2%、8.7%、30.3%，占全路总增量的 92.5%。专业运输发展迅速，集装箱、商品汽车、冷链物流年运量分别同比增长 37%、58%、110%。

2. 经济效益显著提升

2017 年铁路抢抓市场回暖机遇，通过强化价格策略组合运用，经济效益实现了显著提升。铁路总公司 2017 年货运总收入完成 3504 亿元，守住了铁路货运的半壁江山地位，同比增长 26%。无论是货运收入总量还是增量，都创下历史最高水平，而且货运收入增幅远大于运量增幅，货运成为铁路经济效益增长的主要动力。铁路营收创造新高，为铁路运价改革、投融资改革、所有制混改奠定了基础。

3. 市场份额止跌回升

2017 年，铁路货运量占全社会运输总量的份额达到 7.9%，同比增加 0.2 个百分点。货运周转量占全社会货运周转量的 19.5%，同比增加 1.3 个百分点。这是自 2005 年铁路份额不断下滑以来首次实现增长，反映了铁路市场竞争力在逐步增强，社会贡献率在稳步提升。

（二）铁路物流基础设施日益完善

1. 运输网络日益完善

2017 年，铁路建设有序推进，路网规模不断扩大。全国铁路行业固定资产投资完成 8010 亿元，其中国家铁路完成 7606 亿元；新开工项目 35 个，新增投资规模 3560 亿元。全国铁路投产新线 3038 公里，开通了兰渝铁路、武九高铁、宝兰高铁、西成高铁，开通运营的新线 90% 都位于中西部地区。12 月 28 日，石济高铁的建成运营标志着“四纵四横”高铁网最后一横完美收官，我国高铁范围扩展至 30 个省会级城市和直辖市。截至 2017 年年底，全国铁路营业里程达到 12.7 万公里，其中高铁 2.5 万公里，占世界高铁总量的 66.3%，全国铁路路网密度达到 132.2 公里/万平方公里，铁路电化率达 68.2%、复线率达 56.5%，分别居世界第一和第二位。一个布局均衡、覆盖广泛、层次清晰的铁路网络正逐步成型，为既有线释放运能，高速铁路开展快运业务创造了良好条件。

2. 节点建设不断推进

在中国铁路总公司组织研究编制的《铁路物流基地布局规划及 2015—2017 年建设计划》初步完成铁路物流节点网络规划顶层设计的基础上，2017 年各路局积极推进铁路物流中心建设工作。根据中国铁路总公司货运工作会议数据，到 2017 年年底，铁路总公司规划建设的 208 个铁路物流中心，现已有 21 个一级铁路物流中心、85 个二级铁路物流中心建设完成。未来各级铁路物流中心全部建成后，将基本覆盖通达铁路的重要城市，基本联结“一带一路”“长江经济带”和“京津冀地区”三大国家战略规划的相关城市。

作为铁路集装箱运输网络体系的重要组成部分——铁路集装箱中心站的节点布局也逐步完善。2017 年 6 月 21 日，中铁联集乌鲁木齐集装箱中心站（三坪站）正式开通运营。自 2004 年《中长期铁路网规划》中提出加快主要枢纽及集装箱中心站建设以来，2005 年 12 月上海中心站率先开通运营，昆明、重庆、成都、天津等 12 个铁路集装箱中心站也陆续开通，进一步形成了铁路集装箱运输骨干网络。

3. 规划引领建设发展

2017 年，国家规划文件的密集出台，为我国铁路基础设施建设指明了方向，绘就了我国铁路未来发展的宏伟蓝图，为铁路物流发展奠定了坚实基础。

2017 年 2 月，国家发展改革委印发《“十三五”现代综合交通运输体系发展规划》（国发〔2017〕11 号）。该规划目标到 2020 年，基本建成安全、便捷、高效、绿色的现代综合交通运输体系。该规划在完善基础设施网络化布局方面提出一要加快高速铁路网建设，扩大高速铁路覆盖范围；二要完善普速铁路网。加快中西部干线铁路建设，完善东部干线铁路网络，加快推进东北地区铁路提速改造，增强区际铁路运输能力，扩大路网覆盖面。拓展对外通道，推进边境铁路建设，加强铁路与口岸的连通，加快实现与境外通道的有效衔接；三要积极推进地方开发性铁路、支线铁路和沿边铁路建设，强化与矿区、产业园区、物流园区、口岸等有效衔接，增强对干线铁路网的支撑作用。

2017 年 4 月，国家发展改革委印发《“十三五”铁路集装箱多式联运发展规划》（发改基础〔2017〕738 号），该规划是国家加快铁路集装箱发展，促进集装箱多式联运，推动物流业降本增效的重要指导意见。该规划目标到 2020 年，基础网络更加高效完善，铁路集装箱多式联运通道基本形成，枢纽设施及集疏运体系有机衔接，配套服务设施功能更加完善，接取送达网络覆盖广泛。该规划强调联运通道方面，要提升传统运输通道能力，研究构建双层集装箱运输通道，推进国际运输通道建设；综合枢纽方面，要优化集装箱场站布局，强化枢纽衔接配套，加快疏港铁路建设，推进内陆港建设。

2017 年 11 月，国家发展改革委印发《铁路“十三五”发展规划》（发改基础〔2017〕1996 号），该规划目标到 2020 年，全国铁路营业里程达到 15 万千米，其中高速铁路 3 万千米，复线率和电气化率分别达到 60% 和 70% 左右，基本形成布局合理、覆盖广泛、层次分明、安全高效的铁路网络。一是高速铁路扩展成网，在建成“四纵四横”主骨架的基础上，高速铁路建设有序推进，高速铁路服务范围进一步扩大，基本形成高速铁路网络。二是干线路网优化完善，中西部路网规模达到 9 万千米左右。对外通道建设有序推进，与周边国家铁路互联互通取得积极进展。三是城际、市域（郊）铁路有序推进，城际和市域（郊）铁路规模达到 2000 千米左右。四是综合枢纽配套衔接，建成一批设施设备配套完善、现代高效的综合交通枢纽，建设支线铁路约 3000 千米。

（三）铁路物流品牌建设成效显著

2017 年，铁路充分发挥比较优势，通过提升自身服务质量、加强对外交流合作，成功打造多样化的铁路物流知名品牌，获得社会广泛的认可。

1. 中欧班列品牌助力“一带一路”

2017 年开行中欧班列 3673 列，同比增长 116%，超过 2011—2016 年六年开行数量的总和，中欧班列已发展成为“一带一路”建设标志性成果。主要包括：一是协调工作加快推进。国际协调方面，中国铁路总公司与哈、蒙、俄、白、波、德等丝路沿线六国铁路部门签署了《关于深化中欧班列合作协议》，创建了第一个由中国铁路牵头的国际铁路合作机制——中欧班列国际运输联合工作组。国内协调方面，中欧班列运输协调委员会成功发起成立，并先后吸纳了共 39 家会员单位，为中欧班列持续稳定发展奠定了坚实基础。二是服务范围快速拓展。2017年中欧班列线达到61条，同比增加22条，增幅56.4%。国内开行城市达38个，到达欧洲13个国家36个城市，同比增加4个国家22个城市。三是货源品类不断丰富。由开行初期的手机、电脑等IT产品，逐步扩大到服装鞋帽、汽车及配件、粮食、葡萄酒、咖啡豆、木材、家具、化工品、机械设备等品类。四是运输效率日益提升。探索推进实施了境外宽轨段“三列并两列”的运输组织模式，铺画了时速120千米中欧班列专用运行线，全程运行时间从初期20天逐步缩短至12～14天。五是运行成本不断降低。整体运输费用较开行初期下降约40%；六是返程空载现象得到改善。截至目前，重庆、武汉、成都、郑州、义乌等地开行的中欧班列已经实现双向稳定运行，满载率也得到有效提升，其中重庆、郑州、义乌、西安开行的中欧班列返程货物满载率均超过90%

2. 高铁快运品牌助力“双十一”

2017年，铁路部门在2016年电商黄金周运输首次试水取得良好反响的基础上，继续深入与电商、快递企业合作，推出高铁快运“当日达”“次晨达”及电商班列“一日达”等快运项目，特别是在京沪高铁推出高铁“极速达”快运新产品，实现10小时货物送达客户，这是目前我国最快的快运产品。同时各个铁路运输企业根据当地电商物流特点，因地制宜地推出不同的高铁快运产品，利用高铁的“快运”优势，助力电商“双十一”。各铁路局集团公司2017年“双十一”电商黄金周期间服务情况如表1所示。高铁快运探索不仅是铁路部门贯彻落实党的十九大精神、适应人民日益增长的美好生活需要、创新引领电商快运中高端消费的具体实践，也是开发运用铁路优质资源、提升高铁网利用效率和经营效益的有益探索。

表1　各铁路局集团公司2017年“双十一”电商黄金周期间服务情况

铁路局集团公司	“双十一”电商黄金周期间主要做法
哈尔滨局	对8趟G字头动车组预留整节车厢、1趟哈齐高铁预留整列车，向省内外主要城市办理高铁快运产品。对绥芬河至哈尔滨东普速列车加挂行李车，调整佳木斯、牡丹江至北京方向普速行李车运输方案，预留行李车仓位
沈阳局	重点打造3对快速货物班列，开行“点到点”电商班列，一站直达，并享受优惠运价。利用普速旅客列车的行李车，在106个普速行包办理车站根据客户需求加挂行李车

续 表

铁路局集团公司	“双十一”电商黄金周期间主要做法
北京局	联合中铁快运公司在京沪高铁“复兴号”列车上推出国内最快的“高铁极速达”快运产品。每日安排31 趟高铁动车组服务高铁快运，安排48 趟既有行李车运输货物，开行4 列时速160 公里的电商班列，并将列车编组提高至17 辆，提供“一日达”运输服务
太原局	利用高铁车内大件行李存放处、最后一排座椅后空间及集装件专用存放柜等设施，装运高铁快运货物，开展“当日达”“次晨达”“次日达”等快捷运输服务。15 趟列车均预留一节二等座车厢，专门用于装运批量快件
呼和浩特局	主动对接联系邮政物流和顺丰速运等快递企业，在推出8 趟高铁快运“当日达”业务的基础上，又利用呼铁局管内中长途旅客列车行李车，开办从呼包两地至成都、杭州方向的快运服务。实现与包头、集宁、鄂尔多斯四个城市间的高铁快运“当日达”“次晨达”
郑州局	每日开行高铁快运列车27 趟、行包车6 趟，推出高铁快运、干线运输“站到站”“门到门”“库到库”全程物流服务，实现郑州发往上海、广州、西安、哈尔滨等城市电商货物高铁快运“当日达”
武汉局	与中铁快运武汉分公司利用30 趟高铁列车和普速列车行李车，6 小时内基本覆盖包括长三角、珠三角、京津冀等主要城市。此次重点推出北京、上海、广州、深圳、天津、西安、贵阳、重庆、哈尔滨、沈阳的当日达、次日达产品
西安局	每日开行12 趟高铁快运列车，并借助每日西安至兰州的高铁确认车将全国发往新疆方向的高铁快运包裹运输至兰州，再通过兰新高铁发往新疆。新增了特定达和极速达，涉及58 条线路25 个城市
济南局	与顺丰物流、京东物流等电商企业合作，每日开行载货动车组确认列车2 趟，高铁快运始发终到列车10 趟，同时利用16 列跨省高铁动车组储物空间及47 对普速列车行李车
上海局	涉及长三角地区预留车厢动车组列车共有88 列，共涉及5 个高铁车站，预留车厢动车组列车数量较去年同比增加12 列，同比增长15.8%。充分利用既有行李车运能，临时加挂行李车1 辆，并将视市场需求情况动态调整运能，适时调配增加运力

续　表

铁路局集团公司	“双十一”电商黄金周期间主要做法
南昌局	在7列高铁列车预留车厢上办理高铁快运业务。14趟高铁快运货物，实现4~8小时内运至南昌、福州、厦门
广铁集团	每天开行服务高铁快运的高铁动车组35趟，同比增长46%
南宁局	携手中铁快运，利用云桂线上的高铁确认列车装运广西发往云南的高铁快件。电商黄金周期间，南宁局发送电商货物约45吨
成都局	与中铁快运成都分公司合作在成都、重庆、贵阳三个地区安排整车高铁快运动车组31趟，北京、上海、武汉、南京、杭州等方向的快件实现“当日达”，在贵阳北站推出2对动车组确认列车载货快运产品
昆明局	与中铁快运昆明分公司合作，在昆明南至上海虹桥、长沙南、杭州东、济南西动车上预留一节车厢用于高铁快运，共将4100多件快递包裹通过高铁运往全国各地，共计1.6万多件、近200吨快递包裹从云南通过高铁、普速列车运达全国各地
兰州局	在宝兰高铁上选择一列动车组确认车、在兰新高铁选择两列动车组，以及近80列直通旅客列车行李车等运输资源。电商服务周期间共计发送电商货物25796件48.5吨，利用行李车发送行包718件17.4吨，发送“点对点”牛奶快运班列3列6939吨
乌鲁木齐局	首次推出跨省高铁快运业务，采用动车运输货物到达兰州的时间可比普速列车压缩近5小时，电商服务周期间高铁快运业务和普通快递业务均将同比增长10%左右
青藏集团	推出部分城市间“当日达”产品

资料来源：根据网络资料整理而得。

（四）铁路专业物流发展全面做强

2017年，铁路在推动大宗货物产运需衔接、实现大宗货物运量稳定增长的同时，调整货运产品供给，加强与社会物流深度融合，对集装箱、商品汽车、冷链运输和多式联运采取了有力措施，促进铁路专业物流发展全面做强，运量大幅提升。

1. 集装箱运输规模日益扩大

截至2017年年底，全路集装箱业务办理站达到1843个，约占铁路货运营业站的50%。铁路集装箱专用平车保有量已超过10万辆，铁路箱配置达到37.2万只。全年集装箱发送总量共完成1031万TEU，同比增长37%，连续三年实现大幅增长。日均装车数占货运总装车数比例达到10.8%，较上年提高了2.2个百分点。全国28个主要港口铁路集装箱运量增长23%以上。

2. 商品汽车运输市场份额不断提高

2017年，中国第一汽车集团公司（以下简称一汽）和东风汽车公司（以下简称东风）先后与中国铁路总公司签订战略合作协议，探讨商品车物流合作以及远期的企业铁路专用线建设等事项。中国铁路总公司通过深化与一汽、东风、上汽等大客户战略合作，与20多家企业签订了总包项目，共孵化45条跨局商品汽车班列线，全年完成商品汽车运输461万台，同比增长58%，占全国总产量接近18%，较2016年提高了4个百分点。商品汽车运量的迅速提升为日后铁路与汽车企业合资合作建设铁路专线实现"门到门"运输，构建以铁路运输为主导的全国商品汽车多式联运格局奠定越来越坚实的基础。

3. 冷链物流发展迅速

2017年，铁路深耕冷链物流市场，完善铁路冷链物流网络布局，加大冷冻品和港口冷藏箱市场开发力度。全年冷链物流共完成109万吨，同比增运59万吨，增长113%，继续保持高速、高质量增长。中国铁路总公司按照《铁路冷链物流网络"十三五"布局规划》有序推进冷链通道建设，加快布局冷链快运班列，成功打造一批精品线路。2017年主要的铁路冷链班列开行情况（部分）如表2所示。

表2　2017年主要的铁路冷链班列开行情况（部分）

始发地	目的地	货物品类	首发日期	备注
防城港	北京、沈阳	海鲜	1月29日	
广州	昆明	啤酒	3月22日	
图们	大连	海鲜	6月8日	
霍尔果斯	杭州	浓缩果汁	6月15日	
潍坊	昆明	冷冻鸡鸭、海鲜产品	6月25日	"中国食品谷号"：第一条内陆连通东亚、东南亚和南亚的专业化铁路冷链物流通道
福建光泽	成都	冻鸡	8月8日	
青岛	西安	猪肉	8月21日	海铁联运班列（美国长滩港—青岛—西安）

续　表

始发地	目的地	货物品类	首发日期	备注
潍坊	威海	蔬菜	8 月 31 日	
武汉	波兰、德国、法国等	工艺蜡烛	9 月 15 日	中欧武汉班列首次实现双向冷链常态化运营
齐齐哈尔	莫斯科	圆葱	9 月 25 日	我国首条国际冷链物流专列
抚州	莫斯科	蜜橘	12 月 20 日	

资料来源：根据网络资料整理而得。

（五）铁路物流改革与创新逐步推行

2017 年是铁路深化改革年。铁路通过体制创新、模式转变、技术升级等举措在物流发展方面不断探索，在从传统货运向现代物流转型进程中迈了重要而关键的改革步伐。

1. 积极推进混合所有制改革

铁路总公司不断探索股权投资多元化的混合所有制改革新模式，引入社会优质资源，构建市场化运行机制，促进铁路资本与社会资本融合发展。自 2017 年 1 月“混改”被首次提出以来，中国铁路总公司分别与上汽集团、中国建设银行、顺丰控股、京东集团、中国邮政集团达成战略合作，与涉及互联网、汽车、海运、银行等多个领域共 20 家企业负责人会面，未来铁路混改或将沿着上下游“专业化”“科技化”“铁路网 + 互联网”的思路向前推进。

2. 积极推进铁路公司制改革

中国铁路总公司于 2017 年 11 月 19 日进行了 18 个铁路局改制成立集团公司的统一正式挂牌，同时，全路非运输企业公司制改革顺利推进。积极稳妥、周密细致的改革举措在加快建成有效制衡的公司法人治理结构和灵活高效的市场化经营机制，形成铁路现代企业制度，促进铁路企业按照法治化、市场化安全高效运行等方面迈出重要步伐。

3. 积极推进信息技术创新

2017 年，中国铁路总公司发布了铁路信息化总体规划和大数据应用实施方案，大数据中心开工建设，货运票据电子化全面启动试运行，铁路信息化建设有序推进，推进 EDI 信息共享，畅通与港口、物流等企业的信息交互，助力铁路物流服务供给质量和效益提升。

二、铁路物流发展面临形势分析

（一）铁路物流发展面临机遇

1. 经济发展机遇——铁路物流迎来广阔的市场空间

2017 年我国 GDP 增长 6.9%，国民经济呈现稳中向好、好于预期的稳健发展态势，同时全国发电量、钢铁产量增长，原煤产量止跌回升，大宗物资核心货源需求强劲，集装箱、汽车、冷链市场物流需求强大。经济发展快，社会物流需求旺盛，铁路物流才能有更好的发展空间。当前世界经济总体复苏向好，国内经济会在与世界经济的高度融合中继续稳健发展。中国经济的基本面是好的，结构调整、优化升级在加快进行，在新的阶段提质增效的特征会越来越明显。可以预见，我国国民经济将继续保持稳定增长，社会物流需求持续扩大，铁路物流必将迎来更为广阔的市场空间。

2. 国家政策机遇——铁路物流迎来良好的政策环境

随着中国经济从高速增长阶段转向高质量发展阶段，国家多措并举不断深化供给侧结构性改革。一是环境治理方面，中央从坚决打胜三大攻坚战的战略高度，围绕打好污染防治攻坚战提出了要调整运输结构、增加铁路货运量的要求。二是公路治超方面，随着治超联合执法常态化制度化工作施行，运输市场环境将更加公平，公路运量有望进一步回流铁路。三是交通强国方面，党的十九大明确提出建设交通强国的宏伟战略，铁路作为运输骨干，将通过“交通强国、铁路先行”新作为，不断发挥示范引领作用。四是降本增效方面，铁路在降低社会物流成本中的优势明显，但发挥尚不充分，未来将通过着力推进铁路货运市场化改革，充分发挥铁路长距离干线运输优势，进一步提高铁路货运量占全国货运总量的比重，为降低社会物流成本做出更大贡献。五是融合发展方面，《十三五现代综合交通运输体系发展规划》和《营造良好市场环境推动交通物流融合发展的实施方案》等国家政策，对发展多式联运、推进融合发展提出了明确的奋斗目标。考虑到铁路与水运和公路相比在能耗和碳排放上的综合优势，尤其是铁路在多式联运中的突出优势，中长距离运输的长期趋势前景依然明朗。可以预期，国家有关部门、各地政府都将积极贯彻落实中央决策部署，出台推进落实政策措施，为铁路物流发展提供了前所未有的政策环境和发展平台。

3. 铁路转型机遇——铁路物流迎来坚实的发展基础

近年来，我国铁路的发展正处于飞跃式上升到更高阶段的转变时期，这种转变包括从求量到求质的转变，包括管理、技术、组织方式等效益外溢的转变，具体表现在：铁路网规模和质量达到世界领先水平，铁路建设的重点由重数量向重质量转变，侧重与其他交通方式的有机衔接和深度融合，进而促进效率变革，实现向高质量发展的跨越升级；铁路技术装备水平和创新能力处于世界领先地位，全面提升智能化水平、加速与互联网的深度融合，数字铁路、智能铁路建设取得系统性成果；铁路运输安全和经营安全管理水平处于世界领先地位；铁路企业体制机制改革和创新水平进一步提升。随着铁路运输网络不断完善、设施设备不断升级、信息化水平不断提高、体制机制不断健全，铁路物流发展的基础不断夯实，为加快铁路从传统运输向现代物流转型提供重要支撑。

（二）铁路物流发展面临挑战

1. 新时代对铁路物流发展提出更高要求

2017 年中央经济工作会议提出“调整运输结构，增加铁路货运量”的重任，铁路行业在迎来机遇的同时也承担着极大的考验。作为打胜污染防治攻坚战的重大举措，各级地方政府、企业和社会各界对铁路增运都十分关注。但无论从铁路运输能力、装备数量、生产组织方式、经营管理模式还是铁路物流发展水平等方面，现阶段与新时代下高质量发展的要求相比均存在一定差距。

2. 铁路物流发展不平衡不充分矛盾突出

一是运能布局不均衡，往往干线运能紧张，客货争能问题大，而且在相当长的一段时期内难以彻底改变。二是货源分布不均衡，尤其是煤炭货源集中在三个“西”（山西、陕西、蒙西），而且还呈现进一步集中的趋势。三是货运供给不均衡，主要是铁路货运与其他运输方式衔接配合不紧密，由此导致货物送达速度、物流配送全程服务的供给质量不符合市场要求。四是铁路便捷高效、节能环保的优势发挥不充分，铁路市场份额仍然偏低，通过多式联运实现社会物流效率提升、社会物流成本降低的作用尚不明显。如何更好地满足人民日益增长的美好生活需要，是铁路物流未来发展面临的重要挑战。

3. 铁路物流综合服务供给质量有待提升

当前铁路物流综合服务供给质量存在较大的提升空间。一是服务信息化水平不高，铁路物流经营管理方式手段落后，物联网、无线射频识别等信息技术在铁路物流服务中的应用不足，物流信息追踪能力等方面仍不能满足日益升级的客户需求。二是服务的稳定性和时效性不高，货运产品稳定性和时效性不能保证，与客户的产销计划衔接困难，为客户带来供应链成本的增加，影响客户服务体验。三是铁路物流营销管理体系不完善，从市场监测到数据挖掘，用于客户管理和货源开发的一体化能力有待提升，尚未形成完善的具有现代物流企业特征和中国铁路特色的营销管理体系。

三、2018 年铁路物流发展展望

（一）深化运输供给侧结构性改革

随着铁路物流发展的基础不断夯实，铁路推出多样化的物流服务有了强有力的支撑。铁路将进一步细分目标市场，明确铁路市场定位，扩大大宗货物运量，保持白货市场开发力度，增加高附加值物流比例。一方面抓好大宗货物中长期运输协议落实，巩固扩大煤炭、矿石、钢铁、粮食等大宗货物运输市场；另一方面大力发展集装箱运输、商品汽车、冷链运输、快运业务和多式联运，推动各种交通方式优势互补、融合发展。此外，将继续探索各专业优势公司与物流企业的强强联合，引入社会优质资源，推进铁路运输与社会物流的融合发展。通过推进运输、仓储、加工、信息等融合发展，加大铁路运输组织创新模式，培育壮大一批竞争力强的现代铁路物流骨干企业，进一步推进运输供给侧结构性改革。未来铁路将不仅在构建交通强国中发挥优势，也将逐步在构建新型世界交通运输格局和物流格局中发挥更为重要的作用。

（二）多措并举促进物流降本增效

随着《国务院办公厅关于进一步推进物流降本增效促进实体经济发展的意见》（国办发〔2017〕73 号）的深入落实，2018 年将进入《物流业降本增效专项行动方案（2016—2018）》（国办发〔2016〕69 号）的收官之年。铁路作为国民经济重要组成部分和交通强国的骨干，在降本增效方面必将奋勇担当、有所作为，增强铁路在物流业降本增效中的引领作用。综合判断，在超强环境治理和限制超载的境况下，未来铁路将充分发挥便捷高效、安全环保等比较优势，多措并举，综合施策，通过扩大运输能力、优化产品供给、发展多式联运、提高物流效率、改善服务质量、完善价格机制，为企业提供供应链全程物流解决方案，提升全供应链物流效率，全方位降低社会综合物流成本。

（三）提高铁路物流经营管理水平

2017 年 10 月，国务院办公厅印发《国务院办公厅关于积极推进供应链创新与应用的指导意见》（国办发〔2017〕84 号），部署供应链发展有关工作，十九大报告中也重点指出要在现代供应链领域培育新增长点、形成新动能。未来铁路将全面提高经营管理水平，为建设现代化经济体系展示出铁路新作为。一是稳定运输产品供应。探索扩大准时制、客车化开行的班列，提高班列开行的稳定性与时效性，培育良性、稳定、具备抗风险能力的铁路运输市场供需关系。二是加强产品服务质量。提高运到时限管理水平，落实定期考核通报制度。进一步完善95306网上营业厅服务功能，推进货运票据电子化，为客户提供更加方便、快捷的业务办理体验。三是促进物流信息互联共享。铁路将与生产企业、港航公路运输企业、地方政府统计部门建立稳定的信息数据交换机制，定期采集企业产、销、运、存、价等物流相关数据，为营销决策提供数据支撑。拓展与其他运输方式间信息共享和互联互通，着力强化铁路物流信息全程追踪服务。四是深化铁路运价市场化改革。不断完善价格管理制度，稳步理顺铁路内部不同运输方式的比价关系，构建适应物流市场发展的货运价格管理体系。根据2018年中国铁路总公司货运工作会议，预计铁总将从2018年起实施货运承运清算，强化效益导向，促进价格策略质量提升，进一步促进铁路物流降本增效。

（四）推进铁路物流相关资源开发

2018年中国铁路总公司货运工作会议提出要推进铁路运输与现代物流融合发展，实现铁路运输企业向现代物流企业转型发展。未来铁路主要从四个方面推进物流相关资源开发，加快转型升级步伐。一是提升物流设施经营开发能力。铁路将加大对仓库场地等物流设施的经营开发力度，大力开展仓储、装卸、配送、包装等综合物流服务项目。加快既有铁路货场和物流中心转型升级为全社会的物资集结和配送中心，实施一体化经营，发展城市绿色配送，推进共同配送。二是完善物流中心周边交通基础设施配套。更加重视铁路场站与城市主干道的连接，建立与多种运输方式有效衔接的物流联运通道，提高干支衔接能力和联运通道的物流效率，实现多式联运的无缝衔接。三是不断丰富现代物流技术装备体系。将进一步加大铁路先进物流技术装备的研发购置力度，加快推进35t敞顶箱、1.5t小型集装箱等物流设备应用，增强设备与货物的适应性，提高装载率。四是探索创新合作发展模式。铁路改制后将加快推进资产资本化运营，研究与银行合作拓展商业贸易、设备租赁、融资租赁等增值业务。加快运输产业链服务经营开发，创新铁路土地综合开发合作模式，加强资产价值管理。铁路将联合工商企业、物流企业展开协作分工、共同经营。未来将探索配合地方政府在特大型城市探索试点开展绿色物流项目，与快递物流企业共同研究推进集装箱快件货物运输箱。

（五）巩固扩大铁路物流走出去成果

中欧班列不仅是铁路加快推进铁路货运向现代物流转型发展、实现国际化发展的重要举措，更是全面贯彻落实国家“一带一路”倡议、推动亚欧间贸易互联互通的重要抓手。随着市场认知度不断提高，铁路物流的国际影响力将随着不断加快的铁路“走出去”步伐而不断突出。未来铁路国际物流将在既有成绩基础上巩固扩大“走出去”成果。一是利用中欧班列国际运输联合工作组和中欧班列运输协调委员会两个平台，进一步加强国内外物流组织协调；二是通过与国内外物流、货代企业紧密合作，发挥“比海运省时，比空运便宜”的特色优势，提高国际联运市场营销水平；三是提升服务质量，创新国际班列运输组织方式，协调简化海关手续，建立统一的信息平台，相互交换列车实时信息和货物在途跟踪信息。加大班列尤其是回程班列组织力度，推进国际回程班列发展，助推中欧班列市场化和国际化水平提升，将中欧班列打造成为铁路物流高质量发展的标志。

总而言之，铁路不仅是实现社会主义现代化强国的运力保障，也是社会主义现代化强国的重要标志和组成部分，是推动中国经济与世界经济高度融合发展的积极力量。不管从未来趋势还是经济资源要素配置来看，铁路在京津冀协同发展、长江经济带发展和“一带一路”建设中的主导作用将日益凸显，在综合交通运输体系和现代物流服务体系中扮演越来越重要的角色。

（北京交通大学　张晓东　曾茹冰）

2017 年港口物流发展回顾与 2018 年展望

一、2017 年港口物流发展回顾

2017 年，在距离 2008 年金融危机九年之后，全球经济进入强势复苏轨道，经济增速创三年来新高，根据 IMF（国际货币基金组织）预测全球经济增速将从 2016 年的 3.2% 上升至 3.6%。在全球整体经贸形式回暖形势下，2017 年也是中国经济取得转折性成就的一年，经济持续下行五年后，首次回升，GDP 增速达到 6.9%，外贸进出口实现 14.2% 的快速增长，社会消费品零售总额也实现了 10.2% 的增长。在此背景下，我国港口生产形势明显回暖，规模以上港口完成货物吞吐量 126.4 亿吨，同比增长 6.4%，较 2016 年增速提升 3 个百分点。（如图 1 所示）

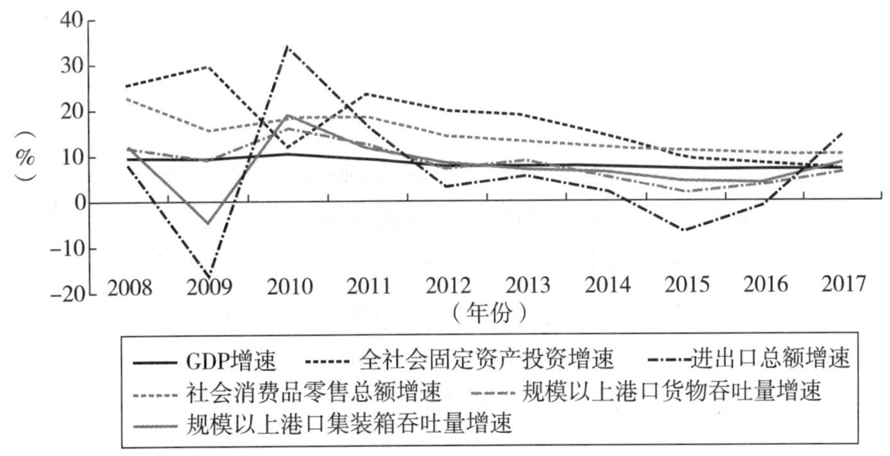

图 1　我国主要经济指标与港口吞吐量增长变化趋势

资料来源：国家统计局，交通运输部。

（一）港口生产强势回暖

受良好的进出口贸易增长形势和国内稳定增长的消费需求拉动，2017 年全国规模以上港口货物吞吐量增速出现显著回升，全年共完成货物吞吐量 126.4 亿吨，同比增长 6.3%，增速达到自 2014 年以来新高。受内需和外贸的双重拉动，集装箱吞吐量增速实现翻番，全年完成集装箱吞吐量 2.37 亿 TEU，同比

增速达到自2013年以来新高。（如表1所示）

表1　　2008—2017年我国规模以上港口货物吞吐量及集装箱吞吐量

年　份		2008	2009	2010	2011	2012	2013	2014	2015	2016	2017
货物吞吐量	吞吐量（亿吨）	58.9	69.7	81.0	91.2	97.8	106.5	111.9	114.6	118.9	126.4
	同比增长（%）	11.9	18.3	16.2	12.6	7.2	8.9	5.2	2.3	3.7	6.3
外贸货物吞吐量	吞吐量（亿吨）	19.8	21.8	25.0	27.9	30.5	33.6	35.0	36.6	38.5	41.0
	同比增长（%）	7.4	10.1	14.7	11.6	9.3	10.2	4.2	4.6	5.2	6.5
集装箱吞吐量	吞吐量（亿TEU）	1.28	1.22	1.46	1.64	1.77	1.90	2.02	2.12	2.20	2.38
	同比增长（%）	12.1	-4.7	19.7	12.3	7.9	7.2	6.4	4.5	4.0	8.3

资料来源：根据2008—2017年交通运输部数据汇总。

2017年，我国各港口的生产形势呈现一定程度的分化态势。在外贸形势回暖的拉动下，一线港口货物吞吐量增速回暖迹象明显，上海、宁波舟山、深圳、广州等港口在货物吞吐量和集装箱吞吐量增长率均较2016年明显提升，宁波舟山港甚至成为全球首个货物吞吐量突破10亿吨的大港，并连续九年位居全球第一。2017年3—4月和年中，受市场回暖影响和班轮公司航线分配调整，上海、宁波舟山、深圳等国际枢纽港口均发生一定程度的拥堵现象。然而，诸如青岛、天津、大连、营口、苏州、营口、日照等部分区域内的核心港口吞吐量增速却未像一线港口一样有亮眼表现。此外，由于天津受环保政策收紧影响，汽运煤禁止运输，环渤海湾内天津港的大量大宗散货分流至周边唐山、黄骅、秦皇岛等港口，因此，从货物吞吐量的增速来看，天津出现了9.1%的下滑，而唐山、黄骅、秦皇岛增速均实现双位数的增长。

2017年，我国内河港口货物吞吐量增长十分迅速，杭州、湖州、武汉等内河港口均进入到亿吨大港的行列。其中，随着长江中游航运中心建设的推进，武汉作为我国中部的综合枢纽，吞吐量实现快速增长，2017年增速达到11.3%，货物吞吐量达到1亿吨。前20位港口均超过2亿吨。（如表2所示）

表 2　　2017 年我国前 30 位港口货物吞吐量排序

排名	港口	2017 年货物吞吐量（万吨）	2017 增速（%）	2016 年货物吞吐量（万吨）	2016 年增速（%）
1	宁波—舟山港	100711	9. 2	92209	3. 7
2	上海	75072	-1. 0	75830	-10. 1
3	苏州	60774	4. 9	57937	7. 3
4	广州	59000	8. 5	54356	8. 6
5	唐山	57320	10. 1	52051	5. 6
6	青岛	50799	1. 5	50036	3. 3
7	天津	50056	-9. 1	55056	1. 9
8	大连	45517	4. 3	43660	5. 3
9	烟台	40058	13. 1	35407	7. 2
10	营口	36267	3. 0	35217	4. 0
11	日照	36136	3. 2	35007	3. 9
12	湛江	28208	10. 1	25612	16. 2
13	黄骅	27028	10. 4	24475	4609. 0
14	秦皇岛	24520	31. 2	18682	-26. 2
15	深圳	24136	12. 7	21410	-1. 4
16	南京	23913	8. 8	21973	2. 4
17	南通	23572	4. 2	22614	3. 6
18	连云港	22841	13. 7	20082	-4. 7
19	广西北部湾	21855	7. 2	20392	-0. 4
20	厦门	21116	1. 0	20911	-0. 5
21	泰州	19769	5. 0	18823	0. 8
22	重庆	19606	12. 9	17373	10. 9
23	江阴	15878	21. 0	13121	4. 1
24	丹东	14966	-5. 3	15800	5. 1
25	虎门	13194	-9. 6	14600	11. 5
26	福州	14599	23. 6	11812	4. 0
27	镇江	14429	9. 8	14887	0. 7
28	珠海	13581	15. 3	11778	5. 1
29	泉州	12886	2. 6	12559	2. 6
30	芜湖	12823	-2. 1	13098	9. 1

资料来源：交通运输部、中国港口协会、各港口所在地政府社会公报。

1. 货物吞吐量内贸涨势强劲，外贸持续改善

逐月来看，自2016年10月开始，我国港口货物吞吐量增速得到不断改善。除第四季度由于2016年同期的吞吐量增速开始走高，在增速高基数影响下2017年四季度增速不及2016年外，其余前三个季度增速均好于2016年，如图2所示。总体来看，2017年在外部经济环境改善和我国内需的拉动下，内外贸均表现出良好的增长势头，规模以上港口累计完成外贸货物吞吐量41亿吨，同比增长6.4%，较2016年增速提升1.2个百分点；规模以上港口完成内贸货物吞吐量85.4亿吨，同比增长6.2%。从提振货物吞吐量增长的主要货种来看，以煤炭、石油及天然气制品、铁矿石以及集装箱的运输需求为主，其中外贸货物主要以集装箱和石油及天然气等液体散货为主要动力，内贸主要以煤炭为主要动力。从煤炭行业来看，调控政策已由2016年的“去产能、限产量”逐渐调整为“保供应、稳煤价”，因此需求端增长明显；从原油运输需求来看，受到2016年国内炼油产量下降，以及新增炼油产量和战略石油储备需求的增加，导致进口原油需求显著增长；受全球经济贸易回暖影响，消费需求增长，导致集装箱运输需求明显回暖。

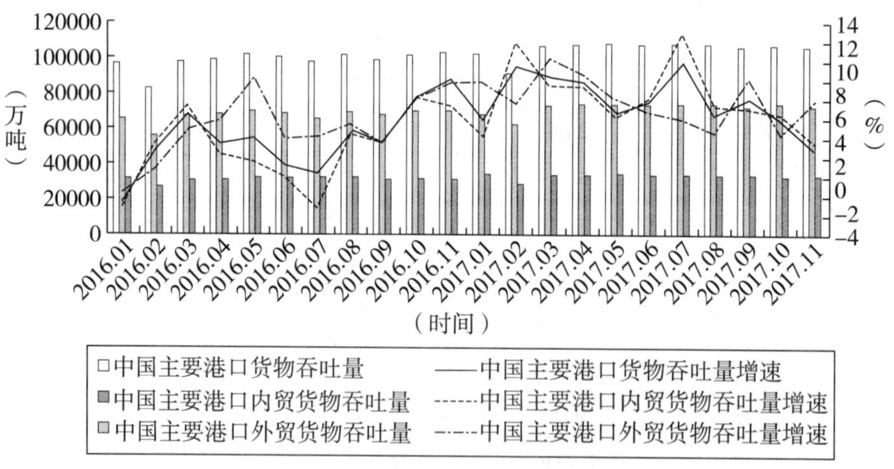

图2　2016—2017年中国主要港口货物吞吐量及增速走势

就沿海和内河港口来看，2017年我国内河港口货物吞吐量增速略好于沿海港口，规模以上沿海港口共完成货物吞吐量83亿吨，同比增长7%，内河港口共完成货物吞吐量40.1亿吨，同比增长近7.5%。内河港口外贸需求的显著增长成为外贸货物增长的主要来源。近些年，我国产业逐渐向内陆迁移，2017年中西部省份GDP增长较快，其中重庆、贵州、西藏等省份GDP均实现了两位数的增长。在产业内迁的背景下，内河外贸运输需求有较大的潜力和增长空间，2017年内河外贸吞吐量增速达到10.6%，远高于沿海港口货物吞吐量增速。（如图3所示）

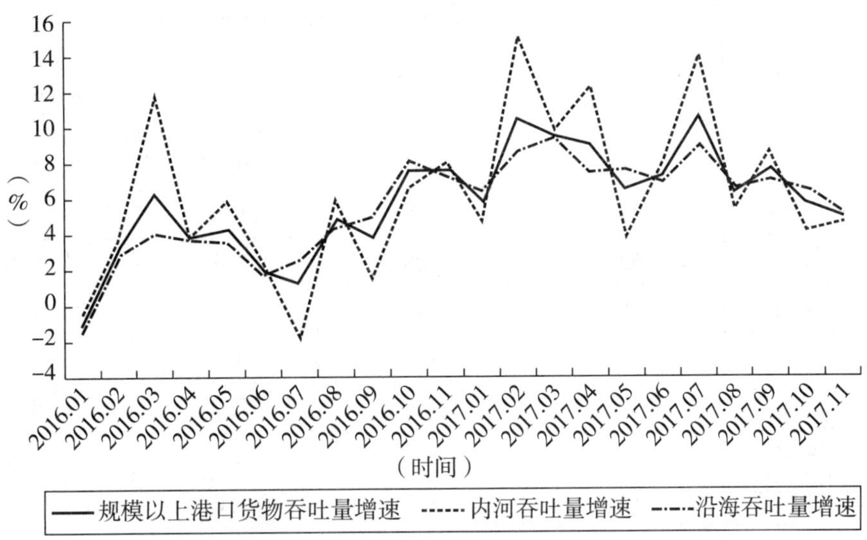

图 3　2016—2017 年规模以上沿海和内河港口吞吐量增速走势

2. 集装箱吞吐量逆势高位增长，内外贸“两头开花”

2017 年，我国港口集装箱吞吐量扭转了自 2013 年以来的逐年下滑态势，增速实现逆势上扬，达到 7.7%，较 2016 年 3.8% 的增速提升近 4 个百分点。在我国经济进入新常态下的转折期，我国港口集装箱吞吐量基本保持了相对稳定的增长态势。从具体港口来看，中国大陆地区已有 21 个港口集装箱吞吐量超过 200 万 TEU，扭转了过去几年部分港口集装箱吞吐量负增长现象比较严重的局面。上海港甚至以 8.3% 的增速完成集装箱吞吐量 4023 万 TEU，增速达到近五年来的最高值，成为全球首个超过 4000 万 TEU 的港口。广州港也以 8.1% 的增速使其集装箱吞吐量超过 2000 万 TEU，厦门以 8.0% 的增速使其吞吐量达到 1038 万 TEU，超过高雄港。（如表 3 所示）

表 3　2017 年我国港口集装箱吞吐量排名

排名	港口	吞吐量（万 TEU）		2017 年增速（%）	2016 年增速（%）
		2017 年	2016 年		
1	上海	4023	3713	8.3	1.7
2	深圳	2521	2411	4.6	-0.8
3	宁波—舟山	2464	2157	14.2	4.5
4	广州	2037	1885	8.1	8.1
5	青岛	1830	1805	1.4	3.1
6	天津	1506	1452	3.7	2.9

续 表

排名	港口	吞吐量（万 TEU）		2017 年增速（%）	2016 年增速（%）
		2017 年	2016 年		
7	厦门	1038	961	8.0	4.7
8	大连	971	958	1.4	1.4
9	营口	628	609	3.1	2.8
10	苏州	588	548	7.3	7.5
11	连云港	471	470	0.2	-6.2
12	东莞	392	364	7.7	8.2
13	佛山	391	322	21.4	7.4
14	日照	322	301	7.0	7.1
15	南京	315	307	2.6	5.0
16	福州	301	268	12.3	10.4
17	烟台	270	260	3.8	6.0
18	唐山	253	194	30.4	27.5
19	北部湾	228	179	27.3	26.8
20	珠海	227	165	37.6	23.6

资料来源：中国港口协会。

2013—2017 年我国规模以上港口集装箱吞吐量增幅走势如图 4 所示。逐月来看，2017 年我国规模以上港口集装箱吞吐量基本维持在较为稳定的增长区间内，除 1 月、2 月和 10 月以外，各月增速均是 2013 年以来的最高值。1 月、2 月份主要受春节因素、班轮公司联盟航线调整变化、经济贸易市场尚未明显复苏等因素影响。10 月的低增速主要是由于 2016 年同期集装箱吞吐量开始走高，在高基数影响下，增速不及其他年份。

从内外贸的增长情况来看，2017 年我国港口内外贸均表现出良好的增长势头，规模以上港口完成外贸集装箱吞吐量 1.45 亿 TEU，同比增长 8.1%，完成内贸集装箱吞吐量 9220 万 TEU，同比增长 9.8%。金融危机后，在我国扩大内需的政策刺激下，内需对经济贡献率显著增加，在此背景下我国内贸集装箱吞吐量自 2010 年后一直保持相对较好的增长势头，且潜力巨大。同时，今年受外部经济环境的改善，外贸集装箱吞吐量增速显著回暖，如表 4 所示。从外贸的各条航线来看，受美国、欧洲、日本、韩国经济复苏的影响，我国至近洋日韩航线以及远洋至欧洲和美国航线的集装箱吞吐量增速均显著提升。尤其在美国经济强劲复苏的动力下，中国至美国航线集装箱吞吐量增速同比增长

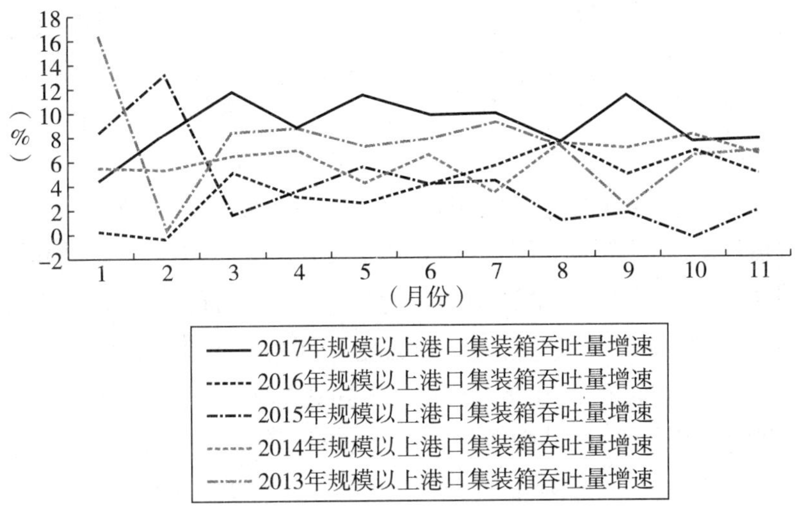

图 4　2013—2017 年我国规模以上港口集装箱吞吐量增幅走势

资料来源：交通运输部。

9.89%。中国至日韩的近洋航线集装箱吞吐量同比分别增长 9.63% 和 14.64%，如表 5 所示。

表 4　2016—2017 年中国港口集装箱内、外贸吞吐量

前 11 个月累计	外贸—国际航线		外贸—内支线		内贸	
	总量	出港	总量	出港	总量	出港
2017 年（万 TEU）	11014.35	5698.21	2268.64	1084.85	8451.62	4178.23
2016 年（万 TEU）	10222.28	5285.97	2065.93	1002.36	7699.20	3860.52
同比增速（%）	7.75	7.80	9.81	8.23	9.77	8.23

资料来源：交通运输部。

表 5　2016—2017 年中国港口部分国际航线集装箱吞吐量

前 11 个月累计	中国香港	日本	韩国	新加坡	中国台湾	美国	欧洲
2017 年（万 TEU）	1117.46	778.81	751.44	382.67	241.74	1979.93	2069.09
2016 年（万 TEU）	1092.28	710.39	655.50	347.05	230.89	1801.79	1938.93
同比增速（%）	2.31	9.63	14.64	10.26	4.70	9.89	6.71

3. 大宗干散货吞吐量保持平稳增长，液体散货增速与去年持平

2017 年，我国煤炭及相关制品吞吐量保持较好增长，共完成煤炭及制品货物吞吐量 23.4 亿吨，同比增长 9.9%，高于 2016 年 3.3% 的增速。从需求端

看，由于煤炭限产产能不足以及2017年国内经济稳中向好的影响，2017年煤炭及相关制品整体需求旺盛，六大电厂平均消耗煤炭量达到1979.28万吨，电力行业耗煤同比增长6.1%。此外，2017年5月，海关总署同国家发展改革委要求控制劣质煤炭进口，限制进口煤量同比下降5%～10%。因此，2017年煤炭外贸吞吐量增速显著下滑，由2016年的14%下滑至0.9%。

就港口铁矿石等金属矿石吞吐量来看，2017年在我国产业结构供给侧改革不断推进的背景下，钢铁行业过剩产能进一步得到化解，市场供需形势略有好转。估算2017年粗钢产量将达到8.5亿吨，同比增长超过5%。在此背景下，我国港口将完成金属矿石吞吐量20亿吨，同比增幅预计可达6.3%，高于2016年4.8%的增速。然而，就港口铁矿石吞吐量来看，虽然整个金属矿石需求旺盛，但受到我国港口进口铁矿石库存量维持高位，供大于求的矛盾依然突出等限制，港口铁矿石吞吐量仅实现了5%的增长，不及2016年6.3%的增速。从铁矿石的转运港口来看，2017年北方青岛、唐山等外贸铁矿石进口量增长乏力，同比分别微增0.4%和下滑5.2%，但在宁波舟山鼠浪湖矿石码头建成后，宁波舟山港铁矿石吞吐量增幅达到12.2%，长三角地区的转运量同比增长了9.1%，铁矿石转运枢纽出现南移现象。

2017年，国际原油市场整体呈现“V”形走势，下半年市场逆转，随着欧佩克减产以及市场需求的恢复，整体原油市场需求得到恢复。在国际油价偏低，国内库存和新建炼油厂、储运设施经营准备用油明显增加。在原油加工增长、国内产量下降的影响下，2017年外贸进口原油保持高速增长，港口年度原油外贸吞吐量达到3.9亿吨，增速达到10.6%。与此同时，近两年LNG推广应用力度不断加大，2017年天然气需求依然旺盛，液化气、天然气年吞吐量有望达到6100万吨，同比增长35.6%。

（二）加快步入自动化码头新时代

近些年，随着我国港口产能逐渐释放，港口生产增速由高速增长转变为中速稳定增长以来，港口产能与需求之间不断进行调和。近两年，港口投资建设逐渐回归理性，港口产能供给性结构过剩的矛盾略有缓和。总体来看，2017年港口投资建设热情继续回落，沿海港口投资建设投入不足600亿元，新增泊位约70个。与此同时，我国港口供给不断实现转型升级，智能化码头建设投入力度加大。

继2014年我国首个自动化码头厦门远海建设投入运营以来，2017年，青岛港和上海港自动化码头纷纷投入运营。仅技术而言，中国自动化码头已具备安全、绿色、高效等特点。首先，在安全方面，作业现场已普遍采取区域封闭、人机隔离的远程操控模式，极大程度地降低人员伤害事故的发生；在绿色方面，纯电动的机械设备足以实现零排放和零污染，可有效降低长期困扰港区的环境问题；而在效率方面，目前中国三大自动化码头的前沿设备基本都已采用双 40 英尺双小车岸桥，其中单小车具有 2 套独立的起升机构，可同时起吊 2 个 40 英尺或 4 个 20 英尺集装箱，装卸效率远高于普通岸桥。因此，从技术沿革上看，中国自动化码头在引进和借鉴国际先进港口科技基础上已发展得较为成熟，构建了全方位一体化的自动化系统。中国三大自动化码头数据对比如表 6 所示。

表 6　　　　　　　　中国三大自动化码头数据对比

<table>
<tr><th colspan="2">技术指标</th><th>厦门远海</th><th>洋山四期</th><th>青岛前湾</th></tr>
<tr><td colspan="2">岸线长度（米）</td><td>447</td><td>2350</td><td>1320</td></tr>
<tr><td colspan="2">单桥装卸效率</td><td>37～38 自然箱/小时</td><td>39～45 自然箱/小时</td><td>40 自然箱/小时</td></tr>
<tr><td colspan="2">提升比例（%）</td><td>20</td><td>30～50</td><td>30</td></tr>
<tr><td colspan="2">投资额（亿元）</td><td>6.58</td><td>128.48</td><td>70</td></tr>
<tr><td colspan="2">自动化程度</td><td>半自动化</td><td>全自动化</td><td>全自动化</td></tr>
<tr><td colspan="2">远程监控</td><td>关键部分远程监控</td><td>关键部分远程监控</td><td>关键部分远程监控</td></tr>
<tr><td rowspan="3">泊位设备</td><td>岸桥</td><td>自动化双小车 3 台</td><td>自动化双小车 18 台</td><td>自动化双小车 7 台</td></tr>
<tr><td>轨道吊</td><td>自动化轨道吊 16 台</td><td>自动化轨道吊 45 台</td><td>自动化轨道吊 38 台</td></tr>
<tr><td>水平运车</td><td>自动导航
运载车 18 台</td><td>自动导航
运载车 45 台</td><td>自动导航
运载车 38 台</td></tr>
<tr><td colspan="2">年设计能力
（万 TEU）</td><td>78～91</td><td>630</td><td>520</td></tr>
</table>

资料来源：网络信息和调研信息。

（三）省内港口资源整合遍地开花

自 2016 年，浙江省大力推进全省五港整合，组建海港委和海港集团，形成统一的海港投资平台后，企业资本运作能力、多元化经营能力得到加强，同时港口群内各港口合理分工、资源合理配置能力得到有效提升。在浙江省港口群取得良好整合成效后，2017 年 8 月交通运输部下发《关于学习借鉴浙江经验推进区域港口一体化改革的通知》，该通知要求各省级交通运输主管部门在学习浙江改革经验的同时，因地制宜、分类实施，坚持改革创新，坚持市场化导向，继续深化区域港口一体化改革试点，积极稳妥推进区域港口一体化发展。

2017 年，我国沿海省份推进港口资源整合贯穿全年。1 月，海南省政府印发《海南省港口资源整合方案》，该方案提出采用政府推动加市场决定的模式推进省内港口资源整合。5 月，江苏省整合省属港航企业以及南京、连云港、苏州、南通、镇江等沿江沿海 8 市国有港口企业资源，成立江苏省港口集团。6 月，福建省国资委无偿划转所持福建省港航建设发展公司股权给福建省交通运输集团，福建省交通运输集团成为福建省最大的公共码头经营人，并依托该集团推进港航企业的整合工作。同月，辽宁省政府与招商局集团签署《港口合作框架协议》，双方将合作建立辽宁港口统一运营平台，以大连港集团和营口港集团为基础，招商局集团主导运营，标志着辽宁省港口整合正式拉开序幕。7 月，交通运输部、天津市、河北省印发《加快推进津冀港口协同发展工作方案（2017—2020）》，共同推动津冀港口跨省级行政区域资源整合先行先试。9 月，广州市与东莞市两地政府签署了《广州港务局东莞港管理委员会港口合作发展协议》，两市首度提出双方将加快港口资源整合，推进实施穗莞港口一体化，打造广州—东莞港组合港，与此同时，广东省内也进一步推进珠三角港口群的整合。12 月，山东省提出强化陆海统筹，整合沿海港口资源，推进青岛港、渤海湾港、烟台港、日照港四大集团建设，适时组建山东港口投资控股集团公司。

从上述进程来看，省内港口资源整合已经遍及我国沿海所有省份。从整合的具体方案来看，由于各地具体情况不同，因此在具体整合模式上仍有差别，辽宁省和河北省的整合吸收了外部力量招商局的参与，江苏省的整合面临着码头资源分布分散，码头资本多元化的难题等。虽然，从目前开展整合的模式来看，主要是在市场层面以资本为纽带进行的整合，但实际上省内港口资源整合往往受到政府和市场的双重作用。虽然，各地在 2017 年都出台了具体的整合方案，但整合过程中仍然面临着众多的困难和瓶颈，整合方案的具体落地还需要在 2018 年进一步推进。与此同时，省内港口资源整合后形成的新的省级港口建设运营平台、港口管理部门，使得现行《港口法》难以满足新形势。因此，对《港口法》的修编亦变得非常迫切。

（四）港口改革持续发力

2017 年年初，交通运输部提出要继续推动港口供给侧改革，全面深化重点领域改革，除推进港口资源整合外，要加强港口在运营管理中的降本增效、简政放权改革。深化港口价格形成机制改革是推进水运供给侧结构性改革的重要举措。按照国家全面深化改革的总体部署，进一步清理规范涉企经营服务性收费、减轻企业负担。2017 年 4 月，交通运输部会同发展改革委发布《港口收费计费办法》，以进一步减少政府定价项目、优化计费方式为主要任务，以拖轮收费改革为重点，继续深化港口价格形成机制改革，进一步促进物流降本增效。新的《港口收费计费办法》将旧《办法》中政府定价收费项目由3项进一步减少为2项，将原本实行政府定价的国内客运和旅游船舶港口作业费纳入到港口作业包干费中，实行市场调节价。拖轮费也由按拖轮马力和使用时间计收，调整为按被拖船舶的大小和类型计收，统一制定了拖轮费艘次单价。从此次港口收费计费办法来看，我国港口收费价格呈现市场化、精简化、合理化的发展趋势。

11月，发展改革委会同交通运输部对部分沿海港口进行反垄断调查，进一步推动港口的市场化运作。此次调查后将重点推动我国港口在全面开放拖轮、理货和船代市场，合理调降外贸出口集装箱装卸费，取消不合理的强制港口派生服务等方面进行改革优化。

（五）港口多式联运稳步推进

从我国港口主要的集疏运方式来看，多数港口以公路集疏运为主，水路和铁路集疏运方式相对较少，尤其由于铁路的体制机制、铁路和水运接轨的标准和技术等问题，导致港口集疏运中铁路集疏运占比极低。然而，当前港口同样面临着港城矛盾的突出问题，强化河海联运、铁水联运，提升港口综合集疏运体系能力是当前我国港口需要迫切解决的问题。2017年1月，交通运输部联合十八个部门发布《关于进一步鼓励开展多式联运工作的通知》，该通知强调要加快水运物流大通道建设，推进江海直达运输，大力发展集装箱多式联运，加快推进铁路货物集装化、零散货物快运化运输等。

近两年，随着“一带一路”倡议的推进，以及国家鼓励海铁联运的发展，我国的铁水联运业务得到快速发展。2016年，我国集装箱铁水联运量增幅达到18%，2017年预计完成铁水联运量320万TEU，同比增长16.5%。可以看到近两年铁水联运增长迅速，且有巨大的发展潜力。2017年，越来越多港口加入到发展铁水联运的队伍。福建省首列冷链集装箱海铁联运专列在福州港江阴港区发车，标志着冷链集装箱海铁联运车体正式上线运营；广州口岸，进口汽车也实现了全国首次海铁联运规模化运行等。然而，目前铁水联运发展仍然面临着诸多瓶颈，交通运输部公布的70个重要港区，目前铁路进港率只有37%，“最后一公里”成为许多港口发展铁水联运的掣肘之一。因此，未来要进一步补齐设施建设短版，推动解决好“最前一公里”和“最后一公里”的问题，解决好有形设施的衔接和无形信息之间的互联互通以及业务协同。

2017年4月，交通运输部发布《关于推进特定航线江海直达运输发展的意见》，该意见提出到2020年基本形成长江和长三角地区至宁波—舟山港和上海港洋山港区江海直达运输系统。《特定航线江海通航船舶建造规范》于3月1日正式生效，替代《特定航线江海通航航舶检验指南》，新《规范》进一步完善了特定航线江海通航船舶的技术标准，使江海通航船舶更加适海、宜江、先进和经济，同时也为下步江海直达后续船型研发和开展江海通航船舶船型市场服务工作提供了技术支撑，使得发展江海直达运输最大瓶颈取得重大突破。

二、2018年港口物流发展展望

2018年是全面贯彻落实十九大精神的开局之年，也将是中国开放型经济开启高质量发展模式的奠基之年。总体来看，我国港口发展将进一步实现转型升级，港口将实现平稳生产，港口将向开放、智能、绿色化发展。

（一）港口生产增速保持稳中回落

2018年，全球经济总体向好，但由于逆全球化趋势、区域政局不稳定等因素影响，加上2017年的逆势回暖基数走高的作用，2018年全球经济将保持稳定增长但增速将略有回调。根据联合国发布的《2018年世界经济形势与展望》预测，2018年全球经济增长预计将稳定在3%左右，中国经济在强劲的个人消费和较好的出口拉动以及宽松的宏观经济政策带动下，将继续保持相对稳定的增长态势，预计增速将保持在6.8%左右。在此背景下，受经济稳定增长及2017年高基数的影响，预计我国规模以上港口完成货物吞吐量增速将保持在5%左右，内贸可能仍将是货物吞吐量增长的主要动力。受环境政策要求影响，部分货物将进一步实现散改集运输，规模以上港口集装箱吞吐量增速预计可达到6%。

2018年，煤炭行业相对落后产能仍然较多，结构性去产能任务依然艰巨，同时煤炭政策影响继续发效，继续鼓励煤炭中长期合同的签订，中长期合同比率将继续增加。从需求角度来看，2017年“补需”后，需求方面基本保持稳定。此外，2017年对天津港限制汽运煤后，预计2018年政策将全面铺开，对煤炭散运将带来一定影响。预计2018年煤炭及制品吞吐量增速将有所下滑，预计将保持在5%左右。就矿石来看，2018年全球矿山供应增速将放缓，而我国新增与淘汰产能将基本持平，高炉炼铁产量可能会有所减少，预计铁矿石吞吐量增速将维持在4%左右。2018年全国炼油能力将快速增长，加上近两年环保要求的提高，成品油需求将保持低速增长，成品油增速将保持在4%左右，原油吞吐量增速将保持在6%左右。

（二）自由贸易港建设探索取得进展

十九大报告强调，我国将进一步推进扩大开放，赋予自由贸易试验区更大改革自主权，推进探索建设自由贸易港。上海、广州、天津、青岛、厦门等多个城市也相继提出了探索建设自由贸易港。自由贸易港与自由贸易试验区最大的区别是真正实现更高标准的“一线放开、二线安全高效管住”，通过高效的口岸监管模式，提高货物、贸易、信息等的流动效率，促进跨境贸易的发展。国际贸易形态已经发生了很大变化，贸易模式也从在岸贸易、出口加工业，转向了转口贸易、离岸贸易、期货贸易。自由贸易港的建设要进一步适应新的国际贸易形态。

（三）港口资源整合将实现“跨界”

当前，我国港口群资源整合更多集中发生在省内港口的资源整合，主要在于省内主导力量相对较强，跨省整合将面临政府行政区划的障碍。然而，从下一发展阶段来看由于港口资源利用的不均衡、港口功能重复雷同等问题，跨省整合将成为主要的发展趋势。包括天津市与河北省实现更深层面的资源整合方案，浙江与上海市两地在港口领域开展更深层次的合作，粤港澳大湾区内三地如何联动合作都将成为下一阶段的重点工作。此外，除区域范围的跨界外，中远海和招商局两大全球码头运营商将加速对沿海港口布局的渗透，更多的投资参与到沿海港口及其整合工作。

（四）港口与信息技术融合发展

当前，我国港口面临着迫切的转型升级实现供给侧改革。随着信息技术的快速发展，港口与信息技术融合对港口生产运营及管理模式都将产生深刻的影响。“互联网＋港口”构成联通港航物流业的电子商务，从而再造和改造了原有港口服务模式，使港口服务模式从原有的链条式变为平台式。“互联网＋港口”的平台化一方面可以通过港口智能化系统提高信息数据的采集、传输、处理、共享、分析的速度，提高码头生产效率；另一方面可以通过构筑向外开放的公共平台，提升港口对客户的服务响应速度，实现港口产业链的互联互通。未来港口与信息技术、互联网技术的融合将成为港口重要的发展趋势。

（上海国际航运研究中心　赵楠）

2017 年国际集装箱运输市场回顾与 2018 年展望

一、2017 年全球集装箱运输市场回顾

（一）主要集装箱班轮公司及经营情况

1. 前 20 大班轮公司运力排名变化

据 Alphaliner（一家法国的航运咨询网站）公布的 2017 年 12 月运力数据显示，全球前 20 大班轮公司中，排名前三的仍是马士基航运、地中海航运、达飞轮船，三家公司全球运力份额达到了 45.5%，一些中小型公司，如安通控股、海丰国际、中谷海运，首次跻身全球班轮公司排名前 20。

2. 班轮行业整体经营情况

2017 年班轮行业盈利水平整体较 2016 年大幅改善，如图 1 所示。全球前 20 大班轮公司中，除阳明海运前两季度连续亏损外，其余班轮公司从第二季度开始均有不同程度盈利，其中达飞轮船业绩显著，前三季度共计盈利 6.28 亿美元。（如图 1 所示）

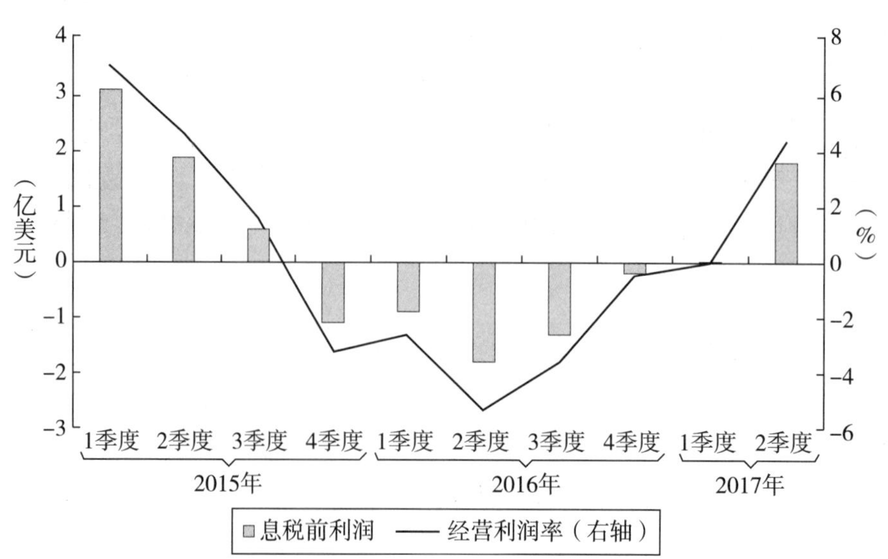

图 1　2015—2017 年分季度主要班轮公司整体经营情况

资料来源：德鲁里，上海国际航运研究中心整理。

表 1　2010—2017 年前 3 季度主要班轮公司营运利润　单位：百万美元

航运公司	2010 年	2011 年	2012 年	2013 年	2014 年	2015 年	2016 年	2010—2016 年总计	2017 年前 3 季度
马士基	2820	-482	525	1571	2504	1431	-376	7993	493
达飞轮船	—	—	—	708	956	894	-452	2106	629
东方海外	923	-118	229	57	230	276	-274	1323	—
万海船务	343	-12	98	75	171	122	38	835	66
赫伯罗特	779	131	34	92	-509	407	-115	819	6
长荣海运	436	-169	-37	-25	120	-117	-221	-13	229
川崎汽船	350	-465	64	-1	160	-15	—	93	—
日本邮船	402	-519	-24	-7	39	37	—	-72	—
阳明海运	528	-363	-65	-293	88	-197	-499	-801	-3
现代商船	580	-323	-226	-161	-215	-216	—	-561	—
中远海运集运	1211	-1433	-343	-562	152	-221	-1506	-2702	415
以星航运	115	-259	-206	-161	-12	118	-168	-573	28
美国总统轮船	492	-424	-250	-234	-139	-98	-1196	-1849	—
商船三井	471	-361	-109	-1410	-204	-180	—	-1793	—
合计	9450	-4797	-310	-351	3341	2241	-4769	4805	1863

资料来源：徐剑华《主要班轮公司 2015 年成绩单和七年累计成绩单》、Alphaliner，上海国际航运研究中心整理。

（二）2017 年全球集装箱班轮运输市场海运量回顾

全球集装箱海运量实现较快增长。由于 2017 年全球经济温和复苏，发达国家经济形势有所好转，欧洲经济景气指数持续上升，全球贸易增长步伐也随之加快。2017 年全球集装箱海运量达 1.91 亿 TEU，同比增长 5.12%，实现较快增长（2016 年增幅仅 3.77%）。（如图 2 所示）

各航线海运量均保持较高增速，南北航线海运量增速提升。亚欧航线在经历了 2015 年的负增长后，于 2016 年重现正增长，并在 2017 年实现了可观增速 4.50%；太平洋航线海运量则保持 5.49% 的高增速，与 2016 年同期增速基本持平。南北航线运输需求较 2016 年明显回升，海运量同比增长 3.91%，增速较 2016 年增加高达 3.25 个百分点。区域内航线运量增长率高达 6.23%，成为运量增幅最大的区域。（如图 3 所示）

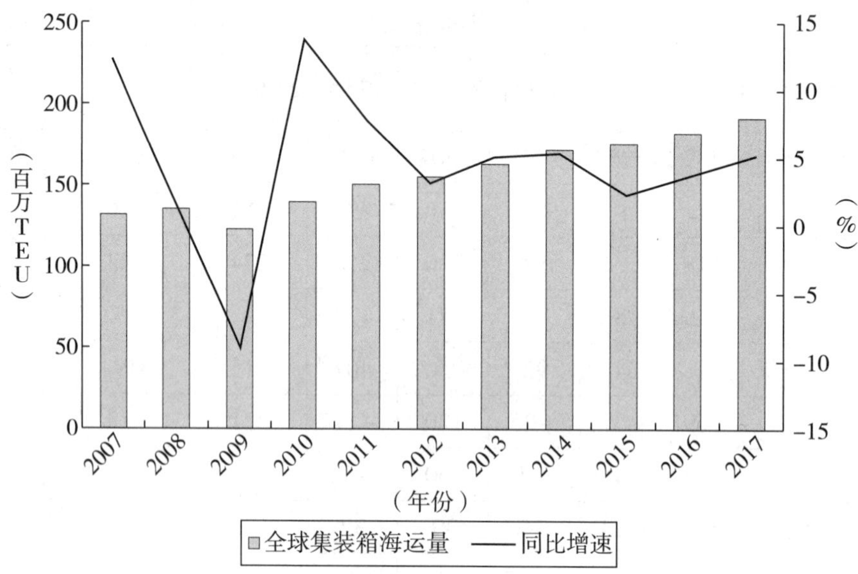

图 2　2007—2017 年全球集装箱海运量

资料来源：克拉克森，上海国际航运研究中心整理。

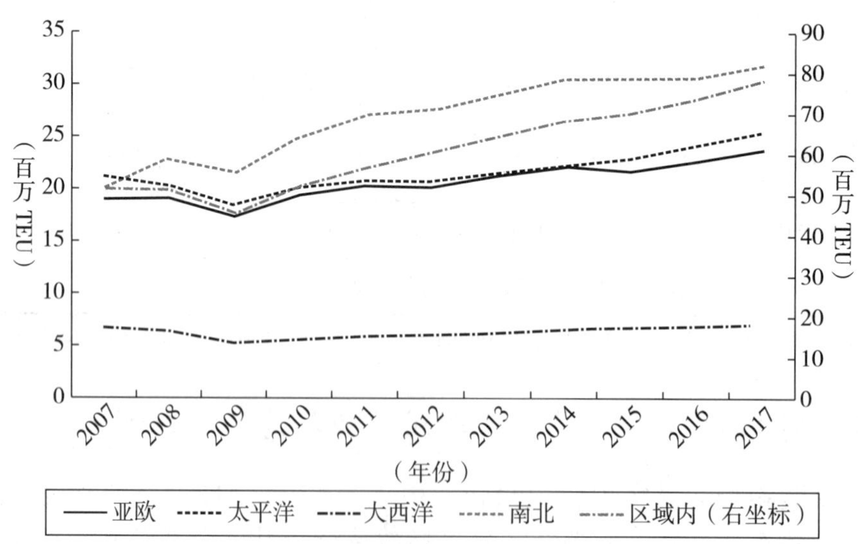

图 3　2007—2017 年分航线集装箱海运量

资料来源：克拉克森，上海国际航运研究中心整理。

（三）2017 年全球集装箱班轮运输市场运力回顾

运力增速保持较低水平，单船平均规模持续增长。2017 年全球集装箱船运力增长保持较低水平，供需平衡较 2016 年有所改善。2017 年全球集装箱船总运力为 2059. 1 万 TEU，突破 2000 万 TEU 大关，增幅为 3. 01%，相比 2016 年的增速 1. 25% 小幅上升，如图 4 所示。但由于 2017 年市场基本面向好，供需平衡水平较2016年仍有所改善，2017年供需平衡指数为84.5，同比小幅上升2.55%。2017年集装箱船舶总量由2016年的5193艘降至5156艘，集装箱船队平均单船大小略增100TEU至3942TEU，较2016年增加2.47%。（如图5所示）

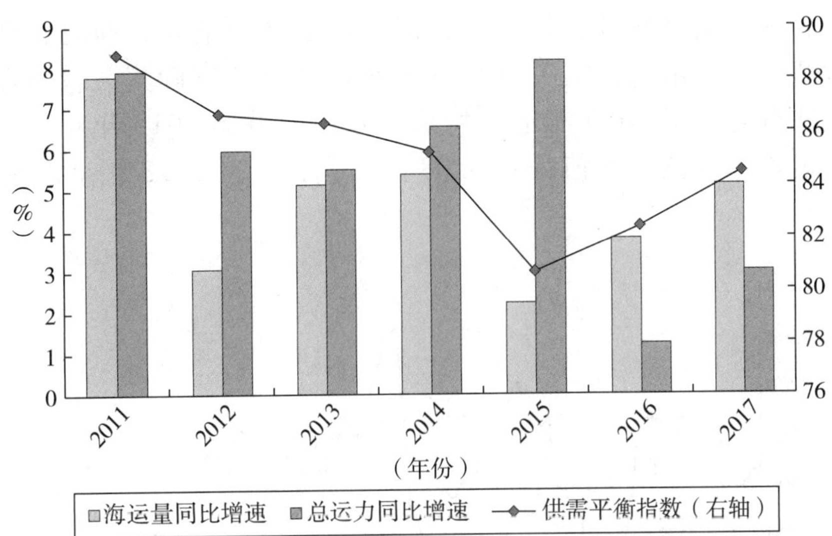

图4　2011—2017年全球集装箱市场总运力（按船型分布）

资料来源：克拉克森，上海国际航运研究中心整理。

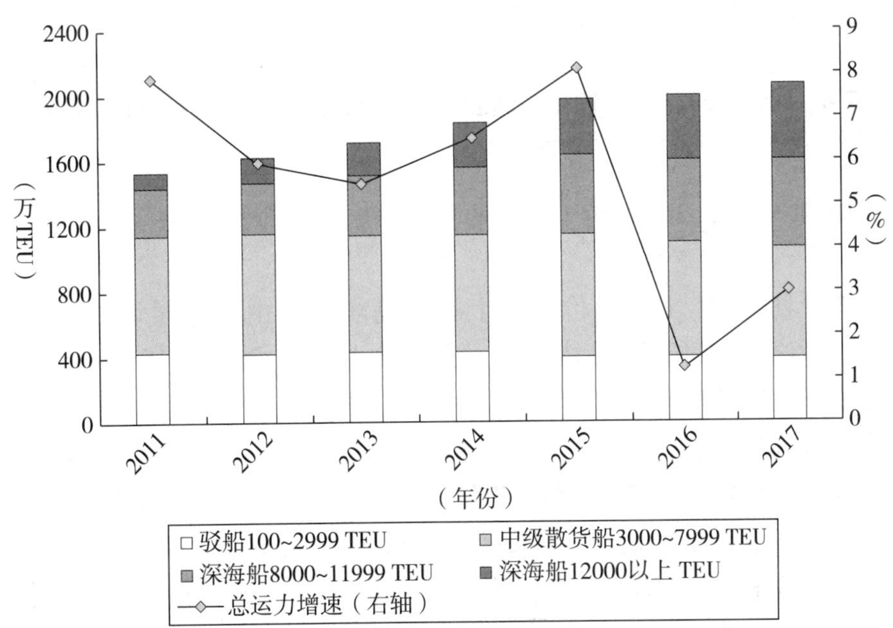

图5　2011—2017年全球集装箱市场供需平衡指数

资料来源：克拉克森，上海国际航运研究中心整理。

（四）2017 年全球集装箱班轮运输市场运价回顾

从长周期来看，国际集装箱市场运价呈现触底反弹

国际集装箱班轮运输市场运价在 2016 年跌至历史低位，由于全球经济复苏趋稳、国际贸易回升，带动集运市场需求平稳增长，同时新增运力入市步伐持续放缓，市场供需关系有所改善，2017 年国际集装箱市场运价触底反弹，并保持高于 2016 年运价均值的水平。截至 2017 年年底，中国出口集装箱运价综合指数均值为 820. 08 点，同比上升 15. 3%（如图 6、图 7 所示）。

图 6　2007—2017 年中国出口集装箱年均运价综合指数（CCFI）走势

资料来源：上海航运交易所，上海国际航运研究中心整理。

从短周期来看，2017 年 CCFI 两涨两跌，运价呈“M”走势，如图 8 所示。

受涨价计划影响，1 月运价大幅上扬；高峰过后由于货量增长不足，行情冲高回落，运价从 2 月开始直线下滑，并于 3 月底跌至 778. 15 点的低位水平；此后，市场船舶舱位利用率快速回升，多条航线运价走出一波上升行情；三季度进入传统运输旺季，市场货量表现良好，运价仍保持上升态势，但受班轮公司提高对市场预期影响，运力增长略有加快，各主要航线竞争程度有所加剧，市场运价受累下滑，全年运价指数最低位 763. 14 点出现在 2017 年年末。截至 2017 年 12 月 29 日，中国出口集装箱运价综合指数为 770. 64 点，上海出口集装箱运价综合指数为 824. 18 点。

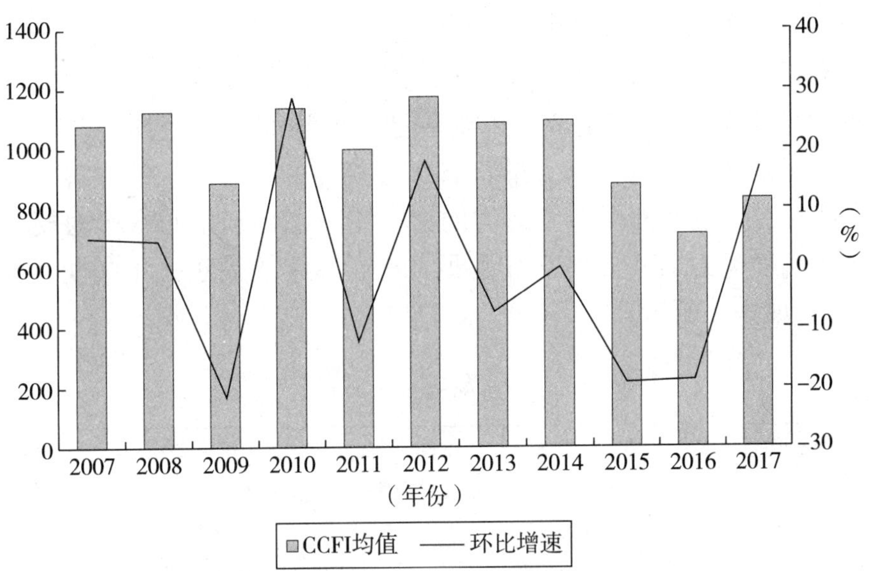

图 7　2007—2017 年集装箱市场年均运价走势

资料来源：上海航运交易所，上海国际航运研究中心整理。

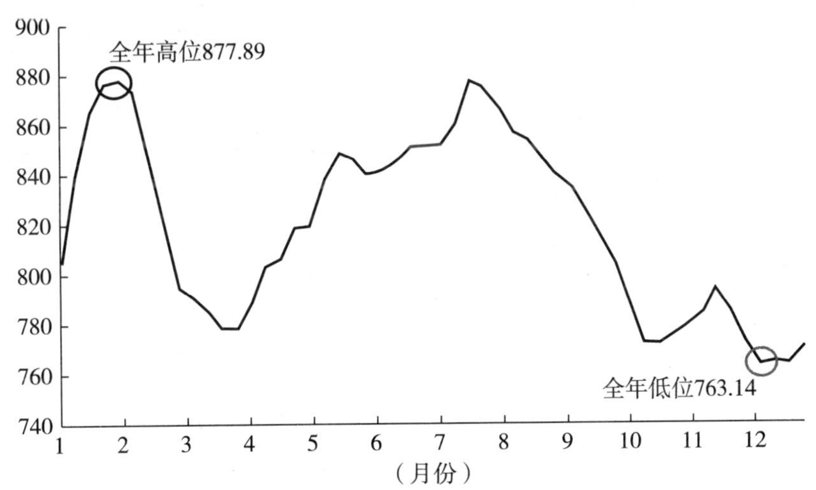

图 8　2017 年中国出口集装箱运价综合指数走势

资料来源：上海航运交易所，上海国际航运研究中心整理。

二、市场发展变化及趋势分析

（一）分航线运价全线大涨，南美航线运价保持高位

2017 年由于市场行情向好，分航线运价全线大涨。其中，南美航线受目的地主要经济体巴西经济复苏带动，供需基本面延续 2016 年年底良好态势，运价保持高位，SCFI（集装箱运价指数体系）均值高达 2656. 13 美元/TEU；中

国“一带一路”倡议惠及亚洲区域内各大产业链，沿线国家和地区企业投资与居民收入不断增长，消费需求不断上升，推动亚洲区域内航线运输需求增势迅猛，中国台湾（高雄）、东南亚、中国香港等近洋航线运价均止跌上涨，其中东南亚航线涨幅高达111.64%；非洲各大经济体的经济情况的改善，带动非洲市场需求回暖，加之非洲航线上运力的大幅缩减，特别是原本运力规模较大的南非与西非航线运力缩减，2017年各期的运价水平均高于去年同期，涨幅领跑其他航线。（如表2所示）

表2　　分航线即期市场运价

年份	中国—欧洲（基本港）（$/TEU）		中国—地中海（基本港）（$/TEU）		中国—美西（基本港）（$/TEU）		中国—美东（基本港）（$/TEU）		中国台湾（高雄）（$/TEU）	
	运价	同比增幅	运价	同比增幅	运价	同比增幅	运价	同比增幅	运价	同比增幅
2016	705.33	13.34%	698.84	-3.87%	1274.39	-15.22%	2096.24	-34.08%	153.41	-21.03%
2017	879.50	24.69%	828.13	18.50%	1497.27	17.49%	2478.35	18.23%	155.68	1.48%
年份	中国—东南亚（新加坡）（$/TEU）		日本关西（基本港）（$/TEU）		日本关东（基本港）（$/TEU）		香港（香港）（$/TEU）		韩国（釜山）（$/TEU）	
	运价	同比增幅	运价	同比增幅	运价	同比增幅	运价	同比增幅	运价	同比增幅
2016	69.98	-63.28%	186.65	57.43%	185.27	29.38%	57.00	-1.96%	103.35	-35.46%
2017	148.10	111.64%	214.67	15.01%	215.02	16.06%	61.27	7.49%	139.71	35.18%
年份	南美（桑托斯）（$/TEU）		澳新（墨尔本）（$/TEU）		南非（德班）（$/TEU）		西非（拉各斯）（$/TEU）		波斯湾（迪拜）（$/TEU）	
	运价	同比增幅	运价	同比增幅	运价	同比增幅	运价	同比增幅	运价	同比增幅
2016	1651.90	265.32%	528.43	7.79%	580.39	-17.77%	1190.63	-18.46%	405.33	-22.35%
2017	2675	60.79%	646.92	22.42%	1153.85	98.81%	1802.54	51.39%	634.77	56.60%

资料来源：上海航运交易所，上海国际航运研究中心整理。

（二）集运三大联盟正式运作，主干航线船舶大型化加剧

2017年4月1日，国际主要班轮巨头组成的三大航运联盟正式运营，更多的超大型集装箱船被投入到主干航线，主干航线船舶大型化趋势加剧。集装箱船舶大型化在亚欧航线表现尤为明显，亚欧航线10000～13300TEU集装箱船由2016年的25.62%降至2017年的15.78%，取而代之的是13300TEU以上的集装箱船的进一步增加，占比高达71.63%，其中18000TEU以上的集装箱船共投入63艘，运力共计121.7万TEU，占比27.41%。太平洋航线船型大小增长

相对较小，但船舶大型化趋势依旧。2017 年太平洋航线 13300TEU 以上的集装箱船舶实现了零的突破，共投入 4 艘，总计 55474TEU，占比 1.62%，10000～13300TEU 型集装箱船占比也由 2016 年的 19.01% 增至 2017 年的 24.53%。由于三大联盟加大对主干航线的运力投放，亚欧和泛太平洋地区的有效运能均有所增加。其中，亚欧航线有效运能同比增加 2.96%，泛太平洋航线有效运能同比增加 5.85%。（如图 9 所示）

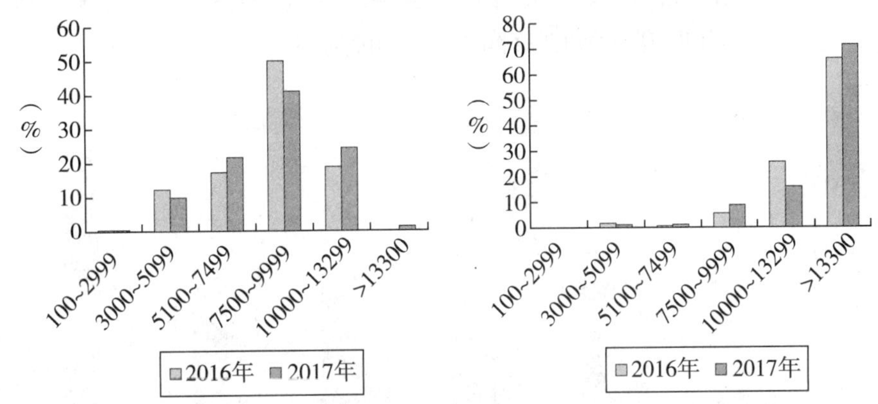

图 9　2016 及 2017 年太平洋航线（左）/亚欧航线（右）船型结构（按运力）

资料来源：Alphaliner，上海国际航运研究中心整理。

（三）世界贸易格局深度调整，国际贸易前景面临诸多不确定性

受发达国家与新兴经济体相对成本结构变化、智能制造技术快速发展、市场需求趋于个性化多样化等因素影响，全球产业布局将面临复杂调整，产业转移对贸易投资的促进作用短期内难以完全恢复。在经济增速没有大幅提高的背景下，国际贸易投资难以持续保持快速发展态势。

一方面，一些国家除继续使用传统的"本国优先"、提高壁垒、滥用国际规则等保护手段外，开始转向对其他国家边境后措施的监督，以及重新制定更加符合自身利益的经贸规则。如美国退出跨太平洋伙伴关系协定（TPP）、与加拿大和墨西哥重谈北美自由贸易协定（NAFTA）、与韩国修改贸易协定等，都给全球贸易环境带来新的不确定性；另一方面，中国持续推进"一带一路"倡议，在与东盟国家签订大量自由贸易协定的基础上，进一步提升贸易交流，促进 RCEP（区域全面经济伙伴关系）的形成。日本牵头继续推进 TPP（跨太平洋伙伴关系协定），11 个余下的 TPP 签约国宣布 CPTPP（全面与进步跨太平洋伙伴关系协定）框架。在新的贸易协定下，服务贸易、金融、投资开放力度较高，将进一步促进 11 国间贸易交流水平。

（四）2018 年万箱大船集中交付，航线运力结构深度调整

2018 年 1 万 TEU 以上型船共计交付 89 艘，其中 1.8 万 TEU 以上型船 33 艘，共计 68.0 万 TEU，同比增长约 66.3%，大型船舶的交付压力进一步加大。1.8 万 TEU 以上型船将全部投放至亚欧航线，亚欧航线将朝着高寡占型发展，远东至北美航线将朝着低寡占型发展，或将导致主干航线率先完成市场出清，如图 10 所示。万箱大船的大量交付将引发新一轮的梯级置换效应，航线运力结构再次调整，或将加剧区域内及南北航线的竞争。

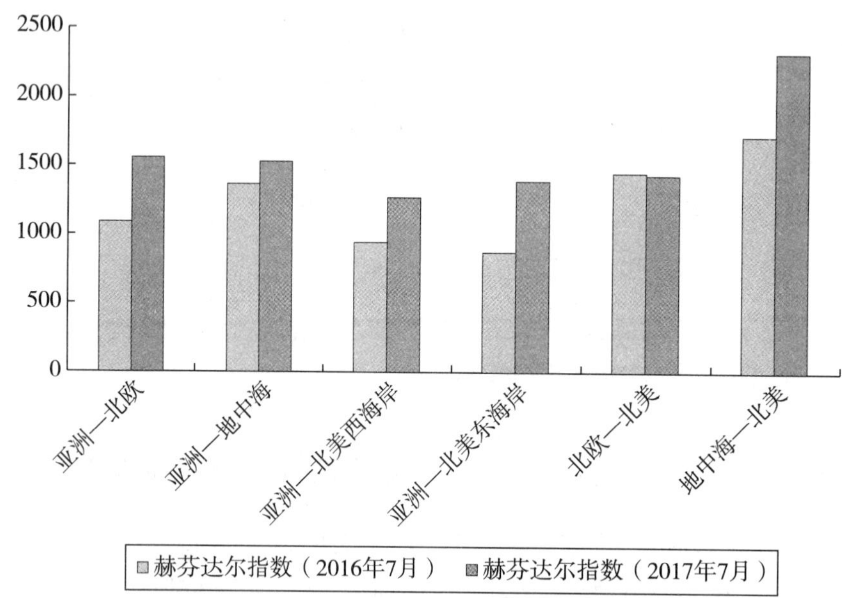

图 10　2017 年与 2016 年分航线市场集中度对比

资料来源：Drewry，上海国际航运研究中心整理。

（五）港航联动趋势加强，携手共度行业低谷

在全球经济复苏乏力、低速增长的大背景下，航运市场进入新一轮调整发展时期。由于航运企业投资经营码头在产业链上属于纵向一体化及上下游关系，投资码头资产可以密切与港口的合作关系，有利于完善整个物流产业链，平抑周期性波动的风险。以中国远洋海运为例，以自身的航运业务作依托，一方面利用有利时机大力完善全球码头布局，另一方面参股上海港集团，以资本为纽带，通过资源、经验共享，形成更加安全、便捷、高效的物流路径，以适应集装箱船舶大型化、班轮公司联盟化发展的大趋势。由于未来航线网络调整和市场贸易流程还存在很多不确定性，加之近年货源市场波动频繁增加了码头投资的风险，因此未来通过参股专业码头运营商等方式加强与港

口之间的合作或将成为新的趋势，如图 3 所示。班轮公司不仅可以确保自己船舶的优先作业、享受比较低的费用，还能参与港口企业分红，改善经营业绩。

表 3　　　　航企背景码头运营商一览表

航运企业	运力（万 TEU）	市场份额（%）	对应码头运营商	权益吞吐量（百万 TEU）	市场份额（%）
2M 联盟	703.0	32.7		57.0	8.3
马士基	354.7	16.5	AP 穆勒码头	35.9	5.2
地中海航运	313.1	14.6	码头投资集团（TIL）	18.4	2.7
现代商船	35.2	1.6	现代商船	2.7	0.4
OCEAN Alliance	606.3	28.2		46.5	6.8
中远海运	181.8	8.5	中远海运港口	29.4	4.3
长荣海运	107.0	5.0	长荣海运	7.5	1.1
达飞轮船	250.3	11.6	美国总统轮船	3.7	0.5
			CMA CGM	2.6	0.4
东方海外（OOCL）	67.2	3.1	东方海外（OOCL）	3.3	0.5
THE Alliance	202.9	9.5		10.0	1.3
日本邮船（NYK）	53.8	2.5	日本邮船（NYK）	3.0	0.4
阳明海运	58.0	2.7	阳明海运	2.4	0.3
商船三井（MOL）	56.9	2.7	商船三井（MOL）	2.4	0.3
川崎汽船（K Line）	34.2	1.6	川崎汽船（K Line）	2.2	0.3
韩进海运	—	—	韩进海运	6.3	0.9
合计	1512.2	70.4	合计	119.8	17.3

注：权益吞吐量为 2015 年度数据。

资料来源：Aphaliner，各公司年报，上海国际航运研究中心整理。

（六）行业创新力度加强，数字化技术应用不断升温

为应对航运市场的持续低迷，班轮公司悄然开始了变革之路。班轮公司与电商合作开展互联网订舱的趋势持续升温。一方面，阿里巴巴携手多家航运公司，为阿里巴巴提供全球不同区域的集装箱服务；另一方面，马士基航运在中国推出自有的在线平台，可以实现询价、船期查询、装运操作和文件处理等功能。通过这次试点，马士基航运旨在为客户提供更好的数字解决方案，并解决行业面临的临时取消订舱的痛点。与此同时，马士基航运、日本 ONE、太平洋

船务、现代商船等班轮公司纷纷开始尝试区块链在航运中的应用，希望通过此项技术创新商业模式，从而达到简化程序、节约成本的目的。

三、2018 年国际集装箱运输市场发展展望

（一）国际集装箱运输市场海运量发展展望

2018 年世界经济持续复苏仍是支撑贸易复苏的重要条件，但 2017 年全球贸易增长的高基数将对 2018 年增速造成压力，主要发达经济体收紧货币政策，且保护主义、地缘政治风险也会对贸易增长产生影响。WTO（世界贸易组织）预计 2018 年全球货物贸易量增长 3.2%，略低于 2017 年。

2018 年主干航线海运量增速或有所减缓，但亚洲区域内航线及南北航线的海运量增速将进一步回升。克拉克森预测 2018 年全球集装箱海运量增速为 5.3%，达到 2.01 亿 TEU。（如表 4 所示）

表 4　　主要航线集装箱海运量增长预测

年份	泛太平洋航线		亚欧航线		大西洋航线		区域内航线		南北航线	
	海运量（百万TEU）	增幅（%）	海运量（百万TEU）	增幅（%）	海运量（百万TEU）	增幅（%）	海运量（百万TEU）	增幅（%）	海运量（百万TEU）	增幅（%）
2017	25.4	5.3	23.7	4.9	7.3	5.7	78.2	6.1	32.1	4.4
2018E	26.5	4.3	24.6	3.8	7.6	4.1	83.1	6.3	33.6	4.7

资料来源：克拉克森（Clarksons）。

（二）国际集装箱运输市场运力发展展望

截至 2017 年 11 月，全球全集装箱船总订单量为 342 艘、277.6 万 TEU，约占现有船队规模的 13.5%，同比减少约 3.1 个百分点。从交付期来看，2018 年计划交付的运力约为 170.5 万 TEU，其中，1.8 万 TEU 以上型船计划交付量约为 68.0 万 TEU，同比增长约 66.3%，大型船舶的交付压力进一步加大。如果上述运力全部如期交付，且不考虑船舶拆解量和推迟交付现象，预计 2018 年运力将达 2238.5 万 TEU，同比增长 8.2%。由于近年来船东及船舶经营人不断加大老旧船舶的拆解力度，老旧船舶存量已大幅减少，预计 2018 年的船舶拆解力度可能弱于 2017 年。此外，考虑到近几年推迟交付的新船积压较为严重，预计 2018 年船舶推迟交付力度或将减缓。综合来看，预计 2018 年集装箱船队总运力为 2226.0 万 TEU，增幅达到 5.4%。（如表 5 所示）

表 5　　全球集装箱运力预测

年份	运力规模（万 TEU）	同比增长（%）
2014	1826. 3	6. 5
2015	1974. 4	8. 1
2016	1998. 5	1. 2
2017	2068. 0	3. 5
2018（不考虑拆解和延迟交付）	2238. 5	8. 2
2018（考虑拆解和延迟交付）	2226. 0	5. 4

资料来源：克拉克森，上海国际航运研究中心整理。

（三）国际集装箱运输市场运价发展展望

截至 2017 年 12 月，中国出口集装箱运价综合指数年均 820. 08 点。预计 2018 年国际集装箱班轮运输市场仍处于恢复调整阶段，运价水平将维持 2017 年平均水平或稍有提升，预计 CCFI 全年均值将在 800 ~ 900 点。

从运力供给来看，2017 年集装箱市场运力供给过剩的情况加剧，延迟交付的运力将在 2018 年集中释放，闲置运力规模或重回高位。2018 年 1 万 TEU 以上型船共计交付 89 艘，其中 1. 8 万 TEU 以上型船共计 33 艘，这些运力将投放至亚欧航线，或将导致亚欧航线率先完成市场出清。万箱大船的大量交付将引发新一轮的梯级置换效应，航线运力结构再次调整，或将加剧区域内及南北航线的竞争。

从需求端看，2018 年全球经济增速有望加快。在经济和贸易加速增长的背景下，全球集装箱运输需求的增幅将呈扩大态势。美国税改法案通过，或将促进美国经济复苏，由此将带来美国进口需求增长，进一步带动美线运量提升。中国“一带一路”倡议的不断深入推进，亚洲区域“一体化”进程迅速加快，支撑亚洲区域内航线运输需求保持较快增长势头。同时，随着国际大宗商品市场需求与价格的逐步回升，巴西、非洲、澳大利亚等主要资源出口国和地区经济同步反弹，带动当地居民消费需求稳步提升，南北航线海运量增长平稳。

从市场竞争情况来看，2018 年集运行业在现有并购（中远海控并购东方海外及日本 ONE 组建完成）完成之后将进入寡占型市场结构。随着万箱大船交付，亚欧航线将朝着高寡占型发展，远东至北美航线将朝着低寡占型发展，行业结构继续优化。韩进破产事件为行业敲响警钟，班轮公司或将不再选择“运价战”的竞争手段，转而加大在协调运力、共享船舶和航线网点以及信息化运用等方面的力度，以此降低航线经营成本。

（上海国际航运研究中心　郑静文）

2017年国内集装箱运输市场回顾与2018年展望

2017年国内集装箱运输价格波动剧烈，集装箱运价指数暴涨暴跌，并于第四季度创下2015年来的历史新高，经营国内集装箱运输的航运企业盈利颇丰。根据上海国际航运研究中心发布的中国国内集装箱运输市场景气指数显示，2017年国内集装箱运输企业的“盈利情况”景气指数均处在较为景气区间。季节性因素以及环保等政策性因素影响是2017年运价创新高的最主要因素。预计2018年国内集装箱运输市场运量上涨的同时运力也将快速增长，运价持续上涨或将面临巨大压力。

一、2017年国内集装箱运输市场回顾

（一）2017年国内集装箱运输市场运价再创新高，集运企业获利颇丰

（1）2017年中国国内集装箱运输市场运价暴跌暴涨。2017年，由于受到“9·21”治超的持续影响，国内集装箱综合运价指数于一季度小幅上涨，达到1500点；然而进入第二季度，由于大量运力的投入导致市场竞争激烈，运价快速回落，跌至2015年来的最低点830点；至下半年，由于受到煤炭运价的影响，船舶交易价格上升，并且国内粮食运量的上涨也带动了市场运价的持续上涨，内贸集装箱运价于12月初再次创下2015年来的历史最高水平，达到1773点，总体呈“V”形增长趋势。东北指数较华北、华南指数涨势较快，市场运价水平相对较高，最高点达到1927点，体现出市场价格的上涨是受到北方煤炭以及粮食运输的影响。（如图1所示）

（2）2017年国内各大集运企业盈利颇丰。从国内几大集装箱运输企业发布的2017年前三季度业绩来看，虽然市场运价波动较大，但是较高的整体运价水平以及强劲的市场需求，使得部分公司获得较大利润。以中远海运、安通海运为例，2017年前三季度，中远海运扭亏为盈，实现归属于上市公司股东的净利润27亿元，增长129.28%；安通海运2017年前三季度实现归属于上市公司股东的净利润为3.66亿元，同比增长41.41%，内贸集装箱运输企业经营状况逐渐好转。由于2017年四季度市场运价创下新高，市场运量较大，估计内

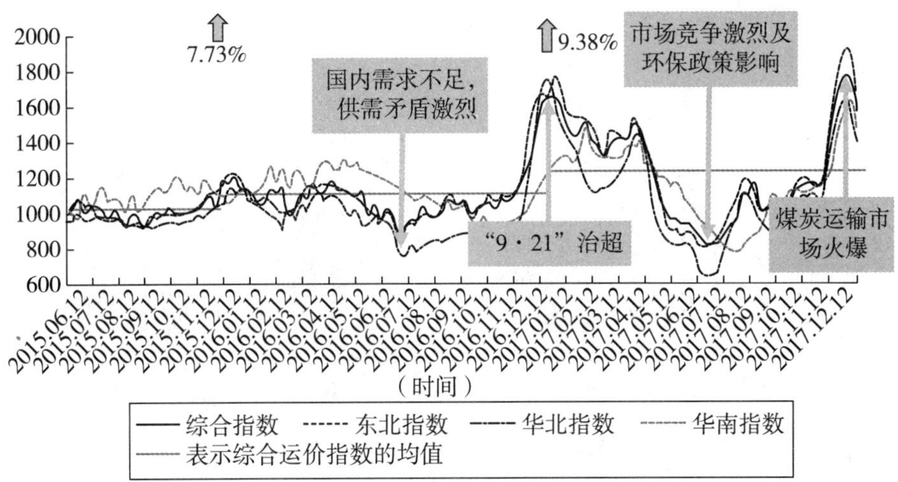

图 1 2015—2017 年中国国内集装箱运价指数走势

注：泛亚内贸集装箱运价指数以 2015 年第 23 周（2015 年 5 月 30 日—6 月 5 日）为基期，基点为 1000。

资料来源：泛亚电商，上海国际航运研究中心整理。

贸集装箱运输企业 2017 年盈利颇丰。（如图 2 所示）

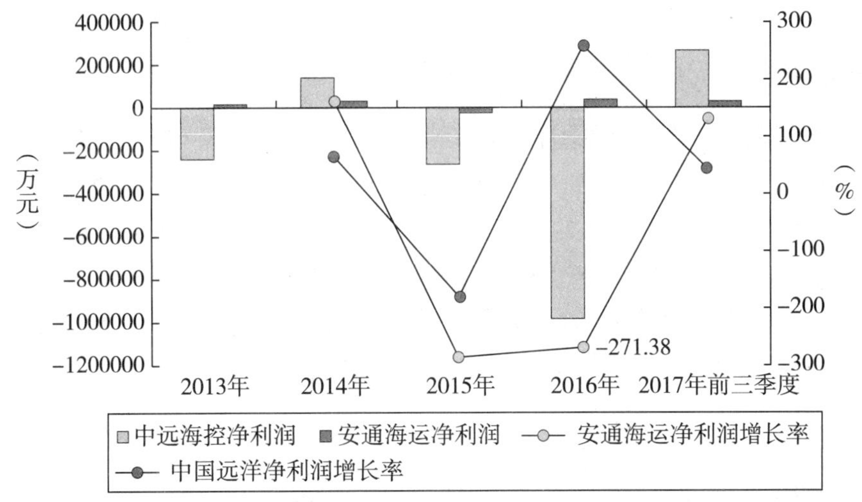

图 2 2013—2017 年前三季度中国国内集装箱班轮企业盈利情况

资料来源：各大企业 2017 年前三季度报告，上海国际航运研究中心整理。

（3）2017 年中国国内集装箱运输企业盈利景气情况总体较好。2017 年，中国经营国内航线的集运企业和内外兼营型集运企业的盈利情况景气指数值大多处于景气分界线（100 点）左右，并于下半年高于景气分界线；内外兼营型集运企业盈利情况好于经营国内航行的集运企业。2017 年中国国内集装箱运输企业盈利景气状况总体较好。2014—2017 年上半年中国国内集装箱运输企业各季度盈利情况景气值及增长率如图 3 所示。

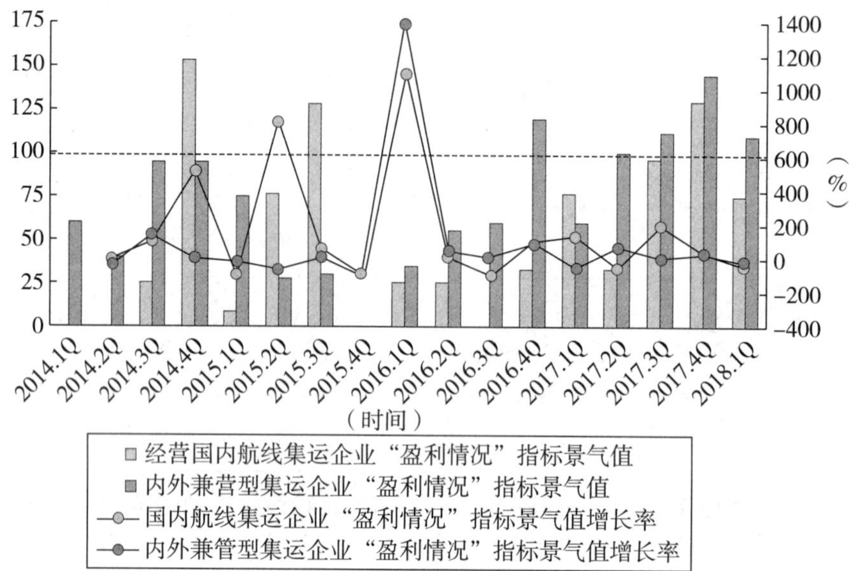

图3　2014—2017 年一季度中国国内集装箱运输企业各季度盈利情况景气值及增长率

注：景气指数以100 为临界点，大于100 即称为景气，表示处于增长、繁荣的景气状态，小于100 即称为不景气，表示处于下降、萧条的不景气状态，指数越高，景气状态越好。

（二）国内集装箱运输市场需求情况

（1）2017 年1—10 月中国内贸集装箱运量上涨约 8.66%，内支线集装箱运量上涨约 9.2%。2017 年 1—10 月，中国国内集装箱总运量约为 4765.15 万 TEU，较 2016 年同期上涨 8.77%，增速自 2014 年来达到最快。其中，内贸集装箱运量合计约为 3776.70 万 TEU，较去年同期上涨约 8.66%，增速上涨 1.5 个百分点；外贸内支线集装箱运量合计约为 988.45 万 TEU，较去年同期上涨约 9.2%，增速上涨 4.5 个百分点。（如图 4 所示）

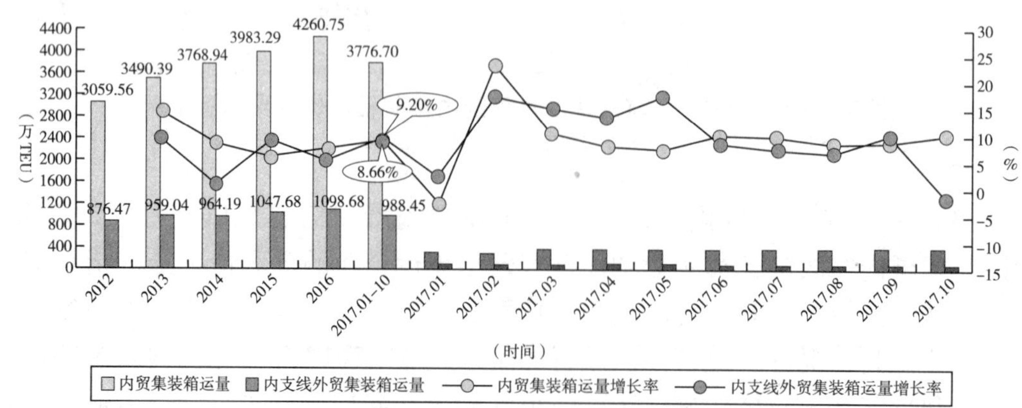

图4　2012—2017 年 10 月中国国内集装箱运量及增长率

资料来源：交通运输部综合规划司，上海国际航运研究中心整理。

（2）2017 年 1—10 月华南出港航线内贸集装箱运量涨幅较大，南宁港涨幅达 700%。2017 年 1—10 月，内贸运量占全国 39. 72% 的北方出港航线内贸集运量为 1192. 86 万 TEU，较去年同期下降 1. 76%，市场份额下降 3. 5 个百分点；而华南出港航线内贸集运量为 759. 30 万 TEU，同比上涨 17. 61%；华东、长江、珠江出港航线集运量分别为 636. 40 万 TEU、297. 38 万 TEU 和 117. 12 万 TEU，同比上涨 14. 74%、6. 42%% 和 15. 89%%。与 2016 年相比，2017 年 1 ~ 10月份内贸集装箱运量增幅和降幅最大的港口分别是南宁港（增幅约 700%）和青岛港（降幅约 23. 55%）。

（3）2017 年 1—10 月珠江出港航线内支线运量增长迅猛，佛山港实现飞跃。2017 年 1—10 月珠江出港航线内支线集运量为 28. 23 万 TEU，较去年同期上涨 227. 11%，增速较快；华东和长江出港航线内支线集运量分别为 337. 31 万 TEU 和 228. 48 万 TEU，同比上涨 8. 60% 和 12. 13%；北方出港航线出港运量 89. 22 万 TEU，下降 2. 25%，实现三连跌；华南出港航线出港运量 168. 41 万 TEU，自 2012 年来首次下跌 4. 64%。与 2016 年相比，2017 年 1—10 月内贸集装箱运量降幅最大的港口是锦州，下降约 50%；佛山港实现飞跃，运量达 19. 23 万 TEU。

（三）国内集装箱运输市场运力情况

（1）2017 年国内 700TEU 以上省际沿海集装箱船箱位增长约 9. 0%。2017 年，700TEU 以上省际沿海集装箱船国内沿海省际运输集装箱船预计达到 63. 46 万 TEU，比 2016 年年底增加 5. 24 万 TEU，载箱量增幅预计为 9. 0%，如图 5 所示。据中国船舶名录统计数据显示，截至 2017 年，运力排名前三的中国大陆班轮公司：上海泛亚、泉州安盛船务、中谷海运国内集运市场份额分别为 45%、19% 和 15%，集装箱运力总运力达到 529643TEU，如表 1 所示。

表 1　　中国国内主要内贸集装箱班轮公司运力情况（不完全统计）

内贸集装箱企业	新泛亚	中谷	安通
市场份额（%）	45	19	15
运力规模	302970	109177	117496
运力结构	4000 ~ 5000TEU	2500TEU 为主	2500TEU 为主

资料来源：企业调研数据，上海国际航运研究中心整理。

（2）集装箱船舶交付量有所增加。据不完全统计，2017 年内贸集装箱船舶交付量合计 97188TEU，其中中谷海运、泉州安盛新交付船舶较多。

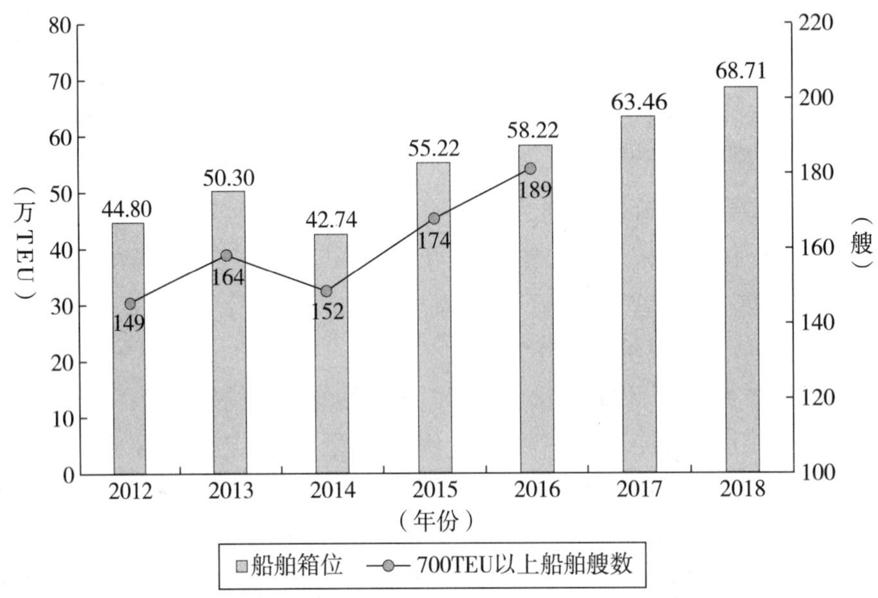

图5　2012—2017 年中国内贸集装箱市场运力情况

注：2017 年为估算值，2018 年为预测值。

资料来源：交通运输部，克拉克森，上海国际航运研究中心整理。

（3）大量集装箱船舶提前退出市场。据交通运输部统计，2017 年上半年共有 21 艘、6.24 万 TEU 集装箱船舶提前退出市场，较 2016 年全年退出数增加 11 艘，4.5 万 TEU。

（4）新船订单量有所下降。据不完全统计，2017 年内贸集装箱船舶新船订单 26 艘，54824TEU，较 2016 年下降 35892TEU。（如表 2 所示）

表2　　2017 年内贸集装箱船舶订单情况（不完全统计）

船东名称	数量（艘）	箱位（TEU）	载重吨（DWT）
黄石安源	3	4200	52500
中外运	2	2280	30000
中谷海运	14	31544	303450
泉州安盛	7	16800	246729
总计	26	54824	632679

资料来源：企业调研数据，克拉克森，上海国际航运研究中心整理。

二、2018 年国内集装箱运输市场展望

（一）预计 2018 年国内集装箱运输需求将保持约 8.6% 的增速

预计 2018 年中国国内集装箱运输需求或将保持 8.6% 左右的增长率，运量

将突破6000万TEU。其中，内贸集装箱运量较2017年或将保持8.06%左右的增长率；内支线集装箱运量较2017年或将保持9.5%左右的增长率。

负面因素：

（1）汽运煤禁止政策将不断扩散，煤炭货运量将受冲击；

（2）中央改革住房制度，上下游产业链或出现滞涨甚至下滑，由此将波及建材、陶瓷类等行业内贸市场货量。

正面因素：

（1）中国经济在稳中求进、进中向好，国内外市场需求依然强劲；

（2）2017年供给侧改革大规模去产能，在市场价格的驱动下生产商将逐步恢复产能；

（3）国内海铁联运发展环境进入黄金期，特别是在东北、华北海铁联运相对成熟市场将迎来内贸海铁联运货量高峰期；

（4）在环保政策的影响下，大宗散货不断向集装箱运输转变，集装箱货物适箱率在不断提高；

（5）基础设施以及信息平台不断完善，支撑内贸货物运输。

（二）预计2018年内贸集装箱船运力将保持9%的增速

在全球经济逐渐复苏、国内经济稳定增长、内贸集装箱运价大幅回升、船舶市场造价相对较低的影响下，内贸集装箱运输市场存在较大的发展空间。但是在短期内民营企业借助资本市场，运力扩张战术迅速落地，同时内贸集运企业不断有新造船舶的交付量，使得国内集装箱船队运力不断上涨。据不完全统计，2018年中国内贸集装箱船运力预计交付量达到5.25万TEU，其中，中谷海运、泉州安盛、PDA物流、扬子江轮船和黄石安源等公司均有内贸集装箱船于2018年交付。2018年内贸集装箱运力预计交付情况（不完全统计）如表3所示。

表3　　2018年内贸集装箱运力预计交付情况（不完全统计）

船东名称	数量（艘）	箱位（TEU）	载重吨（DWT）
黄石安源	3	4200	52500
PDA物流	1	1100	15000
泉州安盛船务	8	19200	281976
中谷海运	9	22500	315000
扬子江轮船	5	5500	67000
总计	26	52500	731476

资料来源：企业调研数据，克拉克森，上海国际航运研究中心整理。

（三）预计2018年国内集装箱市场运价或将面临挑战，企业盈利空间有限

虽然2017年内贸集装箱运输市场复苏强劲，运量及运价涨势较快，2018年市场运量也将保持稳定增长，但是内贸集运企业在较高市场运价的驱使下不断投入运力以抢占运输市场，造成激烈的市场竞争，供需矛盾将再次显现，预计2018年市场运价将面临巨大挑战。中国内贸集装箱运价预测影响因素分析如图6所示。

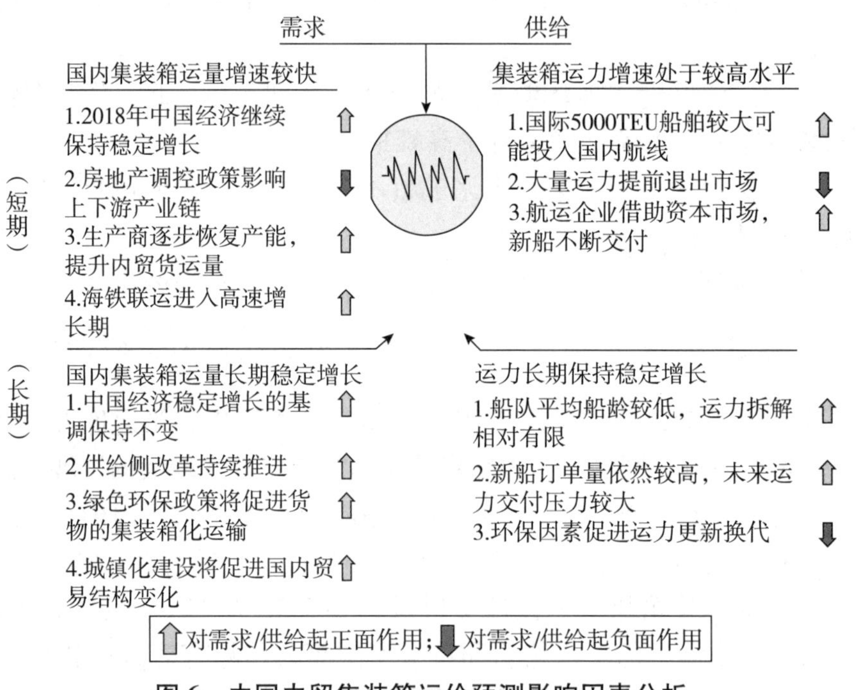

图6　中国内贸集装箱运价预测影响因素分析

（上海国际航运研究中心　陈悠超）

2017 年国际干散货运输市场回顾与 2018 年展望

一、2017 年国际干散货运输市场发展情况

（一）国际干散货运输市场运量分析

全球经济回暖带动海运贸易量增速加快，2017 年全球干散货海运量约为 51.09 亿吨，同比增幅 4.20%。其中，铁矿石占比达 29.16%，煤炭占比为 23.45%，粮食占比为 10.08%，小宗散货占比为 37.31%。

2017 年全球铁矿石海运贸易量预估为 14.90 亿吨，同比增长 5.08%，增幅趋于平稳。煤炭方面，受中国国内供给侧结构性改革的影响，中国煤炭产量下降，加大国外煤炭进口量需求，炼焦煤和动力煤进口海运量增幅分别为 18%、8%；东盟国家及亚洲部分国家对煤炭需求旺盛，但部分国家如印度增加国内产量，减少煤炭进口，煤炭整体海运量增速减缓。粮食方面，主要粮食出口国粮食产量大幅增加，且中东及部分亚洲国家消费需求旺盛，受此影响全球粮食海运量增幅明显上涨。1986—2017 年国际干散货运输市场需求增速如图 1 所示。

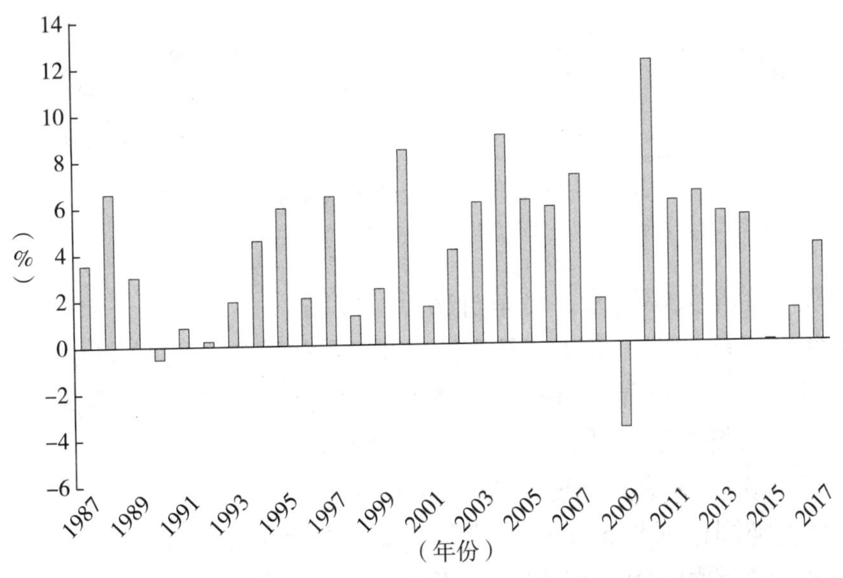

图 1　1987—2017 年国际干散货运输市场需求增速

资料来源：克拉克森，上海国际航运研究中心整理。

2017 年全球小宗散货海运量预计为 19. 06 亿吨，同比增长 2. 25%。分货种来看，全球铝土矿海运量预计为 0. 98 亿吨，同比增长 20. 99%；全球镍矿海运量预计为 0. 43 亿吨，同比增长 4. 88%。分国家来看，由于印尼政府于 1 月恢复了镍矿和铝土矿出口，矿石出口海运量大幅回升，截至 11 月 3 日已出口镍矿石 227 万吨、铝土矿 64 万吨；中国和摩洛哥作为磷矿的主要增产国，磷矿供给持续增加。

（二）国际干散货运输市场运力回顾

2017 年船舶拆解量和交付运力均小幅下降，截至 2017 年年底全球干散货船队共计 11113 艘，8. 17 亿载重吨，运力增长 2. 94%，总运力增速持续放缓。大灵便型船运力增速高位波动，海岬型和巴拿马型船运力增速开始回升。（如图 2 所示）

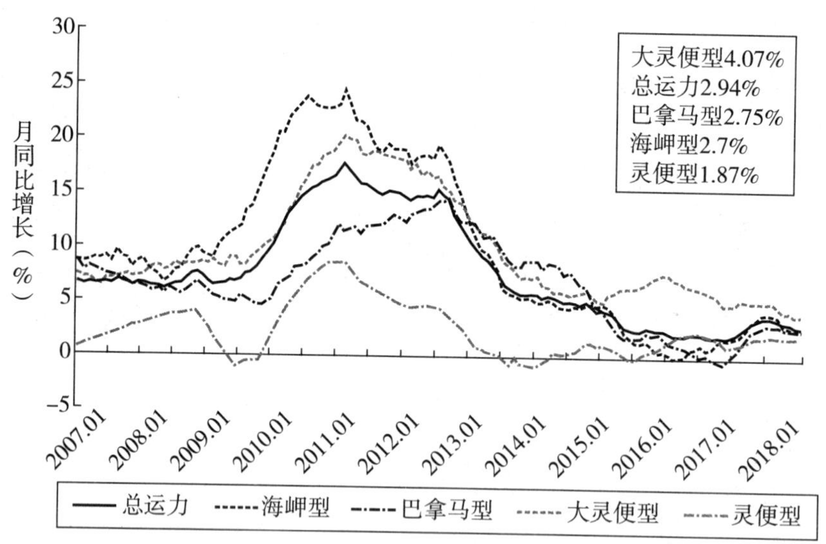

图 2　2007—2018 年 1 月全球干散货船队运力增速

资料来源：克拉克森，上海国际航运研究中心整理。

1. 新船订单量大幅回升，订单价格低位震荡

2017 年全年新造船订单为 286 艘，3267 万载重吨，订单载重吨同比大幅跃升 133. 94%。因船东谨慎造船，新造船订单价格仍保持低位震荡。

2. 二手船市场表现活跃，交易价格大幅回升

2017 年市场信心逐步回暖，二手船交易活跃，交易量达 672 艘，4757 万载重吨，载重吨同比增长 5. 64%，交易价格大幅回升 29. 47%。（如图 3 所示）

3. 拆解运力大幅回落，价格小幅下跌

在 2016 年完成了大量拆解量后，2017 年拆解运力大幅回落 47. 3% 至 215

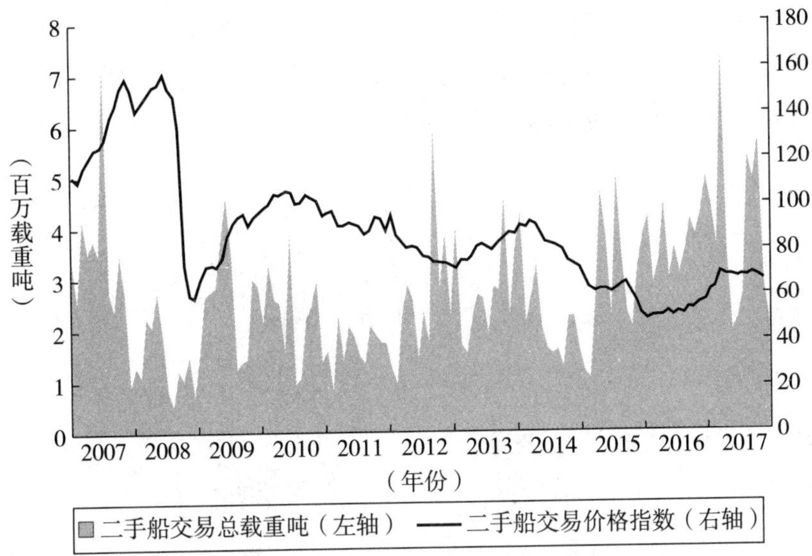

图 3　2007—2017 年二手船交易总载重吨及价格指数

资料来源：克拉克森（Clarksons），上海国际航运研究中心整理。

艘，总载重吨减少 50.33%，至 1453 万载重吨，拆解价格月平均值同比上升 46.7%。（如图 4 所示）

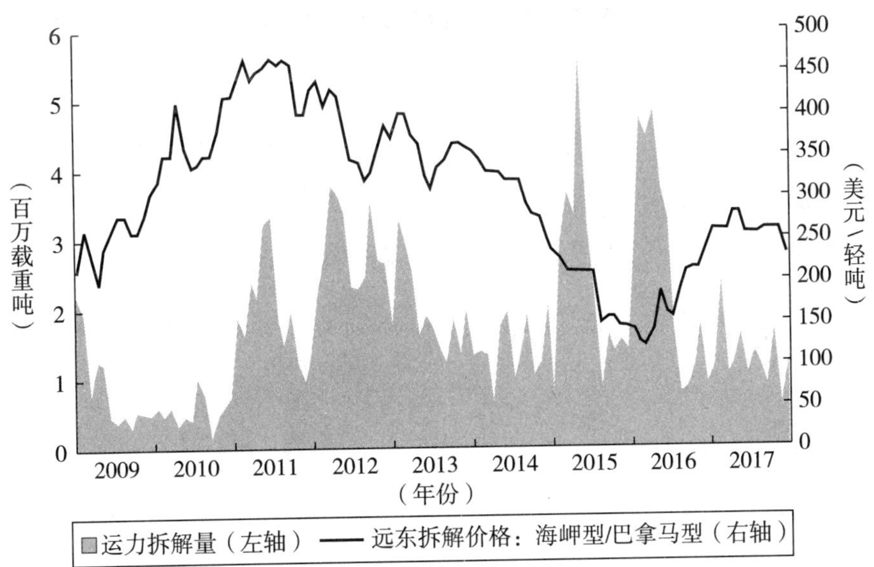

图 4　2009—2017 年拆解运力及价格

资料来源：克拉克森，上海国际航运研究中心整理。

（三）国际干散货运输市场运价回顾

从长周期来看市场处于恢复调整阶段，反弹力度加大。2017 年 BDI（波罗的海干散货指数）全年均值为1145点，较2016年全年均值大幅增长70%，从长期看均值恢复至中等水平，如图5所示，供需增速差恢复至景气区间，市场运价步入恢复调整上行通道，如图6所示。

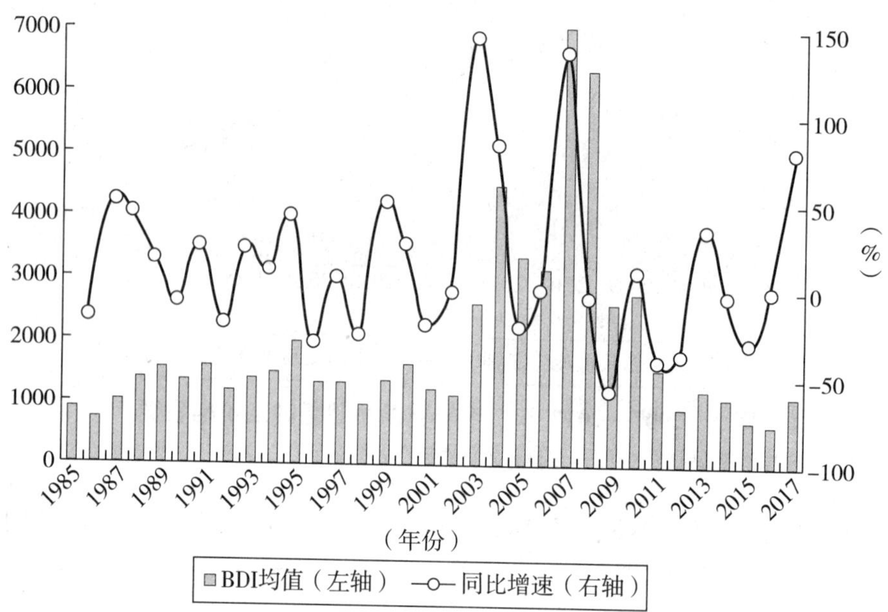

图5　1985—2017年BDI均值

注：1999年以前为BFI数据。

资料来源：波罗的海交易所，上海国际航运研究中心整理。

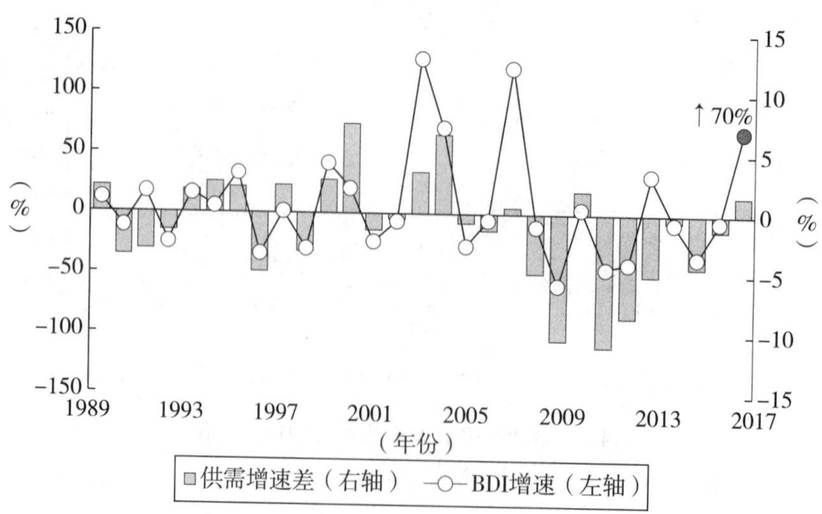

图6　1989—2017年BDI增速与供需增速差波动

注：供需增速差=干散货海运贸易量增速-干散货船队运力增速。

资料来源：克拉克森，上海国际航运研究中心整理。

（四）主要干散货航运企业及竞争策略分析

2017年全球前20大干散货企业运力份额占比变化较大，前10名占全球运力份额的11%，相比2016年小幅上升1%。中国远洋海运经过2016年的兼并重组后，运力规模不断扩大，晋升榜首。

1. 加强横向合作，降低经营风险

为有效防范市场风险、提升船队整体经营水平，发挥船队规模效应，扩大市场影响力，干散货运输市场联营池模式开始大量兴起。因灵便型船和巴拿马型船波动性大、竞争性强等的经营特点，干散货航运企业开始在综合性联营池的基础上探索同种船型间的联盟。2017年3月29日，上海长航国际海运有限公司、嘉荣航运有限公司以及枫叶海运有限公司签署成立中国灵便型散货船船东联盟（CHBA）协议，该联盟目前共有30艘船，单船为2.4万~3.9万载重吨级，共100万载重吨。此外，2017年3月，上海长航国际海运还与山东海运（香港）控股有限公司、新加坡新诚航运、新加坡恒越签署了成立“卓越联盟”（经营巴拿马型散货船）的四方协议。“卓越联盟”的经营平台设在新加坡，将充分依托新加坡优越的航运地理位置和国际经营网络，积极争取船队效益的最大化。

2. 强化产业链融合发展，提高COA（保运租船）比例

在大货主—大船东—大钢厂的寡头集团垄断格局形成后，大型船舶市场集中度、排他性显著增强，COA长期合同的保持成为海岬型船队的重要货源保障。全球大型矿商淡水河谷除了将超大型矿砂船（VLOC）转售航运公司，并与其签订长期运输合约外，2017年还与日本船东NS联合海运株式会社（NSU）签订了一份长达25年的长期包运合同来运输巴西铁矿石。该项合同将由公司新建的40万载重吨环保型矿石运输船来完成运输，预计共运输4000万吨铁矿石。2017年12月8日，商船三井公司也表示，与几内亚企业签署了一项为期五年的合约，将用海岬型船运送非洲出口的铝土矿。日本邮船同样致力于维持长期租运合同，以维持稳定的营运收入。

二、上下游市场主要趋势及特点分析

（一）铁矿石产销趋势变化

1. 全球铁矿石产量提升，品种结构性矛盾凸显

2017年全球矿山铁矿石产量增加约9800万吨。其中，2017年中国矿山复产积极性提高，据中商产业研究显示1~11月铁矿石原矿产量为11.6亿吨，同比增长6.5%，预计2017全年原矿累计产量将达12.6亿吨。印度铁矿石产

量在取消采矿禁令后激增，2017 年印度矿石巨头 Vedanta 公司铁矿石产量预计 1090 万吨，而 2016 年仅为 520 万吨。（如表 1 所示）

表 1　　分国别矿山产量（百万吨）

国别	2016 年	2017 年	增减量
澳大利亚	856.1	881.8	25.7
巴西	404.1	426	21.9
中国	245	265	20
印度	38.6	50.5	11.9
俄罗斯	84.1	84.3	0.2
加拿大	83.9	95.8	11.9
秘鲁	10.5	11.2	0.7
南非	60.9	64.6	3.7
瑞典	26.9	26.7	-0.2
塞拉利昂	5.8	8.9	3.1
乌克兰	40.8	39.5	-1.3
智利	16.8	15.9	-0.9
毛里塔尼亚	11.3	12.2	0.9
其他	83.2	83.6	0.4
总计	1968	2066	98

资料来源：我的钢铁网，上海国际航运研究中心整理。

2. 港口库存高位波动，高低品矿价差拉大

2017 年受供给增加及贸易商囤货积极性提高影响，中国铁矿石的进口量不断刷新纪录。41 个港口进口铁矿石总库存从 2017 年年初的为 1.14 亿吨，攀升至年底的 1.43 亿吨，贸易矿占比上升至 37.68%。（如图 7 所示）

世界钢铁需求复苏势头良好，中国固定资产投资增速趋缓，但钢材需求持续旺盛，如图 8 所示。世界钢铁协会发布的《世界钢铁统计数据 2017》显示，2016 年全球成品钢材表观消费量为 15.15 亿吨，同比增速由负转正至 1%。中国、美国、印度、日本、韩国是全球钢材消费大国，这 5 个国家钢材年度消费量占全球消费总量的 64.38%。2017 年由于周期性回升力度持续加强，发达经

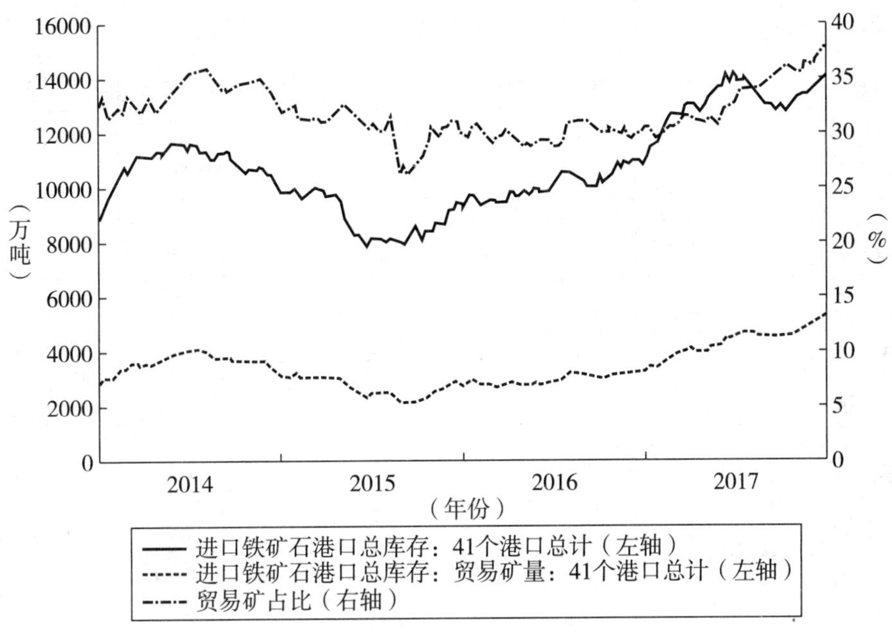

图 7　中国进口铁矿石港口库存

资料来源：钢联数据，上海国际航运研究中心整理。

济体和发展中经济体的钢铁市场表现好于预期，根据世界钢铁协会预计 2017 年全球钢材消费需求将达到 16.221 亿吨，除中国外的钢铁需求将增长 2.6%，达到 8.564 亿吨。2010—2017 年中国粗钢表观消费结构如表 2 所示。

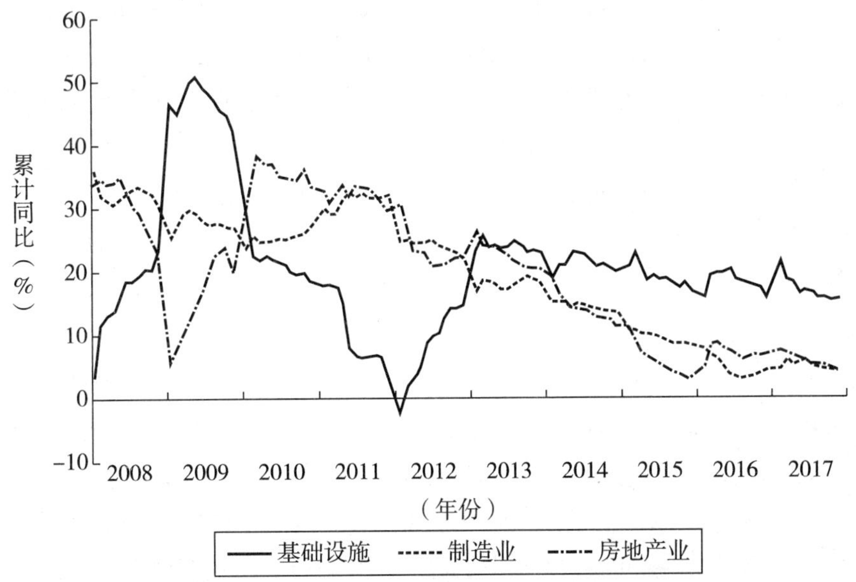

图 8　2008—2017 年中国固定资产投资累计月同比增长率

资料来源：钢联数据，上海国际航运研究中心整理。

表 2　　**2010—2017 年中国粗钢表观消费结构**　　单位：百万吨

行业	2010 年	2011 年	2012 年	2013 年	2014 年	2015 年	2016 年	2017 年
建筑	336	369	395	423	435	410	412	413
机械	106	115	118	123	127	125	122	124
汽车	42	43	46	50	54	56	61.2	64
造船	23	23	20	17	17	16	15.1	15.2
家电、五金	9	11	12	12	12	13	13.1	13.4
管道	7	8	9	10	10	11	11.4	12
集装箱	6	7	8	10	10	10	8.5	8.8
行业加总	529	576	608	645	665	641	643.3	650.4
主要行业占比（%）	86.43	86.24	88.42	84.23	89.82	91.53	90.68	89.71
粗钢表观消费量	612.06	667.93	687.61	765.75	740.38	700.35	709.4	725

资料来源：钢联数据，上海国际航运研究中心整理。

（二）煤炭产销趋势变化

1. 全球煤炭供给预计有所恢复，煤价持续高位运行

世界主要煤炭生产国煤炭产能逐步收缩，产量自 2014 年开始加速下滑，2017 年全球煤炭产量自连续三年下降后预计将有所恢复，如图 9 所示。2017 年中国煤炭去产能 1.5 亿吨年度目标任务超额完成，两年共退出煤炭产能超过 4 亿吨。煤炭产量继 2016 年下降 7.9% 后，中国规模以上工业原煤产量实现恢复性增长，2017 年 1—11 月，原煤产量 31.4 亿吨，同比增长 3.7%。据美国能源信息署数据，1—10 月美国煤炭产量 6.59 亿短吨，比上年同期增长 10.4%，2017 年美国年化煤炭产量预计 7.849 亿短吨，同比增长 7.8%。2017 年全球煤炭产量预计将小幅回升。

印、美、俄经济回暖，带动全球煤炭需求触底回升并将保持上行趋势。2017 年以来，中国动力煤方面需求继续保持增长，第二产业的开工率高企，电力需求持续旺盛。炼焦煤方面，需求持续增长，单纯从焦煤库存看，钢企焦化企业毛利提升后的补库意愿很强烈，尤其考虑到第三季度，金九银十的开工旺季，以及冬季限产的提前备货等因素，炼焦煤需求持续旺盛，价格也保持涨势。

2. 全球煤炭消费持续下降，中国煤炭消费增速由负转正

2017 年是《巴黎协定》生效的第一年，世界各国携手推动低碳转型、共

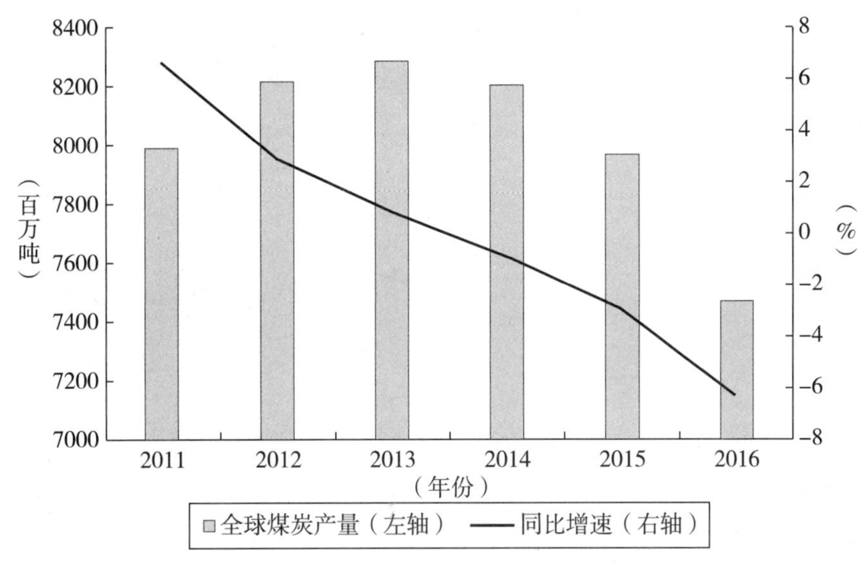

图 9　2011—2016 年全球煤炭产量

资料来源：钢联数据，上海国际航运研究中心整理。

同应对气候变化，煤炭消费从 2014 年峰值急剧下滑。根据国际能源署（IEA）《煤炭信息统计概述 2017》显示，2016 年全球煤炭消费量为 1.057 亿吨煤当量，同比下降 1.9%，其中 OECD（经济合作与发展组织）成员国煤炭消费量大幅下降 5.3%。美国由于页岩油、致密油对煤炭的替代效应和国内环保限制因素，煤炭消费大幅下滑 7.8% 至 4.94 亿吨煤当量，创 33 年以来消费新低，被印度取代全球第二大煤炭消费国的地位。英国煤炭消费量减少 52.5%，已下滑到工业革命之初水平，电力部门于 2017 年 4 月实现了首个"无煤炭"日。

2017 年在宏观经济稳中向好、工业生产回暖、火电增发等因素带动下，中国能源消费呈回暖态势，1—10 月全国煤炭消费量 32.6 亿吨左右，同比增长 3.7%，煤炭增速实现由负转正。其中动力煤消费 25.81 亿吨，同比增长 1.7%。炼焦煤消费 4.33 亿吨，同比下跌 2.26%。2017 年动力煤在气候因素利好下，用电需求量稳步上涨，六大电厂日耗煤量屡创新高，补库存情绪高涨，动力煤呈现"煤超疯"现象。炼焦煤在钢铁去产能、京津冀及周边地区"2 + 26"城市大气污染防治加码影响下，消费需求较为疲弱。

（三）谷物产销趋势变化

1. 全球主要谷物产量提升，大豆价格低位运行

粮农组织预测 2017—2018 年度全球谷物产量为 26.27 亿吨，比上年度水平提高 1680 万吨（0.6%）。全球大豆增产趋势明显，截至 11 月巴西大豆总产量 11.7 亿吨，较 2016 年同期增长 5.9%；阿根廷大豆供给 6.2 亿吨，与 2016 年基本持平，中国大豆总产量 1.5 亿吨，较 2016 年大幅增长 13.6%。玉米方面，

中国和美国产量有所上升。2017—2018 年度全球小麦产量同比下滑的主要原因是美国小麦减产以及澳大利亚小麦产量预期下滑。2016—2017 年全球玉米、大豆产量如图 10 所示。

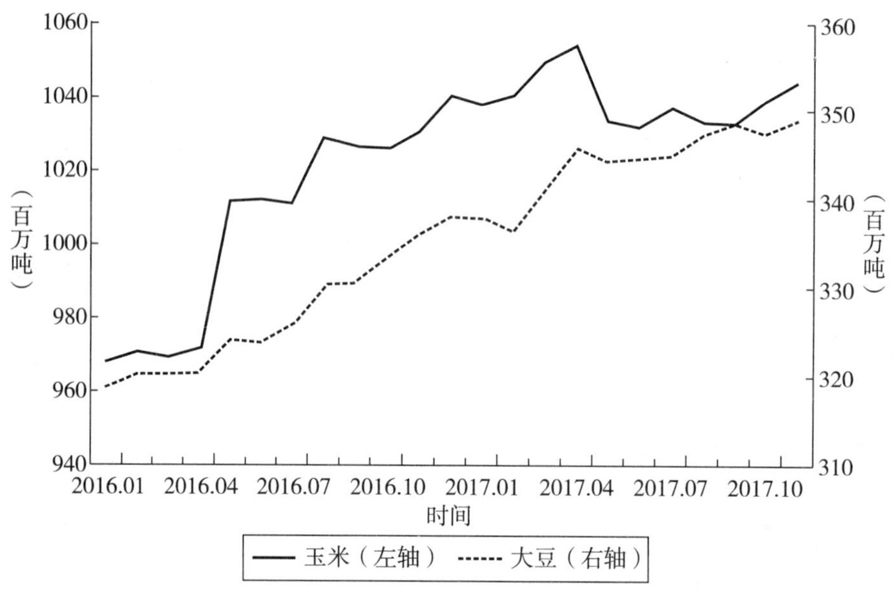

图 10　2016—2017 年全球玉米、大豆产量

资料来源：美国农业部，上海国际航运研究中心整理。

2016 年国际小麦价格处于 10 年低点，2017 年小麦播种面积大幅下调，使得 2017—2018 年国际小麦价格大幅上涨。2016 年大豆期末库存达到创新高的 1306 万吨，市场承压加大，2017 年进口大豆价格不具备大幅提升的条件，持续低位波动运行。

2. 玉米需求稳中向好，大豆消费于高位持续增长

受人口和经济复苏的双重驱动，加之深加工需求拉动以及燃料乙醇政策影响，玉米需求量有所增长，2017—2018 年全球玉米总消费量为 10. 69 亿吨，同比增加 1. 5%。2017—2018 年玉米消费量增幅最大的是中国，增速为 4. 08%。消费总量为 2. 21 亿吨。其中，饲用消费量稳步增加达 1. 38 亿吨；玉米工业消费量预计达到 0. 63 亿吨。由于全球蛋白的需求刚性增长，大豆及制成品需求强劲，2017—2018 年全球大豆消费量 3. 52 亿吨，较上年度增加 0. 14 亿吨；2017—2018 年全球大豆库存消费比大幅下降至 9. 82%。中国是全球最大的大豆消费国，2017 年由于大豆压榨利润改善，油厂开机率显著提高，大豆消费量上涨至 1. 12 亿吨。豆粕方面，2017 年是中国关闭或搬迁禁养区内畜禽养殖场和养殖专业户的收官之年（京津冀、长三角、珠三角除外），生猪存栏量低位徘徊，饲料需求不足使得豆粕消费增速趋缓。

（四）主要小宗散货产销趋势变化

1. 几内亚铝土矿产量井喷式增长，铝土矿价格筑底回升

全球铝土矿主要分布于非洲、大洋洲、南美洲，如图 11 所示，其中几内亚、澳大利亚、巴西三国储量合计占全球储量近 60%，2016 年铝土矿主产国产量占比如图 12 所示。2017 年全球铝土矿产量在几内亚矿山项目相继落地、印尼恢复铝土矿对华出口等众多利好因素的支持下有望冲顶 3 亿吨，其中几内亚铝土矿产量预估约为 3100 万吨，同比大幅增长 57.36%，澳大利亚 2017 年上半年铝土矿产量为 4200 万吨，同比小幅增加 3.41%。近两年随着中国“一带一路”倡议惠及非洲国家，带动了几内亚矿业开发的繁荣。中国自几内亚进口占比大幅增加，2017 年 1 ~ 10 月中国铝土矿进口总量为 5573 万吨，其中自几内亚进口 2180 万吨，占进口总量的 39.1%，成为中国铝土矿第一大来源国。

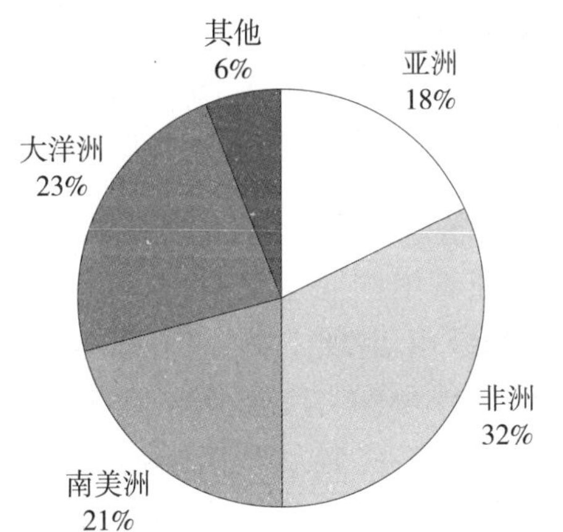

图 11　全球铝土矿洲际储量分布情况

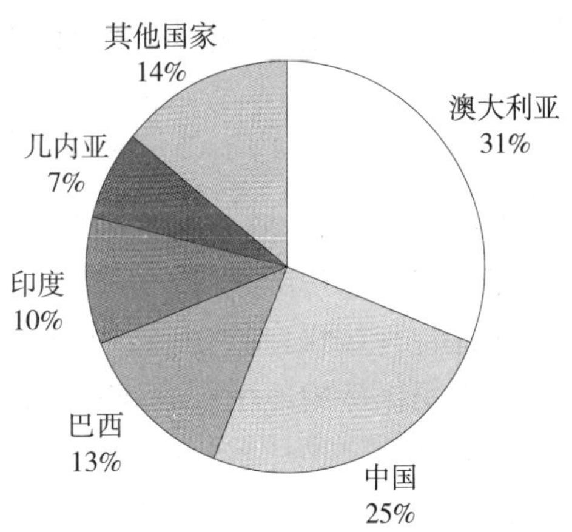

图 12　2016 年铝土矿主产国产量占比

资料来源：USGS（美国地质调查局），中国海关，上海国际航运研究中心整理。

自 2015 年进口铝土矿市场迎来历史性狂跌以来，铝土矿一直呈现弱势盘整的筑底格局，但 2017 年进口铝土矿价格逐步触底企稳。一方面源于下游对氧化铝、原铝等需求的强劲回升；另一方面是上游供给端趋紧，尤其是中国供给侧减产和采暖季限产的宏观政策调控，国内多家矿山关停整顿，为铝土矿价格回升带来利好。

2. 中国铝型材消费增长强劲，废钢铁消耗总量暴涨

在节能环保趋势下，铝材凭着自身质轻、价格低、可回收的特点，在建筑、电力汽车制造、电子及机械设备等领域广泛运用，市场需求持续增长。根据国际铝业协会（IAI）预测，2017 年全球铝材消费（不包括再生铝）达到

6192 万吨，同比增长 4.89%，消费保持稳定增长。中国作为全球最大的铝材生产国和消费国，整体占比都接近 50%，利润总额超过 500 亿，2017 年铝材消费预计达到 3470 万吨，同比增长 6.77%。根据“十三五”有色金属工业规划，到 2020 年中国铝材消费总量将达到 4300 万吨，2016—2020 年期间的年均复合增长率（CAGR）将达到 7.24%。中国铝材消费增速保持良好增长，消费结构正向高端铝材过渡。

2017 年是废钢铁行业的重要转折期，随着中国供给侧改革和去产能的不断深入，特别是 1.4 亿吨的条钢产能的退出给行业带来了巨大变化，废钢铁消耗总量和废钢综合单耗双双攀升。2017 年 1～10 月份，中国炼钢消耗废钢铁总量 1.145 亿吨，同比增加 4221 万吨，增幅 58.4%。这是中国钢铁工业在 1996 年粗钢产量首次突破 1 亿吨后时隔 21 年，炼钢废钢铁消耗总量首次突破 1 亿吨，预计到 2017 年年底炼钢消耗废钢铁总量可达 1.4 亿吨左右，标志着中国钢铁工业大规模应用废钢铁的时代已经到来。

三、2018 年国际干散货运输市场发展展望

（一）国际干散货海运贸易面临结构调整，2018 年将小幅回落

预计 2018 年国际干散货海运贸易量将小幅调整。虽然新兴市场复苏步伐加快，东盟国家基建热潮兴起，但基数较低，且随着中国固定投资增速下滑加之港口去库存过程缓慢，铁矿石进口增速将较 2017 年出现下调，但在基础设施建设支撑下仍保持中速增长。煤炭海运量受到全球环保力度加强和能源结构调整影响，运量增速预计有所放缓，中国钢材出口仍将受到反倾销影响保持负增长。上海国际航运研究中心展望 2018 年全球海运贸易量或将高于 2.7% 增长。

（二）2018 年交付订单大幅走低，运力增速大幅放缓至 2%

展望 2018 年，拆解运力在结构性拆解进入尾声阶段将进一步下滑，同时受到近两年运力控制较好影响，2018 年交付运力大幅走低，但在市场信心逐步回升下交付率将进一步回升，上海国际航运研究中心预计 2018 年国际干散货船队运力增速小幅放缓至 2% 左右，继续低于运量增速。

（三）BDI 均值维持在 1100～1300 点

综上所述，国际干散货运输市场仍处于恢复调整阶段，供需增速保持在良好增速区间，《2017 年第四季度中国景气指数报告》指出航运业进入七年最佳期，2018 年将继续稳步复苏。预计 2018 年 BDI 指数均值将维持为 1100～1300

点，但随着波罗的海交易所对 BDI 计算方式进行调整，剔除灵便型船舶后，BDI 受大型船舶运输市场影响更为明显，波动幅度将会进一步放大。随着造船技术的进一步发展，船舶交付周期被大幅度缩减，运力供应能力的提升对市场恢复造成一定风险，需谨防市场相关方投机“抄底”造成运力供应进一步加大，市场恢复周期持续拉长，后期回升仍需持谨慎乐观态度。

（上海国际航运研究中心　邵斐）

2017 年沿海干散货运输市场回顾与 2018 年展望

2017 年中国沿海干散货运输价格震荡上行，干散货运价指数多次短期快速冲高后回落。与此同时，上海国际航运研究中心发布的中国干散货海运景气指数显示，第四季度内贸干散货海运企业的景气指数处在较为景气区间，信心指数维持在非常景气区间，内贸干散货企业家对市场信心十足。工业经济增速回升、夏季和冬季的季节性因素以及煤炭进口限制等政策性因素影响是今年运价多次快速冲高最主要的因素。预计 2018 年沿海散货运力过剩局面将有较好缓解，运价保持温和上涨。

一、2017 年沿海干散货运输市场回顾

（一）沿海干散货运价达近年高位，总体呈波动上行走势

2017 年，国内经济稳中向好，经济运行总体保持平稳。在下游运输需求相继发力及船队规模停止增长的背景下，沿海干散货运价震荡上行，干散货运价指数多次短期快速冲高后回落。年内的几个冲高点主要原因，一是春节长假过后中国经济呈现稳中向好态势，制造业 PMI（采购经理指数）保持在荣枯线以上，工业用电出现恢复性增长，电厂日耗煤量增加明显；二是国内煤炭价格、钢材价格再次反弹上涨，使得沿海散货采购积极性得到短时快速提振。截至 2017 年 12 月 15 日，上海航运交易所发布的中国沿海散货综合运价指数（CBFI）全年平均值为 1132.25 点，较 2016 年涨幅为 26.07%，如图 1 所示。

1. 沿海煤炭运价多次快速上涨，波动性大幅增强

2017 年，春节长假过后，国内经济形势稳中向好，制造业 PMI 保持在荣枯线以上，全社会用电量突现大幅增长，煤炭价格持续高位运行，刺激沿海煤炭运价年内第一次快速冲高。3 月 10 日，沿海煤炭运价指数快速上涨至 1250.06 点，刷新近年来运价指数纪录。7 月月末，国内迎来大范围高温天气，六大电厂日均耗煤量刷新历史最高记录，推动电煤消费需求大幅上涨，沿海煤炭运价年内第二次出现快速上涨行情。9 月，受党的十九大临近，煤矿安全检查、主要煤炭产区火工品管制、大秦线检修等影响，煤炭价格持续高位运行，加上台风天气影响，南北航线船舶运输受限，下游用煤企业的采购热情极为高涨。11 月受煤价持续上涨及国内“电煤冬储”的刺激作用带动下，运价再次

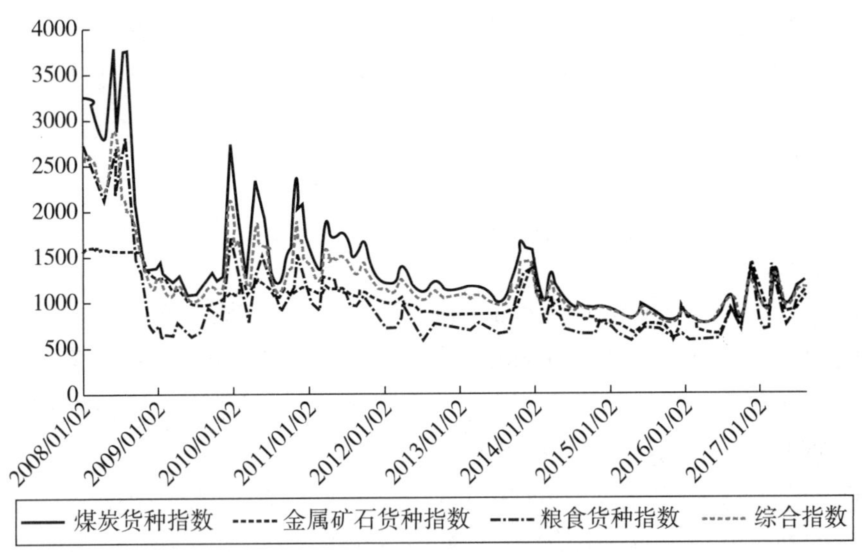

图1　2008—2017 年沿海散货综合运价指数走势

资料来源：上海航运交易所。

大幅上涨至年内最高点。截至 2017 年 12 月 15 日，上海航运交易所发布的新版沿海煤炭运价指数全年均值 915. 86 点，较 2016 年上涨 48. 97%。

2. 沿海矿石运价平稳上涨，涨幅较为有限

2017 年年初，受低温、房地产调控及淘汰落后产能政策、春节长假等因素影响，国内钢厂开工率处于较低水平，对国内外原材料的采购缺乏积极性，但春节长假过后钢材价格受短期供应偏紧影响快速反弹，钢厂获得良好利润而大面积复产，因而对高品位矿的需求突然有所增加，运价一路上行，最高点定格在 3 月 31 日的 1139. 87 点。然而好景不长，随着全国钢材库存的不断堆积，而钢材传统旺季需求却不及预期、钢材出口量同比大幅下滑，钢材价格再次步入下行通道，钢厂补库意愿出现下滑，加上 4 月开始矿商供应明显增加，港口库存库压力持续加大，运输市场成交清淡，矿石运价波动下行。进入第三、四季度，在国家去产能、环保等政策措施影响下，钢材价格持续攀升，高利润刺激钢厂维持高开工率，对铁矿石的需求居高不下，促使运输需求上涨，运价也呈现稳步上涨走势。截至 2017 年 12 月 15 日，上海航交所发布的金属矿石综合运价指数全年均值 1052. 39 点，较 2016 年上涨 27. 27%。

3. 沿海粮食运价大幅上涨，季节性有所增强

2017 年上半年，国外进口粮食大幅削减，为国内粮食供应提供充足空间。加之国内粮食生产连续丰收，沿海粮食运输有所起色，运输需求稳中有升。受同期沿海煤炭运输利好支撑，运价涨幅较快，最高点定格在 3 月 10 日的 1370. 44 点。之后，随着南北港口粮食利润逐步缩窄，港口粮食库存的增加，运输需求走弱，运价波动下探。直至 8 月份的临储拍卖使玉米供应趋于宽松，

9月中旬的新粮陆续进入市场，临储玉米得到释放，东北产区玉米也将集中上市等，沿海粮食运价又步入缓慢上行通道。截至2017年12月15日，上海航交所发布的沿海粮食运价指全年均值为1069.34点，同比大幅上涨60.68%，整体波动趋势与沿海煤炭运价情况相仿。

（二）沿海干散货运量强劲回升

2017年，新兴经济体和发展中国家成为拉动全球经济强劲复苏的主要力量，中国因素在世界经济增长中扮演着日益重要的角色。在此大背景下，中国经济增长稳中向好的特征更趋明显，工业经济增速回升，效益获得改善。同时，政府加大了淘汰落后产能的步伐，刺激煤价、钢价等年内持续高位上涨，推动沿海干散货运输需求出现回升。从全年来看，2017年中国沿海干散货运量呈现增长态势，1—11月中国沿海干散货三大货种的总运量达10.67亿吨，同比增长10.45%。

1. 沿海煤炭运量涨幅明显，火力发电量同比有所增长

2017年1—11月，全国主要沿海港口内贸煤炭发运量累计7.81亿吨，同比上涨11.68%。首先，火力发电量同比上涨，占总发电量的比重居高不下。2017年，中国经济形势稳中向好，制造业PMI年内持续位于荣枯线上，1—11月全国发电量总计56848.3亿千瓦时，同比上涨6.43%。其中火力发电41529.2亿千瓦时，同比上涨5.23%，占总发电量73.05%，占比仅下滑1.34个百分点；水力发电10115.2亿千瓦时，同比上涨2.84%，占总发电量17.79%，占比也有所下滑。其次，内贸煤价高位震荡，进口煤量涨幅趋缓。自2016年内贸煤价攀升至高位，内贸煤炭价格因进口煤限制政策和下游煤炭市场需求，2017年价格持续高位震荡，刺激下游采购需求。同时，2017年7月出台了禁止部分口岸经营煤炭进口业务的政策，中国进口煤量进入下行通道，为内贸煤炭贸易提供市场空间。2016—2017年中国沿海主要港口内贸煤炭发运量如图2所示。2017年1—11月，中国煤炭进口总量为24817.5万吨，同比仅增长8.52%，2016—2017年全国煤炭进口量如图3所示。

2. 沿海矿石运量小幅下滑，钢材企业效益有所回升

2017年1—11月，全国主要沿海港口内贸铁矿石出港量累计2.22亿吨，同比下降1.56%，如图4所示。首先，钢材产量同比涨跌不一，对铁矿石运输需求支撑有限。2017年，随着国内经济复苏，落后钢铁产能大幅减少，钢材价格有所反弹，春节后钢铁产能快速苏醒，粗钢、生铁和钢材产量居高不下。在8月钢铁行业PMI主要分项指数当中，新订单指数高达66.6%，为近些年的最高点。2017年1—11月，全国生铁产量66070.9万吨，同比上涨3.61%；全国粗钢产量78419.5万吨，同比上涨6.05%；全国钢材产量101720万吨，同比

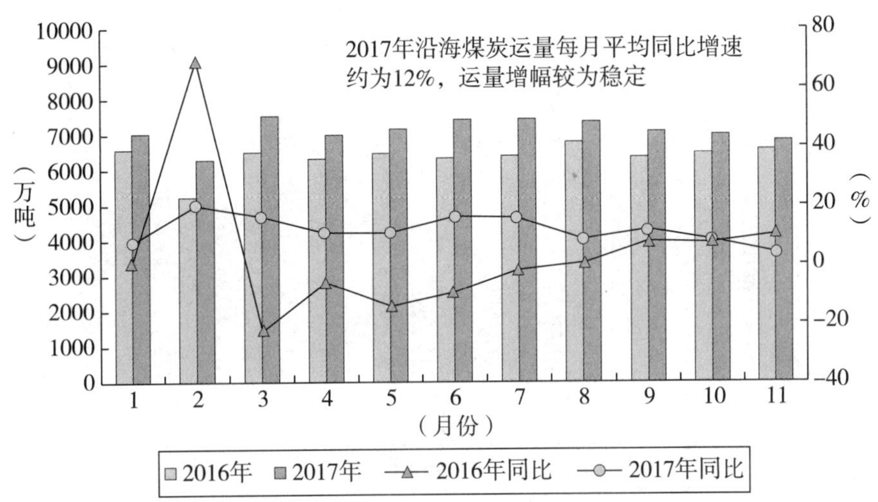

图 2　2016—2017 年中国沿海主要港口内贸煤炭发运量

资料来源：交通运输部。

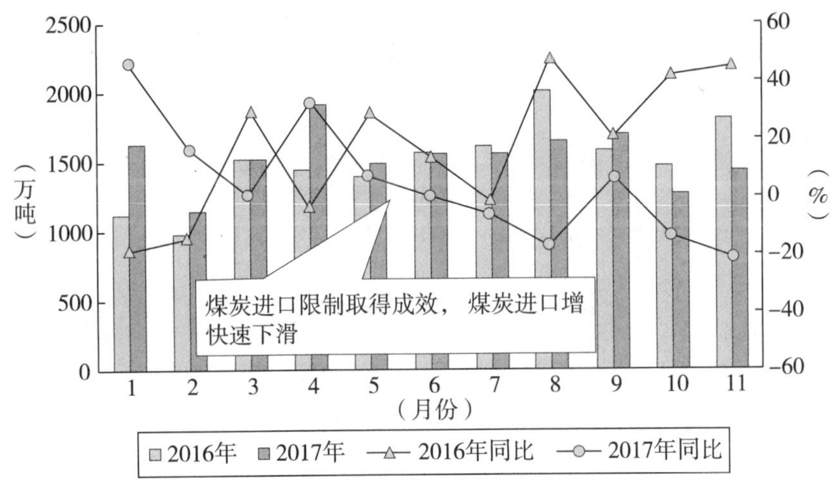

图 3　2016—2017 年全国煤炭进口量

资料来源：我的钢铁网。

下降 2.51%，2017 年 1—11 月全国钢铁行业主要产品月度产量如图 5 所示。在国内经济运行良好的形势下，钢铁生产的稳定运行，钢厂利润的明显改善，对铁矿石总体需求形成一定支撑。但是由于今年逐步增强的环保压力，以及较为严格的冬季限产政策，钢铁生产水平同比增幅仍然较小，对沿海铁矿石运输需求的支撑效果非常有限。其次，国内铁矿石供给涨幅受限，进口高品位铁矿石受到青睐。2017 年 1—11 月，国内原矿产量累计 12.12 亿吨，同比仅上涨 3.0%。而受国内环保限产等政策的影响，进口高品位铁矿石受到青睐，挤占国内铁矿石贸易市场份额。1—11 月，进口铁矿石累计 9.9 亿吨，同比上涨 5.75%，在 6 月和 9 月同比出现较大幅度上涨。

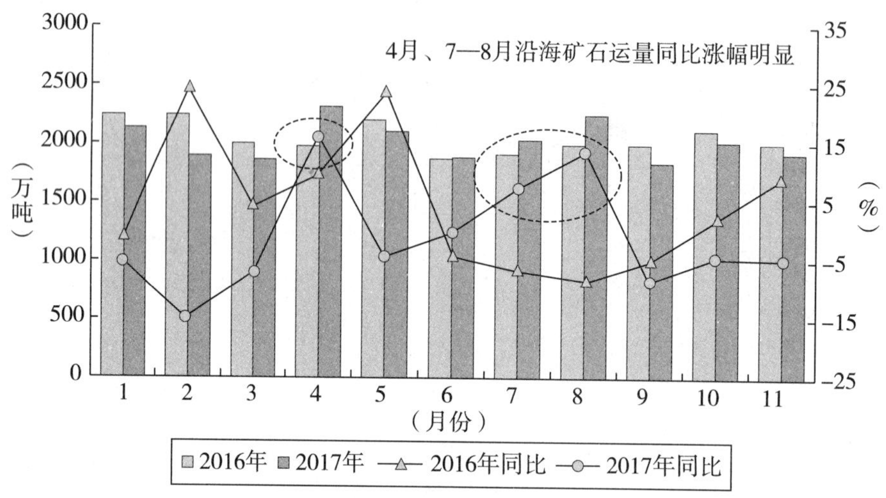

图4　2016—2017 年中国沿海主要港口内贸铁矿石发运量

资料来源：交通运输部。

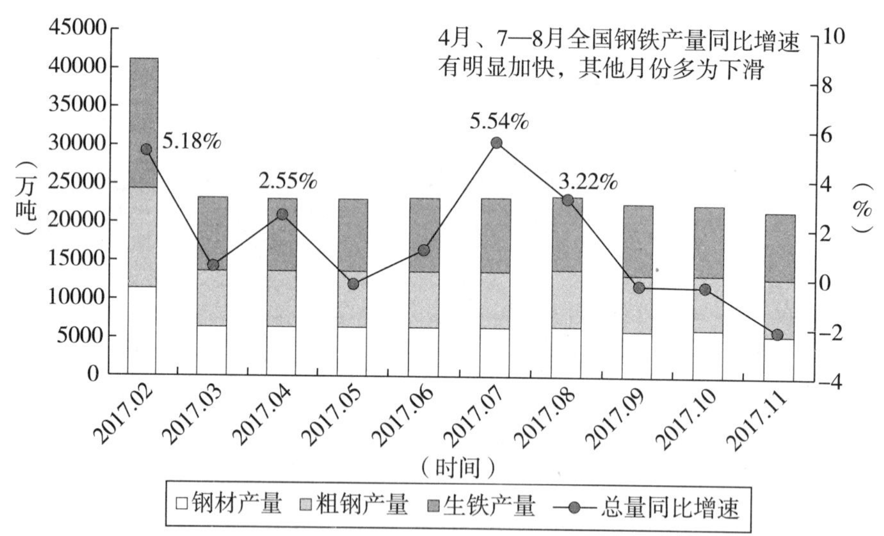

图5　2017 年 1—11 月全国钢铁行业主要产品月度产量

资料来源：我的钢铁网。

3. 沿海粮食运量涨幅明显，国内粮食供给较为充足

2017 年 1—11 月，全国主要沿海港口内贸粮食出港量累计 6299. 93 万吨，同比上涨 56. 39%，单月内贸出港量同比均有明显上涨，如图 6 所示。2017 年，饲料企业仍然处于疯狂投资养猪的浪潮中，养猪产能释放更加明显，饲料产量同比保持小幅增长。但由于国家对环保的监管力度加强，大批饲料企业被迫停产整改，加上下游养殖业处境不佳，饲料产量同比增速持续下滑，对粮食原材料的消化较慢。而粮食供给方面，国家统计局数据显示，2017 年全国粮食总产量 12358 亿斤（1 斤 =0. 5 千克），比 2016 年增加 33 亿斤，增长 0. 3%，

粮食生产再获丰收，属历史上第二高产年。同时，国外玉米进口主要集中在下半年，且全年玉米进口量较上年出现下滑，为国内粮食供应提供充足空间。2016—2017 年全国玉米进口总量及进口总额如图 7 所示。

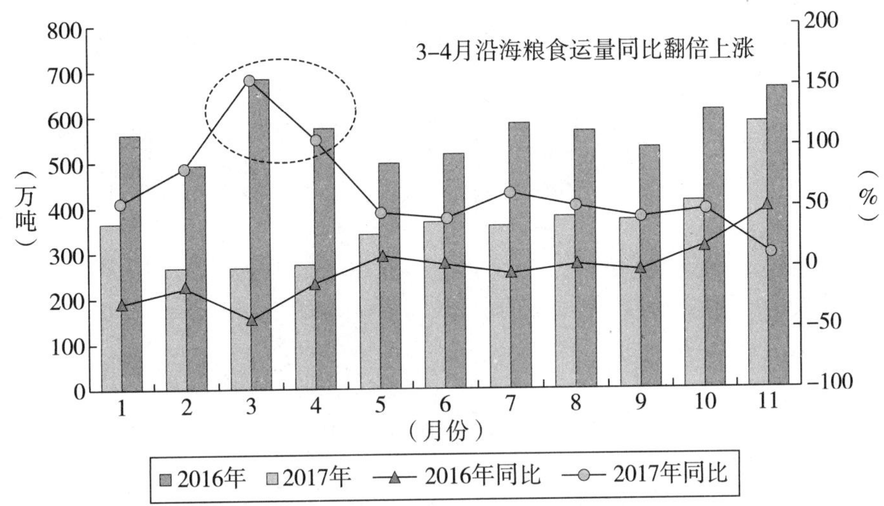

图 6　2016—2017 年中国沿海主要港口内贸粮食发运量

资料来源：交通运输部。

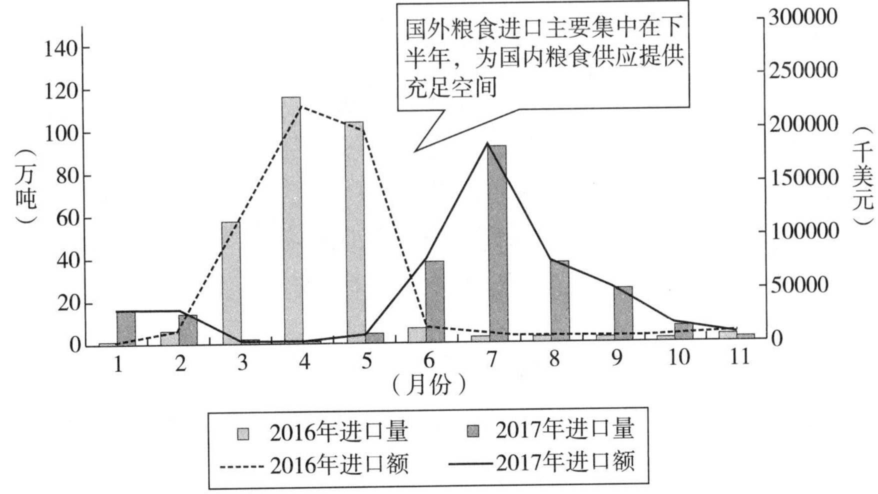

图 7　2016—2017 年全国玉米进口总量及进口总额

资料来源：中国海关总署。

（三）沿海干散货船队规模削减乏力，新投入船舶数量再回高位

2017 年国际国内航运市场呈现复苏迹象，市场运价连攀高峰，船舶交付量在经过了 2015 年下半年至 2016 年的沉寂后，于 2017 年再度回归高位。尽管老旧船舶的拆解量依然维持较高水平，但 2017 年运力总体跌幅非常有限。截至

2017 年 6 月 30 日，从事国内沿海运输的万吨以上干散货船（即除去集装箱船，重大件船等特种船之外的普通货船，下同）共计 1648 艘，5348. 70 万载重吨，较 2016 年年底仅下降 0. 44%。其中，2017 年上半年投入营运的新增船舶数量合计为 105 艘，362. 59 万载重吨，同比增长 65. 6%；包含新建船舶仅 7 艘，26. 91 万载重吨。2010—2017 年上半年沿海干散货船运力情况如图 8 所示。

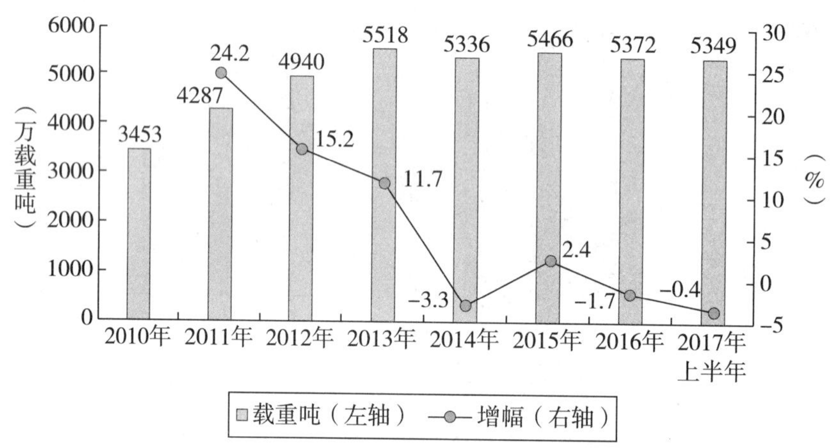

图 8　2010—2017 年上半年沿海干散货船运力情况

资料来源：交通运输部。

1. 沿海干散货船舶年轻化、大型化发展停滞

受航运市场长期不振、企业主动调整运力结构和国家鼓励老旧运输船舶提前报废更新政策等影响，大量老旧运输船舶持续以低于 33 年的报废年限提前处置退出市场，然而缺乏新建的年轻船舶加以补充，加之其他闲置船舶、船舶修造、改造等船舶转入沿海散货营运，导致 2017 年沿海万吨以上干散货船的平均船龄出现反弹，较 2016 年年末继续增加 0. 3 年达到 8. 6 年。截至 2017 年上半年，仅有 2 艘干散货船达到强制报废船龄而退出市场，而其他 105 艘、374. 96 万载重吨干散货船均为提前报废，拆解总量维持高位。同时，由于 2017 年航运市场行情转好，新投入营运的新增船舶的单船规模快速上升至 3. 5 万载重吨左右，其中新建船舶的单船规模上升至 3. 8 万载重吨。拆解船舶的单船规模微升至 3. 6 万载重吨左右，2017 年沿海干散货运输船队的平均吨位也基本维持在上年水平，截至 2017 年上半年，沿海干散货运输船队的平均吨位为 3. 25 万载重吨，较 2016 年年底下降 0. 01 万载重吨。

2. 沿海散货运输公司迎来转机，盈利普遍出现好转

2016 年年底，受中国远洋、中国海运两大航运巨头重组合并，浙江交投对浙江远洋、温州海运和台州海运 3 家公司实施破产清算等事件影响，中国沿海运输相关企业的竞争格局及上市公司情况均有较大幅度调整。目前经营中国沿

海散货运输的上市公司仅剩长航凤凰、宁波海运等，中国远洋（现更名为中远海控）已从上市公司中剥离干散货运输业务，中海发展（现更名为中远海能）主营业务变更为油品运输及 LNG 运输，中昌海运（现更名为中昌数据）、中海海盛（现更名为览海投资）也纷纷转型。就营业利润来看，选取的部分沿海干散货运输上市企业中，宁波海运和长航凤凰两家企业均在 2017 年 1—9 月实现了微盈利，其余非上市航运企业的盈利情况也出现不同程度好转。

二、2018 年沿海干散货运输市场展望

（一）沿海干散货运输需求或温和增长

当前全球经济持续复苏回暖，主要大宗商品价格有所回升，全球贸易呈扩张态势，但未来世界经济不稳定、不确定性因素较多，回升基础仍然薄弱。国内经济方面，2017 年以来中国经济延续回稳向好态势，国民经济呈现运行平稳、结构优化、动能转换、质量效益提升的态势。预计 2018 年中国经济增长 6.7% 左右，增速跟今年基本持平，其中第二产业增速平稳。影响中国经济的积极因素较多，例如，新一轮对外开放（上海自贸区、外商投资新模式、结构性改革等），以及“一带一路”建设的积极推进将稳定和激发中国外部需求等。因此，预计 2018 年沿海干散货运输需求将温和上涨，涨幅在 7% ~8% 。

1. 火力发电和煤价调控政策支撑煤炭运输需求

2017 年火力发电量占全国总发电量的比重为 73.12% ，水力发电量占比 17.89% 。其中，水力发电量占比较 2016 年有所下滑，而火力发电量占比居高不下。加上 2017 年，降输配电价、减政府基金，企业用电成本再度降低，为沿海煤炭运输需求提供一定支撑。与此同时，政府对煤炭行业的政策性调控力度也在加大。2017 年 7 月 1 日曾出台规定，禁止省级政府批准的二类口岸经营煤炭进口业务。然而，2017 年 12 月，发展改革委通知相关部门，对进口煤的限制性措施暂时取消，此举旨在应对 2017 年年末全国各地出现的能源短缺情况，保障我国的能源供应。可见，政府持续出台的煤价调控政策将在未来进一步保障煤炭供应，稳定国内煤炭价格，2018 年因煤炭价格上涨而导致的煤炭集中拉运行情况将有所缓解。因此，预计 2018 年中国沿海煤炭运输需求继续增长，涨幅在 8% ~9% 。

2. 钢铁行业环保限产常态化不利矿石运输需求

中国钢铁行业近年以来大力推进供给侧结构性改革及去产能工作，全国两年共淘汰落后产能超过 1 亿吨。而根据《京津冀及周边地区 2017 年大气污染防治工作方案》，京津冀及周边“2 + 26”城市的工业企业将实施错峰生产等部署，“2 + 26”城市地区内钢企将限产 50% 。这也意味着这些地区的高炉开

工率会有所下滑。据中联钢测算，2017 年第四季度区域内生铁产量预计将同比上年减少 1100 万吨，对应铁矿石需求 1900 万吨；而 2018 年第一季度生铁产量将减少 1500 万吨，对应铁矿需求 2700 万吨。加之“地条钢”产能彻底退出市场以及环保政策的频频出台，预计 2018 年国内铁矿石需求或将有所下滑，抑或更加依赖进口高品位铁矿石。因此，预计 2018 年中国沿海铁矿石运量波动趋稳，涨幅约为 1% ~2%。

3. 终端需求提振带动粮食运输需求持续回暖

2018 年度玉米种植面积将减少 136 万公顷，玉米产量预估为 2. 125 亿吨，较上年下降 705 万吨，减幅为 3. 7%。但是玉米总需求预估为 2. 22 亿吨，较 2016 年增长 1722 万吨，增幅 8. 4%，其中工业消费增长势头强劲。2018 年，农业供给侧改革进一步深入，养殖业规模化程度提升，对于配方饲料的需求将会进一步提升，饲料养殖产业将步入良性循环，粮食需求或将有效提振，而全球谷物产量依旧过剩，沿海粮食供应表现整体偏弱，运输需求趋于平稳。因此，预计 2018 年中国沿海粮食运输市场持续回暖，预计运量涨幅在 15% 左右。

（二）沿海干散货运力反弹迹象明显

由于国家拆船补贴政策延长至 2017 年年底，2017 年老旧船舶拆解量依然维持高位，但受国内外干散货运输市场火热行情的影响，新造船订单量、二手船交易量、新投入营运量快速恢复增长，中国沿海干散货船运力仅小幅下滑。根据上海国际航运研究中心测算，预计 2017 年年底国内沿海运输万吨以上干散货船将达到 5300 万载重吨左右，全年运力降幅在 1. 4% 左右；全年新投入营运的船舶将达 460 万载重吨左右，同比继续增长约 14%。

1. 船舶拆解量高位徘徊，新造船订单量反弹快速

2015 年 6 月，经国务院批准，由交通运输部、财政部、发展改革委、工业和信息化部四部委于 2013 年 12 月下发的《老旧运输船舶和单壳油轮提前报废更新实施方案》政策，实施期限延长至 2017 年 12 月 31 日。因此 2017 年全年船舶拆解量维持高位。另据克拉克森的统计，2017 年中国船东的沿海干散货船舶（包含 7. 6 万载重吨及以下的干散货船舶，下同）新增订单量累计为 17 艘，44. 35 万载重吨，相比 2016 年仅 1 艘、3. 88 万载重吨的新船订单量翻了 10 倍多。中国船东的沿海干散货船舶拆解量累计为 90 艘，457. 64 万载重吨，同比微降 0. 7%。可见，新增订单量受市场运价复苏影响反弹快速，船舶拆解量持续高位但略有下滑，沿海干散货运力未来反弹迹象明显。

2. 手持订单以延迟交付及 2017 年新增订单为主

根据克拉克森的全部手持订单数量统计，从手持订单的签订年份来看，受老旧船舶报废更新政策影响，大量订单都集中于 2014 年签订，且受市场长期

低迷影响，至今仍有大量延迟交付的手持订单，该年度新造干散货船舶订单的载重吨在订单总量中的占比高达 41.36%，其次为 2017 年的 25.77%。可见，受市场运价回升刺激，2017 年新增订单量增长较快，目前的沿海干散货船舶手持订单主要以延迟交付及 2017 年新增订单为主。

3. 运力预计上升 1.5% ~2%

由于 2016 年船舶新增订单数量已大幅萎缩，因此 2018 年沿海干散货新建船舶的交付总量尚处低位，但受市场运价大幅回升的影响，船东建造新船、购置进口二手船舶投入营运的热情高涨，2018 年新投入营运的沿海干散货船舶数量预计将有所反弹。同时，由于国家拆船补贴政策的实施期限至 2017 年已经结束，中国船东的船舶拆解量将从高位下滑，且随着船队的年轻化步伐加快，目前船龄在 18 年以上的老旧船舶在中国沿海干散货船队中的比重仅剩 9.34%，可供拆解的老旧船舶数量有限，因此预计 2018 年的沿海干散货船舶拆解数量较 2017 年有所下滑，在 400 万载重吨附近。预计至 2018 年年底，沿海干散货船舶运力有望达到 5400 万载重吨左右，较 2017 年年底的预测值（5299 万载重吨）上涨 1.5% ~2%，运力反弹出现小幅上涨，如图 9 所示。

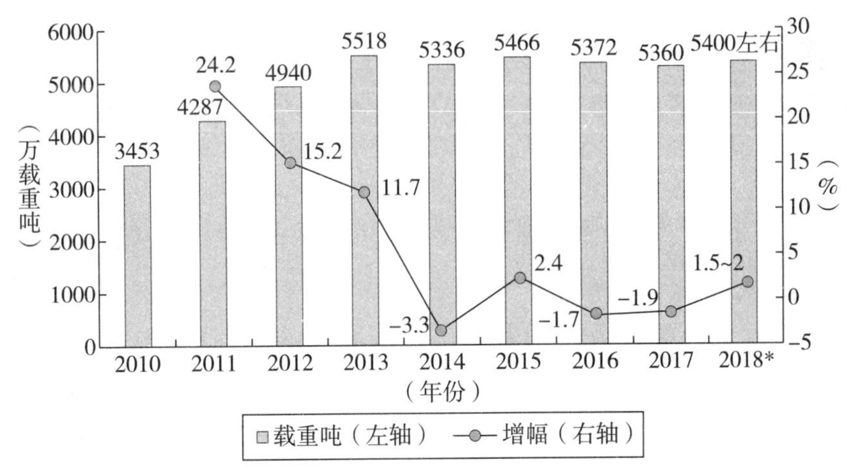

图 9　国内沿海运输的万吨以上干散货船总运力预测

注：* 为上海国际航运研究中心预测值。

（三）沿海干散货运价均值企稳回升

根据上文预测，2018 年沿海干散货运量将震荡上浮，涨幅预期为 7% ~8%；沿海干散货船舶运力增幅为 1.5% ~2.0%，运力过剩局面有较好缓解。但沿海散货运输市场同时也面临着火力发电占比连年下滑、下游产业实体复苏缓慢、电力运输取代煤炭运输、陆上煤运输取代海进江运输、散改集持续推进等诸多挑战。因此，预计 2018 年沿海干散货运价均值较 2017 年继续温和上涨至1250点左右，小幅上涨10%左右，增幅较2017年有所放缓，沿海干散货运价指数（CBFI）将在1100～1500波动，2018年沿海散货综合运价指数（CBFI）预测如图10所示。全年沿海干散货总体运价波动上涨，期间受节后开工率增加、夏季高温、冬季储煤影响有短时上涨行情，全年波动性较上年有所减弱。分市场方面，沿海煤炭运输市场保持震荡上行走势，期间受夏季高温和冬储煤季节带动有短时上涨行情；沿海矿石运输市场在国内基建项目的支撑下，缓中趋稳；沿海粮食运输市场的季节性特征将进一步增强。其中，煤炭和粮食将保持一贯的高度联动性。

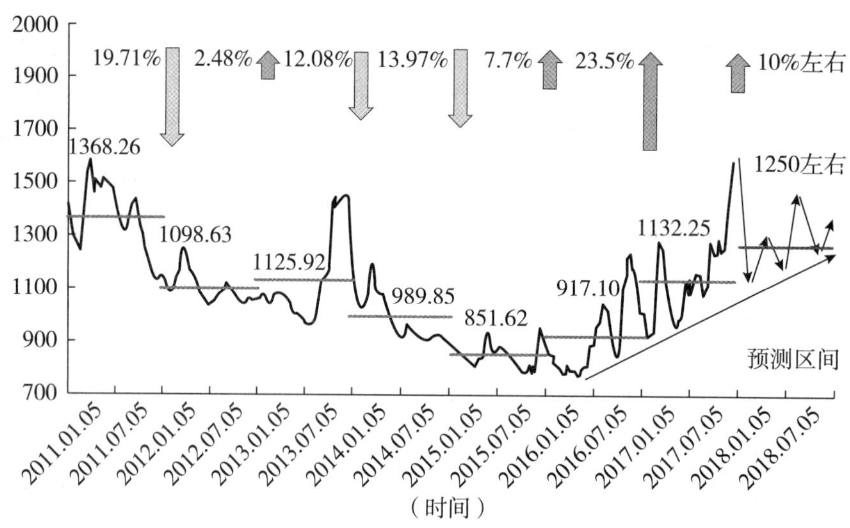

图10　2018年沿海散货综合运价指数（CBFI）预测

资料来源：上海国际航运研究中心。

1. 沿海煤炭运价受煤炭价格和季节性因素影响温和上涨

2018年全球经济有望延续增长脚步，国内经济仍将处于结构调整期，高耗能产业将继续保持低速增长，预计全社会用电量维持上涨，火力发电所占比例将继续下降，国内煤炭需求增长幅度预期减弱。2018年去产能仍将是钢铁、煤炭行业主基调，去产能的量预计仍为1.5亿～2亿吨，加上全国煤矿实行276个工作日制度的影响，煤炭价格上半年仍有上涨空间，带动沿海煤炭运输价格的大幅上涨。下半年，沿海煤炭运价主要受国内经济形势及夏季高温、冬季储煤等因素影响，将有短时上涨行情，加上沿海运力将有所下滑的预期，市场有望继续回升。因此，预计2018年沿海煤炭运价全年有明显回升，预计均值上涨10%左右

2. 沿海矿石运价低位企稳

2018年国内宏观经济由于加速结构调整，经济增长速度预计有所放缓。钢铁行业去产能步伐仍是主流，房地产行业预计继续降温，由于2017年年末各

地基础建设依旧持续火热，全国各地新一轮的项目规划纷纷出炉，因此预计矿石需求将有所上升，粗钢产量或将微幅增加。此外，钢厂矿石“随采随用”的模式也将为沿海铁矿石运价增加一定的不确定性，同时天气因素也会对沿海铁矿石运价产生一定影响。因此，预计2018年沿海铁矿石运价将小幅上涨，全年均值涨幅在7%左右。

3. 沿海粮食运价后期上涨较明显

2018年年初，受2017年年底影响，下游采购热情，饲料及深加工企业入市补库体量较大，而随着价格缓慢上涨农户惜售情绪较重，影响拉运热情。后期，预计新粮集中上市后，将会由于青黄不接（新粮即将售空、临储拍卖尚未开始）而出现价格明显上涨，刺激拉运需求。同时，沿海粮食运价也受沿海煤炭运价影响较大。因此，预计2018年沿海粮食运价增幅将与沿海煤炭运价保持基本一致，运价先涨后跌，总体有所回升，全年均值上涨7%左右，且沿海粮食运输市场季节波动特征较为显著。

（上海国际航运研究中心　李倩雯　杨庚　陈宇赫）

2017 年航空货运市场发展回顾与 2018 年展望

2017 年世界主要经济体在去年的基础上“砥砺前行”，特朗普正式就职美国总统，美联储三次加息，英国启动为期两年的脱欧程序，党的“十九大”提出探索建设自由贸易港，赋予自由贸易试验区更大改革自主权。同时，航空货运业也是“遍地开花”。全球货运区块链联盟成立，湖北国际物流核心枢纽鄂州机场项目正式开工，三大航改制完成，IATA（国际航空运输协会）预测无人机应用新市场，医药冷链运输验证新国标发布。错综复杂的市场环境下，全球航空货运发展依然大有可观。2006—2017 年世界与中国航空货运周转量增长率如图 1 所示。

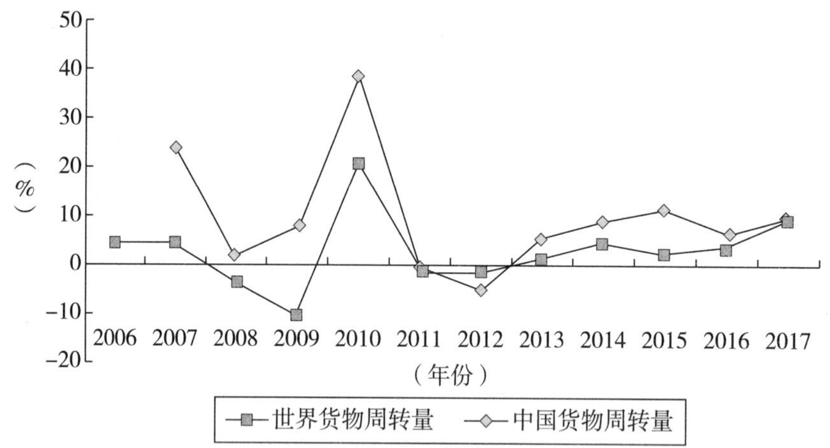

图 1　2006—2017 年世界与中国航空货运周转量增长率

资料来源：IATA，国家统计局。

一、2017 年航空货运市场回顾

（一）全球航空货运市场“如火如荼”

在全球经济稳步发展，市场逐渐回暖的背景下，航空货运需求呈良好发展态势。从 2016 年第四季度开始，全球航空货运呈现不断复苏迹象，2017 年更是强势开局，全球航空货运需求（按照货运吨公里计算）增长率达到 9.0%，迎来近五年来最高水平，高出 2016 年货运增长率 5.2%，是过去五年年均增长率的两倍。国际航协理事长兼首席执行官 Alexandre de Juniac 表示：“自 2010

年全球金融危机后经济开始复苏以来，航空货运表现最为强劲，需求增长 9.0%，超过货运运力和客运需求增长。载货率、收益和总收入均实现增长。尽管航空货运仍面临艰难且竞争激烈，但 2017 年仍是航空货运长期以来发展态势最好的一年。”

截至 2017 年 12 月全球航空货运需求增长率为 5.7%，增速减缓下降，低于去年同期货运需求的增长速度 9.8%，有迹象表明，需求强劲增势或已达到峰值，进入稳健增长阶段。(如图 2 所示)

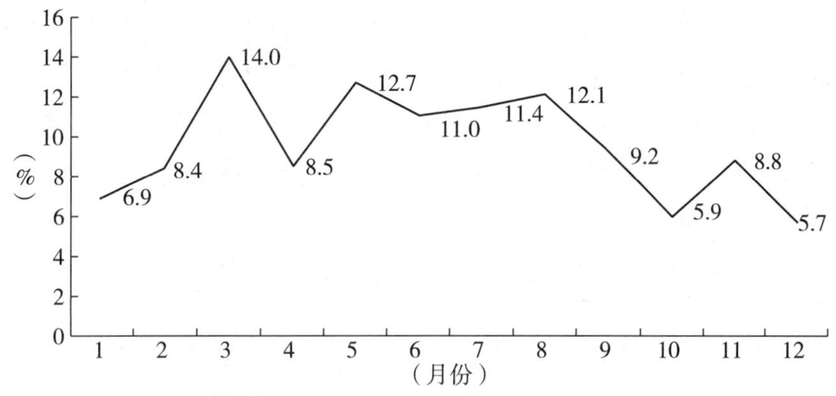

图 2　2017 年 1—12 月全球航空货运需求增长率

资料来源：国际民航组织航空运输监控（ICAO Air Transport Monitor）2018 年 2 月发布数据。

2017 年各个货运市场运输需求表现各不相同。其中，非洲与欧洲货运需求持续保持两位数增长，以非洲表现最为突出，货运需求增长接近各区货运需求增长总量的 40%，运力同比增长 9.9%。尽管货机机队的使用率更加频繁，但运力增速却有所放缓。综合来看，对陷入困境的货运收益来说是利好消息。2017 年全球航空货运市场如表 1 所示。

表 1　2017 年全球航空货运市场

	全球市场份额（%）	货运吨公里同比增长（%）	可用货运吨公里同比增长（%）	载货率同比增长率（%）	载货率水平同比增长（%）
整体市场	100.0	9.0	3.0	2.5	45.5
非洲	1.9	24.8	9.9	3.0	25.7
亚太	37.0	7.8	1.3	3.4	56.1
欧洲	24.2	11.8	5.9	2.4	46.4
拉美	2.7	5.7	3.1	0.8	34.2

续 表

	全球市场份额（%）	货运吨公里同比增长（%）	可用货运吨公里同比增长（%）	载货率同比增长率（%）	载货率水平同比增长（%）
中东	13.7	8.1	2.6	2.3	44.9
北美	20.5	7.9	1.6	2.1	36.5

资料来源：IATA。

2017 年以来，航空货量增长主要来源于全球商业一体化以及电子商务持续增长所带来的有利影响，此外，制造业进一步繁荣以及新业务订单，均有助于提高半成品及成品的航空货运量。受往返亚洲贸易航线强劲增长势头的影响，货运需求在 2017 年前 8 个月增长超过 67%，经季节性调整后货运量上升趋势在最近数月趋缓，呈现稳定态势。

（二）中国航空货运市场“稳中向好”

纵观近几年我国民航货物运输情况，中国航空货运市场呈现稳势增长，尤其在中国进入新常态发展时期，货物运输增长率连续四年保持稳定。2017 年我国航空运输量实现年均增长率 5.7%，稍逊于 2016 年的 6%，如图 3 所示，年内各月份增长同样起伏变化，航空货运市场正在进入稳增速、调结构的转型期，如图 4 所示。在运输结构方面，上海浦东国际机场、北京首都国际机场以及广州白云国际机场依然占据国内货邮运输的前三位，货邮吞吐量分别为 382.4 万吨、203.0 万吨和 178.0 万吨，如表 2 所示。

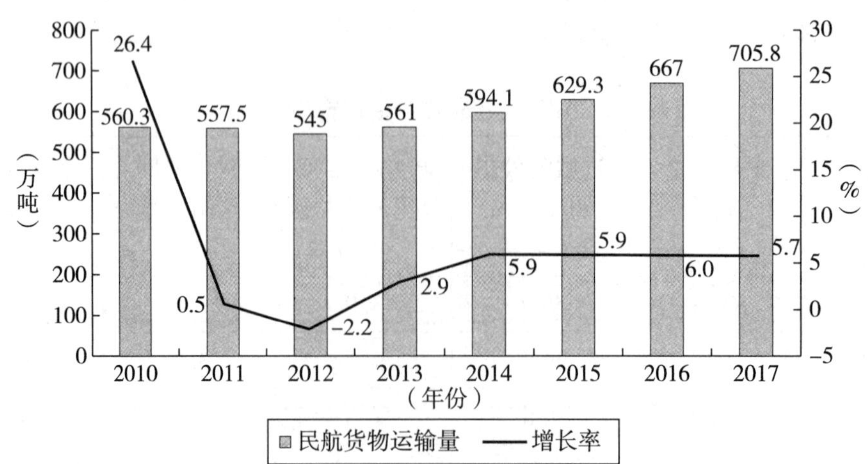

图 3　2010—2017 年我国民航货物运输量及增长率

资料来源：中国民用航空局。

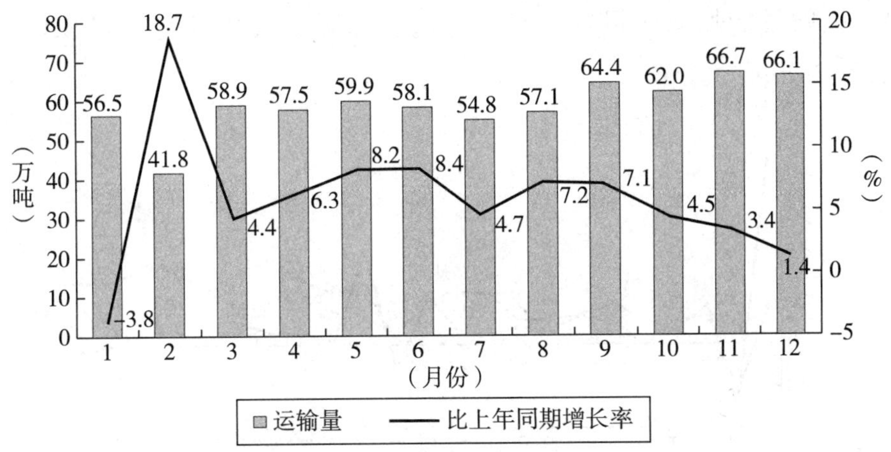

图 4　2017 年 1—12 月我国民航运输量及增长率

资料来源：根据 2017 年 1—12 月交通运输部民航主要生产指标统计汇总。

表 2　　2017 年我国机场货邮吞吐量排名　　单位：万吨

机　场	2017 年	2016 年	2015 年	2014 年	2013 年	2012 年	2011 年
上海浦东	382. 4	344. 0	327. 5	318. 2	292. 9	293. 8	308. 5
北京首都	203. 0	194. 3	188. 9	184. 8	184. 4	180. 0	164. 0
广州白云	178. 0	165. 2	153. 8	145. 4	131. 0	124. 9	118. 0
深圳宝安	115. 9	112. 6	101. 4	96. 4	91. 4	85. 5	82. 8
成都双流	64. 3	61. 5	55. 7	54. 5	50. 1	50. 8	47. 8
杭州萧山	58. 9	48. 8	42. 5	39. 9	36. 8	33. 8	30. 6
郑州新郑	50. 3	45. 7	40. 3	37. 0	25. 6	15. 1	10. 3
昆明长水	41. 8	38. 3	35. 5	31. 7	29. 4	26. 2	27. 2
上海虹桥	40. 7	42. 9	43. 4	43. 2	43. 5	43. 0	45. 4
南京禄口	37. 4	34. 1	32. 6	30. 4	25. 6	24. 8	24. 7

资料来源：中国民用航空局。

1. 中国航空货运市场发力，国际货运市场好于国内

得益于全球贸易展望改善，中国航空货运市场正处于复苏阶段，其中国际货运市场成为我国航空货运增长的主要动力。2017 年国内航线累计货邮运输量同比增长 2. 6%，低于 2016 年同期的 6. 0%；国际航线累计货邮运输量增长 14. 1%，是 2016 年同期增速 6. 2% 的两倍之多。从 2016 年 12 月数据来看，国际货邮运输量增速已经超过国内市场，并保持此趋势一直到 2017 年年底，2017 年 12 月国际货邮运输量增长率高出国内 17. 5 个百分点。但从总体来说，

现阶段国内航线货邮运输量 482.8 万吨远超国际航线货邮运输量 220.5 万吨。（如图 5 所示）

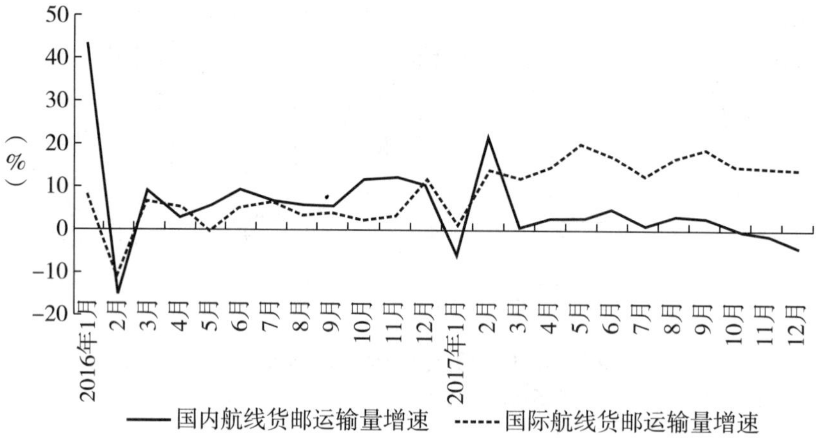

图 5　2016—2017 年我国国内、国际货邮运输量增速

资料来源：中国民用航空局。

贸易量的迅速增长，尤其是中国大陆与欧、美及周边主要国家（地区）贸易额的增长，带动中国大陆与其他经济体空运贸易量全面上升。从主要贸易国别看，进口国（地区）排名前三位的依次是美国、中国台湾和韩国，分别占航空运输进口总额的 14.9%、13.8% 和 13.3%，如图 6 所示；出口国（地区）排名前三位的依次为美国、中国香港和韩国，分别占 26.0%、13.2% 和 5.8%，进口增长 27.3%，出口增长 18.8%，进出口贸易形势大好，如图 7 所示。

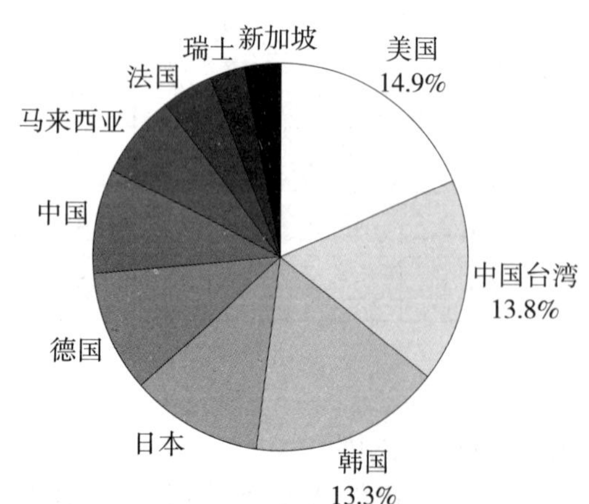

图 6　2017 年上半年进口贸易主要国家分布

越南
新加坡
印度
德国
美国
26%
中国台湾
日本
荷兰
韩国
5.8%
中国香港
13.2%

图 7　2017 年上半年出口贸易主要国家分布

资料来源：2017 年第十四届中国航空货运高峰会议。

2. 中西部地区热点降温，东部地区仍是货运主力市场

与 2016 年的热点西移相反，2017 年中西部地区航空货邮增速低于东部地

区，重庆、郑州等2016年增长较好的机场均回落到个位数增长，航空货运热点回归东部地区。东部作为我国经济实力最强的地区，货邮增速7.6%，超过全国平均水平7.2%，城市群和机场群协同发展形势强烈。

长期以来，我国航空货运市场高度集中化，主要集中在东部大型机场。2017年北京、上海和广州三大城市机场货邮吞吐量占我国大陆机场货邮吞吐量的49.9%，较2016年提高0.3%。东部大型机场对航空业务量的贡献符合帕累托"二八定律"——20%的机场创造了80%的航空业务量，营收亦是如此，其经济价值和社会价值越来越大，同时竞争也越来越激烈。航空货运市场东西部发展不平衡的格局短时间内不会有太大改变。（如图8所示）

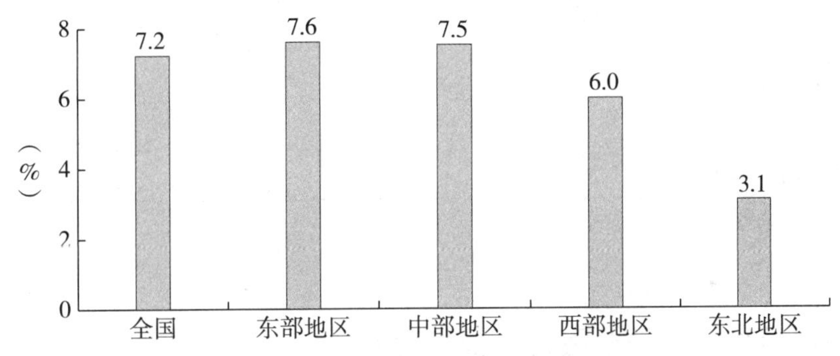

图8　2017年我国各地区航空货运增速

资料来源：中国国家民用航空局。

3. 三大航依旧占据市场主体，快递公司继续分食"市场蛋糕"

在国内航空公司中，三大航凭借天然的资源优势占据了63%（按2017年货邮运输量计算）的市场份额，仍然是市场的主体，但载运率过低、增速较慢、盈利能力差，始终困扰着航空货运的发展，运营规模（机队）增长乏力，而产业结构的升级转型也许成为各大航空公司的重要出路之一。为了吸引民营及外国资本，促进航空货运持续发展，同时促进央企运营更加规范、市场化，南航、东航、国航等航空巨头相继发布混改方案与进展程度，完成改制。

顺丰、圆通等国内民营快递企业纷纷组建货运航空公司，目前顺丰已拥有全货机机队41架（截至2017年12月31日），运营全货机数量居国内第一位。如表3所示。2017年2月份，湖北鄂州发布的《政府工作报告》显示，2017年鄂州开始建设湖北国际物流枢纽机场（顺丰国际机场），有望成为亚洲第一个专业的货运机场。12月20日，顺丰机场项目正式开工，其建成必将影响国内航空货运。2018年2月9日，国务院、中央军委正式批复同意了新建湖北鄂州民用机场。航空快递发展前景可观，货运专业化机场或将是未来发展方向。

表 3　　**2017 年我国全货运航空公司机型统计（部分）**　　单位：架

航空公司	主要机型					
	B737F	B747F	B757F	B767F	B777F	A320
CK（中货航）		3	1		6	
CA（国货航）		3	3		8	
CZ（南货航）		2			12	
Y8（扬子江）	22	3				
CF（邮政）	22					
O3（顺丰）	17	2	17	5		
YG（圆通）	5					
UW（友通）		1				3
申通		1				
GI（龙浩）	3					

资料来源：民航小站、新闻资料整理。

二、2018 年航空货运市场展望

世界银行在 2018 年 3 月 9 日发布的最新一期《全球经济展望》中指出，在投资恢复、制造业回暖以及全球贸易稳步增长的带动下，2017 年全球经济预计增长 3%，为 2011 年以来的最强劲增长。东亚和太平洋地区对 2017 年全球经济增速的贡献率超过 1/3，其中大部分贡献来自中国。国际航协数据显示，消费者信心急剧上升，推动市场对空运货物的需求，在巴西、俄罗斯、印度、中国等主要新兴市场尤为明显。基于人口优势以及 GDP 的增长，亚太地区将逐渐成为航空货运增长的领军者。

未来航空货运的发展将主要受四个因素的影响，一是电子商务的增长带动航空快递的发展，消费者对时效性及安全性的需求无疑是航空货运的一个机遇，但同时也对成本，价格以及服务也提出了更高的要求。二是高铁技术的不断发展与推广，使航空货运在短途运输中失去速度优势，航空货运需要开辟新的发展思路应对潜在竞争者的影响。三是新技术的应用及货运区块链、自由贸易港的兴起，推动产业转型。在过去 15 年中，航空旅行从业务量到服务品质都发生了很大变化，而目前商业正在发展，从传统到电子化、移动化、虚拟化和自主商业，交货期望也在变化，对物流行业造成了一定影响，航空货运从业者需要适应改变。四是中产阶级的增加，提高了人们的消费水平，对鲜活易腐产品及温度敏感型药品的要求更高，冷链航空货运是其今后发展的优势方向。

（一）电子商务带动航空快递发展，跨境电商增速迅猛

电子商务市场快速增长。2017 年全国完成快递业务量 401 亿件，同比增长 28%，连续四年稳居世界第一；电子商务交易额达 29.2 万亿元，同比增长 26.9%，占全球市场份额的 40% 以上，成为世界最大的电子商务市场，如图 9 所示。同年“双十一”单日全网总销售额达 2539.7 亿元，产生包裹 13.8 亿个，中国快递市场继续扩大。据估计，到 2020 年，市场规模将会比美国、英国、日本、德国和法国等现有市场的总和还要大，未来发展空间广阔。

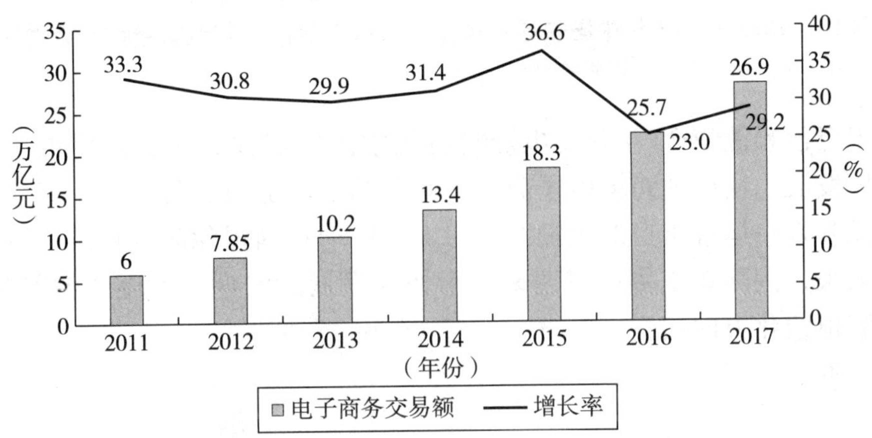

图 9 2011—2017 年我国电子商务交易额

资料来源：中国电子商务研究中心。

1. 国内电商对航空货运需求日渐平缓

电子商务已经发展成为国内零售、贸易的主流方式之一，目前正保持快速、稳定的增长势头。电子商务的高速发展，极大程度上推动中国速递市场的发展，同时，快递行业的不断发展和自我完善，反过来也进一步促进了电商行业的可持续快速发展，两者相辅相成。

2011—2017 年，全国快递业务量年均增长率为 50.4%，同期民航货邮运输量年均增长率仅为 3.3%，如图 10 所示。两者反差巨大的主要原因是航空运输在国内电商快递中的使用率普遍偏低，不足 5%。未来我国国内航空货运将受到“大数据 + 物流凭条 + 仓配”以及高铁物流的严峻挑战，国内航空货运的增长将日渐平缓，市场份额将逐渐稳定。

2. 跨境电商加速推动航空物流发展

跨境电商推动消费升级，促进直邮、集货和保税区多种物流方式的高速发展。据电子商务研究中心数据显示，2017 年中国跨境电商交易规模 7.6 万亿元，同比增长 13.4%，如图 11 所示。未来跨境电商有望成为民航货邮运输业务量增长的核心驱动力之一。

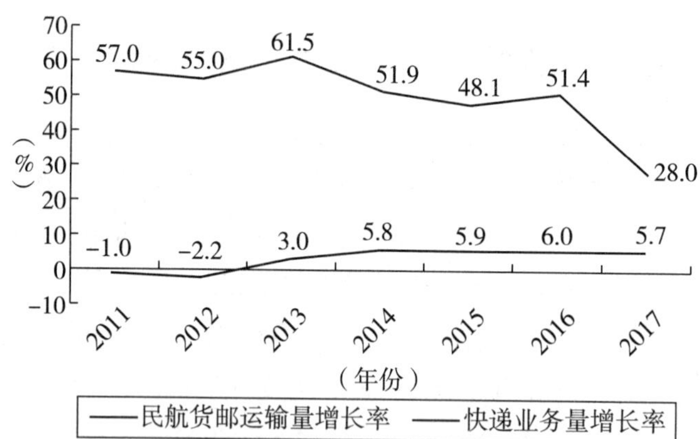

图 10　2011—2017 年中国快递业务量增长率与民航货邮运输量增长率对比

资料来源：国家邮政局、中国国家民用航空局。

阿里巴巴预测 2020 年跨境电商将占到中国外贸的 38%，跨境电商正以井喷式速度发展，便捷的跨境电子商务势必大幅度增加我国与其他国家之间进出口贸易尤其是空运进出口的运输需求，大大推动我国国际航空物流运输业务的发展。未来，国际航空货运将迎来一个快速发展的时期，并逐渐朝着规模化、速递化和枢纽化方向演变。

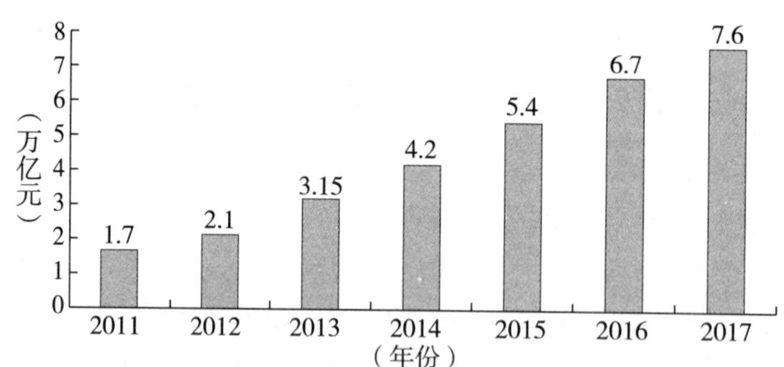

图 11　2011—2017 年中国跨境电商交易规模

资料来源：电子商务研究中心。

（二）冷链航空货运成为“今日之星”，潜在市场规模巨大

目前我国冷链市场规模在 1500 亿元左右，食品和农产品在冷链中占绝大部分，医药和化工类占比较小。得益于生鲜电商的迅猛发展及冷藏食品药品消费量的增加，我国冷链物流的增量空间被打开，预计到 2020 年冷链物流市场规模将达到 4000 亿元，逐步引发潜在的航空货运市场。

1. 医药冷链促进全球药品航空货运和标准的发展

温感型药品市场规模扩大，医药冷链进入快速发展阶段。2016 年我国医药冷链物流市场规模达到496亿元，如图12所示，其中疫苗类制品、注射针剂、酊剂、口服药品、外用药品、血液制品等医药冷藏品的销售金额占我国医药流通企业总销售额的10%左右，为冷链物流提供了充足的发展空间。

预计到2022年全球制药市场将达到1.12万亿美元，中国现已成为全球第二大医药消费市场、第一大原料药出口国，目前市场上有近5000家原料药和制剂企业，医药制造业年度主营业务收入超过2.5万亿元，医药市场规模正在不断扩大，对物流也提出更高的要求，尤其是温度敏感型药物需要冷链物流服务，医药冷链物流也随之步入快速增长期。

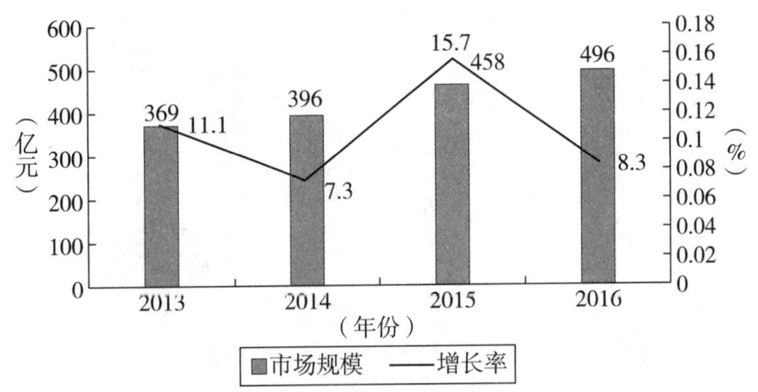

图12　2013—2016年我国医药冷链物流市场规模及其增长率

资料来源：中国产业信息网、新闻数据整理。

关注医药航空冷链的质量和安全保障，推动建立行业标准。医药冷链的行业标准是保障航空运输质量安全，促进医药冷链发展的重要手段。欧盟在2013年实施了新的良好分拨实践（GDP）法规，该法规要求制药产品在整个运输过程中保持所需的温度。国际航协（IATA）在欧盟GDP指南发布之后，大力推行CEIVPharma（药品物流独立验证卓越中心标准认证），用于协助货运承运人针对其温度敏感型药产品实施有效运输的标准。适当温度下储存、运输，能够保障整个供应链完整性。截至2018年2月，亚洲共有4家企业获得CEIV Pharma认证，分别为浦东机场的DHL上海货站、国泰航空公司以及日本成田机场的ANA（All Nippon Airways）、Bolloré Logistics韩国分公司。冷链医药的关注度正在不断提升，未来国际航空运输协会的医药物流认证（CEIV - Pharma）将成为行业发展的重要推动力。

2. 生鲜冷链物流极大满足消费者需求

2016、2017年我国生鲜电商交易规模增速分别为68.8%、59.7%，远远快于电子商务产业的平均发展增速。从2010年我国生鲜电商交易规模为4.2亿元，到2013年达130.2亿元，再到2017年增长到1402.8亿元，生鲜电商市场增速迅猛，平均每年保持50%以上的增长率，如图13所示。消费市场对温敏物资总需求的日益壮大以及对商品品质要求的不断提高，使航空冷链物流的市场日益扩大。2016 年我国生鲜电商物流行业的市场交易规模 274.2 亿元，同比增长 68.6%，预计 2017 年将达到 434.9 亿元，同比增长 58.6%。生鲜电商的快速发展推动冷链物流市场需求进入增长的快车道，但冷链物流建设成本高，回报时间长，制约其未来发展，以冷链的模式创新和新业态注入为主要手段促进生鲜物流的持续发展，未来的冷链物流将向精细化、智能化、平台化方向发展。

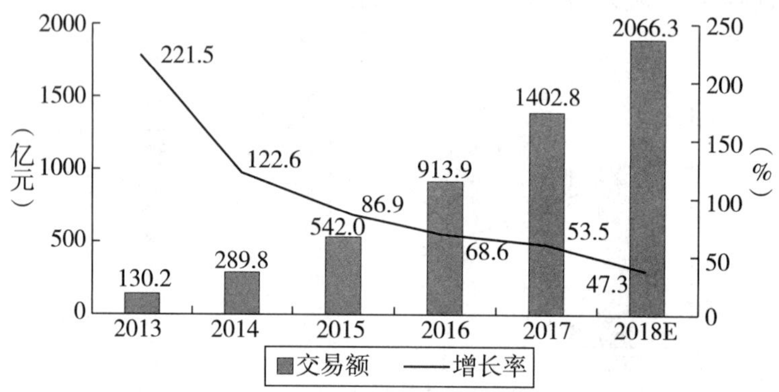

图 13　2013—2017 年我国生鲜电商市场规模情况及 2018 年预测

资料来源：中国电子商务研究中心。

（三）无人货机与客改货热潮兴起，或成未来发展方向

无人机热潮兴起。2017 年 10 月，我国建立了第一个无人机实验室。与传统航空物流的追求市场规模，关注局部市场物流需求，固定航线以及需要培训机组人员相比，无人航空物流追求市场广度，具有灵活的航线网络布局，关注高附加值物流以及具备灵敏的市场反应。

目前，国内的航空网络主要覆盖一二线城市，在西北、西南等三四线城市，受高海拔地区、山区、江河等地形影响，陆运效率低下，需要航空线路运输货物。大型无人货机的航空货运与公路运输、铁路运输相比兼具经济性和时效性，能占据当地高附加值货物运输市场的绝大多数份额。以四川为例，目前从攀枝花到成都陆运需要 12 ~ 15 小时，如果把支线的陆运转变为大型无人机空运，时间将缩短到 2.5 小时，可极大提升快件时效和服务可靠性。

目前我国大型无人货机的发展还处于初创期，诸如帆美、顺丰、京东等公司都对大型无人货机进行了探索研究，并取得了一定的成果。根据航空货运的高时效性和以降本增效为基础的无人化优势，未来将形成“大型无人运输机 + 支线大型无人机 + 末端小型无人机”三段式无人空运网，机动匹配并覆盖国家干线、城市干线及偏远地区最后一公里的运输需求，最终实现物流运输的智能化。

客改货是未来趋势。根据《Cargo Facts》提供的数据显示，截至2016年年底，全球共有宽体货机1002架，窄体货机647架，窄体货机占整个商业航空货机机队数量的39%。尽管目前窄体货机的在役数量仍然比宽体货机少，但其数量在近几年呈逐步上升趋势，同时宽体货机的数量正在逐年下降，使得这一差距正在不断缩小。造成这种趋势的主要原因是中国等国家和地区近年来快递业和国内电商的蓬勃发展，催生了航空运输市场对窄体货机的强劲需求。亚太地区、非洲地区拥有新舟较大机队，占了约80%。客改货是提高新舟飞机在二手市场活跃度的有效措施。

与全新货机相比，改装货机的购置费用更低，大大减少了航空公司的初期货运投入，降低了自主运营全货机的门槛，因而广受航空公司的青睐。再加上目前空客和波音公司在产供应的全新货机型号均为宽体货机，这就意味着运营商获取窄体货机的主要途径是客改货，窄体飞机的客改货市场随之升温。目前，两家公司为了抢占窄体客改货项目市场，几乎同时启动改造计划。

（四）高铁快运冲击航空货运，市场细分与多式联运成为关键

高铁对航空货运市场的冲击。高铁以诸多明显优势占据了国内中短途货运市场。相较于航空运输，高铁不仅旅途全程时间短（节省往返机场、候机时间），而且运送能力大，受气候变化影响小，正点率高。在今年的“双十一”购物热潮中，各铁路局、集团、公司都提供了货运特快、动车组，其中包括铁路“新星”复兴号。2017年11月6日，中铁快运与顺丰合作推出“高铁极速达”，实现京沪两地陆运当日到达。依托高铁路网和高铁列车等铁路优势资源，为客户提供当日达、次晨达、次日达、隔日达、特定达，及经济快递、同城快递等小件物品全程运送服务，运输的范围包括冷链运输和电商包裹、商务文件、证照票据等货物，对航空货运造成一定的冲击。

细化运输市场，充分发挥航空货运优势。航空货运的长距离运输优势对发展国际航线十分重要。飞机在超过1000千米的旅程中能显露其快速便捷的优越性，加大国际航线规划和建设力度，大力发展国内国际中转运输，提高市场化、国际化运营水平是未来航空市场的主要发展方向，并且飞机几乎可飞跃各种天然障碍，到达铁路和公路难以通达的地方，具有广阔的潜在市场。此外，根据货物价值以及运输的时效性需求，预计未来货源市场细分将越来越清晰：批量低价普货更多可能使用铁路、海运等运输方式；航空运输则更适用于各类鲜活产品、快件产品和邮件货源等品种。

高铁与航空货运联合发展多式联运。空铁联运是指航空运输与铁路运输之间协作的一种联合运输方式，参与者包括民航机场、航空公司、铁路系统等。

速度经济时代，远途交通运输需要多式联运实现无缝连接，提高整体的运输效率。现已有德国法兰克福机场、英国希思罗国际机场、中国天津滨海国际机场和上海虹桥国际机场等开通客运空铁联运，未来处理好空侧与陆侧的基础设施，将有望形成货运空铁联运。

（五）技术变革引发行业升级，电子货运普及率增加

电子货运的实现愿景。电子货运是一项全行业计划，旨在通过监管框架，现代化的电子信息和高质量的数据，为航空货运建立一个端到端的无纸化运输流程。既能提高效率，节省运输时间，又可以加强信息安全，而且更加环保，更加机动灵活（使用移动设备即可实现操作）。截至 2017 年 8 月，全球电子航空运单的普及率为 50.7%，2018 年全球电子航空运单的普及率目标为 68%。电子货运为未来航空货运技术变革提供一个可行的方向。

加快变革，促进行业转型。航空货运的变革主要体现在智能化、可视化、安全化三个方面。实现这三个方面主要以数字技术、传感器、机器人、自动化设备、增强现实以及新型筛选技术为支撑，建立智能物流。其中数字技术将成为航空货运变革的主要催化剂之一，也将成为流程转型的驱动力之一。传感器和其他互联设备将使货物具有互动性，并提高可追溯性，可见性和质量。机器人和自动化将提高生产率，减少错误率。增强现实将大大简化处理人员的工作，加快流程，限制错误，提高安全和质量。专门为航空货物设计的新型筛选技术将能够扫描到分子水平，加强安全性并符合法规。

区块链在消费者和企业应用中已经无处不在，货运及物流行业是已经准备好迎接变化的领域之一。目前，买方和托运方需要雇用昂贵且经常出错的中介货运经纪人来管理交易流程并验证交易。这些经纪商作为“行业守门人”，通常会通过增加费用和佣金将收费提高 50%。货运区块链联盟（Blockchain in Trucking Alliance，BiTA）的成立希望能够改善这种情况，实现货运信息透明度，降低成本，提高运输效率。现已有 SAP 和 UPS 等国际巨头成为 BiTA 的成员，区块链在航空货运中的应用或将成为未来发展的一种创新。

（六）航空邮件市场继续萎缩，或将被互联网技术取代

航空邮件市场持续下降，降幅收窄。2017 年，邮政函件业务累计完成 31.5 亿件，同比下降 13%；包裹业务累计完成 2658 万件，同比下降 4.9%；报纸业务累计完成 177.1 亿份，同比下降 1.6%；杂志业务累计完成 7.9 亿份，同比下降 7%。由此可见，航空邮件市场规模不再，但降幅收窄，有向稳趋势，未来是否能被互联网所取代有待观察。（如图 14 所示）

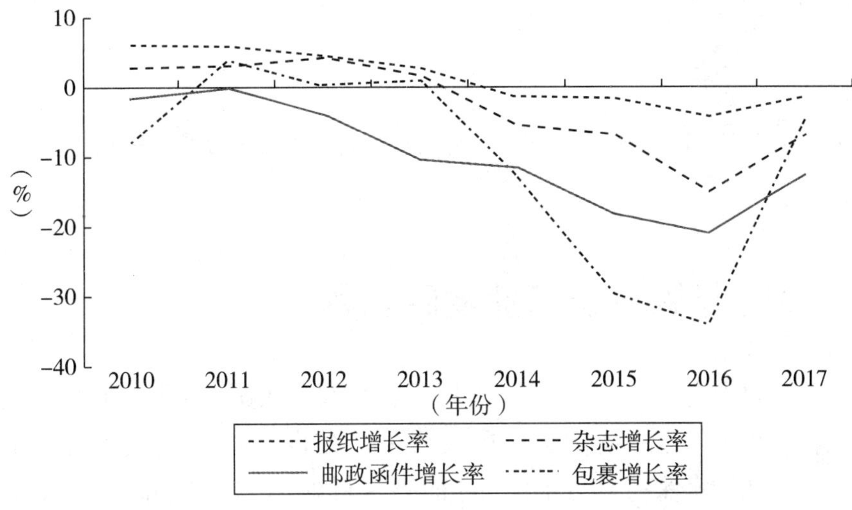

图 14　2010—2017 年我国邮政业发展情况

资料来源：国家邮政局。

（七）建设自由贸易港，带动货运需求持续增长

十九大报告提出赋予自由贸易试验区更大改革自主权，探索建设自由贸易港。自由港是设在一国（地区）境内关外、货物资金人员进出自由、绝大多数商品免征关税的特定区域，是目前全球开放水平最高的特殊经济功能区。自由贸易港建设将极大促进离岸贸易与离岸金融的发展，激发更多货运需求，对于航空货运来说是一项新的机遇，积极建设空港型自由贸易港有助于实现国际开放，加强国际贸易，促进航空货运市场持续发展。

（中国民航大学临空经济研究中心　曹允春　张凯迪　宋文妍）

2017 年仓储业发展回顾与 2018 年展望

一、2017 年物流仓储业发展回顾

2017 年党的十九大胜利召开，国民经济整体上稳中求进，生产、制造、消费等领域稳健运行，经济结构实现重大改革。在良好的宏观经济背景下，我国仓储业经济活动继续保持稳步回升的态势，行业需求持续增长，效益有所提升。伴随着中国经济进入减速换挡，动能转换，结构优化的新常态，物流业作为服务于实体经济的重要产业，2017 年不仅经历了深刻的行业调整，也在这一过程中萌生了新的生机。

从行业整体运行层面来看，2017 年仓储行业稳中有进。据中国物流采购联合会与中储发展股份有限公司共同发布的中国仓储业指数显示，2017 年，除 7 月跌落至 50% 以下的收缩区间外，其余各月均保持在扩张区间，全年该指数平均水平保持在 52.4% 的较高水平，高于 2016 年 1.1 个百分点。（如图 1 所示）

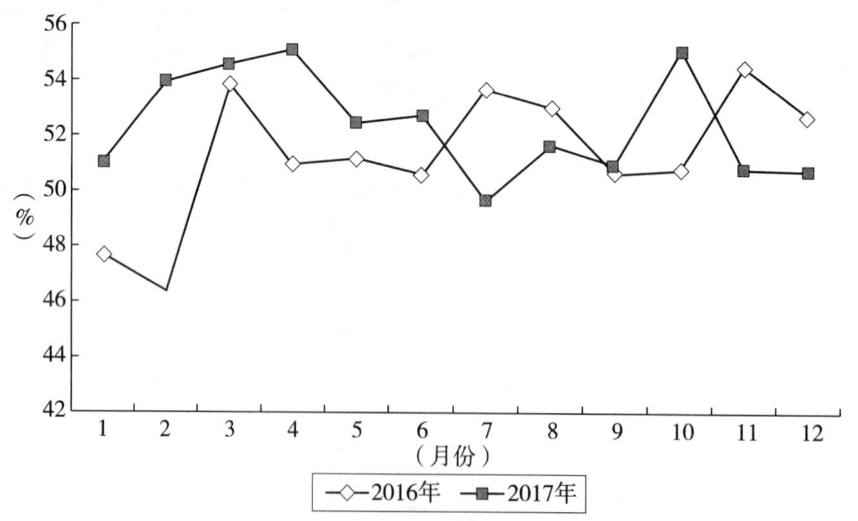

图 1　2016—2017 年中国仓储指数走势

从主营业务利润细分指数来看，2017 年仓储行业生产经营效益有效提升，整体活力显现。2017 年，中国仓储指数业务利润指数平均水平为 51.6%，较 2016 年同期回升 3.5 个百分点，显示经济的持续增长切实带来了企业效益的回

升。尤其是上半年，仓储企业主营业务利润指数平均水平 52.6%，是自 2015 年以来行业最佳盈利周期。

从生产经营成本细分指数来看，2017 年仓储行业经营成本不断上升，生存压力较大。仓储业 2017 年的主营业务成本指数平均水平为 54.4%，较 2016 年同期增长 2.1 个百分点，连续两年持续上涨，行业运营成本压力延续，特别是进入第四季度，主营业务成本增势明显，主营业务成本指数平均水平达到 56.1%，较前 3 个季度上升 2.3 个百分点。

从社会整体效益来看，仓储行业大环境持续转好，有效地带动了企业就业。2017 年中国仓储指数从业人员指数全年各月均保持在 47% 以上，处在近年来的较高水平，平均为 50.4%，高于上年 0.3 个百分点，创出近 3 年历史同期均值的新高。反映出仓储行业吸纳就业的能力较强，而就业稳定回升对社会稳定具有良好的促进作用。

从仓储业的固定资产投资看，2017 年仓储业固定资产投资总额 6855.78 亿元，相比较 2016 年的 6983.50 亿元略有下滑，但从 2013—2017 年这一区间看，仓储业固定资产投资五年复合增长率 11.3%，如图 2 所示，高于同期全国固定资产投资增速，也高于物流行业固定资产投资增速，2017 年仓储业的固定资产投资额仍属于高位运行，维持了历史高增速。回顾 2017 年，仓储业作为物流行业的一大基础板块有以下几大看点。

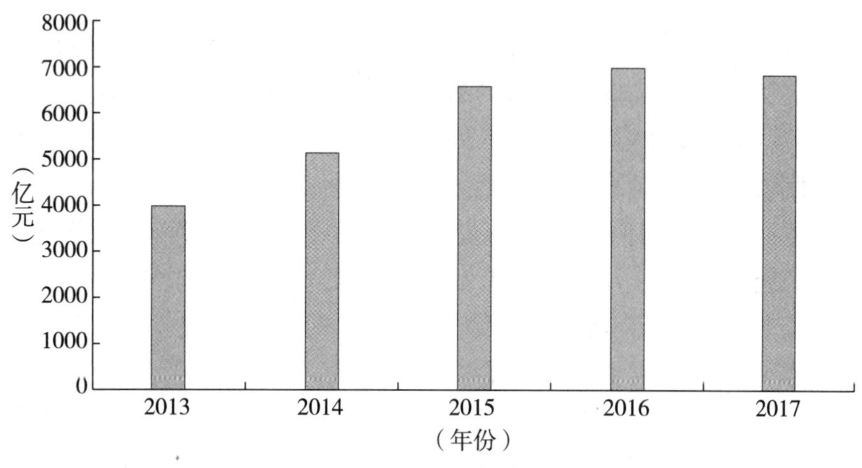

图 2　仓储业固定资产投资总额

（1）宏观政策层面对仓储业发展关注度和指引性进一步提高，政策利好持续。党的十九大报告提出，加强“物流等基础设施网络建设”；在“现代供应链等领域培育新增长点、形成新动能”。《国务院办公厅关于加快发展冷链物流保障食品安全、促进消费升级的意见》（国办发〔2017〕29 号）《国务院办公厅关于进一步推进物流降本增效促进实体经济发展的意见》（国办发

〔2017〕73号）《国务院办公厅关于积极推进供应链创新与应用的指导意见》（国办发〔2017〕84号）等先后印发。

（2）商品价格尤其是大宗商品市场呈现近年来少有的高位回暖态势，仓储业利润得以修复。随着供给侧结构性改革的不断深化，以及持续加码的环保压力，大宗商品价格持续几年低迷盘整之后触底反升。2017年，文化商品指数创下近三年来最高值164.9，表明大宗商品价格冲破了底部盘整期，整体景气度回升。仓储企业作为大宗商品的蓄水池，经营状况严重依赖大宗商品景气度，另据公开数据显示，2017年，我国规模以上工业企业实现利润75187.1亿元，比上年增长21%，增速比2016年加快12.5个百分点，达到2012年以来最好的水平，全行业利润率的增加，为仓储企业提供了利润空间。因此，许多仓储企业在2017年的主营业务利润得到了修复提升。

（3）物流地产成为产融结合热点，行业投资基金显著增加。2017年，物流地产领域的投资热度明显上升，随着行业资本市场的逐渐成熟，物流园区基础设施投资、仓储企业股权融资等领域均成为快速增长的投资热点，越来越多的投资基金进入物流行业，包括政府引导基金、物流产业投资基金，尤其是房地产转型抢滩物流地产市场等。2017年8月，国务院印发《关于进一步推进物流降本增效促进实体经济发展的意见》指出，支持符合条件的国有企业、金融机构、大型物流企业集团等设立现代物流产业发展投资基金，按照市场化原则运作，加强重要节点物流基础设施建设，支持应用新技术新模式的轻资产物流企业发展。鼓励银行业金融机构开发支持物流业发展的供应链金融产品和融资服务方案。支持银行依法探索扩大与物流公司的电子化系统合作。

例如2017年7月普洛斯管理层、厚朴投资、高瓴资本、中银资本联合收购普洛斯，代表了市场对物流地产的认可，也将加速城市物流地产领域的布局整合；2017年12月，国内仓储物流龙头企业中储发展股份有限公司公告成立中储物流投资管理有限公司进行100亿元规模的物流产业投资基金运作。

（4）供应链管理日趋成熟，仓储企业不再拘泥于传统业态。随着新零售、电商线下一体化等繁荣发展，仓储企业不再是简单的中转节点，而成为打通了“仓”“融”“货”“配”环节的一体化服务中心，即现代供应链一体化服务中枢，仓储企业已不仅是有形货物的集散地，也成为物流大数据的集散中心。

供应链模式下仓储企业与产业链的深度整合，服务集成化。在传统商贸物流模式下，生产商、贸易商、物流仓储企业各自功能独立，仓储仅作为商贸物流的一个环节发挥仓储保管功能，业务的物理范畴在仓库内。而随着社会生产的不断进化，商贸物流模式在逐渐被供应链模式替代。供应链管理的核心是库存管理，通过降低库存、保持合理库存水平，使供应链体系减负、优化，此中生产商、贸易商、物流仓储企业边界模糊化，仓储企业功能集成化，仓储企业作为专业的物资物料管理专家，进入产销存管的各个环节，承担生产库存管理、地区分拨中心、质押监管中心等复合功能，成为以物流带动商流、资金流、信息流融会贯通的供应链集成服务商。

（5）农村电商方兴未艾。2017 年 2 月，中共中央、国务院印发了《关于深入推进农业供给侧结构性改革加快培育农业农村发展新动能的若干意见》（2017 年中央 1 号文件），文件指出，促进新型农业经营主体、加工流通企业与电商企业全面对接融合，推动线上线下互动发展。加快建立健全适应农产品电商发展的标准体系。支持农产品电商平台和乡村电商服务站点建设。推动商贸、供销、邮政、电商互联互通，加强从村到乡镇的物流体系建设，实施快递下乡工程。深入实施电子商务进农村综合示范，鼓励地方规范发展电商产业园，聚集品牌推广、物流集散、人才培养、技术支持、质量安全等功能服务。全面实施信息进村入户工程，开展整省推进示范。完善全国农产品流通骨干网络，加快构建公益性农产品市场体系，加强农产品产地预冷等冷链物流基础设施网络建设，完善鲜活农产品直供直销体系。推进“互联网 +”现代农业行动。

农村电商工作不仅针对农村居民消费、农产品销售和农村创业等问题，更强调农村仓储物流加速发展。现代农业的“互联网 +”需着力解决前端直接到生产基地的仓储配送环节，生产基地就地分拣、包装，杜绝运送“带泥带水”的产品。而后端则要尽可能延伸到城市社区，解决“最后一公里”快递的时效问题，实现城乡一体化的深度融合。

（6）物流地产投资风口之下，仓储物流企业经营能力分化加剧。一方面，由于仓储物流固定投资额连续多年保持高位运行，各地新建物流园区数量庞大，供应增加的同时市场增量不足、地区不均衡，加之由于固定资产投资回报周期长，初期运营效益压力大、业务分散、运维效益低下等因素，导致部分仓储企业盈利能力降低。综合考虑 2017 年货币市场资金面偏紧，银行为加速资金回笼而惜贷等外部因素，部分企业陷入资金链断裂的困境。另一方面，具有高效运维能力、定位精准、资金充裕的全国性、网络化仓储企业效益提升，甚至加大了投资扩张、市场并购的脚步，布局进一步完善，原有庞大而分散的仓储行业呈现了强者恒强的局面。

二、2018 年物流仓储业发展展望

2018 年是全面贯彻落实党的十九大精神的开局之年，也是实现“十三五”规划承上启下的关键之年。从产业发展角度看，2018 年也是供给侧结构性改革深化的一年，在钢铁、煤炭、水泥等过剩行业的落后产能淘汰必将进一步推

进，而创新、绿色、节能、环保等新兴行业也必将迅速发展，市场的高度不确定性也伴随着丰富的业务扩张变革机会：从经济总量来看，无论是大宗商品的市场，还是生活快速消费品市场，仓储行业面对的仍然是一片蓝海。但在社会生产水平以及居民消费的不断升级之下，存量市场的仓储服务模式必须变阵，市场机会只属于敢于求新求变，敢于自我变革的胜出者。

身处仓储业界的我们展望2018年，认为将有以下几大发展趋势。

（1）市场细分加强，仓储服务进一步精细化。随着仓储企业供给侧结构性改革的深化、市场竞争加剧、居民消费水平的提升，以及社会生产的不断精细化，对原材料、产成品的加工和运输需求也在同步升级，对商品储存流通也就提出了更高的服务要求。例如特定温度湿度要求的中医药材存储、城乡低温库、冷藏食品分拨中心仍有一定的市场空间。同时，专业细分市场的发展也是仓储业不断集成化、电商化、金融化发展的必然选择和结果，针对不同需求提供及时周到，便捷高效的服务，才能进一步促进仓储企业供应链集成功能的发挥，增强电商仓储服务能力，延展金融属性的增值服务。

（2）“互联网+”、“+互联网”变革商业模式，带动仓储业电商化。2017年我国网上零售额71751亿元，比上年增长32.2%，预计2018年全国网上零售额将突破90000亿元。无论是在快速消费品领域，还是在大宗生产资料领域，由电商化带来的仓储企业经营变革都在进一步深化。在快速消费品领域，仓储业正在与快递业深度融合，与各类商品电子交易平台的对接、仓储O2O（线上线下）与商品交易O2O的融合，结合各百货店、品牌店的“商圈配送”、零担货物集货与末端配送、各类批发市场的统一配送等，将地区调拨配送中心的延伸功能进一步延展，由传统仓储转向仓、配一体化、智能化。电商平台的竞争，最终转变为后端物流之争，谁的物流服务好，谁将赢得更多客户，与传统零售相比，电子商务对仓储配送物流的依赖度更高，高达60%。

在大宗生产资料领域，受生活快速消费品转向电商模式影响，涌现出了一批大宗商品的网上交易平台，而仓储企业作为大宗生产资料的存货监管方，在大宗商品线上交易环节中承担着存货真实性担保的作用，成为大宗交易线上化必不可或缺的核心环节。

（3）物流园区过剩局面显现，行业两极分化进一步加剧。仓储行业近年来成为固定资产投资的热点，各地物流园区纷纷上马，依赖土地投机机会粗放式的拿地运营，一方面破坏了物流园区间原有的生态平衡，使原本良性发展的物流仓储市场走向恶性价格竞争，最终削弱仓储服务质量；另一方面，“半路出家”的跨界者往往以其土地经营经验在拿地竞赛中胜出，但这些物流园区资金杠杆高、财务负担重，业务创收能力差，现金流紧张，甚至尚未投产即变成不良资产；专业的物流仓储企业虽在拿地竞赛中陷入被动，但从长远看，园区间的竞争关键在于其与城市产业发展的契合以及全国化的整体运营能力，专业物流仓储企业有其难以匹敌的竞争优势。

物流仓储地产投资大，回报慢是客观事实，脱离了产业实际需求的投资更将面临严峻的市场检验。园区产权分拆销售、资产证券化等套现手段尚需政策层面支持，短时间内仍属于“远水解不了近渴”的局面，在 2018 年甚至更长的时间里，物流园区不良资产将会明显上升，区域性单体运营的物流园区往往会成为网络化经营的专业物流仓储企业整合的对象。

（4）物流仓储业务境内、外联动，“走出去”布局有望加强。在商贸物流全球流动格局下，产品供应链进一步全球整合，作为制造业大国，作为供应链条上的关键节点，我国仓储业也得以迅速发展，目前多项物流统计指标居全球行列，但从细分领域看，仓储业有待于跟随供应链扩张的脚步加强海外布局，进一步向物流强国迈进。一方面这是支撑中国由制造业大国向制造业强国转变的应有之义，先进制造业发展对货物的仓储运输提出了更高的要求，仓储的全球化布局有助于提升“中国智造”商品的全球供应链服务水平，降低物流综合成本。另一方面这也是仓储业更好服务于供应链全球化的业务需要，全球市场进一步融合，国内市场对于进口商品的需求进一步提升，加强境内、外仓储联动是提升物流效率的实际需求。

（5）资本涌动带动物流仓储资产布局步伐，仓储行业资本化趋势进一步凸显。一方面，随着物流产业投资基金的迅速发展，仓储业与金融市场的融合进一步加强。以往由于仓储业属于重资产型行业，前期投入大且短期收益不高，企业扩张往往受制于资金因素步伐较慢。但随着我国金融市场的不断完善，商业物流地产越来越受投资者的青睐，投资资金纷纷涌入，国际知名企业也加强了对我国仓储资源的配置。

另一方面，顺丰、四通一达、德邦等大多在 2017 年上市，京东、阿里等独角兽公司亦将重返 A 股，国内物流巨头齐聚资本市场后获得了更强的上下游整合能力，势必推动快递、电商业务进一步向综合物流转变，即整合快递、快运、整车、仓储、冷链、供应链、金融服务、国际货代、跨境电商等，这一趋势在 2018 年会进一步明晰，并将持续下去。

（6）由外延式转向内涵式发展，聚焦库内功能的智能提升。随着仓储行业竞争加剧，粗放型资产投资、硬件设施完善等外延式发展方式已不可持续，而转以完善末端节点建设、智慧化信息技术、金融服务等内涵式的手段来提升运营效率。

大型电商平台、工业制造企业的订单响应、管理模式对当下的仓储管理与发展提出了更高的要求，企业希望通过真正的智能技术和设备来实现仓储管理的高效、精准，更希望通过大数据分析来为企业经营提供决策信息。与此同时，随着中国制造2020进程的推进，对仓储运维水平提出了更高需求。在此趋势之下，仓储智能化仍将是仓储企业升级方向，即实现综合运用云仓储、大数据、物联网等技术手段，以人工智能技术为载体，以信息技术为核心的智能自动化仓储。与传统仓储相比，智能自动化仓库在空间利用率、作业效率、人工成本等指标上优势显著，降本增效明显，必将是仓储业未来的发展方向。

（中国物资储运协会　李勇昭）

2017 年快递业发展回顾与 2018 年展望

一、2017 年我国快递业发展回顾

2017 年，全国全年快递总量突破 400 亿件，进入日均 1 亿件时代。截至 2017 年年底，我国快件量已经连续 4 年保持全球第一的地位；有两家民营快递企业继续借壳上市，1 家快递物流企业获得证监会上市批准，1 家快递企业在美国上市。至此，两年内 7 家企业陆续上市，已形成 6 家年收入各超 300 亿元的大型企业集团。

（一）2017 年快递业发展基本概况

据国家邮政局统计，2017 年，全国快递服务企业业务量累计完成 400.6 亿件，同比增长 28%，人均快件量 29.7 件（以 13.5 亿人口计算）；业务收入累计完成 4957.1 亿元，同比增长 24.7%，人均快递消费 367 元（以 13.5 亿人口计算），如图 1 所示。其中，同城业务量累计完成 92.7 亿件，同比增长 25.1%；异地业务量累计完成 299.6 亿件，同比增长 28.9%；国际/港澳台业务量累计完成 8.3 亿件，同比增长 33.9%，如图 2 所示。

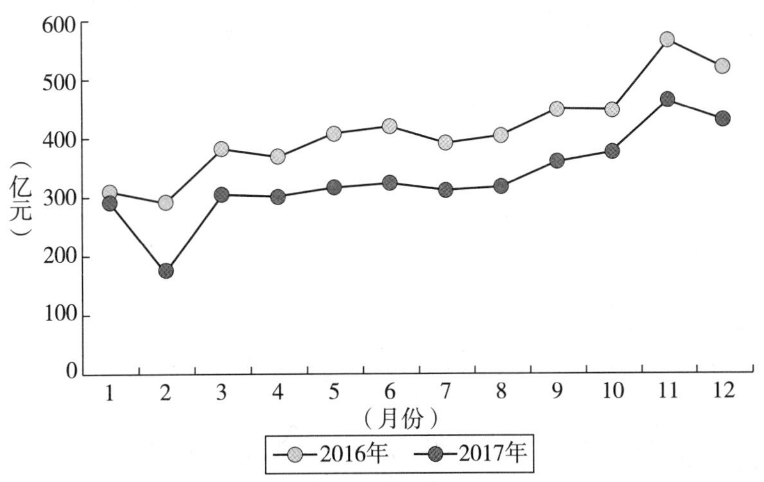

图 1　2016—2017 年快递业务收入情况

2017 年，同城、异地、国际/港澳台快递业务量分别占全部快递业务量的 23.1%、74.8% 和 2.1%，如图 3 所示；业务收入分别占全部快递收入的 14.8%、

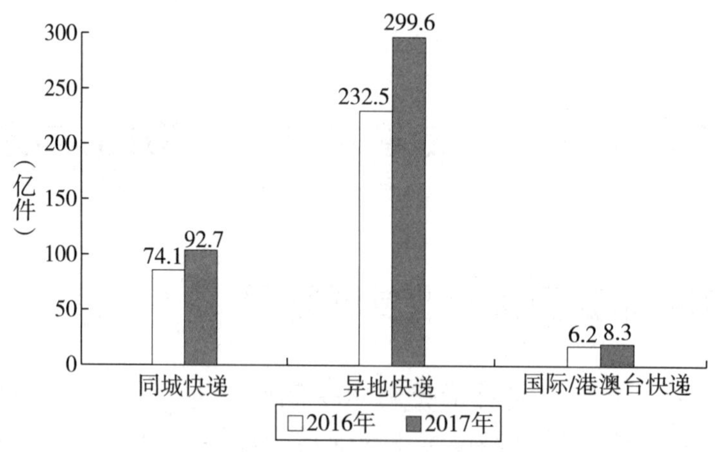

图 2　分专业快递业务量比较

50.7%和10.7%，如图4所示。与2016年同期相比，同城快递业务量的比重下降0.6个百分点，异地快递业务量的比重上升0.5个百分点，国际/港澳台业务量的比重上升0.1个百分点。分省快递服务企业业务量和业务收入情况如表1所示。快递业务量前50位城市情况如表2所示。快递业务收入前50位城市如表3所示。

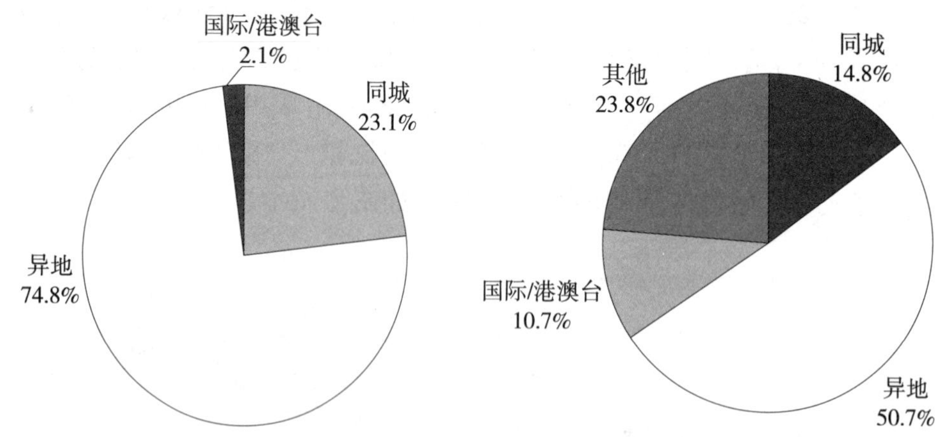

图 3　2017 年快递业务量结构　　**图 4　2017 年快递业务收入结构**

表 1　分省快递服务企业业务量和业务收入情况

地区	快递业务量累计（万件）	同比增长（%）	快递收入累计（万元）	同比增长（%）
全国	4005591. 9	28. 0	49571088. 8	24. 7
北京	227452. 1	16. 0	3038329. 8	18. 4
天津	50199. 0	22. 4	763314. 9	20. 2
河北	119389. 3	32. 1	1264880. 7	34. 2

续　表

地区	快递业务量累计（万件）	同比增长（%）	快递收入累计（万元）	同比增长（%）
山西	24359. 1	30. 5	299901. 6	35. 4
内蒙古	11035. 3	30. 3	239592. 8	29. 5
辽宁	51434. 5	29. 1	680585. 6	22. 2
吉林	17569. 4	26. 5	304484. 0	21. 2
黑龙江	23185. 6	6. 5	358414. 8	8. 1
上海	311503. 7	19. 7	8688851. 6	22. 5
江苏	359627. 8	26. 7	4081730. 6	20. 3
浙江	793231. 1	32. 5	6682204. 0	23. 5
安徽	86332. 3	25. 3	895715. 9	26. 9
福建	166110. 7	28. 8	1619683. 4	20. 1
江西	43754. 5	14. 2	491976. 7	19. 1
山东	151474. 6	25. 7	1705165. 2	22. 7
河南	107377. 6	28. 0	1159337. 9	22. 9
湖北	101277. 9	30. 9	1190450. 7	36. 6
湖南	59181. 6	21. 8	641882. 9	24. 4
广东	1013468. 0	32. 1	11466893. 4	30. 3
广西	31750. 3	39. 0	448672. 2	32. 4
海南	5915. 8	21. 5	126970. 8	26. 5
重庆	32874. 9	15. 8	447311. 3	14. 8
四川	110795. 9	38. 2	1274785. 5	32. 3
贵州	15781. 9	40. 2	311536. 8	43. 0
云南	22775. 8	30. 6	360114. 9	24. 4
西藏	567. 5	-22. 7	20487. 7	-1. 1
陕西	45750. 6	24. 0	563581. 1	23. 5
甘肃	7201. 7	18. 7	148095. 9	18. 4
青海	1449. 7	34. 4	38832. 9	29. 3
宁夏	3721. 5	14. 8	67784. 4	15. 7
新疆	9042. 3	4. 4	189518. 9	9. 3

表 2　　**快递业务量前 50 位城市情况**　　单位：万件

排名	城市	快递业务量累计	排名	城市	快递业务量累计
1	广州市	393320.2	26	西安市	33956.0
2	上海市	311503.7	27	长沙市	33133.7
3	深圳市	259509.7	28	绍兴市	32917.9
4	金华（义乌）市	255479.0	29	重庆市	32874.9
5	杭州市	232630.4	30	中山市	31194.6
6	北京市	227452.1	31	青岛市	31149.9
7	东莞市	122485.8	32	济南市	30216.6
8	苏州市	104054.9	33	南通市	29254.7
9	成都市	82605.0	34	湖州市	25424.4
10	泉州市	74432.1	35	沈阳市	25365.0
11	温州市	72309.8	36	保定市	25141.0
12	武汉市	70249.0	37	厦门市	24364.7
13	宁波市	63879.4	38	徐州市	21360.0
14	南京市	63415.7	39	惠州市	20259.3
15	揭阳市	58330.3	40	常州市	18925.6
16	台州市	53945.0	41	南昌市	18576.4
17	天津市	50199.0	42	临沂市	17979.5
18	郑州市	49139.2	43	哈尔滨市	16753.4
19	无锡市	45089.8	44	南宁市	16126.4
20	嘉兴市	41107.4	45	廊坊市	15773.7
21	汕头市	39982.3	46	宿迁市	15726.3
22	合肥市	39110.8	47	昆明市	14543.9
23	佛山市	39016.6	48	潍坊市	13818.1
24	石家庄市	35959.4	49	太原市	13431.9
25	福州市	33959.6	50	淮安市	13293.8

表 3　　　**快递业务收入前 50 位城市情况**　　　单位：万元

排名	城市	快递业务收入累计	排名	城市	快递业务收入累计
1	上海市	8688851.6	26	济南市	378449.8
2	深圳市	3754945.3	27	长沙市	364503.3
3	广州市	3749587.0	28	中山市	348494.9
4	北京市	3038329.8	29	厦门市	348460.9
5	杭州市	2510478.7	30	福州市	332604.2
6	金华（义乌）市	1577875.1	31	台州市	331851.8
7	东莞市	1476834.4	32	汕头市	301793.7
8	苏州市	1326474.9	33	南通市	287790.6
9	成都市	856603.6	34	常州市	286895.1
10	武汉市	810703.2	35	沈阳市	279636.4
11	天津市	763314.9	36	绍兴市	262460.3
12	南京市	738560.7	37	保定市	241938.1
13	宁波市	701056.7	38	哈尔滨市	238359.5
14	泉州市	583441.1	39	惠州市	233882.4
15	郑州市	576662.9	40	南宁市	230274.5
16	温州市	556702.0	41	南昌市	220656.2
17	无锡市	552617.5	42	昆明市	216200.7
18	佛山市	498468.4	43	大连市	212322.5
19	重庆市	447311.3	44	长春市	181737.5
20	嘉兴市	434430.0	45	湖州市	177553.5
21	揭阳市	429270.9	46	徐州市	175195.4
22	西安市	413699.6	47	廊坊市	174038.3
23	青岛市	413316.8	48	潍坊市	152854.3
24	合肥市	398847.5	49	贵阳市	145480.4
25	石家庄市	395465.2	50	烟台市	142176.0

2017 年中国快递发展指数为 208.5，同比提高 16.8%，快递业仍处于稳步成长期，呈现出发展态势高位运行。快递服务满意度和准时率小幅调整，有效申诉大幅改善，其中，满意度得分为 77.3 分，同比下降 0.3 分；72 小时准时率为 71.8%，同比下降 0.7 个百分点；快递服务有效申诉率为 5.9%，同比减少 4.2%。

2017 年中国快递发展普及指数为 165.6，同比提高 9.9%，环比提高 7%，快递的普及程度整体呈现稳步提高态势。快递准公共服务属性凸显。每万人 1.6 个快递网点，每百平方公里 2.4 个快递网点，网点密度继续稠密化发展。快递乡镇网点覆盖率达到 87.3%，同比增加了 7.3 个百分点，等于便利了近

3000万人使用快递。16个省（市）实现乡镇快递网点全覆盖，人们使用快递更加便捷。

截至2017年，我国快递业尚处于“走出去”初级阶段，国际化程度最高的顺丰的国际业务占比仅为1.9%，而DHL的国际业务占比为顺丰的27倍。国内快递的全球网络覆盖范围尚待开拓。海外直营网络最大的顺丰仅在51个国家设立了分支机构，而UPS等国际快递巨头可以提供“全球对全球”门到门寄递与物流服务，网络遍及200多个国家和地区。中、美、德、日快递业规模价格及企业规模实力对比、主要企业综合能力指标对比、主要企业的资本实力指标对比分别如表4、表5、表6所示。各国领先企业的收入结构对比如图5所示。

表4　　　　中、美、德、日快递业规模价格及企业规模实力对比

指标	美国	德国	日本	中国
业务收入（亿美元）	2284.61	1055.38	2294.8	602.0
业务量（亿件）	176.1	24.3	94.6	325.0
人均包裹量（件）	54.5	29.3	74.6	23.5
国内价格（美元）	9.25～17	11.8	—	1.3
国际价格（美元）	16.25～54	64	—	10.4
重点企业世界500强排名	美国邮政107， UPS149， FedEx192	德国邮政DHL 117	日本邮政37	中国邮政105
重点企业市值（亿美元）	UPS1021.3， FedEx586.3	德国邮政DHL 534.9	日本邮政 1376.2， 宅急便88	顺丰349.0

表5　　　　中、美、德、日快递业主要企业综合能力指标对比

<table>
<tr><th>指标</th><th>美国邮政</th><th>UPS</th><th>FedEx</th><th>德国邮政DHL</th><th>日本邮政</th><th>宅急便</th><th>中国邮政</th><th>顺丰</th></tr>
<tr><td>总收入（亿美元）</td><td>715.0</td><td>609.1</td><td>503.7</td><td>686.0</td><td>1310.4</td><td>130.7</td><td>266.1</td><td>86.2</td></tr>
<tr><td>员工总数（万人）</td><td>64</td><td>43</td><td>17</td><td>51</td><td>22</td><td>20</td><td>62.3</td><td>12.4</td></tr>
<tr><td>收入/员工数量</td><td>11.2</td><td>14.0</td><td>30.0</td><td>13.5</td><td>60.0</td><td>6.5</td><td>4.3</td><td>6.9</td></tr>
<tr><td>科技投入（亿美元）</td><td></td><td>4.4</td><td>4.0</td><td rowspan="2">26</td><td></td><td></td><td></td><td>0.8</td></tr>
<tr><td>厂房、土地（亿美元）</td><td></td><td>13.2</td><td>16.9</td><td>21.2</td><td>3.9</td><td></td><td>9.3</td></tr>
<tr><td>飞机（架）</td><td></td><td>671</td><td>650</td><td>138</td><td></td><td></td><td>26</td><td>51</td></tr>
<tr><td>车辆（万辆）</td><td>22.8</td><td>11.4</td><td>10.0</td><td>9.2</td><td>11.7</td><td>2.5</td><td>4.6</td><td>0.6</td></tr>
</table>

表 6　　　　中美德日快递业主要企业的资本实力指标对比

指标	美国邮政	UPS	FedEx	德国邮政 DHL	日本邮政	宅急便	中国邮政	顺丰
世界 500 强排名	107	149	192	117	37	—	105	—
总收入（亿美元）	715.0	609.1	503.7	686.0	1310.4	130.7	266.1	86.2
市值（亿美元）	—	1021.4	586.3	534.9	1376.2	88	—	349.0

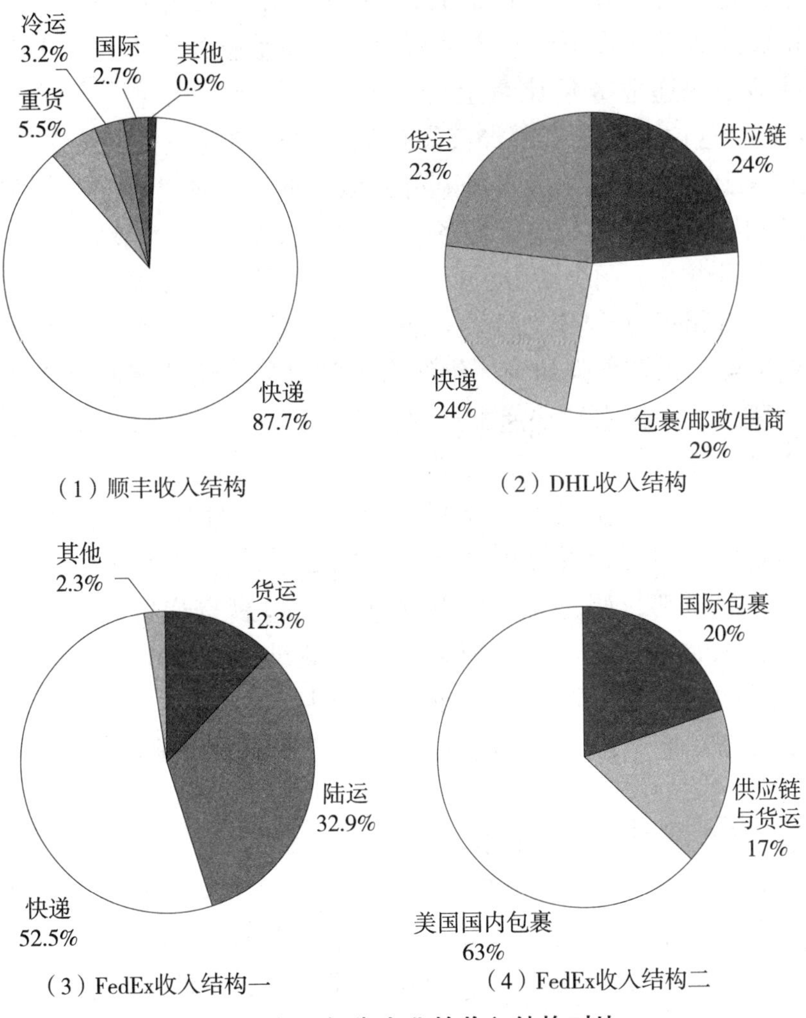

图 5　各国领先企业的收入结构对比

（二）2017 年快递业发展呈现以下特点

1. 快递业务量增速降低明显，东中西业务结构变化甚微

据国家邮政局统计，2017 年，全国快递服务企业业务量同比增长 28%，

较上年下降23.4个百分点；业务收入同比增长24.7%，较上年下降18.8个百分点。件均收入12.36元，较上年下降3%。与国外发达国家相比，我国快递业的附加值较低，虽然我们已经是快递业务量第一大国，但是我们的快递业务收入相当于DHL 2016年收入的95%，比UPS 2016年收入高出17%左右。

2017年，东、中、西部地区快递业务量比重分别为81.1%、11.6%和7.3%，业务收入比重分别为80.9%、10.8%和8.3%。与去年同期相比，东部地区快递业务量比重上升0.2个百分点，快递业务收入比重下降0.2个百分点；中部地区快递业务量比重下降0.3个百分点，快递业务收入比重上升0.1个百分点；西部地区快递业务量比重上升0.1个百分点，快递业务收入比重上升0.1个百分点。这说明我国东部经济发达地区对快递的消费依然强劲。

2. 从国家到地方陆续出台各种利好政策，促进快递产业进一步发展

1月22日，为打通农村电子商务“最初一公里”和“最后一公里”，发展邮政业服务农村电商，国务院办公厅出台《国务院办公厅关于促进农村电子商务加快发展的指导意见》等文件。4月11日，快递末端体系被纳入上海市电子商务重点工作，旨在加强研究，继续合力解决、加快破解城市快递配送“最后一公里”瓶颈，积极引导快递配送服务模式创新，推动社区服务中心、社区便利店内快递服务功能的纳入，推进末端配送综合服务站和智能快递箱等建设。4月17日，为进一步发挥市场配置资源的决定性作用，促进邮政企业积极参与市场竞争，向消费者提供质优价廉的邮政服务，决定按照保持资费总水平基本稳定的原则，调整完善邮政企业普通包裹寄递资费体系结构。5月18日，国家邮政局为了加快推进邮政业供给侧结构性改革，进一步促进行业转型升级提质增效，充分发挥邮政业对降低社会物流成本、释放消费需求、培育经济发展新动能，出台《国家邮政局关于加快推进邮政业供给侧结构性改革的意见》。

3. 4家大型快递企业陆续上市

2017年，有4家快递企业成功上市，其中1家在美国纽交所上市；2家快递完成企业借壳上市，1家通过IPO（首次公开募股）并顺利过会拿到批文。1月18日上午，韵达控股股份有限公司在深圳证券交易所挂牌上市，正式登陆资本市场；2月24日，顺丰控股在深交所举行重组更名暨上市仪式，正式登陆A股；9月20日，百世集团在纽交所挂牌上市，交易代码为“BSTI”，首日以10.52美元/股的价格收盘；12月22日，证监会核发了新的一批IPO批文，德邦快递位列其中，这标志着A股即将迎来首家通过IPO方式上市的快递企业。

截至2017年年底，7家上市快递企业市值约为4613.27亿元，其中6家如表7所示。

表 7　　6 家上市快递企业市值

企业名称	市值（亿元）	收盘价（元）	周波动（%）	换手率（%）
顺丰控股	2228.41	50.36	0.11	0.92
韵达股份	547.64	44.42	3.39	1.55
圆通速递	476.94	16.75	0.78	0.19
申通快递	347.13	24.69	0.28	0.55
中通快递	122.44	15.85	-0.21	10.75
百世物流	33.28	8.98	-0.86	5.44

注：上表截至 2017 年 12 月 29 日。

4. 大型快递企业向快运（零担物流）、冷链和细分市场延伸

据快递物流咨询网预测，大型快递企业向综合物流转型，中型快递企业向专业化转型，小型快递企业向个性化转型，是我国未来快递业发展的趋势。2017 年我国大型快递企业的发展轨迹证明了这个发展趋势。

5 月 8 日，圆通速递公告拟以现金方式收购香港联交所主板上市公司先达国际物流控股有限公司 61.87% 股份，合计约 2.56 亿股股份，目标股份对价约为 10.41 亿港元。6 月 28 日，申通快递联合河南日报报业集团与河南通通优品科技有限公司投资 9 亿元，共同建设中国（郑州）冷链交易中心项目。通过合作三方建设以进口肉类、生鲜、冰鲜为主，覆盖河南延及全国的物流服务体系及电子商务交易系统，通过对冷链食品贸易、流通加工、仓储物流、电子商务、展示交易等资源进行整合，打造具有海外直采、通关报检、仓储服务、分割包装、分拣分拨、物流配送等为一体的全站式冷链综合服务平台。8 月 1 日，申通拟 1.33 亿元增资快捷快递，获 10% 股权，借助各自资源优势，整合资源，充分发挥协同效益。对市场上产品的优势，时效、成本、质量和服务进行综合考虑，通过将当前申通快递大小件混合的产品结构细化，把运营做到中转更快、成本更低，中转时效更短、效率更高，从而实现公司产品生态运营更加高效协同，最终促进实现整体效果的最大化。10 月 10 日，韵达正式启动快运业务。快件将经过下单、中转分拨、运输和派送等标准化服务环节，安全、高效地送到客户手中。11 月，中铁快运携手顺丰速运共推“高铁极速达”，使用高铁动车组作为核心运力，是高铁运营网络与顺丰快递网的深度融合，物流链条全程采用高铁、地铁、电动车链接中转，绿色节能环保，成功开启中国乃至全球物流陆运异地“当日达”新时代。

5. “黑科技”在快递行业应用加快

全国已建成上百个智能化分拨中心，无人仓、无人机和无人车开始尝试应

用，行业科技交流日趋频繁；主要品牌快递企业电子运单普及率提升至80%。

5月5日，北京中通转运中心启用全自动分拣系统，除北京转运中心外，中通还在上海、东莞、杭州、长沙、常州、南充、淮安等多个转运中心启用了该自动化分拣系统，大大降低了分拣的差错率和操作成本，提高了快件的转运时效。5月29日，在京交会服务示范案例颁奖仪式上，韵达“云仓”科技创新项目荣获2017京交会科技创新服务示范案例奖，这也是韵达实施“科技兴企”战略结出的硕果之一。韵达“云仓”是韵达自主研发的云仓储管理系统（YWMS），依托韵达强大的运输配送资源及网络资源，高效的运营流程和管理体系，为客户提供全国智能分仓服务。2017年2月，顺丰申报和获得在无人机领域专利数量达111项，包括发明专利51项、实用新型54项以及外观专利6项，同时顺丰也在积极备战“无人机送快递包裹”。继顺丰大型无人机试飞视频曝光，7月13日，顺丰宣布总投资7.4亿元的大型物流无人机总部基地项目正式落户成都双流自贸试验区。2016年11月，京东无人机完成了在西安的首单配送并启动试运营，仅半年后的2017年“6·18”，京东无人机正式拉开在陕西西安、韩城和江苏宿迁等地的常态化运营序幕，进入物流无人机实际应用的快车道。

6. 兼并重组依然强劲

由于我国快递产业集中度较低，按照快递企业的发展规律，通过兼并重组提高产业集中度，是最快捷最有效的手段之一。特别是7家快递企业上市后，兼并重组的案例会越来越多。

2017年，申通1.33亿元增资快捷快递，获得其10%股权，并联合快捷快递成立子公司以加速大件专网建设，双方拟以自有资金共同出资5000万元人民币设立上海申通岑达供应链管理有限公司，其中申通快递出资3500万元人民币，持股比例占70%，快捷快递出资1500万元人民币，持股比例占30%。同年，申通快递以1.06亿元收购易物流54%股权，并以1406.69万元认购易物流新增107万元的注册资本，剩余1299.69万元计入资本公积，本次收购及增资事项完成后，申通持有易物流58%的股份，成为其控股股东。圆通速递收购先达国际控股权，公司或公司指定的全资子公司拟以现金方式收购先达国际物流控股有限公司2.56亿股股份，占其全部已发行股份的61.87%。顺丰控股与UPS在香港成立合资公司，分别对合资企业投资500万美元，双方共计投资1000万美元，持股比例各占50%，顺丰联手UPS成立合资公司是优势互补、各取所需，本次合作有望加速顺丰的国际化进程。苏宁出资29.75亿元收购天天快递70%股份，这也预示着苏宁物流将加速进军快递业。

7. 绿色环保行动开始显现

截至2017年年底，快递企业新能源汽车保有量增加至7158辆。由菜鸟网络、阿里巴巴公益基金、中化环保基金会发起，圆通、中通、申通、韵达、天天、百世6家快递公司共同出资成立的中国首个物流环保公益基金——菜鸟绿色联盟公益基金成立。该基金将专注于解决日趋严重的物流业污染现状，推动快递包装创新改良，促进快递车辆使用清洁能源，引导运用大数据技术减少资源浪费，更好地保护生态环境。未来，基金计划投入3亿元，用于开展绿色物流、绿色消费、绿色供应链等方面的研究、倡导和推动。

可降解快递包装袋已经在快递企业推广应用，根据国家邮政局发布的《中国快递领域绿色包装发展现状及趋势报告》数据，推导2017年全国共消耗快递运单约410亿枚、编织袋约68亿条、塑料袋约190亿个、封套约70亿个、包装箱约220亿个、胶带约350亿米、内部缓冲物约67.5亿个，其使用量同比呈现下降趋势。

8. 末端配送呈现多元化和集约化趋势

8家重点快递企业推出大包裹、快运、云仓、供应链解决方案等新产品，即时递送、代收代投等新业态为城市寄递服务提供了有益补充。

2017年丰巢科技获得增资25亿元，致力于提高快递“最后一公里”收派效率，降低快递企业末端收派的成本，并以6.3亿元收购深圳中集电商物流科技有限公司（e栈）78.236%股权。继速递易被中国邮政收入囊中后，民营快递企业也在加速布局快递柜领域。顺丰与京东从2013年已开始测试无人机送递包裹，并用在中西部地区和特殊区域。

9. 消费者权益保护技术手段日趋完善

2017年年初圆通开始在全国开始试用“隐形面单”，该面单上对用户的手机号、姓名、地址部分信息做加密处理，保护消费者隐私。5月，菜鸟通过联合EMS、百世快递、中通、申通、中国邮政集团公司、天天、德邦、圆通、韵达等主要快递公司，上线了新型的隐私面单，隐私面单落地全国，其中用户手机号码不再完整显示。10月顺丰推出快递“丰密面单”，对收件人以及寄件人的个人信息做了隐藏或加密处理，在快递单上只能看到相关编码。

由5家快递企业发起，共有45家快递企业、物流企业和协会参与的快递物流征信信息管理联盟，已经覆盖了快递物流业300万从业人员。该平台将30种不良行为的个人和单位纳入“黑名单”，包括盗窃快件、寄递危险品和违禁品等。

截至2017年12月31日，快递物流征信系统内失信行为案件提报总计2454个，黑名单查询记录共计7562条，征信平台对快递物流企业招聘筛选应聘者是否是“黑名单”人员、对不依法依规的从业人员起到了威慑作用。

10. 国际化进程进一步延伸

继2月成立越南分公司之后，4月顺丰泰国分公司及其曼谷分部也宣布正式投入运营。自此，顺丰国际在东盟的网点布局已覆盖新加坡、马来西亚、越南、泰国四个国家，在越南与中、日、韩、新、马、泰国家间，还可提供双向快递服务。7月21日，顺丰航空一架搭载着精密乐器的B767—300型全货机平稳降落江苏无锡硕放国际机场，标志着顺丰航空无锡至日本大阪货运包机首航圆满成功。12月2日，顺丰航空长沙至胡志明国际全货机航线首航成功，成为湖南省开通的首条国际航空全货机航线，为中越两地进出口贸易架起更快捷的空中桥梁。

圆通速递正式启动“全球包裹联盟”（Global Parcel Alliance，GPA）。这是目前唯一一个由国内物流快递企业发起的国际化物流快递联盟平台，首批联盟成员来自全球25个国家和地区，共50家网络加入联盟。圆通速递与“义新欧”运营平台签署战略投资协议，标志着“义新欧”班列开启市场化、多元化、综合化、国际化的新征程，加快推动“义新欧”班列运行线路培育加密和海外站点布局，推进班列常态化、规模化、市场化运行，不断做大做强实现高质量高水平发展，打造“一带一路”的战略枢纽，成为“一带一路”互联互通的国际贸易大通道。2017年10月20日，中国检验认证集团（简称“中检集团”）新西兰公司与中国圆通速递新西兰代理WDL签署合作协议。中检集团将为圆通新西兰跨境邮包提供始发地证明以及装箱检验证明等认证，双方将共同创建起“直邮、安心、放心”的包裹体系，这是快递行业首次实现跨境包裹有证可查和溯源。

2017年10月，全一快递重磅推出全新产品“全邮宝”，是一款以“全邮通，全球达”为服务宗旨，集全球各国优质邮政小包线路的国际产品。

11. 快递下乡范围进一步扩大

截至2017年年底，全国农村地区收投快件量超过100亿件，创历史新高。2月5日，中共中央、国务院发布了《中共中央 国务院关于深入推进农业供给侧结构性改革加快培育农业农村发展新动能的若干意见》，这是新世纪以来指导“三农”工作的第14份中央一号文件。意见提到，要“加强从村到乡镇的物流体系建设，实施快递下乡工程”。2月13日，国家邮政局发布了《快递业发展“十三五”规划》，其中着重提到十个工程的规划目标，快递下乡工程就是其中之一，通过政策扶持鼓励快递企业进社区、进农村。

2月15日，申通发布公告宣布和县域农业电商服务商安厨达成战略合作，双方将在县域网点建设、农村物流服务、县级仓配服务以及安全农产品进社区等方面展开深度合作。申通将成为安厨商城的新流量入口，利用申通可观的网络流量加上安厨的电商平台有效激活县乡农村市场，充分发挥“互联网+”的作用，为农产品销售打开一个“新世界”的大门。5月12日，中通快运正式开通新疆、青海区域服务。首批开通的新疆网点数量为113个，覆盖新疆全境，覆盖率达100%。青海省首批开通7州、1市、8个县的共47个网点。广州和西安将分别以60小时、48小时到达新疆乌鲁木齐分拨，杭州和西安将分别以48小时、24小时到达青海西宁分拨。

12. 快递加盟商盈利能力进一步下降

受制于电商货源优势对快递价格的"打压"，快递企业之间的同质化竞争，以及快递人工成本的上涨，三重因素叠加使得快递加盟商的利润继续呈现下滑趋势。据快递物流咨询网抽样调查，快递加盟商的净利润率同比下降1%～2%。"三化"现象进一步突显，即微利化、无利化、亏损化。

13. 顺丰航空快递集散中心落户鄂州，圆通速递航空集散中心规划嘉兴

目前拥有航空货运公司的国内快递企业分别有中邮EMS、顺丰和圆通三家，共有飞机80架。

2017年10月31日，顺丰机场预可研报告在湖北武汉通过评估，将在湖北鄂州建设机场。作为国内的第一个民营物流机场，根据规划，机场一期将建设3600米4E跑道2条，规划货运量500万吨/年，并将于2020年建成。在建成之后，这个机场将会为当地创造20万个就业岗位、200亿元/年的税收以及2000亿元的GDP。

圆通也有意自建机场，圆通速递董事长喻渭蛟公开表示圆通计划在浙江嘉兴建成圆通全球航空智慧城，并结合北京、成都与广州组成"一主三动"的圆通航空基地，2小时内覆盖中国90%的GDP。目前，中邮速递的航空集散中心已经落户南京机场。

二、2018年我国快递业发展展望

1. 快递业增速进一步放缓

2018年我国快递业增速将进一步放缓。一是由于我国快递业务量已经连续4年保持全球第一的地位，其基数较大。从发展规律上看，发展速度放缓，是正常的趋势。二是统计方面的因素。三是由于电商在网购上的成本逐年增高，很多大品牌的电商开始在一、二、三线城市开设实体店。四是党的十九大提出，我国的经济由高速增长向高质量转型，受此影响，过去单一追求快递业务量增长的粗放型增长方式会得到一定的遏制。预计，2018年我国快递业务量同比下降5%～10%；快递业务收入同比下降4%～6%。鉴于快递"三化"现象对快递加盟商的负面影响较大，快递的价格已经探底，几乎没有降价的空间。除了业务量增速下降造成收入减少，其快递价格下降造成收入减少的概率极低。

2. 微商和实体店通过快递渠道向个人消费市场渗透加快

一方面，各种电商企业会调整经营策略进一步加大向C端（个人消费市

场）的渗透；另一方面，实体店、百货商店、超市和微商也在通过快递渠道向C端渗透。特别是微商，利用朋友圈和亲朋好友的朋友圈向C端渗透力度不断加大。据快递物流咨询网的调查统计，微商的快件量已经占到电商市场份额的30%左右，有的电商既是微商也是电商，有很多农户也是以微商的身份出现。微商的特点是以提供性价比更高的商品、或者特色商品向C端客户渗透，成为快递新的增长点。

3. 快递末端的共同配送发展迅猛

2017年下半年开始，很多二、三、四线城市地方的快递公司合伙成立了快递的共同配送公司，让本来存在竞争、品牌不同的快递加盟商，通过共同配送的模式成为合作伙伴，其目的是为了降低末端快递成本。如果他们在末端不采取共同配送的模式，快递加盟商将面临着生死存亡的挑战。这也是快递企业之间的竞争存在严重同质化的必然结果。而一旦快递末端共同配送的模式发展壮大，对特许加盟模式的快递企业的总部（特许商）来说，存在着挑战性。同时，如果末端共同配送形成利益的共同体，并且规模化、连锁化，他们就会有可能控制末端的快递配送市场。

从供应链的角度看，以电商快件为主的快递企业，如果不能把合理的快递成本传导到上游的电商并由电商承担，而是采取自身变异的共同配送方式去消化，这是没有可持续性的过渡性手段。

4. 快递向综合物流延伸竞争的格局将形成

目前，快递企业在向快运（零担物流）延伸，快运（零担物流）企业在向快递延伸，这是快递和物流企业向综合物流转型的初级阶段。有的快递企业还向冷链延伸、向仓配一体化延伸，目的是通过控制货源扩大市场份额。他们采取的向综合物流延伸的模式是加盟模式、自营模式、合作模式并举。因此，2018年快递企业在快运（零担物流）的竞争会进一步加剧，与快运（零担物流）企业的竞争也会加剧。

随着圆通、中通、韵达相继宣布进入快运（零担物流）市场，申通快运官网系统也于2018年1月1日上线并与多家知名电商及渠道形成紧密的业务对接，并且宣布2018年3月1日，申通快运将正式起网运营。加上早已布局快运市场的顺丰、百世，快递巨头集体进入快运（零担物流）市场新一轮竞争的局面将会形成。

5. 快递加盟模式向自营模式为主转型力度将会加大

纵观进入世界500强的快递公司没有一家是特许加盟模式。他们都是以自营为主，代理为辅。只有小国家才有快递的特许加盟模式。因此，我们国家的快递企业要成为具有一流的国际快递品牌，也必然是以自营为主，加盟和代理为辅。这样既符合国际惯例，又符合我们国家的国际地位，有利于打造中国特色的国际快递品牌，也符合我国现有的已加盟模式向以自营模式为主转型升级的国情。

目前，以“三通一达”为主的加盟制快递企业向自营模式转型，转型模式有两种，一种是向自营化管理转型，另一种是控股加盟商。自营模式的优势也日渐凸显。

一是自营模式的快递企业市值较高，品牌价值高。我们可以看到顺丰是国内消费者认同最好的快递品牌之一。其中，自营模式是顺丰打造品牌价值的重要基础。如果顺丰不是以自营模式为基础，它就很难打造成为国内一流的品牌，以及成为市值最高的快递企业。前不久，京东物流以 800 亿元以上的估值，赢得了多家知名投资的青睐。除了顺丰以外，其估值高于每一家上市快递企业的市值，也就是说京东物流还没有上市，其市值已经超过了几家上市快递公司的市值，其中原因之一就是自营模式。

二是春节期间，中国邮政速递物流、顺丰、京邦达（京东）、品骏（唯品会）等自营模式快递企业坚持“不打烊”，持续为消费者提供便捷的快递服务。假期结束后，各地邮政管理部门和寄递企业迅速找回奋战状态，积极谋划新一年各项工作，积极备战节后业务小高峰，力避“马鞍效应”，使得快递业运转平稳有序。

三是自营模式的快递企业比加盟模式的申诉比例低，国家邮政局发布的 2018 年 1 月主要快递企业有效申诉率表中，京东、顺丰为申诉率最低的前两名。

四是监管成本低，据各省市级邮政监管部门的抽样调查，由于自营模式自身标准化体系和奖惩制度完善，并且执行力强。对邮政监管部门来说，监管成本很低。

6. 基础设施建设投资力度将进一步加大，快递装备的应用范围继续拓展

2018 年快递企业在转运中心采用自动化分拣设备和机械化装卸设备的基础上，今年会扩大转运中心自动化设备的应用范围。同时，比较有规模的加盟商网点也会加大自动化分拣设备的应用。目前，全国已建成上百个智能化分拨中心，无人仓、无人机和无人车开始尝试应用，行业科技交流日趋频繁。2017 年下半年，顺丰总投资 7.4 亿元的大型物流无人机总部基地项目落户成都双流自贸试验区，并将启动投资 372 亿元在湖北鄂州建设机场，这将是国内的第一个民营物流机场。圆通也将筹备自建机场，圆通速递董事长喻渭蛟公开表示圆通计划在浙江嘉兴建成圆通全球航空智慧城，并结合北京、成都与广州组成“一主三动”的圆通航空基地。

7. 快递业与电商业的协同发展机制将开始建立

2018 年 1 月 23 日，《国务院办公厅关于推进电子商务与快递物流协同发展的意见》发布（以下简称《意见》）。《意见》指出，近年来，我国电子商务与

快递物流协同发展不断加深，但仍面临政策法规体系不完善、发展不协调、衔接不顺畅等问题。要落实新发展理念，深入实施“互联网＋流通”行动计划，提高电子商务与快递物流协同发展水平。《意见》从制度创新、规划、运营、服务、标准化智能化、绿色环保六个方面提出了指导意见，为电商与快递业协同发展、共建共赢指明了方向。2018 年将是电商与快递业上下游之间建立规则和标准的一年，否则将会对快递业产生巨大的负面影响，特别是对改善快递业“三化”现象有着积极的促进作用。

8. 快递包装绿色环保材料的应用开启新的征程

据快递物流咨询网统计，我国快递环保材料应用不足 10%，主要原因是环保材料成本高。快递公司都是免费提供塑料袋，有的快递企业包装箱是有偿提供，由于快递企业的利润呈现逐年下降趋势，部分快递企业免费提供塑料袋数量每年呈现下降趋势。因此，绿色环保材料应用的重点是电商，即用户。2018 年 1 月发布的《国务院办公厅关于推进电子商务与快递物流协同发展的意见》中，提出强化绿色理念，发展绿色生态链。鼓励电子商务企业与快递物流企业开展供应链绿色流程再造，促进资源集约；制定实施电子商务绿色包装、减量包装标准；开展绿色包装试点示范，培育绿色发展典型企业；鼓励电子商务平台开展绿色消费活动。鉴于该标准是非强制性标准，因此它的警示意义、象征性意义大于实际意义，但是它开启了快递环保包装材料应用新征程。

（快递物流咨询网　徐勇　徐梦馨）

2017 年国际货代业发展回顾与 2018 年展望

2017 年世界经济增速明显，全球贸易增长 4.7%，为 2011 年以来增速最快的年份，我国对外贸易继续回稳向好，增速超过预期。上、下游宏观环境的显著改善为国际货代业的平稳增长提供了前提条件。展望 2018 年，国际货代业应抓住我国进一步扩大对外开放带来的机遇，倡导创新驱动，加快效率、动力和质量变革，推动行业向高质量发展。

一、2017 年国际货代业发展回顾

（一）外贸货运量的增长带来行业平稳发展

2017 年，我国货物贸易进出口总值 27.79 万亿元，较 2016 年增长 14.2%，扭转了此前连续两年下降的局面，按美元计价超过 4.1 万美元，超越美国重回世界第一的位置。外贸的恢复性增长带动了海运量、空运量、陆运量等相关业务的增长，如表 1 所示。加之这些年营商环境的优化，促使国际货代企业的营业收入总体较 2016 年稳步增长，而收入的稳定增长是货代企业效益增长的基础和依托。

表 1　　　2017 年相关国际货运量的增长情况

细分项目	货运量	较 2016 年增长
海运	外贸散杂货物吞吐量 40.93 亿吨	同比增长 6.3%
	集装箱吞吐量 2.38 亿标准箱	
空运	民航机场完成台港澳地区吞吐量 99 万吨	同比增长 5.8%
	民航机场完成国际航线吞吐量 617.2 万吨	同比增长 15.2%
铁路	中欧班列开行 3673 列	同比增长 116%
国际快递	国际/港澳台业务量和业务收入分别累计完成 8.3 亿件和 530.40 亿元	国际/台港澳业务量同比增长 33.8%

资料来源：根据交通运输部等发布的《2017 年交通运输行业发展统计公报》等整理。

（二）“大商务”格局的确立使得行业发展空间的明晰

2017 年 3 月，商务部等 13 个部门印发《关于服务贸易发展“十三五”规

划的通知》（商服贸发〔2017〕76 号），详细勾画了国际货代的重点工作和发展方向，是指引行业“十三五”发展的总纲。2017 年 5 月，商务部加强调研，首次将对外贸易、国内流通、吸引外资、对外经济合作、对外援助明确为其五大基本业务，并提出了与此配套的八大行动计划。国际货代是对外贸易发展的产物，物流服务类型多，五大基本业务明晰了新形势下商务部门的重要职责，为国际货代企业延展业务、拓展市场提供了新空间。实际上，近年来，国际货代企业抓住“一带一路”建设带来的红利，加快开发新兴专业物流业务，正是顺应和保障了我国对外工程承包、对外援助、跨境电商、商贸流通等“大商务”蓬勃发展带来的上游客户需求升级的需要。例如，互联互通、产能合作、境外产业园区等“一带一路”建设重大项目联动开发直接催生了工程物流、中欧班列、跨境电商等新兴专业物流的爆发式增长。2017 年，我国企业在“一带一路”沿线 61 个国家新签对外承包工程项目合同 7217 份，新签合同额 1443.2 亿美元，占同期我国对外承包工程新签合同额的 54.4%，同比增长 14.5%，完成营业额 855.3 亿美元，占同期总额的 50.7%，同比增长 12.6%，对外工程承包的持续较快发展带来了工程物流的旺盛需求。同样，货代企业是中欧班列运营和市场销售的主体，中欧班列的高速发展为其提升传统国际铁路联运的利润率、集约经营海外属地服务提供了难得的机遇。

（三）行业组织的作用和职能得到加强

国际货代业务进入门槛低、市场竞争充分，中小企业占行业主体的 80%，随着政府职能的转变以及“放管服”改革的深化，以中国国际货代协会（CIFA）为龙头的行业组织担当重任，发挥职能，成为推动行业发展的重要力量。

2017 年，CIFA 发布行业报告、组织行业论坛和洽谈会，开启重点企业联系机制，成绩斐然。2017 年 4 月，商务部服贸司与 CIFA 联合发布了《中国国际货运代理行业发展报告》（以下简称《报告》）。《报告》记载了五年来行业市场环境、发展特点、主要成就、存在问题和未来发展趋势，与 2009 年出版的首部报告衔接构成了行业轨迹的完整史料，对系统了解中国国际货代行业发展情况具有重要参考价值；7 月，CIFA 与国际商报社在南京联合主办了以“新货代、新形象”为主题的“2017 年中国国际货代物流行业发展峰会”，同期还举行了 2016 年度中国货代百强企业揭榜授牌仪式，会议内容新颖，嘉宾发言质量高，受到广泛好评；11 月，CIFA 与世界货运联盟（WCA）在上海成功举办第 14 届中外货代物流企业洽谈会，来自 120 多个国家和地区的 1000 余名代表参加会议，洽谈会作为品牌年会已实至名归地成为各国货代企业寻求商机、积累资源、共谋发展的重要平台。2017 年 4 月，在前期调研基础上，商务部服贸司决定建立行业重点联系企业机制，由 CIFA 具体负责实施。CIFA 克服多重困难，上下联动，确认了 120 家企业作为首批入选企业，撰写了《中国国际货代重点联系企业综合信息汇总报告（2017）》。2018 年，商务部服贸司对入选的重点联系企业在出境办展上给予摊位费减免，让国际货代企业第一次尝到政府了“真金白银”的政策支撑，为重点联系企业机制的后续常态运行提供了坚实基础。

此外，2017 年 6 月，CIFA 路桥运输委员会联合青岛市人民政府口岸等主办“第五届中俄欧集装箱运输便利化论坛”，发起设立了“一带一路”国际物流联盟、“一带一路”供应链研究院等组织。

目前，全国共有 20 多个省市区设立了地方货代协会。2017 年，他们坚持问题导向，维护企业权益，配合地方政府做了大量富有成效的工作。天津市国际货运代理协会针对天津口岸通关收费名目多、不统一、成本高的突出问题，对标其他口岸收费水平，向政府部门提出清理规范收费的专题报告，推动口岸相关部门陆续整改，促使企业物流成本不断下降；2015 年天津港发生“8・12”爆炸事故后，危化品在该港的进出口全部停止，经营危化品的货代企业眼看业务流向其他口岸而一筹莫展。后经天津货代协会的各层级协调，2017 年 10 月，八、九类危化品终于可在天津港出运。为了避免个别企业利用市场支配地位乱收费，天津货代协会建议港口部门对可接运的 319 种危险品品名和作业收费进行公示。

2017 年的行业发展虽取得了上述成绩，且近年来国际货代企业的资源要素条件、市场拓展能力、专业服务水平、人才知识结构等也发生了显著变化，但总体看，制约行业发展的一些“老大难”问题仍未有质的突破或根本变化，体现在：一是有关国际货代业的收入规模及其在外贸货运量中的占比的数据仍是空白；二是近 10 年来行业法规建设滞后，多数货代行业组织的履职能力和创新能力不强；三是企业整合资源、创新服务的能力总体不强。

二、2018 年国际货代业发展展望

2018 年是全面贯彻党的十九大精神的开局之年，也是纪念改革开放 40 周年。货代是开放度高的行业，进一步放宽服务业市场准入及规范和降低制度性收费、创造有竞争力的营商环境是新一轮对外开放的着力点。我国国际货代业也将在加大供给性结构改革、推动经济高质量发展的主基调中迎来新发展。

（一）准确把握货代业发展的机遇和挑战

上述五大商务基本业务的拓展以及“一带一路”建设的加快无疑会给国际货代企业发展带来难得机遇，但互联网带来的去中间化、一体化物流和供应链管理，使得国际货代企业难以再靠不对称信息和简单的资源整合等维持生存发

展，客户黏性差和利润率下降也是不可阻挡的硬趋势。此外，上游航运市场运价的持续低迷使得行业收入增长放缓，服务异质性内在特点带来服务营销和创新困难，这造成国际货代业的增长动力不足。物流行业正处于大变革、大发展的时代。鉴于此，国际货代企业要实现高质量发展，有两个着眼点，一是立足高端客户，回归物流专业服务的属性，从运营层面上构建服务供应链，提升物流服务的效率和质量，促进企业效率变革和质量变革；二是适应动态环境的变化，克服能力刚性，从战略层面上开发提升基于知识、技能等资源整合和重构的动态能力，不断扩展和更新企业的基础运作能力，以新动能培育传统货代企业的持续竞争优势。

（二）通过专业集成服务提高货代供给的质量

我们正处于大数据、云计算、物联网快速发展的信息化时代，电子化使得外贸通关时间缩短、口岸无纸化作业加快。近些年政府大力推动简政放权，降低制度性交易成本，致力于营造法制、便捷的营商环境，这些都有利于货代企业的经营，能够减少企业同客户沟通的时间成本和管理成本，但最大的受益者还是直接客户。信息化可大大提升物流服务的效率，标准化程度高的集装箱运输等产品可尝试采用“互联网＋”模式以提高行业的规模经济性，但多数货代业务个性化、定制化程度高，货物的全程物流活动尤其是“最后一公里”的空间位移仍需货代企业来完成，互联网并不能颠覆国际货代资源整合的性质和服务模式。竞争环境的变化和客户需求的提升使得国际货代企业必须向国内外前后两端延伸，通过构建服务供应链来提升一体化全程集成服务能力，以提升客户黏性、体现专业服务价值、彰显供给端的质量。如中外运长江有限公司南通分公司原本是一家传统的国际货代企业，2015 年以来，面对竞争环境的变化，南通分公司聚焦日本王子造纸企业的高端需求，与其开展全方位深度战略合作，积极开展入厂物流、码头接货等增值物流服务，不仅扩大了货代、船代、报关、国内配送等传统业务规模，而且“一石多鸟”，增加了客户黏性，提高了利润率，实现了企业成功转型。

（三）通过开发动态能力而培育发展新动能

能力也有刚性。基于环境的快速变化和客户需求的提升，货代企业必须扩展和更新服务能力，从战略上形成一种抽象的与环境匹配的高阶能力——动态能力。动态能力是企业不断整合重构网络、知识等基础资源以适应环境变化的能力，本质是通过组织学习而转化的知识关系能力。结合市场变化，货代企业的动态能力可从时间和空间两个维度去把握：一是国内城镇化和“中国制造2025”带来的供应链管理的机会。通过加强学习和积累经验，克服传统服务能力惯性，补充更新新知识，积极涉入合同物流和供应链管理等新服务，从时间上拓展传统货代运作能力的广度；二是“一带一路”建设给物流企业“走出去”带来的机会。动态能力也可视为一种创业能力。近些年，不少物流企业通过工程物流和跨境电商等新业务促进其海外属地化物流快速发展，但国际化水平总体仍较低，重要原因是创新意识和创业技能不足。国内企业成熟的装卸、报关、卡车运输等技能，囿于环境、文化、知识、经验等因素，到国外常常“力不从心”或“水土不服”。因此，应抓住“一带一路”建设等难得机遇，从高层做起，以上率下，加强学习，在识别机会、配置资源、培养人才、跨文化沟通、管理风险等塑造海外创业能力，从空间上提升货代企业运作能力的深度。

（四）加快对新知识的开采使用并加强对专业人才的管理

随着服务产品化的兴起，所有的经济活动都可归结为服务经济。知识、技能等操作性资源（Operant Resources）是一切企业核心竞争优势的源泉。货代企业重在知识、技能等软性资源的整合。现有货代企业的知识多以国际贸易、国际运输等具体性知识为主，结构不合理，新知识较少，不少新人本身还缺乏这些具体性知识。基于竞争环境的变化，必须补充供应链、服务运营和营销、法律、财务等整合性知识，并对此进行开采、使用，形成配置性知识，才能形成满足客户新需求、打造新的竞争优势且以知识整合和重构为核心的动态能力。

专业人才是知识和技能的载体，以人为本，人尽其才，同样是货代企业人力资源管理的重点。应结合实践加大大型企业职能部门和一线经营管理干部交流任职的力度，发挥专业骨干人才在创新发展、降本增效、管理提升中的关键作用，关心对老员工、关键岗位员工等的考核、使用和管理，将员工的忠诚度和主人翁精神与其薪酬待遇和职业发展挂钩。

（五）发挥货代协会在推动行业高质量发展的基础性作用

面对政府职能的转变和货代业务专业性强的特点，货代协会在强化行业调研、协助政府加强行业事中事后监管等方面发挥着重要作用。而要发挥好其应有作用，应该“专业的人做专业的事”，打造一支务实、担当、高效的服务团队。相对来说，目前，多数货代协会工作人员缺乏专业知识，业务素质普遍不高，这是造成其履职能力不强、创新意识不足的根本原因之一。为此，应通过在职培训、引进人才、会员单位交流等多种举措来加快改变这种状况，为协会高质量发展注入源头活水。

（中国国际货代协会　梅赞宾）

2017 年物流地产业发展回顾与 2018 年展望

2017 年，世界经济普遍复苏，中国的表现尤为亮眼，经济增长率为 6.9%，比 2016 年的 6.7% 提高了 0.2 个百分点。国民经济稳中向好，经济活力、动力和潜力不断释放，稳定性、协调性和可持续性明显增强，总体上实现了平稳健康发展。在这一大背景之下，国内消费升级以及电商崛起带来了大量仓储需求，物流地产市场蓬勃发展。房地产企业、物流公司以及互联网巨头纷纷涉足物流地产市场，带动市场规模不断提升，从业企业更加多元，使物流地产成为物流业发展的重要推动力之一。

2017 年 8 月底，《国务院办公厅关于进一步推进物流降本增效促进实体经济发展的意见》指出，推动物流降本增效对促进产业结构调整和区域协调发展、培育经济发展新动能、提升国民经济整体运行效率具有重要意义。进一步推进物流降本增效，应着力营造物流业良好发展环境，提升物流业发展水平，促进实体经济健康发展，物流地产是物流业发展基础中的重要一环。政策利好条件给中国物流地产带来更多关注，行业整体有望向全面高质量发展迈进。

本报告首先回顾 2017 年中国物流地产业的发展现状，然后对中国物流地产业 2018 年的发展趋势进行预测和分析。

一、2017 年物流地产业发展回顾

2017 年是中国经济平稳增长的拐点，国民经济延续了稳中有进、稳中向好的发展态势。在党中央、国务院正确领导下，全国物流运行保持了良好发展势头，物流政策环境持续改善。全年物流业景气指数（LPI）均值为 55.3%，较 2016 年小幅提升 0.1 个百分点，表明物流业继续维持景气运行。物流相关行业固定资产投资持续增长，物流地产市场需求持续活跃，物流设施租金持续上涨，但城市之间表现分化。同时，物流地产市场投资热度不减，物流园区规划渐趋合理。总体来说，物流地产发展环境不断改善，物流地产行业整体发展态势良好。

（一）物流相关行业固定资产投资持续增长，增速略有回落

据中华人民共和国国家统计局数据，2017 年全国固定资产投资（不含农户）631684 亿元，增速略有回落，由 2016 年的 8.1% 滑落为 7.2%。其中，

2017 年 1—11 月增速持平。（如图 1 所示）

全国交通运输、仓储和邮政业固定资产共投资 61186 亿元，继续保持平稳增长，增速为 14.09%，同比增速超过全社会固定资产投资增速。2013—2017 年全国交通运输、仓储和邮政业固定资产投资额和累计增长速度如图 2 所示。

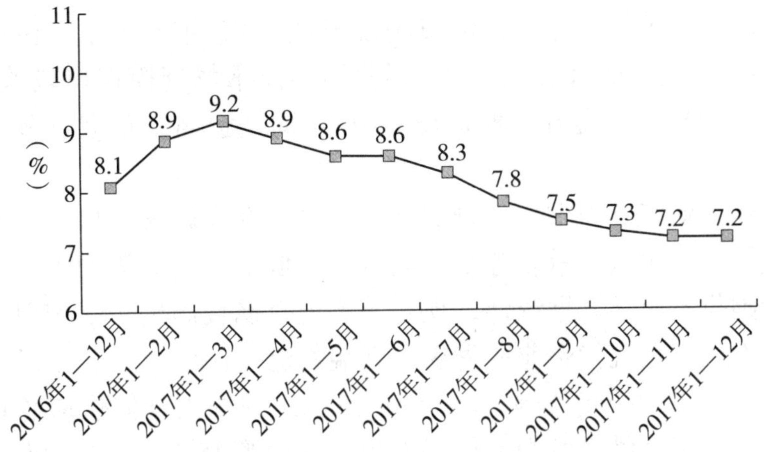

图 1　2016—2017 年固定资产投资（不含农户）同比增速

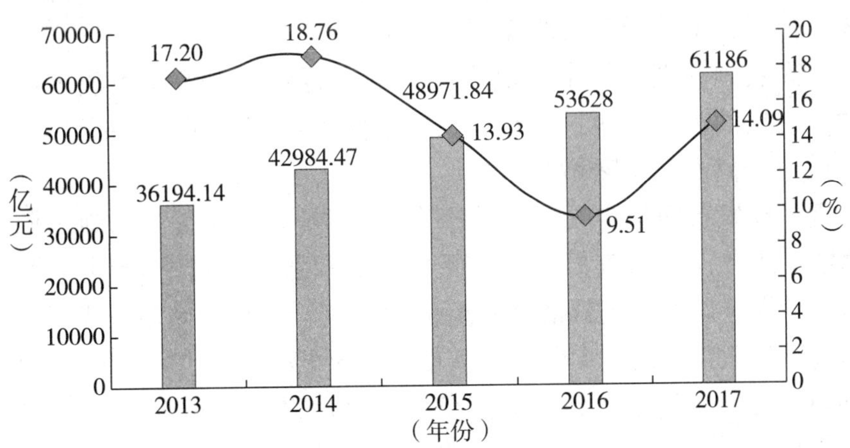

图 2　全国 2013—2017 年交通运输、仓储和邮政业固定资产投资额

2017 年我国铁路运输保持稳定，全国铁路行业完成固定资产投资 8010 亿元，完成了年初设定的 8000 亿元目标。其中国家铁路完成 7606 亿元；新开工项目 35 个，新增投资规模 3560 亿元；投产新线 3038 公里，“四纵四横”高铁网提前建成运营。

2017 年，道路运输业固定资产投资额 40303. 59 亿元，占基础设施投资比 28. 8%，相比 2016 年增长 23. 1%，增速回落 1. 5 个百分点；航空运输业固定资产投资额 2394. 92 亿元，比 2016 年同期增长 8. 5%；水上运输业固定资产投资额1886.41亿元，负增长-11.9%；仓储业固定资产投资额6855.78亿元，与2016年同期相比略微负增长-0.4%。

（二）高端仓储市场供不应求，各城市表现分化

过去10年间，随着经济发展，物流地产迎来爆发式的增长，需求日渐旺盛。数据显示，我国物流地产整体市场规模从2005年的不足人民币3亿元增长到2016年的超过100亿元。2017年我国物流市场规模保持较快发展态势，社会物流总额增长稳中有升，增速比2016年同期提高0.6个百分点，物流地产需求端稳中向好。

然而在强劲的市场需求之下物流仓储存量还存在较大缺口。当前我国物流仓储供给侧结构性短缺严重，存量仓储以传统低端仓储设施为主，高标准的现代物流仓储则供不应求。据统计，现有的物流仓储设施约70%建于20世纪90年代之前，难以满足现代企业的需求，高端物流仓储供应显著不足。据世邦魏理仕发布的《全球优质物流地产租金报告》，目前国内仓储供应总量为5.5亿平方米，其中高端仓供应量为1亿平方米，占比为18%，普通仓供应量为4.5亿平方米，占比82%。同时，中国主要城市非自用高标准物流设施存量累计仅约2600万平方米，人均面积不到0.015平方米，而美国高标准物流设施总存量约为3.7亿平方米，折合人均面积达1.17平方米。

此外，在我国高端仓储市场供不应求的大背景下，各城市表现出现分化。总的来说，一线城市土地瓶颈仍在，高端仓储市场供不应求；部分二线城市继续放量，供应仓储面积不断增长。

世邦魏理仕发布的报告显示，2017年北京市受市政府冬季施工限制影响，全年新增物流服务设施供应量同比下降53%，仅第一季度有新项目交付。受年末市政府对低端仓储设施进行清理和整治的影响，高端仓储市场需求更加强劲，供求矛盾进一步激化。连续3个季度空置率在0.5%以下，整体市场接近满租。

深圳市高标仓市场全年新增供应空白，现有的整体市场有效供应空间也进一步收窄。市场供应的紧张加上需求的持续上涨，推动整体城市空置率持续下跌到历史低点。根据深圳租仓宝仓储物业租赁服务平台监测数据显示，深圳2017年非保税仓储市场空置率仅为2%，而深圳周边城市的非保税仓库空置率最高也仅为8%。

由于近年政府收缩一手仓储工业用地的开发，广州市2017年非保税高端仓库新增供应仅5万平方米，整体市场空置率下降至7.1%，同比下降0.6%。

2017年上海物流地产市场仅有合计建筑面积13.5万平方米的两个优质非保税物流项目竣工入市，系2008年以来最低年度新增供应。尽管新增供应陆续交付使用，上海优质物流物业供不应求的状况始终存在。持续进行的拆违工

作使得原本存在于非高标仓的需求涌入高标仓市场，进一步推动高标物流仓库的去化，年末空置率大幅下降，创历史新低。

武汉市、重庆市和成都市优秀物流设施市场新增供应与净吸纳量共创历史新高。其中，武汉市优质物流设施市场全年新增供应较2016年增长超过七成；成都市净吸纳量近100万平方米，居全国首位。

（三）物流服务设施租金持续上涨，供需失衡致部分项目面临压力

全国范围来看，受益于第三方物流和电商企业的迅速发展，2017年中国物流地产市场需求持续活跃，但由于供不应求的矛盾短期内难以缓解，再加上增值税的调整，使得大量城市物流租金上涨，空置率持续下降。

从一线城市来看，优质物流设施的稀缺再加上普遍存在的供不应求现象推动高标仓库租金继续上涨，整体市场空置率维稳在较低水平。但需要注意的是一线城市的不同板块之间出现了分化，如在上海的外高桥，广州的黄埔等个别短期空置率较高的区域，开发商针对优质租户能够给予一定的议价空间。世邦魏理仕提供的2017年北京、上海等几个城市仓储物流市场年末空置率及全年租金增长情况，如表1所示。值得提出的是，深圳由于受到个别园区跨境电商公司推出的影响，出现了罕见的个别季度下跌，整体市场租金全年下跌至每月每平方米42.8元。

从二线城市来看，部分二线城市由于供需失衡使仓库租金出现了短期调整，呈现下降趋势。据国外可供参考的案例显示，物流设施空置率必须控制在5%以内才能保持10%的回报，如果空置率达到15%，就难以获得利润。二线城市中，成都、武汉和重庆仓库的空置率不是很理想，部分项目或面临压力。此外，苏州、杭州、宁波、无锡、南京由于自身的物流发展及一线城市需求外溢，市场处于良好的发展状况。

表1　　北京等城市物流仓储空置率及租金增长情况

城市	年末空置率（%）	年末空置率与去年相比	全年租金增长（%）
北京	0.3		5.2
上海	5	历史新低	1.6
深圳	4.9	历史低点	-0.7
广州	9.9	同比下降2.3	0.8
重庆	27.5	同比上涨3.3	-1.9
成都	13.2	同比下降12.3	-3.2
武汉	13.7	同比下降3.2	-1.4

从区域来看，高力国际发布的2017年上半年《物流仓储租金地图》报告显示，内地三大仓储区域分别位于华北环渤海区、长三角和珠三角区域，北京和上海仓储物流设施每平方米日租金为1.3元，为区域内最高；不过从全国而言，香港物流仓储日租价格最高，达4.4元/平方米，深圳则成为内地仓储物流租金最高的城市，日租1.5元/平方米，广州仓储物流日租单价是1.15元/平方米。

从全球范围来看，世邦魏理仕2017年发布的《全球优质物流地产租金报告》显示，全球十大最贵优质物流地产排名中，香港以348.39美元/平方米/年的租金蝉联榜首，上海（100.97美元/平方米/年）位列第五，深圳（94.74美元/平方米/年）位列第八。2018年年初，在强劲的优质物流地产需求驱动下，我国的苏州（8.7%）、杭州（7.4%）、宁波（7.2%）、无锡（6.7%）、南京（6.6%）、深圳（6.5%）和上海（5.0%）的物流地产租金增幅进入全球物流地产租金最快增幅榜单前20名。

（四）新零售催生物流仓储市场“风口”，物流地产投资热度不减

阿里巴巴作为新零售时代的先驱者率先提出“新零售”这一概念。新零售是指“以互联网为依托，通过运用大数据、人工智能等先进技术手段，对商品的生产、流通与销售过程进行升级改造，进而重塑业态结构与生态圈，实现线上服务与线下体验深度融合的零售新模式。”而现代化物流设施是支撑新零售的重要手段之一。

当前，我国正逐步进入新零售阶段。商务部流通产业促进中心2017年9月11日发布的《走进零售新时代——深度解读新零售》报告提出，消费升级大趋势下，我国商贸行业将步入新零售时代。

在新零售概念的引领下，物流地产市场2017年持续投资火热。全球最大商业地产服务和投资公司世邦魏理仕发布《2017年亚太区投资者意向调查》报告显示，2017年61%的中国投资者考虑直接投资物业以获得更高回报（2016年为49%）。另外，从投资业态上来看，亚洲投资者对物流地产的投资意愿在2017年占比20%。从中可以看出，物流地产受到了投资者比以往任何一年都更多的青睐。

不仅是中国的个人投资者对物流地产有着如此高的热情，2017年，各大地产开发商、快递公司，甚至是电商也纷纷布局物流地产。2017年6月，绿地联同联想、普洛斯、德邦参与了东航物流混改；菜鸟网络宣布与中国人寿共同设立物流仓储基金，用于发展更好地适应现代物流发展的物流地产设施。2017年7月，万科斥资169亿元参与物流巨头普洛斯的私有化。目前，万科联手物流地产巨头普洛斯在现代化仓储设施市场的占有率约为50%，“双十一”超十亿

件的包裹有一半是从普洛斯和万科的货仓里发出的。

2017 年 8 月，荣盛产业新城集团与菜鸟网络科技有限公司签署协议，将在固安打造首个京津冀智慧物流示范新城，共同为电子商务企业、物流公司、仓储企业、第三方物流服务商、供应链服务商等各类企业服务。2017 年 11 月，苏宁云商全资子公司江苏苏宁物流有限公司与深创投不动产基金管理（深圳）有限公司拟联合发起设立目标总规模为 300 亿元的物流地产基金，用于物流地产领域的投资与建设。顺丰集团宣布与综合房地产集团嘉民签署新的战略合作协议，双方拟建立长期合作伙伴关系，共同合作开发建设物流仓储设施。

仲量联行 2017 年发布的物流地产报告中指出，2017 年至少有 254 亿美元的中国资本流向物流地产，且随着未来消费的不断升级，物流地产还将面临供不应求的市场局面。

（五）电商高速增长带来大量仓储需求，助推物流地产发展

2017 年，备受全民追捧的“双十一”全球购物狂欢节以天猫商城全天交易额刷新纪录的 1682 亿结尾。从 2009 年不足 5000 万元的交易金额到 2017 年的 1682 亿，连同京东商城累计超过 1200 亿元的交易金额、苏宁易购 163% 的增速，无不显示着电商行业的极速成长。而其背后 8.12 亿的订单数量预示着物流地产的市场机遇正逐步显现。

电商市场交易规模的高速增长导致电商企业对物流仓储设施的需求逐步提升。普洛斯数据表明，同等交易规模下电商对物流仓储的需求是传统零售的 3 倍左右，每平方米的物流仓储面积约能支撑 7 万元左右的交易额。2017 年中国电商网络零售额达 7.18 万亿元，按此测算，电商领域对物流仓储的需求达 10257 万平方米。

此外，在冷链、生鲜等消费需求不断增长的情况下，再加上电商企业自身的特殊性（追求成本优化和体验消费），电商企业对现代物流设施的市场需求继续扩大，对高端仓储的需求比传统零售和企业领域来得更为迫切。然而，在电商领域万亿平方米以上高端仓储的需求下，我国现阶段高端仓储总供应面积仅 2900 万平方米，供需缺口非常大。2011—2017 年全国高端仓储供应及电商高端仓储需求对比情况，如图 3 所示。

同时，普洛斯（GLP）年报显示，普洛斯中国管理园区中电商租赁占比自 2011 年的 10% 持续提升至 26%，该比例显著高于其他国家，如美国仅为 10%。这一差异主要是由于普洛斯以提供现代化物流设施为主，迎合了电商对于物流设施的要求，因此吸引了更大比例的电商租赁，导致占比出现显著差异。这一差异充分说明当前我国电商发展对于高质量仓储的迫切需求。我国电商租赁比与其他国家对比示意，如图 4 所示。

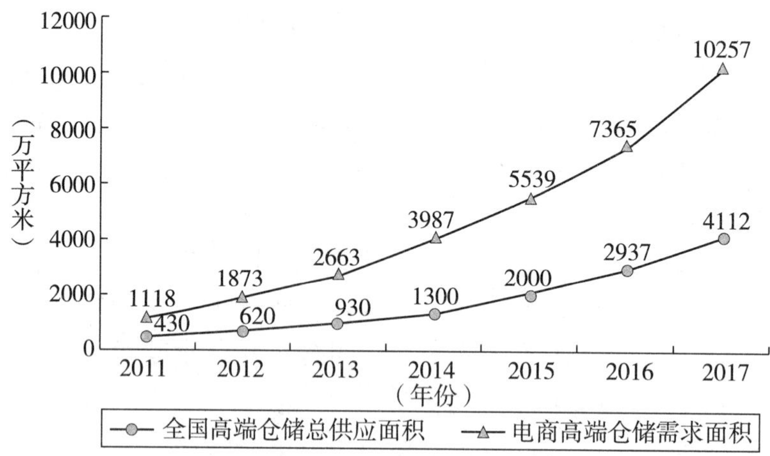

图3　2011—2017年全国高端仓储供应及电商高端仓储需求对比情况

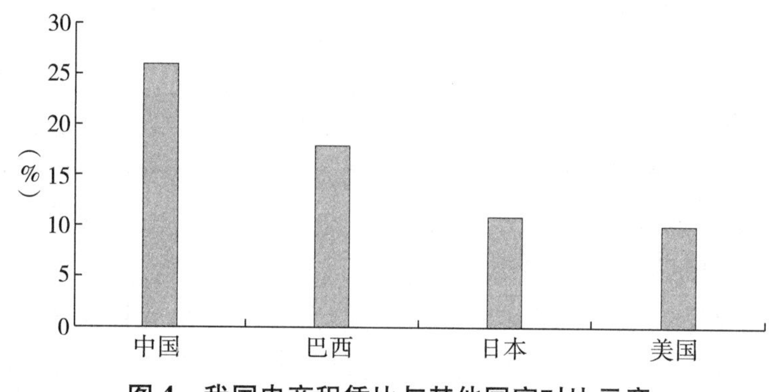

图4　我国电商租赁比与其他国家对比示意

为缓解订单爆仓与物流效率的矛盾，电商企业一方面加快自有物流渠道的建设，大力投资物流仓储设施，如京东、当当；另一方面加大与第三方物流的合作，以淘宝、唯品会为代表。但是，不论是自建物流渠道还是依托第三方物流，电商需求规模的扩大都需要现代化物流设施满足其高运转效率、低物流成本、安全可靠的需求。

由此可见，电商高速发展带来的巨大仓储需求，尤其是高端仓储需求，使得我国物流地产迎来了黄金发展时代。

（六）各地越发注重园区规划，拆迁加速物流园区转型升级

物流园区对当地城市以及区域经济发展具有重要推动作用，特别是在提升城市物流业整体水平、发挥集聚功能、改善城市环境、促进区域经济发展、实现配套功能等方面更是意义突出，因而越来越多的地区将物流园区的规划与发展放在了重要位置。

2017年5月，《成都市现代物流业发展“十三五”规划》出炉，重点提出按照新的城市发展空间布局和物流集疏运格局，依托重大交通基础设施，启动新一轮物流集中发展区规划建设，构建“五园区－六中心－若干服务站（配送点）”的“5＋6＋N”市域物流节点设施空间布局体系。同时，该规划还首次系统地明确了“十三五”时期成都市五大物流园区、六大物流中心的空间布局和功能定位。

2017年年初，同属西南物流重镇的重庆在印发的《重庆市现代物流业发展“十三五”规划》的通知中强调，要优化物流空间布局，按照五大功能区域发展战略，立足交通、产业、城市、物流“四位一体”，规划形成“两环五带”物流空间布局，着力构建以枢纽型物流园区为核心，节点型物流园区为辅助，配送型物流园区为补充的“3＋12＋N”市域物流园区网络体系。

新疆也于2017年发布《自治区物流业“十三五”发展规划》，该规划根据城市总体定位、交通区位条件、产业发展水平和集聚辐射能级，确定了“1＋4＋10＋N”物流节点城市布局。同时，该规划围绕建设国际商贸物流中心，明确物流园区建设工程、多式联运提升工程、物流产业集聚工程、城乡物流配送工程、电商物流协同工程、冷链物流提升工程、大宗商品物流工程、物流企业培育工程、智慧物流创新工程、应急物流保障工程十大重点工程。

除此之外，2017年多省市在各自的物流业“十三五”规划中都明确提出要优化物流发展布局，如合肥、江西省等。

同时，2017年也是各城市物流园区“拆迁”的一年。9月、12月，拆迁让北京的大批物流园区“流离失所”。不单是北京，上海、石家庄、西安、长沙、福州、郑州、贵阳等地仍在进行，刚刚结束或即将迎来物流园区的全面拆迁。

对园区租户来说，拆迁是劫，原本稳定的货源遭遇损失，新档口租金又坐地起价，末端成本上升，压力增大。但拆迁同样也是机遇，新兴园区无论是面积、库房建设、员工宿舍还是园区规划等方面都远远强于老园区。以拆迁的方式倒逼园区转型升级，园区的管理者逐渐由过去的“房东”转变为一个“服务商”，为租户带来更好的体验。

拆迁带来一个洗牌的机遇，成本上升带来竞争加剧，良币驱逐劣币，优秀的企业将占据市场。不破不立，当地物流市场“腾笼换鸟”，会引入更多新的模式、新的业态，带来整个行业的转型升级。

二、2018年物流地产业发展展望

2018年是贯彻党的十九大精神的开局之年，我国经济将在稳步前行的同时追求高质量发展。物流地产行业也将保持平稳发展，电商和零售业的快速增长使需求继续扩大，投资热度不减，仓储智能化趋势愈加明显，但收益率或将下探。此外，受市场供需关系和国家政策的影响，一、二线城市租金面或出现分化，物流地产项目也将围绕此进行布局。同时，园区多式联运功能凸显，建设、管理和服务水平将进一步提高。

（一）物流行业固定资产投资稳定增长，物流地产行业总体保持平稳发展

预计 2018 年我国固定资产投资增长将进一步趋缓，增速维持在 6.5% 左右。但是，在固定资产投资增速整体放缓的背景下，物流行业固定资产投资仍将保持稳定增长，预计交通运输、仓储和邮政业基础投资增速将维持在 10% 左右。①

具体来说，2018 年全国铁路固定资产投资安排 7320 亿元，其中，国家铁路 7020 亿元；公路水运投资安排 1.8 万亿元左右；水利在建投资规模将达到 1 万亿元。

从物流地产行业整体来说，预计 2018 年行业总体将保持平稳发展。其中，物流行业固定资产投资的稳定增长将为物流地产的平稳发展提供保障，而作为支撑物流业发展的重要一环，2018 年物流地产需求端稳中向好也为物流地产稳定发展提供了支撑。预计 2018 年我国物流业将继续保持景气运行状态，物流景气指数将在现有基础上继续稳定，全年平均值约为 55.9，维持在景气线以上，较 2017 年提升约 1%；社会物流总额有望接近 280 万亿元，同比增长 6.5% 左右，物流市场的体量与盈利都将有望再创新高。

此外，物流地产发展政策环境的持续改善为行业的平稳发展提供了环境。继 2017 年发布的《财政部　税务总局关于继续实施物流企业大宗商品仓储设施用地城镇土地使用税优惠政策的通知》《国务院办公厅关于进一步推进物流降本增效促进实体经济发展的意见》后，2018 年李克强总理政府工作报告中再次提出要降低物流企业仓储用地税收支出，推动物流地产行业发展政策不断出台。

可以预计，2018 年，在物流行业固定资产投资稳步增长，物流地产需求端稳中向好，利好政策不断出台的大背景下，物流地产行业将保持平稳发展，为我国经济发展和社会建设贡献力量。

①本节关于物流业的预测数据来自中国科学院预测科学研究中心发布的物流业预测报告，该报告也由本报告的作者撰写。

（二）物流地产需求持续扩大，供需矛盾致一二线城市租金面出现分化

需求面上，预计2018年物流地产需求将进一步扩大，电商与第三方物流主导需求依然占据主导地位。

首先，2018年电商规模的扩大将催生更多的仓储需求。据中商产业研究院发布的《2017—2022年中国电子商务行业市场调查前景及投资机会研究报告》数据显示，预计2018年中国电子商务交易规模将达到28.4亿元，同比增长为17.84%，中商产业研究院发布的中国电子商务交易规模及预测，如图5所示。

其次，新零售时代的到来也为物流地产需求的进一步扩大带来动力。2018年我国零售业整体仍将保持平稳增长，中国商业联合会、中国商业联合会专家委员会及香港冯氏集团利丰研究中心预测2018年国内社会消费品零售总额增长10.1%左右。在零售业整体保持平稳增长的同时，2018年我国新零售趋势将进一步扩大，为物流地产带来更多的需求。近年来，一方面随着网络零售额规模基数的扩大，网络零售额增长率逐渐放缓；另一方面大型零售企业销售额增速也在连续放缓。线上线下瓶颈期的到来使新零售（核心为“线下体验+线上平台”）成为零售业未来发展的趋势，可以预计新零售趋势将催生物流地产更多的需求。

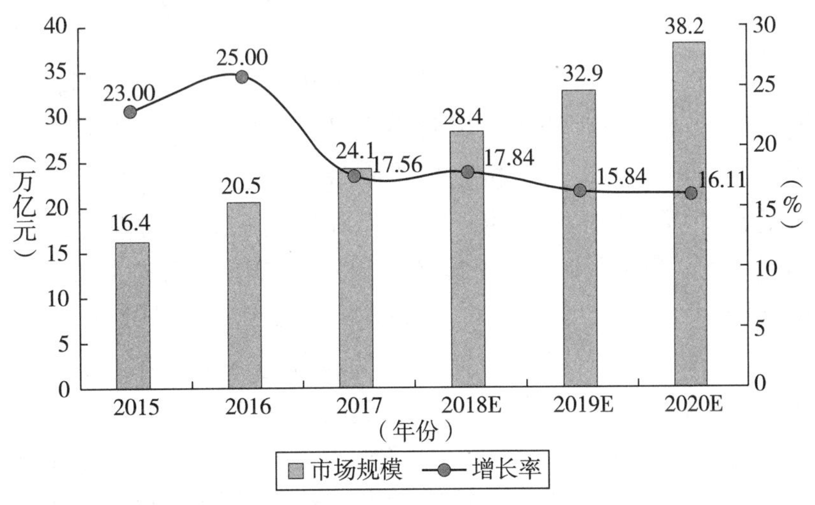

图5　中国电子商务交易规模及预测

租金面上，预计一线城市由于新增物业供应量的增长速度比不上整体需求增长的速度，2018年平均租金将继续上涨。高力国际发布相关报告称，2018年北京物流仓储设施租金增长将保持稳健，预计有约20万平方米的新增供应完工入市，其中85%的新增供应已预租完毕，鉴于强劲的需求，余下的面积也将被迅速吸纳。2018年上海物流物业空置率将小幅上涨至8%～9%，整体市

场平均租金涨幅将继续保持在5%～7%范围内。2018年广州非保税优质仓储市场将有新增供应推出市场。由于新增供应将有效缓解优质物流仓库供不应求的局面，预计短期内平均租金水平会面临压力。但由于市内新增供应体量有限，长期内广州市优质物流仓库平均租金水平呈增长趋势。预计至2018年年底，平均租金将同比增长3%。2018年深圳由于只有少量的物流仓储设施供应入市，所以物流设施的空置率将进一步下调，租金将持续缓慢上升，并将于2022年升至49元/月/平方米。

此外，由于一线城市土地供应非常有限，需求外溢将进一步升级，卫星城市的枢纽地位越发凸现，重要卫星城市如昆山、嘉兴、东莞等，尽管有持续供给，但租金仍有进一步上涨的空间。二线城市中一些供应较为集中的城市如重庆、天津、西安、杭州等，租金或继续承压。世邦魏理仕预测2018年重庆高标准仓储市场将会迎来新一波供应高峰，空置率将持续走高。可以预计，由于供需的不均衡，2018年重庆物流仓储市场租金将继续承压。

（三）物流地产投资热度不减，收益率或将下探

物流地产投资方面，展望2018年，物流地产投资热度仍不减。但是，随着国内外投资者在物流地产市场持续加码和可售高标准物流地产的紧俏，预计2018年物流地产收益率将下探，其中卫星城市和重点二线城市的下探速度会更为迅速。

物流地产之所以能一直保持投资热度的原因是多方面的。相较于传统房地产，物流地产土地成本相对偏低、风险系数较小、收益明显高于其他地产。近两年来，严厉的房地产调控及地价高位难降等因素已极大压缩了住宅的开发利润。相反，受益于新型城镇化、第三方物流和电商企业的持续活跃，物流地产始终保持利润增长。2017年年初统计数据显示，我国北京、上海、深圳、广州的二手房租金回报率分别为1.49%、1.59%、1.53%和1.92%，写字楼的为5%左右，而目前我国一线城市物流地产基本收益在6.5%～7.0%，高端物流地产的回报率可达8.0%，物流地产收益明显高于住宅地产和商业地产。

其次，在我国城镇化尚未完成、内需消费及电子商务需求高速增长的背景下，以一、二线城市为代表的城市物流需求还将保持较快增长，物流地产需求仍具有广阔的提升空间。但与旺盛的需求矛盾的是我国相当长一段时间内物流地产市场都将供应不足，尤其是高标准物流地产。国际房地产顾问戴德梁行的报告显示，至2020年，电子商务、消费品、物流服务和工业对高标准仓库的需求将达到1.4亿～2.1亿平方米，而届时供应量或只有5600万～6600万平方米，供应缺口超过1亿平方米。

可以预计，2018年，物流地产相较于其他房地产的高收益和广阔的发展空

间将使物流地产继续保持投资火热，且新投资的物流地产中高标准物流地产是热点。高力国际预测广州市 2018 年仓储物业交易市场将保持活跃，资本值同比增长 20%。深圳市工业地产资本值将同比增长 5% ~10%。

但是，随着物流地产投资持续火热，预计 2018 年物流地产收益率将下探。不仅是因为有各路资本竞相追逐高标准物流地产，我国城市物流用地供应的缺乏也是重要的原因。目前，我国一线城市土地供应日益稀缺，如北京市 2018 年限制和缩紧物流用地供应的政策方向仍不变；深圳日益严格的城市更新政策也将使物流用地供应更加紧张。继一线城市后，重点卫星城市和二线城市配送中心的物流用地供应也越发紧俏，在售高标准物业供不应求。仲量联行 2017 年第三季度物流市场概览指出，昆山某近期在售物业的资本化率已接近一线城市水平。

此外，作为亚洲房地产市场的重要组成部分，在整个亚洲房地产市场收益率将进一步下探的大背景下，2018 年我国物流地产市场收益率下探是可以预见的。高力国际发布的《2018 亚太区房地产市场展望》指出“由于经济增长强劲且实际利率处于低位，亚洲房地产市场将维持可观的投资总量，收益率可能进一步下降。主要风险不在于需求不足或资本短缺，而在于市场缺乏高质量的可售房产”。

（四）电商爆发增长加速物流仓储智能化，助力物流行业转型

就产业未来发展方向而言，在政策导向和电商爆发增长带来巨大智能仓储需求的大背景下，展望 2018 年，智能化将逐渐渗透到物流的各个环节，成为物流行业转型的新动能，仓储物流业向智能化的转变势在必行。

这种变化产生的原因是多方面的。电商的快速发展倒逼物流仓储向智能化发展。2018 年，随着互联网的快速发展，更多的线下商贸企业将投入到电子商务的发展中，电商的供给与需求将双双保持高速的增长。据中商产业研究院预测，2018 年中国网络购物市场交易规模将达到 7.7 万亿元。此外，网络购物市场规模占比将持续增长，2018 年中国网络购物市场规模占比将达到 62%。中商产业研究院发布的中国网络购物市场交易规模如图 6 所示，中国网络购物交易规模构成情况预测如图 7 所示。

电商业务的爆发式增长，产生了巨量的仓储分拣需求。面对需用最短的时间对千万件的快递进行运输、分拣和派送的需求，电商企业和物流企业均对智慧化设备寄予了厚望，希望借此分解庞大订单量的压力和进一步提高服务质量。从这一点来看，物流地产行业向智能化转变是大势所趋。

其次，国家近年来发布的政策也进一步助力物流仓储业向智能化发展。《国务院办公厅关于促进跨境电子商务健康快速发展的指导意见》《关于推进

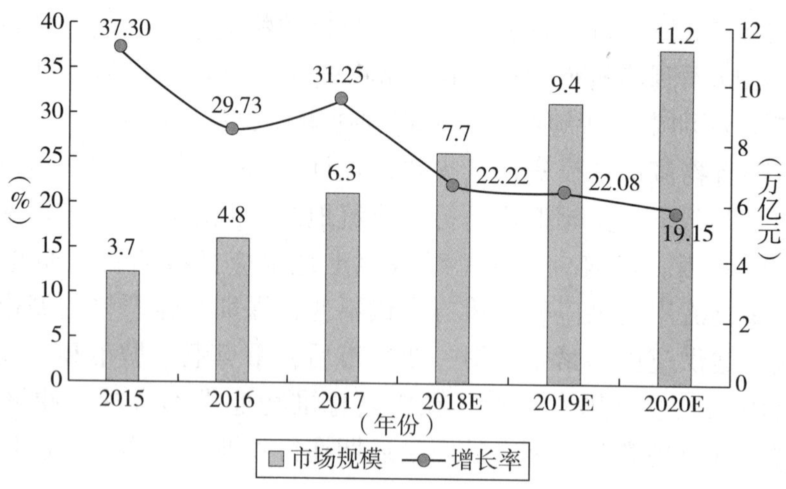

图 6　中国网络购物市场交易市场规模及预测

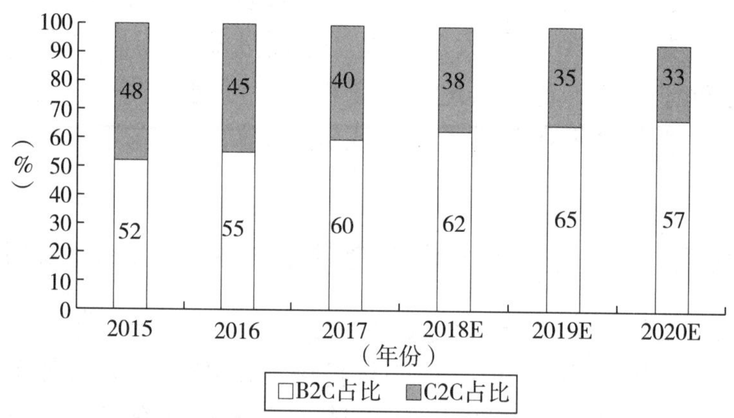

图 7　中国网络购物市场交易规模构成情况

线上线下互动加快商贸流通创新发展转型升级的意见》《关于加强物流短板建设促进有效投资和居民消费的若干意见》及《“互联网+”高效物流实施意见》《国务院办公厅关于进一步推进物流降本增效促进实体经济发展的意见》，还有党的十九大报告提出的“推动互联网、大数据、人工智能和实体经济深度融合”，一系列的政策指引有效为仓储物流提供了政策保障和依据，为我国仓储业的智能化和物流业发展的现代化提供了建设方向。其中，《国务院关于进一步推进物流降本增效促进实体经济发展的意见》更是直接指出，要结合智能制造专项和试点示范项目，推动关键物流技术装备产业化，推广应用智能物流装备。鼓励物流机器人、自动分拣设备等新型装备研发创新和推广应用。

目前物流仓储智能化趋势已初见端倪。京东已经建成全流程无人仓，实现从入库、存储，到包装、分拣等环节全流程、全系统的智能化和无人化。菜鸟网络在广东惠阳设立有超级机器人旗舰仓，上百台机器人单日发货可超百万件。

可以预计，在市场需求的催化和政策指引下，2018 年物流仓储智能化趋势必将进一步扩大，进而助推物流行业转型。同时，预计物流设施开发商的战略也会受此影响。世邦魏理仕中国区工业部执行董事罗瑾指出，“新技术对仓库载体形态产生新要求的同时，也将慢慢改变物流设施开发商的发展策略。面对激烈的市场竞争，物流地产开发商在未来不仅要提供布局广泛、标准灵活的硬件设施，同时还要提供配套的智能物流解决方案，这样才能在物流设施开发领域获得更强的不可替代性。”

（五）二线城市物流地产发展迎机遇，物流地产项目于此布局

在物流地产项目布局方面，预计 2018 年，物流地产项目布局将“立足二线，服务一线”，进一步集中于一线城市周边卫星城、“一带一路”沿线城市以及位于交通大动脉的重点城市：一线城市的卫星城，如京津冀的廊坊、珠三角的佛山、长三角的无锡等；“一带一路”起点的西安；处于交通大动脉且人均可支配收入较高的成都、南京、沈阳、杭州等。

这种现象产生的原因有以下几方面。首先是近年来我国的发展战略和不断出台的相关政策为区域重点城市及大城市周边县域发展物流地产带来了机遇。2016 年，国家发布《中长期铁路网规划》，勾画了新时期“八纵八横”高速铁路网的宏大蓝图，2017 年印发《铁路“十三五”发展规划》，在全面贯通“四纵四横”高速铁路主骨架的基础上，推进“八纵八横”主通道建设。在此基础上，一些二线城市的交通枢纽地位越发显现，如郑州、西安、合肥、武汉、重庆、成都、贵阳、长沙、南宁等。

2017 年 3 月，李克强总理在政府工作报告中指出，我国将围绕着推进“三大战略”和“四大板块”发展，不断优化区域发展格局。同时，近年来国家不断出台规划及政策推进“一带一路”建设，促进沿线国家及区域发展。受益于区域协同发展战略的实施、城市群中心城市带动和产业转移，以及“一带一路”战略和未来交通规划带来的发展利好，一些二线城市拥有发展物流地产的绝佳环境。

其次是相较于一线城市，二线城市发展物流地产成本更低，有利于承接核心城市外溢需求，使物流地产布局于此。当前，虽然我国一线城市物流仓储市场持续供不应求，但拿地成本居高不下、物流用地供给短缺。而其周边城市在土地供给、地价以及用工成本上均有较高的性价比，且租金相对较低，有利于承接核心城市外溢需求。同时，近年以来，大量的人口迁入二线、三线城市，而人是产业之本，人在哪里，生产力和消费就在哪里，这一点也是二线城市利于物流地产发展的原因。

此外，这种布局方式在现有物流地产布局中已有一定体现。中国指数研究院分析师通过对国内市场份额前十名的物流地产商进行分析，发现一线城市周边卫星城以及“一带一路”沿线城市是物流地产布局的首选。2018 年 1 月、2 月万科公开披露的新增物流地产项目，如表 2 所示。还有安博物流 2017 年 6 月落户西安国际港务区；2017 年 7 月新都国际物流港项目落户成都；2017 年 9 月国际物流园项目签约落户沈阳洪区。这些都在预示着未来的物流地产布局。

表 2　　万科 2018 年 1 月、2 月新增物流地产项目

1 月				2 月		
序号	城市	项目名称	位置	序号	城市	项目名称
1	广州	花都项目	花都区	1	武汉	江夏物流园（二期）
2	嘉兴	嘉善项目	嘉善县	2	沈阳	苏家屯物流园
3	杭州	萧山（金山）项目	萧山区	3	大连	大窑湾物流园
4	苏州	望亭项目	相城区	4	济南	济阳物流园
				5	南昌	空港物流园

当然，“立足二线，服务一线”只是未来物流地产布局的主基调，具体布局也会结合具体行业有所变动。如医药产品对环境要求比较高（仓储需要满足温度、湿度以及空气净化等多方面的要求），而对租金敏感度相对较低，对物流地产的开发建设要求较高，故医药产品仓库并不一定会按此布局；冷藏冷冻类食品的贮藏、运输及销售各个环节始终需要良好的低温环境，因此冷链仓储宜首选区域或城市的交通枢纽，也不一定会照此布局。

（六）物流园区多式联运功能凸显，建设、管理和服务水平进一步提高

物流园区建设方面，预计 2018 年，我国物流园区多式联运功能将凸显，建设、管理和服务水平也将进一步提高，为降低我国物流成本起到重大作用。

一直以来，我国物流园区多式联运功能都不足。表现为大多数物流园区的运输方式以公路为主，较为单一，拥有铁路专用线的园区占比不到 40%。这不仅影响到物流效率提升，而且造成我国货运方式结构不合理。但是，近年来国家不断出台相关政策促进园区多式联运功能显现，2018 年正是众多政策的

“丰收”之年。

首先，顶层设计上，2016 年 7 月，国家发展改革委发布了《营造良好市场环境推动交通物流融合发展实施方案》，方案提出到 2018 年，全国 80% 左右的主要港口和大型物流园区引入铁路。

之后，全国各省纷纷响应国家号召，推进各自物流园区多式联运功能显现，并同样将 2018 年当作审验成果的一个重要节点。黑龙江省计划 2018 年将省内 80% 左右大型物流园区引入铁路；安徽省计划到 2018 年，初步建成 10 个左右多式联运重大工程，建成 10 个以上省级物流示范园区，80% 左右的主要港口和大型物流园区引入铁路专用线；甘肃省计划 2018 年省内 20% 的大物流园区引入铁路；四川省计划 2018 年全省具备条件的主要港口和大型物流园区要引入铁路。此外，京津冀、江西、广西、山东等省份也纷纷表示在 2017—2018 年间会把地铁开进各地物流园区。

展望 2018 年，在各省计划均完成的情况下，园区多式联运将取得重大突破，这将打破不同交通运输方式之间的“壁垒”，助推物流全程更方便、快捷的“一单制”联运服务，物流成本将有效降低。

除积极推进园区多式联运外，国家还采取了一些其他的举措来支持物流园区发展。首先，示范物流园区工作的开展将为全国物流园区树立“标杆”，进而以点带面引领我国所有物流园区建设、管理和服务水平进一步提升。2017 年 12 月 21 日，国家发展改革委、国土资源部、住房城乡建设部联合印发的《关于做好第二批示范物流园区工作的通知》，公布了第二批示范物流园区名单，并对做好相关示范工作提出了要求。该通知指出，第一批物流园区示范工作的开展对推动我国物流园区创新发展和服务水平提升，促进物流产业集聚升级发挥了重要作用。下一步，要把物流园区示范建设工作，与贯彻落实党的十九大报告关于加强物流等基础设施网络建设以及在现代供应链等领域培育新增长点、形成新动能的决策部署结合起来，及时总结示范工作经验，推动完善物流园区功能及体制机制，以点带面提升我国物流园区建设、管理和服务水平，着力推进物流降本增效促进实体经济发展。

其次，物流园区的政策支持力度也在不断加大。2017 年 8 月 17 日发布的《国务院办公厅关于进一步推进物流降本增效促进实体经济发展的意见》中，提出加强对物流发展的规划和用地支持。特别强调在土地利用总体规划、城市总体规划中综合考虑物流发展用地需要，在综合交通枢纽、产业集聚区等物流集散地布局和完善一批物流园区、配送中心等，并确保规划和物流用地落实，禁止随意变更。对纳入国家和省级示范的物流园区新增物流仓储用地给予重点保障。明确要求各地建立绿色通道，提高包括物流园区在内的重点物流基础设施建设用地审批效率。

可以预见，在示范园区作为“标杆”指引和国家政策的大力扶持下，2018年我国物流园区建设、运营和服务水平必将进一步提升。

致谢：本项研究获国家自然科学基金项目（71572145 和 71390333）的支持。

（西安交通大学管理学院　白甜　冯耕中　刘昀皓　孙炀炀
西安市商用信息系统分析及应用工程实验室　刘缨缨）

2017年多式联运发展回顾与2018年展望

国家发展改革委统计数据显示，2017年全社会累计完成货运量471.48亿吨，同比增长9.3%，其中铁路、公路、水运同比增长10.7%、10.1%、4.3%。以上数据说明，2017年我国货运市场发展良好，而多式联运作为解决全社会货物运输结构性矛盾的一把钥匙在其中发挥了巨大的作用。

一、2017年多式联运发展回顾

2017年多式联运进入加速发展时期，运行质量逐渐提升，综合效益初步显现，在促进物流业降本增效中发挥了积极作用。回顾2017年多式联运的发展，可以概括为以下几个方面。

1. 多种联运模式快速发展

铁水联运：2017年前三季度中国港口完成铁水联运量250万TEU，预计全年铁水联运量将完成320万TEU左右，同比增速将超过17%，铁水联运量实现快速增长。我国铁水联运量基本上集中在大连、营口、天津、青岛、连云港、宁波、深圳盐田港七个港口，以上港口铁水联运量占全国的90%左右，集中度高。交通运输部发布的数据显示，规模以上港口全年完成货物吞吐量126.44亿吨，同比增长6.4%。其中，沿海港口和内河港口同比增速基本持平，分别为6.4%和6.3%，完成货物吞吐量分别为86.25亿吨和40.19亿吨；完成外贸货物吞吐量40.02亿吨，同比增长5.7%；集装箱吞吐量2.37亿TEU，同比增长8.3%，且增速明显快于货物吞吐量6.4%的水平。主要港口集装箱铁水联运量统计如图1所示。

公铁联运：2017年中国铁路枢纽作用开始初步显现，中心站普遍向好，能力不断释放，2017年1—9月，中国铁路集装箱运量完成726万TEU，增长37.7%，全年全国铁路集装箱发送量为1029万TEU，同比增速37%，连续三年实现铁路集装箱发送量增幅20%以上，进入历史最好发展时期。由于铁路运输的向好，我国公铁联运发展潜力逐步释放。公铁联运服务产品不断丰富，公铁联运主要依托通用集装箱作为运载工具，同时在商品车运输、冷箱运输、罐箱运输、行包快运和驮背运输等公铁联运诸方面不断丰富。铁路集装箱发送量变化统计数据如图2所示。

空铁联运：2017年前三季度，航空业完成货邮运输量为509.6万吨，同比

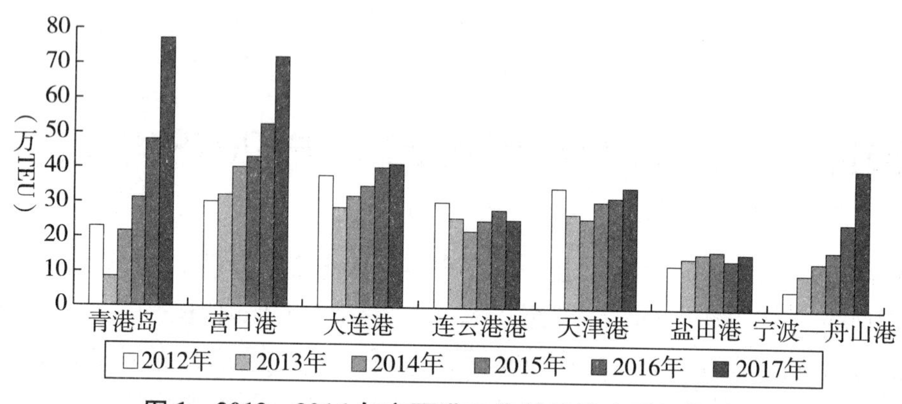

图 1　2012—2016 年主要港口集装箱铁水联运量统计

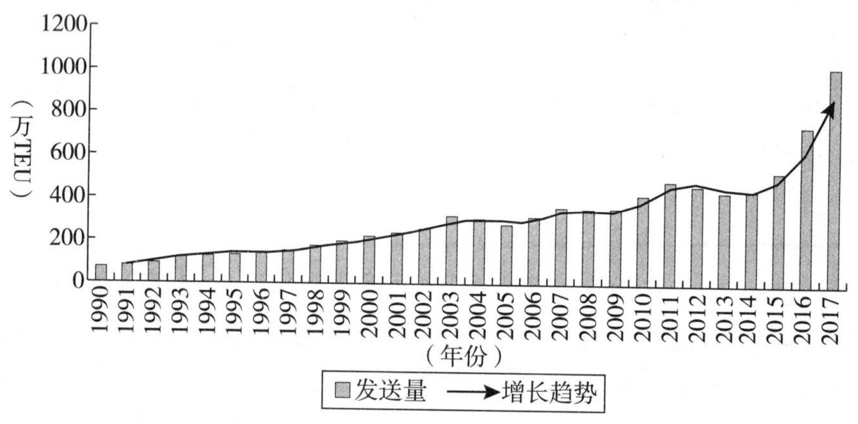

图 2　1990—2017 年铁路集装箱发送量变化统计

增速 6.4%，其中，国际航线完成邮运量 158.6 万吨，同比增长 14.3%，呈高速增长态势，而国内航线同比仅增长 3.2%。以河南为例，为实现基于空铁联运标准集装器的高铁货运动车组与航空货机的空—铁联运无缝对接，河南机场集团大力实施“货运为先、国际为先、以干为先”的“三为先”发展战略，积极发展空铁联运业务，2017 年郑州新郑国际机场货邮吞吐量首次突破 50 万吨，跻身全球货运机场 50 强，并且多条多式联运专线成规模。又例如，顺丰积极拓展空铁联运，和铁路深度合作利用高铁资源积极发展高铁快递，实现了全国首单“空铁联运”物流订单。

2. 多式联运已经上升为国家战略，多部门纷纷出台相关政策

交通运输部、外交部等 18 个部门联合发布的《关于进一步鼓励开展多式联运工作的通知》明确了到 2020 年力争实现多式联运货运量比 2015 年增长 1.5 倍的发展总目标，并从优化市场环境、提升支撑保障能力、激发市场活力、科技领先和对外交流合作 5 个方面提出了 18 项具体任务要求。该通知是多部门首次针对多式联运发展进行联合专项部署的重要文件，是我国第一个多式联

运纲领性文件，标志着我国多式联运发展上升为国家战略，在我国多式联运发展史上具有里程碑意义。

国家发展改革委、交通运输部和中国铁路总公司印发了《“十三五”铁路集装箱多式联运发展规划》。该规划指出力争到2020年，我国铁路集装箱多式联运发展取得明显成效，基础网络更加高效完善，集装箱运量快速增长，先进技术模式广泛应用，综合效率效益显著提升。随着国际班列、铁水联运班列、快速班列等快速发展，集装箱运量达到铁路货运量20%左右，其中集装箱铁水联运量年均增长10%以上，中欧班列年开行5000列左右，成为铁路货运增长的新引擎。此外，该规划还明确了完善联运通道功能、加强综合枢纽建设、扩大服务有效供给、加快技术装备升级和推动信息开放共享5项重点任务。

交通运输部、国家铁路局、中国铁路总公司联合印发的《“十三五”港口集疏运系统建设方案》提出了到2020年，港口铁路公路集疏运能力显著提高，布局进一步优化，与港区的衔接效率稳步提升，沿海和内河主要港口铁路进港率分别达到80%和70%以上，重要港区铁路进港率超过60%、二级及以上公路覆盖率达到100%。该方案还明确了车购税资金支持集疏运铁路、公路建设的重点和投资标准，将重点突破铁路、公路进港“最后一公里”，加快推进港口集疏运系统建设，为促进港口转型升级、多式联运发展、物流业“降本增效”以及推进交通运输供给侧结构性改革、服务“三大战略”提供支撑和保障。

国务院近日印发的《“十三五”现代综合交通运输体系发展规划》提出要打造“三张网”：一是构建高品质的快速交通网，也就是以高铁、高速公路、民航等为主体，构建品质高、运行速度快的骨干网络；二是强化高效率的普通干线网，也就是以普通高等级公路、普速铁路、内河航道等为主体，形成普通干线网络；三是拓展广覆盖的基础服务网，也就是以农村公路、支线铁路等为主体的服务网络。该规划还提出了包括完善设施网络、加强战略支撑、优化运输服务、提升智能管理、促进绿色发展、强化安全保障、新领域新业态和深化改革8项重点任务。

3. 大通道建设加速，制约瓶颈逐渐打破

交通运输部联合国家发展改革委等部委重点推进11条物流大通道和85个节点建设，力争基本形成物畅其流、集约高效、智能绿色的物流大通道体系，由此以综合交通运输通道为依托、以物流需求为导向和以货流密度为主要考量依据的多式联运网络主骨架雏形初步显现。东北物流大通道、南北沿海物流大通道、京沪物流大通道、沿长江物流大通道等11条国内物流大通道以及由23个国家骨干联运枢纽（城市）、51个区域重点联运枢纽（城市）和11个陆路沿边口岸枢纽组成的85个物流大通道节点正在推进建设。中欧班列开行数量迅猛增加，共开行3600列，超过2011—2016年六年开行数量的总和，成为“一带一路”建设标志性成果。中国东部沿海贯通西伯利亚大陆桥、中国中西部地区联通新欧亚大陆桥等国际物流通道正在迅速发展；中蒙俄经济走廊正在投入建设；重庆东盟公路班车与中欧班列（渝新欧）的互联互通，使陆上丝绸之路和“21世纪海上丝绸之路”无缝衔接；武汉阳逻港、中欧班列（武汉）和武汉天河国际机场三条国际物流通道实现了互联互通。

物流大通道存在“三跨”（跨区域、跨部门、跨方式）和“三通”（硬件通、软件通、体制通）瓶颈，而畅通的国际国内物流大通道是国内产业转移和国际产能合作的基本前提，也是破解跨运输方式、跨行政区域、跨行业部门分割壁垒的重要切入点，因此要打破这些瓶颈，全面提升主要运输大通道的物流服务功能势在必行。由此，相关部门制定了联动机制和配套设施：交通运输部着手研究制定《落实〈行动计划〉分工方案》，进一步分解主要任务和重点工作，细化年度工作目标，积极推动相关工作落地；相关部门还落实配套政策，统筹利用好中央和地方财政资金，优先安排车购税等专项资金和相关基金用于通道相关项目建设，引导金融机构加大对通道重大项目的信贷支持，带动社会资本参与通道重大项目、重点工程建设，以推动形成各方共同支持物流大通道发展的良好局面。

4. 发展环境持续良好，综合效益初步显现

政府部门积极激发市场活力营造良好的市场环境，对多式联运不增设新的行政审批事项，推进多式联运重点领域改革稳步向纵深推进，提出要大力发展集装箱联运、铁路驮背运输、江海直达运输等先进组织模式。铁路货运市场化改革持续深入，加快建设现代企业制度，不断增强铁路服务市场竞争力。公路货运市场对超载超限和车辆非法改装治理力度不断加大。水运市场改革深入推进，有效降低了港口多式联运转运成本。这些都充分激发了市场主体活力，各方企业积极开展多式联运业务，创新服务产品，形成了海铁、公铁、陆空等多种联运模式，发展了以集装箱多式联运为主，兼顾商品车、冷链专业多式联运等服务。同时，科技创新工作也在不断地深入，驮背运输、冷藏运输等专业联运装备以及多式联运专用载运机具加快研发，技术装备专业化、标准化、集装化水平明显提高，信息资源加快整合，多式联运信息化智能化水平有效提升。

多式联运示范工程综合效益初步显现。2016年，交通运输部与国家发展改革委联合组织开展了多式联运示范工程，第一批发布了16个示范工程项目名单，2017年11月初两部委又公布了第二批30个示范工程项目名单。根据交通部统计，2017年1—9月，第一批16个多式联运示范工程累计开通示范线路140余条，参加联运的企业700余家，完成集装箱多式联运运量超过60万TEU，降低能耗约40万吨标准煤，降低社会物流成本超过55亿元。

5. 基础设施不断完善，促进多式联运的发展

港口资源整合进程加快。各省市积极统筹规划省内的港口资源以加速港口的建设，如天津港主动深化与河北港口群的合资合作，共同打造世界级港口群，大力发展天津港、唐山港、黄骅港三点间的支线运输，构建津冀环渤海运输网络；重庆港务物流集团已联通成都、西昌、德阳、攀枝花和贵州开磷5趟“铁水联运”集装箱班列，并恢复了蓉渝班列“铁水联运”集装箱堆场，重庆港务物流集团还开通了“重庆—宜宾”区间集装箱公共支线班轮，通过不断新增航线，利用优惠运价吸引了长江上游地区的集装箱到重庆港进行“水运中转”，并且渝新欧（果园港）班列成功开行让中欧国际铁路和长江黄金水道的资源优势相互融合，打通了国际水铁联运“最后一公里”。

公铁交通运输线路不断完善。公路方面，截至2017年11月底，公路建设完成投资1.98万亿元，同比增长21.1%，完成全年1.65万亿元投资目标的120.2%，全国累计新建成通车高速公路项目47个、4033千米，完成新改建国省干线公路里程1.3万公里，剩余路段均已进入最后施工阶段。铁路方面，全年全国铁路行业固定资产投资完成8010亿元，其中国家铁路完成7606亿元；新开工项目35个，新增投资规模3560亿元；投产新线3038千米，“四纵四横”高铁网提前建成运营。截至2017年10月，中国铁路集装箱办理站数量达到1827个，约占铁路货运营业站的50%。不管是快速发展的港口建设还是不断完善的公路和铁路交通线路，都在一定程度上加强不同运输方式的衔接从而促进了我国多式联运的发展。

二、2018年多式联运发展展望

2018年是改革创新和降本增效的阶段成果年，也是推进绿色交通和低碳物流健康稳定发展的落实年。多式联运作为中国物流业降本增效的重中之重和物流中长期发展规划中的第一个重点工程，具有广阔的发展前景。

1. 集装箱共享成为趋势

随着共享单车、共享充电宝、共享冰箱等的诞生，共享经济模式已然渗透到百姓生活中，成为引领经济发展的新途径：美国优步公司用“互联网+交通”，将闲置车辆资源与无车用户的需求进行对接；火遍中国的“物联网+无桩共享单车”，则将NB-IoT（窄带物联网）技术应用于分时共享。而多式联运中夹杂着异地还箱、空箱集配、逾期费用等具体操作问题，鉴于集装箱的价格高昂，牵扯到各方的运行成本及局部利益，博弈之下，集装箱共享顺应而生。第三方企业通过设立标准化的通用集装箱平台汇集资本，以低价甚至免费的形式吸引铁路总公司、船公司、货代及公路货运企业使用或租赁集装箱。同

时，还可以通过NB－IoT技术，实现还箱点的科学布局和空箱集配。如此，不仅降低了集装箱集结点的建设维护成本，以及各行业适箱类货品及配置平衡等技术标准的冲突，还根除了逾期费用及周转性不强等传统方法难以克服的弱点。

2. 多式联运更加标准化

多式联运的标准化包括“软件”“硬件”两个方面：“软件”是指多式联运在运作规则、操作标准、技术标准、信息系统、单证、管理制度等方面的标准化以及彼此的衔接。交通运输部从2017年4月起正式实施《货物多式联运术语》《多式联运运载单元标识》两项多式联运行业标准，国务院则将制定完善统一的多式联运规则和多式联运经营人管理制度纳入《“十三五”现代综合交通运输体系发展规划》之中。未来随着各项规划的不断实施，多式联运在“软件”上的标准化将进一步完善。“硬件”是指技术装备的标准化发展。根据各项规划的要求，“硬件”标准化包括：铁路多式联运专用装备、铁路集装箱、载货汽车、内河运输船舶、江海直达船舶的标准化，应用集装化和单元化装载技术的推广，发展集装箱、半挂车铁路平车，推广普及甩挂运输，发展公路铁路两用挂车、大型吊装、滚装等专用换装装备等。

3. 多式联运更加信息化和智能化

《“十三五”现代综合交通运输体系发展规划》中提出：到2020年，交通基础设施、运载装备、经营业户和从业人员等基本要素信息全面实现数字化，各种交通方式信息交换取得突破。具体规划包括：将信息化智能化发展贯穿于交通建设运行、服务、监管等全链条各环节，推动云计算、大数据、物联网、移动互联网、智能控制等技术与交通运输深度融合，实现基础设施和载运工具数字化、网络化，运营运行智能化；拓展铁路计算机连锁、编组站系统自动化应用，推进全自动集装箱码头系统建设。随着产业环境信息化的不断完善，多式联运企业的信息系统建设不仅要发挥整合能力，打通物流信息链，实现物流信息全程可追踪，还要利用信息大数据实现价值挖掘，以数据驱动供应链。

4. 多式联运发展格局逐渐提升

陆海并举、内外相连的多式联运发展格局逐渐成形。中国多式联运起源于集装箱海铁联运，主要以沿海港口为依托，集中在外贸货运领域。随着中国产业发展向内陆纵深转移，内陆多式联运的发展越来越引起高度重视，内陆多式联运正展现巨大的发展空间。同时，随着“一带一路”倡议的推进，亚欧大陆桥国际铁路联运发展面逐渐放大。并且“互联网＋”战略的实施，使得多式联运智能化和信息化的水平不断提高，由此放大了多式联运的服务格局。

5. 多式联运的运营主体更加丰富

目前，各铁路局、沿海和内河港口企业、无车承运人、无船承运人和大型货代企业以及传统货运物流企业等积极参与多式联运业务。交通运输部等18个部门联合发布的《关于进一步鼓励开展多式联运工作的通知》明确了企业开展多式联运业务不增设许可，已经依法获得铁路、公路、水路、航空货物运输以及无车承运、无船运输、邮政快递业务经营资质或者国际货运代理备案的企业，可独立开展与其主营业务相关的多式联运经营活动，或者联合其他具有相关资质的企业组织开展多式联运经营活动，不得对其增设新的行政审批事项。放宽多式联运经营人准入的门槛有利于企业积极参与到多式联运经营人的行列中，从而促使多式联运的运营主体更加丰富。

（重庆工商大学 龚英）

2017 年保税物流发展回顾与 2018 年展望

中国保税物流行业在 2017 年又迈入了一个新台阶。2017 年，辽宁省、浙江省、河南省、湖北省、重庆市、四川省、陕西省 7 个自贸试验区进入全面建设发展阶段。上海自贸区进入第二轮改革探索新阶段。各海关特殊监管区则向着统一的综合保税区方向快速发展。2017 成为保税物流发展至关重要的一年。

一、2017 年保税物流发展回顾

（一）国家政策保障保税物流发展

2017 年 3 月 30 日，国务院印发《全面深化中国（上海）自由贸易试验区改革开放方案》的通知，通知要求：①加强改革系统集成，建设开放和创新融为一体的综合改革实验区，在自贸区建立更加开放透明的市场准入管理模式，全面深化商事登记制度改革，全面实现“证照分离”，建成国际先进水平的国际贸易“单一窗口”，建立安全高效便捷的海关综合监管模式，建立检验检疫风险分类监管综合评定机制，建立具有国际竞争力的创新监管模式，优化创新要素的市场配置机制，健全知识产权保护和运用体系；②加强同国际通行规则相衔接，建立开放型经济体系的风险压力测试区，进一步放宽投资准入，实施贸易便利化新规则，创新跨境服务贸易管理模式，进一步深化金融开放创新，设立自由贸易港区；③进一步转变政府职能，打造提升政府治理能力的先行区，健全以简政放权为重点的行政管理体制，深化创新事中事后监管体制机制，优化信息互联共享的政府服务体系；④创新合作发展模式，成为服务国家“一带一路”、推动市场主体走出去的桥头堡，以高标准便利化措施促进经贸合作，增强“一带一路”金融服务功能，探索具有国际竞争力的离岸税制安排；⑤服务全国改革开放大局，形成更多可复制推广的制度创新成果，加快形成系统性的改革经验和模式。

该通知标志我国自贸区的发展进入一个新的阶段，自贸区将向着国际自由港方向探索前行。

（二）海关特殊监管区域建设快速推进

2017 年对于中国自贸区的发展是丰硕的一年，2017 年辽宁省、浙江省、河南省、湖北省、重庆市、四川省、陕西省七大自贸区分别发布了具体建设方案。

2017 年 3 月 31 日，国务院印发中国（辽宁）自由贸易试验区总体方案。确定实施范围 119.89 平方千米，涵盖三个片区：大连片区 59.96 平方千米（含大连保税区 1.25 平方千米、大连出口加工区 2.95 平方千米、大连大窑湾保税港区 6.88 平方千米），沈阳片区 29.97 平方千米，营口片区 29.96 平方千米。定位为市场取向体制机制改革、推动结构调整，提升东北老工业基地发展整体竞争力和对外开放水平。目标是建成高端产业集聚、投资贸易便利、金融服务完善、监管高效便捷、法治环境规范的高水平高标准自由贸易园区，引领东北地区转变经济发展方式、提高经济发展质量和水平。

2017 年 3 月 31 日，《中国（浙江）自由贸易试验区总体方案》印发，自贸试验区的实施范围 119.95 平方千米，由陆域和相关海洋锚地组成，涵盖三个片区：舟山离岛片区 78.98 平方千米（含舟山港综合保税区区块二 3.02 平方千米），舟山岛北部片区 15.62 平方千米（含舟山港综合保税区区块一 2.83 平方千米），舟山岛南部片区 25.35 平方千米。在朱家尖岛布局建设舟山航空产业园，通过通用飞机总装组装、制造，对接国际航空产业转移，形成航空产业集群。在环境风险可控的前提下开展飞机零部件制造维修业务试点，引进飞行驾驶培训、空中旅游观光、通用航空基地运营服务及相关科研机构，向自贸试验区集聚高端先进航空制造、零部件物流、研发设计及配套产业。

中国（河南）自由贸易试验区，位于中国河南省郑州市、开封市、洛阳市境内。2016 年 8 月 31 日，国务院决定设立中国（河南）自由贸易试验区；2017 年 3 月 31 日，国务院发布《国务院关于印发中国（河南）自由贸易试验区总体方案的通知》和《中国（河南）自由贸易试验区总体方案》；2017 年 4 月 1 日，中国（河南）自由贸易试验区正式挂牌成立。中国（河南）自由贸易试验区实施范围 119.77 平方千米，涵盖三个片区：郑州片区 73.17 平方千米，开封片区 19.94 平方千米，洛阳片区 26.66 平方千米。其战略定位是：建设贯通南北、连接东西的现代立体交通体系和现代物流体系，将河南自贸区建设成为服务于“一带一路”建设的现代综合交通枢纽、全面改革开放试验田和内陆开放型经济示范区。其中，郑州片区重点发展智能终端、高端装备及汽车制造、生物医药等先进制造业以及现代物流、国际商贸、跨境电商、现代金融服务、服务外包、创意设计、商务会展、动漫游戏等现代服务业，在促进交通物流融合发展和投资贸易便利化方面推进体制机制创新，打造多式联运国际性物流中心，发挥服务“一带一路”建设的现代综合交通枢纽作用；开封片区重点发展服务外包、医疗旅游、创意设计、文化传媒、文化金融、艺术品交易、现代物流等服务业，提升装备制造、农副产品加工国际合作及贸易能力，构建国际文化贸易和人文旅游合作平台，打造服务贸易创新发展区和文创产业对外开放先行区，促进国际文化旅游融合发展；洛阳片区重点发展装备制造、机器人、新材料等高端制造业以及研发设计、电子商务、服务外包、国际文化旅游、文化创意、文化贸易、文化展示等现代服务业，提升装备制造业转型升级能力和国际产能合作能力，打造国际智能制造合作示范区，推进华夏历史文明传承创新区建设。

2016 年 8 月下旬，国务院决定设立中国（湖北）自由贸易试验区。中国（湖北）自由贸易试验区申报总面积 120 平方千米，其中武汉 70 平方千米、宜昌 28 平方千米、襄阳 22 平方千米，每个片区不能拆分，有明确的边界闭合点。因此，武汉市的自贸区定在光谷，不再包括东西湖、阳逻等区域。东湖高新区作为向国务院申报内陆自由贸易试验区的区域，将从贸易便利化、投资自由化、行政体制创新、科技体制创新、金融制度创新、服务业扩大开放、网上税收政策 7 个方面开展先行先试工作。按区域布局划分，武汉片区重点发展新一代信息技术、生命健康、智能制造等战略性新兴产业和国际商贸、金融服务、现代物流、检验检测、研发设计、信息服务、专业服务等现代服务业；襄阳片区重点发展高端装备制造、新能源汽车、大数据、云计算、商贸物流、检验检测等产业；宜昌片区重点发展先进制造、生物医药、电子信息、新材料等高新产业及研发设计、总部经济、电子商务等现代服务业。按海关监管方式划分，自贸试验区内的海关特殊监管区域重点探索以贸易便利化为主要内容的制度创新，主要开展保税加工、保税物流、保税服务等业务；非海关特殊监管区域重点探索投资体制改革，完善事中事后监管，推动金融制度创新，积极发展现代服务业和高端制造业。

陕西自贸试验区的实施范围 119.95 平方千米，涵盖三个片区：中心片区 87.76 平方千米（含陕西西安出口加工区 A 区 0.75 平方千米、B 区 0.79 平方千米，西安高新综合保税区 3.64 平方公里和陕西西咸保税物流中心〔B 型〕0.36 平方千米），西安国际港务区片区 26.43 平方千米（含西安综合保税区 6.17 平方千米），杨凌示范区片区 5.76 平方千米。按区域布局划分，自贸试验区中心片区重点发展战略性新兴产业和高新技术产业，发展高端制造、航空物流、贸易金融等产业，推进服务贸易促进体系建设，拓展科技、教育、文化、旅游、健康医疗等人文交流的深度和广度，打造面向“一带一路”的高端产业高地和人文交流高地；西安国际港务区片区重点发展国际贸易、现代物流、金融服务、旅游会展、电子商务等产业，建设“一带一路”国际中转内陆枢纽港、开放型金融产业创新高地及欧亚贸易和人文交流合作新平台；杨凌示范区片区以农业科技创新、示范推广为重点，通过全面扩大农业领域国际合作交流，打造“一带一路”现代农业国际合作中心。

中国（重庆）自由贸易试验区，实施范围为 119.98 平方千米，涵盖两江片区、西永片区、果园港片区 3 个片区：两江片区 66.29 平方千米（含重庆两路寸滩保税港区 8.37 平方千米），西永片区 22.81 平方千米（含重庆西永综合保税区 8.8 平方千米、重庆铁路保税物流中心〔B 型〕0.15 平方千米），果园港片区 30.88 平方千米。按区域布局划分，两江片区着力打造高端产业与高端要素集聚区，重点发展高端装备、电子核心部件、云计算、生物医药等新兴产业及总部贸易、服务贸易、电子商务、展示交易、仓储分拨、专业服务、融资租赁、研发设计等现代服务业，推进金融业开放创新，加快实施创新驱动发展战略，增强物流、技术、资本、人才等要素资源的集聚辐射能力；西永片区打造加工贸易转型升级示范区，重点发展电子信息、智能装备等制造业及保税物流中转分拨等生产性服务业，优化加工贸易发展模式；果园港片区打造多式联运物流转运中心，发展国际中转、集拼分拨等服务业，探索制造业创新。

中国（四川）自由贸易试验区整体分为成都、泸州两个部分，涵盖三个片区：中国（四川）自由贸易试验区成都天府新区片区，中国（四川）自由贸易试验区成都青白江铁路港片区，中国（四川）自由贸易试验区川南临港片区，总面积 119.99 平方千米，涵盖三个片区：成都天府新区片区 90.32 平方千米（含成都高新综合保税区区块四〔双流园区〕4 平方千米、成都空港保税物流中心〔B 型〕0.09 平方千米），成都青白江铁路港片区 9.68 平方千米（含成都铁路保税物流中心〔B 型〕0.18 平方千米），川南临港片区 19.99 平方千米（含泸州港保税物流中心〔B 型〕0.21 平方千米）。按区域布局划分，成都天府新区片区重点发展现代服务业、高端制造业、高新技术、临空经济、口岸服务等产业，建设国家重要的现代高端产业集聚区、创新驱动发展引领区、开放型金融产业创新高地、商贸物流中心和国际性航空枢纽，打造西部地区门户城市开放高地；成都青白江铁路港片区重点发展国际商品集散转运、分拨展示、保税物流仓储、国际货代、整车进口、特色金融等口岸服务业和信息服务、科技服务、会展服务等现代服务业，打造内陆地区联通丝绸之路经济带的西向国际贸易大通道重要支点；川南临港片区重点发展航运物流、港口贸易、教育医疗等现代服务业，以及装备制造、现代医药、食品饮料等先进制造和特色优势产业，建设成为重要区域性综合交通枢纽和成渝城市群南向开放、辐射滇黔的重要门户。

2017 年分别有郑州经开、潍坊及重庆江津等转型升级为综合保税区，新增综合保税区的情况如下。

(1) 郑州经开综合保税区：2017 年 1 月 13 日，国家批准设立郑州经开综合保税区。郑州经开综合保税区是河南省继郑州新郑综合保税区、南阳市卧龙综合保税区之后的第三个综合保税区。根据国务院批复，郑州经开综保区为封关运行的海关特殊监管区域——河南郑州出口加工区、河南保税物流中心（B

型）整合升级而成，规划面积 3. 204 平方千米。

郑州经开综保区将依托郑州跨境综试区、郑州国际陆港、多式联运监管中心以及周边铁路口岸、汽车口岸、粮食口岸、国际邮件转运口岸等资源集聚优势，重点发展进出口商品的国际多式联运、集散分拨、保税采购、供应链管理等业务，努力打造“一带一路”沿线重要的跨境电子商务与多元化贸易中心、外向型高端制造与生产性服务集聚中心、进出口商品集散分拨与物流配送中心。

郑州经开综保区的获批设立，将进一步丰满河南打造内陆开放高地的羽翼，助推河南省开放型经济快速发展。

（2）重庆江津综合保税区：2017 年 1 月 17 日，国务院批复设立重庆江津综合保税区。江津综合保税区位于江津珞璜工业园，规划面积 2. 21 平方千米，紧邻重庆城市发展新区借江出海重要港口、年吞吐量 2000 万吨的珞璜长江枢纽港，以及年货运量 1500 万吨的珞璜铁路综合物流枢纽，具有水公铁联运优势，将成为串联“一带一路”与长江经济带的重要口岸、渝昆泛亚铁路大通道重要节点、中欧国际铁路大通道新起点。综合保税区是开放层次最高、功能最齐全、运作最灵活的海关特殊监管区。江津综合保税区规划面积 2. 21 平方千米，目前整体工程方案设计已基本确定。项目东临园区中兴大道，南临重庆绕城高速公路，西临渝黔铁路新线和珞璜铁路综合物流枢纽，北临工业园碑亭大道。拟重点发展保税加工、保税物流和服务贸易，形成以体育健身器材、纺织服装、高端厨卫为主的“3 + N”产业体系，配套发展以水公铁多式联运和标准化仓储运营为主的保税物流，以及以跨境电子商务、保税商品展示交易为主的服务贸易，打造全国一流的体育用品制造和出口基地、中西部地区重要采供销平台和跨境电子商务示范区。

江津综合保税区的获批，在区内发展国际中转、配送、采购、转口贸易和出口加工等业务，将极大推动江津甚至重庆外向型经济发展。

（3）鄂尔多斯综合保税区：2017 年 2 月 14 日，国务院批复设立鄂尔多斯综合保税区，享受执行国家现行综合保税区相关税收和外汇管理政策。鄂尔多斯综合保税区是呼包鄂榆城市群第一家综合保税区，规划面积 1. 21 平方千米，将充分发挥区位优势和政策优势，发展保税加工、保税物流、保税服务等业务。

综合保税区的批复设立，与该园区已获批的鄂尔多斯国际机场及航空口岸和正在建设的内陆港，构成鄂尔多斯乃至内蒙古对外开放的重要平台和前沿阵地。对于鄂尔多斯市扩大对外开放，推进外向型经济发展，实现资源型地区实体经济振兴、转型升级和可持续发展具有重要的战略意义，对于内蒙古构建“北上南下、东进西出、内外联动、八面来风”对外开放新格局、提升开放层次，辐射带动蒙晋陕甘宁等西北地区发展、服务“一带一路”战略具有深远影响，也必将有力地促进鄂尔多斯空港物流园区快速健康发展和地区“产城融合”、协同发展。

（4）遵义综合保税区：2017 年 7 月 1 日国务院批准设立遵义综合保税区。遵义综合保税区位于贵州省遵义市新蒲新区内，2014 年 2 月按照“边申报、边建设、边招商”的思路启动申建工作。遵义综合保税区规划建设面积 1.11 平方千米。主要发展保税加工、保税物流、保税服务“三大业务”，重点发展以大数据为引领的智能终端产业、以绿色生态为特色的轻工产业、以航天航空配套为主的装备制造业“三大产业”。

2017 年 7 月，中国国务院正式批复同意设立遵义综合保税区，这是继 2013 年贵阳综合保税区、2015 年贵安综合保税区后，中国国务院在贵州省批复设立的第 3 个综合保税区。

此次获批复设立的遵义综合保税区是贵州省第 3 个综合保税区。根据批复，遵义综合保税区将按照海关特殊监管区域有关规定实行封闭管理，组织隔离监管设施的建设，待条件具备后，由海关总署会同有关部门进行验收，验收合格后，即可享受现行保税区相关的税收和外汇管理政策，充分发挥其区位优势和政策优势，开展保税加工、保税物流、保税服务等业务。

（5）潍坊综合保税区北区：7 月 27 日，国务院批复设立潍坊综合保税区北区。潍坊综合保税区北区是将原综合保税区 2.12 平方千米围网面积调整至潍坊港口周边，设立潍坊综合保税区北区。潍坊综合保税区成为全国首个转型升级后获批“一区两片”的综合保税区。潍坊综合保税区充分利用潍坊北部沿海地区土地资源充足，港口优势明显，产业基础较好，发展潜力巨大等优势特点，实现与潍坊港的联动发展，对于扩大国际物流贸易，承接国际产业转移，打造面向东北亚的对外开放新平台，具有十分重要的意义。潍坊综合保税区的设立，不仅仅是单纯的规划调整，更推动了全国综合保税区“一区两片”原则和标准的设立，为海关特殊监管区域整合优化提供了新的方向和路径。

潍坊综合保税区于 2011 年 1 月获国务院批复设立，是全国第 14 个综合保税区。按照国务院批复要求，综合保税区具有“保税加工、保税物流、货物贸易、服务贸易和口岸作业”五大功能，以及“进境保税、入区退税、免增值税、区港直通、集中申报、快速中转”等优惠政策。目前，全区注册企业 1000 多家，服务社会企业 1500 多家。2016 年，实现进出口额 73.8 亿元，增幅 29.5%，增幅居潍坊市、山东省第 1 位，受到了海关总署、商务部等国家有关部委的充分肯定和赞扬。

保税北区设立后，潍坊综合保税区分为南区、北区“一区两片”运营。南区就是现在的综合保税区，管辖面积 20 平方千米，主要依托青岛港和青岛机场，服务潍坊及周边地市外向型经济发展。北区就是新批复的综合保税区，管辖面积10平方千米，主要依托潍坊港，服务潍坊北部沿海2700平方千米开发开放。两个片区各自有服务重点，又相互补充、相互融合，使综合保税区的功能政策覆盖潍坊、辐射鲁南。

（6）营口综合保税区：2017年12月21日，国务院批复在中国（辽宁）自由贸易试验区营口片区设立营口综合保税区。营口综合保税区规划面积1.85平方公里，四至范围为：东至静海路，南至新海大街，西至听海路，北至新联大街。东北三省综合保税区共有三家，分别是：2009年批复的黑龙江绥芬河综合保税区、2011年批复的长春兴隆综合保税区和2011年批复的沈阳综合保税区。沈阳综合保税区是沈阳关区第一家综合保税区，也是辽宁省第一家。营口综合保税区则是截至目前大连关区第一个也是唯一一个综合保税区。

营口综合保税区的设立，将对营口进一步提升对外开放的层次和水平起到促进作用；将对辽宁和整个东北亚地区的资源深加工、先进制造业的发展以及新型业态的形成产生拉动作用；将对我国“一带一路”建设、沿海开放，乃至国家整体开放的推进带来深远影响。

（7）徐州综合保税区：2017年12月28日，国务院批复成立徐州综合保税区。徐州综合保税区位于徐州经济技术开发区内，规划面积1.9平方千米，配套区0.4平方千米，预留区3.2平方千米，紧临京沪、郑徐、徐连、徐宿淮盐四条高铁，毗邻京杭大运河，且有专用通道与徐州观音国际机场、高铁徐州东站、徐州铁路编组站链接，快速通达的铁路网、通江达海的水运网充分体现了徐州的交通网络优势。

截止2017年12月全国综合保税区情况，如表1所示。

表1　截至2017年12月全国综合保税区情况

序号	名称	成立时间	规划面积（平方千米）	备注
1	苏州工业园综合保税区	2006/12/17	5.28	国内首个综合保税区
2	天津滨海新区综合保税区	2008/03/10	1.967	
3	北京天竺综合保税区	2008/07/23	5.944	国内第一家直接依托空港口岸设立的综合保税区
4	广西凭祥综合保税区	2008/12/19	8.5	国内第一个在陆地边境线上设立的综合保税区
5	海口综合保税区	2008/12/22	1.93	国内第一个省会城市综合保税区

续 表

序号	名称	成立时间	规划面积（平方千米）	备注
6	黑龙江绥芬河综合保税区	2009/04/21	1.8	
7	上海浦东机场综合保税区	2009/07/03	3.59	
8	江苏昆山综合保税区	2009/12/20	5.86	
9	重庆西永综合保税区	2010/02/15	10.3	国内面积最大综合保税区
10	广州白云机场综合保税区	2010/07/03	7.385	全国最大的空港综合保税区
11	苏州高新技术产业开发区综合保税区	2010/08/25	3.51	全国首家通过“信息化围网”技术来进行监管的综合保税区
12	成都高新综合保税区	2010/10/18	4.68	
13	郑州新郑综合保税区	2010/10/24	5.073	
14	潍坊综合保税区	2011/01/25	5.17	
15	西安综合保税区	2011/02/14	6.17	西北地区第一个综合保税区
16	阿拉山口综合保税区	2011/05/30	5.6	新疆首个综合保税区
17	武汉东湖综合保税区	2011/08/29	5.41	湖北首个综合保税区
18	沈阳综合保税区	2011/09/07	7.1982	东北地区内陆城市第一个综合保税区
19	长春兴隆综合保税区	2011/12/16	4.89	
20	无锡高新区综合保税区	2012/05/10	3.497	
21	济南综合保税区	2012/05/15	5.22	
22	盐城综合保税区	2012/06/18	2.28	苏北第一家综合保税区
23	淮安综合保税区	2012/07/19	4.92	
24	曹妃甸综合保税区	2012/07/30	4.59	
25	太原武宿综合保税区	2012/09/02	2.94	山西省第一家综合保税区
26	银川综合保税区	2012/09/10	4	
27	南京综合保税区	2012/09/17	5.03	
28	西安高新综合保税区	2012/09/22	3.64	
29	舟山港综合保税区	2012/09/29	5.85	

续 表

序号	名称	成立时间	规划面积（平方千米）	备注
30	衡阳综合保税区	2012/10/25	2. 5743	湖南省第一家综合保税区
31	南通综合保税区	2013/01/03	5. 29	
32	苏州太仓港综合保税区	2013/05/30	2. 07	
33	湘潭综合保税区	2013/09/09	3. 12	
34	贵阳综合保税区	2013/09/14	3. 01	国内首个山地生态型综合保税区
35	红河综合保税区	2013/12/17	3. 29	云南省第一个综合保税区
36	深圳盐田综合保税区	2014/01/22	1. 16	
37	合肥综合保税区	2014/03/27	2. 6	安徽省首个综合保税区
38	岳阳城陵矶综合保税区	2014/07/08	2. 98	
39	兰州新区综合保税区	2014/07/15	3. 39	
40	临沂综合保税区	2014/08/08	3. 7	
41	新疆喀什综合保税区	2014/09/02	3. 56	新疆第二个、南疆首个综合保税区
42	石家庄综合保税区	2014/09/15	2. 86	河北省第二个综合保税区
43	南阳卧龙综合保税区	2014/12/02	3. 03	河南省第二个综合保税区
44	贵安综合保税区	2015/01/19	2. 2	
45	吴中综合保税区	2015/01/31	1. 38	出口加工区改造升级
46	吴江综合保税区	2015/01/31	1. 00	出口加工区改造升级
47	常熟综合保税区	2015/01/31	1. 27	出口加工区改造升级
48	镇江综合保税区	2015/01/31	2. 53	出口加工区改造升级
49	常州综合保税区	2015/01/31	1. 66	出口加工区改造升级
50	武进综合保税区	2015/01/31	1. 08	出口加工区改造升级
51	嘉兴综合保税区	2015/01/31	2. 98	出口加工区改造升级
52	东营综合保税区	2015/05/06	3. 1	山东省第五个综合保税区
53	南宁综合保税区	2015/11/02	2. 37	保税物流中心改造升级

续　表

序号	名称	成立时间	规划面积（平方千米）	备注
54	江阴综合保税区	2016/01/14	3.6	保税物流中心改造升级
55	昆明综合保税区	2016/02/24	2	出口加工区改造升级
56	南昌综合保税区	2016/02/24	2	出口加工区改造升级
57	哈尔滨综合保税区	2016/03/16	3.29	
58	武汉新港空港综合保税区	2016/03/22	4.05	
59	威海综合保税区	2016/07/21	2.29	
60	马鞍山综合保税区	2016/08/26	2	全省第 3 个综合保税区
61	郑州经开综合保税区	2017/01/13	3.204	全省第 3 个综合保税区
62	重庆江津综合保税区	2017/01/17	2.21	重庆第 3 个综合保税区
63	鄂尔多斯综合保税区	2017/02/14	1.21	
64	遵义综合保税区	2017/07/10	1.11	
65	潍坊综合保税区北区	2017/07/27	2.12	
66	营口综合保税区	2017/12/21	1.85	大连管区第 1 个综合保税区
67	徐州综合保税区	2017/12/28	1.9	

2006—2017 年我国历年综合保税区批复成立的数量，如图 1 所示。

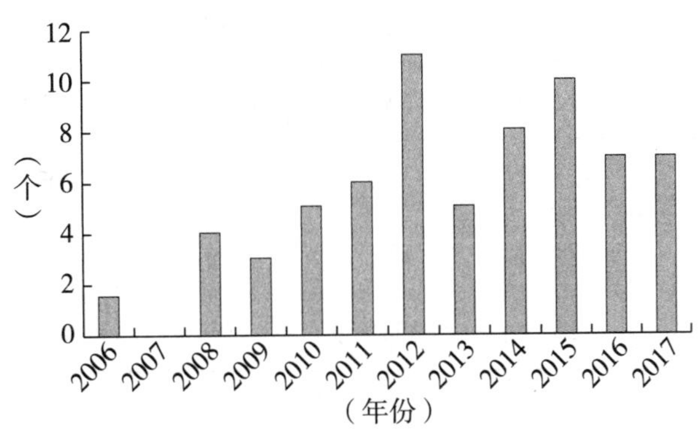

图 1　2006—2017 年我国历年综合保税区批复成立的数量

（三）海关特殊监管区域全年进出口数据分析

海关数据显示，2017 年 1—12 月，我国海关特殊监管区域（包括保税区、出口加工区、保税港区、综合保税区、保税物流园区和珠澳跨境工业区）进出口累计6957.2亿美元，同比增长15.1%；其中出口3512.9亿美元，同比增加15.9%；进口3444.3亿美元，同比增加14.3%。相比2016年，我国海关特殊监管区域总进出口额在2017年实现大幅度的增加，这与国际大环境有一定关系，也与我国经济复苏、“一带一路”倡议的深入落实密不可分。同时也可以看到，我国海关特殊监管区域在我国外贸进出口贸易中、在落实国家战略中将起到越来越大的作用。相关数据如表2、图2所示。

表2　2017年1—12月全国海关特殊监管区域进出口数据汇总

月份	进出口（亿美元）	同比（%）	出口（亿美元）	同比（%）	进口（亿美元）	同比（%）
1月	509.3	21.3	261.6	20.2	247.7	22.5
2月	427.2	26.1	204.3	20.4	222.9	31.8
3月	507.9	4.1	248.2	4.3	259.7	3.8
4月	489.6	8.2	244.7	12.0	244.9	4.5
5月	516.5	11.5	248.7	10.3	267.9	12.7
6月	556.0	14.0	279.9	17.5	276.0	10.6
7月	558.8	15.5	283.9	18.0	274.9	13.0
8月	615.5	18.2	294.5	16.3	321.0	20.1
9月	660.3	19.0	322.2	15.1	338.1	23.0
10月	605.0	15.0	332.8	18.1	272.2	11.1
11月	731.1	25.2	370.9	22.4	360.2	28.3
12月	780.0	24.0	421.2	29.2	358.8	17.3
合计	6957.2	15.1	3512.9	15.9	3444.3	14.3

（四）不同类型海关特殊监管区域发展概况

纵观2017年12个月的数据，可以看出：我国综合保税区以3003.5亿美元的进出口数额持续领先于其他各类海关特殊监管区域，从同比增量上，2017年主要海关特殊监管区域均出现较大幅度增长，其中，综合保税区更是出现了

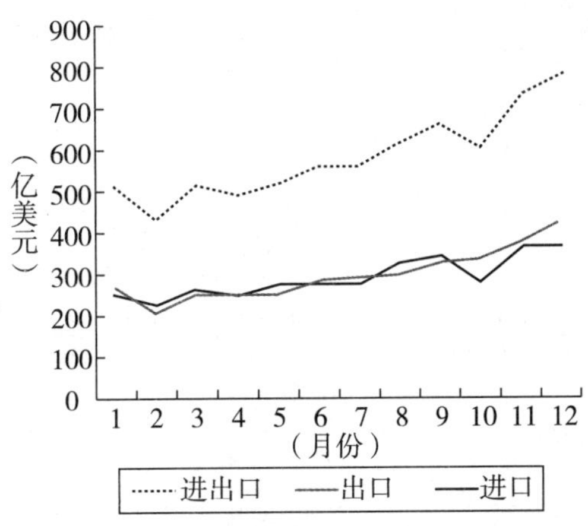

图 2　2017 年 1—12 月海关特殊监管区域进出口价值

23.6% 的大幅度增长，这充分反映了政府部门在对海关特殊监管区域调整上的正确性和及时性。但是，保税物流园区和珠港澳跨境工业园区依然面临业务下行的压力，其中保税物流园区表现最为突出，相比 2016 年下降 47%。如表 3 所示。

表 3　2017 年 1—12 月同类型海关特殊监管区域进出口数据汇总

监管区域类型	进出口（亿美元）	同比（%）	进口（亿美元）	同比（%）	出口（亿美元）	同比（%）
保税区	2100.5	9.2	623.3	−7.9	1477.0	16.4
出口加工区	1011.3	2.8	638.5	7.8	379.0	−4.0
保税港区	723.4	15.9	281.7	9.9	444.0	20.2
综合保税区	3003.5	23.6	1869.0	26.3	1134.5	19.3
保税物流园区	79.5	−47.0	29.8	−122.1	49.9	−1.8
珠澳跨境工业区	2.28	22.8	1.08	−48.1	1.2	0

1. 全国保税区进出口情况

2017 年 1—12 月全国保税区进出口累计 2100.5 亿美元，同比增长 9.2%；其中出口 623.3 亿美元，同比增长 −7.9%；进口 1477 亿美元，同比增长 16.4%。2017 年保税区整体呈现大幅度增长态势，导致 2017 年保税贸易额大幅增长的主要原因是进口贸易额的大幅增加，如表 4 和图 3 所示。

表 4　　2017 年 1—12 月全国保税区进出口数据汇总

月份	进出口（亿美元）	同比（%）	出口（亿美元）	同比（%）	进口（亿美元）	同比（%）
1 月	151. 5	8. 4	49. 5	-6. 2	102	17. 2
2 月	138. 8	24. 4	38. 5	0. 1	100. 3	37. 1
3 月	167. 0	-0. 8	50. 4	-12. 3	116. 4	5. 2
4 月	161. 1	5. 2	51. 1	-9. 2	110. 0	13. 6
5 月	164. 8	5. 0	48. 2	-13. 7	116. 6	15. 4
6 月	182. 9	10	57. 5	-2. 9	125. 4	17. 2
7 月	164. 5	-1. 8	54. 4	-9. 2	110. 1	2. 3
8 月	179. 0	10. 0	53. 4	-7. 6	125. 6	19. 7
9 月	201. 9	15. 0	62. 3	-3. 7	139. 6	25. 9
10 月	172. 6	18. 8	45. 7	-10. 1	126. 9	34. 3
11 月	205. 1	17. 3	55. 3	-3. 2	149. 8	27. 2
12 月	211. 3	12. 3	57. 0	-8. 9	154. 3	20. 1
合计	2100. 5	9. 2	623. 3	-7. 9	1477. 0	16. 4

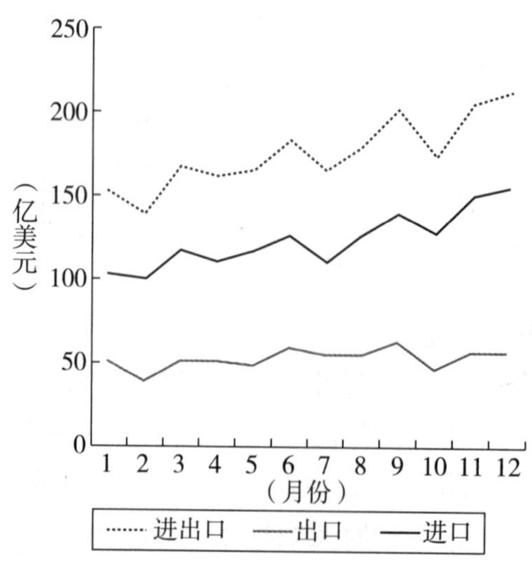

图 3　2017 年 1—12 月全国保税区进出口价值

2. 全国出口加工区进出口情况

2017 年 1 - 12 月全国出口加工区进出口累计 1011. 3 亿美元，同比增长 2. 8%；其中出口 638. 5 亿美元，同比增长 7. 8%；进口 379 亿美元，同比增长 -4%。与 2016 年相比，全国出口加工区进出口总量首次出现增长态势。如表 5 和图 4 所示。

表 5　　2017 年 1—12 月全国出口加工区进出口数据汇总

月份	进出口（亿美元）	同比（%）	出口（亿美元）	同比（%）	进口（亿美元）	同比（%）
1 月	73. 9	-0. 3	46. 2	1. 0	27. 7	-2. 5
2 月	63. 2	8. 2	39. 4	9. 0	23. 8	6. 8
3 月	81. 6	-6. 2	48. 6	-2. 2	33. 1	-11. 4
4 月	71. 6	-11. 4	42. 5	-9. 2	29. 1	-14. 4
5 月	77. 3	-10. 5	45. 8	-9. 1	31. 5	-12. 3
6 月	81. 2	2. 9	54. 5	9. 8	32. 7	-6. 9
7 月	89. 1	10. 9	56. 5	14. 1	32. 6	5. 8
8 月	96. 4	7. 8	61. 7	15. 5	34. 7	-3. 6
9 月	97. 1	23. 1	61. 3	33. 3	35. 8	8. 9
10 月	88. 2	16. 7	56. 3	25. 6	32. 0	3. 8
11 月	93. 5	3. 2	61. 0	8. 4	32. 5	-5. 2
12 月	98. 2	3. 0	64. 7	7. 7	33. 5	-6. 3
合计	1011. 3	2. 8	638. 5	7. 8	379. 0	-4. 0

3. 全国保税港区进出口情况

2017 年 1—12 月全国保税港区进出口累计 723. 4 亿美元，同比增长 15. 9%；其中出口 281. 7 亿美元，同比增长 9. 9%；进口 444. 1 亿美元，同比增长 20. 2%。保税港区是 2017 年表现要好于 2016 年，实现进出口贸易额的双增长。如表 6 和图 5 所示。

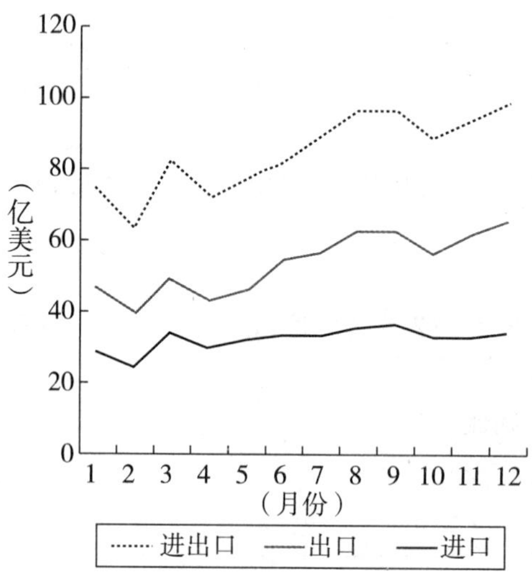

图4　2017 年 1—12 月全国出口加工区进出口价值

表6　2017 年 1—12 月全国保税港区进出口数据汇总

月份	进出口（亿美元）	同比（%）	出口（亿美元）	同比（%）	进口（亿美元）	同比（%）
1 月	63.5	58.2	29.2	36.8	34.3	82.4
2 月	45.9	33.6	19.7	38.5	26.2	30.2
3 月	60.7	30.8	27.1	56.1	33.6	15.7
4 月	58.4	7.3	27.2	51.8	31.2	-14.6
5 月	65.4	52.6	30.3	54.9	35.2	50.6
6 月	53.7	2.8	23.3	14.3	30.3	-4.4
7 月	66.7	25.1	26.2	13.6	40.4	33.9
8 月	68.3	4.7	21.7	-21.7	46.4	24.1
9 月	71.2	19.4	24.1	-10.8	47.2	44.4
10 月	49.5	10.0	16.7	-22.8	33.2	24.0
11 月	56.6	10.0	18.2	-23.8	39.2	21.4
12 月	63.5	4.5	18.0	-23.8	46.9	18.3
合计	723.4	15.9	281.7	9.9	444.1	20.2

4. 全国综合保税区进出口情况

2017 年 1—12 月全国综合保税区进出口累计 3003.5 亿美元，同比增长 23.6 %；其中出口 1869 亿美元，同比增长 26.3%；进口 1134.4 亿美元，同比

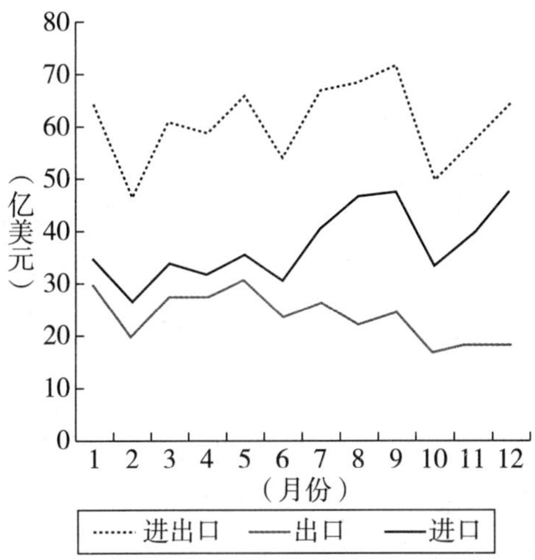

图 5　2016 年 1—12 月全国保税港区进出口价值

增长 19.3%。和 2016 年比较，2017 年综合保税区进出口均出现了较大幅度增长。这进一步说明 2017 年我国海关特殊监管区改革取得的丰硕成果。如表 7 和图 6 所示。

表 7　　2017 年 1—12 月全国综合保税区进出口数据汇总

月份	进出口（亿美元）	同比（%）	出口（亿美元）	同比（%）	进口（亿美元）	同比（%）
1 月	213.9	37.8	134.0	47.6	79.8	24.0
2 月	173.7	37.5	104.7	36.9	69.0	38.5
3 月	191.8	9.2	119.4	11.1	72.4	6.3
4 月	192.5	26.5	121.2	34.8	71.3	14.5
5 月	202.3	23.1	121.5	31.6	80.8	12.3
6 月	226.1	30.1	142.0	40.1	84.1	18.2
7 月	231.9	35.3	143.9	42.5	88.0	25.0
8 月	264.5	38.7	154.8	45.3	109.7	30.5
9 月	312.8	25.2	189.9	27.3	122.9	21.9
10 月	324.3	25.1	210.7	26.4	113.6	22.5
11 月	345.0	24.8	223.4	26.2	121.6	22.2
12 月	324.7	24.5	203.5	25.6	121.2	22.7
合计	3003.5	23.6	1869.0	26.3	1134.4	19.3

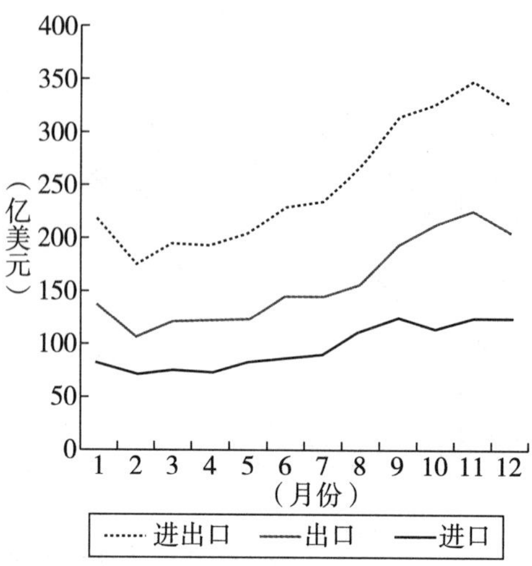

图6 2017 年 1—12 月全国综合保税区进出口价值

5. 全国保税物流园区进出口情况

2017 年 1—12 月全国保税物流园区进出口累计 79.5 亿美元，同比增长 -47 %；其中出口 29.8 亿美元，同比增长 -122.1 %；进口 49.9 亿美元，同比增长 -1.8 %。如表 8 和图 7 所示。

表 8 2017 年 1—12 月全国保税物流园区进出口数据汇总

月份	进出口（亿美元）	同比（%）	出口（亿美元）	同比（%）	进口（亿美元）	同比（%）
1 月	6.2	-40.3	2.5	-63.8	3.7	4.9
2 月	5.3	-33.5	1.9	-55.1	3.6	-8.6
3 月	6.5	-38.4	2.4	-58.1	4.1	-15.5
4 月	4.9	-59.5	2.1	-71.9	2.8	-39.1
5 月	5.6	-55.4	2.3	-68.6	3.3	-37
6 月	5.9	-48.8	2.6	-64	3.3	-23.6
7 月	6.5	-42.1	2.7	-60.5	3.7	-12.2
8 月	7.1	-42.3	2.9	-63.3	4.3	-6.9
9 月	6.6	-21.5	2.3	-54.7	4.3	27.4
10 月	6.2	14.0	2.2	-12.1	4.0	37.3
11 月	8.0	42.3	2.8	16.3	5.2	62.2
12 月	10.7	19.6	3.1	13.2	7.6	22.2
合计	79.5	-47.0	29.8	-122.1	49.9	-1.8

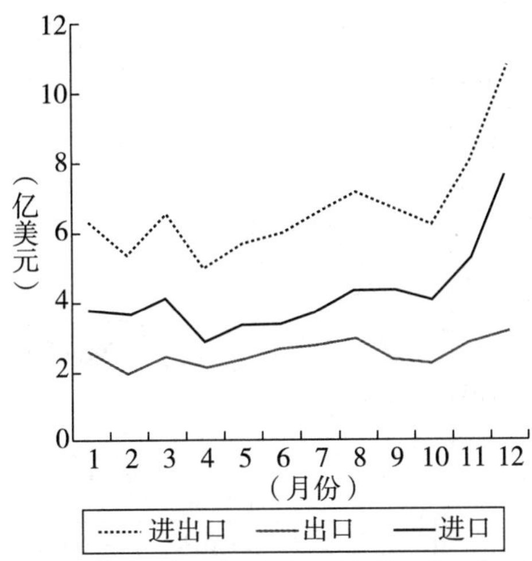

图 7　2017 年 1—12 月全国保税物流园区进出口价值

6. 珠澳跨境工业区进出口情况

2017 年 1—12 月珠澳跨境工业区进出口累计 2.28 亿美元，同比增长 -22.8%；其中出口 1.08 亿美元，同比增长 -48.1%；进口 1.2 亿美元，与 2016 年持平。如表 9 和图 8 所示。

表 9　　2017 年 1—12 月珠澳跨境工业区进出口数据总汇

月份	进出口（亿美元）	同比（%）	出口（亿美元）	同比（%）	进口（亿美元）	同比（%）
1 月	0.3	11.9	0.15	11.4	0.15	9.3
2 月	0.14	14.8	0.07	61.9	0.07	-8.4
3 月	0.21	17.6	0.13	103.9	0.07	-32.3
4 月	0.15	-5.7	0.08	23.2	0.07	-24.3
5 月	0.2	24.3	0.08	6.8	0.12	38.5
6 月	0.17	-74.9	0.07	-87.9	0.1	-2.9
7 月	0.14	-39.6	0.06	-57.2	0.08	-15.5
8 月	0.14	-20.6	0.07	-29.7	0.07	-9.6
9 月	0.22	8.2	0.11	6.6	0.12	9.8
10 月	0.14	-0.4	0.07	-5.4	0.07	4.5
11 月	0.24	-0.3	0.09	1.3	0.15	-1.4
12 月	0.23	13.0	0.1	2.4	0.13	-53.8
合计	2.28	-22.8	1.08	-48.1	1.2	0

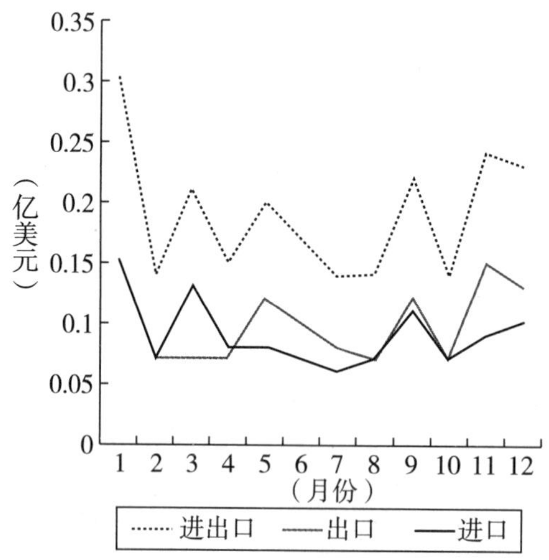

图8　2017 年 1—12 月全国珠澳跨境工业区进出口价值

（五）“一带一路”中欧班列保税物流发展

随着“一带一路”建设的不断推进，中欧班列已成为沿线各国提升经贸合作水平的重要载体。中欧班列涉及沿线各国海关，需要国际合作。海关总署与 89 个国家和地区海关开展了信息互换，与 40 个国家和地区海关开展了监管互认，与 71 个国家和地区海关开展了执法互助，建立了中欧班列沿线国家和地区海关、铁路等部门联络机制。

2017 年 5 月 13—15 日，配合“一带一路”国际合作高峰论坛，海关总署邀请 11 个“一带一路”沿线国家海关和国际组织来京参会，举行双边海关署长会晤等相关活动。

海关总署在“推进贸易畅通”平行主题会议上提出 5 点进一步深化合作的建议：深化机制衔接合作，加强各国海关在管理规则、执法程序、监管措施、改革经验等方面的交流协作；深化监管创新合作，探索监管结果互认，扩大 AEO（经认证的经营者）互认合作，推动高科技手段和装备的运用，实现精准监管、智能监管；深化信息共享合作，推进国际贸易“单一窗口”标准衔接，实现标准化数据互换，搭建沿线海关高效、安全、规范的数据交换共享平台；深化贸易安全合作，加强沿线海关情报交流合作，拓展联合执法、反恐等合作，严厉打击跨境走私违法活动；深化能力建设合作，坚持沿线海关兼容并蓄，加强经验与智慧分享，互学互鉴、共同提高。

海关总署邀请俄罗斯、白俄罗斯、哈萨克斯坦、塔吉克斯坦、蒙古、阿富汗、波兰、荷兰、马来西亚等“一带一路”沿线国家海关署长，以及欧亚经济联盟委员会、国际道路运输联盟等国际组织出席“一带一路”国际合作高峰论坛。就发挥海关作用，共建“一带一路”，开展通关便利化合作，加强执法合作，推动口岸合作和提升能力建设合作等议题深入交换意见并达成广泛共识，签署了系列海关合作文件，其中五份文件被列入“一带一路”国际高峰论坛成果：《中荷海关 2018—2022 年合作计划》《中波海关 2017—2018 年通关便利化合作计划》《中哈海关关于落实“信任”项目的技术方案》《中阿海关合作与互助协定》《中华人民共和国海关总署与国际道路运输联盟关于促进国际物流大通道及实施 TIR 公约的战略合作安排》。

为增强中欧班列沿线国家间的互惠互利和边境监管合作，中国海关向沿线海关发起共同开展“关铁通”项目的合作倡议，在中欧班列协调应用智能关锁，将集装箱货物的相关信息写入安全智能锁内，沿线进口国海关不需要开箱查验，可直接读取集装箱上加挂的安全智能锁查验图像和数据，从而提升通关实效和监管水平。

二、2018 年保税物流发展展望

（一）跨境电商保税物流重新整合

2014 年和 2015 年，境外商品的消费需求犹如脱缰野马，驱动着跨境电商强势前行。跨境电商经历了两三年的高速增长，产生了海关监管的新问题。2016 年海关出台的跨境电商零售进口税收新政（又称四八新政），提出了跨境电商的正面清单以及针对跨境电商的综合税，但四八新政对跨境电商的冲击过于激烈，相关监管方对过渡期的要求一再延长，开始延期至 2017 年年底，最近又放宽至 2018 年年底，跨境电商行业进入调整期。

在跨境电商启蒙和成长阶段，各个品牌、各个平台都是单打独斗，让各个企业都面临非常重的时间成本、资金成本、退换货风险。保税自营因供应链组织相对较重，商品品类有限，很难满足消费者多元化的需求。现在，电商行业商品组织上已经不完全是重供应链，也不完全是通过保税进口。

2018 年，跨境电商业将会在动荡中盘旋上升。到现在为止，跨境电商综合试验区主要还是集中在东部沿海城市，随着河南的自贸区试点推广，下一步有望扩大中西部地区的试点，尤其是中欧班列沿线城市。

跨境电商将会出现新的保税物流形式。例如刚刚诞生的进口货源共享服务平台——第 e 仓，品牌商（含供应商）可通过第 e 仓建立一个共有的仓库，集中报关，再向全渠道发货；同时，第 e 仓可提供多种经销体系，避免库存滞销。

（二）创新保税物流监管模式

保税物流传统模式的海关监管，效率低下，监管成本高，已经不适应现在井喷式爆发的进出口物流量，改革监管手段势在必行。利用区块链技术的智能合约机制和信任建立机制，促使收货人、货代、报关报检公司、仓库、监管机构等各个关联方的有效参与，实现全部报关单证的电子化，同时由于区块链技术的数据不可更改特性，保证相关货物数据信息的真实性和完整性，从而推动一体化通关，可以实现从生产、物流、监管到销售的全程追溯数据支持，将原有的海关中心化监管模式改为多方参与、数据共享，监管信息的透明化，推动海关的职能转变。引入风险预警信息主动推送功能，利用区块链技术将海关总署发布的风险预警通报信息和日常监管发现的不合格商品信息通过联盟链进行发布，推送至问题商品相关企业和经营相类似产品的企业，帮助企业实施召回和规避风险。同时通过系统第一时间启动针对预警产品的应急机制，推动进口消费品安全工程的实施。2018 年，我国海关保税物流监管系统一定会出现区块链的第一道曙光。

（大连海事大学　王涛　田征）

2017 年物流与供应链金融业发展回顾与 2018 年展望

一、2017 年物流与供应链金融业发展回顾

在多项政策利好的背景下，2017 年物流行业各领域质量和效益稳步提升，大数据、物联网、区块链等信息技术的驱动，改变了全行业的发展轨迹，“金融 + 互联网 + 物流”融合发展正呈现出更加蓬勃的活力。

（一）多项政策加码物流与供应链金融

为了进一步促进物流发展，降低中小微物流企业融资成本，拓宽融资渠道，多部委相继出台鼓励政策，给物流与供应链金融的发展带来了新机遇。2017 年 1 月，商务部、国家发展改革委等五部门联合发布了《商贸物流发展“十三五”规划》，明确提出扩大融资渠道，推动供应链金融。鼓励商贸物流企业通过股权投资、债券融资等方式直接融资。引导金融机构探索适合商贸物流发展特点的信贷产品和服务方式。

为贯彻落实国务院关于加大金融对实体经济和小微企业支持力度的有关要求，推动开展小微企业应收账款融资，人民银行、工业和信息化部会同财政部、商务部、国资委、银监会、外汇局决定共同开展小微企业应收账款融资专项行动。2017 年 4 月，七部门联合印发《小微企业应收账款融资专项行动工作方案（2017—2019 年）》。

为了进一步拓展物流企业融资渠道，2017 年 8 月，《国务院关于进一步推进物流降本增效促进实体经济发展的意见》。支持符合条件的国有企业、金融机构、大型物流企业集团等设立现代物流产业发展投资基金，按照市场化原则运作，加强重要节点物流基础设施建设，支持应用新技术新模式的轻资产物流企业发展。鼓励银行业金融机构开发支持物流业发展的供应链金融产品和融资服务方案，通过完善供应链信息系统研发，实现对供应链上下游客户的内外部信用评级、综合金融服务、系统性风险管理。支持银行依法探索扩大与物流公司的电子化系统合作。8 月，《关于对运输物流行业严重违法失信市场主体及其有关人员实施联合惩戒的合作备忘录》印发，将失信状况作为金融机构融资授信时的审慎性参考。（如表 1 所示）

表 1　　2017 年物流与供应链金融相关政策

发布日期	文件	文件号
2017/01	商贸物流发展“十三五”规划	
2017/02	“十三五”现代综合交通运输体系发展规划	国发〔2017〕11 号
2017/02	快递业发展“十三五”规划	
2017/03	粮食物流业“十三五”发展规划	发改经贸〔2017〕432 号
2017/04	“十三五”现代服务业科技创新专项规划	国科发高〔2017〕91 号
2017/04	“十三五”铁路集装箱多式联运发展规划	发改基础〔2017〕738 号
2017/04	小微企业应收账款融资专项行动工作方案（2017—2019 年）	银发〔2017〕104 号
2017/04	关于加快发展冷链物流保障食品安全促进消费升级的意见	国办发〔2017〕29 号
2017/08	关于进一步推进物流降本增效促进实体经济发展的意见	国办发〔2017〕73 号
2017/08	关于对运输物流行业严重违法失信市场主体及其有关人员实施联合惩戒的合作备忘录	发改运行〔2017〕1553 号
2017/10	关于积极推进供应链创新与应用的指导意见	国办发〔2017〕84 号
2017/11	铁路“十三五”发展规划	发改基础〔2017〕1996 号

（二）物流与供应链领域投融资热度不减

根据公开资料不完全统计，2017 年物流与供应链领域共完成 132 件投融资事件；从领域来看，投资者更青睐快递、本地生活物流及平台领域。（如图 1 所示）

平台领域投融资事件 39 件，货物运输类信息平台投融资事件占平台领域的 54%，如：2017 年 3 月福佑卡车获 2.5 亿元 C 轮融资，11 月运满满获得 1.2 亿美元 D3 轮融资，1 月和 10 月货拉拉共获得融资 1.3 亿美元。

快递领域投融资事件 18 件，涉及“最后一公里”的投融资事件占快递领域的 56%，如：2017 年 1 月和 9 月丰巢科技共获得 33.1 亿元融资，7 月速递易获 4.8 亿元融资。

本地生活物流领域投融资事件 20 件，涉及本地生鲜服务的投融资事件占本地生活物流领域的 45%，如：2017 年 1 月和 9 月每日优鲜共获得 3.3 亿美元的融资，9 月食行生鲜获得 2.9 亿元 C + 轮融资。

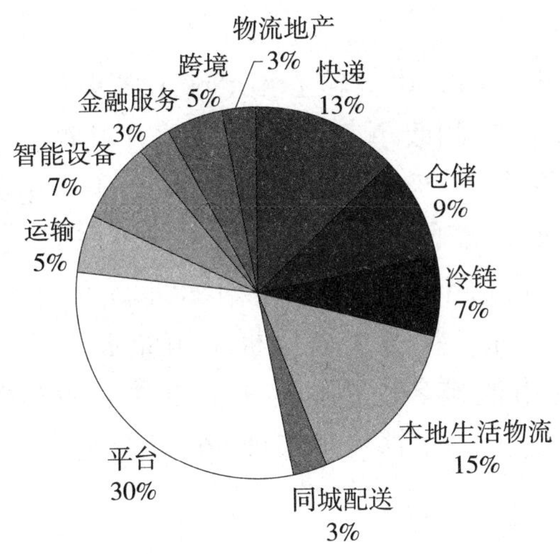

图 1　2017 年物流与供应链领域投融资事件数量占比

此外，从投资方向来看，渗透供应链各个环节的科技已成为企业生存和发展的要素，各类物流科技企业和科技实力强的物流企业融资能力较强。比如 2017 年 7 月，仓储机器人公司 Geek + 宣布完成 6000 万美元 B 轮融资；9 月鲸仓科技获得亿元级 B 轮融资，鲸仓自主研发出了第三类解决方案——“高密度低成本智能仓”，并获得了全球发明专利授权；9 月雷励金服获得 6000 万元 A 轮融资，公司定位于利用“金融 + 技术”的力量为传统物流运输行业赋能。

从投融资类型来看，成熟市场的集中度日益提高。比如快递领域苏宁收购天天快递，申通整合快捷快递、丰巢收购中集 e 栈等；本地生活领域饿了么收购百度外卖；仓储领域中资财团收购普洛斯、苏宁物流与深创投成立物流地产基金等。

（三）证券市场市值有所上升

物流类企业加快进入证券市场，2017 年，8 家企业跻身国内主板，5 家在境外证券交易所上市，45 家登陆国内“新三板”。

根据证监会上市公司行业分类，交通运输、仓储和邮政业门类中，A 股上市企业 93 家，其中，主板上市 77 家，中小板上市 14 家，创业板上市 2 家。2017 年，物流类 A 股企业市值合计 226716552 亿元，其中，主板 31 家企业市值上涨；中小板表现突出，较 2016 年上涨了 117%，顺丰控股市值上涨 21243947 亿元。B 股上市企业 2 家。

按照行业大类分，铁路运输业 4 家，道路运输业 34 家，水上运输业 28 家，航空运输业 12 家，装卸搬运和其他运输代理业 4 家，仓储业 9 家，邮政

业4家。（如图2所示）

其中，邮政业表现突出，市值较上年上涨102.83%，顺丰控股市值贡献率115%；航空运输业受供给侧改革与票价上限放开共振促进，业绩进入快速增长期，市值较上年上涨42.79%；铁路运输业受益于火电复苏及下游补库存需求，铁路货运表现良好，市值较上年上涨22.3%；道路运输业32家企业中，21家市值下降，2017年道路运输业市值较上年下跌9.59%。

根据同花顺分类统计，物流类新三板上市企业167家，其中，截至2017年12月，新三板企业市值排名前100名的企业中，物流类企业有两家，分别是川山甲市值301.01亿元，京博物流市值46.87亿元。

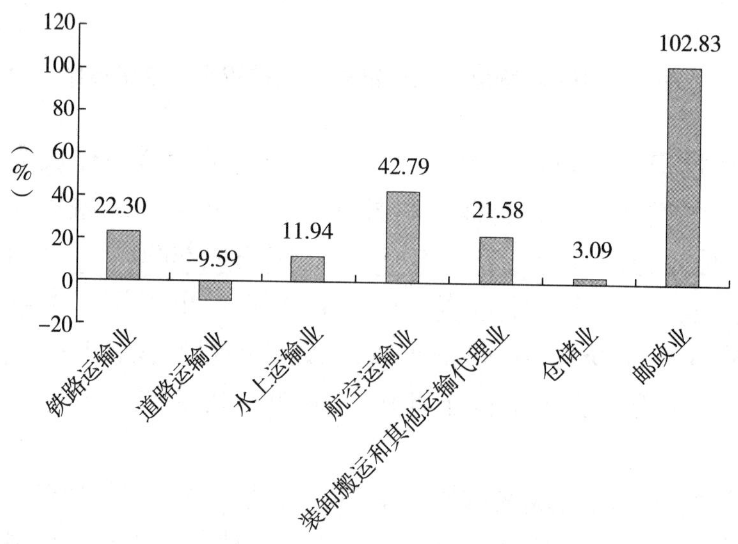

图2　2017年物流行业各领域市值较上年涨（跌）幅

（四）物流与供应链金融产品潜力巨大

据国家统计局统计，2017年年末，规模以上工业企业应收账款13.5万亿元，比2016年增长7.1%；产成品存货41886.1亿元，比2016年增长5.4%。

2016年年末，财产保险公司货物运输保险保费85.51亿元，比2016年减少3.05%；财产保险公司货物运输保险赔款及给付55.28亿元，比2016年增长19.65%。

2016年年末，财产保险公司船舶保险保费51.19亿元，比2016年减少7.1%；财产保险公司船舶保险赔款及给付36.74亿元。

据中国租赁联盟和天津滨海融资租赁研究院测算，截至2017年年底，全国融资租赁合同余额约为60600亿元，同比增长13.7%。（如表2所示）

表 2　　全国物流与供应链金融产品潜在市场规模

类　别	2016 年	2017 年
规模以上工业企业应收账款	12.6 万亿元	13.5 万亿元
规模以上工业企业产成品存货	39752 亿元	41886.1 亿元
融资租赁合同余额	53300 亿元	60600 亿元
类　别	2015 年	2016 年
财产保险公司货物运输保险保费	88.2 亿元	85.51 亿元
财产保险公司船舶保险保费	55.1 亿元	51.19 亿元

（五）科技助力金融普惠

云计算、大数据、移动互联网、物联网、虚拟现实、人工智能、生物特征识别等技术的研发和应用，已经深入到物流与供应链金融产品开发、运营管理、风险管理的各个环节，并加速提升物流与供应链金融的价值。科技智能为普惠金融的推进提供了更多的可能性，2017 年 6 月，传化支付第三方支付牌照正式获得央行公示，传化智联智能物流业务（传化网）通过将原有物流各交易场景中的线下支付逐步引导转换成线上支付，成功完成了涵盖 B 端货主、物流企业和 C 端货运司机、商户等全场景、全流程的支付闭环。

区块链技术给物流与供应链金融领域强化风控提供了一个全新的途径，在 2017 受到关注和热捧。区块链是一种防止篡改的分布式记账系统，它在分布式共识算法、智能合约、加密算法等的基础上，可解决信任缺失场景下进行交易的问题。比如菜鸟国际在海淘领域，通过商家、海关等各方上传物流数据，这些数据包括了商品的原产国、起运国、装货港、运输方式、进口口岸、保税仓检验检疫单号、海关申报单号等，消费者可以交叉认证自己购买商品的各项信息。2017 年 5 月，京东金融与中国银联宣布合作完成了区块链技术底层打通并测试成功，这是中国银联与互联网企业之间建设的首条联盟链。9 月，苏宁银行成功接入基于区块链技术的国内信用证信息传输系统，苏宁银行聚焦供应链金融、消费金融、微小商户金融和产品销售平台四大核心业务，将科技元素贯穿于业务全流程、全渠道、全管理。

（六）平台聚合多流价值

相较于以龙头企业为核心的“链式”，以平台为核心的，融合交易、物流、金融等多流为一体的生态圈模式，引领了物流与供应链金融的发展。“互联网平台 + 金融科技 + 物流”运作，实现了中小微企业动态、及时、低成本地获得流动资金。2017 年“双十一”期间，菜鸟供应链金融简化了放贷流程，贷款额度高至8000 万元，利率低于银行基准利率，实现线上审批 3 分钟就放款、随借随还不用手续费；2017 年苏宁“物流”和“金融”两驾马车持续高速增长，其中，金融业务（支付业务、供应链金融等业务）2017 年总体交易规模同比增长 129.71%。

数字和科技驱动下的信用生态，促进了多链条、多领域的融合发展；各类金融工具，可以在平台上通过互联网技术相互组合形成一站式解决方案，加速了产品创新、迭代升级。比如菜鸟的科技金融平台链接三方，一是连接金融机构，如传统银行、互联网银行、小贷公司、信托公司以及供应链金融服务商等；二是连接物流合作伙伴；三是连接中小企业，通过数据来服务包括商家、品牌商和末端物流生态。2017 年 5 月，唯品会宣布分拆互联网金融业务和重组物流业务。11 月，唯品会公布了其第三季度的财务报告。数据显示，唯品会各项业务呈现稳健增长态势，且以连续 20 个季度盈利的纪录继续领跑中国电商行业，其中，唯品会金融服务平台发展成为囊括线上线下各场景的综合性金融服务平台。

此外，随着互联网技术在传统产业流通领域的广泛应用，物流与供应链金融在传统工业垂直领域的应用愈加深入。比如钢铁电商基于交易提供的附加服务来变现，其中，基于交易场景提供融资的供应链金融，很好解决产业链的痛点，已然成为诸多电商平台现在以及未来的主要盈利点。

二、2018 年物流与供应链金融业展望

虽然，物流与供应链金融整体发展趋势向好，但在具体操作上仍然存在资金使用方与供给方数据衔接不匹配、供应链征信缺失等问题。不过，2018 年物流与供应链金融业依然会在探索中前行，在行业发展大趋势中迈上新台阶，并在细分领域取得新成绩。

（一）标准促进行业良性发展

在国家政策积极鼓励物流与供应链金融发展的背景下，为了促进行业规范、健康、有序地发展，基于具体场景应用，相应的国家、行业和团体标准将陆续出台。

例如，中国物流与采购联合会金融专业委员会编写的《公路货运企业融资评价指标体系》及其实施细则，依托物联网、区块链、人工智能、云计算等前沿技术和智能终端等科技措施，以金融科技手段构建公路货运行业立体化数据生态，拟通过标准化的数据信息采集和技术分析方法，围绕企业评价和场景风控，凭借模型和决策引擎技术，迅速、全面、精准地刻画企业肖像，动态、实

时地评估企业供应链金融价值。这有助于金融机构甄别优质客户、提高风控能力，促进融资的成功，以及行业生态良性发展。

（二）技术进步加速产品升级

金融科技在物流与供应链金融中的应用将更加广泛和深入，互联网时代，企业的信用价值已不再只基于历史财务数据和有效担保，而是基于数据，动态反映企业经营的现在和未来，从而有效促进运行良好的中小微企业发展壮大。技术创新将推动物流与供应链金融服务模式和产品加速迭代，更多科技型、平台型企业将成为物流与供应链金融创新的主导力量。2017 年 3 月，百度云宣布与民生银行达成合作，百度云将依靠其在人工智能、大数据、云计算（ABC）领域里强大的技术优势，为民生银行提供其信贷企业的风险管理和预警服务。2017 年 4 月，中外运与腾讯云正式达成战略合作，利用腾讯大数据平台能力和资产，进行市场趋势预测和相关产品的设计优化，以更好地服务目标用户。

（三）新融合将提升市场规模

在较为成熟的市场，比如快递、仓储等，兼并重组将继续，从而进一步提高该领域市场的规模化和集中度。而兼并重组后的新实体，将基于其核心业务，依托新技术，加快开发和应用物流与供应链金融等综合服务产品。

此外，据工业互联网产业联盟专家测算，2017 年我国工业互联网直接产业规模约为 5700 亿元，2017—2019 年，年均增长约为 18%，预计 2020 年将达到万亿元规模。随着工业互联网产业、生态、国际化的创新发展，工业流通领域将被深度开发，物流与供应链金融市场价值将更加凸显。

随着跨产业、跨链条、多模式、高科技地更深融合，一个铺盖面更广的大市场正在形成。

（四）跨境物流与供应链金融成新亮点

在各部门的主导之下，“一带一路”倡议促进了各国之间的贸易投资自由化与便利化，以及经济技术合作，跨境商业得以迅速发展。伴随着贸易和物流通道的打通，物流与供应链金融也将逐步发展。2017 年 3 月，由民生银行、中国中车、中国中铁等 40 余家金融机构和核心企业共同成立了“一带一路”供应链金融联盟。2017 年 5 月，海航集团在西安成立了现代物流集团，由西安起步，全力推动中国“孟菲斯”建设，引入物流与供应链金融服务，打造金融、数字物流产业基地。跨境物流与供应链金融将成为“一带一路”贸易和物流发展的新亮点。

此外，据艾媒咨询发布，2017 年跨境电商整体交易规模达 7.6 万亿元，

2018 年还将继续增长。服务于跨境电商的仓储、运输和金融为一体的综合服务将更加重要，同时，保外贷、仓单质押、融资租赁等物流与供应链金融产品也将更加丰富。

（五）物流与供应链金融赋能现代农业

为适应现代农业发展，国家陆续出台了发展农村金融、普惠金融的相关政策，中国农业银行、中国邮政储蓄银行先后成立“三农金融事业部”；京东金融、蚂蚁金服等，提供了涵盖支付、信贷、农业保险等方面的综合型金融服务。农业的现代化发展推动传统分散、孤立的经营模式，向科学、高效的生态农业转变。农业供应链覆盖农业从原材料采购、生产、加工、仓储、销售的全链条，从农业供应链层面通过上下游的捆绑提供融资服务，为农业赋能，可以有效提高农业供应链价值。

2018 年 2 月，《中共中央国务院关于实施乡村振兴战略的意见》对外发布，提出构建农村一、二、三产业融合发展体系。大力开发农业多种功能，延长产业链、提升价值链、完善利益链，通过保底分红、股份合作、利润返还等多种形式，让农民合理分享全产业链增值收益。

着眼于整个农业供应链，农户不再是分散孤立、高风险、低收益的信贷群体，而是与农业企业利益共享与风险共担的优质客户。以应收账款、龙头农业企业、大数据互联网平台等为核心，融合一、二、三产业深耕细作，农业供应链金融服务将迎来快速发展。

（中国物流与采购联合会物流金融专业委员会　郭苏慧　李鹏　肖和森）

2017 年应急物流发展回顾与 2018 年展望

党的十九大报告明确要求，“统筹发展和安全，增强忧患意识，做到居安思危”。应急物流在突发事件应对中提供精准可靠的物资保障，对于降低损失、维护稳定具有重要的作用，长期以来得到社会各界的高度重视。

一、2017 年应急物流发展回顾

在过去的 2017 年里，我国应急物流在创新驱动发展、军民融合发展、供给侧结构性改革等重大战略的引领下，取得了突出的成绩，在应对突发事件中发挥了积极作用。

（一）应急物流体系建设纳入国家突发事件应急体系建设“十三五”规划

2017 年 1 月，国务院办公厅印发《国家突发事件应急体系建设“十三五”规划》，将应急物流体系建设作为“加强综合应急保障能力建设”的重要内容，列入了规划的主要任务。该规划根据《中华人民共和国突发事件应对法》《中华人民共和国国民经济和社会发展第十三个五年规划纲要》等法律法规和相关文件制订，在分析“十二五”期间建设成效和“十三五”期间面临形势的基础上，全面规划了国家突发事件应急体系建设的建设目标、主要任务、重点建设项目和保障措施。

该规划明确要“完善应急物资保障体系”“提高紧急运输保障能力”，系统规划了应急物资的储备、运输等核心能力建设，特别提出要“建立健全应急物流体系，充分利用国家储备现有资源及各类社会物流资源，加强应急物流基地和配送中心建设，逐步建立多层级的应急物资中转配送网络；大力推动应急物资储运设备集装单元化发展，加快形成应急物流标准体系，逐步实现应急物流的标准化、模块化和高效化。充分利用物流信息平台和互联网、大数据等技术，提高应急物流调控能力。”这是国家级规划首次对应急物流提出具体的建设任务，明确了网络化、标准化、信息化的建设思路，为“十三五”期间我国应急物流建设明确了建设目标，具有重要的实践指导意义。

（二）应急物流军民融合发展不断延伸拓展

贯彻军民融合国家战略，加快推进物流行业军民深度融合，构建寓军于民、平战结合的应急物流服务体系，是新时代新物流发展的新课题。2017 年 9 月，中央军民融合发展委员会第二次全体会议强调，要向军民融合发展重点领域聚焦用力，会议审议通过了《“十三五”期间推进军事后勤军民融合深度发展的实施意见》，明确指出，要“充分利用后勤在仓储、医疗卫生、应急救援等方面的优势，更好服务人民、服务社会”。作为军民融合的重要领域，军队仓储物流行业在党的坚强领导下，能够发挥我国社会主义制度集中力量办大事的优势，发挥军队强大的组织优势和高效的执行力，完全可以在军事后勤军民融合上大有作为，更好地实现“军转民”，全面提升应急物流保障能力。

贯彻军民融合发展战略，军队有关单位积极行动，推动应急物流军民融合发展不断延伸拓展。2017 年 11 月，空军与顺丰速运、中铁快运、邮政速递、德邦物流、京东物流 5 家地方优质物流公司以及中国物流与采购联合会签署《空军后勤物流军民融合战略合作协议》。该协议的签订，是空军适应战训样式和活动范围拓展、满足军大跨度机动、非战争应急行动等日益灵活的战训需求，立足“战时能战、急时应急、平时服务”的总体定位，对空军后勤物流军民融合进行成体系规划设计，创新后勤仓储理念和保障模式，主动引进地方优质物流公司、开展军民融合后勤物流。同月，国防大学联合勤务学院与京东集团举行战略合作高层会谈，签订战略合作协议，在共同推进应急物流技术、“无人化”技术等在联合勤务保障领域的深度应用达成了战略合作意向，致力于携手打造新时代军民融合创新发展的“示范样本”。

（三）应急物流关键技术研发应用取得重大成果

在先进技术驱动和市场效益牵引下，应急物流关键技术研发应用卓有成效。2017 年 12 月，顺丰完成国内首次大型无人机应急物流场景演示飞行。顺丰联合合作伙伴滕盾和京润华创在云南某地进行大型无人机应急物资快速投递演示验证飞行，在国内尚属首次，主要是模拟在紧急情况下利用无人机进行备件运输，组织紧急抢修，快速恢复通信。该次飞行从云南某机场起飞，飞行约 30 分钟后抵达受灾地点基站附近的空地后，飞机降低高度至约 300 米，将吊舱从空中自动投放，约 30 秒后吊舱降落在空地上，工作人员从吊舱中取出备件，确保抢修工作可以顺利进行，快速恢复通信。

此次演示中使用的大型物流无人机翼展 20 米，机身长 10 米，起飞重量约 3 吨，载重 1.2 吨，是目前全球大型的物流无人机之一，巡航速度可达 250 千米/小时，航程可达 3000 千米，升限 6000 千米。该机型是全新设计具有自主知识产权的大型物流无人机，采用快卸锁钩货舱和分布式载货吊舱，提升物流运转效率；大展弦比机翼提高升阻比，双发提升动力和安全性。该款无人机具有良好的速度优势，可以自动规划航线，实现无人化自主控制，一键自动起降，并具有自主应急处理能力，能够适应多种应急物流运输场景。以无人机为代表的应急物流关键技术研发应用，有效提升了我国应急物流保障水平。

（四）应急物流实体力量建设持续有效推进

2017 年 4 月，山东省应急物流企业联盟成立大会在济南举行，由山东盖世国际物流集团与山东省仓储协会发起，来自省内各地 70 余家物流公司成立了应急物流联盟，在政府与企业之间架起一条应急物流建设的桥梁。2017 年 8 月，该联盟对参与 2017 年 8 月 8 日四川九寨沟 7.0 级地震和新疆精河 6.6 级地震灾害救灾的联盟成员发出倡议，建议联盟成员有序参与灾害救援，合理处理捐赠物资，加强抗震救灾物资准备和现有储备物资点验，完善抗震救灾预案和演练方案。通过类似的军民融合应急物流企业联盟、山东省应急物流联盟等形式，有效整合物流企业的资源力量，能够最大限度地发挥物流的体系能力，构建网络化的应急物流实体力量。

2017 年 6 月，甘肃省定西市组织了军民融合（西北）应急物流基地授牌奠基仪式。军民融合（西北）应急物流基地建设项目占地约 1400 亩，位于定西市安定区现代物流园，拟建设 12 个功能区，新增建筑面积约 47 万平方米，同时该项目建成后将依托陇海铁路、天定高速、310 国道等国省干线富集形成的交通区位优势，实现周边 500 千米范围内 24 小时到达，1000 千米范围内次日到达，既满足物流需求又服务于定西及周边区域，具有十分重要的意义。该基地的开工建设，对于提升我国西北地区应急物流保障能力，具有重要的支撑作用。

（五）物流企业自觉投身应急物流服务渐成常态

2017 年，我国发生了四川九寨沟地震等自然灾害。广大物流企业积极行动，主动作为，自觉承担应有的社会责任，利用既有的服务网络和专业力量，投身抢险救灾应急物流保障。2017 年 7 月，德邦物流心系长沙市特大暴雨灾害灾区，积极联系政府和社会公益部门提供援助。长沙转运中心无条件提供厢式货车等车辆资源，将方便面、大米、食用油、矿泉水、棉被、铁锹、消毒液等近百种灾区急需的物资运往宁乡灾区群众手中，全力展开赈灾行动。2017 年 8 月 9 日蚂蚁物流组织召开九寨沟抗震救灾应急物资配送动员大会，安排最适合的、最娴熟的驾驶员，直通灾区，为灾区保驾护航。地震发生后，迅速开通邮政“抗震救灾绿色通道”，为灾区群众提供免费收寄服务，恢复正常投递作业，仅2017年8月10日收寄邮件60余件，处理进口包裹近500件；顺丰、圆通、中通、京东、天天等行业企业积极参与抗震救灾工作，寄递渠道安全有序。2017年8月13日，首批通过邮政寄达灾区的20件救灾物资到达九寨沟漳扎邮政支局，并于当日全部妥投；捐赠给九寨沟县妇联的200件“母亲邮包”也于到达当天投递完毕。

二、2018年应急物流发展展望

2018年是全面贯彻党的十九大精神的开局之年，是改革开放40周年，是决胜全面建成小康社会、实施“十三五”规划承上启下的关键一年。应急物流将成为我国物流研究的热点方向。总结过去，展望未来，我国应急物流将在新时代焕发出新的活力，取得新的更大发展。

（一）物流行业供给侧结构性改革将为应急物流提质增效

近几年，我国物流发展迅猛，国内每年300亿件快递包裹，大型物流企业都能实时掌控动态，智慧物流领先全球，为突发事件应急物流奠定了较好的物质基础。但是，由于突发事件处置现场复杂性，物流行业需要适应突发事件应急物流任务的多样化、特殊性，对既有的服务模式和服务网络进行必要的调整优化，推进应急物流供给侧结构性改革，加快培育应急物流新业态，以求提供更有针对性的应急物流服务保障。在充分调动发掘社会物流资源潜力的基础上，充分发挥军队仓储物流力量的优势能力和骨干作用，优化整合和配置军地物流资源，形成军民融合、平急结合的应急物流力量体系，全面为应急物流行业提质增效。

（二）行业发展需求驱动应急物流技术体系创新

应急物流技术体系创新，对于打造应急物流行业、提升应急物流保障效率具有决定性的作用。在以往应急物流关键技术研发应用探索实践的基础上，预计2018年应急物流体系将在强有力的需求牵引下取得更大的创新发展，专业领域的应急物流关键技术将加快形成骨干装备。比如无人机在发生重大自然灾害时，可以发挥无人员伤亡风险、生存能力好、机动性能好、使用方便等优势，在短时间内运送药品和急救用品，抢救生命线，挽救灾情。但是，如何有效适应严酷复杂的突发事件环境条件，突破信息联网、信息安全等瓶颈，将是无人机应急物流关键技术在现有基础上进一步创新发展的重要突破口。又如，高铁物流具有速度快、价格便宜等显著优势，可以满足多批次、小批量、高价值等品类的应急物流投送需要，特别是预计到2020年我国高铁长度将达到5

万千米以上，连接所有省会城市和50万人口以上的城市，覆盖全国90%以上的人口，在应急物流领域有着很好的应用前景。但是，如何充分挖掘利用高铁物流的优势，研制快速集装化装卸载技术装备，开发适用于高铁的公铁联运技术，将是高铁应急物流骨干装备研发的重要领域。

（三）应急物流行业发展提升亟须建立健全法规标准

法规标准是应急物流行业发展的重要保证，对于规范应急物流行业具有直接的作用。特别是应急物流属于新兴行业，许多领域还不够成熟，且社会各界参与力量多元，军队、政府、企业的沟通协调机制还不够健全、军地标准规范还不够统一，更加需要法规标准的引领和规范。比如发展高铁应急物流，需要适应高铁以客运为主的设计要求，满足高铁应急物流的快速精准装卸载的需求，研究制订一系列标准规范。又如，无人机应急物流虽然有成功的演示案例，但在大规模应用上，还存在严重的法规政策障碍，迫切需要抓紧论证低空空域开放的法规政策，建立健全无人机运营的法规政策。应急物流标准体系既是提高应急物流作业效率的重要基础，也是降低应急物流运行成本的主要手段，还是整合应急物流信息资源的关键条件，能够确保应急物流资源力量按照统一的规范运行，构建起集中统一的应急物流信息数据对接交互平台，对于规范应急物流行业具有关键性的作用。随着应急物流实践探索的深入，应急物流标准体系将及时发挥积极作用，引领应急物流行业良性发展。

（国防大学联合勤务学院　黄定政）

第二章

行业物流

2017 年制造业物流发展回顾与 2018 年展望

2017 年是中国“十三五”规划深入的关键之年，党的十九大的召开为未来中国经济发展奠定了基调。在世界经济缓慢复苏，国内经济转型升级的大背景下，中国经济企稳回升，继续保持中高速增长势头。面对中国经济发展进入新常态等一系列深刻变化，以习近平同志为核心的党中央推动中国经济发展取得了历史性的成就，中国经济正发生着历史性的变革。中国制造业发展坚持稳中求进工作总基调，坚持以提高发展质量效益为中心，坚持以供给侧结构性改革为主线，砥砺奋进。工业经济增长动能转换加速，工业生产将保持平稳增长，制造业物流加快转型升级，高端制造和服务制造成为主流趋势，各级政府和企业深入推进两业融合发展，涌现了许多创新的两业融合模式。

一、2017 年中国制造业发展回顾

（一）国民经济稳定增长，制造业发展企稳回升

在世界经济复苏的大环境下，2017 年中国国民经济整体运行稳中向好、好于预期。在以习近平总书记为核心的党中央坚强领导下，各地区各部门全面贯彻落实党中央、国务院决策部署，坚持稳中求进工作总基调，贯彻新发展理念，以供给侧结构性改革为主线，推动结构优化、动力转换和质量提升，国民经济稳中向好、好于预期，经济活力、动力和潜力不断释放，稳定性、协调性和可持续性明显增强，实现了平稳健康发展。

经初步核算，2017 年全年国内生产总值 827122 亿元，按可比价格计算，比 2016 年增长 6.9%。分季度看，一季度同比增长 6.9%，二季度增长 6.9%，三季度增长 6.8%，四季度增长 6.8%。分产业看，第一产业增加值 65468 亿元，比 2016 年增长 3.9%；以制造业为主的第二产业增加值 334623 亿元，增长 6.1%，增速与 2015 年、2016 年基本持平；由于经济结构的转型升级，服务业越来越受到重视，第三产业一直保持较高增速增长，增加值为 427032 亿元，增长 8.0%。根据国家统计局发布的 2017 年国民经济和社会发展统计公报，全国规模以上工业增加值同比增长 6.6%，运行总体平稳。全年规模以上工业中，农副食品加工业增加值比上年增长 6.8%，纺织业增长 4.0%，化学原料和化学制品制造业增长 3.8%，非金属矿物制品业增长 3.7%，黑色金属冶炼和压延加工业增长 0.3%，通用设备制造业增长 10.5%，专用设备制造业增长 11.8%，汽车制造业增长 12.2%，电气机械和器材制造业增长 10.6%，计算机、通信和其他电子设备制造业增长 13.8%，电力、热力生产和供应业增长 7.8%。

（二）PMI 指数上升趋势明显，制造业行业保持景气势头

制造业 PMI（采购经理指数）是国际上通行的宏观经济监测指标体系之一，也被称为“荣枯线”，当 PMI 高于 50% 时，反映制造业经济扩张，低于 50% 时，则反映制造业经济萎缩。2012—2017 年，中国官方 PMI 指数如表 1 所示。从表中可以看出，2017 年全年的 PMI 的平均水平为 51.5%，高于荣枯线，且每个月的 PMI 指数均高于荣枯线。同时较 2016 年相比，2017 年的 PMI 指数有所提升。观察 2017 年全年的 PMI 指数，可以发现其基本持平，均维持在 51.5% 左右。这显示，在经济运行的过程中，积极因素增多，企稳态势逐渐巩固，向好发展态势更为明显。

表 1　　2012—2017 年制造业 PMI　　单位：%

月份	2012 年 PMI	2013 年 PMI	2014 年 PMI	2015 年 PMI	2016 年 PMI	2017 年 PMI
1 月	50.5	50.4	50.5	49.8	49.4	51.3
2 月	51.0	50.1	50.2	49.9	49.0	51.6
3 月	53.1	50.9	50.3	50.1	50.2	51.8
4 月	53.3	50.6	50.4	50.1	50.1	51.2
5 月	50.4	50.8	50.8	50.2	50.1	51.2

续 表

月份	2012 年 PMI	2013 年 PMI	2014 年 PMI	2015 年 PMI	2016 年 PMI	2017 年 PMI
6 月	50. 2	50. 1	51. 0	50. 2	50. 0	51. 7
7 月	50. 1	50. 3	51. 7	50. 0	49. 3	51. 4
8 月	49. 2	51. 0	51. 1	49. 7	50. 4	51. 7
9 月	49. 8	51. 1	51. 1	49. 8	50. 4	51. 4
10 月	50. 2	51. 4	50. 8	49. 8	51. 2	51. 6
11 月	50. 6	51. 4	50. 3	49. 6	51. 7	51. 8
12 月	50. 6	51. 0	50. 1	49. 7	51. 4	51. 6
全年平均	50. 8	50. 8	50. 7	49. 9	50. 3	51. 5

优质高端供给增长对推动制造业整体上升的作用日益突出。作为实体经济发展新动能的装备制造业、高技术产业稳步快速发展，其 PMI 指数全年平均水平分别为52. 7%和53. 4%，高于上年1. 7 和1. 4 个百分点，显示制造业发展的质量显著提升。从表2 中2017 年各月 PMI 分项指数可以看出，权重最高的新订单指数和生产指数表现最为显著，对于制造业综合 PMI 起到了极大的拉动作用。

表 2　　2017 年 PMI 分项指数　　单位：%

月份	生产指数	新订单指数	供应商配送时间指数	原材料库存指数	从业人员指数
1 月	53. 1	52. 8	49. 8	48. 0	49. 2
2 月	53. 7	53. 0	50. 5	48. 6	49. 7
3 月	49. 7	53. 3	50. 3	48. 3	50. 0
4 月	53. 8	52. 3	50. 5	48. 3	49. 2
5 月	53. 4	52. 3	50. 2	48. 5	49. 4
6 月	54. 4	53. 1	49. 9	48. 6	49. 0
7 月	53. 5	52. 8	50. 1	48. 5	49. 2
8 月	54. 1	53. 1	49. 3	48. 3	49. 1
9 月	54. 7	54. 8	49. 3	48. 9	49. 0
10 月	53. 4	52. 9	48. 7	48. 6	49. 0
11 月	54. 3	53. 6	49. 5	48. 4	48. 8
12 月	54. 0	53. 4	49. 3	48. 0	48. 5

（三）工业经济运行质量提升，提质增效取得积极进展

党的十九大报告提出“制造强国、先进制造业、深度融合、世界级先进制造业集群”等一系列新理念，为中国制造业的发展进一步指明了方向，同时也表明近年来中国大力振兴制造业，并且取得了积极的进展。中国正在不断地加快建设制造强国，加快发展先进制造业，推动中国制造业从数量扩张向质量提高转变。整体来看，2017 年大力振兴制造业的举措取得了重要的进展，制造业结构调整优化加快。前三季度，电子制造业和装备制造业增加值增长分别快于整体工业 7.2 个和 4.4 个百分点，这两个行业成为 2017 年拉动工业增长的主要动力。消费品工业增加值快于整体工业 1.1 个百分点。高技术制造业增加值增速快于整体工业增速 6.7 个百分点。

可以看出，中国制造业正在加快从数量扩张向质量提高的转变。“高速度”不再是时髦，“高质量”成为了共识，高质量的发展，体现在经济发展更加依靠创新驱动、供给侧结构性改革持续推进、实体经济不断发展壮大、中国制造迈向中高端。以山东省为例，2017 年，山东省工业高质量发展成效明显。规模以上装备制造业增加值增长 11.0%，高于规模以上工业平均增速 4.1 个百分点，高于高耗能行业 7.4 个百分点。企业盈利能力明显提升，在收入、利润增速双创新高的同时，多数企业注重创新发展，产品附加值不断提高，盈利能力持续增强。2017 年 1—11 月，规模以上工业主营收入利润率为 5.7%，比 2016 年同期提高 0.2 个百分点，41 个行业大类中，23 个行业利润率高于 2016 年同期，占 56.1%。工业绿色化发展步伐加快，2017 年，规模以上工业能耗下降 3.2%，绿色产业蓬勃发展，显示出良好的发展势头。

（四）持续推进供给侧改革，深入推进“三去一降一补”

2017 年是中国供给侧改革的深化之年，中国坚持以推进供给侧结构性改革为主线，坚持以提高质量效益为中心，深化改革创新，狠抓政策落实，“三去一降一补”明显加快，经济运行保持在合理区间，稳中向好态势趋于明显。“三去一降一补”取得显著成效，煤炭、钢铁行业圆满完成全年化解过剩产能目标任务。2017 年全国工业产能利用率为 77.0%，比 2016 年提高 3.7 个百分点，创近 5 年新高。以钢铁行业为例，钢铁行业化解过剩产能有力促进了行业提质增效，企业和社会信心不断增长，钢铁产量呈现上升局面。在去产能取缔过程中，钢铁行业需求向正规产能转移，并且在效益好转的刺激下，钢铁企业生产效率明显提升。截至 2017 年 6 月 30 日，全国已清查出 600 多家“地条钢”生产企业，合计产能 1.2 亿吨。目前，全国各地排查发现的“地条钢”产能已全部停产、断水断电，正按照“四个彻底拆除”的要求将“地条钢”取

缔到位。

随着党的十九大会议胜利召开，钢铁行业供给侧改革和去产能的不断推进，特别是2017年下半年各项督查措施和限产力度加大，中国钢铁行业运营环境明显改善，钢铁企业利润大幅上升。2017年我国钢铁行业规模以上企业实现主营业务收入70243.3亿元，同比增长22%；钢铁行业实现利润总额近3420亿元，同比增长近178%。（如图1、图2所示）

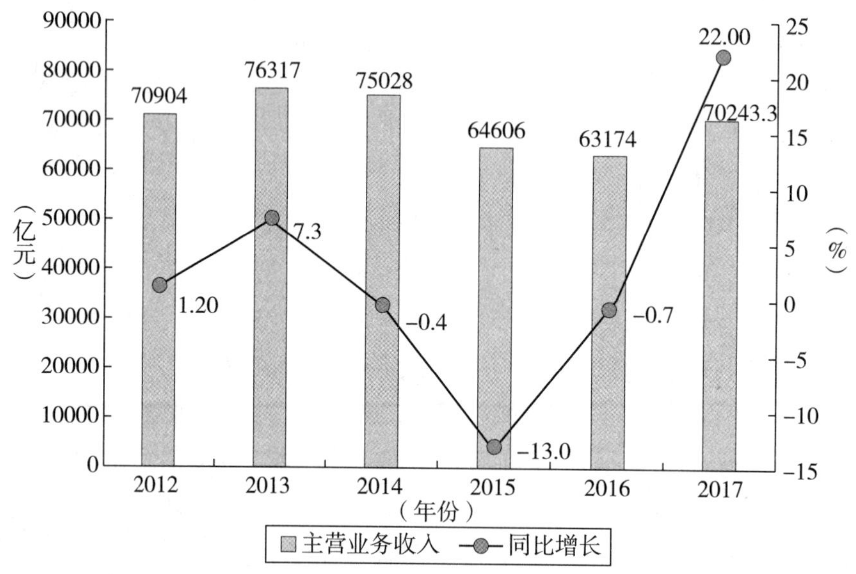

图1　2012—2017年中国钢铁行业主营业务收入增长

资料来源：中商产业研究院（引用原文数据）。

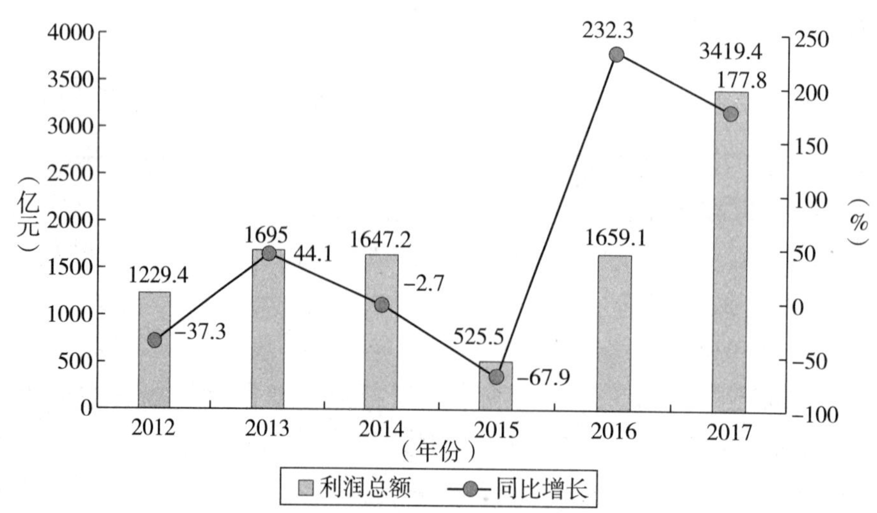

图2　2012—2017年中国钢铁行业利润总额及增长

资料来源：中商产业研究院（引用原文数据）。

（五）高新技术飞速发展，“互联网+”引发制造业发展方式深刻变革

实施“中国制造2025”，要坚持创新驱动、智能转型、强化基础和绿色发展，促进中国从制造大国向制造强国的转变。中国不仅是制造业大国，同时还是互联网大国，互联网和制造业融合空间广阔，潜力巨大。推动实施“互联网+”行动计划，促进互联网和制造业的深度融合发展，是建设制造业强国的关键举措。

“互联网+”推动了生产制造模式变革，智能制造成为新型生产方式。互联网在制造业领域应用日益广泛深入，推动生产制造向着数字化、网络化、智能化方向发展。工业信息系统通过互联网实现互联互通和综合集成，促进机器运行、车间配送、企业生产、市场需求之间的实时信息交互，原材料供应、零部件生产、产品集成组装等全生产过程变得更加精准协同。工业云平台成为新型生产设施，为研发设计、加工制造、经营管理等生产经营活动提供资源支撑和服务保障，工业生产要素实现优化整合和高效配置。2017年7月，工业和信息化部公布了《2017年制造业与互联网融合发展试点示范项目名单》，其中，企业级云应用平台11项，工业云公共服务平台8项，工业大数据服务平台14项，工业电子商务平台13项，信息物理系统7项，行业系统解决方案16项。

二、2017年中国制造业物流发展回顾

（一）社会物流总额不断增长，物流行业效率逐步提高

2017年，国际形势风云变幻，依旧是机遇与挑战并存的世界环境。物流行业作为保障国民经济增长的基础性行业，也是国民经济发展的一个信号灯。从图3可以看出，近年来，虽然中国社会物流总额的增速减缓，但随着2017年经济发展企稳回升，2017年全国社会物流总额增速较2016年有较大的增长，社会物流总额252.8万亿元，按可比价格计算，同比增长6.7%，增速比2016年同期提高0.6个百分点。

物流行业的整体发展形势，可以用中国物流业景气指数（LPI）反映。该指数由业务总量、新订单、从业人员、库存周转次数、设备利用率5项指数加权合成，用来反映物流业经济发展的总体变化情况。以50%作为经济强弱的分界点，高于50%时，反映物流业经济扩张，反之则反映物流业经济收缩。图4展示了2016—2017年各月的LPI。从图4中可以看出，2017年中国物流业整体仍呈现出较为景气的状态。在物流行业整体发展较好的大环境下，2017年工业

品物流总额为234.5万亿元，同比增长6.6%，增速比2016年提高了0.6个百分点。

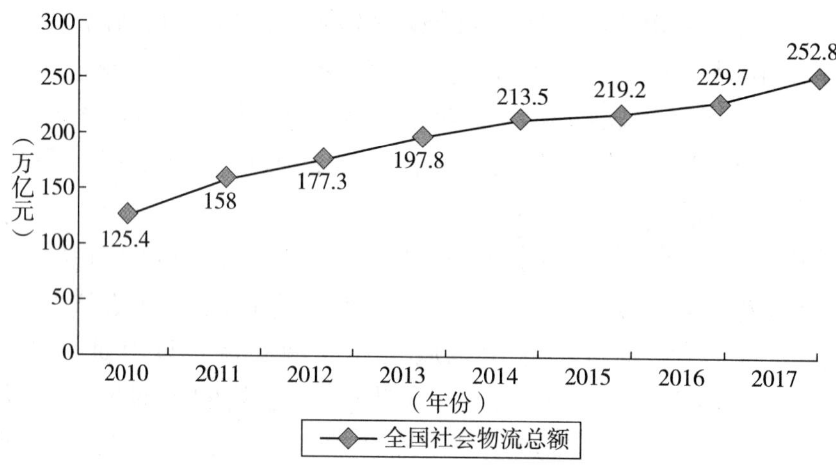

图3　2010—2016年全国社会物流总额

资料来源：公开资料整理。

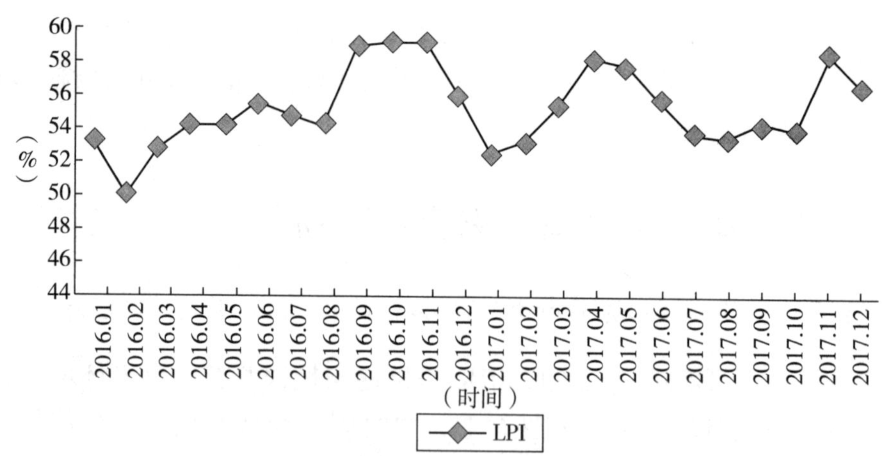

图4　2016—2017年中国物流景气指数（LPI）走势

资料来源：中国物流与采购联合会。

从分季度的资料来看，如表3所示，2017年第一季度的LPI处于全年较低水平，但是仍然较2016年高出1.63个百分点。第二季度达到全年峰值，平均值为57.23%，较2016年高出2.6个百分点。第三季度和第四季度物流景气指数呈现上升的状态，但是同2016年相比有所降低。一方面由于本阶段物流发展经历了前一个小高峰有所调整，进入了一个平稳增长的阶段；另一方面也由于2016年同期物流增速大提升的影响。总体来看，2017年中国物流景气指数稳中有进，发展健康。

表 3　　　　**2016—2017 年分季度 LPI 比较**

2017 年	指数平均值（%）	2016 年	指数平均值（%）	差值（%）
第一季度	53.7	第一季度	52.07	1.63
第二季度	57.23	第二季度	54.63	2.60
第三季度	53.87	第三季度	56.03	-2.16
第四季度	56.40	第四季度	58.17	-1.77

资料来源：中国物流信息中心。

（二）降本增效力度加大，物流成本持续回落

物流业作为支撑国民经济发展的基础性、战略性产业，具有牵一发而动全身的特点。特别是对于制造业企业而言，降低物流成本，是转变经济发展方式，实现转型升级的重要途径。

2017 年 8 月 17 日，国务院办公厅发布《国务院办公厅关于进一步推进物流降本增效促进实体经济发展的意见》（以下简称《意见》），这是继 2016 年 9 月《国务院办公厅关于转发国家发展改革委物流业降本增效专项行动方案（2016—2018 年）》之后，再次聚焦物流降本增效发出的重要文件。这充分表明物流业在国民经济转型升级中的重要作用。《意见》不仅瞄准多年来累积的“老问题”，提出了新的政策措施，而且对那些条件不太成熟，暂时彻底解决有困难的问题，也提出了目标和路径，物流业降本增效必将迎来突破。

在“降本增效”力度不断加大的背景下，2017 年中国制造业物流成本呈现不断下降的趋势，根据中国物流与采购联合会、中国物流信息中心于 2017 年 12 月 6 日发布的《2017 年全国重点物流企业统计调查报告》，如图 5 所示，2016 年工业企业物流费用率（物流费用占销售额的比重）为 8.6%，比 2015 年下降了 0.1 个百分点，从 2008 年以来，中国工业企业物流费用率总体呈现下降的趋势，2016 年下降至最低水平，比 2008 年下降 1.2 个百分点。

（三）物流技术投资力度加大，物流向自动化、智能化转型

随着德国提出的“工业 4.0”概念不断升温，并在全球迅速引发了呼应，“中国制造 2025”“智能制造”“柔性生产”“物流自动化”等相关概念也在中国应运而生。物流自动化市场规模近几年呈现迅速增长的态势，从 2012 年的不足 20 亿元到 2014 年的 425 亿元，表现出了惊人的高速增长，预计 2020 年国内物流自动化系统市场规模将超过 1000 亿元。伴随物流自动化的持续发展，物流智能化也在快速增长。2017 年 10 月 13 日，《国务院办公厅关于积极推进

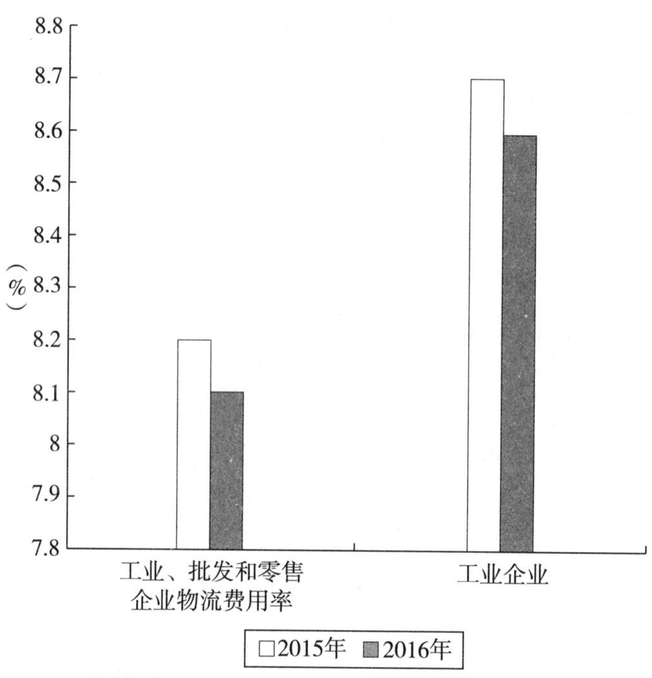

图5　工业企业物流费用率情况

供应链创新与应用的指导意见》发布，该意见提出要促进制造协同化、服务化、智能化，提高流通现代化水平。

在广东东莞松山湖有一个占地面积达25000平方米的现代化自动物流中心——华为松山湖供应链物流中心。该物流中心采用射频（RF）、电子标签拣货系统（PTL）、货到人挑选（GTP）、旋转式传送带（Carrousel）等多种先进技术，集物料接收、存储、挑选、齐套、配送功能于一体，是华为重要的样板点基地之一。松山湖的自动物流中心，是华为全球物流供应网络中的典型代表，也是华为供应、物流体系，从被动响应走向主动感知，向敏捷供应、智慧物流转型的结晶之一。在松山湖自动物流中心建成之后，华为启动了智慧物流与数字化仓储项目，旨在通过构建实时可视、安全高效、按需交付的物流服务能力，主动支撑交付保障，提升客户体验，改善物流运营效率。截至目前，项目已经初步实现了物流全过程可视，打造了收发预约、装车模拟、射频识别（RFID）数字化应用等系列产品，已经取得了上千万的收益。

（四）"一带一路"倡议持续推进，制造业物流国际化步伐加快

伴随"一带一路"等国家倡议的实施，制造业物流在2017年国际化的发展不断推进。一方面，制造业物流加快"走出去"步伐，以共建"一带一路"倡议构想为标志，中国制造企业大规模"走出去"，参与沿线国家基础设施互联互通建设，并在全球范围内输出高铁、核电、工程机械、通信基础设施等高

端装备和钢铁、水泥、建材等优势过剩产能。这些优势制造产业走出去，带动了工程设备物流需求的持续增长。中泰铁路是在我国“一带一路”倡议下推进的重点工程，也是中泰产能合作的旗舰项目。根据最初的规划，中泰铁路从泰国东北廊开府到首都曼谷再连接泰国湾的马达普，纵贯泰国 10 个省府。中泰铁路为双线客货两用线路，全部采用中国技术、标准和装备，这意味着该铁路将成为泰国真正意义上的国际标准化铁路干线，对促进泰国铁路建设意义显著。

另一方面，以中欧班列为代表的物流通道建设，将推动制造业区域物流格局变化明显。2017 年，“一带一路”沿线国家对华直接投资新设立企业 3857 家，增长 32. 8%。中欧班列全程服务平台组建运行，服务范围逐步拓展，全程服务能力稳步提升。中欧班列的快速发展，对国内制造业物流发展格局也带来了深远的影响，这一影响在 2017 年继续得到推进，是中欧班列飞速发展的一年，仅 2017 年一年开行数量就达到 3721 列，超过 2011—2016 年六年开行数量的总和，班列运行线 57 条，国内开行城市达 35 个，连接欧洲 12 个国家 34 个城市。在中欧班列的推动下，制造业物流区域格局也开始发生变化。东部地区是中国制造业集中区域，在“一带一路”倡议和中欧班列发展的影响下，制造业加速梯度转移，中西部可发挥低劳动力成本、低土地成本等方面的优势，直接承接国内、国际产业的转移，制造业物流的区域变化将更加明显，中西部地区的制造业物流市场份额加快增长，制造业物流的平均路径有望缩短与优化，制造业物流的合理化发展趋势更加明显。

三、2017 年制造业与物流业融合发展进程分析

（一）2017 年两业融合发展的新趋势

2017 年，两业融合发展的新趋势主要体现在两业融合的范围、两业融合的关系以及两业融合的具体运营三个方面。

在两业融合的范围方面：首先，融合开始由原来单一业务外包开始转向供应链合作，融合范围越来越广。一开始，制造业仅仅是将自己的部分供应链业务，如运输配送、仓储管理或原材料物流外包给物流企业，而目前随着制造业成本压力不断增大、物流企业服务能力的不断提高以及综合风险管控水平的加强，制造业开始寻求供应链服务的总包商，如华为公司将部分全球物流业务外包给 DHL 承运，DHL 已经占华为公司 10% 以上的物流业务份额。其次，两业联动走向两业融合，最后向多业融合发展。两业融合是指物流公司不断深入整合到制造业供应链中，如广州嘉城国际物流公司整合制造业松下公司的供应商，日日顺整合海尔公司的分销渠道。多业融合是指随着互联网方向发展，物流业、流通业、制造

业三业开始呈现紧密发展，而不是原来传统的物流业和制造业的融合。

从两业融合的关系上而言，制造业和物流业由原来的契约关系转为战略合作关系。之前的两业融合均是简单的外包形式，制造业和物流业往往是站在谈判桌的两端，寻求自身利益的最大化，而随着融合的不断深入，制造业和物流业的命运变得息息相关，形成互赢共生的战略合作伙伴关系。例如，广州市嘉诚国际物流股份有限公司成立于2000年10月，注册资本11280万元，总部设于广州，2017年8月8日，嘉诚国际物流在上海证券交易所成功登陆A股市场，成为一家上市公司。嘉诚国际物流是一家与制造企业达成深度两业融合，为大型制造企业和知名电商平台提供“嵌入式”全程供应链一体化管理的第三方综合物流服务商。2008年，由广州市浪奇实业股份有限公司和广州市嘉诚国际物流股份有限公司共同出资成立广州市奇天国际物流有限公司，主要为日用化工产品的生产、销售企业提供全程供应链物流服务，是浪奇股份唯一的全程供应链第三方综合物流服务提供商，对其提供综合第三方物流服务实现物流业与日化类制造业的深度两业融合。

从两业融合的具体运营上看，2017年中国制造企业呈现出以下新的发展特征。

1. 多式联运开始广泛应用

在运输方式上，制造业因为形势不佳，就不断压缩物流成本，所以对物流企业的成本管控就提出了更高的要求，在运输模式上，多式联运就成为物流业的突破口，被物流企业广泛采纳。2017年，嘉里物流收购兰州捷时特物流有限公司50%股权，并以新股东的身份与另一股东中铁集装箱运输有限责任公司共同合资经营捷时特物流。该投资是嘉里物流在“一带一路”倡议下，进一步拓展其铁路货运以及多式联运业务的战略性举措，将进一步强化集团在中国及中亚的铁路货运服务能力。

2. 供应链逐步实现全程透明化

透明化的管理能够有效地控制成本、提高服务水平。例如，在快递企业，利用GPS（全球定位系统）、GIS（地理信息系统）等技术，能够对订单物流信息进行全程跟踪。区块链初创公司BITSE（巴比特）就和全球较大的物流公司——德讯物流建立了合作，帮助实时监控货物流。IBM（国际商业机器公司）和世界航运巨头马士基合作，建立货运公司、代理商、港口和海关之间的联盟链，帮助记录其全球数千万个船运集装箱的情况，预计大规模应用之后能够为海运业节省数十亿美元的成本。

3. 技术的进步驱动两业融合管理模式的创新

移动互联、大数据等技术为两业融合的发展提供了无限的想象空间，例如海尔跟日日顺的合作，在技术支持下，海尔工厂和日日顺实现了信息的实时共享，统一生产和物流订单，并且取消物流成品缓存区，使“直产直销”成为可能。技术的提升为两业融合的创新提供了基础和动力。

4. 两业信息系统开始转为开放、共享方向发展

两业融合之前多采用一对一的融合方式，物流业和制造业的 EDI（电子数据交换）系统都是封闭的、独立的，专供两个企业的信息交换使用，带来极高的建设成本和维护成本。而目前的信息系统开始转为开放、共享型。多家企业使用同一套信息系统，有效地降低了信息建设方面的成本。例如在与松下公司融合发展的过程中，嘉城国际会将制造商的出口信息和商贸企业的国内销售信息会通过公司的物流信息平台第一时间反馈给松下公司，使松下公司可以根据销售情况预测客户需求，相应制订生产计划。

（二）制造业和物流业融合发展相关进展分析

2017 年 9—11 月，在国家发展改革委、中国物流与采购联合会的支持下，开展了面向两业融合发展的专题调研。本次调研回收问卷的 10 家企业主要有华瑞物流、得尔达物流、八方物流、中储青岛分公司、青岛啤酒、山东佳怡、风神物流、嘉诚国际、海尔、日日顺，共涉及 10 个融合项目。这 10 个融合项目覆盖了食品、机械、钢铁、汽车及配件、家电、电子产品、化工 7 大行业，并包括了民企、央企、国有企业、外资企业、股份公司等多种企业性质，规模大小也各有差别，具有较好的代表性。现将具体调研结果分析如下。

1. 双方开展两业融合的时间

从调研结果来看，10 个项目中仅有 1 家的融合开展时间在 2 年以下，其他项目开展两业融合的时间均在 3 年及以上，说明从目前来看，企业普遍能够认识到发展两业融合的重要性，并能够进行超过 3 年及以上的合作。（如图 6 所示）

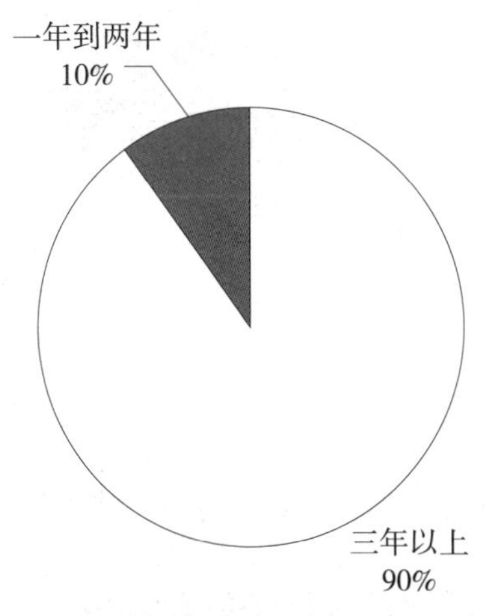

图 6　企业开展两业融合的融合时间情况

2. 两业融合过程中的信息沟通方式及信息沟通频率

在调研的10个两业融合项目中，共有5个项目有两业融合专用的信息系统，1个项目有公用的信息系统，其余4个项目均使用电话、会议、邮件等简单的交流形式进行两业融合交流，可以看出目前企业建立专用的信息系统在两业融合过程中还不够普遍，缺乏为两业融合建立专用的信息系统的意识。此外，所有调研的企业均能够实现实时交流，说明实现实时的交流是实现两业融合的基础。（如图7所示）

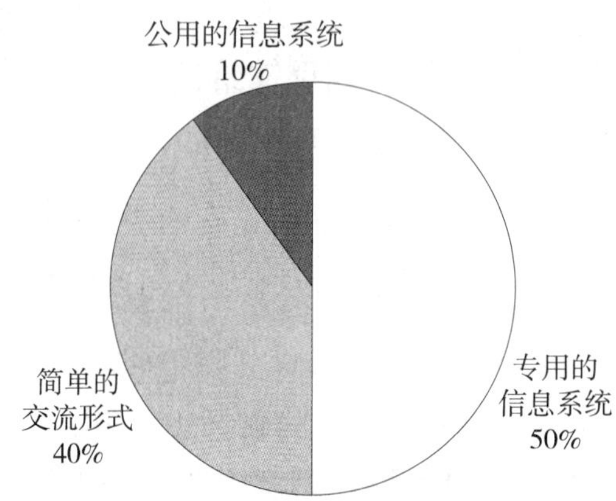

图7　两业融合过程中信息沟通的情况

3. 两业融合过程中专用性新技术的投入情况

从调研结果来看，如图8所示，企业比较重视在两业融合过程中的专用性新技术投入情况，20%的项目投入了三项以上的专用性新技术，20%项目没有投入专用性新技术，说明应用专用新技术是促进两业融合发展的重要因素，企业在今后的合作中应该更加注重这一方面的投入。

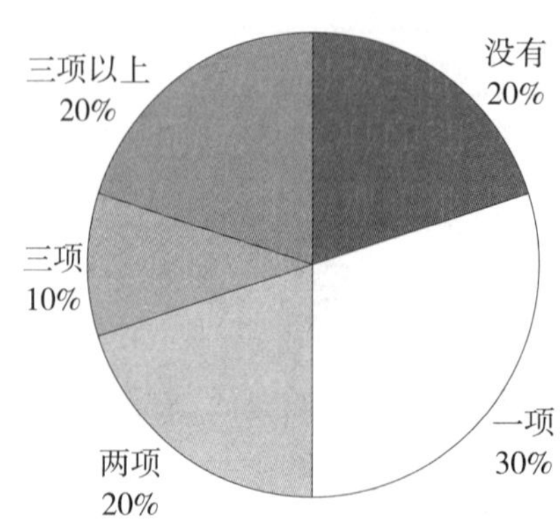

图8　两业融合过程中专用性新技术的投入情况

4. 两业融合过程中专用性设施设备的投入情况

从调研结果来看，如图9所示，共有7个项目投入了100万元以上的专用性设施设备，1 个项目投入了50 万 ~100 万元，其余2 个项目投入了10 万元及以下，表明企业也比较重视在两业融合过程中的专用性设施设备的投入情况，结合专用性新技术的应用情况来看，可以发现专用性资产或资本的投入是两业深度融合发展的重要特征。

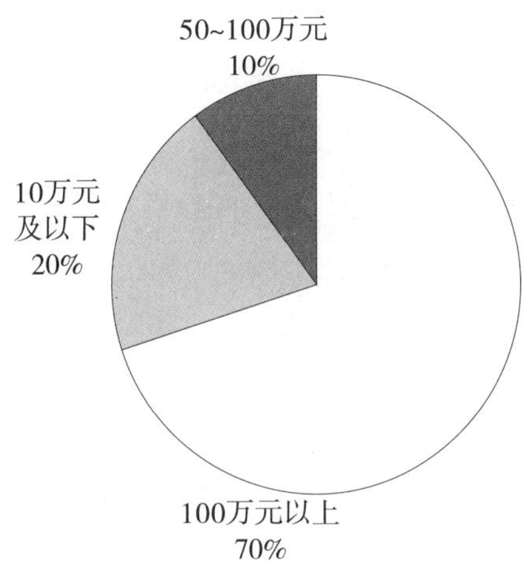

图9　两业融合过程中专用性设施设备的投入情况

5. 开展两业融合后业务流程环节减少情况

从开展两业融合后的业务流程环节减少情况来看，如图 10 所示，有 3 个项目在两业融合开展后减少了 3 个及 3 个以上的业务流程环节，2 个项目减少了两个环节，3 个项目减少了一个环节，其余 2 个项目没有业务流程环节的减少，可以看出开展两业融合对于大多数企业来说都能够减少业务流程环节，降低运作成本，是两业融合的重要成果之一。

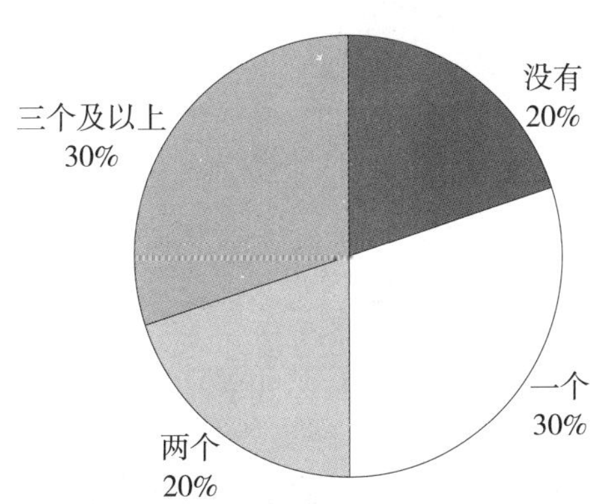

图10　开展两业融合后业务流程环节减少情况

6. 开展两业融合后业务流程环节变化情况

从业务流程环节变化情况来看，如图 11 所示，有 6 个项目在两业融合开展后业务流程发生部分变化，3 个项目的业务流程发生较大变化，1 个项目实现了业务流程重组，可以看出开展两业融合对于所有企业来说都能够改善业务流程，提高企业运作效率，但目前两业融合带来的影响主要是业务流程的部分变化，仅有少数企业能够实现业务流程重组。

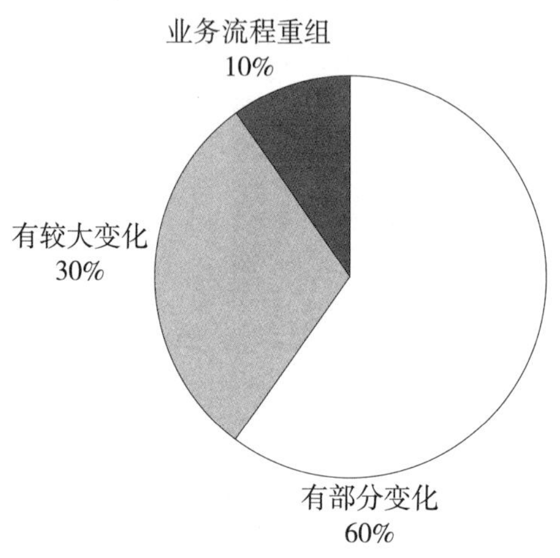

图 11　开展两业融合后业务流程环节变化情况

7. 开展两业融合后企业运作效率的提升情况

根据调研结果，如图 12 所示。有 1/3 的项目在开展两业融合后运作效率提升了 20% 以上，可以看出两业融合能够带来运作效率的提升明显。2/3 的项目运作效率提升在 20% 以下，但所有项目的运作效率提升都在 5% 以上，可以看出所有开展两业融合的企业都会有运作效率的提升。

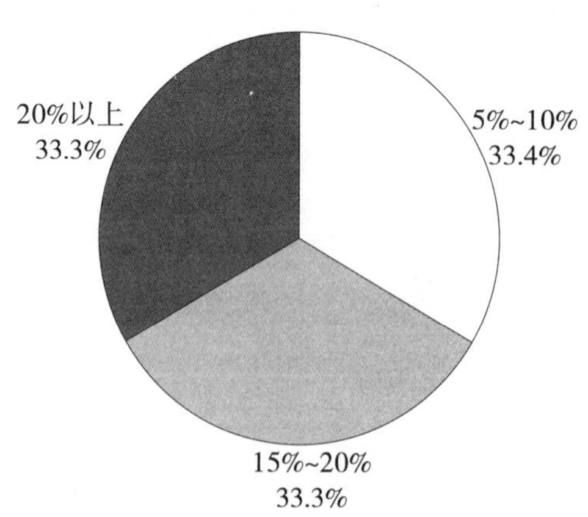

图 12　开展两业融合后企业运作效率的提升情况

（三）制造业和物流业融合发展的典型模式分析

2017 年，制造业与物流业由之前的联动发展，进入融合的发展的新局面，呈现出新的特点和新的模式。结合两业融合呈现出来的新的特征，根据物流企业嵌入生产线的程度以及双方的战略合作关系，两业融合可以分为如下 5 个典型的模式。（如表 4 所示）

表 4　　两业融合的典型模式

模式名称	特点	典型案例
模式 1：物流企业服务嵌入到生产环节	物流企业能够为生产物流环节提供服务，但双方都没有专用性资产投入	中储发展股份有限公司青岛分公司和青岛北海船舶重工有限责任公司
模式 2：生产物流服务运作管理 + 单方专用性资产投入模式	单方面的专用资产投入（通常为物流企业）以及长期的战略合作	中策橡胶集团有限公司和杭州八方物流有限公司、广州嘉诚国际物流股份有限公司和日本松下电器
模式 3：物流企业服务嵌入到生产环节 + 双方共同进行专用性资产投入	双方共同进行融合专用性资产投入，基本实现利益共享，风险共担	东风汽车有限公司和风神物流有限公司
模式 4：合资子公司模式	双方共同出资成立子公司，风险共担，利润共享，承担制造企业供应链上全部或部分环节的物流业务	青岛啤酒股份有限公司和招商局物流集团青岛分公司、广州嘉诚国际物流股份有限公司和浪奇实业股份有限公司
模式 5：全资子公司模式	物流管理部门独立出来，成立全资物流子公司，提供更加专业高效的物流服务	海尔集团和日日顺物流有限公司

（四）制造业和物流业两业融合面临的问题

制造业和物流业在融合发展的过程中，依然存在着亟待解决的问题。首先，制造企业融合的观念意识尚未转变，而两业融合发展的程度和水平很大程度上取决于制造业物流需求的释放。受传统企业经营模式的影响，有相当一部分制造企业，仍然沿袭“大而全”“小而全”运作模式，尚未转变与物流企业开放融合的意识，物流自营比例较大，社会化程度偏低，制造业物流释放不够。其次，制造企业机制体制创新不足。制造企业除了意识和观念层面不够开放之外，机制体制的问题同样阻碍融合的发展。很多大型国有制造企业存在着与物流业深入融合发展的想法，可是由于国企高层人员实行换届制，领导成员无法在同一岗位多年任职，每隔几年企业就要经历领导人的变更，这就使企业经营战略难以保持一致性和连续性。再次，制造业和物流业双方在深度融合的时候缺乏信任基础，我国物流市场还处于发展阶段，许多物流企业素质和专业服务能力参差不齐，粗放式经营和低水平竞争严重，行业整体形象受到较大的影响。两业融合的开展，其中一个关键的前提就是制造企业与物流企业相互信任，制造企业愿意接纳物流企业渗透到自身所在的供应链各个环节中去，给予物流企业足够的自主决策权，从专业的角度完成物流业务的优化运营，提升供应链效率。但是双方缺乏信任基础，使得深入合作难以进一步开展，融合出现较大阻碍。最后，政策环境方面存在融合障碍。一方面，两业融合发展同样需要基础要素的支撑，相关政策落地不统一、缺乏对物流企业扶持均对两业融合的发展造成了阻碍。物流企业的土地性质问题一直没有解决，用地成本高、无土地可用的情况均大大限制了物流企业的发展以及两业融合的进一步实施。另一方面，政府体制性障碍制约两业融合。制造企业的管理隶属于工业与信息化部，而物流业务则尚无统一的国家部门进行综合管理，部门条块分割影响了“两业联动”的政策协调，也影响到两业融合政策的落实与深化。

四、2018 年制造业物流发展展望

（一）全球制造业格局面临重大调整，转型升级迎来重大机遇

全球制造业格局正在面临着重大的调整，新一代信息技术与制造业深度融合，正在引发影响深远的产业变革，形成新的生产方式、产业形态、商业模式和经济增长点。各国都在加大科技创新力度，推动三维（3D）打印、移动互联网、云计算、大数据、生物工程、新能源、新材料等领域取得新突破。2018 年 1 月 14 日，“中国制造论坛——全球制造业变局下的新产业革命”在广东佛山举行，论坛以“全球制造业变局下的新产业革命”为主题，通过深度解读佛山实践，探寻中国制造业未来转型升级的路径。论坛指出，全球制造格局可能出现新的趋势，中国将在全球产业链上扮演新的角色，中国制造业将会面临一个多元而开放的市场。

与此同时，中国制造业转型升级、创新发展迎来重大机遇。从制造业主要指数变化看，2017 年市场需求向好发展，市场主体活力有所增强，经济增长新动力持续强劲，实体经济较为活跃，经济发展的不稳定性在消除，高质量发展基础较为坚实；新订单指数持续上升，市场需求向好发展；企业经营活动趋升，市场主体活力增强。2018 年经济实现高质量发展有坚实基础。经济的高速发展对制造业和制造业物流也提出了更高的要求，需要其紧随经济发展的步

伐，优化自身结构。2018 年 1 月 30 日，中华人民共和国国务院新闻办公室举行 2017 年工业通信业发展情况发布会。会议指出，2018 年中国将加大转型升级力度，深入实施“中国制造 2025”，重点推进以下几个方面的工作：①继续深入地实施好五大工程；②创建“中国制造 2025”的国家级示范区；③培育若干世界级的先进制造业集群；④推进制造业与互联网融合发展，组织实施工业互联网的平台培育、百万工业企业“上云”等工程；⑤提升制造业的供给体系质量，落实好今年钢铁去产能的任务，实施新一轮重大技术改造升级工程；⑥优化制造业的发展环境，特别是深化“放管服”改革，降低制度交易性的成本等。

（二）制造业与物流业两业融合深入推进，政策支持力度加大

党的十九大报告指出，中国特色社会主义进入新时代，中国社会的主要矛盾已经转化为人民日益增长的美好生活的需要和不平衡不充分的发展之间的矛盾。为适应中国社会矛盾转化的客观要求，必须坚持以供给侧改革为主线，降低成本，提高生产效率，促进供需精准匹配和产业转型升级。除此之外，还要加快建设创新型国家，建立以企业为主体、市场为导向的技术创新体系，因此推进两业深度融合，实现深化社会分工，提高集成创新能力成为发展的新趋势。2018 年，预计国家发展改革委将联合工业和信息化部共同出台《关于促进制造业与物流业深度融合发展的指导意见》，政策将以创新发展与融合共赢为主线，以构建制造供应链长期战略合作为路径，以智慧化、国际化、标准化、绿色化为支撑，提升产业融合水平，促进实体经济降本增效，增强我国经济全球竞争力。

此外，随着制造业和物流业的持续快速发展，在国务院和国家发展改革委的大力推动下，“中国制造 2025”、物流业降本增效和供应链创新成为中国发展的新方向，这也为两业融合创造了良好的外部政策环境。

以制造业供应链创新为例，2017 年 10 月 13 日印发的《国务院办公厅关于积极推进供应链创新与应用的指导意见》，部署供应链创新与应用有关工作，推动中国供应链发展水平全面提升。其中特别提到推进流通与生产深度融合。鼓励流通企业与生产企业合作，建设供应链协同平台，准确及时传导需求信息，实现需求、库存和物流信息的实时共享，引导生产端优化配置生产资源，加速技术和产品创新，按需组织生产，合理安排库存。

在两业深度融合的背景下，2018 年，中国将加快构建新时代现代供应链的统计制度。这是继首个供应链专题的纲领性文件《国务院办公厅关于积极推进供应链创新与应用的指导意见》之后，国家统计局就营造良好的供应链创新与应用政策环境，具体研究落实的政策措施之一。最新的《国民经济行业分类》

（GB/T 4754—2017）从2017年10月1日也开始实施，供应链管理服务已明确单列统计类别：商务服务业－7224－供应链管理服务。供应链管理服务作为一个新的行业业态，已经成为新时期国家经济和社会发展的重要组成部分。这不仅是国家层面对供应链服务行业的极大认可，也标志着供应链行业将从政策扶持走向深入发展，制造业与物流业深度融合发展的步伐将明显加快。新行业分类纳入供应链管理服务，不仅能够极大地刺激行业进一步创新发展，同时，也能推促政府有关部门进一步出台相应行业标准、管理规范和政策扶持，以及配套的统计方法、会计核算方法等。

（三）制造与物流运作协同化，定制化物流服务模式日益普及

在两业融合的推动下，2018年，越来越多的制造企业与物流企业将建立互信共赢的战略合作关系，通过签订长期战略合同，建立战略合作供应商队伍，提升物流服务质量，稳定生产供应，减少由于招标形式化和工具化带来的同质竞争、恶意压价和生产不稳定等不利影响。

与此同时，制造企业与物流企业将在供应链环节深度融合，通过服务外包、流程再造、持续改善、重组整合等多种方式实现物流协同发展，促进专业化分工协作，提升客户响应速度，缩短生产周期，降低供应链物流成本。例如，广州风神汽车有限公司，采用了供应链管理思想和模式及其支持技术方法，通过与供应商、花都工厂、襄樊工厂等企业建立战略合作伙伴关系，优化了链上成员间的协同运作管理模式，实现了合作伙伴企业之间的信息共享，促进物流通畅，提高了客户的反应速度，创造了竞争中的时间和空间优势，通过建立中间仓库，实现了准时化采购，从而减少了各个环节上的库存量，避免了许多不必要的库存成本消耗，实现了成本的有效降低。

在物流服务外包的发展下，制造企业将更加聚焦主业，全面开展物流外包，加快释放采购环节和内部生产环节物流需求，物流企业也将广泛参与研发设计、生产制造、产品销售等环节，实现物流服务与生产制造的无缝对接，提升供应链整体效率。

在物流技术支持下，制造企业和物流企业将合作建立面向大规模定制的现代物流模式，提供精益化、定制化物流服务，适应小批量、多品类、快速生产、快速交货和连续补货等生产需求。双方开展多种合作形式的专用性资产投入，推广嵌入式物流服务，提高企业供应链运营效率。

（四）技术进步驱动制造业物流发展，智慧物流成为发展新趋势

物流业是支撑国民经济发展的基础性产业，是融合运输、仓储、货代、信息等诸多产业的复合性服务业。伴随着新技术的飞速发展，中国制造业物流将

加快智慧物流发展进程，智慧物流成为新的发展趋势。2018 年，制造业物流发展将体现在三个方面：一是实现物流数字化。越来越多的制造企业和物流企业加大信息化投入，加快各类物流信息系统的推广应用，促进物流信息对接和系统集成。推动物联网、大数据、云计算等现代信息技术在物流各环节的应用，促进全链条物流信息共享，实现供应链全程数字化、可视化。二是实现物流智能化。越来越多的物流机器人、智能仓储、自动分拣、无人机、人工智能等物流技术和装备在制造企业中的应用，提高网络化制造、智能制造能力。三是推动物流平台化。依托工业云服务和工业大数据平台，搭建制造业物流互联网平台，实现企业间物流信息的开放共享，服务中小制造企业的物流需求。越来越多的制造企业与物流企业联合建立供应链协同平台，实现企业内部及供应链上下游物流设施设备和信息系统的互联互通。

（天津大学管理与经济学部　刘伟华　刘丽微　司铖
天津商业大学商学院　侯雪健）

2017 年钢铁物流发展回顾与 2018 年展望

2017 年，中国钢铁工业走过了不平凡的一年，5000 万吨粗钢去产能年度目标任务完成，彻底清除“地条钢”，市场经营秩序实现质的飞跃；沙钢、建龙、中信等钢铁企业以及四源合等基金等纷纷出手，钢铁行业兼并重组迈出了新的步伐；节能环保技术水平不断提升，新排污许可、绿色工厂创建和采暖季环保限产等政策措施促使行业绿色发展进入快车道；创新发展、产能置换、电炉钢、智能制造等成为行业热词；市场拉动钢材需求平稳增长，钢材市场价格进一步向合理区间回归，行业经营效益显著改善，行业和企业信心大幅提升。钢铁物流企业也积极实施兼并重组、转型升级，以提高行业集中度，做强做大企业，并通过创新经营模式，由传统物流企业向多功能、一体化的综合物流服务商转变。

一、2017 年钢铁行业物流发展回顾

（一）钢铁行业发展的主要特点

1. 统计内粗钢产量创新高

随着“地条钢”产能退出，统计内合规产能开始快速释放，2017 年我国粗钢产量 8.32 亿吨，同比增长 5.7%，达到历史最高水平。考虑到大量“地条钢”产量未纳入统计范围之内，2017 年实际粗钢产量不会高于 2016 年水平。

2. 钢材出口量显著下降

2017 年，我国累计出口钢材超过 7500 万吨（如表 1 所示），同比下降 30.5%；累计进口钢材 1330 万吨（如表 2 所示），同比增长 0.6%。出口价格明显提高，全年钢材出口金额 5468420.9 万美元，同比增长 3.1%；钢材平均出口价格 4905 元/吨，同比增长 48.4%。

表 1　　2017 年中国钢材出口情况一览

月份	出口数量（万吨）	数量同比增长（%）	出口金额（万美元）	金额同比增长（%）
1 月	742	-23.8	458978.9	4.7
2 月	575	-29.1	355065.2	0.9

续 表

月份	出口数量（万吨）	数量同比增长（%）	出口金额（万美元）	金额同比增长（%）
3 月	756	-24.2	512550.1	19.4
4 月	649	-28.5	476674.6	7.6
5 月	698	-25.9	504213.1	5.7
6 月	681	-37.8	483144.4	-13.7
7 月	696	-32.4	478542.2	-10.8
8 月	652	-27.6	471146.8	-3.3
9 月	514	-41.6	390814	-17.2
10 月	498	-35.3	397742.1	-5.1
11 月	535	-34.1	445724.8	-2.4
12 月	567	-27.3	493824.7	7.4

资料来源：根据中商产业研究院相关数据整理。

表 2　2017 年中国钢材进口情况一览

月份	数量（万吨）	金额（亿美元）	数量同比增长（%）	金额同比增长（%）
1 月	109	17.2	10.8	10.6
2 月	109	17.2	11.3	25.9
3 月	130	2.4	14.0	11.2
4 月	108	-1.8	11.8	9.9
5 月	111	1.8	12.4	15.1
6 月	113	-0.9	12.9	13.7
7 月	98	-13.3	11.8	6.8
8 月	99	-10.8	12.1	6.7
9 月	124	9.7	14.5	28.6
10 月	95	-0.12	11.2	0.093
11 月	114	2.7	13.9	20.8
12 月	120	0.80	14.9	26.10

资料来源：根据中商产业研究院相关数据整理。

3. 钢材价格上涨较快

受钢铁去产能工作深入推进、“地条钢”全面取缔、采暖季错峰生产和市场需求回升等因素影响，2017 年钢材价格大幅上涨。12 月底，中国钢材价格指数为 121.8 点，比 2017 年年初上升 22.3 点，其中长材价格指数由 2017 年年初 97.6 点升至 129.0 点，涨幅 32.2%；板材价格指数由 2017 年年初 104.6 点升至 117.4 点，涨幅 12.2%。在细分品种中，国内螺纹钢价格年初为 3268 元/吨，最高涨至 5000 元/吨以上，2017 年年底回落至 4447 元/吨，同比增长 36.1%。

4. 企业效益明显好转

2017 年，我国黑色金属冶炼和压延加工业主营业务收入 6.74 万亿元，同比增长 22.4%，实现利润 3419 亿元，较 2016 年同期增加 2189 亿元，同比增长 177.8%。2017 年，中国钢铁工业协会统计的重点大中型企业累计实现销售收入 3.69 万亿元，同比增长 34.1%，实现利润 1773 亿元，同比增长 613.6%。

（二）钢铁物流行业发展的主要特点

1. 供应链服务和创新成为钢铁物流发展重要内容

2017 年钢铁企业供应链服务的重点就是向上下游拓展和延伸，发展现代钢铁物流，为其供应链的采购、生产、销售等环节提供增值服务。

一方面，是钢铁销售业态的革新、线上线下结合背后的商业模式再造、物流与供应链运营的革命。钢铁企业重视与终端用户企业建立战略伙伴关系，注重建立具有针对性的加工配送中心，加强增值服务。同时，在重点用钢地区和城市设立贸易公司，并努力向国际市场挺进，在海外设立贸易公司，从而不断扩大企业自身产品在国内外市场的份额。

另一方面，是钢铁企业新型采购模式向外围资源基地延伸，形成采购、仓储、运输三位一体。例如，各钢铁公司积极发展海运业务，通过自造船只或与海运企业、船舶公司、货物运输和存放港口建立长期合作关系，降低进口铁矿石的运输成本；陕钢集团优化供应链，与重庆市果园港深入合作，开辟了“海江铁”联运物流大通道，意味着进口铁矿石可沿着运输成本较为低廉的长江“黄金水道”抵达重庆市果园港，然后再通过铁路发往汉中市勉西站，供应陕钢集团汉钢公司生产所需；本钢集团将其内蒙古喷吹煤采购渠道和物流保产服务外包给沈阳铁路局一体化运作，优化其采购渠道和保产能力，推进煤运一体化及稳定供应。

对于第三方钢铁物流电商，其供应链服务的重点更侧重于供应链价值的服务，而非是基于供应链的服务，即把供应链服务做成服务型平台，把社会服务型资源聚集到该平台上并不断进行嵌套、融合和结合，而后达成一个利益共同体；在该平台上创造服务系，通过第三方服务系，在平台上进行嫁接，形成服务价值链，并对其进行分层和匹配，这种服务的契合度更高，有效性和精准性也更强。2017 年第三方钢铁物流电商表现出让服务更精准化，匹配效率更高的特点。

2. 标准化规范钢铁物流业健康发展

目前公布实施的钢铁物流类标准有 4 项，分别为商务部管辖范围内的《钢铁流通企业诚信体系建设和管理规范》《钢铁流通企业信息管理规范》《金属材料仓储技术和管理规范》3 项行业标准，国家发展与改革委能源局管辖范围内《管线钢管运输》1 项行业标准。2017 年，在编及计划发布标准包括国家发展改革委管辖范围内由全国物流标准化技术委员会（简称全国物流标委会）主管的行业标准《钢铁物流验货操作规范》《钢铁物流包装标识规范》《钢铁物流作业规范》《铁矿石仓储服务规范》《钢铁物流统计指标体系》《冷轧钢材集装箱运输装载加固技术要求》6 项行业标准；由工业和信息化部申请并立项的钢铁物流类行业标准《钢铁企业物流成本构成与计算》《钢材仓储管理规范》《钢铁物流数字化仓储系统规范》《钢铁第三方道路运输服务评价要求》《钢铁行业运输服务平台设计规范》5 项。

2017 年，全国物流标委会钢铁物流标准化工作组组织行业专家系统性摸索并建立了钢铁物流行业标准体系。该体系采用树状层次型结构，共分 5 层，分别为法律、法规、标准大类、标准小类、个性标准。该体系的建立重点完善了涉及物流服务、供应链各环节衔接以及单元化运输的服务与设备标准等内容，解决了在供应链衔接环节包括服务、技术接口、信息接口等标准不统一、不规范造成供应链衔接不畅、企业物流成本高、时效低的问题。对今后钢铁物流系统的标准化建设具有重要的指导意义。

2017 年，鞍山钢铁物流服务标准化试点成功入选国家标准化管理委员会开展的国家级服务业标准化试点项目。基于物流服务标准化的试点项目，鞍山钢铁下属单位鞍钢股份物流管理中心将以提升钢铁物流服务水平、创建行业服务品牌、推进物流服务改革与发展作为重点，牵头完善和优化钢铁物流标准化体系、制定相关服务标准化、开展标准宣传培训并组织标准实施，以标准化、规范化管理为手段不断提高钢铁物流服务质量和水平，为钢铁物流健康有序发展提供保障和动能。

3. 科研成果助推钢铁物流业提质增效

2017 年，钢铁物流人围绕当前企业改革与企业管理面临的重点难点问题，在管理创新、科技创新上努力工作，以众多科研成果为提升钢铁物流业国际竞争力做出了贡献。

管理创新方面，鞍钢集团公司成都积微物联集团股份有限公司的“大宗物资无车承运人服务平台的构建与运营管理”项目获“第二十四届全国企业管理现代化创新成果奖”二等奖；宝山钢铁股份有限公司的“降低钢铁在制品库存管理实践”项目获“2017 年冶金管理创新奖”二等奖；河钢集团国际物流公司的“钢铁企业全产业链智能物流管理体系建设”、马鞍山钢铁股份有限公司创造的“以产业协同为导向的全方位供应链体系建设”项目获“2017 年冶金管理创新奖”三等奖。

技术创新方面，武汉钢铁有限公司的“大宗散状料传送用斗轮机关键构件的改进与应用”、武钢集团昆明钢铁股份有限公司参与创造的“多物料浆体管道网和分级顺序输送关键技术研发及应用”、唐山钢铁集团有限责任公司参与创造的“冶金行业智能天车控制系统的研发与应用”共 3 个项目获“2017 年冶金科学技术奖”二等奖；浙江东明不锈钢制品股份有限公司参与创造的“浙江东明不锈钢‘互联网 + 制造业’供应链”项目获“2017 年中国物流与采购联合会科技进步奖”二等奖。

鞍山钢铁集团有限公司发布了《钢铁企业智慧生态物流系统的构建与实施》《基于虚拟现实和模式识别的仓储管理系统》和河钢集团唐钢公司发布了《唐钢高强汽车板无人化天车系统设计与应用》，并分别在 2017 年中国钢铁年会上做主旨发言；太钢物流、鞍钢物流等单位作为中国物流学会产学研基地积极开展产学研合作研究；鞍钢股份物流管理中心上报的《钢材产品滚装甩挂运输创新模式》、太原钢运物流股份有限公司上报的《钢铁物流甩挂运输模式实践》、鞍钢汽车运输有限责任公司上报的《因地制宜构筑多元创效产业格局》获 2017 中国物流与采购联合会公路货运分会颁发的货运行业“金运奖”创新案例奖；鞍山钢铁集团有限公司上报的《钢铁企业物流财务共享 2.0 价值创造服务体系建设》等案例获 2017 年中国物流与采购信息化优秀案例。以上这些科技、管理方面的创新项目有效促进了企业物流提质增效工作水平的提高，并激发了钢铁物流业务的活力和创造力。

2017 年，在推进钢铁提质增效过程中，钢铁物流领域有数家企业获 A 级物流企业荣誉。其中武汉钢铁集团物流有限公司、五矿发展股份有限公司为国家 5A 级物流企业，马鞍山钢晨钢铁物流园有限公司等为国家 4A 级物流企业。

4. 无车承运人试点单位健康发展促进钢铁物流企业转型升级

“互联网 + ”高效物流重点行动计划的提出，极大地推动了物流业与互联网的融合发展。钢铁物流业将资源平台化、运力社会化作为自建平台的发展方向，依托钢铁物流企业内联网和供应链内联网实现钢铁物流的资源平台化；借助社会物流平台走向互联网大分工、大协作，实现钢铁物流运力社会化。自建平台与各式物流公共平台聚合形成大数据新生产力要素，从而走向产业平台化，重构物流生态成为发展方向。2016 年交通运输部发布的 283 家无车承运人试点单位中，钢铁物流企业（其货源包括钢材、钢铁企业大宗原燃料等）有

43 家，2017 年经过试点考核合格的钢铁物流企业有 31 家。（如表 3 所示）

表 3　2017 年交通运输部发布的无车承运人试点考核合格企业名单（承接钢铁物流业务的企业）

序号	所在地区	企业名称
1	天津	五矿物流集团天津货运有限公司
2		天津陆路港公路运输发展有限公司
3	河北	中国外运河北分公司
4		唐山公路港物流有限公司
5		河北万合物流股份有限公司
6		邯郸市邯钢集团安达物流有限公司
7	内蒙古	内蒙古安快物流集团公司
8		二连流畅贸易有限公司
9		内蒙古诚昊启元股份公司
10	辽宁	德邻陆港（鞍山）有限责任公司
11		辽宁诚通物流有限公司
12	江苏	中储南京智慧物流科技有限公司
13		江苏物润船联网络股份有限公司
14		连云港吉安集装箱甩挂运输交易中心有限公司
15		惠龙易通国际物流股份有限公司
16	四川	成都积微物联电子商务有限公司
17		成都传化公路港物流有限公司
18	重庆	重庆返空汇物流科技有限公司
19		重庆传化公路港物流有限公司
20	贵州	贵州水钢物流有限公司
21	云南	云南腾俊多式联动股份有限公司
22		昆明海航速运有限责任公司
23	吉林	长春京铁物流有限公司
24	安徽	铜陵有色金属集团铜冠物流有限公司
25	福建	铁联物流集团有限公司
26	山东	青岛港国际货运物流有限公司
27		日照港集团有限公司
28	河南	郑州国际陆港开发建设有限公司
29	广东	好多车联（深圳）科技有限公司
30	浙江	宁波万联国际集装箱投资管理有限公司
31		宁波港国际物流有限公司

5. 钢铁循环物流加快发展

2017 年，我国钢铁存量资源的保有量已经达到一定规模，开始进入循环利用阶段，废钢铁需求市场加大。发展钢铁循环物流，提高废钢资源的供应能力，是缓解铁矿石进口紧张局面的重要途径。从可持续发展的角度看，调整的重点是“发展循环经济”“建设资源节约型、环境友好型社会”及“节能减排”，这也是中国转变经济发展方式的重要内容。国家也在政策层面推动废钢回收与加工利用物流的发展，2017 年各钢铁企业在废钢物流方面侧重铁水联运模式并将其列为发展的重点关注领域。

6. 钢铁物流园区拓展功能

2017 年，国内钢铁物流园区通过对钢铁物流的统一规划，多元化服务手段等优势，成为钢铁产业链上、下游之间的桥梁和纽带。其功能定位除了主要的钢材交易、仓储、剪切加工、配送运输、物流金融、信息处理、保税物流、中转分拨等，还有如下变化：在交易方面，全方位打造电子商务平台，实现网上选货、网上交易和网上支付，推进钢铁交易的业态升级。像华南物流钢铁交易中心发展的钢铁供应商网络现货资源遍布全国各地，利用其现货交易平台，客户就可以享受现货查询、钢铁超市、竞卖竞买等服务，并能够在国内任何仓库实现货物的交收。在仓储方面，将传统仓库向现代钢铁物流仓储中心转变，对出入库的钢材进行“信息化、条码化”管理，建立数字式立体仓库。在剪切加工方面，大力吸引钢材深加工企业落户园区，将园区的剪切加工能力从单一化向全面化和精细化发展。在配送运输方面，物流园区将运输企业结成联盟，通过电子商务平台实现统筹安排，利用海运、河运、铁路和公路运输来提供低成本的综合货运方案，促进多式联运的发展。在物流金融方面，物流园区具备园区企业存款、贷款、抵押、贴现、保险、有价证券发行与交易，以及提供金融机构所办理的各类涉及物流业中间业务等服务的功能，帮助解决园区内中小企业融资难的问题。信息化方面，钢铁物流园区的信息平台注重提供钢铁物流核心业务流程的规划和设计、与相关信息系统的对接和交换，以及满足不同层次客户对园区信息平台功能的需求等。

总之，2017 年钢铁物流园区的发展不仅仅体现在其基本功能实现上，更是表现在提供增值服务上，以加快园区的钢铁物流进程、降低钢铁物流成本并提高钢铁物流的效率。

二、2018 年钢铁行业物流发展展望

2018 年，是钢铁去产能的巩固之年，也是钢铁去杠杆的攻坚之年。推动高质量发展，深化供给侧结构性改革仍是重点工作。站在新的历史起点上，钢铁

工业面临的主要矛盾已经转化为产业结构与市场竞争需求不适应、绿色发展水平与生态环境需求不适应的矛盾。绿色化、智能化将是钢铁工业转型升级两大基本要素。钢铁物流将把高质量发展作为实现途径，以绿色发展、智能物流、定制服务为突破口，助推钢铁物流服务水平提升，加快高质量发展。

（一）以数字化为主题实现供应链物流跨越升级

1. 数据驱动

数据驱动的供应链模式下，通过全供应链库存数据共享，打通上下游的采购订单预测、生产订单预测、销售和客户订单预测，实现需求、库存、供应的物流平衡，供应链任一环节可以通过上下游订单和需求数据合理安排库存，最终的目标是通过加强库存的透明管理，实现物流高效。

在物流异议的管理上，线上透明管理不仅加快异议处理速度，通过大数据分析还能加强节点物流服务质量的管理。

物流绩效评价指标在服务质量、消费者满意度、创新能力等方面与客户的互动和持续改进，能增加客户体验和客户黏性。

2. 构建面向未来的数字化供应链

物联网和数字技术的应用，使得传统的线性供应链节点正折叠成为一组动态网络，从而增加了企业实现差异化战略的可能性。通过集成的数字供应链，钢铁物流企业可以选择在差异化因素（如速度或服务）上进行竞争，并在供应链的所有传统节点上应用此差异化。开启数字化之后，“永远在线”数字化供应链网络，将具有高速、连续的信息流和分析能力，产生一系列的商业价值。数字化供应链联通了职能孤岛和实体之间的实时数据，提升了信息的透明度，使得数字供应链网络可以作为整体进行性能优化，进而显著提升钢企整体价值。

3. 更好的体验——信息完整性

透明的物流运作是钢铁物流服务品质的品牌背书。通过物联网等技术实现的产品溯源和物流全程可视化功能将增加钢铁企业对供应链的全程掌控和纠错能力，同时加强客户对产品的信任感。

（二）构建全球供应链体系配置全球资源

随着“一带一路”倡议的实施和“走出去”步伐加快，钢铁企业将要面对的是全球化的原料采购、全球化的生产力布局、全球化的产品营销要求，因此要求企业加强关键物流节点布局和物流资源掌控，实施供应链一体化管理，建立全球化的供应链体系，实现资源的全球化配置，与全球利益各方构建协作共赢的战略合作关系，掌控供应链的主导权。2018 年钢铁物流发展的重中之重是创新应用现代供应链，推动质量变革。随着经济转向高质量发展，产业升级、消费升级，服务经济、体验经济对钢铁物流服务方式和质量提出了新的要求。钢铁物流业与上下游制造、商贸企业深度融合，需要延伸产业链、优化供应链，提升价值链。互联网与供应链融合的智慧供应链将成为下一轮竞争的焦点，有望形成一批上下游协同、智能化连接、面向全球的现代供应链钢铁物流示范企业和服务平台。

（三）钢铁绿色物流将进入快速发展期

2018 年钢铁物流业要坚持人与自然和谐共生发展理念，发展绿色低碳物流。随着环境负荷日益加重，物流业面临严峻挑战。重型柴油货车开始执行国Ⅴ排放标准，多地对柴油货车实行环保新政。《巴黎协定》正式生效，多个国家将制定燃油车退出时间表。未来 3 ~ 5 年，自然环境与政策措施“倒逼”绿色物流加快发展。节能降耗、新能源替代、可再生能源利用、减量化包装等绿色物流技术，带板运输、共同配送、多式联运、逆向物流等绿色物流模式将进入快速发展期。

占钢铁物流量之重的铁矿石运输 2018 年将按照绿色物流要求以铁运发运为主。例如唐山地区，曹妃甸港疏港铁矿石将逐步由公路运输转由铁路运输，预计铁路运输量将由目前的每年 200 万吨增加到 1500 万吨以上，2019 年将全部实行“公转铁”。长期以来，唐山地区的疏港铁矿石基本上采用公路运输，能耗高、污染大。从 2018 年起，唐山市联手中国铁路总公司多次组织对曹妃甸港铁路集疏港运输进行调研，从港口铁路管理体制调整、运力资源优化配置、铁路运输组织、企业专用线建设等方面提出了一系列方案。

占钢铁物流量之重的煤炭运输 2018 年也将按照绿色物流要求以铁运发运为主。2018 年煤炭铁路运量将有望超 23 亿吨，达近年来峰值水平。2018 年三西地区或新增超 1 亿吨铁路外运需求，对比中期和短期在建产能数据，“三西地区”在建产能投产释放压力在短期将体现得更为明显，结合对于 2018 年或将净新增煤炭供给 1 亿吨的判断，煤炭生产重心的西移或将使得 2018 年三西地区新增煤炭铁路外运需求超 1 亿吨。聚焦“西煤东运”四大铁路：短期可容纳 6000 ~ 7000 万吨增量，其中大秦线 2000 万吨增量空间、朔黄线 1000 万吨、张唐铁路 3000 万吨、晋中南铁路少许增量。

对于水运煤炭的物流模式来说，一直以来水运煤炭多是散货装船，因为需要多次装卸，会对周围的环境造成一定的影响，同时又因为内贸水运煤炭船在国内各港滞期时间长，给企业的成本和保产造成一定的压力。基于这些因素，以鞍钢为代表的钢企本着从实际出发的想法，与中远海集运开展合作，大胆进行了内贸水运煤炭“散改集”尝试。此项业务模式的创新是既符合国家标准化、集装化多式联运导向实现高效快捷、绿色环保，又为企业降本和保产奠定扎实基础之创新。在运输过程中，减少了装卸次数，有效避免散货装卸时的货损及环境污染，同时集装箱运输无须等候实现了随到随走，“门到门”的物流服务更加便利快捷。

（四）定制服务重塑物流服务新格局

通过分析消费者的基础信息、采购行为，掌握客户消费行为特征，不仅能用来指导营销，更能用于匹配运力和制定以消费者物流服务体验为核心的定制服务。

以钢企对船板客户的服务为例，因船板客户厂内库存量有限，实施供应商管理库存（VMI）就是要实现协作库存管理，是基于信息共享，能提高物流效率、消除冗余库存的有效策略。应对船厂客户“分段配送”的物流需求，钢企做好与客户的信息互动，通过聚合数据，精确了解终端消费者需求，依托数据和供应链资源编制良好的柔性物流计划，从而为客户提供物流支持。同时，此业务模式能转化为钢企线上业务的营销工具。

更便捷的体验——逆向物流和售后服务。随着客户更加全渠道、多样化采购，构建逆向物流和售后服务能力正成为必不可少的一环。在以顾客为导向和绿色主义盛行的市场环境下，企业建立逆向物流系统，是提高顾客忠诚度、促进技术创新的来源之一，对企业节约资源、降低成本、塑造环保形象、增强显性和隐性竞争优势等具有积极意义。钢企要提供限时处理异议、加急运送等服务，提升服务的时效，并建立完善的保价与专业理赔机制，确保服务的安全性。

在抢占“最后一公里”方面，钢企通过店仓一体化、目的港/库模式、众包物流等方式，解决“最后一公里”难题，实现更快速的配送。

（鞍钢股份有限公司　侯海云）

2017 年汽车物流发展回顾与 2018 年展望

一、2017 年汽车物流行业发展回顾

（一）汽车物流市场呈现低增速态势

汽车行业作为我国经济发展的支柱型产业之一，近些年一直保持稳定增长态势，但 2017 年我国汽车市场相对于 2016 年，呈现出明显增速放缓态势，据中国汽车工业协会统计分析，汽车产销 2901.54 万辆和 2887.89 万辆，同比增长 3.19% 和 3.04%，增速比 2016 年同期回落 11.27 个百分点和 10.61 个百分点。其中乘用车产销 2480.67 万辆和 2471.83 万辆，同比增长 1.58% 和 1.40%；商用车产销 420.87 万辆和 416.06 万辆，同比增长 13.81% 和 13.95%。

从 2017 年的汽车市场数据来看，汽车市场进入了低增速时期，但汽车二手车市场增长速度变快，据中国汽车流通协会统计，2017 年国内二手车交易量达 1200 万辆，同比增长近 20%。面对汽车市场结构的调整与变化，供应商物流、零部件入厂物流、整车物流、售后服务备件物流等产业链的上下游环节均会发生变化。

（二）汽车整车物流行业结构性变化

2017 年车辆运输车治理给我国汽车整车物流市场带来了巨大的挑战，公路运输市场受到巨大冲击，超限超载带来的低价竞争市场环境得以改变，公路运输价格合理回归，这对于汽车整车物流行业结构性调整起到了重要的作用。

1. 整车物流行业治理仍在持续

自 2016 年 9 月 21 日起，交通运输部、公安部、工业和信息化部等部门下发了《车辆运输车治理工作方案》，全面开起了车辆运输车治理工作，2017 年治理工作持续进行，总体来看，治理成效比较突出。一是行业内“双排车”一定程度上杜绝。治理工作开启后，“双排车”全面退出市场，2017 年均按照车辆运输车过渡期的要求，均采用“单排车”运输。二是按照治理工作进度安排。截至 2017 年年底，已经完成三批不合规车辆的退出工作，行业内有 1.8 万辆不合规车辆退出市场。三是符合国标要求的中置轴车辆运输车开始进入整车物流市场。据不完全统计，整车物流行业新增 6 位半挂车近 10000 辆，新增

中置轴车辆运输车近 7000 辆，逐步替代不合规车辆。四是整车物流行业铁水运输比例明显提高，铁路和水运能力进一步释放，综合运输体系不断发展。治理工作要到 2018 年 6 月结束，现在仍在持续进行，治理工作的开展优化了车辆运输装备，提高了服务水平，净化了市场环境，对于整车物流行业发展具有重要的意义。

2. 汽车物流铁路运输发展迅猛

中铁特货是全国铁路专业从事汽车物流业务的主体，2017 年完成汽车整车运输量 460 万辆，较 2015 年增长 51%，增加 7000 辆铁路商品车运输专用车辆，增长幅度达到 54%，建设物流基地 34 个，同时进一步优化运输组织，加快车辆周转，J 型车平均周时 11. 2 天，同比压缩 2. 1 天，开行商品汽车运输精品班列线 40 条，整列运量已占年运量 61%，充分发挥了铁路运输的规模优势。

3. 汽车物流水路运输稳步提升

汽车整车水路运输仍以滚装运输模式为主，少量采用集装箱运输。2017 年，我国滚装运量约为 295 万辆，相比 2016 年增长了 18%，参与我国整车物流水路运输的公司主要为深圳长航、上海安盛、民生轮船、中远海运、中甫航运和华嘉船务等公司，全行业运力数合计 80 艘滚装船，总计 97060 车位。目前全国沿海沿江已经成熟开展商品车整车滚装水运业务的港口有：大连港、天津港、烟台港、上海港、广州港、海口港、重庆港、武汉港、芜湖港、南京港，涵盖近 20 个滚装码头，覆盖了全国市场的 80% 以上商品车整车水运业务量，2017 年，芜湖码头、常熟大新华滚装码头、舟山兴海码头、厦门滚装码头等新建滚装码头已经开始投入使用，可以更多地满足滚装运输市场的差异化需求。集装箱是多式联运的主要载体，整车集装箱运输市场也在不断扩大，通过整车集装箱支架的使用，对乘用车进行装载加固，放入集装箱中进行运输，40 英尺（1 英尺≈0. 3048 米）集装箱最大可装运 4 辆汽车，集装箱运输可以有效解决汽车物流多式联运倒装过程中乘用车装载的次数，减少货损，提高运输质量。

4. 公路运输效率仍有待提升

现在物流业发展的趋势之一就是降本增效，党的十九大也提出了要向质量发展转变的要求。就整车运输来说，整车物流在违规运营的情况下运输效率并不高，违规运输导致司机不敢在白天行驶，配送效率也随之降低，在 2016 年治理工作开始之后的一段时间，运输效率提升了近一倍，但 2017 年治理工作稳定后又降了下来。通过 2017 年的数据统计来看，整车物流行业排名前 10% 的车辆，月行驶里程在 1. 6 万公里左右，但全行业平均月行驶里程在 6500 万公里左右，这说明行业内很多车辆的运输效率低，周转率慢，整车运输效率仍有待提升。

（三）汽车后市场物流越来越受到关注

截至2017年年底，全国机动车保有量达3.10亿辆，其中全国汽车保有量达2.17亿辆，与2016年相比，全年增加2304万辆，增长11.85%。汽车占机动车的比率持续提高，近五年占比从54.93%提高至70.17%。随着我国汽车保有量的迅速增长，人们对于车辆后市场的服务需求越来越旺盛，主要分为整车后市场物流、备件物流两个方面。

1. 整车后市场物流

在整车后市场物流领域中主要包括在用车物流、二手车物流、报废汽车物流等。在用车物流主要以私家车城市间托运服务为主，解决了私家车主自驾游返程、外地工作用车、异地购车运回等物流需求，在用车物流还包括租赁汽车物流、召回汽车物流、赛事汽车物流等，目前来讲，这种社会化的零散在用车物流服务需求呈现增长的趋势，随着移动互联的发展，多家企业推出个人托运车辆的App，充分满足了个人异地用车需求。

近些年，二手车市场也在不断扩大，伴随着多数城市二手车限迁政策的取消，二手车交易可在全国范围内开始流动起来，庞大的二手车市场将对新车市场造成冲击，同时二手车的物流服务需求大大提升，除了基本运输服务外，异地提车、提档、验车上牌及过户等增值服务也是物流行业关注的重点。

报废汽车回收环节同样是汽车物流行业的重要市场，按照成熟市场报废汽车占汽车保有量6%～8%的水平来计算，我国每年报废汽车量将达到1300万左右，这些车辆的报废回收过程的物流服务将更加需要关注。

2. 以售后服务为核心的汽车后市场物流

在我国以汽车生产为主导的物流业务中，汽车后市场物流的市场最为广阔，具有两方面特点，一是市场容量大，在成熟的汽车产业链中，汽车后市场占比通常能达到50%～60%，我国汽车保有量不断增加，汽车备件物流的需求量也随之增加；二是涉及领域广，售后服务不仅仅包括汽车备件物流服务，主要涉及维修保养、美容养护、汽车金融、保险服务等，市场空间非常大，物流服务的发展空间也非常大。对于汽车后市场物流的竞争同样激烈，除了传统依托主机厂的备件物流服务商外，例如京东等电商龙头企业也在向汽车后市场领域发力，他们在汽车用品业务基础上，向上游拓展B2B（企业对企业）市场，打通汽车后市场品牌商、经销商、维修方、消费者之间的全产业链条，形成B2B2C（商家对消费者再对商家）闭环。伴随着互联网科技的广泛引用，汽车后市场网络销售、网络服务能力在不断增强，汽车后市场物流这块蛋糕将成为大家竞争的重要板块。

（四）汽车零部件服务智能化水平不断提升

2017年我国汽车零部件制造业的主营业务收入为38800亿元，同比增长10.23%。围绕着国内汽车制造企业配套市场和国际出口市场，目前已形成了西南、华中、珠三角、长三角、京津和东三省六大汽车零部件产业集群，这些产业群使得分工更精细、信息更集中、物流更便利。零部件物流服务主要分为零部件供应商物流和零部件入厂物流两个方面，物流服务逐步从推动式物流服务到拉动式物流服务、再到智能物流服务，传统的推动式物流是以制造企业的生产为中心，通过尽可能提高规模化运作效率，来降低单件产品成本而获得利润；拉动式物流服务是以消费端的客户需求为中心，通过尽可能提高生产和市场需求的协调一致性，来减少供应链上的库存积压，从而降低单件产品成本而获利，行业内一般采用循环取货的经营模式；智能物流服务是以单个客户需求为中心，通过整个供应链智能联动，来调配供应链上的各个环节，从而降低单件产品成本而获利，智能化、专业化、协同化的服务是零部件物流新的服务方向。新技术应用是推动零部件物流智能化发展的关键，例如智能堆垛、自动化立体仓库、自动轨道系统、智能分拣机器人、自动识别技术、AGV（自动导引运输车）等技术与装备在零部件物流领域中的应用是实现智能物流服务的重要基础。

（五）汽车物流企业业务领域日渐丰富

汽车物流领域的领军企业已经不再局限于国内物流服务，已经向国际业务服务拓展，积极布局和拓展国际市场，对推动行业发展起到了至关重要的作用；跨界发展也成为汽车物流企业新的发展方向。

1. 海外业务拓展方面

2017年，国务院总理李克强在比利时正式访问期间，见证了长久物流和泽布鲁日港是“一带一路”相关项目签约。根据项目合作协议，长久物流将以“黑龙江—比利时”的中欧专列为基础，在比利时的泽布鲁日港建立“中欧汽车物流中心”，服务于中国和欧洲之间的汽车整车及零部件的运输、仓储、配送等相关业务。长久物流的“4+1”欧洲战略布局（以德国为中心，从中国—东欧、西欧、北欧和南欧的全方位一体的国际铁路服务体系）正在形成。安吉航运于2015年3月在上海自贸区注册成立，承运了上汽出口北美、英国、中东、北非等地的车辆，2017年11月，“安吉23”满载2900辆雪佛兰S3，从烟台出发，经过22天7500海里（1海里≈1.852千米）的跨太平洋航行抵达墨西哥拉萨罗卡德纳斯港。

2. 跨界物流服务方面

安吉物流于2017年成立全资子公司安吉快运，切入150千克以上的中大票零担快运市场与B2B仓配一体化市场，在物联网、新零售和智能供应链技术及应用得到迅速普及的背景下，安吉物流凭借在汽车物流服务管理上的经验、人才优势以及遍布全国的仓储及配送资源，向快运产业进军，为汽车物流企业的发展提供了新的发展方向。

（六）汽车物流标准及行业研究不断深入

1. 深入推进车辆运输车相关标准落地实施

2016年《汽车、挂车及汽车列车外廓尺寸、轴荷及质量限值》（GB 1589—2016）《车辆运输车通用技术条件》（GB/T 26774—2016）相继发布。对于车辆运输车的外廓尺寸及通用技术做了明确规定，车辆标准的出台为汽车整车物流行业技术装备的提升起到了至关重要的作用，2017年，中国物流与采购联合汽车物流分会与交通运输部公路科学研究院共同编著了《车辆运输车标准与应用技术》行业工具书，系统解读车辆运输车标准，利于标准落地实施。

2. 汽车物流领域完成四项标准修订工作

2017年，《乘用车物流质损判定及处理规范》《乘用车运输服务规范》《乘用车水路运输服务规范》《乘用车仓储服务规范》四项行业标准完成修订工作。

3. 积极推进汽车物流标准的制修订

2017年，《汽车售后服务备件仓储服务规范》（项目编号303—2017—004），《汽车零部件物流KD件包装和集装箱装载作业规范》（项目编号303—2017—005）和《汽车制造零部件物流标签规范》（项目编号303—2017—006）三项行业标准立项成功。

4. 建立行业指导参数发布机制

中国物流与采购联合会汽车物流分会与G7建立联合发布汽车整车公路运输指导参数机制，每个月初发布汽车整车物流公路运输月平均里程，此项数据充分体现了车辆运输车行驶效率，可以作为汽车整车物流行业重要参考指标。

二、2018年汽车物流行业发展趋势

2017年是我国汽车物流市场持续转变的一年，主要表现为三个方面：一是车辆运输车治理工作持续推进，汽车整车物流行业结构性调整，伴随车辆运输车的治理，整车物流市场呈现出高质量发展趋势，合规车辆的比重越来越多，铁路、水路运输比例明显提升，运输结构发生变化，以多式联运为载体的综合

运输体系进一步完善；二是汽车物流向汽车产业链上下游不断延伸，向相关专业物流领域及跨界领域横向拓展，汽车后市场物流服务越来越受到重视，海外拓展、业务板块拓展成为了汽车物流企业新的发展方向；三是智能化物流服务水平不断加深，伴随着新技术、新装备的应用，依托互联网、大数据、云计算等信息技术，汽车物流的服务向智能化、专业化方向转变。2018 年行业将会有新的发展机遇与挑战。

（一）整车物流行业将全面合规运营

2018 年是车辆运输车治理工作的收官之年，在交通运输部、公安部、工信部等多个部门的领导下，全行业将会全面完成车辆运输车治理工作，到 2018 年 7 月 1 日，行业内将全面淘汰不合规车辆运输车，更新置换成为符合国家标准的车辆，目前来看，将会有以下几个方面的变化。

1. 铁路水路运量将进一步提升

整车物流市场运力结构将进一步调整优化，公路运输量占比将会减少，铁路和水路运输量将继续上升，以公路运输为主的长途干线运输逐步转变为以铁、水干线运输为主，运输结构的调整对于推动物流行业降本增效、促进物流运输节能减排具有重要意义。

2. 公路将会以中短途和短驳业务为主

在铁路、水路运输量增长的同时，公路运输市场会有一定萎缩，但主要是长距离运输板块，对于中途、短途运输领域，公路运输方式仍是主力，同时铁路、水路两端短驳、分拨配送业务需求量将会加大，总体而言，整车公路运输市场仍会保持稳定增长。

3. 运输效率将会成为企业新的关注点

党的十九大报告中明确指出向高质量发展转变，未来整车物流服务将会更加注重服务质量，而提升服务质量的重要措施是提升运输效率，在公路运输规范化经营后，只有通过运输效率的提升才能有效降低物流成本。

（二）汽车后市场物流竞争将日益激烈

我国汽车市场容量还在进一步扩大，汽车保有量逐年增加，汽车后市场涉及范围广、服务内容多，将会是物流企业争相竞争的领域。

1. 汽车整车后市场物流需求旺盛

在用车和二手车物流作为整车物流重要板块，将会是整车物流企业关注的重点，在用车和二手车物流装备需求与商品车物流并没有差异，其差异主要在于组织管理方面，在信息时代，通过信息化、智能化、网络化的技术手段，整合在用车和二手车运输资源，与商品车运输体系全局规划、协同发展，将会成为整车物流企业思考的重点。

2. 汽车备件物流市场竞争将日趋激烈

越来越多的汽车备件电商服务模式涌现，车联网、大数据、移动支付等互联网模式为汽车后市场发展提供了强有力的保障，特别是消费方式的变化，将汽车后市场服务从传统的线下渠道，如去 4S 店维修保养，逐渐转变为线上渠道服务，如京东、天猫等第三方平台。随着互联网和移动互联网技术在汽车后市场的渗透率不断提高，后市场物流服务呈现出多样化态势，进入汽车后市场的企业也会越来越多，市场竞争将会日趋激烈。

（三）技术提升将会推动汽车物流快速发展

目前，物流技术已经成为汽车物流领域关注的重点，我国新技术、新装备的不断创新与应用直接带动了汽车物流行业发展。

1. 信息技术助力行业智能化发展

物联网、云计算、大数据等信息技术的深入应用，使智能化物流得以快速发展。汽车零部件物流使用 AGV 等物流机器人等先进技术装备应用减少人工操作、全面提高仓储作业效率；利用车货匹配、智能仓储系统等信息化、平台化、网络化管理逐步优化汽车物流服务供给能力。

2. 企业发展更加注重技术投入

汽车物流企业更加注重在技术研发应用上的投入，技术推动企业发展已经成为汽车物流行业发展共识，物流技术从基础设施建设投入逐步扩大到企业经营投入，汽车物流企业在信息化建设、新装备引进、创新成果转化等方面的投入将会逐步加大，会更加注重技术投入带来的效益和质量提升。

（中国物流与采购联合会汽车物流分会　张晋姝　左新宇）

2017 年医药物流发展回顾与 2018 年展望

一、2017 年医药物流市场回顾

党的十九大报告提出，我国经济已由高速增长阶段转向高质量发展阶段，正处在转变发展方式、优化经济结构、转换增长动力的攻关期。

医药物流作为物流业重要细分市场，供应链上下游协同发展趋势明显，质量和效益总体较为显著。2017 年 1—9 月，医药工业规模以上企业实现主营业务收入 22936.45 亿元，同比增长 11.70%，增速较 2016 年同期提高 1.61 个百分点。各子行业中，增长最快的是中药饮片加工行业，增速为 17.20%。总体来看，当前我国医药物流和流通领域呈现以下特点。

1. 政府监管日益严格

2017 年上半年，国务院发布的《“十三五”深化医药卫生体制改革规划》《国务院办公厅关于进一步改革完善药品生产流通使用政策的若干意见》，以及刚刚发布的《〈中华人民共和国药品管理法〉修正案（草案征求意见稿）》，这几项政策的推进和落实，特别是随着药品采购“两票制”改革，将我国药品流通监管要求提到了空前高度。在医疗器械领域，今年国务院发布的《国务院关于修改〈医疗器械监督管理条例〉的决定》，以及国家食品药品监督管理总局开展的高密度飞行检查，也使器械质量安全监管愈加严格。

2. 企业兼并重组依旧不断

行业监测数据显示，规模医药流通企业仍在积极布局市场，例如，华润、上药等大型医药企业，继续通过兼并重组等方式吸收网点，布局全国，向网络化、集约化和信息化目标不断迈进。2017 年上半年，华润迅速扩张布局了新疆、青海、江西、海南四个省市销售网络；上药也扩充青海、重庆版图；康德乐中国出售也将尘埃落定。医药流通行业将出现大者越大、强者越强的局面。

3. 专业化物流企业快速涌现

从顺丰控股进入医药物流市场，到上海医药联手德国邮政（DHL），京东商城联合 8 家医药企业，第三方物流企业纷纷进入医药物流市场。同时，各大医药流通企业陆续独立物流体系，成立专业化的医药物流企业。随着市场逐步开放，社会化和专业化医药物流企业成为趋势。

4. 服务模式创新效果显著

经过探索实践，以国药、浙江英特为代表的多仓联动服务模式效果显著。企业采用全国或省内一体化多仓联网运营体系，实现各物流中心联动，以扁平化的物流运作模式向客户提供服务，减少重复操作，有效提升运营效率。

5. 抢占终端成为竞争焦点

随着药品招标采购、“两票制”及分级诊疗等政策的陆续推进，处方药外流成为发展趋势。连锁药店 DTP 药房、慢病管理、中医馆、网络医院、网上药店等新型终端不断扩张，更加贴近消费者和目标客户，“最后一公里”医药物流需求持续快速释放。例如：上药的 DTP（分布式事务处理）药房、天士力天津糖尿病门特患者送药上门项目、广药儿童医院智慧药房项目等。

6. 医药供应链加快升级

随着行业需求特点的转变，越来越多的医药企业开始运用供应链理念，进行横向或纵向的服务延伸，向供应链一体化服务商转型。各大流通企业纷纷建设供应链一体化管理平台，向上下游提供增值服务和综合解决方案，提升物流运作效率，降低供应链运作成本。

二、2018 年医药物流发展展望

党的十九大报告提出实施健康中国战略，要把人民健康放在优先发展的战略地位，医药物流作为完善健康保障的基础条件，迎来重要发展机遇。当前，我国医药流通和物流业正处于以提质和增效为核心的重要阶段，呈现出以下发展新趋势。

第一，行业集中度将持续提升。国家要求 2018 年实现“两票制”，随着优化药品购销秩序，压缩药品流通环节、兼并重组企业仍将持续。截至 2016 年 11 月底，全国共有药品批发企业 1.3 万家，较上年减少 533 家，压缩空间仍旧很大。我国药品流通领域前三大企业，国药、华润、上药三家总计市场占有率为 37.67%，远低于美国的 96%。医疗器械流通领域前十大企业市场占有率低于 10%，市场整合空间依然巨大。

第二，物流专业化、社会化将更加普遍。随着市场日益开放，第三方物流将以多种方式进入医药物流领域，随着对药品质量的重视和市场监管的规范，专业化、社会化医药物流企业的价值将更加凸显，弥补现有医药流通企业在资源、网络、能力上的不足。

第三，服务模式创新将成为竞争热点。客户需求是创新服务模式的根本动力。随着医院重视度提高，医药物流外包（SPD）模式将得到优化。连锁药店和网上药店将通过线上、线下相结合的方式提供更为全面的服务。为满足消费者的个性化需求，医药物流订单也将趋于碎片化。

第四，医药物流标准化将取得阶段成效。行业标准化程度是衡量行业发展现代化水平的重要标志之一。提升物流标准化与提升物流服务质量、运营效率、降低物流成本相辅相成。分会将继续推进物流标准化工作，引导医药物流逐步走向标准化、规范化和现代化。

第五，物流技术应用将拉大竞争差距。随着物流信息化、智能化、自动化的发展，特别是移动互联网、大数据、云计算等先进信息技术的应用，一批领先企业有望实现物流全程可视、可控、可管理，逐步打造医药智慧物流，赢得先发竞争优势。

第六，医药供应链转型将迎来热潮。当前，企业间的竞争已经上升为供应链之间的竞争，医药行业具有产供销联动发展的专业特征，具备发展现代供应链的突出优势。随着医药市场逐步开放，客户需求不断提升，产业链上下游深化融合，医药供应链将迎来快速增长期。

（中国物流与采购联合会医药物流分会　邓淼）

2017 年冷链物流发展回顾与 2018 年展望

一、2017 年冷链物流发展回顾

习近平总书记在党的十九大报告中指出，要以“一带一路”建设为重点，坚持引进来和走出去并重，深化供给侧结构性改革，在现代供应链等领域培育新增长点、形成新动能，加强物流基础设施网络建设。物流业作为支撑国民经济的战略性、基础性产业，近年来，在城镇化、消费升级的带动下，发展取得重大成就，尤其是冷链物流发展迅速，成为消费升级的代表行业，备受关注。2017 年中国冷链物流业主要呈现以下几个特点。

（一）政府关注上升到前所未有的高度

2017 年以来，中央和地方政府因势利导地出台了多项冷链政策。2017 年 4 月 21 日，国务院办公厅印发《国务院办公厅关于加快发展冷链物流保障食品安全促进消费升级的意见》，该意见立足于推动冷链物流发展，着眼于保障民生和促进消费升级，着力于带动上下游产业协同发展，聚焦于发掘和培育经济增长新动能这一系统性目标，体现了鲜明的供给侧结构性改革发展思路。2017 年 8 月 24 日交通运输部印发了《国务院办公厅关于加快发展冷链物流保障食品安全促进消费升级的实施意见》，重点围绕设施设备、运输组织、信息化、行业监管、配套政策等核心要素，明确了交通运输促进冷链物流发展的主要任务。2017 年 10 月 13 日，国务院办公厅印发《国务院办公厅关于积极推进供应链创新与应用的指导意见》，该意见立足振兴实体经济，提出了六项重点任务：其中之一是构建农业供应链体系，提高农业生产组织化和科学化水平，建立基于供应链的重要产品质量安全追溯机制，推进农村一、二、三产业融合发展。商务部、财政部今年继续支持十个省市冷链物流发展，广东、福建、河南等省市发布地方冷链物流发展规划，带动冷链产业投资、加速产业升级。

（二）冷链市场继续保持平稳较快增长

2017 年我国经济运行延续了稳中向好的发展态势。在此背景下，物流运行延续了良好发展的势头。物流需求总体平稳增长，需求结构持续优化，物流市场规模呈现较快扩展势头，物流企业经营总体向好；物流运行质量进一步提高，物流单位物流成本稳中趋降。据中物联冷链物流专业委员会和链库统计分析，2017 年全国冷库总容量预计达到 4775 万吨，折合 11937 万立方米，同比增长 13.7%。据中物联冷链委和 CCLC（北京中轻联认证中心）车辆认证平台统计分析，2017 年全国冷藏车总量预计达到 13.4 万量，全年增加 1.9 万辆。

2017 年“双十一”，以天猫和京东为首的电商平台，除了在服装、3C（信息家电）这样的传统强项上表现抢眼，在生鲜方面也全面飘红。据统计，天猫生鲜频道在 4 个小时内卖出加拿大北极甜虾超过 270 万只，阿根廷红虾超过 160 万只；在京东生鲜海产频道，截至 2017 年 11 月 11 日第 1 分钟，共卖出超过 1 万吨生鲜产品，订单量同比增长 220%。据统计，2017 年中国生鲜市场交易规模达 17897 亿元，生鲜电商市场交易规模为 1418 亿元。我国餐饮市场规模 39644 亿元，同比增长 10.7%，外卖客户端市场规模突破 2000 亿元。在这背后，是我国冷链物流行业的快速发展，带动了第三方冷链物流企业供应链服务的不断完善和提高。

随着供给侧结构性改革的积极效应进一步显现，居民收入增长和社会就业情况维持在较好水平，预计后期居民消费潜力将会进一步释放，消费市场将保持平稳较快增长。

（三）冷链行业竞争将愈演愈烈

2016 年中国冷链物流百强企业营业总收入 225 亿元，同比增长 29.3%，百强企业市场份额一直没有明显地扩大，依旧占整个冷链市场份额的 10% 左右，这说明我国冷链物流行业市场规模仍旧不大，冷链行业竞争目前还处在小组赛。随着资本的大量进入，传统物流大鳄纷纷宣布并布局冷链物流网络，将加快冷链行业的整合。2017 年 4 月，京东物流子集团成立，发力冷链物流；2017 年 7 月万科参与收购普洛斯，2017 年 10 月 16 日，万纬沈阳浑南冷链物流园的开业标志着万科物流地产正式进入冷链细分领域。铁总和各铁路局开通多条线路的冷链班列，传统物流企业开始进入并分羹冷链市场，它们有庞大的基础网络和设施设备，有雄厚的资金和大量的专业人才，这对未来的冷链物流市场格局产生深远影响。中信资本、凯雷投资战略入股麦当劳中国。新希望布局冷链物流，整合了近十家冷链物流企业。郑州华夏易通物流有限公司与郑州报业集团合资，进行异业合作，拓展河南省内“最后一公里”服务。卡力互联由九家传统干线运输公司抱团发展，战略重心放在冷链物流领域。

（四）新零售驱动线上线下融合发展，带来冷链增量市场

京东、沃尔玛线上平台和线下门店的深度融合，尝试“共享库存”、阿里巴巴集团与百联集团达成战略合作，将基于大数据和互联网技术，在全业态融合创新、新零售技术研发、高效供应链整合、会员系统互通、支付金融互联、物流体系协同六个领域展开合作。2017 年 11 月 20 日阿里巴巴集团将投入约 28.8 亿美元，直接和间接持有高鑫零售 36.16% 的股份。高鑫零售是中国规模最大及发展最快的大卖场运营商，以欧尚、大润发两大品牌在全国 29 个省市自治区运营 446 家大卖场。线上线下融合发展，需要在信息、采购、物流、销售、技术等环节重构，实现降本增效提升服务质量。依托于电子商务和新零售的冷链物流企业迎来快速发展。

二、2018 年冷链物流发展展望

（一）政府将加强冷链行业监管

2017 年国办 29 号文中提出，将冷藏保温车辆作为专用货运车辆加强管理，并将温度监控设备性能要求作为冷藏保温车辆投入运营的基本条件。对于不符合相关标准要求的，不允许投入冷链物流市场。引导高耗能、低效率、不合规的冷藏保温车加快退出市场。依据相关法律法规、强制性标准和操作规范，健全冷链物流监管体系，在生产和贮藏环节重点监督保质期、温度控制等，在销售终端重点监督冷藏、冷冻设施和贮存温度控制等，加强对冷链各环节温控记录和产品品质的监督和不定期抽查。研究将配备温度监测装置作为冷藏运输车辆出厂的强制性要求，在车辆进入营运市场、年度审验等环节加强监督管理。充分发挥行业协会、第三方征信机构和各类现有信息平台的作用，完善冷链物流企业服务评价和信用评价体系。由国家卫生计生委正式立项食品冷链国家强制性标准《食品冷链卫生规范》，由中物联冷链委作为主起草单位负责编写。

（二）冷链行业竞争将走向规范化

上海市食品药品监督管理局制定颁布了《上海市食品贮存、运输服务经营者备案管理办法（试行）》于 2017 年 11 月 30 日起施行。或将引起多地方政府的效仿。

冷链行业劣币驱除良币的现象将会不断改善，链库是冷库物联网大数据平台，平台现有 10000 多家冷库信息，链库目前正配合中物联冷链委在全国范围开展温度达标冷库认证工作，通过温度监测筛选出温度符合国家标准的冷库，从而达到净化冷库市场环境的作用。中物联冷链委 CCLC 冷藏车认证平台主要

面向货主、第三方物流、冷藏车专用厂等行业主体，通过平台认证，整合优质冷藏车资源，提高优质冷藏车使用率，从而实现良币驱除劣币，促进公平竞争。

（三）优质冷链资源将迎来春天

沿海地区冷链资源多，中西部冷链资源少的问题依旧存在，发达地区尤其北、上、广、深等一线城市冷库资源越来越稀缺。一是政府加强监管，对违建冷库加大拆除力度；二是城市中物流用地批复减少或无冷库建设用地；三是冷链市场需求的增加，多方面因素导致冷库资源紧张，必然会推动冷库租金上涨。第一代储存型冷库建设会越来越少，集仓储、加工、分拣、包装、办公等多功能的现代化配送中心会成为趋势。数字化、智能化、节能化是冷库升级和改造的关注点。

（四）冷链人才需求越来越旺盛

无论是一线的驾驶员、操作工、搬运工、制冷工，还是中层的主管，或是负责整体运营的高级管理人才，都越来越稀缺，中物联冷链委将支持本科院校和中高职设置冷链物流相关方向与课程，并大力开发在职人员培训课程，推动冷链专业教育和职业培训，形成多层次的教育、培训体系。

（五）冷链的模式创新和新业态将不断涌现

一方面，随着节能环保的推进和政府对城市配送的管理，冷藏运输车辆城市通行依旧困难，对冷链城市配送提出更多挑战，将倒逼冷链行业企业不断创新；另一方面，新零售、冷链宅配、同城冷链需求也快速增长，订单将越来越小批量、多频次和个性化，电动冷藏车、冷链包装、社区微仓等新技术和新模式将迎来快速发展。

（六）技术将驱动冷链服务快速升级

随着易果、京东、盒马鲜生、超级物种、无人零售业态的发展，将带动冷链物联网技术、信息技术及人工智能与自动化设备的快速发展，冷链物流将迎来新的机遇。为全面提升用户体验，京东物流将陆续在全国范围内投放超过20万个智能保温箱，以其为载体，搭建起了全球首个冷链物流全流程智能温控体系，消费者将有机会实时查看在京东上所购自营生鲜商品在仓储、运输、配送等各环节的温度反馈和实时位置，实现全流程可溯源。这些智能保温箱是集保温、定位、实时温度监测为一体，带有冷库和冷藏功能的车也很快会面向市场，未来车厢内的温度将会向消费者公开，且会成为标准服务。

党的十九大报告中提出中国特色社会主义进入新时代，我国社会主要矛盾已经转化为人民日益增长的美好生活需要和不平衡不充分的发展之间的矛盾。中产阶层和城镇人口的不断增长，冷链市场规模继续扩大，政策、经济、市场环境持续向好，再加上技术的不断成熟，都将助推冷链行业加速发展。

（中国物流与采购联合会冷链物流专业委员会　秦玉鸣）

2017年电子商务（网络购物）物流发展回顾与2018年展望

2017年，以电子商务为代表的新经济继续加速发展。据国家统计局有关数据，2017年全国电子商务交易额达29.16万亿元，同比增长11.7%；网上零售额7.18万亿元，增长32.2%；实物商品网上零售额5.48万亿元，增长28.0%，占社会消费品零售总额的比重为15.0%。在电子商务快速发展的强力需求拉动下，我国电子商务物流继续保持快速增长。中国物流与采购联合会电商物流运行指数显示，2017年电商物流总业务量同比指数平均达到179.65点，业务量增速超过50%。从总业务量定比来看，以2015年1月为基期100点，2017年12月总业务量规模达到基期的近2.5倍以上。与电商物流密切相关的快递业务量继续呈现高速增长。据国家邮政局统计，2017年全国快递服务企业业务量累计完成400.6亿件，同比增长28%。

电子商务物流已经成为现代物流业的重要组成部分和推动国民经济发展的新动力。加快电商物流发展，对于提升电子商务水平、降低物流成本、提高流通效率、引导生产、满足消费、促进供给侧结构性改革都具有重大的意义。2017年是全面落实"十三五"规划的重要一年，也是供给侧结构性改革的关键一年。我国电子商务物流已经步入到规模持续增长、服务品质不断优化、活力持续增强的新发展阶段。

一、2017年电子商务物流发展回顾

回顾2017年电子商务物流的发展，一方面，随着"互联网+流通"行动计划的推进，线上线下企业进一步融合发展，"新零售"对物流业提出了新要求，电商物流逐渐回归服务本质，追求服务品质；另一方面，分享经济迅速向物流领域渗透，众创、众包等新业态层出不穷，为电商物流发展提供了新动力。

（一）政策环境不断改善

2017年是支持电商物流发展政策频出的一年。一是商务部联合国家发展改革委、交通运输部等6部门于2016年3月17日发布了《全国电子商务物流发展专项规划（2016—2020年）》（简称《专项规划》）；商务部还联合国家发展

改革委、国土资源部等5部门于2017年1月19日共同发布《商贸物流发展“十三五”规划》。《专项规划》里提出，到2020年基本形成“布局完善、结构优化、功能强大、运作高效、服务优质”的电商物流体系的目标；围绕这一目标，还明确提出了电商物流发展的七项任务和八项工程。

二是跨境电商政策红利持续释放。国内居民的消费升级直接刺激了跨境电商的业务增长。据海关数据显示，2017年，通过海关跨境电商管理平台零售进出口总额达到902.4亿元，同比增长80.6%。面对庞大的市场需求，政策面积极响应，2017年9月20日国务院常务会议决定将跨境电商零售进口监管过渡期政策再延长一年。财政部发布《关于跨境电子商务零售进口税收政策的通知》，对跨境电商试点城市税收采取新制度，并设立跨境商品正面清单。这意味着，国家对跨境电商领域相关政策实施更为灵活。

三是国务院办公厅在2018年新年伊始印发了《国务院办公厅关于推进电子商务与快递物流协同发展的意见》（国办发〔2018〕1号，以下简称《意见》），奏响了政策利好的最强音。《意见》明确了优化协同发展政策法规环境、完善电子商务快递物流基础设施等六方面的政策措施。尤其是在深化“放管服”改革和管理创新方面，为行业下一步发展进一步松绑。其中，《意见》提出进一步简化快递业务经营许可程序，改革快递企业年度报告制度，实施快递末端网点备案管理，实现许可备案网上统一办理；《意见》还要求创新价格监管；提出创新公共服务设施管理，明确智能快件箱、快递末端综合服务场所的公共属性，纳入相关规划，为加快完善快递末端服务网络提供了有力支撑。

（二）企业间的竞争进入新阶段——“菜鸟与顺丰”的数据之争

随着数字经济时代的到来，云计算和大数据技术加快向物流业渗透。物流活动中产生和积累了大量的数据资源，企业通过海量的物流数据挖掘出新的商业价值。企业之间的竞争从物流“竞速战”转向数据争夺战，竞争出现新动向。发生在菜鸟网络与顺丰两大巨头之间的“数据之争”成为2017年最热门的事件之一。

2017年6月1日，菜鸟网络发出声明称“顺丰速递在2017年6月1日凌晨，关闭了自提柜数据的信息回传，同时在2017年6月1日中午，又进一步关闭了整个淘宝平台的物流信息回传。”在该声明中，菜鸟还表示，“已经紧急建议商家暂时停止顺丰发货，改用其他物流公司的服务。”丰巢自提柜信息端口的断连实际上是整场战争的导火索，在这一端口断连后半天时间内，双方战火从丰巢与菜鸟波及了顺丰与整个淘宝平台。

一石激起千层浪。两家矛盾迅速公开化，并在舆论的推动下，一时之间成为引发广泛关注的社会事件。

对此，顺丰遂向外界透露了双方关于数据安全由来已久的矛盾，并指出：“菜鸟基于自身商业利益出发，要求丰巢提供与其无关的客户隐私数据，此类信息隶属于客户，丰巢本着‘客户第一’的原则，拒绝这一不合理要求。菜鸟随后单方面于2017年6月1日0点切断丰巢信息接口。”

顺丰的声明使得双方此次矛盾的高度迅速上升到敏感的“数据安全”上。舆论场的持续发酵，各大阵营纷纷站队，又恰逢杨梅、杧果等应季水果上市之际，淘宝平台上的生鲜卖家叫苦不迭。至此，该起事件的严重程度都远远超出了双方的可控范围，并引起了监管高层的关注和干预。

6月2日晚，国家邮政局召集菜鸟网络和顺丰速运高层来京，就双方关闭互通数据接口问题进行协调。双方同意从6月3日12时起，全面恢复业务合作和数据传输。

此次事件虽告一段落，但由此引发的行业思考和警醒却是深刻的。大数据的价值不仅在于其原始价值，更在于数据之间的连接、大数据扩展、再利用和重组。拥有足够体量的数据，不仅可以让电商和物流平台得以对用户消费习惯充分了解，更可以在对其分析基础上，预测并分化库存和物流压力，从而产生更高效配置和资源节约。这场矛盾使得全行业都高度重视数据资源的价值，数据不再是静止和无价值的，数据在逐渐成为一种商业资本的同时，也正在成为物流企业的核心竞争力。

（三）电商物流的新赛道——智慧物流已来

2017年，电商物流第一梯队（菜鸟网络、京东物流、苏宁物流）纷纷发力智慧物流，继时效、基础设施的比拼后，“电商物流三强”将智慧物流作为新的赛道，成为2017年电商物流发展中的新亮点。

一方面，货物跟踪定位、无线射频识别、电子数据交换、可视化技术、移动信息服务、智能交通和位置服务等先进信息技术在物流行业应用效果明显，智慧物流发展的技术基础已具备；另一方面，在“中国制造”向“中国智造”的转型升级中，政策红利加速释放，国务院发布的《新一代人工智能发展规划》，明确指出加快推进智能物流，加强智能化装卸搬运、分拣包装、加工配送等智能物流装备研发和推广应用。无人机、机器人等各项“黑科技”层出不穷，可视化、智能化、数字化已成为电商物流的最基本要求。

2017年9月26日，阿里发布公告称，斥资53亿元增持菜鸟。阿里表示，预计未来5年将持续投入1000亿元用于建设全球物流网络。2017年7月13日，顺丰正式宣布，其大型物流无人机总部基地项目落户成都双流自贸试验区，该项目总投资达7.4亿元。2017年7月26日，京东宣布，京东无人机飞行服务中心正式启用。据悉，该中心集无人机研发测试、运营调度、维护保养、人才培养、物流配送等多项功能于一体。2017 年 12 月 10 日在安徽灵璧县，苏宁快递第一架送货无人机完成了首单无人配送，用时 14 分钟。苏宁物流在 2017 年进入智慧物流建设期，欲建构以数据和无人为中心、覆盖仓储机器人、自动驾驶等形态的两大智能生态，探索未来物流的新模式。

（四）分享经济进一步向电商物流领域渗透，即时配送发展迅速

在互联网创新成果的深度融合与推动下，以共享与协同为特征的平台经济发展迅猛，成为行业发展热点。根据全球咨询公司罗兰贝格测算，2018 年全球共享经济市场规模有望达到 5200 亿美元。其中，中国共享经济有望达到 2300 亿美元，全球占比由 33% 提升至 44%，成为领军力量。中国已经是全球规模最大的共享汽车和共享单车市场，共享经济在中国拥有广阔的市场前景和全球影响力。

共享经济在物流领域的渗透热点从盛极一时的公路运输领域转向同城物流领域。以美团外卖、UU 跑腿、闪送等企业为代表的即时配送企业，通过“平台 + 个人”的商业模式成为电商物流服务的提供者和市场参与者。共享配送不仅创新了物流的运营模式，成为同城物流中不可缺少的参与者；同时，共享配送也以一种更开放自由的就业形式，向更多的劳动者提供了更为灵活的就业机会，社会效益正在凸显。据统计，目前共享配送注册人员超过 500 万，人均月收入突破 6000 元。以外卖为主要服务内容的即时配送行业只用了不到五年的时间就走完了快递行业十年的发展历程。2017 年中国外卖客户端市场突破了 2000 亿元。仅以美团点评为例，2017 年用户数达 2.5 亿，合作商户数超过 200 万家，活跃配送员超过 50 万名，覆盖城市超过 1300 个，日完成订单 1800 万单。

即时配送也得到了资本市场的追捧。2017 年即时配送平台闪送、UU 跑腿、美团点评，分别获得了 1 亿美元、1.96 亿美元和 40 亿美元的融资。活跃的市场投融资活动表明，即时配送将成为未来电商物流在末端环节重要的运力资源。

以分享经济为本质的即时配送行业在有效提高社会资源利用效率，便利人民群众生活，培育经济发展新动能方面，显示出巨大发展活力与潜力。但是，行业发展也面临着一些新问题，值得我们关注并研究。一是对监管提出挑战。现有的经济社会管理注重自上而下的层级管理、属地管理和行业管理，与分享经济的跨区域、跨部门、跨行业等发展实践的现实需求不匹配。跨界融合的特点使得对于平台的责任认定、行业归类、劳资关系、税收等问题均无法明确规定。2017 年 7 月 6 日，国家发展改革委等八部门联合印发了《关于促进分享经济发展的指导性意见》，提出了“鼓励创新、包容审慎”的原则，发展与监管

并重，创新监管模式，推进协同治理。二是行业规模与企业成熟度不匹配。在过于激烈的市场竞争环境下，这些年轻的企业管理者和经营者们往往容易背离初衷，企业规范经营不够成熟，内部治理和安全保障弱化，缺乏行业自律。为此，中国物流与采购联合会于2018年1月10日，成立了“即时配送联盟”，通过制定《即时配送行业服务规范》、建立“非诚信名单机制”等一系列工作，来实现共享共治，促进行业以文明方式发展。

（五）绿色环保渐成行业主旋律

随着电商物流的迅速发展，以及人们环保意识的提高，电商物流包装引发的问题成为全民关注的焦点。绿色包装既需要政府的顶层设计，也需要企业、市场共同发力，更需要消费者理念的转变和行动的配合。

顶层设计方面，先后发布的《全国电子商务物流发展专项规划（2016—2020年）》《工业和信息化部　商务部关于加快我国包装产业转型发展的指导意见》《关于协同推进快递业绿色包装工作的指导意见》等相关政策意见，分别从信息技术、包装材料、印刷工艺、回收利用技术、统计、认证方面，为发展绿色物流及绿色包装指明了发展方向及举措。《关于协同推进快递业绿色包装工作的指导意见》中明确“十三五”期间快递业绿色包装工作目标，即到2020年可降解绿色包装材料应用比例提高到50%，基本建成专门的快递包装物回收体系。

2017年，各龙头企业也加大了在绿色包装方面的投入力度，践行绿色、环保的发展理念渐成行业共识。

菜鸟网络联合32家物流合作伙伴成立菜鸟绿色联盟，发起菜鸟绿色行动计划，成立菜鸟绿色联盟公益基金，推进绿色物流相关的工作。在减量化方面，主要在考虑提升物流运作效率的前提下，通过智能打包算法，根据消费者订单包含的产品，推荐包装解决方案，进而实现减量包装，提升整个纸箱空间利用率，减少塑料填充物的使用。目前该算法平均可以减少5%的包装，2017年“双十一”发货量超过10亿件，可节省4500多万个箱子。

京东物流在2017年6月5日向外界宣布推出“青流计划”，即京东物流联合九大品牌商与供应链上下游开展合作，推动品牌商到零售商、零售商到用户的绿色化、环保化。根据青流计划，预计到2020年，京东将减少供应链中一次性包装纸箱使用量100亿个，相当于2015年全年全国快递纸箱的使用数量；从品牌商到电商企业的供货端，京东物流将实现80%商品包装耗材的可回收、单位商品包装重量减轻25%；在用户端，京东物流50%以上的塑料包装将使用生物降解材料、100%物流包装使用可再生或可回收材料、100%物流包装印刷采用环保印刷工艺。

苏宁物流在绿色包装的应用方式和方法上，主要是遵循目前国际上的3R（减量化、再利用、再循环原则）标准，即包装轻量化、重复利用以及回收。在重复利用方面，苏宁今年推出可循环的共享快递盒，收货人在签收之后，快递员会把箱子直接回收。到2017年10月，苏宁一共投放5万个共享快递盒，累计节约了纸箱650万个，预计到2018年投放了20万个共享快递盒。

二、2018年电商物流发展展望

2018年，电商物流将继续保持高位增长，随着跨界融合日趋加强和产业边界越来越模糊，企业间的竞争将进一步加剧。提高运行效率，降低成本，用技术助力物流升级，成为电商物流发展的大趋势。

（一）跨境、冷链、农村等专业领域的电商物流成为新的突破点

预计2018年，我国跨境电商交易规模将达到7.5万亿元，继续成为电商快速发展的重要力量。特别是国内消费升级，消费者对“买全球”的消费力强劲，跨境电商覆盖的产品和地域范围将更加广泛，一方面将继续拉动基础设施投资高位增长，另一方面将刺激自由贸易港建设，在继上海、天津、舟山等地之后，会有越来越多的城市加快筹建自由贸易港的步伐。

农村电商物流效率会大幅提高。预计2018年农村电商交易额将突破1.25万亿元。市场的扩容和基础设施建设的加快，会不断丰富配送枢纽和服务网点，创新配送模式，高效的农产品电商物流体系基本建成。电商物流企业与农村合作社紧密合作，充分利用合作社模式，推动农产品电商物流产销高效对接，降低损耗，降低农产品的物流成本，有效提升服务效率。

冷链物流能力正在成为企业竞争新的角力点。以京东、苏宁为代表电商物流企业纷纷开始冷链布局，传统快递企业紧随其后，2018年冷链市场的行业集中度有望进一步提高，具有一定规模的冷链电商企业将加大自由体系建设，渠道进一步下沉；大型电商企业则将投资热点聚焦于冷库基础设施，不断推进现有设备的改造更新，加快新的标准化冷库建设，形成新的行业竞争壁垒。预计2018年冷库总容量有望达到1.4亿立方米。

（二）政策难点依旧，突破性政策红利有待释放

从管理体制上看，各项政策的出台仍未改变“政出多门”、属地管理的传统思路，这与电子商务跨区域服务格局形成矛盾。以基础交通网络建设为例，当前核心物流枢纽主要集中在中东部，西部地区基础薄弱，起点低，网络稀疏，渠道下沉成本过高，这与电子商务无地域限制的服务模式产生矛盾，不利

于电商物流向纵深发展。

而在城市末端，“最后一公里”顽疾仍在。目前，快递自提柜、便利店自提等模式虽然有效缓解了部分配送问题，但通行难、装卸难、收费多、罚款多等问题仍较为明显。国家发展改革委发布的《物流业降本增效专项行动方案(2016—2018年)》中提出：优化城市物流基础设施布局，完善城市三级配送网络。加强公用型城市配送节点建设，优化配送相关设施布局，引导仓储配送资源开放共享。鼓励中心城区铁路货场转型发展为城市配送中心。支持城市末端配送点建设，大力发展智能快件箱。按照共享经济理念探索发展集约化的新型城市配送模式。在有条件的城市研究推行“分时段配送”“夜间配送”。

（三）坚持创新，树立健康的竞争格局，构建和谐生态圈

有机构预测，到2020年，整个网络零售总额将超过10万亿元，由此产生的全年包裹量将超过1千亿件。如此庞大的市场容量，是行业良性发展的自信基础。但2017年的一系列事件表明，企业竞争正在逐渐向物流数据共享、发展模式等方面转移，这给不同阵营的企业间开展深入合作、共同推动物流资源优化配置制造了障碍。这些现象都是与新经济、共享经济的本质背道而驰的。推动形成“和谐共享的生态圈”的行业共识，刻不容缓。行业领军企业的责任重大，既要有大视野和大格局，解决好主导权、开放性、协作度等问题；也要有行动自觉，协调好与政府、投资者、用户、员工等利益相关者以及与自然环境之间的关系。

（中国物流与采购联合会电商物流与快递分会　万莹）

2017 年危化品物流发展回顾与 2018 年展望

2017 年 10 月，党的第十九次全国代表大会在北京召开，习近平总书记做了题为《决胜全面建成小康社会　夺取新时代中国特色社会主义伟大胜利》的报告。报告为整个中国社会经济的发展指明了方向、规划了道路。

具体到危化品物流行业，在 2017 年，包括《促进道路货运行业健康稳定发展行动计划（2017—2020 年）》在内，交通运输部等多个部门及地方政府，出台了诸多法律法规，以促进危化品物流行业健康稳定发展。同时 2017 年的环保“严管”给我国的化工乃至化工物流行业带来巨大影响，整个化工产业将逐步摆脱粗放型发展模式。

一、2017 年危化品物流发展回顾

目前，我国已成为仅次于美国的世界危化品生产和应用大国。统计数据显示，2017 年年底石油化工总产值超过 16 万亿元，未来有望实现稳定增长。以化工产业为主导的工业园区有 500 余家。

2017 年我国危化品全行业货物运输量超过 16 亿吨，实现 10% 以上的年增长。我国每年运输的危险化学品中大部分通过道路运输，每年通过道路运输危险货物总量达 10 亿吨，占公路年运输总量的 30% 以上，占危化品运输总量的 60% 以上，且呈上升趋势。

截至 2017 年 6 月，经统计，我国从事危化品货物运输的企业为 10928 家。

（一）公路

2017 年危化品运输车辆超过 36 万辆。我国危化品挂车占比已超过 70%，规模达到 225861 辆。各地区车辆规模排名中，广东、新疆、辽宁位列前 3，青海、西藏和海南排名靠后。（如表 1、表 2 所示）

表 1　　2017 年各地区危化品物流汽车车辆规模排名

地区	车辆数量	吨位
广东	14885	183184
新疆	14414	131375
辽宁	13867	110693
安徽	12414	170725
江苏	12120	111597
江西	11619	134507
山东	10603	133505
四川	10233	118715
河北	9782	131193
湖北	8554	89861
浙江	8240	52291
陕西	7578	101690
广西	7162	67155
内蒙古	7150	82566
河南	6569	90097
湖南	6461	43689
云南	5458	54867
北京	4988	51762
黑龙江	4792	41520
吉林	4747	35281
甘肃	4197	48929
贵州	3984	39448
重庆	3882	32982
上海	3713	27407
福建	3662	28650
山西	2912	34272
宁夏	1714	23449
天津	1598	11269
青海	954	10574
西藏	776	5981
海南	640	5297

表2　　2017年全国各地区危化品挂车数量情况

地区	车辆数量	吨位
山东	29679	891316
河北	21386	598325
江苏	13013	390905
辽宁	9061	230585
河南	8648	239420
浙江	6584	195877
安徽	6391	185725
湖北	5973	126784
广东	5566	160867
新疆	5071	131624
湖南	4950	151611
陕西	3745	87609
上海	3402	101619
内蒙古	3351	80964
吉林	2963	81328
黑龙江	2637	71858
天津	2400	66989
山西	2393	59980
四川	2126	62548
宁夏	1935	53464
福建	1751	51009
广西	1721	44702
江西	1630	47173
甘肃	1131	28942
云南	1017	31219
重庆	634	17542
青海	530	10927
西藏	388	11023
海南	255	5680
贵州	201	4985
北京	18	254

目前，我国道路运输从业人员约3000多万人，其中从事危化品运输的驾驶员、押运员和装卸管理员共约148.9万人。从事道路货物运输的经营户（以盈利为目的）数量合计约900万户。其中，从事道路危险货物运输业的户数共计10928户。从各运输分类从业户数看，具有运输第3类和运输第2类的从业资格的户数较多，合计占比超过50%。从各省拥有的危化品车辆吨位上看，广东、安徽、江西、山东、新疆、河北等省份车辆吨位占比较高，尤其是广东省车辆占比排名跃居第一；西藏、青海、海南排名仍然靠后。2017年从事各类危化品运输的户数如图1所示。

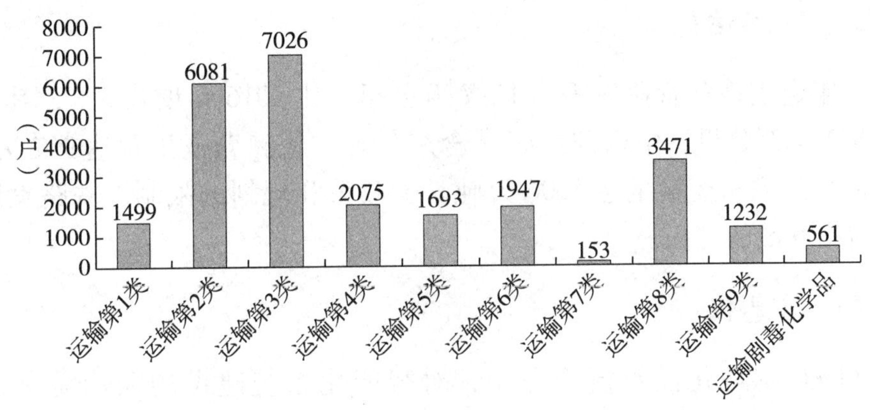

图1　2017年从事各类危化品运输的户数

此外，据不完全统计，截至2017年年底，我国仅在公路运输环节，发生与危化品车辆相关的交通事故具体可分为：自燃原因25起；工作人员操作不当、驾驶员行驶不当84起；设备和车辆失控问题26起；被追尾9起；追尾45起；因避让他人致事故12起；残留物泄漏77起。

（二）水路运输

2017年水路危化品运输量达到2.5亿吨，其中液货危险品船为主要船舶运力。

1. 油船

截至2017年年底，沿海省际运输油船共计1316艘、1008.89万载重吨，同比减少36艘，吨位增加15.58万载重吨，增幅1.57%；其中具有沿海省际原油运输资质船舶92艘、528万载重吨，同比持平。全年新增油船运力72艘；除强制报废1艘船舶外，共有107艘、28.60万载重吨提前退出市场。

2. 化学品船

截至2017年年底，沿海省际运输化学品船（含油品、化学品两用船，下同）共计272艘、106.18万载重吨，同比增加6艘、2.64万载重吨，增幅2.55%。

全年新增运力 7 艘、4. 42 万载重吨；无强制报废船舶；共有 1 艘 1. 67 万载重吨化学品船提前退出市场（部分船舶经检验后核减了载重吨，总计核减 0. 11 万载重吨）。

3. 液化气船

截至 2017 年年底，沿海省际运输液化气船共计 72 艘、24. 50 万载重吨，同比增加 2 艘、2. 41 万载重吨，吨位增幅 10. 90%。全年新增运力 2 艘、2. 57 万载重吨；没有强制报废船舶和提前退出市场船舶（部分船舶经检验后核减了载重吨，总计核减 0. 16 万载重吨）。

（三）铁路运输

2017 年全国铁路营业里程达 12. 7 万公里，比 2016 年增长 3%，其中，高速铁路占 2. 5 万公里，中西部地区（含东三省）铁路营业里程达 9. 7 万公里。2017 年危化品铁路运输量达 5000 万吨。受政策和规划的限制，铁路发展成为危化品物流发展的短板。

（四）信息化

在被调查的危化品物流企业中，对智能化系统建设的采购需求占比为 28. 4%，物联网硬件设备采购需求为 22. 1%，两者合计，已累计超过 50%。仓储企业视频监控设备的普及率为 100%，仓储管理系统的普及率为 73%。

（五）分布

此外，在接受调研的企业中，约 16% 的企业业务辐射到国际，业务辐射到全国的占 59%，跨省的占 18%，仅在省内的约 7%。（如图 2 所示）

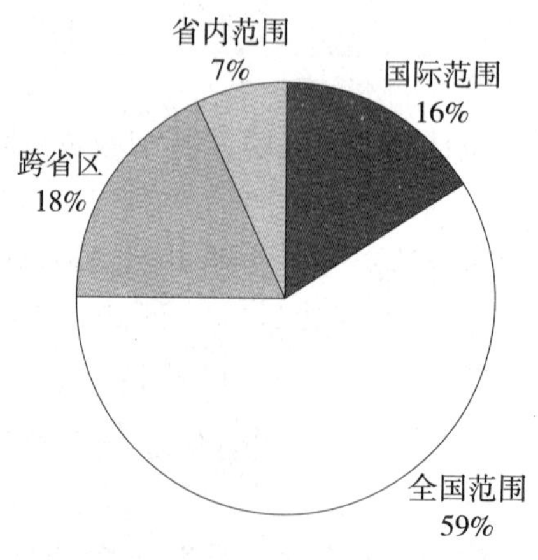

图 2　2017 年接受调研危化物流企业业务辐射范围统计

二、危化品物流行业存在的问题和原因

从整体行业发展来看，我国危化品物流行业主要存在以下问题。

（1）各地支持力度方面。“8·12”事件的余温一直影响着危化品物流行业的发展，各地政府及监管部门对于危化品行业保持严格的控制，如在基础建设、证件批复、清理整顿等方面，同时部分政策与市场环境脱节，过度监管让企业生产经营受到持续影响，企业成本增高。

（2）政策法规方面。政出多门，造成危化品物流跨部门、跨行业安全管理协作不足，譬如，物流标准管理分散，部分标准存在冲突。部分省市制定的地方法规普及不够，导致外地车辆途经该地方时无法正常开展业务或运营。

（3）运输设备的设计制造方面。很多罐车有制造单位一再追求轻量化，导致车辆存在安全隐患。设备检测方面，目前虽有一些规范性、指导性的罐体检验规范，但各地方落地检测参差不齐，检验手段、方法不完善，检验力度薄弱。

（4）在车辆挂靠和异地登记方面。大部分异地挂靠车辆在上牌登记后，长期在外地营运，企业根本没有能力来管控这些车辆，车辆安全监管无从谈起。

（5）在保险机制方面。目前，虽然有危险货物的各种保险，但危化品企业却没有形成保险机制，这属于行业薄弱环节。

（6）物质资产的专用性不强，专业化水平低。例如，专门性车辆少，运力不足。

（7）信息系统及信息技术普及不够。从全局来看，我国危险品物流的信息化水平发展较快，与发达国家并无差距，甚至高于他们的应用。目前，国内很多运输车辆都安装 GPS，但不能实现信息的共享共用。而且许多先进的技术成果还没能在我国进行实际应用或者应用范围十分有限，比如微波雷达技术、双目闭合分析疲劳驾驶警示系统等，只有在规模较大的企业应用广泛。此外，在西方国家危险品因其特殊性，信息化监控实现全过程，全角度的实时监控，能够保证危险品物流透明化，及时发现并解决问题。目前国内企业能进行某些环节的实时监控，但是要实现全过程的信息化监控还存在难度。

（8）路径优化研究薄弱。危险品运输路段临近居民会面临不可估计的安全事故风险，发展中国家情况更糟，因为很多村镇离道路距离很近。因此，危险品运输的道路选择也必须综合考虑各种因素。在我国，相关法律对危险品运输的道路选择有相关规定，有些地方也有危险品道路标志，但学术上对危险品运输道路优化研究还很薄弱，远远不能满足危险品物流的发展需求。

（9）应急救援设备不足。由于危险品的特殊性，在出现事故时必须有专门

的应急救援设备，比如防护服、呼吸面罩及专业检测设备等；危险品运输车辆、仓库等必须装备能够有效处置突发事故的设施，以便在出现事故时及时遏制，避免危害扩大化。由于信息沟通不畅等问题，各部门不能在第一时间实现信息共享，缺乏快速有效的反应机制，往往贻误救援时机，甚至出现救援方案和救援设备针对性不够、救援措施不当等问题，从而造成救援人员伤亡的情况。

（10）专业化经营规模小。目前，我国危险品运输市场供不应求，一方面需求增长迅速，另一方面物流企业规模普遍较小，难以满足需求。究其原因，主要在以下几个方面：①行业准入门槛较低，很多企业实力相对薄弱，导致行业的经营管理、从业人员水平都不高；②危险品运输业投资大，风险系数高；③国内危险品物流公司实力相对较弱，服务单一，不能满足市场的需求；④危险品物流企业规模小且服务单一，严重制约了该行业的现代化发展进程，对现有企业进行整合、规范势在必行。

（11）专项资产不充分，绿色化缺口宽。危险品生产、运输安全已经引起了国家的重视，相继颁布了《化学危险品安全管理条例》《道路运输条例》《道路危险货物运输管理规定》《危险货物运输规则》等一系列关于危险品的法律法规。但是这些法律并没有形成一个完整的针对性体系，相关法律条文重复，有些甚至互相矛盾，在执行过程中给企业带来很大不便，严重影响运作效率。在政府监管方面，存在多头管理现象，安监、公安、交通、质监、工信、工商及环保 7 个部门直接监管危险品运输，各部门不仅在监管上存在职能交叉而且执行标准不一致，对同一件事情处理方式各异。这样不但难以强化危险品运输的监管力度，反而造成危险品运输的监管断链和监管漏洞。

（12）标准化体系不完善。近年来，我国借鉴联合国及西方国家的相关经验，对危险品的种类、性质、分类及标识等进行了规范，出台了相关法律法规。但是与西方国家相比，我国危险品行业的标准化程度太低，如危险品运输中的操作程序、操作环境、包装标识及运输设备等细节问题的标准化程度不高。另外，执法还存在着条块分割问题，各地区，各部门之间标准不统一。

（13）安全运输的宣传、保障及其投入不足。对于安全意识的提高以及运输绿色化的实现，政府部门在政策、项目、资讯等方面还缺乏有力支持与保障。另外，政府、社会各界、新闻媒体，教育机构等对危货运输的关注和重视仍不到位，尤其对于责任事故的反面曝光不充分，追责不彻底，惩罚不严厉，致使违法成本低。再者，行业协会的作用没有得到充分发挥。而运输企业的运作管理，存在仓储中管理和操作不规范（入库检查不规范、危险品标识清晰，不按要求进行分离存储等）；装卸搬运中流程不流畅（装卸场地选择不当，专业装备落后等）；运输中制度不健全等问题。

此外，目前我国危险品仓库市场供不应求，市场供需缺口大约在25%，部分区域在30%以上，其中以平仓的缺口为主，储罐较为饱和。主要有以下几个原因。

（1）由于国家政策的限制，危险品仓库在选址和行政审批方面存在较大困难。

（2）危险品仓库的建设与管理技术要求高，安全风险大，投资额度大。

（3）受相关标准的限制，单个仓库的面积较小，仓库之间间距较大，仓库面积容积率低于20%，建设积极性受到抑制。

（4）危险品仓库的短缺催生了“地下仓库”，这些仓库面积小，数量多，分布广，不符合危险品仓储的条件却难以监管和取缔，给社会安全构成了极大威胁。

（5）人力资产的专业性不高，运作效率差。

三、2018年危化品物流行业发展展望

2017年危化品物流行业的新业态及新趋势逐步显现，2018年行业发展的提质升级和融合共享成为必然要求。

（一）行业整治力度加大

危化品物流仍是各省市、各区域重点治理的工作方向，2018年年初，各项针对安全生产、安全评估、安全检查的体系评估工作正式开展，同时针对道路运输的专项整治也在如火如荼地进行，化工大省山东正在开展道路危化品运输车辆本质挂靠经营和运输介质不符整治行动，辽宁省发布《危险货物道路运输专项整治实施方案（2018—2020）》，都在加快提升危货运输行业转型升级和运力结构调整，未来“散弱小”等安全隐患突出的危货运输企业将被淘汰，行业门槛将提高，整个行业将步入集约化发展，逐步向中高端迈进。

（二）供应链的创新升级

由于危化品物流行业常年存在的粗放化发展，危化品和物流的结构上出现了运力结构、组织方式等问题，危化品还没有完全融入国际供应链体系，多式联运作为危化品物流供应链的重心，却长期存在装备的不统一、信息不能互通的问题，而铁路发展成为主要短板，目前液体化工（甲醇、成品油）罐式集装箱铁公海多式联运示范工程已经展开，大家都在期待铁路的政策能够放开。

同时随着技术的进步，中国化工整个精细化的程度逐年的提高，也要求

所有从事化工行业物流的人员和单位不断创新服务的产品，只有创新服务产品才能够提升整个物流供应链的效率和降低服务成本。减轻危化品物流企业的负担，为企业产生新的效益增长点，进一步整合资源发挥物流的优势，通过商业模式的创新、物流产品的创新、资源整合及资本手段，为中国化工企业提供安全、高效、一体化的物流服务的第四方物流近两年内在危化品物流行业兴起。

相信在行业的引领下和知名企业的示范下，未来行业龙头企业的强强联合＋区域联合＋板块联合的四方平台将陆续产生，并通过组织创新和资本创新，组建更大的化工物流服务网络，让整个危化品物流行业走上开放、联合、高效的供应链发展创新之路。

（三）环保、安全、智能化升级

2017 年是环保从口号标语到真刀实枪的关键一年，2018 年更有愈加严格之势，目前多部环保方案已于 2018 年正式开始施行，环保“最严模式”已启动，据了解，南京将关停化工企业 40 家，长江沿线化工园区将面临整改，宜昌沿江一公里内化工企业三年“清零”，山东将全省化工园区数量控制在 100 家以内，并对全省危险化学品道路运输、仓储、经营企业的评级工作等，这给化工企业及物流企业的环保工作提出了高标准、严要求，同时多地国三车辆禁行并启动国三货车加装 DPF（颗粒捕捉器），从而实现环保升级。我国发展规模化、集约化，绿色化的化工产业的步伐正在加快。

在道路运输方面，2017 年国务院安全生产委员会印发《道路交通安全“十三五”规划》，其中着重提到要提升危化品车辆安全性，优化机动车产品结构，提升道路交通安全科技支撑能力，提高危险货物道路运输安全环保水平。同时《机动车运行安全技术条件》（GB 7258—2017）正式实施、2018 驾驶证消分等新规出台对化工物流来说有了更高的挑战。

随着人工智能、物联网、智联网技术在化工物流领域的应用也将给危化品物流带来技术变革，不仅进一步提升危化品运输及仓储安全管理的能力，还会进一步提升车辆、公共资产、货运物流资产、仓储资产运作的效率，协助推动 GB 7258—2017 和《汽车运输危险货物规则》（JT 617—2004）标准的落地，加快营运车辆安全辅助驾驶技术的应用，推动道路交通安全研究成果转化和资源共享等是下一步工作的重心。

（四）物流园区化趋势

化工企业搬迁入园的政策正在对物流模式产生新影响。物流企业将以园区为主要载体，集中经营成为提高管理水平的突破口。

我国化工园区的发展建设多处于沿海、沿江、化工经济重心区域和化工资源产地，这些地区临近港口码头和公铁路交通要道，为仓储物流发展提供了便利条件，而且丰富的资源和高密度石油化工企业，为仓储企业提供了充足的货源和稳定的市场需求，提供了发展空间。根据我国现行政策，所有新建和搬迁的危化品生产、储存企业必须进入专业化工园区，化工园区已成为危化品仓储企业生存发展的主要载体。

2018 年推动物流企业入园，加强园区危化品物流服务配套项目规划，园区的功能性、安全性建设，建设港区化工码头、罐区和公路化工物流港等将成为危化仓储工作的重心。

（五）电商 + 平台化趋势

化工行业被认为是全球第三大电子商务市场，它以其产品数量庞大、规格型号复杂、需要全球化规模经营、交易受到时空限制等原因又成为电子商务发展的增长热点。电子商务将对化学工业产生巨大的影响，改变传统的交易模式，引发整个化工行业利润的重新分配。目前国内化工电商平台众多，其高速发展也催发物流平台的加速。

2017 年 7 月国务院总理李克强主持召开国务院常务会议部署推进“互联网 +”高效物流，以“互联网 +”高效物流为标志的智慧物流加速起步。这无疑给危化品物流平台化加入了新动力，行业企业的呼声也越来越多，2018 年危化品物流分会也将进一步推进互联网在化工物流行业的应用，但同时危化品车货匹配平台将面临着比普货更大的难题。第一，必须建立严格的企业认证体系；第二，找准小、散户整合定位，扩大业务范围；第三，理性面对危化品运输的风险性，合理规避；第四，注重时效性，及时更新平台信息。此外，分会也呼吁政府和社会，进行合理的责任划分，建立一个完整的制度体系。

（中国物流与采购联合会危化品物流分会　刘宇航）

2017 年粮食物流发展回顾与 2018 年展望

2017 年是我国落实“十三五”规划、深化粮食供给侧结构性改革的重要一年。2017 年政府主导的粮食物流供给侧结构性改革得到扎实推进，“一带一路”粮食物流得到进一步重视与发展，粮食现代物流与供应链功能得到进一步强化。展望 2018 年，粮食物流体系与粮食安全建设有望得到进一步加强，“一带一路”粮食物流与供应链整合将得到长足发展，着眼于智慧与绿色生态的大粮食物流将受到日趋重视。

一、2017 年我国粮食物流发展回顾

（一）政府主导的粮食物流供给侧结构性改革得到扎实推进

1. 粮食物流能力建设得到进一步加强

物流能力建设是有效确保“一带一路”倡议下国家粮食安全的重要举措。2017 年全国各级粮食部门围绕中心、服务大局、锐意进取，进一步实施“优质粮食工程”，大力增加绿色优质粮油产品供给与流通设施建设，粮食物流能力得到了持续增强。2017 年中央安排预算内投资 19.9 亿元，继续推动“粮安工程”与军民融合创新示范工程，支持建设仓容 80 多亿斤、物流项目 26 个。同时积极支持国有粮食企业依法将划拨用地转变为出让用地，大力实施主产区粮食加工奖补政策和粮食企业税收优惠政策，并确定公布 507 家粮油产业化龙头企业名单，并对其物流功能优化等进行重点支持，通过成立“玉米产业技术创新战略联盟”等鼓励金融机构为粮食物流提供多元化金融服务。

2. 粮食物流体制改革取得新进展

积极进行粮食物流体制改革是新形势下确保粮食安全与物流快捷的关键。2017 年，国家有关部门积极组织力量进一步完善上报《粮食流通管理条例》和《中央储备粮管理条例》。为加强粮油安全储存和行业安全生产指导，不断提升粮油安全储存和粮库安全生产工作水平，国家粮食局编制了《粮油安全储存守则》和《粮库安全生产守则》。为适应国内外粮食形势变化要求，进一步壮大调控粮食安全的中坚力量，积极尝试以增强国有粮食企业能力为重要内容的企业重组，其中最突出的是中储棉总公司无偿划转并入中储粮总公司，成为其全资子公司。通过采取一系列有力有效措施，中储棉有序融入中储粮大家庭，重组后的中储粮总公司总资产规模达 1.47 万亿元，储备品种涵盖主粮、

食用油脂油料和棉花等8大储备品种，成为国内最大、国际影响举足轻重的农产品企业集团。同时为适应国内外粮食供应链合作的发展要求，积极制定或修订了100余项粮油质量等标准。安徽省粮食局发布了《安徽省粮食局关于全面推进国有粮食企业改革进程的实施意见》（皖粮财〔2017〕22号）要求，企业整合重组取得新突破。来安、全椒、太和、寿县等地按照“一县一企”的改革模式，大力推进国有粮食企业资产重组与物流供应链整合，压缩管理层级，强化内部管理，深化产权制度与物流管理体制改革，推动了依法治企与改革发展的深度融合。全省国有粮食购销企业个数减少到285个，进一步实现瘦身健体与物流规范运作，经济效益和资产质量实现新提升。全年国有粮食购销企业盈亏统算实现利润3.69亿元，较2016年增加8244万元，同比增长28.68%，创历史最高水平。

3. 粮食库存消化取得新成效

玉米是我国目前库存量最大的粮食品种，也是粮食行业“去库存”“降成本”的难点所在。玉米收购政策改革的内容是取消玉米临储，实行“市场化收购”加“补贴”政策，即“市场定价、价补分离”。针对国内玉米库存高达2亿多吨的现实状况，2017年9月13日国家发展改革委、国家能源局、财政部等十五部门联合印发《关于扩大生物燃料乙醇生产和推广使用车用乙醇汽油的实施方案》。通过积极发展生物燃料乙醇产业处置超期超标等过剩粮食，取得了玉米需求量明显提升等较好效果。2017年新玉米上市以来，东北地区玉米价格呈现持续上涨势头，国内外玉米价差进一步缩小，扭转了持续3年的价格倒挂局面。在国内玉米面积缩减、玉米消费不断增加等趋势下，玉米市场价格机制作用日益显现，种植结构调整得到一定程度的优化，加工企业活力得到一定程度的激发，改革效果好于预期。2017年政策性粮食库存消化1690亿斤，政策性玉米库存比历史最高点下降28%。同时国家积极调整完善稻谷和小麦最低收购价政策，认真组织政策性收购和市场化收购，全年共收购粮食8500亿斤。但截至2017年年底，国内临储玉米库存量1.78亿吨。其中2014年产临储玉米5300万吨左右的量在2018年将成为超期库存，需要抛向市场，故我国国内粮食“去库存”压力仍大。

（二）“一带一路”粮食物流得到进一步重视与发展

1. “一带一路”粮食安全的物流布局取得新成效

新时期保障国家粮食安全的重要思路是拓展“一带一路”粮食生产与流通的发展空间，在这种情况下如何适应粮食生产走出去与稳进来的粮食物流布局日益重要，自然也成了“一带一路”建设中的一项重要内容。上合组织（连云港）国际物流园粮食物流基地规划（2017—2022）得到批准实施，该项目有助于在各方初步达成共建新亚欧大陆桥经济走廊、共用出海口等基础上，形成以“一带一路”粮食交汇点为核心的圈内外合作体系，不断提升国内外粮食企业的互联互通水平、持续加强粮食安全高新科技合作等方面的合作，有助于把有关合作进一步拓展到中东欧，从而促进一个贯通亚欧的粮食大通道建设，有助于提高“一带一路”交汇点粮食安全与现代物流体系合作建设的成效，分散海上粮食物流通道建设与实施的风险，促进粮食物流基地与人才培养的互相促进、联动发展等。中粮集团积极进行全球布局建设，已经在南北美洲、澳大利亚、中亚、远东及黑海等世界粮食核心产区建设了仓储、码头、物流设施等一批战略资源，形成了覆盖全球的粮油产业布局。2017 年 3 月 28 日，中粮集团首次以散粮集装箱方式进口的 2200 吨哈萨克斯坦小麦，从哈萨克斯坦科斯塔奈州发出，搭载中欧返程班列，顺利抵达西安国际港务区，较好地打通中亚与我国内陆的粮食物流通道，有效地促进了“一带一路”西安粮食物流枢纽建设，以及丝绸之路粮食产业经济发展；绿色安全的进口哈麦为中国小麦进口提供了多元化的渠道选择，不仅有助于促进我国西北部地区面粉加工业的产品品质及竞争力的提升，而且也丰富了中国市场不同品种高品质小麦的供应。另外，装载 1215 吨哈萨克斯坦小麦进入连云港中哈物流基地，经连云港口岸通过海运发往越南，哈萨克斯坦过境连云港小麦运输开启了常态化运作模式。

2. “一带一路”粮食物流基础设施投资得到进一步强化

“一带一路”粮食物流基础设施投资涵盖铁路、公路、水路和港口等投资规划，包括黑海及其周边地区的港口和内陆铁路。到 2017 年年底，这些项目包括在黑海沿岸的尼古拉耶夫（Mykolaiv）新设粮食转运站、收购伊斯坦布尔的昆波特（Kumport）集装箱码头，以及中国资助的经黑海、里海和哈萨克斯坦连接乌克兰与中国的货运铁路和轮渡服务设施。中粮集团致力于在“一带一路”沿线国家发挥国家粮油产业投资主体作用，进一步完善在全球主要粮源产地的供应链资产布局，加快沿线区域重点项目落地，成为农业合作重要引擎。2017 企业年设定“一带一路”沿线国家实现投资 100 亿元，粮食经营量 3000 万吨，掌控一手粮源 1000 万吨，进口食品 50 亿元，打造对接“一带一路”的进口粮食陆路和海陆两大粮食物流通道的建设目标。2017 年上合组织（连云港）国际物流园成功获批“江苏省重点物流基地”，其重要规划之一“上合组织（连云港）国际物流园粮食物流基地规划（2017—2022 年）”得到批准实施，有关软硬基础设施的建设势必会推进新亚欧大陆桥跨境粮食物流的又好又快发展。同年，兰州新区以市场为导向，以进口粮油加工及全产业链建设为主线，以企业落地和项目开展为抓手，加大政策引导力度，引进粮食龙头企业，着力打造中亚粮油加工基地，逐步构建形成中亚粮油进口面向国内分拨的集散中心。

3. “一带一路”粮食物流与供应链整合得到进一步推动

“一带一路”粮食物流战略在我国粮食安全体系中具有十分重要的地位与作用。在已形成的以北粮南运与进口粮转运为重要特征的长三角、珠三角粮食物流通道等基础上，2017 年加大了以国内外产销区密切联动的“一带一路”粮食物流与供应链整合等。宁波舟山港目前已开辟集装箱航线 242 条，与世界上的 600 多个港口通航，“一带一路”航线达 80 余条，全年航班升至近 5000 班，全年箱量超过 1000 万 TEU，占全年集装箱吞吐量的四成左右。便利的基础设施使宁波舟山港等粮食物流园区成为粮食等大宗货物交易中心和集散基地。青岛和西安作为“一带一路”沿线重要的沿海和内陆城市，积极围绕国际粮食物流供应链，打造一体化物流服务平台，整合信息数据资源。进口货物直接从青岛港运至西安国际港务区查验放行，支持粮食等物品指定进口口岸及其供应链的做大做强。

（三）粮食现代物流与供应链功能得到进一步强化

1. 粮食物流中心功能得到进一步拓展

2017 年我国建成了一批覆盖主要粮食生产和消费区域、具备一定辐射能力和示范作用的物流节点和支持集仓储、物流、加工、贸易、质检、信息服务等功能于一体的粮食物流（产业）园区，使节点的集散功能得到了进一步完善，较好地发挥了粮食中转枢纽和调控载体作用。在国家发展改革委的支持下，2017 年我国“北粮南运”、东北对接京津冀、长江经济带、丝绸之路经济带和 21 世纪海上丝绸之路五大通道重要节点已建设粮食物流园区或基地。各地不断健全成品粮油配送中心，构建城乡粮食应急供应网络，形成覆盖城乡的加工物流配送体系。汽车散粮、内河船舶散粮运输比例稳步提高，散粮火车入关试点逐步开展，集装箱散粮运输快速发展，粮食物流成本进一步降低，粮食流通效率不断提升。广大中西部粮食运输能力及覆盖面得到进一步扩大。以内蒙古为例，其东西直线狭长 2400 多千米，边境线全长 4221 千米，总面积 118.3 万平方千米。独特的地理位置及广袤的面积，决定了内蒙古构建快捷有效境内外粮食物流网络体系的艰难性，但经过各方努力，截至 2017 年，内蒙古正式进入火车和汽车快速运粮时代。京包线（北京至包头）、兰新线（兰州至新疆）、沙通线（河北沙城至内蒙古通辽）、集通线（内蒙古集宁至通辽）、哈满线（哈尔滨至满洲里）等铁路干线遍布内蒙古 12 个盟市，纵横交错的公路网络，如同大树发达的根系，延伸至城镇乡村，粮食运输四通八达，朝发夕至。

2. 粮食仓储与产后服务体系得到不断完善

为贯彻落实 2017 年中央一号文件《中共中央　国务院关于深入推进农业供给侧结构性改革　加快培育农业农村发展新动能的若干意见》精神，不断夯实“两个安全”基础、促进行业仓储管理水平整体提升，各省市、地区大力推进仓储规范化管理和绿色储粮技术应用，大力推进以地方储备粮库为重点的粮库智能化升级改造，粮食储备的信息化程度得到进一步提高，较好地促进了粮食安全体系的科学保障。仓储设施建设重点转向优化布局、调整结构、完善功能。各地积极改善粮食仓储基础条件，努力规范仓储管理行为，不失时机地谋划库存消化与腾出仓容的盘活利用问题，抓紧推动应急粮食安全的专项设施建设。比较典型的是云南省昆明市在粮食储备结构和布局方面，通盘考虑危仓老库的维修和拆建、小散库点的撤并以及新建仓容，对现有设施进行充分改造和整合利用，有效地配合了粮食仓储的转型升级。四川省南部县积极建设集粮食干燥清理服务、粮食银行（两代一换）、发展粮食专业合作组织与质量检测等功能为一体的粮食产后服务体系项目。通过项目建成粮油专合组织5个，实现日烘干能力达100吨、日清理能力达150吨，建立的粮食银行软硬件与粮油质量监管服务平台使粮食产后服务体系不断完善。

3. 粮食物流信息化建设步伐加快

2017年，粮食物流重点推广使用“互联网+”技术，大力发展粮食电子商务，全面提升粮食物流信息化水平与粮食流通方式的创新发展程度。各地基于物联网、云计算、定位、地理信息等技术，结合现有政策性粮食交易平台系统、全国粮食动态信息系统以及大型企业物流网络系统，积极整合公路、水路、铁路运输等部门的基础物流信息，努力建立统一采集指标、统一编码规则、统一传输格式、统一接口规范、统一追溯规程的全国或区域粮食物流公共信息平台，初步形成了自上而下的粮食物流信息化服务体系。同时积极完善粮食物流标准化体系，不断完善以粮食物流信息采集、处理和服务的交换共享机制与粮食物流信息共享体系；不断推动现代物流和电子商务的紧密结合，努力按现代供应链的要求实现商流、物流、资金流与信息流的融合互通，以供应链整合促进粮食物流信息化建设与应用服务水平和效率的提高。例如，深粮集团按照国家和我省关于粮食行业信息化建设的工作部署，坚持按供给侧改革方向发掘创新动力，在积极探索“互联网+粮食”的融合与发展中，全面提升粮油加工产品的有效供给能力和企业盈利能力，初步形成了集粮油储备、贸易、加工、电子商务、物流配送等为一体的信息化建设与发展体系。

4. 粮食质量检验检测的广度与深度得到拓展

2017年相对往年突出的一点是，各地都加大了质量检测的广度与深度。让消费者食之更加健康方面，政府抓紧制订优质米、面、油等质量品质分类标准，意在为消费者提供符合质量安全标准的粮食。各地按照“机构成网络、监测全覆盖、监管无盲区”的《2017年粮食流通工作要点》，将质量检测功能不断向市县延伸，在全国人口大县（市）、产粮大县普遍建立了第三方粮食检验检测机构，大大扩展了我国第三方粮食检验检测的广度与深度。同时，各地都不同程度地加强了粮食质量会检、品质测报，以及粮油全产业链质量安全监测等工作，着力推进粮食质量安全保障机制和超标粮食处置长效机制建设，较好地落实了习近平总书记关于“严防、严管、严控食品安全风险，保证广大人民群众吃得放心、安心”的重要指示，也收到了比较实在的监控成效。以湖北省为例，2017 年该省开展了除神农架林区外的 16 个市、州的 82 个粮食产区县（市、区）、1100 多个乡（镇）、3200 多个村的收获粮食质量调查和品质测报工作，共调查扦取小麦、稻谷样品 5500 余份，分析优质小麦 234 份，优质稻谷 830 份。调查测报表明，2017 年中晚籼稻谷的整体质量因气候原因有所下降，早籼稻谷整体质量有所提升，小麦整体质量等级略有降低，从而为精准打好优质粮保卫战提供了重要的参考依据。

二、2018 年我国粮食物流发展展望

2018 年是粮食行业深化改革、转型发展的攻坚之年。全年将围绕实施国家粮食安全、乡村振兴与健康中国战略，努力构建更高层次、更高质量、更有效率、更可持续的粮食安全保障体系，粮食物流大致呈现出以下趋势。

（一）粮食物流体系建设有望获得进一步重视与加强

2017 年国内粮食在种植结构调整优化基础上再获丰收，国家统计局公布的全国粮食生产数据显示，2017 年国内粮食播种面积 16. 83 亿亩，比 2016 年减少 1222 万亩，下降 0. 7%；国内粮食总产量 12358 亿斤，比 2016 年增加 33 亿斤，增长 0. 3%，属历史上第二高产年，从而较好地实现了国内粮食生产“十四连增”的目标。但这种可喜情况反而会促使一些地方产生放松粮食生产、忽视粮食流通、过度依靠中央或主产区提供粮源的现象，为此，各地自觉承担维护国家粮食安全责任意识有待进一步加强，粮食物流体系建设有待进一步强化，其突出表现在以下几个方面。

1. 面向粮食安全的物流服务意识将得到切实增强

粮食安全是实现经济发展、社会稳定和国家安全的重要基础。在我国资源环境约束日益加大、粮食供求长期处于紧平衡和国内粮食生产成本快速攀升、粮食价格普遍高于国际市场的情况下，如何确保谷物基本自给、口粮绝对安全，把饭碗牢牢端在自己手上，是必须应对的一个重大挑战。2018 年各地区、各部门将充分认识确保粮食安全的极端重要性和复杂性，进一步增强大局意识、责任意识，把保障粮食安全放在粮食物流的突出位置，不断增强粮食物流的柔性。

2. 以粮食物流促进粮食安全责任承担的工作将得到进一步强化

国内外粮食形势的变化，决定各省（区、市）人民政府必须切实承担起保障本地区粮食安全的主体责任，全面加强粮食生产、储备和流通能力建设。在中央及地方出台的一系列粮食政策与规划来看，未来政府主导的粮食物流将更加维护国家粮食安全方面承担的责任，更好服务于粮食收购、储备、轮换、加工分销与有关节粮减损与物流能力建设。

3. 粮食质量安全将得到进一步强化

目前我国消费者正在向高端化及细分化发展，消费者对于高端以及高质量粮食产品的需求正在逐步增加，品牌及品质正成为各粮食品种实行战略制胜的关键，使得粮食加工企业经营分化格局仍将持续。2017 年 12 月 18—20 日召开的中央经济工作会议也指出，推进农业供给侧结构性改革，坚持深化粮食收储制度改革，让收储价格更好反映市场供求。在这种情况下，如何强化质量粮食安全体系建设，以及物流与供应链整合，就显得日益重要与迫切。

（二）“一带一路”粮食物流与供应链整合将得到长足发展

着眼于品质经济与比较优势，决定了粮食行业实行“一带一路”粮食供应链整合的重要性与迫切性。

1. “一带一路”粮食物流合作将得到进一步重视

以“五通”为基本特征的“一带一路”建设对我国粮食供给方式的创新、国际市场话语权的掌控、粮食安全资源的扩大与维护，以及供应链成本与安全风险降低等都具有重要的影响作用，并呈现出如下影响机理及效应：“一带一路”倡议→国内外粮食供给与供应链安全能力增强→供给侧结构性优化→可持续粮食安全。各地将积极依托农业对外合作部际联席机制，参与“一带一路”国际粮食合作交流和贸易规则、物流标准的制定，并在政策、资金、税收、保险及信息等方面推动具有国际竞争力的大粮商培育，以及有实力的粮食企业“走出去”，开展粮食生产、加工、仓储、装备制造等跨国合作。

2. “一带一路”粮食物流园区将得到进一步建设与运作

依托资金、人才、产业、装备、信息等方面的优势，国家可望在俄罗斯、蒙古、中亚五国、巴基斯坦、泰国、缅甸、马来西亚等国家重点布局、建设一批以高科技为支持、以绿色有机为特色的大粮食产业园区。由中方提供投资和科技支撑，由合作国给予财税、土地、开发经营权等政策支持和保障，积极促进形成双边合作建设机制，并依托粮食物流基地或产业园区，开展大粮食研发合作、农业科技成果转化、粮食产业规模化经营等业务，全面引领和推动中国同“一带一路”国家的大粮食生产与物流合作。同时，促进已经批准实施的上合组织（连云港）国际物流园粮食物流基地规划（2017—2022）等，更好地进入实质性的招商与整合运作环节。

3. “一带一路”沿线各国粮食深加工合作将得到进一步加强

受限于资金、技术、产业基础等方面的弱势现实，目前中亚五国、蒙古等国家大量出口农业初级产品，但其在农产品深加工、中高端保健品、医药产品等领域的潜力巨大。2018 年，我国有望与“一带一路”沿线各国进一步探索粮食产品加工、生物医药等方面的深度合作。借助亚洲开发银行、国开行等金融机构和国际平台的融资支持，重点解决种植粮食设施、装备、技术、材料以及研发落后、资金不足等实际发展问题；通过搭建互联互通的信息、科技、人才合作平台网络，全面加强我国与“一带一路”沿线国家在农业科技研发、农业生态保护与治理、有机稻米培育、农机装备购买与租赁、农产品精深加工等多领域的广泛、深入合作，带动“一带一路”国家粮食的有机、可持续发展。

（三）着眼于智慧、绿色与安全的大粮食物流将受到日趋重视

2018 年各地将按照国家粮食局关于粮食行业信息化建设的各项部署要求，继续大力推进实施“互联网＋粮食”行动，持续推动企业以标准化、信息化、策略化、绿色化与效益化为重要特征的转型发展，为粮食安全作出新贡献。

1. 大力推动智慧物流，促进商业模式优化

各地将围绕“一带一路”、健康中国战略与粮食安全有效保障等进一步优化商业模式，巩固粮食物流的疏港、集散、储备、贸易、加工、配送、检验和信息服务等经营环节优势，同时通过内引外联等方式继续推进粮食信息化建设，加强大宗粮食商品期现货交易平台与物流服务体系建设，以及基于移动互联、大数据的营销模式探索与智慧物流及供应链创新。围绕粮食安全与供应链服务保障体系，特别是粮食智慧物流园区核心功能，加快粮食物流点、线、面、体的系统建设，以期进一步整合上下游粮食流通资源，打造集供应链解决方案、物流配送、电子商务、信息化仓储等增值服务于一体的现代粮食流通综合服务平台。

2. 大力推动绿色物流，促进放心粮油工程实施

根据有关要求，土壤受污染严重地区要采取耕地土壤修复、种植结构调整、粮食生产禁止区划定等措施，从其源头上防治粮食污染。与其相匹配，粮食物流及其相关的化肥、农药等生产资料与快消品等快递品，要注重全过程监督管理制度的完善与执行，大力推广多功能农业与绿色物流发展。围绕在城乡普遍建立“放心粮油”供应网络等要求，积极完善粮食质量安全标准体系，实行从田间到餐桌的全过程监管制度。加强监测预警，严防发生区域性、系统性粮食质量安全风险。特别是注重加强健全粮食产地准出制度和质量标识制度，对农药残留、重金属、真菌毒素超标粮食的管控，建立超标粮食处置长效机

制，禁止不符合食品安全标准的粮食进入口粮市场，不断推动从源头到餐桌的放心粮油工程建设，促进大粮食与大健康的整合发展。

3. 大力推动风险监控，促进粮食供应链整合

我国粮食安全建构在大米、小麦、玉米和大豆四种主粮的生产与贸易基础上，由于国际主粮产区集中在美国、巴西等“粮仓”地区，且这些地区存在着巴拿马运河、苏伊士运河和马六甲海峡等许多对粮食安全至关重要的“阻塞点”或风险区（即可能出现差池的特定港口、海峡和内陆水道），故希望通过“一带一路”的均衡发展，特别是“一带”的强化发展来降低国内外粮食物流的脆弱性。但在现有的国际国内背景下，大力实施粮食物流与供应链整合本身也具有一定的风险，为此如何识别、评价风险，强化粮食数量与质量安全监管责任制和责任追究制度，就成了如何实行粮食物流与供应链整合、有效确保军需民食与综合效益提高的重中之重。

（南京财经大学　营销与物流管理学院　吴志华　刘佳）

2017 年农村物流发展回顾与 2018 年展望

一、2017 年农村物流发展回顾

近年来，随着城乡统筹发展战略的推进，以及电子商务在农村的普及，中国农村市场呈现出巨大的发展潜力，这也使得服务于农村经济与农民生活的农村物流谋得了发展机遇。2017 年，中国农村物流获得较大发展，农产品物流总额达 3.7 万亿元，同比增长 3.9%，提高 0.8 个百分点。2017 年农村快递物流服务网点覆盖率达 89%，农村网店达 985.6 万家，较 2016 年年底增加 169.3 万家，增长 20.7%，带动就业人数超过 2800 万人。农村居民消费与生产领域高速增长，对物流需求的贡献率持续提高，农村物流已成为中国物流业进一步发展的重点领域。回顾 2017 年农村物流的发展，具体可以概括为以下几个方面。

（一）农村物流助力乡村振兴

物流的发展依托于地区经济的发展，反之也促进地区经济的发展。农村物流作为农村地区经济发展的重要推动力，受到了政府的重视和企业的关注。在 2017 年，党和政府下达了多项关于乡村振兴与农村物流发展的政策和指示，也实施了多项工程和项目。

2017 年 2 月，中央一号文件《中共中央　国务院关于深入推进农业供给侧结构性改革　加快培育农业农村发展新动能的若干意见》（简称《意见》）中指出：推动商贸、供销、邮政、电商互联互通，加强从村到乡镇的物流体系建设，实施快递下乡工程；完善全国农产品流通骨干网络，加快构建公益性农产品市场体系，加强农产品产地预冷等冷链物流基础设施网络建设。《意见》指明推进农业供给侧结构性改革，加快培育农业农村发展新动能，农村电商的重要性越发凸显，农村物流体系建设也成为农村发展的关键环节。

中央经济工作会议中也明确提出：实施乡村振兴战略，推进农业供给侧结构性改革，坚持质量兴农、绿色兴农，农业政策从增产导向转向提质导向。而推进农村物流发展对于促进农产品流通，提高农业综合效益和竞争力至关重要。当前，无论是从“工业品下行”还是“农产品上行”来看，农村物流建设都关系着农村居民生活质量以及农村经济的发展。

2017 年商务部会同财政部、国务院扶贫办继续开展“电子商务进农村综合示范项目”，并进一步向贫困地区和欠发达革命老区倾斜，示范区域包括 21 个省（区）。地方经过竞争性选择，确定了 260 个示范县，其中国家级贫困县 237 个，占总数的 91.2%，重点贫困和欠发达革命老区县 23 个，占总数的 8.8%。中央资金重点支持县域电商公共服务中心、乡村电商服务站点、人员培训、县域电商物流配送体系、农村产品电商供应链和营销体系等方面的建设，农村电商和物流的建设已经成为农村脱贫的“利器”。

综上所述，2017 年，农村电商和农村物流作为推动农村商品流通方式转型、促进农村消费升级的先导性产业，在推动农业供给侧结构性改革、培训农业农村发展新动能、实现乡村振兴战略和现代化建设方面发挥了重要作用。

（二）农村物流市场规模进一步扩大

近几年来，随着人均可支配收入的增加，农村居民拥有了更强的消费能力，中国农村物流的市场规模也日益扩大。尤其伴随着农村网络覆盖率的提升，“网购”人群正在迅速扩大，农村物流市场规模将进一步拓展。

全国农村网络零售总额快速提升。2013—2017 年中国农村居民的人居可支配收入与消费支出均呈现出逐年递增的趋势，如图 1 所示，农村市场具有更大消费潜力。截至 2017 年，我国农村网民占比为 27.0%，规模为 2.09 亿，较 2016 年年底增加 793 万人，增幅为 4.0%，农村地区互联网普及率为 35.4%，网购使用率已超过 50%。近 5 年中国农村网络零售额差异较大，如图 2 所示，2013 年农村网络零售额为 1125 亿元，2014 年农村网络零售额为 1800 亿元，同比增长近 60%，发展较为迅速；2015 年全国农村网络零售额 3530 亿元，同比增长 96%，农村地区收投快件量超过 50 亿件，带动农副产品进城和工业品下乡超过 3000 亿元。2016 年，全国农村网络零售额 8945.4 亿元，同比增长超过 1.5 倍，约占全国零售总额的 17.4%，其中实物型产品网络零售额 5792.4 亿元，服务型产品网络零售额 3153 亿元，全年农村网络零售额季度环比增速均高于城市。2017 年全国农村网络零售额 12448.8 亿元，同比增长 39.1%，其中实物型产品网络零售额占 62.9%，达 7826.6 亿元，服务型产品网络零售额占 37.1%，为 4622.2 亿元。2017 年全国农村地区收投快件量已超过 100 亿件。

此外，2017 年，中西部及东北农村网络零售额合计为 4544.4 亿元，同比增长 50.4%，高出东部农村增速 17.0 个百分点。全国 832 个国家级贫困县实现网络零售额 1207.9 亿元，同比增长 52.1%，高出农村增速 13.0 个百分点。由图 2 中观察可发现，农村网络销售额同比增长率持续增长后，在 2017 年虽有所下降，但我国农村网络零售正由高速增长向高质量发展转变，市场规模扩大的同时也在更多地向中西部与东北部等农村物流发展薄弱的地区倾斜，区域结构逐步优化，2017 年农村物流和电商在扶贫发展中作用更加突显。

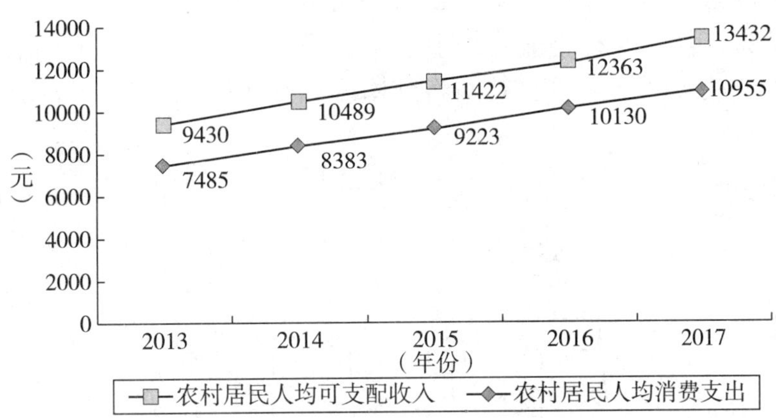

图 1　2013—2015 年中国农村居民人均可支配收入和支出总额趋势

资料来源：历年中国统计年鉴。

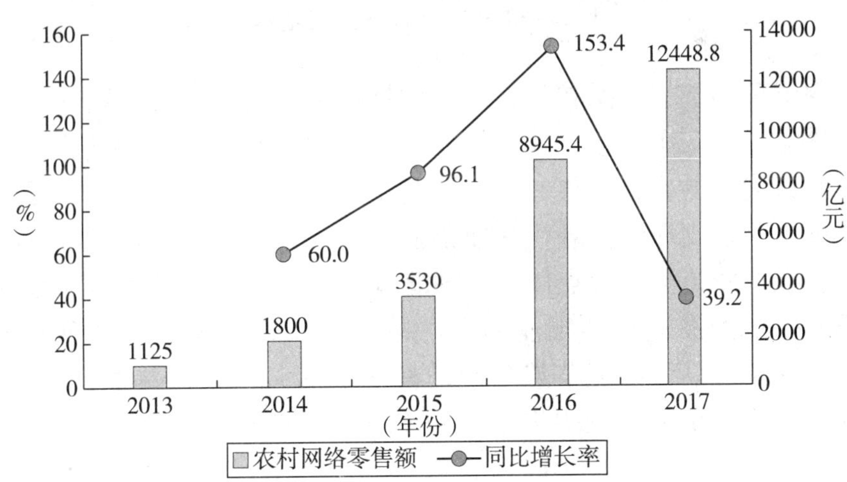

图 2　2014—2017 年全国农村网络零售额与同比增长率统计

资料来源：整理于公开数据。

综上，我们可以看出，2017 年农村网络消费驱动的物流需求在上年高增速的基础上继续增长，也发生了由高速增长向高质量发展的转变，全国农村地区的市场规模正在借助电商快速提升，同时中西部区域结构更加合理，对于农村物流的需求也仍在扩张，农村物流面临较好的发展机遇。

（三）农村物流网络体系基本形成

农村物流网络体系是农村物流体系的核心，是农产品、农业生产资料和农村日用消费品流通的主渠道，其参与主体包括农户、农业合作社、批发市场、物流中心、农产品加工企业、物流企业、电商企业、经销商、零售商、超市和客户等。农村物流网络体系由农村公路、宽带等基础设施和农村物流网络节点两大部分组成，其中农村物流网络节点由县级物流中心、乡镇物流服务站和村级物流服务点三级网络组成，其网络结构图如图 3 所示。

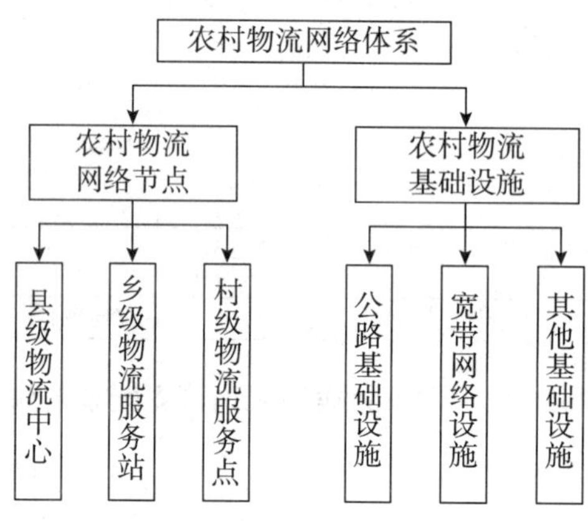

图 3　农村物流网络体系结构

农村物流网络节点体系包括县级农村物流中心、乡镇农村物流服务站、村级农村物流服务点三个层级，是农村地区重要的公共服务基础设施，也是支撑农村物流健康发展的先行条件，对于保障城乡物资双向顺畅流动、提升农村基本公共服务水平、支撑农业现代化发展具有重要作用。近年来多地均建成县、乡、村三级农村物流网络节点体系。湖北宜昌市积极构建县乡村三级农村物流网络，畅通了农产品进城和工业品下乡的双向流通渠道。截至 2017 年年底，宜昌市已经共建设县级物流节点 8 个，覆盖率达 77.8%；并整合交通、邮政、商务、供销等网点资源，建设乡镇节点 65 个，覆盖率 78.3%；村级节点 733 个，覆盖率 57.2%。2016—2017 年，农村物流网络建设共投资 8156 万元，其中县级节点投资 6650 万元，乡镇节点投资 545 万元，村级节点投资 961 万元。山东省通过整合优化现有场站、信息平台、仓储货代、运输车辆、金融信贷、从业人员等物流要素资源，以邮政快递、商贸、供销、交通等现有物流设施为基础，以大型骨干企业为依托，加快县乡村三级交通枢纽节点物流基础设施建设，形成城乡互动、县乡村互联、畅通高效的物流网络体系。四川省邮政管理局则从制订科学的 2017 年全省邮政快递业县乡村三级物流体系建设方案，确保快递物流节点、分拨中心与各地发展规划无缝对接，指导快递企业深入开展“快递下乡”工程，认真履行监督检查工作四个方面，建成农村三级物流节点体系。

农村物流基础设施明显改善。2017 年，全国新改建农村公路 20 万千米，

21 个省份基本实现建制村直接通邮，通邮率达到 96%。宽带网络基础设施是连通城乡的新纽带，农村地区将成为中国未来网民增长的重要源泉。中国正在实施“宽带中国”战略，按发展目标，预计到 2020 年，宽带网络基本覆盖所有农村。国家邮政局、商务部等联合推动“快递向西向下”工程，重点加强中西部、农村地区快递网络建设。2018 年，中国农村网民规模将达到 2.4 亿元。

（四）农村物流的企业布局

随着农村市场呈现出巨大的发展潜力，电商企业对于农村市场的发展前景都怀着积极的态度，于是多家电商和物流企业纷纷转战农村市场，加快布局农村物流网络。

1. 京东的农村物流网络布局

京东打通城乡双向物流通道。京东的自建物流一直以高效的物流配送和较好的用户体验著称，具有仓配一体、特色时效服务、产地直发等核心优势，因此在农村物流的发展上也极具竞争力。目前京东的物流网络已经覆盖了 30 万个乡村，拥有 1000 多家京东帮服务店，1000 个县级的服务中心，10 万名村级推广服务人员，同时搭建起农产品、工业品的采购、仓储、配送、销售一体的城乡双向物流通道，其具体运作流程如图 4 所示。

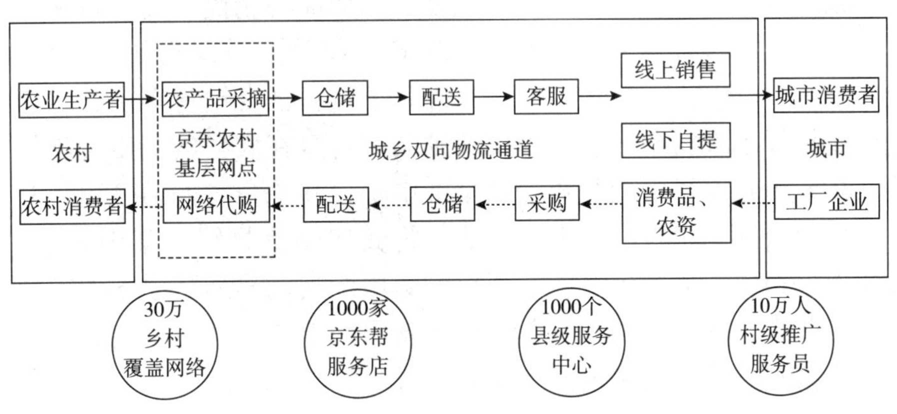

图 4　京东的城乡物流通道流程

京东农村三级无人机物流网络逐步落地。京东 2017 年采取的新战略是布局农村市场三级物流网络，在西部建立 100 个无人机机场，并与陕西省开展基于智慧物流体系、无人机通航物流体系、农村电商、跨境电商、互联网金融、传统物流体系升级等方面的全面战略合作。京东通过无人机的快物流战略，已经抢先一步占领了西北地区农村市场，并且通过无人机运输降低了农村物流的配送运营时间与成本。同时为农产品上行搭建了重要的物流枢纽，对于农村电商扶贫，农特产品上行有着重要价值。

2. 菜鸟的农村物流战略

阿里的“千县万村”计划基本成型。阿里上市后启动了农村淘宝业务，考虑农村物流的困境，农村淘宝与菜鸟网络共同合作打通县村两级物流网络。为抢占巨大的农村消费市场，阿里在2014年就提出了“千县万村”计划，表明要在3~5年内，通过100亿的投资，在中国农村建立1000个县级服务中心，10万个村级服务站。2017年，“千县万村”计划的物流网络已基本成型，已经有2118个淘宝村，和242个淘宝镇，淘宝村活跃网店超过49万个，直接带动就业机会130万个。

菜鸟的“县域智慧物流+”项目继续推进。随着大数据、云计算、机器人等在物流领域投入应用，智慧物流成为实现行业升级的重要引擎。2016年菜鸟网络联合多家物流企业推出“县域智慧物流+”项目，与全国各地政府合作搭建农村物流公共服务平台，建设乡村物流线路共享系统。项目通过信息系统管理，将为农村消费者提供大件送货入户、便捷寄件等便民的智慧物流服务。2017年，菜鸟物流已经在全国各个省、直辖市、自治区建立29个县域服务中心，覆盖600个县、30000多万个村点，如此庞大的网点布局规模为阿里进一步打开农村消费市场奠定了物流基础。

3. 其他农村物流市场竞争者

除京东、阿里等主要电商物流企业外，其他品牌物流企业也竞相布局农村物流网络。苏宁把各地原有的200家乡镇售后维修点升级为新式乡村服务站，提供代客下单、“最后一公里”配送、售后维修、批发销售等服务，为其商城的家电产品拓展了农村市场。中国邮政则利用自身在农村的基础设施优势与政策优势，在凌源建立了电商物流仓储集散中心，并整合“四通一达”和顺丰为主的民营快递公司等20多家快递企业，将其快递货物统一集中到集散中心，由邮政快递公司实现从县到乡、乡到村的集中配送。另外，多个省市依托基层社、农民专业合作社、农村综合服务社等基层网点，结合电子商务进农村示范项目，共建搭建农村末端快递服务中心。

（五）农村物流模式创新发展

1. 农村物流+供销合作社，打通城乡双向物流通道

供销合作社作为农村基层的重要组织系统，具有十分密集的网点分布，是管理和协调农村经济、生产的重要组织。因此随着农村电商的发展，供销合作社也成为农村电商服务网络布局的重要组成部分，一方面，快递企业利用村邮站、基层供销社网点和人员开办快递业务，在农村供销合作社搭建电商服务站；另一方面，借助农村物流与供销合作平台，推动农产品进城。2017年，湖南省浏阳市供销合作社通过搭建“浏通天下”电商综合服务平台，在贫困村建

立村级电商服务站，帮助贫困村民代买工业品、代卖农产品，整合便民服务资源。仅一年的时间，“浏通天下”在贫困村已建电商服务站12个，先后开办农村电商培训班和创业沙龙10余期，培训人员600余人次。依托“浏通天下”电商综合服务平台，浏阳市社帮助村级服务站上传特色农产品共计160多种，包括大围山同幸村、椒花村的优质蜂蜜和水果、龙伏镇石柱峰村的自制薯干等。2017年上半年，已建站点的农产品线上交易额共计275万余元，累计帮助周边村民代买工业品、代卖农产品1200余万元；各服务站点通过帮助村民代买代卖、代办各项服务，月均综合收入超过3000元，农村居民的收入显著提高。

2. 农村物流+众包，提高农村闲散资源利用率

众包物流模式作为近几年新兴的一种终端配送模式，受到了企业的广泛关注。农村市场虽有很广阔的发展前景，但由于农村客户分散，物流基础设施不健全，成本很难控制，因此物流企业要覆盖农村市场是极其困难的。若企业采取农村众包物流配送模式，通过整合农村现有的人力资源与限制运输车辆，将物流服务转交给大众工作者，不仅降低企业的配送成本，而且可提升农村用户体验。对于众包物流运用较成熟的囧鹿网络CEO（首席执行官）何剑认为，众包物流是到目前为止，可以帮助传统物流企业跳出农村配送陷阱的最佳途径。2016年京东战略投资即时配送企业“达达”，打造众包物流平台+超市生鲜O2O平台的“最后一公里”，同时也开始尝试将末端配送环节外包。2017年“双十一”期间，达达就承担了京东30%的末端配送服务。

3. 农村物流+末端零售店，培育农村电商发展新载体

在各种末端服务探索中，深入社区的商业机构一直被认为是嫁接快递功能的最好载体之一。通过搭建最末端的零售网点，电商企业能够更加近距离的接触农村消费者，在提供各种零售服务的同时承担“最后一公里”功能，逐渐引导和刺激农村居民进行消费。末端零售网点是电商企业O2O（线上到线下）业务的延伸，相比较之下，农村电商物流更能保障农村零售商品的供应，形成更完善的农村零售业务，也能够帮助电商企业打开农村消费市场。2017年4月，京东提出“百万便利店”计划，规划未来5年内，京东将在全国开设超过100万家京东便利店，其中一半位于农村。京东便利店采用“城市资源+京东”模式，通过京东平台的线上服务和线下实体便利店的有机结合，畅通线上线下渠道，带动资源进行整合。因此京东的农村便利店一方面拥有京东物流作为保障，能够通过零售业务在竞争力较小的农村拓展消费市场，另一方面为京东的农村电商业务做好准备。阿里加入农村线下零售业主要通过“农村淘宝”的形式，通过搭建县村两级服务网络，充分发挥电商优势，突破物流、信息流的瓶颈，实现“网货下乡”和“农产品进城”的双向流通功能。2017年农村淘宝

与手机端结合，在系统、商品、服务等方面实现了与阿里旗下的淘宝、天猫等电商平台的有效衔接。

4. 农村物流 + 无人机配送，开拓农村物流配送新领域

利用无人机进行物流配送是信息技术在物流领域应用的又一重大突破，是智慧物流真实的体现。而借助无人机进行农村区域货物的配送，以及农产品的外销，是目前众多企业开始尝试和攻克的难题。2017 年无人机末端配送在全行业已呈“多地开花”之势，不仅京东、顺丰的无人机应用获得重大进展，同时苏宁、邮政、中通、菜鸟网络的无人机应用也取得一定成果。京东已迅速开展农村无人机配送的项目和研究，率先在宿迁建成全球首个无人机调度中心，并在 2017 年获得覆盖陕西省全境的无人机空域书面批文，全球首个通航物流网络正在落地。2017 年 11 月，京东宿迁全球首个全流程智慧化无人机机场正式启用，意味着京东已经实现了无人机末端配送运营全流程的无人化与自动化。京东无人机农村物流配送体系规划了干线、支线、终端的三级网络，其结构如图 5 所示。

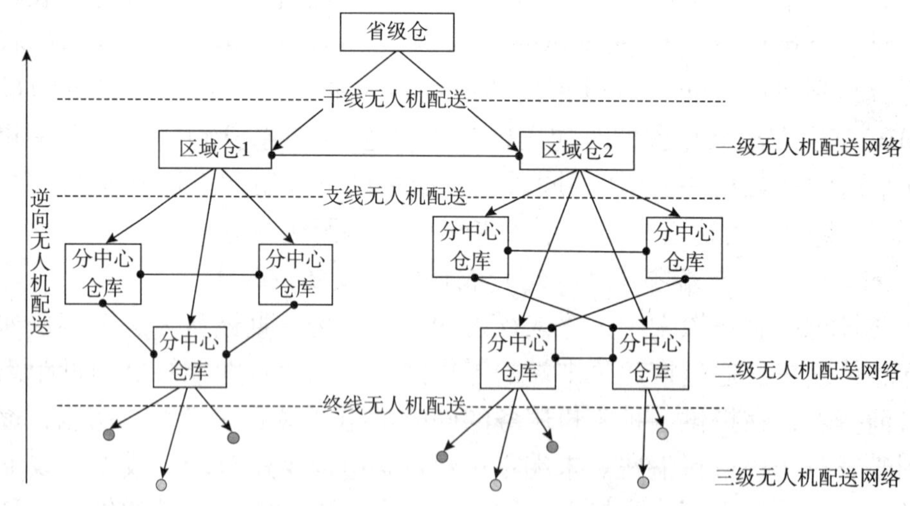

图 5 京东农村无人机物流配送网络

京东无人机物流系统的结构有省级仓、区域仓、分中心仓、终端客户点这几个节点，其主要的功能作用如下。

省级仓：商品从京东的全国七大仓库运送到各省会城市分仓，实行多地备货，减少缺货，靠近终端消费者，缩短配送时间、降低客户成本、提升客户体验。

干线无人机配送：通过干线无人机，实现覆盖 300 千米的区域仓到仓的干线物流快速调拨。这一环节是大型无人机，载重量将是几吨级别的。

支线无人机配送：支线配送是从分中心之间的小批量快速转运。

终端无人机配送：终端主要解决的是偏远地区和道路交通不便情况下的最后一公里难题，特别是偏远山区，京东无人机配送到京东在多数行政村设有的乡村推广员，这些推广员是京东在当地的重要合作伙伴，通过将无人机降落在推广员指定的场地，然后乡村推广员再派送到最终客户。

无人机逆向物流：无人机逆向物流的应用，快速打通农产品上行通道，将农村的农特产品，特别是有保险要求的农特产品通过无人机逆向运送到城里，完成产业扶贫的任务。

二、2018 年农村物流发展展望

2018 年，是决胜全面建成小康社会、实施“十三五”规划承上启下的关键一年，是实施“乡村振兴”战略的开局之年，也是推进农业供给侧改革，打通农产品上行通道的发展之年。农村物流作为激发乡村活力，推动农村一、二、三产业融合的重要手段，被寄予了更高的期望，也将会获得更多的发展机遇。

（一）区块链技术与农村物流相融合

2017 年，区块链技术开始在物流行业崭露头角。区块链是一种分布式记账系统，区块链技术拥有数字数据或事件记录功能，从而使数据具有追溯性。用户可以访问、检查或添加数据，但不能更改或删除数据。实际上，供应链涉及诸多实体，包括物流、资金流、信息流等，这些实体之间存在大量复杂的协作和沟通。传统模式下，不同实体之间处在信息孤岛，信息严重缺乏透明度，一旦出现问题难以追查和处理。同样在当前的农产品物流中，农产品从田园到餐桌这一供应过程的信息消费者几乎无法获得，而这与当前消费者更加注重食品质量与健康的消费倾向背道而驰。通过区块链技术，农产品种植过程中的信息和资料上传网络的同时，农产品供应链条上的所有参与者，包括农户、销售、物流、政府机构、消费者都能实时获取信息，追溯农产品的生产和物流运输过程，且信息无法篡改。区块链技术在农产品物流中的应用，提高了农产品的安全性和信息的透明度，这一方面使得地方借助区块链技术，培育更加健康、绿色有机的产品，并将信息更准确、真实地传达给消费者，打造特色农产品品牌，推动农村电商发展；另一方面对食品安全监管部门以及消费者也有重要意义。

（二）农村物流采用共同配送势在必行

要突破农村物流“最后一公里”的难题，中国邮政等企业发展共同配送势在必行。所谓共同配送，是指由多家物流企业分别揽收货物，并统一投放给配送企业，再由其进行末端网络的集中配送，以实现横向联合、效益共享。从当前农村物流发展现状来看，农村仍然存在物流基础设施不完善，客户少而分散等问题，运营成本高，经济效益低，这使得很少有企业愿意大力发展农村的物流。中国邮政是目前最具优势条件发展农村共同配送业务的企业，一方面，中国邮政具有政策优势，发展农村物流离不开国家相关政策的支持；另一方面，邮政企业具有资源优势，邮政企业在农村区域具有非常密集的网点分布，以及相对充足的人力资源。2018 年年初，辽宁省凌源市就与中国邮政合作，发展农村共同配送业务，以中国邮政集团凌源分公司为主体，充分利用邮政的城乡网络资源优势，整合以“四通一达”和顺丰为重点的民营快递公司，实现县到乡、乡到村的进出口包裹邮件统一由邮政快递公司进行集中配送，这也是对农村物流发展模式新的探索。

（三）政策引导农村物流进一步发展

2018 年，多项支持农村物流发展的政策已经出台，国务院发布的《国务院办公厅关于推进电子商务与快递物流协同发展的意见》提出，要优化农村快递资源配置，健全以县级物流配送中心、乡镇配送节点、村级公共服务点为支撑的农村配送网络。农村物流是开展电商扶贫工作，实施乡村振兴战略的重要推动力，各项政策将引导农村物流获得进一步发展。首先，应通过政策推动全面降低农村物流成本，这其中包括降低高速公路费用、在用地及用电方面给予政策优惠等。其次，政府部门应进一步提升对农村电商物流链条的综合管理和服务水平，可尽快出台具体规划，将智能快件箱、快递末端综合服务场所纳入公共服务设施，为物流企业开拓农村市场提供助力。最后，政府部门应协同合作，完善农村的基础设施建设，这对农村物流与经济的发展都至关重要。

（重庆工商大学　冉春艳　吴艳芳　龚英）

第三章

物流技术装备设施业

2017 年物流装备业发展回顾与 2018 年展望

一、2017 年中国物流装备业发展宏观环境

（一）宏观经济环境分析

2017 年国民经济稳中向好、好于预期，经济活力、动力和潜力不断释放，稳定性、协调性和可持续性明显增强，实现了平稳健康发展。全年国内生产总值 827122 亿元，比 2016 年增长 6.9%。与物流技术装备行业密切相关的制造业增加值增长 7.2%，高技术产业增加值增长 13.4%，装备制造业增加值增长 11.3%，2017 年全年社会消费品零售总额比 2016 年增长 10.2%，全国网上零售额比 2016 年增长 32.2%，增速均超过了国民经济平均增长水平。

2017 年中国供给侧结构性改革深入推进，转型升级取得新成效，“三去一降一补”扎实推进。钢铁、煤炭年度去产能任务圆满完成。全国工业产能利用率为 77.0%，创 5 年新高。在新旧动能转换方面，2017 年工业战略性新兴产业增加值比 2016 年增长 11.0%，增速比规模以上工业快 4.4 个百分点；工业机器人产量比 2016 年增长 68.1%，新能源汽车增长 51.1%。经济结构继续优化。

总的来看，2017 年国民经济发展符合 2016 年年初预测，延续了稳中有进、稳中向好的发展态势，整体形势好于预期，其中与物流技术装备产业密切相关的各个领域均高于国民经济增长速度，处于快速发展态势，为 2017 年中国物流技术装备业发展创造了一个非常好的发展环境。

从经济政策上看，2017 年国家陆续出台了一系列的推动物流发展的宏观政策。第一，从 2016 年年底到 2017 年年初，与物流发展密切相关的系列规划密集出台，如《电子商务物流“十三五”发展规划》《商贸物流“十三五”发展规划》《邮政业“十三五”发展规划》《粮食物流业“十三五”发展规划》等重要政策。第二，2017 年多部委联动，共同推进物流发展的政策密集发布，如《质检总局等 11 部门关于推动物流服务质量提升工作的指导意见》，国家邮政局等 10 部委联合发布的《关于协同推进快递业绿色包装工作的指导意见》，商务部等 5 部门联合发布《城乡高效配送专项行动计划》、商务部等 10 部门《关于推广标准托盘发展单元化物流的意见》的意见等。第三，中国物流发展上升到国家战略，从国务院层面发布的推动物流发展的政策密集出台。如：国务院办公厅陆续发布的《关于积极推进供应链创新与应用的指导意见》《关于加快发展冷链物流保障食品安全促进消费升级的意见》《关于进一步推进物流降本增效促进实体经济发展的意见》等。第四，在党的十九大报告中现代物流业被纳入国家优先发展的基础设施范畴，把现代供应链作为培育新增长点形成新动能的领域。各项政策的密集出台，对物流技术装备行业影响总体上是正面的，有利于中国物流技术装备快速发展。

（二）行业发展环境分析

物流业是对物流技术装备影响最大的行业。2017 年我国社会物流总额为 252. 8 万亿元，全国的货运量达到了 479 亿吨，快递业务量突破 400 亿件，均处于世界第一位，中国已经是世界物流大国。

制造业仍然是物流技术装备需求的主要来源，消费领域成为物流技术装备市场需求的新动能。2017 年工业品物流总额 235 万亿元，占社会物流总额的 92. 7%。随着中国消费增长，消费物流成为物流需求的重要推动力，2017 年中国单位和居民物品物流总额同比增长 29. 9%，远高于其他物流需求增长速度。生产和消费物流结构趋于优化。

高新技术产业与智能制造是物流技术装备业市场需求热点。随着工业领域高新技术产业与智能制造的快速发展，消费领域对物流需求更加关注物流时效和服务体验，物流技术与装备快速发展，智慧物流加快起步。智慧物流通过协同共享创新模式和人工智能先进技术，为物流技术创新提供了新的空间。通过智慧物流赋能，实现智能配置物流资源、优化物流环节、减少资源浪费，将大幅提升物流运作效率。特别是利用人工智能技术在无人驾驶、无人仓储、无人配送、物流机器人等前沿领域的应用，在 2017 年均获得了快速发展。

二、2017 年中国物流技术装备市场需求分析

综合来看，近年来，电商、医药、服装、汽车、家电、新能源、食品、家居建材、烟草、军事等众多行业领域对物流装备需求旺盛，其特点各有不同。服装行业，商业模式变革倒逼服装企业加速改善流通领域的物流系统；汽车企业积极探索智能制造，推进供应链上下游物流升级；医药商业物流中心重视引入“货到人”系统，制药行业关注物流自动化、智能化升级；家电行业在加速进行工厂智能物流系统建设；家居卖场、家具制造企业加快向物流自动化、信息化、智能化升级；烟草行业新一轮大规模物流系统建设提上日程，电商物流全面进军智慧物流。

（一）电商物流是物流技术装备的需求热点

2017 年电商高速发展掀起了电商物流技术与装备的大发展热潮。电商物流技术与装备有两大发展路径，一是以大数据、云计算、物联网为基础支撑的物流大脑智慧体系快速形成，另一个是大力进行物流设施建设，加速物流自动化、智能化升级，实现从入库、存储、包装、分拣的全流程无人化的技术发展。目前看，以阿里、京东为首的两大电商巨头都以物流作为其争夺行业地位的重要支撑，在两大路径上全面发展，但各具优势。

根据相关资料不完全统计分析，我们认为 2017 年中国电子商务对物流技术装备市场需求已经超越了传统的医药、烟草、服装、汽车、家电等产业领域，不仅市场占比第一，而且增长速度也是第一。初步估算，2017 年中国电子商务物流对物流技术装备的市场需求增长速度在 35% 以上。

（二）制造业仍是物流技术装备的需求主体

随着《中国制造 2025》的全面推进，智能制造已成为制造业的发展方向，智能物流系统作为智能工厂的核心组成部分，呈现出四大发展特点：一是全流程数字化；二是网络化，各种设备通过物联网和互联网技术连接在一起；三是高柔性的自动化，包括物流作业流程、硬件以及系统布局上的柔性化；四是智能化，通过各种设备将生产环节智慧相连，使其具有自主决策能力。近年来，制造企业的原材料物流、成品物流、生产物流亟待全面升级，尤其线边物流自动化系统建设不断升温。其中新能源汽车等领域是市场需求热点。传统的医药领域、烟草领域、汽车制造、智能家电、智能家居产品等制造领域也继续呈现需求旺盛的趋势。综合分析，制造业对物流技术装备的市场需求增长在 18% 以上。

（三）消费升级推动冷链物流技术装备需求持续上升

专家预计，2017 年中国冷链物流市场规模将达到 4300 亿元，并以每年 17% 的速度增长。食品制造、零售、批发商三类客户目前占据冷链物流需求前三位，生鲜电商、便利店、餐饮企业具有较大的增长潜力。冷链物流能力建设分为一张天网（信息平台）和四张地网（仓储中心、干线运输、城市短驳、B2C（企业对消费者）宅配）。

2017 年电子商务向新零售发展，零售新形态、新物种大量孵化出来，其中生鲜冷链是新零售物流创新的主战场。新零售重构了人、货、场，要求物流服务快速、准确，迫使作为基础支撑的物流系统加速向自动化、智能化方向转变。新零售对物流技术装备的需求是模块化、柔性化、小型化。2017 年是新零售元年，新零售的物流技术装备需求处于起步的爆发阶段，但增长基数还很小。

三、2017 年中国物流装备产业发展回顾

考察全球物流技术与装备的演进历程，大致可以分为机械化时期、自动化时期、高柔性自动化时期、智慧物流发展时期。现阶段，中国物流装备市场需求差异性非常大，需求层次非常多，各种物流装备长期并存，目前主要特点呈现的是自动化为主流，智慧化为趋势的发展阶段，出现了智能装备创新、企业跨界发展、物流标准化推进、资本整合加剧、企业联合共生等新变化与新趋势。

（一）系统集成

智慧物流推动了物流系统集成市场快速发展，集成商都在围绕智慧物流进行探索和布局。随着客户对物流效率的要求不断提升，物流中心从局部自动化向全面自动化，甚至无人化方向发展，托盘式自动仓库、输送系统、分拣系统等自动化物流系统的市场需求进一步加大，穿梭车系统、AGV、机器人等更加柔性化的自动化物流系统也得到越来越多的应用。在智能软件方面，集成商更加重视 WMS（仓库管理系统）、WCS（仓库控制系统软件）系统软件能力的提升，采用云计算技术，使其具有支持超大物流系统运行的能力，覆盖在线生产物流系统与物流配送中心运营管理。“一体化解决方案”“一站式服务”是系统集成商服务客户的核心理念。

根据调查分析，2017 年物流系统集成商的重点企业的市场规模快速扩张，增长速度都在 30% ~40%，综合分析我们认为 2017 年中国物流系统集成领域

市场销售额增长率30%左右，截至2017年12月，全国自动化立体库保有量超过4300多座，年立体库建设超过700座以上。

（二）物流机器人

目前物流机器人行业发展非常迅速，从2017年CeMAT Asia（亚洲国际物流技术与运输系统展览会）上就可以感受到市场的火爆程度，物流系统集成商、传统机器人企业、新兴物流机器人企业三类企业都带来了新产品与新的行业应用展示，显示出技术不断升级发展。近年来，移动机器人、拆码垛机器人、分拣机器人等仓储机器人在各个行业应用日渐普及。

从仓储机器人的技术方向看，顶层：开发基于仓库业务流程及各种设备特征的仓储机器人统一综合调度管理平台；中层：增加机器人的种类，如自动拣选机器人、皮带输送搬运机器人、重载型机器人；底层：伴随机器人视觉、环境感知、传感器、芯片、通信等技术发展，打造新型的机器人操作平台，如使机器人不仅能和服务器通信，还能实现机器人之间、机器人与其他设备等之间的通信，并朝着更加自动化、低功耗等方向发展。

根据中国电子学会发布的《2017年中国机器人产业发展报告》，2017年中国机器人出货量超过12万台。根据我们不完全的调查统计，测算2017年中国各类物流机器人销售量在1.2万台以上。

（三）叉车

2017年是中国叉车行业发展历程中的一个重要时刻，行业经历了超预期的高速增长，国内、出口双双创历史新高，叉车全系列车型普遍增长，带来全年496738台的整体销量，比2016年同期增长34.23%；国内市场销售371013台，相比2016年同期增长38.51%；出口达到125725台，相比2016年全年增长23%。

全年叉车行业呈现出以下几大特点：一是中国制造的叉车在世界范围内占比进一步提升，占比接近40%（含外资在华企业）。二是电动、仓储、新能源、智能化叉车得到广泛关注，市场机遇期已经到来。三是行业集中度进一步提高，领军企业在技术、成本、渠道、服务等关键竞争力方面优势明显。四是人工、原材料成本增加，市场竞争进一步加剧，利润水平出现下滑。五是叉车后市场、围绕叉车全价值链提供服务，备受叉车企业关注。

产品类型方面：仓储叉车继续保持较高增长，部分常用小吨位内燃平衡重叉车将由电动、新能源叉车替代，叉车类AGV及牵引车在未来技术突破、成本降低后市场需求会进一步释放。以往经济型叉车为主的市场，随着客户需求的提高，中端类型的叉车份额会进一步增加。

（四）货架

2017 年货架市场需求旺盛，很多货架工厂均处于产能饱和状态。不少货架企业尝试扩展仓储自动化、物流系统集成等新业务领域，货架产品已形成标准化、系列化。从产品类型来看，普通的横梁式、隔板式、阁楼式货架都有相当大的市场需求，尤其是电商高速发展带动阁楼式货架系统越做越大。

从货架需求量看，2017 年电子商务物流、服装物流、医药物流、快消品物流、高端制造等领域是高端货架需求的主要行业，市场需求增长较快。机械、汽车、电子等行业增长货架市场需求增长平稳。预计 2017 年全年货架产销量超过 129 亿元左右，同比增长 29%。

（五）输送分拣

输送分拣设备更加强调模块化，以实现高效生产和快速安装调试，同时通过标准化达到低成本、低维修的目的。行业领先企业 2017 年均推出模块化平台的战略。例如，德马第五代基于物联网应用的模块化智能输送机平台 i – G5（德马第五代模块化智能输送机平台），具有智、柔、美、捷、绿五大特点，拥有高速的输送性能、高效的运行效率、快速的交货周期、便捷的安装调试；英特诺模块化平台简化了各个部件的组装过程，实现即插即用，能够确保迅捷、可靠交货，便于规划和实施物料输送解决方案。华南新海（Hongsbelt）是运用模组带分拣技术的国际领先企业，其推出的模块化模组带物流分拣系统也得到了物流行业的广泛关注。

从技术方向来看，今后需要开发可以处理多种类型、形状物品的自动分拣系统，如采用塑料袋包装的服装如何实现快速传送和分拣；提高系统处理效率，尤其是分拣系统的自动供件环节的效率；输送分拣设备与移动机器人（AGV）的结合应用受到关注；华南新海（Hongsbelt）的模组带分拣系统在快递分拣中得到快速发展。

根据监测，目前输送分拣设备行业市场需求呈现高速增长态势，2017 年全年增长预计在 35% 以上，市场规模超过 70 亿元以上。

（六）单元化产品

在商务部大力推进商贸物流标准化行动计划带动下，物流单元化、标准化成为发展趋势。作为单元化物流的基础器具，托盘、周转箱等产品得到广泛应用，市场需求大幅上升。随着自动化、智能化物流系统建设加快，对单元化产品的规格、尺寸、材料、样式、可追踪和应用模式等都提出了更高要求。

托盘是最重要的单元化产品，2017 年以来，托盘行业增长速度稳定回升，根据对企业的调研分析，估计2017年中国托盘生产增长速度同比增长率在8%左右，考虑到托盘更新因素，截至目前中国托盘保有量预计接近12亿片。

根据相关数据调查测算，在中国商贸物流标准化行动计划的推动下，2017年中国托盘产销量中标准托盘产销增长继续保持快速增长，增长速度远远高于托盘增长速度。预计增长速度在15%以上，标准托盘产销量占比超过37%。

四、2018年中国物流技术装备发展展望

2018年，随着中国经济结构转型，中国制造向高质量和智能化方向发展，为物流装备行业提供巨大的市场空间。劳动力成本上升，物流行业基层人员用工荒，继续推动物流业机器换人，物流机器化、自动化和智能化将继续获得快速发展。在消费领域，消费升级推动新零售快速发展，网购电商仍将保持较快的增长速度。从经济政策上看，2018年以来中国政府陆续出台了推进物流发展的一系列政策，如《商务部等10部门关于推广标准托盘发展单元化物流的意见》等政策。

综合分析2018年宏观经济发展环境及各行业发展趋势，预测2018年电子商务物流对技术装备需求继续呈现高速增长态势，智能制造领域仍然是物流技术装备需求热点，物流技术装备业面临着良好的宏观经济环境与产业政策环境。

但是，2018年中国经济也面临较大的不确定性，最近中美贸易摩擦激烈，贸易战已经拉开序幕。美国发布的对中国产品的加税产品名单集中于中国智能制造领域，如果中美贸易战开打，势必对中国高新技术产品出口带来影响，对宏观经济发展带来不利影响。

综合分析2018年的市场需求环境，我们认为2018年中国物流技术与装备行业增长继续高于国民经济发展速度，整体增长25%左右，其中普通的叉车、货架综合增长速度将有所回落，预计17%左右，但输送分拣设备、自动化立体库、AGV等各类物流机器人、智能穿梭车、快递自提智能物流箱、标准化托盘、立体库货架等先进的物流技术装备继续保持高速增长，预计综合增长速度在30%左右。

（《物流技术与应用》杂志　王继祥）

2017 年托盘行业发展回顾与 2018 年展望

一、2017 年托盘行业发展回顾

随着国家相关部门对托盘的重视，各地政府对托盘行业的重视程度也有了很大的提高，推动了中国托盘行业的快速发展。随着人力成本和土地成本的上升，各种企业对托盘需求量的持续增加，也对托盘行业的发展起到了积极的作用。

2017 年 5--7 月全国物流标准化委员会、中国物流与采购联合会标准工作部及托盘专业委员会组织托盘专项调查，覆盖 10 个行业领域，调研托盘总量约 412 万片。其中 1200 毫米×1000 毫米与 1100 毫米×1100 毫米两种规格的标准托盘占到了调研托盘总量的 46.42%。托盘应用在不同行业领域，规格种类复杂。

（一）商务部、国标委等部门继续推进托盘标准化工作

2017 年 7 月 14 日，商务部办公厅、国家标准委办公室发布了关于商贸物流标准化专项行动第三批重点推进企业（协会）的通知，整个商务部的商贸物流标准化专项行动计划三年的计划告一段落，三年来商贸物流中托盘标准化率的普及率有了显著提高。

2017 年 8 月 16 日商务部办公厅、财政部办公厅发布了关于开展供应链体系建设工作的通知。把托盘标准化的工作从单一的流通环节上升到整个供应链。

（二）托盘标准汇编出版发行

为了更好地促进托盘标准化的工作，也为了托盘企业在生产管理过程中有标准可依，有标准可寻。托盘专业委员会配合中国标准出版社整理了国内处托盘相关的标准及政策法规，编辑出版了中国托盘行业首部《托盘标准汇编》，汇编中不仅刊登了现有与托盘相关的国家标准、部分行业的全文，而且将国内外与托盘相关的标准的目录也在附录中刊登，以便国内托盘生产企业、用户企业、研究机构在查询国内的托盘行业标准的同时，也能了解到国外相关标准的现状，汇编的出版发行对中国托盘行业整体管理水平、技术能力的提高起到了

非常及时的作用。

（三）托盘标准制修订

目前，我国托盘相关现行标准中，国家标准20项、行业标准10项，已具规模。

在2017年10月国家标准委新发布的国家标准5项，如下。

（1）《平托盘最大工作载荷》规定了在已知有效载荷条件下，针对不同作业环境下新的平托盘，确定其最大工作载荷的方法。标准适用于物料搬运平托盘的最大工作载荷的确定。

（2）《托盘共用系统木质平托盘维修规范》规定了托盘共用系统中木质平托盘判定维修准则、维修要求、维修标识、维修检验及回收处理。标准适用于托盘共用系统木质平托盘的维修。其他木质平托盘的维修可参考使用。

（3）《托盘共用系统管理规范》规定了托盘共用系统运营管理的基本框架，规范了托盘共用系统的服务保障、共用托盘的通用要求、作业和运营管理信息平台的基本要求。标准适用于托盘共用系统的管理。

（4）《托盘共用系统塑料平托盘》规定了托盘共用系统塑料平托盘的分类、要求及试验方法、检测规则、运输、贮存、标志等。本标准适用于共用系统中的塑料平托盘。其他用途塑料平托盘也可参照使用。

（5）《托盘共用系统　电子标签应用规范》规定了托盘共用系统的循环共用资产运营管理以电子标签作为信息载体的基本要求、技术参数要求、资产编码体系、安装要求、测试方法以及应用作业流程等内容。本标准适用于托盘共用系统中循环共用资产的运营管理所涉及的电子标签设计和应用，可应用于作为循环共用资产的塑料、木质、钢质和其他材质的联运平托盘、箱式托盘以及相匹配的包容容器和物流器具，不适用于作为一般商品的托盘或托盘箱等。

五个标准填补我国在托盘共用服务标准欠缺的空白，对建设及大力推进我国托盘共用系统建设具有积极的意义。

（四）“亚洲托盘系统联盟”工作务实展开

“亚洲托盘系统联盟”成立于2006年，是以中、日、韩三国为主体，有11个亚洲国家为成员的国际化托盘组织。该组织致力于亚洲各国的托盘信息交流、托盘标准制订、托盘企业合作等。托盘委主任吴清一从2014年9月任轮值主席后，坚持务实合作，坚持国家主权和利益，2017年5月在苏州召开“第十二届亚洲托盘系统联盟会议”，会议中以亚洲托盘发展方向、目标及战略为主线，讨论研究亚洲托盘统一标识和互通互联问题。这是一项涉及国家战略意义和国家经济利益的大事，中国必须坚持原则，坚持国家主权和话语权，与亚洲各国合作、结盟、共赢。

（五）“单元化物流现状与发展研讨会”成功举办

在2017亚洲国际物流技术与运输系统展览会期间，组织召开了“单元化物流现状与发展研讨会”，研讨会邀请了来自中国、韩国、日本等国及欧洲地区优秀代表进行了演讲，全国各地单元化物流服务的提供方、使用客户、单元化物流器具和装备的生产企业共同参与，围绕单元化物流发展现状、应用情况、创新模式与代表们进行了深入的交流。

（六）“中国托盘国际会议暨全球托盘企业家年会”

“中国托盘国际会议暨全球托盘企业家年会”作为纯专业性会议从2006年起，已连续办了12届，第12届于2017年12月在江苏南京举办，会议规模创历届之最。会议围绕主题，讨论当前大环境下托盘企业怎样才能继续生存和发展等内容。参加会议的美国、德国、丹麦、马来西亚、日本、韩国、中国台湾等10多个国家和地区的托盘生产企业、用户企业、托盘租赁企业、托盘机械制造企业的决策者以及政府官员、专家学者聚在一起交换信息、交流经验，为全球托盘事业的发展献计献策。

（七）“中欧托盘标识互认、互联互通”继续推进

2015年10月，吴清一主任率团出访欧洲，与欧洲托盘协会经过友好协商，双方决定启动“中欧托盘标识互认、互联互通”工程。该工程的最终目的是实现中国和欧洲生产的标准托盘能做到标识互相承认、质量互相认可，做到无障碍通关，以便为扩大中欧贸易往来创造更良好的条件。

随着国家“一带一路”政策的进一步推进，中国的标准托盘与欧洲地区的托盘互通的工作越来越重要，在2017年12月，中国物流与采购联合会托盘专业委员会与欧洲托盘协会进一步对托盘的互认达成一致意见，有望在2018年推出可以互联互通的标准托盘。

二、2018年托盘行业展望

2018年1月，《商务部等10部门关于推广标准托盘发展单元化物流的意见》，提出工作目标，力争到2020年，标准托盘占全国托盘保有量和适用领域比例分别达到32%和70%以上。各地政府等将托盘标准化工作作为2018年的重点工作推进，也会促进标准化托盘在全国的全面普及。

实现托盘的标准化，标准的制修订工作一定要加强。托盘专业委员会在托

盘标准的制修订工作中也会加大力度，为托盘行业的标准化进度打好基础。

2017 年进口木材的价格继续维持全面上涨，国内木托盘生产企业原材料上涨压力依然很大。国内木托盘生产企业会从原来的单一采购国内木材供应商供给的原材料，转向主动到木材供应地进行采购。随着人力成本的上升，操作层面人员的短缺，同时为了提高生产效率，越来越多的生产企业会增加托盘机械生产设备，提高标准化托盘生产比例，进行规模化生产。

企业对新材料、新技术托盘的研发将不断加强，各种新产品将不断推出。

（中国物流与采购联合会托盘专业委员会　孙熙军）

2017 年物流业物联网发展回顾与 2018 年展望

一、2017 年物流业物联网发展环境分析

2017 年，我国向着数字化与物联化飞速前进，各项政策密集出台，推动了物联网快速发展。其中，中国窄带物联网引领世界发展，在国际话语中的主导权不断提高。目前中国三家基础电信企业都已启动 NB－IoT（窄带物联网）网络建设，将逐步实现全国范围广泛覆盖，2017 年全网基站规模超过 40 万站，一批省市已经开始了商用网络。2017 年成为 5G（第五代移动通信技术）发展的关键一年，相关话题的热门程度居高不下，有着相当大的发展空间。

物联网技术的发展为其在物流业应用创造了良好环境。物流是应用物联网技术的前四大行业之一，物流与物联网等技术的深化融合，推动了互联网从虚拟的数字世界“天网”向物理世界延伸，成为物流基础设施，打破了传统企业边界，深化了企业分工协作，实现了存量资源的社会化转变和闲置资源的最大化利用。

物联网的核心不是物，而是连，这在 2017 年物联网在物流领域的广泛应用方面有深刻体现。根据相关统计资料，截至 2017 年年底，我国已有超过 500 万辆载重货车安装北斗定位装置实现了在线互联，有大量物流设施设备利用物联网技术接入互联网，以信息互联、设施互联带动物流互联，推动了中国智慧物流的深入发展。

随着物联网技术在物流业的深度应用，2017 年成为中国智慧物流大发展的一年。一是接入物联网的物流系统产生了大量业务数据，让物流大数据变为现实，“业务数据化”正成为智慧物流的重要基础。二是物联网为云计算在物流业应用打下了基础，依托物流云平台，强化客户与企业间的数据连接，高效地整合、管理和调度数据资源，推动物流行业向智慧化、生态化转变。三是物联网推动了人工智能应用，为物流技术创新提供了新的空间。

2017 年，在物联网技术应用的推动下，人工智能技术在无人驾驶、无人仓储、无人配送、物流机器人等前沿领域已经开始了深度探索与初步的应用，阿里、京东、顺丰等一批领先企业已经与国际一流企业从同一起跑线起步，正在全面推进智慧物流发展。

二、2017 年物流行业物联网创新趋势

（一）物联网催生物流智慧大脑创新

智慧物流由三大系统组成，一是智慧物流思维系统，二是智慧物流传输系统，三是智慧物流的执行系统。从智慧物流的思维到执行，核心是智慧物流的信息传输，依靠的就是智慧物流的神经网络系统。2017 年，作为智慧物流的神经网络系统的物联网技术在物流业应用中创新发展迅速，让物流连接不断升级，成为智慧物流的基础设施。

2017 年物联网、云计算、大数据、区块链等新一代技术协同发展，开始进入成熟期，全面连接的物流互联网正逐步形成。目前，“万物互联”呈指数级增长，产生了物流大数据，推动了云计算和人工智能发展应用，催生了物流大脑的逐步成熟与进化。如阿里体系利用物流大脑，可以使网购大数据通过在互联网中集合、运算、分析、优化、运筹，再通过互联网 + 物联网智慧分布到整个实体物流系统，实现对现实物流系统智慧管理、计划控制，实现大数据对现代物流体系的赋能。

物联网技术应用不仅仅是促进了大数据为智慧物流赋能，同时物联网更会实时产生各种物流配送新的大数据，成为物流大数据的重要来源，成为实时分析物流需求，预测物流规模，判断物流走向，分析客户特征的重要技术手段。

（二）物联网技术推动了新零售与新物流创新

2017 年是新零售和新物流的元年，物联网技术的应用让线下实体店实时与线上网店融合，让传统门店成为电子商务网购系统的一个交易终端，一个体验场景，一个交付节点，一个物流的前置店仓。客户可以在实体店享受自助体验、自助取货、自助结算或自助下单后门店配货等功能。

2017 年新零售领域无人值守门店、无人货架、无人售货柜等新零售的创新都基于物联网的技术应用。物联网技术让我们的顾客在线下门店的所有购买行为都与线上实时对接，实现无人售货与结算。

利用物联网技术可以实现软件定义门店仓储系统，借助各类物联网感知技术，利用线下门店的物理空间，通过软件系统实现对遍布全国的各类门店物理空间进行云仓管理，可以让线下所有门店都加入物流系统的云仓网络，从而盘活全国各个门店的物理空间，实现店与仓的共享。此外，还可以利用大数据和云计算技术，实现数据订货、在线调拨，把物流货物通过前置布仓到客户的“最后一公里”门店的“店仓”内，通过即时物流系统进行“最后一公里”的即时配送，让物流配送的实效达到分钟级的精准。

物联网是重构人、货、场的基础，是推动智慧物流发展的重要驱动力。

（三）物联网技术推动货运领域变革

多年来，货运互联网一直是物联网应用的重要领域，利用物联网技术打造车联网系统，可以实现运输透明化管理，实现货运资源优化整合与最佳配置，提升货物装载率，降低货物返程空载率，实现标准化的定点航班货运管理，实现全面的联网追踪与追溯。在这些方面由于具有巨大想象空间，近几年成为资本追逐热点，也积累了大量的泡沫。

2017 年物联网技术在货运业的应用回归理性。2017 年两家最大的车货匹配平台运满满与货车帮在资本撮合下实现了重组合并，结束了市场混战；货运行业领先的智慧物联网公司 G7，2017 年 12 月获得中银集团投资有限公司总计 7000 万美元的战略投资。目前 G7 平台上服务客户数量超过 5 万家，连接车辆总数超过 60 万辆，所构建的智能化物流车队运输管理体系已成为中国物流运输领域上下游协作的重要工具。

2017 年在城市配送等领域，利用物联网技术 + 互联网信息平台，推动城市物流配送发展的企业也获得了资本投资，如唯捷城配、货拉拉、云鸟科技、斑马快跑和驹马物流都拿到了巨额融资，在各自的细分领域建立竞争优势。

物联网技术与货运相结合正在推动着中国货运领域的物流创新与变革。2017 年这场创新变革进入大浪淘沙阶段，很多基础不牢，创新度不高的企业，纷纷陷入发展困境，进入倒闭关门阶段。大浪淘沙的结果将推动行业整合，出现强者恒强的独角兽企业。

（四）物联网技术推动智能物流装备发展

物联网技术的落地应用需要与各类智能设备联网来完成。2017 年以来，传统的自动化物流系统向智能化方向发展，自动输送分拣系统与物联网平台对接，推动快速智能分拣；物流机器人联网运作，实现机器人集群自动化的播种拣选，提升了拣选效率；无人机在特定地区已经开始联网应用；京东无人仓投资建成创造了业界奇迹；无人配送小车也在校园等特定区域开始应用。

在现代制造业物流领域，2017 年随着中国智能制造快速发展，智能物流系统也进入发展快车道。智能制造对物流中心的智能化发展提出了很高要求。根据我们的调研，2017 年中国制造业新建全自动化立体库突破 500 座，大部分自动化立体库均应用了物联网技术，尤其是感知技术和智能控制技术应用最多。其中 10% 的自动化立体库具备了较高智能，与生产线的信息系统联网互通。物流中心的现代物流系统与制造系统无缝对接，实现了智能化和自动化，让物联网逐渐覆盖企业供应链和物流全系统。

（五）物联网让互联网成为物流基础设施

物联网技术推动互联网落地，实现了互联网向实体的物理世界延伸，实现了万物互联，形成了新的智慧型基础设施。互联网基础设施打破了传统企业、行业的边界，打破信息不对称和信息孤岛现象，实现物流“全程透明”，带来了无界物流。企业、行业、产品在互联网基础设施上重构，打破传统的分工体系，重构企业业务流程和经营模式，实现消费体验升级，智能技术升级，创造智慧物流价值。

2017 年随着互联网成为基础设施，物流业与金融业、物流业与零售业、物流业与制造业都实现了融合发展，技术倒逼市场，推动跨界创新与融合创新，正在推动销售互联网 + 物流互联网 + 工业互联网的全面融合，这种融合趋势在 2017 年已经开始，但带来的影响和机遇将远远超越我们的想象。

三、2017 年物流领域物联网技术发展回顾

2017 年物流领域物联网技术的应用发展表面看起来不如前几年热闹，但正向广度与深度发展，继续处于快速发展阶段。

根据调研分析，2017 年在仓储设施互联网方面，视频联网监控技术继续快速发展，增长速度预计在 15% 左右；各类感知技术主要用于特定领域，增长速度在 11% 左右；仓储设备互联网的增长速度最快，应该在 28% 左右；仓储信息化技术应用最广泛，智能仓储信息系统的应用增长在 25% 以上。

2017 年物流系统自动与智能的作业方面，物流自动化技术发展最快，主要体现在自动化立体库集成技术、自动输送分拣技术设备、智能穿梭车与货架系统、物流机器人搬运、无人机配送等方面。在自动立体库建设领域，根据我们预测，2017 年市场需求增长在 30% 左右；在自动输送分拣系统领域，随着电子商务物流高速增长，市场需求预计呈现 35% 左右的增长；智能穿梭车与货架系统前几年处于爆发增长阶段，在 2017 年增长速度有所下降，增长速度在 25%；物流机器人是机器人的七大应用领域之一，机器人搬运、机器人堆码跺等技术装备近两年都进入快速发展阶段，市场增长速度继续保持在 20% 左右，机器人分拣技术进入爆发增长阶段，市场增长速度在 30 以上；物流配送无人机也属于物流机器人系统，2017 年中国几大快递都制定了无人机配送的计划，随着中国低空领域放开，已经开始进入实用部署阶段。

在智能追溯领域，应用最普遍的物联网感知技术是条码识别技术与 RFID 技术，其次是 GPS/GIS 移动追踪定位技术和智能手持终端识别产品。根据我们

最近的调研，在2017年中国快递行业手持终端扫描设备增长超过12%，冷链智能追溯发展得到了国家政策与资金支持，预计增长速度在25%以上，其中食品和医药仍是主要的应用领域。此外，危险品追溯、疫苗追溯、贵重物品的追溯、古董产品的追溯、奢侈品追溯等领域业发展得很快。随着人们对食品安全和药品安全的重视，这些领域的智能双向追溯将获得巨大发展。

综合来看，在2017年，在物流技术与装备领域，借助物联网技术，实现设备的自动化与智能化作业得到了很快发展，综合发展速度超过了28%，是目前智慧物流系统物流互联网最实用的智能技术领域。

四、2018年中国物流业物联网技术应用发展展望

进入2018年，随着互联网+物流、智能制造、电子商务发展、物联网、云计算、大数据技术、区块链的应用，在物流领域的采购、仓储、分拣、配送、运输等环节的传统供应链将重塑为高度智能化、服务化的智慧供应链，从而推动物流的物联网应用快速发展。

我们预计，第一，2018年在制造业物流领域，广泛应用物联网技术的自动化立体仓库将继续保持快速发展态势，增长率预计在28%左右，高于制造业本身增长；自动的输送分拣系统增长率预计在30%左右；物流搬运机器人的增长率预计在30%左右，继续呈现高速增长态势。制造业物流系统将逐步通过物联网全面联网，实现智能化，与智能工厂衔接配套，成为工业互联网的一部分。

第二，在电子商务物流配送领域，预计配送末端的智能终端自提货柜保持15%左右快速增长，手持智能终端系统将保持15%左右较快增长，大型电商物流配送中心将继续向高度智能化和网络化方向发展，电商智能拣选系统继续保持快速增长；部分电商物流中心将使用物流机器人。在综合电商大平台的物流信息系统领域，大数据、云计算与物联网融合，物流互联网将成为引导电商物流配送，优化全国物流资源，建立智能物流骨干网的神经中枢，云仓储系统将得到较大发展。

第三，在商贸物流领域，新销售的快速发展，现代仓储业将转型升级，物联网技术也将得到应用与推广，预计新零售需要的智能物流系统将会快速发展，带托运输和按托盘进行货物的定位与追踪快速增长，利用物联网技术手段实现按整托盘交货得到较多应用，智能周转箱循环共用系统发展很快，预计2018年商贸物流物联网应用综合增长速度将达到20%以上。

第四，2018年中国物流物联网技术产品继续保持较快发展，智能追溯领域仍将保持快速发展，RFID、GPS、传感技术、视频技术、条码技术等各项感知

技术和自动识别技术都会获得广泛应用，预计增长速度会达到25%以上；物流技术装备将全面向智能化、可视化方向发展，这一领域的发展空间极为广阔，发展也方兴未艾。

总之，2018年物联网技术在物流业应用将继续保持高速发展，物联网技术应用的发展将更理性、更健康。

（《物流技术与应用》杂志 王继祥）

2017 年包装行业发展回顾与 2018 年展望

我国目前属于世界第二包装大国，包装作为一个与宏观经济密切相关的行业，其发展与宏观经济景气程度高度相关。包装工业已经位列我国 38 个主要工业门类的第 14 位，随着我国经济的持续增长，以及由电商经济飞速发展引发的快递行业的火热，预计未来包装行业的市场将不断壮大。

以主要包装材料与容器的统计数字看：2017 年，全国纸和纸板容器制造行业规模以上企业累计完成主营业务收入 3310.87 亿元，同比增长 12.60%。企业累计实现利润 185.96 亿元，同比增长 11.99%。累计主营业务收入利润率 5.62%，同比增长 -0.03%。累计亏损面为 9.78%，同比增长 -0.91%。亏损企业亏损额 7.13 亿元，同比增长 6.41%。全国塑料薄膜制造行业规模以上企业累计完成主营业务收入 2999.70 亿元，同比增长 9.96%。企业累计实现利润 164.04 亿元，同比增长 12.71%。累计主营业务收入利润率 574%，同比增长 0.13%。累计亏损面为 13.59%，同比增长 2.60%。亏损企业亏损额 15.28 亿元，同比增长 8.17%。全国金属包装容器制造行业规模以上企业累计完成主营业务收入 1293.01 亿元，同比增长 4.77%。企业累计实现利润 70.07 亿元，同比增长 -1.77%。累计主营业务收入利润率 5.42%，同比增长 -0.36%。累计亏损面为 17.75%，同比增长 2.25%。亏损企业亏损额 8.48 亿元，同比增长 -4.52%。

快递业的统计数据也令人惊讶，目前中国的快递量已发展到每年 400 亿件，而且还在以每年约 100 亿件的速度增长。面对由此带来的大量快递包装，截至 2016 年，全国快递行业运单总使用量 312.8 亿枚，编织袋总使用量约 32 亿条，塑料袋总使用量约 147 亿个，封套总使用量约 34 亿个，胶带使用总量约为 3.3 亿卷，包装箱总使用量约 86 亿个。

一、2017 年我国包装行业发展回顾

1. 中国包装联合会制定《中国包装联合会全面贯彻落实〈工业和信息化部　商务部关于加快我国包装产业转型发展的指导意见〉2017 年行动计划》

为进一步贯彻落实《工业和信息化部　商务部关于加快我国包装产业转型发展的指导意见》（工信部联消费〔2016〕397 号），中国包联 2017 年 5 月 17 日发布了《中国包装联合会全面贯彻落实〈工业和信息化部　商务部关于加快

我国包装产业转型发展的指导意见〉2017年行动计划》，印发给各省、自治区、直辖市及计划单列市包装协会（包装联合会、包装办公室），中国包联各专业委员会，各包装企事业单位，要求结合实际抓好贯彻实施。

该行动计划从准备工作到指导意见的启动落实及宣贯培训，再到“增加标准化品种、提升包装产品品质、培育包装产品品牌”的三品战略、构建技术创新体系、加快两化融合、军民融合深度发展、加强标准化建设、搞好协同创新、优化产业结构，促进产业协调发展、推进包装产业与文化产业的结合、做好绿色包装各项工作，以及企业培育、法规保障、教育支撑、信用体系和行业组织等工作从任务分解到工作内容再到负责人、配合人、牵头部门、配合部门、外联部门都做了详细而又具体的布置。保证了包装产业转型发展指导意见的具体落实。

2. 环保重拳出击引发包装行业震荡

2017年初期，国家环保政策密集出台，环保督查力度、广度也在不断升级。环境保护部、国家发展改革委、工业和信息化部等部委均出台了相关文件，对环保压力较大的部分地区和部分行业予以重点关注。其中，针对京津冀周边城市大气污染问题，环保部多次提出指导方案，特别是提出治理“京津冀大气污染传输通道城市”，将北京市、天津市、河北省8市、山西省4市、山东省7市、河南省7市列为重点限产城市，简称“2+26”城市。

此外，中央已经完成3轮环保督察，中央环境保护督察组也在2017年8月7—15日陆续对吉林、浙江、山东、海南、四川、西藏、青海、新疆（含兵团）第四批8个省（区）实施督察进驻。截至2017年8月24日，8个被督察地区完成查处4869件，其中立案处罚2115家，处罚金额9449.24万元；立案侦查122件，拘留146人；约谈1113人，问责1797人。

按照2016年年初早已制定的中央环保督察工作安排，2017年内将完成全国范围内的环保督察全覆盖。有媒体报道，国家环境保护督察办公室曾发布通知，被督察过的省（区、市）若整改不力或进度明显滞后，将再安排专项督察。有业内人士表示，此次环保督查或是“史上最严”。

本次环保治理工作，国家各级政府高度重视，主要治理小、散、乱、差企业，整治力度空前严格，而包装行业以小型企业居多，面临着诸多问题。全国数十个地区对环境问题的“紧箍咒”越念越紧，包装行业内有不少企业中枪。如河南洛阳某包装有限公司年产800吨食品塑料包装产品，该项目产生的挥发性有机废气未经处理直接排放，被当地环境保护局责令企业改正违法行为，并依据《大气污染防治法》对其处以2.5万元罚款。同是洛阳市另一包装材料有限公司，因未建立危险废物转移台账，无危险废物出入库记录，被当地环境保护局责令企业改正违法行为，并依据《河南省固体废物污染环境防治条例》对其处以 3 万元罚款。

环保事件持续发酵，将带来两方面的重大影响。一方面，中小型企业很难在高压的环保重负下存活，因为要改进设备以达到整改要求需花费高额资金，而其维护费用也会导致企业成本上升，这样的负担不是所有中小型企业都能负担得来的；另一方面，造纸、印染、包装印刷、水泥、钢铁、五金、建材、化工等行业将在剧烈的倒闭风潮中实现行业集中，在这一过程中，涨价阵痛将难以避免。

相关人士称，当前国家环保治理力度空前，各企业不应“惶恐”，而应该以促进行业健康有序发展为前提，进行行业和企业自律，对小、散、乱、差企业实行“关、并、停、转”处理，以达到迅速整合目前包装行业整体局势的目的。

考虑到环保设备更新成本等问题，环保政策趋严对小型企业、民营企业生产经营行为影响或更加显著，2016 年以来大型企业景气度持续高于小型企业，国企盈利表现也明显好于私营企业。

3. 雄安新区设立，引发雄安塑料包装业大震荡

雄安新区位于中国河北省保定市境内，地处北京、天津、保定腹地，规划范围涵盖河北省雄县、容城、安新 3 个小县及周边部分区域，对雄县、容城、安新 3 县及周边区域实行托管。

2017 年 4 月 1 日，中共中央、国务院决定在此设立国家级新区。这是以习近平同志为核心的党中央作出的一项重大的历史性战略选择，是继深圳经济特区和上海浦东新区之后又一具有全国意义的新区，是千年大计、国家大事。

雄安新区规划建设以特定区域为起步区先行开发，起步区面积约 100 平方千米，中期发展区面积约 200 平方千米，远期控制区面积约 2000 平方千米，定位为二类大城市。设立雄安新区，对于集中疏解北京非首都功能，探索人口经济密集地区优化开发新模式，调整优化京津冀城市布局和空间结构，培育创新驱动发展新引擎，具有重大现实意义和深远历史意义。2017 年 12 月，雄安新区入选“2017 年度中国媒体十大流行语”。

可是，在雄县因一纸政策火爆之前，“中国塑料包装产业基地”等头衔应该是雄县人民最引以为傲的称号。据统计，雄县作为中国北方最大的塑料包装基地，截至 2016 年年末拥有塑料包装企业 4000 多家，从业人员 5 万余人，年产值 112.5 亿元，而整个河北省的包装企业不到 8000 家。随着新区的设立，雄县有望破除重污染带来的困扰，但对雄县的塑料企业来说，其在雄安新区的地位将明显变化，4000 余家印刷软包装企业正面临抉择。一方面很多企业可能身价暴涨商机增多，另一方面排污型企业在未来的雄安新区很可能缺乏容身之地。未来如何发展，需要印刷包装企业拿出关键决断。

从雄县的产业格局看：雄县的塑料包装行业现已形成了集吹塑、吸塑、注塑、流延、制版、印刷、复合、制袋于一体的系列化生产流程，构筑起了三类包装产品（塑料软包装、纸塑包装、塑料容器包装）四大印刷技术（平、凸、凹、丝）和产销一体的产业格局。

在设计方面，规划建设雄安新区中要突出以下 7 个方面的重点任务。

一是建设绿色智慧新城，建成国际一流、绿色、现代、智慧城市。

二是打造优美生态环境，构建蓝绿交织、清新明亮、水城共融的生态城市。

三是发展高端高新产业，积极吸纳和集聚创新要素资源，培育新动能。

四是提供优质公共服务，建设优质公共设施，创建城市管理新样板。

五是构建快捷高效交通网，打造绿色交通体系。

六是推进体制机制改革，发挥市场在资源配置中的决定性作用和更好发挥政府作用，激发市场活力。

七是扩大全方位对外开放，打造扩大开放新高地和对外合作新平台。

印刷包装产业或多或少存在着污染，因此新区规划的产业布局出台后导致了雄县的塑料包装产业站在一个十字路口。行政区被划入雄安新区，给当地带来历史机遇。但塑料等传统制造企业的污染问题很难短时间内解决，如对 VOC（挥发性有机化合物）的排放治理与管控。大的塑料企业可能顾虑不大，因为资金量充足，销售面向全国，可以去别的地方租地、建工厂，和此前一样维系全国的销售关系。但是小型工厂手里的资金有限，关闭或搬迁后，在合适的地方买地，可能会无法承担。对他们来说，这些设备大都是贷款购买，淘汰的设备也是一大损失。

相关专业人士表示，塑料产业在未来高新科技产业的发展方向上，可以考虑的出路有两点。

一是将高新科技转让给企业，让企业接触这些高新科技，做大做强，形成另一个产业。

二是以政府和专业协会出头，要给企业转型提供服务，帮助重组当地的一些企业，将小而全的污染企业集中到一起，然后进行无公害无污染的处理，使得产业从小而全的规模，转向集团公司的大规模。最后形成两到三家大的集团公司，集中印刷，集中生产。

4. 针对快递包装垃圾发改委商务部酝酿应对之策

近年来我国快递行业迅猛发展，在给每个人生活带来很大便利的同时也产生了快递包装垃圾问题，所造成的环境的压力，我们也不能够忽视。尤其是包装物消耗巨大和过度包装等问题，已越来越严重。

我们国家电子商务快速发展，快递是其有力支撑，每天快递有一亿个包裹。好的方面，给老百姓带来了便利，坏的方面，快递物外面的包装就是固体废弃物，在没有充分利用前已被丢弃，其数量还在快速增长过程中。

对此，国家发改委领导表示，电子商务和快递业是近年来快速发展的一种新业态，由于相关管理措施不及时、不到位，从而出现了包装废弃物激增和环境治理方面的突出问题，这是新的问题，要高度重视，着力推动解决。

“日前我们已经出台了《推进快递业绿色包装工作的实施方案》《商务部等10部门关于推广标准托盘发展单元化物流的意见》。”下一步将配合做好循环经济促进法的修订工作，把推行商品和快递包装减量等要求，用法律手段加以明确规范。及时调整相关的政策，准备会同相关部门研究调整“限塑令”，研究制定在电商、快递、外卖等行业率先限制一系列不可降解塑料包装使用的相关实施方案，并且督促地方，特别是城市加大落实的力度。

在推动标准化方面，商务部会同国家标准委以及相关部门开展了商贸物流标准化专项行动，推动绿色包装。推广使用新型电商物流包装技术和材料，促进包装减量化和可循环使用。推广使用绿色物流设备和绿色包装，推进物流设施设备的循环共用，创新绿色物流运作模式，提高能源资源的使用效率。在全国范围选择了32个城市、280多家重点企业和协会开展试点，鼓励先行先试。

为解决快递包装问题，电商平台及物流业也在积极探索。菜鸟率先在业内推出全生物降解快递袋和免胶带纸箱，将“绿色包裹”引入物流业，其推广的可降解绿色包装升级方案也被写入国家标准；绿色回收行动得到全社会广泛参与，数千万个废旧纸箱得到循环利用。在绿色智能方面，通过智能打包算法精准匹配箱型，可以减少15%的包材使用。

2017年快递行业通过推行电子面单、绿色包裹、新能源智慧车等环保措施，减少碳排放13.6万吨，相当于省出760万棵绿树。

5. 废纸进口受限纸板价格波动

中国于2017年4月18日正式通知世界贸易组织（WTO），表示年底开始将不再接收外来垃圾，包括废弃塑胶、纸类、废弃炉渣与纺织品。而禁令将会于2017年年底生效。

之前，市场对政府严管进口固体废物原料的行动已做出一些反应。据海关统计，2017年1—5月中国累计进口混杂废纸约235.79万吨，同比减少约5.66%。而同期，中国累计进口废纸总量约为1248.21万吨，同比增加约5.73%。

根据数据推算，进口混杂废纸占进口废纸总量约1/6，混杂废纸禁止进口后，每年该类废纸进口总量将减少约500万吨。

未来中国进口废纸总量会显著减少已成定局，由此造成的中国造纸企业原料缺口预计大部分将由国废市场填补，未来可能也会有更多的原生浆需求产生。

结合禁令的条件来看，其中高污染的进口废纸可能是混合废纸。统计数据显示，截至2017年5月，税则号为47079000的混合废纸2017年累计进口量在进口废纸累计总量中占比达18.89%。如果禁止进口，那么无论从消息传播阶段，还是实际影响阶段均将对国内废纸行业价格波动产生一定的影响。

然而此禁令的目的十分明确，主要是从环保治理角度出发，将由高污染进口废物再利用产生的环境治理问题隔离在国门之外，而不能理解为禁止废纸进口。

短期来看，因为国外混合废纸需要增加分拣步骤才能进口到中国，以及国内纸厂对于进口混合废纸的敏感度提升，可能导致外废整体进口量减少，预期对国废市场价格有较强促进作用。而从外废角度看，其短期混合废纸销量将下降，此对进口废纸到岸价格或有小幅压制，但这仅是过渡阶段的影响。

禁令导向下，进口废纸在国外的分拣投入将有增加，分拣废纸供应量也将提升，禁令执行前期，其影响将更贴近实际层面。其中，进口废纸分拣成本将整体上升，进口废纸均价将必然提升，继而带动国废价格与下游成品纸价格长线涨势。

长线涨势也将带领行业格局变化。其中包装用纸替代材料研发将升温，一些固定型号的外包装材料可能向塑料等材料演进。另外，材料替代也将阻断进口箱板瓦楞纸增量的可行性，进口成品纸质量过高，或不及材料替代的成本优势明显。最后，外部加工废纸浆再进口至国内使用，也是一条需要探索的道路，日美欧环保法规十分严苛，废纸浆项目审批难度极高。如果废纸转道东南亚国家，那么成本核算问题有待商榷。

禁令的宣布与执行，必然有助于改善国内环境治理问题，也必然促进我国再生资源行业升级，另外与国家调整垃圾进口法规的目的也是十分吻合的，即保护环境与人民的健康。

2017年的8—10月，在需求并不见旺盛的情况下，国内包装纸使用量腾空而起。几大纸业巨头经历了连续十几轮的涨价潮，市场涨声一片。短时间暴涨形成的泡沫也给整个产业链带来了畸形的繁荣，很多企业囤积的万吨原纸，一月之内升值千万元，突然涌现的暴利令大大小小的企业都欣喜若狂。

对于中游的纸板厂和包装印刷企业来说，疯狂的上涨的确带来了巨额利润，做的活虽然少了，但营收和利润均有增加，这是大家乐见其成的。因此，包装印刷企业也不自觉地会为原纸涨价煽风点火。至于产业链的长远利益，没有任何一个企业能够主宰。

6. 组建“中国快递绿色包装联盟”，推动快递包装健康发展

为进一步推动包装行业和快递行业的合作，2017年5月29日，在“2017年北京国际服务贸易交易会”期间，中国包装联合会与中国快递协会签署战略

合作框架协议，共同组建“中国快递绿色包装产业联盟”。该联盟由国家邮政局牵头，中国包装联合会、中国快递协会等5家国家级行业组织共同发起成立。联盟以研究推广科技环保包装材料，加强快递包装物料的循环利用，实现快递包装的绿色化、减量化和可循环发展为合作重点，旨在共推绿色快递包装的广泛应用，共建我国快递包装行业的绿色经济循环系统，共同推动快递包装有关规范性文件、国家标准、行业标准的出台，对实现包装产业的绿色转型、服务美丽中国建设具有十分重要的意义。

二、2018年我国包装行业展望

随着国内外发展环境的变化，2018年我国包装行业将进入一个关键发展时期，即从黄金发展期到问题多发期阶段。长期存在的产能过剩、过度依赖能源资源消耗、自主创新能力弱、企业竞争能力不强、产业规模与经济效益不相称等结构性和素质性等缺陷将不可避免地导致产业结构调整。这是个大浪淘沙的过程，也是优化、重组的过程，也是优势企业腾飞的时机。

《推进快递业绿色包装工作的实施方案》的出台，推进在电商、快递、外卖等行业率先出台一系列限制不可降解塑料包装使用的相关实施方案，并且督促地方特别是城市加大落实的力度。对包装业来说，贯彻绿色理念，就是要落实好“十三五”规划中“坚决反对过度包装”的总体要求以及包装产业转型发展指导意见中实现“传统生产向绿色生产转变”的具体目标，“绿色、低碳、环保”将是包装行业发展的主要方向。

1. 纸包装行业震荡依旧、待解决问题多

近几年来，政府启动了供给侧改革与去库存。毫无疑问，这些举措令上游的原材料企业和贸易商利润暴涨。但遗憾的是，暴利催生了原材料企业的生产积极性，库存问题依然严峻。

2017年，包装纸等原材料疯涨，导致大量包装原纸涌入国门，很多停产的中小纸厂也死灰复燃，而在炒作风潮下，大量原纸被囤积。但受需求下滑和客户改用其他包材的影响，包装纸的需求明显减少。因此，2018年包装纸的市场将可能产生较大波动，对纸厂来说，如何应对将是一个艰巨的任务。

2017年原材料、包装印刷品大涨价，显然给整个包装印刷产业链带来了畸形的繁荣。原料厂家利润暴涨，包装厂也变得滋润。虚假的繁荣，让大家莫名兴奋，开始大量购进先进设备，让本已过剩的产能雪上加霜。

造纸行业的龙头企业开启了产能扩张大竞赛。2016年年底，玖龙就决定一次性补充六台造纸机，除泉州、重庆、永新、沈阳，还为东莞和乐山新增生产设备。而山鹰纸业则大有后来居上之势。2017年6月，山鹰正式签约了在陕西的包装纸生产基地项目，总投资超46亿元，预估产能达到150万吨。2017年9月，山鹰确定为湖北省的华中纸业项目进口共五台造纸机，先到两台将于2018年年底投产。另一龙头理文造纸也不甘示弱，2017年3月，理文关于在广西梧州建设纸制品循环经济产业园项目达成初步协议，总投资150亿元。2017年10月，江西理文二期项目21号机启动，这是江西基地的第二条生产线，用于生产高强瓦楞纸，预计将增加产能为40万吨/年。有研究报告认为，因应未来大量新增产能投产，预期行业的生产利用率将由2017年88%进一步降至2020年的74%。

在纸板行业，东南沿海地区的产能过剩也十分严重。据不完全统计，2017年瓦楞纸板业发达的东莞就新增24条高速宽幅瓦线，苏州则新增15条高速宽幅瓦线。而进入2018年，越来越多的纸板厂开始更新原有的1.8米瓦线，并大量购进纸箱印刷加工设备。供给侧改革和产能集中，让造纸行业获得更多话语权，而在需求无法拉动市场的情况下，纸厂只能通过持续不断地大幅拉高纸价，才能诱使下游大量屯纸。因此，2018年纸包装产业的涨价风潮仍将继续。

2. 塑料包装将以提高质量、注重绿色发展为主

在塑料包装行业中，产品质量低下，不符合质量标准的产品屡见不鲜；产品质量的保证，不仅仅在于技术水平的提高，职业素质不高、道德缺失往往是导致产品质量不高的直接原因，因此加强行业自律、提高质量意识是十分必要的。同时要重视标准的宣贯执行，严格执行质量标准，通过培训交流等多种形式帮助企业提高技术与管理水平，这样只有这样，才有助于行业整体质量水平的提高。

在绿色包装工作方面，在重视塑料包装原材料的生物基塑料、降解塑料的开发应用的同时，更应高度重视塑料的可回收利用的功能。提倡塑料包装材料废弃物的回收利用，对于大多数废弃塑料包装材料来说，回收再利用的技术问题已基本解决，主要是组织管理问题，这是一个庞大的系统工程，任何单位个体都无法仅仅依靠自身的力量，将分散在社会各个角落的废弃塑料包装材料集中起来进行处理，需要政府倡导和社会各界的大力支持。

3. 快递领域将以绿色包装为发展趋势

快递包装将迎来监管法制化。随着近年来快递行业的飞速发展，之前的监管体系已不能完全适应现实的需求。《快递暂行条例》正式颁布实施后，将是我国快递行业第一个最高规格的专题性法律文件。随着该法律文件的实施，在国家绿色发展理念的指引下，快递包装的规范治理和监管也有望踏上法制化轨道。

由于快递巨头企业的实力很强，因此其快递包装研发将表现为在较高水平上的起步，主要包括设计减量化、用材绿色化和生产个性化以及循环利用四个

方面。同时生产集约化和规模化生产也成为快递包装生产企业很容易达到的目标。由于仓配一体中的包装环节是由快递公司操作，所以快递公司可以对快件进行合理包装，避免过度包装。

快递包装领域还将进行回收体系建设的完善。除鼓励除快递企业自主回收外，还要多方共建公共回收平台。

最后要提升社会环保意识消费者要转变消费观念，树立快递包装低碳化理念；要加强公益宣传，倡议大学生、年轻人能积极践行绿色环保理念。

（天津科技大学　韩永生）

第四章

物流行业基础工作

2017 年物流标准化工作回顾与 2018 年展望

2017 年是我国标准化发展具有里程碑意义的一年，这一年我国的《标准化法》修订并颁布，党中央、国务院对标准化工作的重视达到了历史新高度，“瞄准国际标准提高水平”“建设质量强国”等质量发展目标首次列入党的工作报告中，适应新时代发展需要的标准化制度、新型标准体系、全领域标准化的新格局，以及政府引导、市场社会参与、协同推进的标准化工作氛围基本形成，标准正在从专业技术为主向专业技术与国家治理相融合转变，从政府单一供给为主向政府和市场多元供给转变，标准化正在从传统领域为主向全面建设转变，国际上从“跟跑”向“领跑”转变，全社会积极参与标准制定、参与标准的实施已初见成效。可以看到，物流标准化的政策环境越来越好，行业主管部门、协会、企业共同推动物流标准化的发展已成趋势，用标准规范行业发展、解决物流短板、提高社会物流效率，用标准共同推进物流与其他产业协同、物流区域协同、供应链全链条协同的理念已初步形成。

一、2017 年物流标准化工作

（一）物流标准化政策环境回顾

1.《标准化法》修订并颁布

2017 年 11 月 4 日，全国人大常委会第三十次全体会议审议通过了新修订的《标准化法》。《标准化法》将于 2018 年 1 月 1 日起正式实施，《标准化法》的修订在对近 30 年来标准化工作全面总结的基础上，重点解决标准化工作中存在的突出问题，充分吸收标准化改革的成果和实践经验，形成了全新的标准体系、管理体制和运行机制，《标准化法》的修订对于开展质量提升行动有着积极的促进作用，《标准化法》的修订实施是全面提升质量的重要举措，《标准化法》颁布于1988年，已施行近30年。新修订的标准化法全文共六章45条，分为总则、标准的制定、标准的实施、监督管理、法律责任、附则。相比与旧的《标准化法》，新的《标准化法》在内容上突出了以下几个亮点。

一是建立了标准化协调推进机制，加强对标准化工作的统筹。新修订的标准化法明确国务院和设区的市级以上地方人民政府建立标准化协调推进机制，统筹协调标准化工作重大事项，对重要标准的制定和实施进行协调。通过政府牵头统筹，更好地解决标准制定、实施及监督工作中存在的争议和问题。二是扩大了标准制定范围，全方位满足经济社会发展需求。新修订的标准化法在总结实践基础上，将标准制定的范围扩大到农业、工业、服务业和社会事业等领域，更好地满足新时代更加旺盛的标准化需求。同时，新法确立了新型标准体系，将标准划分为国家标准、行业标准、地方标准、团体标准和企业标准5类；按照属性不同将政府主导制定的标准分为强制性标准和推荐性标准。三是加强了强制性标准统一管理，实现“一个市场、一条底线、一个标准”。新修订的标准化法精简强制性标准层级，除有例外规定的，仅保留强制性国家标准。同时将强制性标准制定范围严格规定在保障人身健康和生命财产安全、国家安全、生态环境安全以及满足经济社会管理基本需要。通过对存量强制性标准的废止一批、转化一批、整合一批、修改一批，对增量强制性标准加强立项审查，整合精简强制性标准的数量，真正把政府该管的管住管好。四是严格限制了推荐性标准范围，提升政府标准质量水平。新修订的标准化法进一步明确国务院标准化行政主管部门、国务院有关行政主管部门、地方人民政府标准化行政主管部门制定推荐性国家标准和行业标准、地方标准的职责，并对推荐性标准制定范围做出限定。在下放地方标准制定权的同时，对设区的市制定地方标准的批准及备案做出规定。五是赋予了团体标准法律地位，增加市场标准有效供给。新修订的标准化法明确国家鼓励学会、协会、商会、联合会、产业技术联盟等社会团体协调相关市场主体共同制定满足市场和创新需要的团体标准，并对制定团体标准遵循的原则和要求作出规定，增加标准的有效供给，构建政府主导制定的标准与市场自主制定的标准协调配套的新型标准体系。六是建立了企业标准自我声明公开和监督制度，释放企业创新活力。新修订的标准化法取消企业产品标准备案制度，建立企业标准自我声明公开和监督制度，明确企业应当按照标准组织生产经营活动，并公开其执行的产品和服务标准。同时鼓励企业标准通过国家统一的标准信息公共服务平台向社会公开。通过企业标准自我声明公开，增强企业的质量诚信意识和责任意识，保护消费者知情权，实现产品和服务质量社会共治。七是加强了对标准制定和实施的监督，实现标准提质增效。新修订的标准化法增加一章，进一步加强对标准制定和实施的监督。在立项环节，规定对制定标准的必要性、可行性进行论证评估；在制定环节，规定对标准内容进行实验验证，并采取便捷有效的方式征求意见，同时进一步明确标准化技术委员会的作用；在标准制定后，规定行业标准、地方标准备案，团体标准、企业标准自我声明公开；在标准实施后，规定制定部门开展实施信息反馈、评估和复审，及时修订或者废止标准，并建立强制性标准实施情况统计分析报告制度。针对违反强制性标准的技术要求、违反标准制定原则等违法行为，规定了不同的监督措施和法律责任。通过建立事前事中事后全方位的监管制度，实现标准的提质增效。

2. 中共中央、国务院《关于开展质量提升行动的指导意见》

2017 年 9 月 5 日，中共中央、国务院印发了质量工作的纲领性文件——《关于开展质量提升行动的指导意见》（以下简称《指导意见》），这在我国质量发展史上尚属首次，意味着我国把质量摆到了前所未有的重要位置。《指导意见》共分总体要求、全面提升产品、工程和服务质量、破除质量提升瓶颈、夯实国家质量基础设施、改革完善质量发展政策和制度以及切实加强组织领导六个部分，提出“主攻产品、工程、服务三大质量”，并细化为 8 个重点领域和七大主要举措，8 个重点领域有农产品食品药品、消费品、装备制造、原材料、建设工程、服务业、社会治理和公共服务、对外贸易，这些领域都是老百姓关注的热点，是经济社会发展的重点。提高质量的 7 大举措有：质量攻关、质量标准、质量创新、质量管理、质量监管、质量品牌、质量共治 7 个方面。

《指导意见》中提到，促进生产性服务业专业化发展，要加强运输安全保障能力建设，推进铁路、公路、水路、民航等多式联运发展，提升服务质量；提高物流全链条服务质量，增强物流服务时效，加强物流标准化建设，提升冷链物流水平；推进电子商务规制创新，加强电子商务产业载体、物流体系、人才体系建设，不断提升电子商务服务质量。意见还提出了要加快标准提档升级的要求。

3. 国家标准委、国家发展改革委、商务部《外商投资企业参与我国标准化工作的指导意见》

2017 年 11 月 13 日，国家标准化管理委员会、国家发展改革委和商务部联合印发了《外商投资企业参与我国标准化工作的指导意见》（以下简称《意见》）将为外商投资企业创造公平的标准化环境。

《意见》包括外商投资企业参与我国标准化工作的原则、参与范围、参与方式、参与途径、知识产权保护及要求等。首次明确外商投资企业参与我国标准化工作的主体，规定在我国境内合法设立的中外合资、中外合作和外资等企业，与内资企业享有同等待遇参与我国标准化工作；明确了外商投资企业参与我国国家标准制修订工作的内容、方式和要求，如可以参与国家标准起草工作和国家标准外文版翻译工作，也可以在标准立项、征求意见、标准实施等过程中提出意见和建议，参与我国标准化工作的外商投资企业代表应当具备一定的标准化工作基础和经验，具备相应的专业能力等；明确了外商投资企业可参与我国标准化技术组织和国际标准化活动，如可以作为委员或观察员参与全国专业标准化技术委员会，可按照有关规定要求参与国际标准化组织的相关活动，开展标准化合作交流等，鼓励其开展标准化服务等。

4. 质检总局等10部门《关于开展重要产品追溯标准化工作的指导意见》

2017年10月，为深入贯彻落实《国务院办公厅关于加快推进重要产品追溯体系建设的意见》（国办发〔2015〕95号），加强重要产品追溯标准化工作指导和统筹协调，有序推进重要产品追溯标准体系建设，质检总局、商务部、中央网信办、国家发展改革委、工业和信息化部、公安部、农业部、卫生计生委、安全监管总局、食品药品监管总局十部门联合印发了《关于开展重要产品追溯标准化工作的指导意见》（以下简称《指导意见》）。《指导意见》明确了重要产品追溯标准化工作的指导思想、基本原则、主要目标和任务、工作对象和保障措施，为全面开展重要产品追溯标准化工作提供了全面科学的政策支持。

《指导意见》提出，到2020年，要基本建成国家、行业、地方、团体和企业标准相互协同，覆盖全面、重点突出、结构合理的重要产品追溯标准体系。一批关键共性标准得以制定实施，追溯体系建设基本要求得到规范统一，全社会追溯标准化意识获得显著提高。追溯标准实施效果评价和反馈机制初步建立，有效开展重要产品追溯标准化试点示范，发挥辐射、带动和引领作用，实现标准化的经济效益和社会效益。《意见》明确了六个方面主要任务。一是开展重要产品追溯标准化基础研究；二是统筹规划重要产品追溯标准体系；三是研制重要产品追溯基础共性标准；四是探索重要产品追溯标准化试点示范；五是抓好重要产品追溯标准的推广应用；六是做好重要产品追溯标准实施信息反馈和评估，为重要产品追溯体系建设提供标准化支撑。

5. 国务院办公厅《关于进一步推进物流降本增效促进实体经济发展的意见》

为进一步推进物流降本增效，着力营造物流业良好发展环境，提升物流业发展水平，促进实体经济健康发展，2017年8月17日，国务院办公厅《关于进一步推进物流降本增效促进实体经济发展的意见》（以下简称《意见》）（国办发〔2017〕73号）。《意见》提出要“加快推进物流仓储信息化标准化智能化，提高运行效率”，提出“要加强物流装载单元化建设，加强物流标准的配套衔接，推广1200毫米×1000毫米标准托盘和600毫米×400毫米包装基础模数，从商贸领域向制造业领域延伸，促进包装箱、托盘、周转箱、集装箱等上下游设施设备的标准化，推动标准装载单元器具的循环共用，做好与相关运输工具的衔接，提升物流效率，降低包装、搬倒等成本。”提出要“推进物流车辆标准化。加大车辆运输车治理工作力度，推广使用中置轴汽车列车等先进车型，促进货运车辆标准化、轻量化”。提出要“结合物流园区标准的修订，推动各物流园区之间实现信息联通兼容”。

6. 国务院办公厅《关于积极推进供应链创新与应用的指导意见》

为加快供应链创新与应用，促进产业组织方式、商业模式和政府治理方式创新，推进供给侧结构性改革，2017年10月13日，国务院办公厅印发《关于积极推进供应链创新与应用的指导意见》（国办发〔2017〕84号）。该意见提出要“提高质量安全追溯能力。加强农产品和食品冷链设施及标准化建设，降低流通成本和损耗”。要“积极倡导绿色供应链，强化供应链的绿色监管，探索建立统一的绿色产品标准、认证、标识体系”。要“推进供应链标准体系建设，加快制定供应链产品信息、数据采集、指标口径、交换接口、数据交易等关键共性标准，加强行业间数据信息标准的兼容，促进供应链数据高效传输和交互。推动企业提高供应链管理流程标准化水平，推进供应链服务标准化，提高供应链系统集成和资源整合能力。积极参与全球供应链标准制定，推进供应链标准国际化进程”。

7. 国务院办公厅《关于加快发展冷链物流保障食品安全促进消费升级的意见》

2017年4月21日，国务院办公厅印发了《关于加快发展冷链物流保障食品安全促进消费升级的意见》（国办发〔2017〕29号）。该意见提出要着力构建符合我国国情的“全链条、网络化、严标准、可追溯、新模式、高效率”的现代化冷链物流体系，要健全冷链物流标准和服务规范体系，按照科学合理、便于操作的原则系统梳理和修订完善现行冷链物流各类标准，加强不同标准间以及与国际标准的衔接，科学确定冷藏温度带标准，形成覆盖全链条的冷链物流技术标准和温度控制要求。依据食品安全法、农产品质量安全法和标准化法，率先研究制定对鲜肉、水产品、乳及乳制品、冷冻食品等易腐食品温度控制的强制性标准并尽快实施。研究发布冷藏运输车辆温度监测装置技术标准和检验方法，在相关国家标准修订中明确冷藏运输车辆温度监测装置要求，为冷藏运输车辆的温度监测性能评测和检验提供依据。要组织开展冷链物流企业标准化示范工程，加强冷链物流标准宣传和推广实施。结合冷链物流行业发展趋势，积极推动冷链物流设施和技术装备标准化，提高冷藏运输车辆专业化、轻量化水平，推广标准冷藏集装箱，促进冷链物流各作业环节以及不同交通方式间的有序衔接。

8. 商务部等5部门《商贸物流发展“十三五”规划》

2017年1月19日，商务部、国家发展改革委、国土资源部、交通运输部、国家邮政局制定并发布《商贸物流发展“十三五”规划》（以下简称《规划》），规划期为2016—2020年。《规划》提出了“十三五”期间的发展目标，包括商贸物流标准化、信息化、集约化和国际化水平显著提高，商贸流通领域托盘标准化水平大幅提升，标准托盘使用率达到30%左右。《规划》中也提出加强商贸物流标准化建设的主要任务，要重点完善基础类、服务类商贸物流标准，加快形成覆盖仓储、运输、装卸、搬运、包装、分拣、配送等环节的商贸物流标准体系。鼓励和引导企业主动应用国家标准，支持行业协会、科研机构和企业参与物流标准的制订和宣贯工作。以“互联网+”为驱动，推动适应电子商务、连锁经营、共同配送等现代流通方式发展的商贸物流设施设备标准化、服务标准化和信息标准化。发展单元化物流，以标准托盘（1200毫米×1000毫米）循环共用为切入点，推广包装基础模数（600毫米×400毫米）和集装器具，带动上下游物流标准化水平提高。

9. 质检总局等11部门《关于推动物流服务质量提升工作的指导意见》

2017年3月2日，国家质检总局、国家发展改革委、交通运输部、商务部、工商总局、保监会、铁路局、民航局、邮政局、中华全国供销合作总社、中国铁路总公司11部门联合发布《关于推动物流服务质量提升工作的指导意见》（以下简称《指导意见》）（国质检质联〔2017〕111号）。提出了到2020年，基本建立规范有序、共建共享、运行协调、优质高效的现代物流服务质量治理和促进体系，物流行业服务能力和水平明显提升，优质服务、精品服务比例逐步提高；培育形成一批具有国际竞争力的大型本土物流企业集团和知名物流服务品牌，树立并强化“中国物流”优质服务形象的总体目标。

《指导意见》提出要强化物流企业服务质量意识、建立物流服务质量指标体系、健全物流服务质量标准体系、探索物流服务质量认证、完善物流服务质量诚信体系、实施“服务标杆”引领计划、打造中国物流知名品牌、创新物流服务模式、加大物流企业培育辅导力度9项主要任务。提出要“提高质量标准，完善物流服务质量标准体系，开展重点领域物流服务标准研究与制定，加强电子报文数据标准等物流信息标准制修订工作，提升物流信息服务质量。抓紧修订托盘、周转筐、包装、集装箱等集装单元化器具和相关设施设备标准，明确推广1200毫米×1000毫米规格标准托盘和600毫米×400毫米包装基础模数，使物流各环节标准相衔接。支持重点物流企业主导或参与国际标准、国家标准和行业标准制修订，大力培育发展物流团体标准。加快物流管理、技术和服务标准的推广应用，规范物流企业服务行为。探索建立企业标准领跑者制度，推动企业产品和服务标准自我声明公开和监督。推动有条件的行业和领域实现标准国际化。扩大物流行业国家服务业标准化试点范围，鼓励第三方机构开展物流企业服务质量评价，开展物流服务质量达标测评与监督检查。”

10. 商务部等5部门《城乡高效配送专项行动计划（2017—2020年）》

2017年12月13日，为完善城乡物流网络节点，降低物流配送成本，提高物流配送效率，商务部、公安部、交通运输部、国家邮政局、供销合作总社联合制定并发布了《城乡高效配送专项行动计划（2017—2020年）》（以下简称《行动计划》），《行动计划》提出要强化城乡配送技术标准应用，完善配送中心、配送站点建设标准和配送车辆选型标准，推动仓储、配送、分拣、包装、装卸、搬运等环节物流标准广泛应用。加快建设托盘、周转箱（筐）循环共用体系，推广应用标准托盘、周转箱（筐）及一贯化作业，探索以托盘、周转箱（筐）作为装载、作业、计量和信息单元，推进农产品流通从田间地头到超市货架全程“不倒筐、零触碰”。推动配送车辆向标准化、厢式化发展，规范管理快递专用车辆。有条件的城市探索城乡配送车辆“统一标识、统一车型、统一管理、统一技术标准”。

（二）物流标准化工作回顾

1. 2017年度发布的物流相关标准情况

截至2017年年底，新发布物流国家标准32项。（如表1所示）

截至2017年年底，新发布物流行业标准31项，其中国家发展和改革委员会发布5项，交通运输部发布6项，商务部发布8项，工业和信息化部发布3项，国家铁路局发布3项，国家邮政局发布6项。（如表2所示）

截至2017年年底，北京、广西、内蒙古、辽宁、吉林、天津、广东、山西、重庆、云南、河北、浙江、福建13个地区发布了物流地方标准，在国家标准委备案的物流地方标准59项。

2017年已发布的国家、行业和地方标准中，内容涉及道路运输及运输车辆、内陆流通用集装箱、托盘循环共用、港口安全防护、多式联运、物流园区等通用类物流标准，以及冷链物流、电子商务、粮食物流、生鲜农产品、医药物流、快递、非危液态化工产品、废蓄电池回收等专业类物流标准。

表1　　2017年发布的物流国家标准目录

序号	标准号	标准名称	实施日期
1	GB/T 34316—2017	《港口安全防范系统技术要求》	2018/04/01
2	GB/T 16563—2017	《系列1集装箱　技术要求和试验方法液体、气体及加压干散货罐式集装箱》	2018/04/01
3	GB/T 21334—2017	《物流园区分类与规划基本要求》	2018/04/01
4	GB/T 4857. 15—2017	《包装　运输包装件基本试验　第15部分：可控水平冲击试验方法》	2018/05/01
5	GB/T 6420—2017	《货运挂车系列型谱》	20180/5/01
6	GB/T 10478—2017	《液化气体铁路罐车》	2018/05/01
7	GB/T 24818. 4—2017	《起重机　通道及安全防护设施　第4部分：臂架起重机》	2018/05/01
8	GB/T 34343—2017	《农产品物流包装容器通用技术要求》	2018/05/01
9	GB/T 34344—2017	《农产品物流包装材料通用技术要求》	2018/05/01
10	GB/T 34393—2017	《汽车整车出口物流标识规范》	2018/05/01
11	GB/T 34394—2017	《平托盘最大工作载荷》	2018/05/01
12	GB/T 34396—2017	《托盘共用系统木质平托盘维修规范》	2018/05/01
13	GB/T 34397—2017	《托盘共用系统管理规范》	2018/05/01
14	GB/T 34399—2017	《医药产品冷链物流温控设施设备验证　性能确认技术规范》	2018/05/01
15	GB/T 34403—2017	《非危液态化工产品物流突发事件处理》	2018/05/01
16	GB/T 34404—2017	《非危液态化工产品逆向物流通用服务规范》	2018/05/01
17	GB/T 34587—2017	《钢质冷藏集装箱修理技术要求》	2018/05/01
18	GB/T 34594—2017	《射频识别在供应链中的应用　集装箱》	2018/05/01
19	GB/T 34767—2017	《水产品销售与配送良好操作规范》	2018/05/01
20	GB/T 1836—2017	《集装箱　代码、识别和标记》	2018/07/01
21	GB/T 35145—2017	《冷链温度记录仪》	2018/07/01
22	GB/T 35201—2017	《系列2　集装箱　分类、尺寸和额定质量》	2018/07/01
23	GB/T 35412—2017	《托盘共用系统电子标签（RFID）应用规范》	2018/07/01

续　表

序号	标准号	标准名称	实施日期
24	GB/T 35434—2017	《商贸物流企业信用评价指标》	2018/04/01
25	GB/T 35486—2017	《物流仓储配送中心螺旋箱式输送机技术规范》	2018/07/01
26	GB/T 35549—2017	《无压干散货集装箱散货运输技术规范》	2018/07/01
27	GB/T 35551—2017	《港口集装箱箱区安全作业规程》	2018/07/01
28	GB/T 35738—2017	《物流仓储配送中心输送、分拣及辅助设备　分类和术语》	2018/07/01
29	GB/T 35739—2017	《物流仓储配送中心成件物品连续垂直输送机》	2018/07/01
30	GB/T 35774—2017	《运输包装件性能测试规范》	2018/04/01
31	GB/T 35781—2017	《托盘共用系统塑料平托盘》	2018/07/01
32	GB/T 35782—2017	《道路甩挂运输车辆技术条件》	2018/07/01

表 2　　2017 年发布的物流行业标准目录

序号	标准编号	标准名称	实施日期	标准主管部门
1	WB/T 1059—2016	《肉与肉制品冷链物流作业规范》	2017/01/01	国家发展改革委
2	WB/T 1060—2016	《道路运输　食品冷藏车功能选用技术规范》	2017/01/01	国家发展改革委
3	WB/T 1061—2016	《废蓄电池回收管理规范》	2017/01/01	国家发展改革委
4	WB/T 1062—2016	《药品阴凉箱的技术要求和试验方法》	2017/01/01	国家发展改革委
5	WB/T 1064—2016	《石油化工产品物流服务规范》	2017/01/01	国家发展改革委
6	SB/T 11152—2016	《托盘租赁企业服务规范》	2017/05/01	商务部
7	SB/T 11153—2016	《托盘共用系统运营管理规范》	2017/05/01	商务部
8	SB/T 11154—2016	《共用系统托盘质量验收规范》	2017/05/01	商务部
9	SB/T 11155—2016	《电子商务物流服务信息系统成熟度等级规范》	2017/05/01	商务部
10	SB/T 11163—2016	《配送自助提货柜服务规范》	2017/05/01	商务部

续 表

序号	标准编号	标准名称	实施日期	标准主管部门
11	SB/T 11164—2016	《绿色仓库要求与评价》	2017/05/01	商务部
12	SB/T 11181—2016	《国际物流信息系统数据接口规范》	2017/05/01	商务部
13	SB/T 11198—2017	《商贸物流园区建设与运营服务规范》	2018/06/01	商务部
14	JT/T 1092—2016	《货物多式联运术语》	2017/04/01	交通运输部
15	JT/T 1093—2016	《多式联运运载单元标识》	2017/04/01	交通运输部
16	JT/T 402—2016	《公路货运站站级标准及建设要求》	2017/04/01	交通运输部
17	JT/T 631—2017	《道路货物运输企业等级》	2018/02/01	交通运输部
18	JT/T 1110—2017	《多式联运货物分类与代码》	2017/08/01	交通运输部
19	JT/T 1111—2017	《综合货运枢纽分类与基本要求》	2017/08/01	交通运输部
20	JB/T 12908—2016	《冷链物流用蓄冷超导箱式转运设备　技术条件》	2017/04/01	工业和信息化部/国家能源局
21	JB/T 5323—2017	《立体仓库焊接式钢结构货架　技术条件》	2017/07/01	工业和信息化部/国家能源局
22	JB/T 7016—2017	《巷道堆垛起重机》	2017/07/01	工业和信息化部/国家能源局
23	YZ/T 0154—2016	《快件寄递状态分类与代码》	2017/04/01	国家邮政局
24	YZ/T 0155—2016	《快件集装容器　第1部分：集装笼》	2017/04/01	国家邮政局
25	YZ/T 0156—2016	《快递营业场所基础数据元》	2017/04/01	国家邮政局
26	YZ/T 0157—2016	《快递车辆基础数据元》	2017/04/01	国家邮政局
27	YZ/T 0158—2017	《快件航空运输信息交换规范》	2017/08/01	国家邮政局
28	YZ/T 0159—2017	《快递服务制造业信息交换规范　第1部分：仓配一体化》	2017/08/01	国家邮政局

续　表

序号	标准编号	标准名称	实施日期	标准主管部门
29	TB/T 3079. 1—2016	《铁路货物装载加固材料和装置 第1部分：货物转向架》	2017/02/16	国家铁路局
30	TB/T 3079. 6—2016	《铁路货物装载加固材料和装置 第6部分：废钢铁网》	2017/02/16	国家铁路局
31	TB/T 3079. 7—2016	《铁路货物装载加固材料和装置 第7部分：焦炭网》	2017/02/16	国家铁路局

2. 物流标准提升社会治理效能成为政府监管的重要支撑

《汽车、挂车及汽车列车外廓尺寸、轴荷及质量限值》（GB 1589—2016）强制性国家标准发布后，政府将标准与实际的监管相配套，2017 年交通运输部、公安部等部门在全国范围继续开展超限超载车辆的联合整治专项行动，工业和信息化部加强车辆生产强制性国家标准的实施，多部门协同推进形成联动效应。通过监管，一是从生产源头清理了近万个不符合标准的车型，二是从车辆改装源头遏制货车非法改装改型，三是从使用方开展整顿治理如汽车物流企业一定程度上杜绝了车辆运输车的“双排车”现象，普通干线运输中，普通公路平均超限超载率同比下降 42%，高速公路 6 轴货车超限超载率同比降幅高达 77.6%，全国公路路网通行效率和安全保护水平明显提升。

3. 物流标准得到了各级政府积极推广

商务部以标准化信息化建设为抓手，推动降低物流成本，促进流通降本增效。2017 年，商务部在全国范围内新增 17 个物流标准化试点城市，推动供应链各环节设施设备和信息数据的高效对接，继续开展 1200 毫米 ×1000 毫米标准托盘专项试点工作，试点企业标准托盘占比达 80% ~100%，装卸货效率提升 3 倍以上，车辆周转效率提升 1 倍以上，货损率降低 20% ~70%，综合物流成本平均降低 10%。

4. 物流标准有效服务于行业发展

物流行业协会依据物流标准积极开展企业培训、试点、达标等工作，开展物流设施与装备的认证、检测等工作，建立信息平台将认证通过的良好性冷藏车辆信息公布在平台上，为车辆的使用者提供选择，一些政府也相继出台政策积极推动企业评估等工作，如物流企业冷链评估，2017 年山东、福建、江西等地方政府专门针对星级冷链物流企业提出了相应的扶持政策，鼓励冷链物流企业做精做强。标准的推出为物流行业的健康发展提供了有力支撑。

5. 政府类物流标准全文公开有序推进

为了促进标准的实施应用，落实国务院《深化标准化工作改革方案》（简称《改革方案》）中“免费向社会公开强制性国家标准文本”“推动免费向社会公开公益类推荐性标准文本”等要求，2017 年 3 月 16 日国家标准化管理委员会的“国家标准全文公开系统”正式上线运行，国家强制性标准可全文浏览，国家推荐性标准在尊重知识版权的基础上部分全文公开，经过近一年系统的完善得到了各方面的认可，全国物流标准化技术委员会在 2017 年也实现了与国标委系统的链接，实现了物流国家标准的全文查阅，下一步国家标准委将积极推动行业标准和地方标准的公开，全国物流标准化技术委员会也将在中国物流与采购联合会官网上实现物流行业标准的全文公开查阅。

6. 物流重要标准研制融入发展理念

2017 年 4 月 21 日，国务院办公厅印发了《关于加快发展冷链物流保障食品安全促进消费升级的意见》，在该意见中明确提出要“依据食品安全法、农产品质量安全法和标准化法，率先研究制定对鲜肉、水产品、乳及乳制品、冷冻食品等易腐食品温度控制的强制性标准并尽快实施”，为此国家卫计委在中国物流与采购联合会冷链物流专业委员会多次调研汇报的基础上，将《食品冷链卫生规范》强制性国家标准列入国家卫计委《2017 年度食品安全国家标准立项计划》，并委托中国物流与采购联合会冷链物流专业委员会等几家单位共同研制，这也是目前我国食品冷链物流领域的第一项强制性国家标准，标准将于 2018 年完成，旨在对冷链物流全流程的温度控制提出要求，标准的发布将为国家相关领域的监管提供技术支撑。

国务院发布的《物流业发展中长期规划（2014—2020 年）》将物流园区列为 12 项重点工程之一，由全国物流标准化技术委员会归口，中国物流与采购联合会、北京交通大学以及多个物流园区共同制定的《物流园区绩效指标体系》国家标准规定物流园区绩效指标体系构成、指标内涵和计算方法。2015 年，国家发改委、国土资源部、住房和城乡建设部开始开展物流园区示范工作，标准成为近三年的示范园区评定和遴选提供了依据。

绿色发展的理念是我国十三个五年规划中提出的五大发展理念之一，物流业从原先的精放式发展也已进入了一个新的物流时代，绿色物流越来越受到社会各界的关注，并列入《物流业发展中长期规划（2014—2020 年）》12 项重点工程之一，国家邮政局着力完善快递业绿色包装系列标准，完成了《快递封装用品》等系列标准的研制，从源头积极推动快递包装的绿色化、减量化、可循环。由全国物流标准化技术委员会归口，中国物流与采购联合会、北京交通大学等多家单位制定的《绿色物流指标构成与核算方法》规定了企业绿色物流指标体系构成与指标核算方法，适用于从事物流活动的企业的评价与管理，标准为政府推动和评估绿色物流提供的依据，也为企业建设绿色物流体系，合理利用物流资源、优化物流装备、物流服务方式、减少物流活动对环境影响、提升企业的可持续发展提供了参考依据。

建设统一开放综合运输市场体系是交通运输部“十三五”发展规划中的重点工作任务，2017 年适用于内陆流通的《系列 2 集装箱　分类、尺寸和额定质量》（GB/T 35201—2017）发布，《货物多式联运术语》《多式联运运载单元标识》两项多式联运行业标准发布，多项涉及多式联运的运单、标识、不同运输方式的交接、配载单元等行业标准制定并完成，以及适用于多式联运的运载交换箱体产品标准的研制，为提升综合运输通道服务效能、提高综合运输枢纽服务品质、建设集约高效的货运物流体系，全力打造综合运输服务升级版提供了技术支撑。

7. 物流标准的实施评价进一步加强

建立标准实施信息反馈和评估机制是新《标准化法》中规定的重要内容，也是标准化工作改革的一项重要措施，国家标准化管理委员会制定发布了相关的评价规范，要求对重要标准的实施情况及实施效果定期监测及评估。为此，全国物流标准化技术委员会选取了近几年行业内广受关注的托盘标准，对《联运通用平托盘主要尺寸及公差》（GB/T 2934—2007）国家标准在物流 9 个专业领域的使用情况开展了调研，调研的范围包括托盘生产企业，物流各专业领域的生产企业、分销企业、物流企业、物流服务平台企业，货运、冷藏车辆等物流装备生产企业，机场场站、港口、铁路以及相关的管理部门、标准化技术委员会、协会等。调研的内容包括：目前标准托盘的市场保有量、销售占比情况，目前我国主要的专业领域标准托盘的使用，不同运输方式（公、铁、水、航空）使用托盘的情况，托盘在不同物流运输装备上的匹配度及利用率情况以及 ISO（国际标准化组织）与各国托盘标准情况等。通过调研不仅了解了我国托盘的总体情况，对标准的有效性做出科学的分析评价，也为今后标准修订提供了数据支撑。

8. 团体标准在协同方面发挥着积极作用

截至 2017 年，在国家标准委“国家团体标准信息平台”上注册的与物流相关的社会团体有 13 家，其中国家级社会团体 2 家，有 9 家社会团体发布了团体标准，共计 38 项。经过两年的培育，市场主体的活力进一步积发，一些团体标准在企业间、联盟间、区域间发挥着积极作用。

二、2018 年物流标准化工作展望

2018 年是贯彻党的十九大精神的开局之年，是决胜全面建成小康社会、实

施“十三五”规划承上启下的关键年，党的十九大开启了新时代中国特色社会主义建设的新征程，十九大报告中，明确提出建设质量强国的建设目标，提出要“加快发展服务业，瞄准国际标准提高水平”。新时代对质量和标准化工作提出了新要求，即要坚持质量第一、效益优先，同时还要更具创新力和活力。国家质检总局支树平局长在2018年年初召开的全国标准化工作会议上也提出标准化工作作为基础性、引领性、规范性、保障性工作，也必须紧紧跟上，要有新气象、新作为、新蓝图、新理念、新格局和新基石。2018年物流标准化工作也将在以下几个方面进一步加强。

1. 积极为标准化新战略提供支撑

标准化要围绕国家发展战略阶段的安排进行科学布局制定新的标准化战略，国家标准化管理委员会2018年启动编制《中国标准2035》，形成新时代标准化工作的中期目标和近期任务，作为实施标准化战略的重要载体，物流标准化工作将积极配合编制任务，制定物流的新目标新任务，为标准化新战略提供支撑。

2. 全面贯彻实施新标准化法

2017年我国新《标准化法》发布实施，并于2018年1月1日正式施行，这布法从立法的宗旨到标准体系、管理体制等都做了重大调整，标准制定的范围由工业领域扩大到农业、服务、社会事业各个领域，我们也将做好标准化法宣传贯彻工作，包括学习国家标准化管理委员会出台的新的工作系列。

3. 军民融合标准体系建设

深入实施军民标准通用化工程是国家标准委2017年的重要任务之一，2018年物流领域军民通用标准体系研究及建设、重要军民通用的物流标准的研制，将推动军民标准共建共用。

4. 积极配合质量提升年活动

今年是质量提升年，国家质监局为落实好这项工作组织动员百余个城市、千余种业态、万余家企业开展“百城千业对标达标专项行动”，主动对标国际先进标准，瞄准国际先进标准提高水平，扎实开展比对分析、技术验证、比较试验、协同攻关和成果创新等工作，物流也将在商贸物流、食品药品农产品冷链物流等专业领域选取重要城市开展物流标准化的培训、试点达标、装备认证等活动，运用先进标准助力服务质量持续提升。

5. 标准走出去

针对国家“一带一路”倡议、物流国际化等，先进物流标准如何走出国门助力国家战略发展，助力国家间、区域间物流协同互认将是今后几年物流标准化工作的重点任务之一。

（中国物流与采购联合会标准化工作部　李红梅）

2017 年物流信息化发展回顾与 2018 年展望

2017 年，党的十九大开启了新时代中国特色社会主义建设的新征程。现代物流业和现代供应链是现代化经济体系的重要组成部分，是新时代中国特色社会主义建设的重要支撑，国家有关部门和许多地方政府深化“放管服”改革，支持和促进物流业发展的政策措施密集出台。物流业面临着前所未有的发展机遇。物流新模式、新业态在物联网、人工智能、大数据和区块链等新技术的支撑下高速发展，物流信息化发展水平将得到快速提升。

一、2017 年物流信息化发展回顾

（一）国家对物流信息化工作高度重视

2017 年 8 月 7 日，国务院办公厅印发了《关于进一步推进物流降本增效促进实体经济发展的意见》，明确指出要加快推进物流仓储信息化标准化智能化，提高运行效率。在第 17 条意见中指出要推广应用高效便捷物流新模式。依托互联网、大数据、云计算等先进信息技术，大力发展“互联网 +”车货匹配、“互联网 +”运力优化、“互联网 +”运输协同、“互联网 +”仓储交易等新业态、新模式。加大政策支持力度，培育一批骨干龙头企业，深入推进无车承运人试点工作，通过搭建互联网平台，创新物流资源配置方式，扩大资源配置范围，实现货运供需信息实时共享和智能匹配，减少迂回、空驶运输和物流资源闲置。在第 25 条意见中指出要推动物流活动信息化、数据化。依托部门、行业大数据应用平台，推动跨地区、跨行业物流信息互联共享。推广应用电子运单、电子仓单、电子面单等电子化单证。积极支持基于大数据的运输配载、跟踪监测、库存监控等第三方物流信息平台创新发展。

2017 年 10 月 5 日，国务院办公厅印发了《关于积极推进供应链创新与应用的指导意见》，指导意见明确指出要积极融入全球供应链网络。加强交通枢纽、物流通道、信息平台等基础设施建设，推进与“一带一路”沿线国家互联互通。推动国际产能和装备制造合作，推进边境经济合作区、跨境经济合作区、境外经贸合作区建设，鼓励企业深化对外投资合作，设立境外分销和服务网络、物流配送中心、海外仓等，建立本地化的供应链体系。

2017 年 8 月 24 日，国家发展改革委联合 20 部委印发了《关于对运输物流行业严重违法失信市场主体及其有关人员实施联合惩戒的合作备忘录》，备忘录要求有关部门按照职责分别对运输物流行业严重违法失信“黑名单”进行动态管理，及时更新相关信息，并定期推送至国家发展改革委。同时，将相关信息在全国信用信息共享平台及时更新，并开放平台授权供部门共享使用。对于从“黑名单”中移除的市场主体及其有关人员，相关部门应及时停止实施联合惩戒措施。中国物流与采购联合会组织了 23 家物流信息平台共同签署了《物流服务平台加强信用建设实施联合惩戒备忘录》。

2017 年 3 月 1 日，交通运输部印发了《关于做好无车承运试点运行监测工作的通知》，要求按照分级负责、稳步实施、协同监督的原则，以规范试点行为、防控试点风险、总结试点成效为目标，充分利用互联网及信息化手段，重点针对试点企业的“运输业务、运输资质、服务质量及信用、运行绩效”等内容开展动态监测，总结推广先进的运营管理模式，推动无车承运物流规范有序发展，促进货运物流业的“降本增效”。

2017 年 9 月 19 日，交通运输部等 14 个部门印发了《促进道路货运行业健康稳定发展行动计划（2017—2020 年）》，鼓励创新“互联网 +”货运新业态。依托互联网、物联网、大数据、云计算等先进信息技术，大力发展“互联网 +”车货匹配、“互联网 +”专线整合、“互联网 +”园区链接、“互联网 +”共同配送、“互联网 +”车辆租赁、“互联网 +”大车队管理等新模式、新业态，按照“鼓励创新、包容审慎”的监管原则，及时调整制度政策，推动道路货运新旧业态加快融合发展，不断提高市场组织化程度。鼓励支持道路货运企业积极参与智能运输、智慧物流等各类试点示范。

2017 年 9 月 11 日，工业和信息化部印发了《工业电子商务发展三年行动计划》，行动计划要求夯实工业电子商务物流基础。支持物流企业加大对物流基础设施信息化改造，提升仓储配送智能化水平，加快建立现代物流服务体系，支持“互联网 +”高效物流新模式、新业态发展，建设集约化、网络化、协同化、智慧化的物流骨干网。推动跨区域跨行业的智能物流信息平台建设，对接制造、商贸、金融等行业转型升级和融合发展需求，形成集物流信息发布、在线交易、数据交换、跟踪追溯、智能分析等功能为一体的物流信息服务中心，打造开放、透明、共享的供应链协作模式。

2017 年 1 月 19 日，商务部等 5 部门印发了《商贸物流发展“十三五”规划》，规划明确要求加强商贸物流信息化建设。深入实施“互联网 +”高效物流行动，构建多层次物流信息服务平台，发展经营范围广、辐射能力强的综合信息平台、公共数据平台和信息交易平台。运用市场化方式，提升商贸物流园区、仓储配送中心、末端配送站点信息化、智能化水平。推广应用物联网、云计算、大数据、人工智能、机器人、无线射频识别等先进技术，促进从上游供应商到下游销售商的全流程信息共享，提高供应链精益化管理水平。鼓励有条件的地区开展政府物流信息共享平台建设，将交通运输、海关、税务、工商等部门可公开的电子政务信息进行整合后向社会公开，实现便民利企。顺应流通全渠道变革和平台经济发展趋势，探索发展与生产制造、商贸流通、信贷金融等产业协调联动的智慧物流生态体系。

2017 年 3 月 2 日，国家质检总局等 11 部门印发了《关于推动物流服务质量提升工作的指导意见》，意见要求打造中国物流知名品牌。加大物流业基础设施建设力度，提高信息化、机械化、标准化、集约化、智能化水平。引导物流企业强化品牌意识，加强品牌建设，推广优质服务承诺标识和管理制度，支持优秀企业做出优质服务承诺，引导市场消费，以优质承诺与市场选择引领服务质量升级。支持优秀物流企业申报中国质量奖及各级政府质量奖。在实施激励政策及各类质量先进单位表彰时，对服务质量好、品牌影响大、获得服务认证的物流企业予以优先考虑。在农村物流、冷链运输等物流短板领域加强品牌培育力度，健全服务网络，加快形成连锁化、规模化、品牌化经营的物流服务新格局。

5 月 18 日，国家邮政局印发了《关于加快推进邮政业供给侧结构性改革的意见》，意见要求强化科技创新驱动。引导企业加大科技投入，推广应用云计算、大数据、互联网、物联网等信息技术，探索应用人工智能、无人机等先进技术，广泛使用自动装卸传输分拣、冷链物流等技术设备。制定邮政业技术研发指南，加强邮政业枢纽型基地业务与集成、关联产业垂直解决方案、实名制信息化解决方案、包装新材料新工艺设计等关键技术研究。出台邮政业技术中心认定管理办法，支持企业申报国家重点实验室、企业技术中心认定和国家科技计划项目。研究设立科技交流平台，开放共享信息资源和科技研发成果。支持行业协会、媒体为产学研合作牵线搭桥，推进科技成果转化运用。加强邮政、快递领域国际科技交流与合作，提高科技创新水平。

（二）物流企业互联网化助力物流企业转型升级

2017 年 6 月，中国物流与采购联合会进行了物流业互联网化转型趋势调研，并编写了《物流业互联网化转型趋势调查报告》。

1. 物流互联网化的动因

调查反映，物流业务形态特征与互联网模式具有一定契合度，是物流互联网化的动因。（如图 1、图 2 所示）

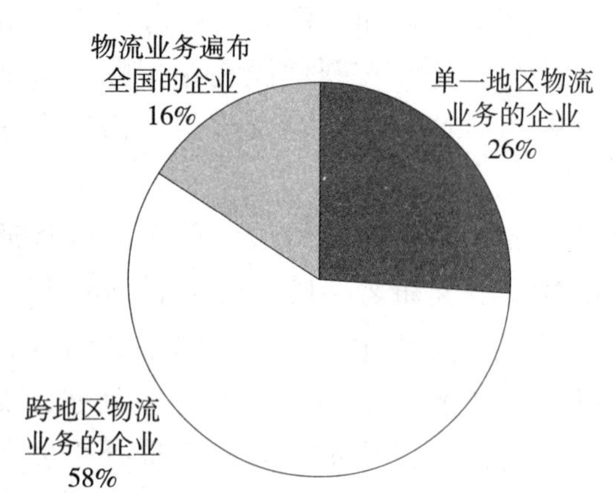

图 1　物流互联网化的动因

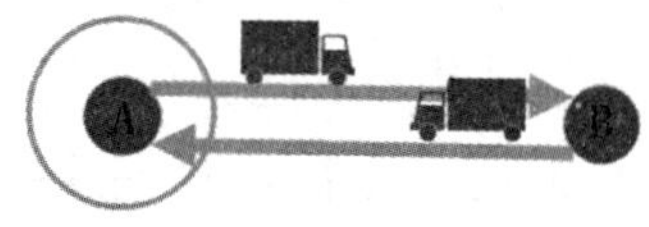

对于长途干线运输：

仅有单程运输量的企业占59%；

有往返运输业务的占13%，且运量往返不匹配

结论：

利用互联网匹配运力供需的刚性需求，

助推了近年来物流信息平台的兴起

图 2　业务跨地区且往返运量不匹配

一是业务跨地区且往返运量不匹配。利用互联网匹配运力供需的刚性需求，助推了近年来物流信息平台的兴起。（如图 3、图 4 所示）

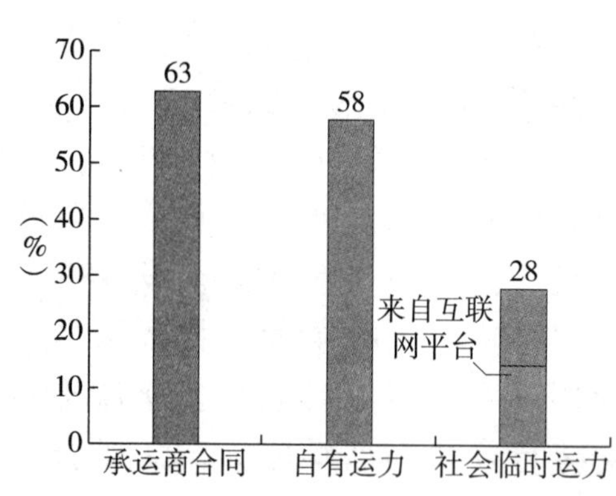

补充说明：

自有运输能力超过50%的企业占68%；

其中年运输总额超过10亿元的占13%；

社会临时运力需要有43%来自互联网平台

结论：

1.自有运输能力较高的企业并不是运输规模较大的企业；

2.多数企业需要承运商的运力保障和社会临时运力补充；

3.社会运力补充的来源已经渐趋依赖于互联网

图 3　非自有运力承运方式占有较大比重

二是非自有运力承运方式占有较大比重。调查显示，承运商合同方式是企业运力的主要来源，需要社会临时运力补充的企业近三成，其中近一半企业的社会临时运力来自互联网；小规模的企业多备有高比例的自有运力。

由此可见，自有运输能力较高的企业并不是运输规模较大的企业；多数企业需要承运商的运力保障和社会临时运力补充；社会运力补充的来源已经渐趋依赖于互联网。（如图 4 所示）

数据分析：
有21%的企业会因生产销售不均衡或外部运力供给不充分而产生运力缺口；
有27%的企业会采用临时询价的模式补充运力；
有59%的业务返程需要配货

结论：
运力缺口与返程配货需求并存，信息不对称仍存在，互联网解决方案优势明显

图4 需求波动产生运力缺口

三是需求波动产生运力缺口。调查显示，企业自有运力对本企业物流服务产能过剩与运力缺口并存，信息不对称仍存在，互联网解决方案优势明显。

2. 物流互联网化转型方向

调查反映，企业物流信息化为互联网转型奠定了良好的基础；物流平台的兴起与企业的应用尝试，确定了物流互联转型的方向。（如图5、图6所示）

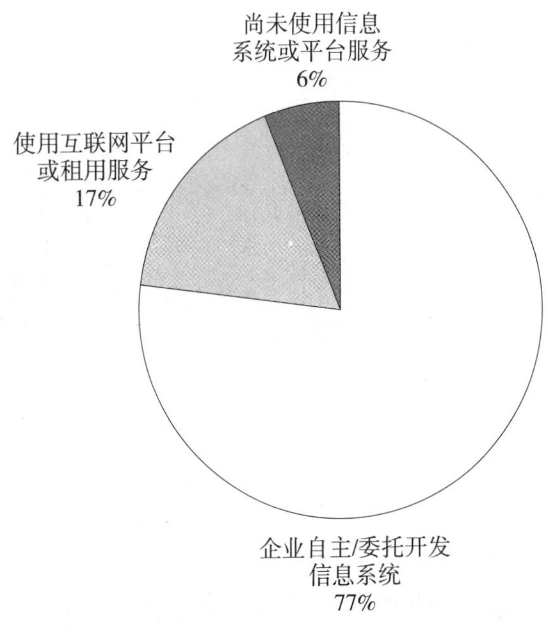

图5 企业信息系统使用情况

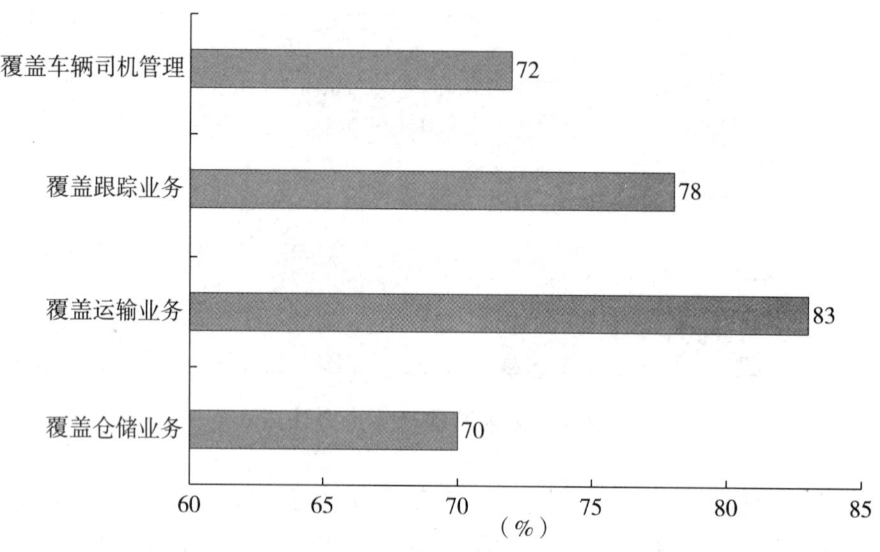

图 6　企业信息化覆盖的业务类型占比

一是物流信息化为互联网转型奠定了基础。调查显示，仅有 6% 的企业尚未使用物流信息系统或平台服务，绝大多数企业都有自建信息系统或使用互联网平台。（如图 7 所示）

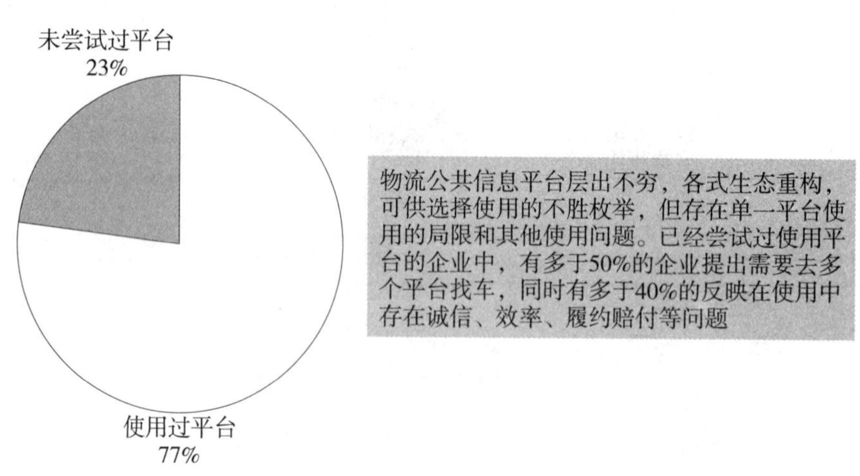

图 7　企业对物流平台使用情况

使用了信息系统或者物流平台的企业，信息化覆盖仓储、运输、跟踪、车辆和司机管理的覆盖度均超过 70%。（如图 8 所示）

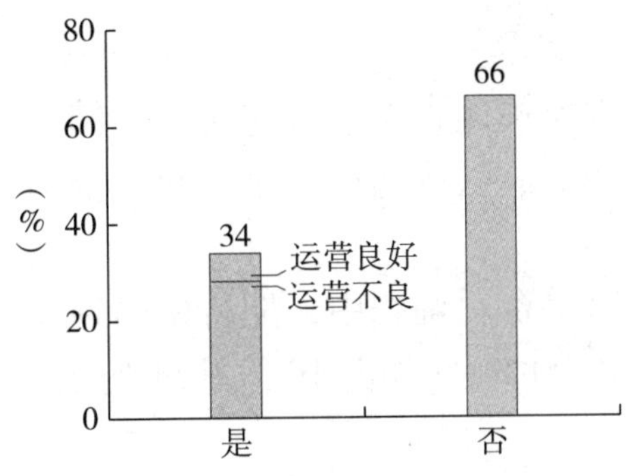

注：其中已自建平台但运行不良的已超过50%

原因分析：运力资源匮乏，不能吸引货源，生态重构较难

图 8　是否已规划自建平台情况

由此可见，企业物流信息化已经渗透了物流业务的各个环节，为物流互联网转型奠定了基础。（如图 9 所示）

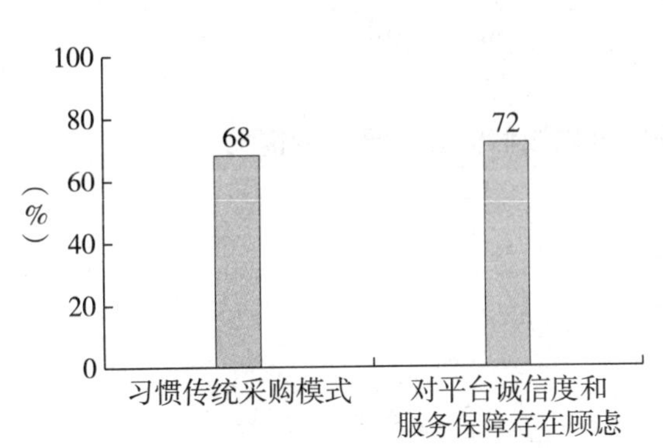

结论：

资源平台化，运力社会化是自建平台的发展方向。资源平台化依托于企业内联网和供应链内联网；运力社会化，借助社会物流平台走向互联网大分工、大协作

自建平台、物流公共平台聚合形成大数据新生产力要素，走向产业平台化，重构物流生态是发展方向

图 9　尚未尝试使用平台的企业原因分析

二是物流平台应用重构物流生态。调查显示，物流公共信息平台层出不穷，各式生态重构，可供选择使用的不胜枚举，但存在单一平台使用的局限和其他使用问题。已经尝试使用平台的企业中，有高于一半的企业提出需要去多个平台找车；同时有多于差不多一半的企业反映在使用中存在诚信、效率、履约赔付等问题。

尚未尝试使用平台的企业其原因集中在习惯传统采购模式，以及对平台诚信度和服务保障存在顾虑。

由此可见，资源平台化、运力社会化是自建平台的发展方向。资源平台化依托于企业内联网和供应链内联网；运力社会化，借助社会物流平台走向互联网大分工、大协作。自建平台与各式物流公共平台聚合形成大数据新生产力要素，走向产业平台化，重构物流生态是发展方向。

3. 诚信互联创造物流新价值

互联网模式下物流交易诚信成为本次被调查企业普遍关心的问题。交易诚信信息共享及全行业联合惩戒机制的建立，已成为产业平台化，重构物流生态的重要基础。

一是期望中物联提供诚信信息共享平台。调查中，期待中国物流与采购联合会提供诚信信息共享平台的企业超过 90%。（如图 10、图 11 所示）

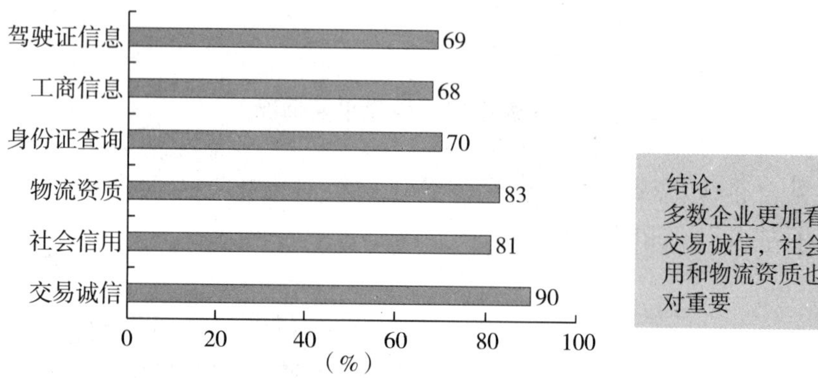

图 10　期望中物联提供诚信信息共享平台情况

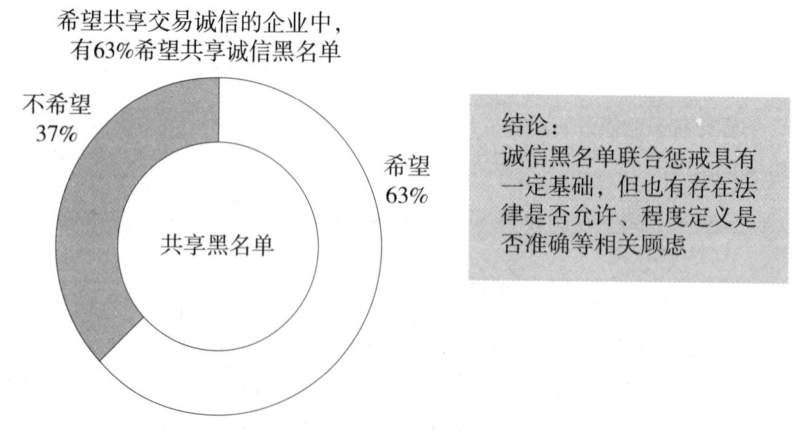

图 11　建立行业诚信联合惩戒机制情况

二是建立行业诚信联合惩戒机制。调查显示，希望共享交易诚信的企业中，有超过六成希望共享诚信黑名单。可见，诚信黑名单联合惩戒具有一定基础，但也有存在法律是否允许、程度定义是否准确等相关顾虑。（如图 12 所示）

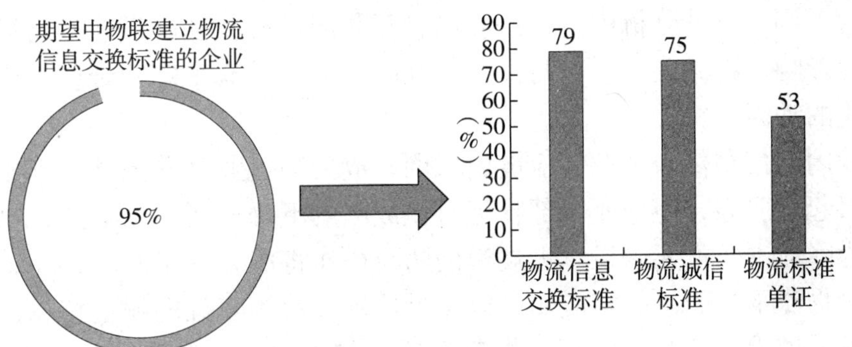

图 12　希望建立的物流标准情况

三是期望建立以诚信、标准为基础的共享服务，具有一定的市场需求。（如图 13、图 14 所示）

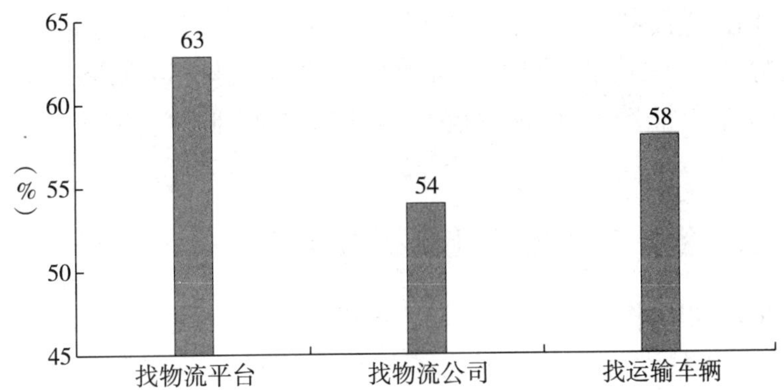

图 13　期望建立以诚信、标准为基础的共享服务占比

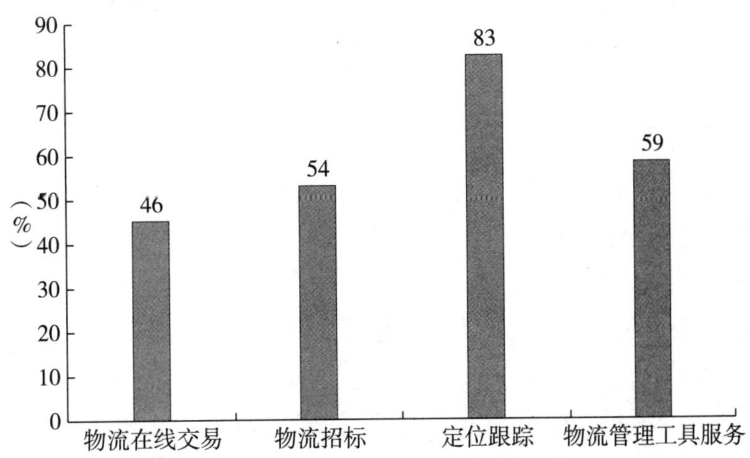

图 14　希望共享平台提供的服务占比

从以上调查意见分析中，可以看出：互联网经济新基础设施对物流业产生了巨大的影响，物流业务形态特征，与互联网模式具有一定契合度，成为物流互联网化的动因。

企业内部信息化与企业供应链内联网，成为物流业互联网化的基础；物流平台的兴起与应用，为企业内部物流协作成本的下降开辟了新通道，物流互联网化成为降成本的重要途径，大规模的物流协作将成为主流方向。

大量物流平台的兴起与应用，以交易口碑评价为基础的诚信信息，其潜在的大数据价值尚未被有效挖掘。物流交易诚信成为产业互联网化的重要前提，建立互联网模式下交易诚信信息共享，以及联合惩戒机制成为必然；利用云、网、端互联网新基础设施建立的更大范围的物流平台与物流平台间的共享，迫切需要互联网模式下的物流标准化。

综上所述，建立互联网模式下的行业协会团体标准为主导的诚信物流交易系统，并由诚信物流平台与A级物流企业运力联合打造覆盖全国、全产业链的大分工、大协作的智能高效物流供给侧，以创新、协调、绿色、开放、共享的理念推动物流业发展，成为物流行业“互联网+”转型的必然趋势。

（三）物流企业平台化提升物流服务水平

1. 打造移动互联平台提升物流服务水平

长久物流利用移动互联技术开发了长久微信端综合客户服务系统，提高了长久原有客服的作业规范水平、提升了主动服务客户的意识、积极性，促进了服务意识的标准化、规范化、国际化和流程化。改造了原有客户服务以语音接听为主的被动服务，在此功能完善的基础上，引入“互联网+”的社交环境下的集中体现，借助长久微信服务号，驾乘微信端强大的社交能力和传播能力，集中服务长久上下游主机厂经销店客户、承运商等，满足360度全方位的服务能力，变被动服务为主动服务，全面提升长久物流服务质量。在行业物流的服务竞争中，拥有极具竞争力的优势。为以后开辟国际市场的服务及更广阔的服务市场，打好了坚实的基础。

远成物流开发的远成快运掌上营业及运营平台通过移动App及其后台管理，一是便于运营人员可以实时监测运营数据，二是提供随叫随到的客户体验。客户通过移动App可以直接查询最近的远成快运取派员和远成快运直营门店以及加盟门店，并下订单要求上门取货。客户也可以根据GPS定位导航到最近的门店发货。三是运营数据分析。通过移动App及其后台管理，运营人员可以随时对代收点、远成取派员和客户下单等运营数据进行汇总和分析，实时掌握收款情况和运作数据以便随时调整经营策略。

2. 打造可视化平台提升物流全程透明化管理

杭州奥软科技有限公司打造可视化（VTS）运输管理（订单管理系统），构建了一套以物流订单接收、货物发运、供应商管控为核心的OMS（订单管理系统），搭建起上下游物流业务管控平台，实现物流业务全程可视化管理，系统数据实时获取，不仅为承运商考核提供依据，也为公司决策提供了精准的分析。规避了操作风险，提高企业信息化水平，增强核心竞争力。

外运发展打造的物流运输可视化服务平台完全摒弃了业务信息分项、单独管理的模式，将企业的业务管理作为平台服务的基本面，通过将运输业务系统和GPS运输轨迹跟踪系统有效地整合起来，很好地解决了业务单证、货物、车辆、司机、轨迹等运输业务关键信息的绑定和联动问题。在外运发展的物流运输可视化服务平台中，一旦发生运输状态预警，用户会在第一时间得知是哪一票业务、货主是谁、货物是什么、收货人是谁、哪一位司机驾驶的哪一辆车在什么时间、什么地点发生了什么情况，免去了用户二次甚至是多次查询才能获得完整相关信息所消耗的时间成本，使用户可以立即着手对运输异常情况进行有针对性的处置，减少甚至避免可能发生的业务风险。

3. 打造智能调度平台提升物流效率

广州增信信息科技有限公司（握物流）打造的志鸿物流TMS（终端远程维护管理系统）案例根据志鸿的业务情况，设置了完善的智能调度流程，可对自有车辆优先派单，对社会车辆进行竞单、抢单，实现资源最高配置，提高运输效率。通过系统内的订单报表，对司机进行KPI（关键绩效指标）考核，建立良性生态链。通过系统内的运营明细报表，对成本、利润、线路、出货量等全方位报表分析，为未来市场战略方向提供决策支持。

上海三快科技有限公司开发的美团外卖智能调度平台为有效克服配送调度策略的离线评估和分析难题，项目组将数据分析和配送问题特征相结合，对配送过程进行准确机理建模，创新性地研发了业内领先的实时配送分布式仿真平台。其中，提出了订单产生和骑手配送行为的概率密度估计模型、骑手/商户/用户的行为模型以及配送区域个性化的仿真参数自适应机制，上述技术综合应用，能够支持对实际配送过程进行准确的“快进式”模拟，准确重现和预估配送过程。该分布式仿真平台在配送过程的关键KPI指标（平均配送时长、准时率、单均行驶距离）上和实际配送指标的偏差很小，达到了物流仿真领域的先进水平。

（四）产业物流通过打造智慧供应链平台，实现全流程分工协同

1. 产业物流信息化以全程可视化供应链为目标，构建全流程透明化管控

中捷公司为合作伙伴广东电信构建供应链全程可视化平台（SCV），通过

引入了客户、供应商、物流商等多节点的线下数据，实现了供应链全程的数据化展示及平台交互，并运用大数据分析模型进行数据挖掘与分析，力求为客户的供应保障业务提供个性化的日常运营及决策支撑。通过开发中捷可视化运输监控管理系统标准化接口与上游客户系统，实时交互订单信息，再通过接口将订单信息流转到仓库管理系统进行库内作业。配套开发中捷智能物流订单管理系统，承接上游配送需求，结合 GPS 技术进行车辆调度和在途监控。

利群集团通过实施生鲜加工配送系统，实现生鲜产品储存、领料、加工全过程可视化跟踪管理，提升了管理精度，同时通过系统将各作业节点实绩与计划对比，大大提高了异常追溯效率，缩短了异常处理时间，为生鲜原料及时按计划送达加工库，满足采购实际需求提供了高效保障，提升了公司整体服务水准，赢得客户长久信赖。

北京云鸟科技有限公司打造的云鸟鸟眼系统提供了一套标准化、规范化运行模式。它将配送信息实时传递给物流配送环节上的发货人、收货人、调度、仓管等人员，他们之间可以进行高效协同，配送整个过程具有很强的管理性，实现整个作业流程的规范化和透明度，为智慧物流的发展提供可靠保证。“百灵引擎”系统结合海量数据，让智慧运力成为可能。“百灵引擎”可以为货主、司机做精准画像、智能定价、优选匹配，客户通过“百灵引擎”，可设定对配送任务的要求，“百灵引擎”会根据车型、配送公里数、配送预计时长、附加服务等自动计算运力价格并匹配最符合要求的司机，司机接到任务后会按照客户的要求进行高质量的服务。订单封装以云鸟科技“鸟眼系统”为基础，充分连接发货、收货、调度、仓管等环节，为供应链末端订单交付提供了一站式整合解决方案，从预约下单、订单导入、API（应用程序编程接口）对接、线路规划、车辆安排到在途状况、配送结果全程可视，将复杂的城配需求转化为精准的服务产品，为客户提供全程可视、可管、可控的供应链交付服务系统。

2. 产业物流信息化通过打造智慧供应链，实现全流程精细化管控

上海乘风企业管理咨询有限公司开发的 L6 冷链物流管理系统以运输业务流程为中心，支持多种复杂业态，提供灵活性业务流程建模工具；全过程支持条码技术和 RFID 技术，能够高效、快捷地对提货、派送、签收等业务进行处理，避免人为输入错误，同时极大地提高了执行效率，降低了人力成本；提供开放的接口，实现与财务、ERP、OMS 等外部系统的接口。管理整个供应链网络上提供细粒度的货物控制，提升客户服务水平。在业务上，使得冷链物流在满足客户即时变动的需求过程中，更准确、更快速、更优质的响应；在管理上，使得冷链运输更具可见性，自我调整性；在信息传递上，更准确、更实时、更具深度，最大地便利冷链运输上下游实现跨企业的运作。通过运输系统帮助物流企业实现对货物流转全过程、各冷链运输环节的信息无缝监控、跟

踪、查询及资源调度工作。协助冷链物流企业进行物流供应链的 IT 系统规划及管控设计、业务流程重组、需求分析、行业解决方案设计、信息化应用咨询、信息化招投标等，提升冷链物流企业竞争力及标准化操作。

招商物流供应链管理系统在原有信息系统应用的基础上，提升系统应用，整合周边系统，这将使得公司在国内的物联网应用技术上处于领先地位，实现在物流精细化、标准化发展方面取得质的飞跃，其公司品牌价值及行业影响力将进一步提升，不断提升公司整体运作质量，对公司未来的业务发展将产生深远的积极影响。该系统的推广实施将有效推动国内第三方物流公司真正实现完整的端到端信息系统解决方案的发展，为市场拓展、运作支持、财务结算、业务创新等方面赢得先机。根据物流业务深入研发的各物流子系统应用，将推进产业互联网、企业移动应用和物联网产业的发展，提升前海地区经济发展的物流配套服务水平，进一步改善物流产业发展环境，更好推进城市经济的智慧发展，符合现代物流的行业趋势，有助于第三方物流行业从粗放型管理向信息化方向发展，进而促进整个第三方物流行业的优化升级。

（五）物流信息平台向一站式、智慧化方向发展

宏坤供应链通过打造绿道一站式跨境供应链服务平台，优化和完善跨境电商企业的网上作业流程，帮助企业实现“操作前规范、操作中跟踪、操作后的分析改善”，一方面解决中小企业的专业通关知识盲点，另一方面加强企业的合规自律，通过平台的整体合规管控，配合政府的监管，搭建诚信体系，通过商务运作，进一步规范作业体系，助推企业的良性发展。

辽宁金舵手大运贸国际物流有限公司开发的船舶业一站式服务平台将交易、金融、信息、人才等有机地结合为一个整体。统一管理、统一标识、统一服务内容、统一服务标准，依托电子商务技术，与银行结算系统、物流管理系统相衔接为客户提供服务。利用互联网快速便利的通信手段，在跨时间、空间的范围内实现了商品流通，信息咨询，交换及商业交易。平台的产生将大大简化商品流通环节，提高交易效率，降低交易成本，实现真正实际意义的“电子化贸易”。

上海造集互联网科技有限公司开发的一站式综合物流平台充分利用大数据、云计算、数据挖掘等技术，构建智能化的运力服务系统平台，通过技术来实现货源、车源、司机等的高效聚集、信息对接、供求撮合。具体而言，平台将逐步开发和应用智能运价指导、智能运价跟踪、精准车货定位、智能诚信认证、智能回程车/货、智能线路优化等服务系统。平台将重点开发建设智能配载系统，将订单货品、同线路订单货品、同线路在库货品，通过严谨科学算法，按照最优配载方式，在系统中自动生成最优配载车型，并按照车型推荐车

辆，生成装车明细。平台建设物流大数据预测系统，通过智慧分析与智能预测两大功能板块，物流大数据发货人、承运人、线路及库存四大分析主题，进行会员数据、线路情况、承运业务的分析与预测，为会员提供即时、精准的战略物流决策。

（六）无车承运平台利用新技术，通过整合社会资源，为物流行业降本增效

1. 整合社会资源是无车承运平台发展的基础

1－wl（联物流）平台是由中国物流与采购联合会的下属公司——中物慧通（北京）网络科技有限公司倾力打造的全产业链智慧物流平台。通过联物流平台联结多家社会运力资源平台，最大限度地实现外部资源互联，在充分询比价的过程中持续优化资源，促进优质资源的引入，降低物流成本。另外，还可以帮助企业在新增业务线路和物流峰值期快速整合资源，为建立敏捷供应链，柔性制造奠定基础。

成都积微物联电子商务有限公司开创积微运网无车承运人服务平台，以积微运网为平台，整合区域运输资源。加强与本地区钢铁制造企业、建材经销商等的业务合作；以积微运网为平台，整合钢铁产业链前后端配送资源，聚集区域零散车辆资源，培养规模化、系统化的物流能力；同时以青白江区域土地资源和铁路资源为核心，打造陆路港和公路港互相支撑的铁公联营，发展多式联运，实现西南地区运输资源的有效整合。

2. 为传统物流企业搭建“无车承运人”业务支撑平台

由合肥维天运通信息科技股份有限公司自主开发、建设并运营的路歌“无车承运人”，集物流服务交易、物流过程管理和协作流程对接为一体的路歌“互联网＋物流”平台自2012年起便开始探索如何成为支撑传统物流企业发展“无车承运”业务的信息化支撑平台，在探索“无车承运人”业务模式的道路上，一直处于领先地位。招商局物流利用路歌平台的互联网技术和资源支撑平台，实现了社会车辆的整合优化、定位追踪、证件核查、金融支付、网络车场等功能，有效提升招商局物流整体运营效益。在项目管理、人员配置、项目进度安排、风险应急预案等方面统筹、细致考虑，制订相应计划，同时分别在“互联网＋应用”“大数据应用”“无车承运人”“物流金融”方面给招商局物流提供进一步的提升方案。

3. 无车承运平台依托新技术、新模式为物流行业降本增效

西安货达网络科技有限公司开发的基于北斗系统的大宗商品无车承运项目，一方面，依托互联网大数据平台，为货主提供一站式承运服务，逐步实现运输全流程在线化、数据化管理，实现货源、合同、运单、定位、支付、税票

等服务模块的统一与贯通，有效解决了税源流失问题；另一方面，提升人、车、货的集约化、组织化，从而达到物流行业降本增效的目的，扩大输出榆林煤的品牌影响力，对榆林经济的转型升级具有重大的推动作用和战略意义。公司主要通过技术手段对接厂矿企业及货运车辆，为上下游提供物流一站式承运服务，通过整合零散的个体司机，将原来碎片化和割裂的煤炭供应链打通，在煤矿、贸易商、中转地、司机、下游用户等供应链环节上实现信息流、资金流、票据流的统一，提升供应链上资金和货物的周转效率。

泉州市闽运兴物流有限责任公司开发的无车承运人管理系统致力于为全社会实现"减能增效"的目标，与福州大学数学与计算机科学学院达成校企合作共同打造龙易配平台大数据分析，实现全国车源、货源提前配货，智能匹配，目前最新上线的"预配货"功能就是为司机和货主打通沟通障碍，通过大数据分析为司机减少空放，更容易找到合适的货源；为货主降低物流成本。

（七）新兴技术的应用促进智慧物流的发展

东方驿站智能挂车项目是国内首创的甩挂运输装备智能管理系统平台，旨在通过物联网技术的应用、半挂车辆大数据的收集，在资产可视化管理、智能调度与配载、企业画像、运力分层、数据征信、需求供应预测等方面的分析应用，实现装备管理透明化，高效智能化。东方驿站通过信息系统研发，高端设备投入，建立甩挂运输运力及装备资源大数据。利用大数据，基于数理统计与数据挖掘，如用户画像、数据征信、供应链需求预测等。为行业提供甩挂运输核心数据支持，为客户提供定制化甩挂运输解决方案。

青岛科捷物流科技有限公司打造的唯品会华东自动化分拣中心摆脱了传统人工分拣的弊端，以智能化的方式升级分拣，让整个配送中心在运转过程中有序进行，在整体管理上信息化程度提升，精确管理、节约人力，有效分配员工资源。紧跟行业转型和变革的需求，以自动化物流系统作为订单量暴增的服务支撑，通过软硬件系统和大数据，整体提升了配送中心的智慧水平，让包裹可以更快速地到达消费者的手中。相较于同行业传统的配送中心，效率迅速提升，建立了规范的物流信息平台，优化了配送流程，提高了运营水平，在激烈的市场竞争中脱颖而出，提高了在消费者心中的企业形象。

二、2018 年物流信息化展望

2018 年，得益于政策的支持，物流技术在物流行业的应用将会得到快速发展，有影响力的物流平台将会出现。主要体现在以下八个方面。

（一）无车承运平台将会快速发展

第一、无车承运人经过一年多的试点，交通部门的思路和目标已经非常清晰；第二、税务部门面对无车承运人的政策也已经落地，制约无车承运人发展的政策障碍已经消除；第三、无车承运企业更加务实，不再一味地追求资金、税收支持，更着重于无车承运的真实业务，更好地练好内功。

（二）智慧物流平台将更加智慧

智慧物流的特点就是分享协同，智慧物流在2017年已经开始起步，一些大的企业包括像菜鸟、京东、苏宁都在提倡智慧物流，像无人驾驶、无人机、无人仓等智能技术快速发展，极大地降低了物流成本，提升了物流效率。智慧物流得到了政策的大力支持，再加上这些互联网企业自身的资金状况很好，因此2018年智慧物流将会加速发展。

（三）共享物流培育新的增长点、新动能。

在党的十九大报告里面就提出在共享经济等领域培育新的增长点、新动能，共享经济在物流行业的应用可以说非常广泛，一是物流创新能力的共享，包括物流的理念及解决方案等；二是物流设备的共享，比如货运卡车、托盘、充电桩等的共享；三是物流资源的开放、共享，包括园区、仓库、人力资源等。共享物流将极大地促进集约型、创新型绿色物流的发展。

（四）国家会重点支持供应链平台的发展

供应链是衡量一国经济竞争力的重要指标，是物流业迈向价值链中高端的必然的选择。2017年国务院就发布了《关于积极推进供应链创新与应用的指导意见》，同时商务部也会在全国推动供应链示范项目，另外供应链要配合“一带一路”倡议，打造带动全球贸易的便利化，形成开放互联的全球供应链体系。

（五）物流金融产品越来越成熟

针对物流行业的金融、保险这些产品越来越成熟，因为经过这几年的发展，很多物流的保理、贷款，包括保险，是专门针对物流平台、针对物流企业开发的个性化产品，更贴近物流的实际业务的需求，而且更规范、风险可控，得到物流行业的欢迎，这对于物流跨界融合发展有很大的好处。

（六）汽车后服务市场发展前景广阔

汽车后服务市场包括汽车维修、零配件、加油、保险、ETC（电子不停车收费系统）等，这些大家都很清楚，但盈利的很少，2018 年应该会有所收获，因为物流平台经过前期的发展，资源已经比较丰富了，技术条件也具备了，是可以开拓挖掘出巨大效益，这也是建立物流新生态圈的必然要求。

（七）区块链技术在物流行业的应用将会落地

2018 年 3 月 20 日上午，中国物流与采购联合会与腾讯科技签署了战略合作协议，并联合发布了双方首个重要合作项目——区块供应链联盟链及云单平台。云单用电子运单替代纸质运单，电子签名替代手工纸质签名，通过区块链技术让云单具备分布式、加密性、不可篡改等特性，保证运单数据的真实和安全，改变了困扰行业多年的纸质运单回单慢、效率低、操作不便等诸多痛点。区块链技术将会在对信用要求较高的物流金融、无车承运平台等方面逐渐落地。

（八）制约物流平台发展的物流诚信问题有望得到解决

2018 年 1 月 25 日，国家发展改革委经济运行调节局致函中国物流与采购联合会，请中物联协助开展物流行业信用建设工作。中物联于 2018 年 2 月 8 日发布了《关于对物流领域失信主体实施联合惩戒的通知》，中物联将联合地方物流协会共同开展物流行业信用工作，推动会员单位特别是 A 级物流企业加强自律，规范经营，诚信服务。中物联物流诚信平台也将于 2018 年 6 月上线，组织物流服务平台企业加强信用建设，完善信用记录，推动建立“红名单”“黑名单”制度，实施联合激励和联合惩戒措施。物流诚信环境将会得到显著改善。

（中国物流与采购联合会网络事业部　晏庆华）

2017 年物流教育培训发展回顾与 2018 年展望

2017 年是实施“十三五”规划的重要一年，是供给侧改革的深化之年，我国物流行业保持较快增长，行业集约化程度不断加速，技术创新正在推动物流管理、运营和人员组织方式变革，物流业人才培养需求发生巨大变化，新的形势对行业物流教育培训工作提出了新的要求。

2017 年来，在党的十九大精神和习近平新时代中国特色社会主义思想的指引下，在相关政府部门的指导和支持下，依托广大企业、院校和培训机构，中物联在标准制定、人才需求调研、渠道建设、强化认证质量和品牌、认证产品国际化互认、开拓企业服务、推动培训与教育互融等方面进行了一系列新探索和大胆实践。

一、2017 年物流教育培训发展与回顾

（一）稳步推进标准建设工作，不断完善行业人才培养体系

人才培养标准的制定是人才培养工作的基础。建立行业人才培养标准体系是发达国家推动行业人才培养的成功经验和通行做法，也是现代物流职业教育的基础。中国物流与采购联合会物流人才标准体系经过近几年的建设，目前已经形成涵盖职业能力要求、职业成长阶梯的人才培养体系框架。2017 年在现有职业标准的基础上，着力组织企业和院校合作开发能力单元，已完成第三方物流、商贸物流和生产物流三个领域的能力单元的开发工作。下一步，将加强相关职业标准、能力单元和课程资源等行业人才培养体系建设成果的应用，加大推广力度，实现企业用人需求与职业培训认证和院校人才培养有效衔接，全面提升行业人才培养的质量。

（二）强化产品内容，努力提高培训认证工作的专业性、权威性

当今中国，以互联网、物联网、大数据、云计算和人工智能为代表的新技术、新模式和新业态，成为创新启动物流业发展的新动力，物流产业细分市场发展迅速，通用型人才培养已经无法满足电商物流、冷链物流、供应链管理、智慧物流等专业领域对人才培养的要求。物流人才培养工作需要更新理念、转变思路、创新方法，以变革适应行业发展新形势。

1. 着手新版培训教材的开发和编写

教材是教学的内容源泉，是培训认证工作的基础，教材质量的高低决定着培训认证的质量和品牌。目前，中物联正在按新的行业标准进行第四次改版。新版教材编写采用教材 + 云端资源开发思路，基于行业人才培养标准，重新定义职业人才能力结构，在原有模块基础上更加强调人的核心素养，同时融入和反映当前物流行业发展前沿内容，为未来在线教育与培训打下基础。

2. 启动物流培训网络平台建设和资源建设工作

在“互联网 +”时代下，学习与培训模式正在发生重大变化，模块化、在线化、资源化、碎片化的学习逐步成为主流，为此启动了培训网络平台建设和物流培训网络资源建设，积极探索将先进的理念、思路、技术引入到教育培训领域，为从业人员打造丰富、实用、前沿的终身学习的服务平台。

3. 与国际证书开展互认

经过多方论证和评估，中物联物流和采购职业能力等级认证项目已经获得国际采购与供应管理联盟全球标准认证。目前国际采购与供应管理联盟颁发的国际证书已获得英国、法国、荷兰等 13 个国家的认同，自 2016 年开始考取中物联物流、采购从业人员职业能力等级认证证书还将同时获得 IFPSM（国际采购与供应管理联盟）颁发的国际证书。截至目前，已有 297 人申请并获得由 IFPSM 颁发的物流国际证书，245 人获得采购国际认证。证书互认工作不仅提高了证书的含金量，也为今后行业的认证工作与国际接轨，在国际上得到更广泛的认可搭建了桥梁。

4. 参与研究和制定了 APEC 职业标准

自 2014 年以来，由澳大利亚政府牵头，APEC（亚太经济合作组织）成员国共同参与研究和制定了 APEC 职业标准，目前已经完成了物流、旅游两个行业职业标准的编制工作。中物联代表中国参加了 APCE 物流行业职业标准的编制工作，下一步将继续加强与 APEC 成员国之间的沟通联系，推进标准互认互通，推动物流人才培养工作的进展，有效支撑“一带一路”等国家倡议。

（三）加强渠道建设，搭建面向全领域、多层次的物流人才培养平台

1. 召开培训认证工作会议

为做好新形势下的物流、采购人才的培养工作，2017 年 3 月中物联组织召开了培训认证工作会议，会议针对政府减政放权、推进职业资格工作改革的新形势下，如何发挥行业在水平评价类职业能力培训认证工作中的主导作用进行了分析与解读，同时就培训市场需求、产品开发、服务营销和活动推广等问题开展了深入研讨，为下一步行业培训认证工作发展方向奠定了基础。

2. 走访机构开展市场调研工作

为了解市场需求、提高服务质量，2017 年面向物流院校、社会培训机构开展走访调研工作，积极探索将培训领域先进的技术、方法引入到院校教育领域，寻求新的市场机会，着力为从业人员打造终身学习服务。同时，2017 年物流、采购从业人员职业能力等级认证及 ITC（联合国国际贸易中心）培训考试人数基本保持稳定。

3. 组织系列人才培训

2017 年，中物联承担了人社部委托的物流专业技术人员知识更新工程培训项目，以“供给侧结构改革框架下的物流业变革”为主题开展了培训，共有 70 多名企业代表报名参加；面向院校，分别以“电商物流”“跨境电商”“智慧物流”“采购与供应链管理”为主题组织了 7 次教师高级研修班，共培训院校教师 460 余人；此外，还面向企业高级管理人才和技术人才开展了高端培训，通过多种渠道和方式，搭建面向全领域、多层次的物流人才培养平台。

（四）提升服务，扩大品牌宣传力度

1. 配合培训中心进行市场推广

积极配合培训中心开展市场推广工作，把握市场定位，加大中物联人才培养体系宣传力度，未来积极发挥学分银行优势，促进行业人才培训认证与企业、院校人才培养工作有序衔接。

2. 探索推进学习型企业建设

在当前新的经济发展形势下，为培养更多符合企业发展需求的专业化、复合型、创新型人才，越来越多的企业通过深度校企融合和建立学习型组织来实现人才定制化培养，提升培养质量。一方面，积极探索学习型企业建设。与全国培训中心、各行业协会合作，积极推动以资源服务为导向的新课程体系，对接企业培训，使物流、采购从业人员培训向供应链一体化人才培养方向发展；另一方面，创新与企业的合作模式。以现代学徒制为抓手，与京东、顺丰、德邦、宜美佳、九州医药等企业就校企合作人才培养工作进行深入对接，推进企业商学院/大学建设，营造行业企业共同参与物流人才培养的大环境。与此同时，根据市场需求灵活设计开发专项培训，促进证书多样性，加强优质资源共享。

（五）开展调查研究，指导院校物流教育工作

教育部高等学校物流管理与工程类专业教学指导委员会（简称物流教指委）和全国物流职业教育教学指导委员会（简称行指委）分别组织编写了《2016 年中国物流高等教育年度报告》和《2016 年中国物流职业教育发展报

告》。报告分为物流行业从业人员概况、全国高等（职业）发展概况、产业发展与专业建设、部分地区物流高等（职业）教育介绍等内容，在大数据背景下报告对引领高校物流教育发展方向具有重要意义。

承担了教育部高职专业标准制（修）订及中职专业目录调整工作。按照教育部工作要求，物流行指委成立项目工作组落实相关工作。制订工作过程中，为满足行业专业领域的人才需求，将行业标准、相关培训课程与专业教学标准进行深度融合，为推动未来院校人才培养工作与行业培训认证工作对接打下良好基础。

筹备组建物流教指委物流管理专业等 5 个工作组。为进一步加强物流教指委自身组织建设，吸收更多的专家参与到物流教指委的工作中来，物流教指委计划成立物流管理专业、物流工程专业、采购管理专业、青年教师及冷链物流专业 5 个工作组，工作组将做好物流学科体系建设、教学科研和教师培养工作，以满足产业发展对人才培养需求具有重要意义。

完成了 2016 年度物流教改教研课题的结题验收工作及 2017 年课题立项工作。2016 年共有 103 个课题完成结题，其中优秀获奖课题 77 个，2017 年共立项课题 176 个。评审工作的重点考察项目的前沿性、创新性和可推广性，对于指导院校教学改革、课程建设、双创教育和人才培养模式创新具有重要意义。

（六）搭建交流平台，让行业企业、院校更加了解中物联人才培养工作的新变化

举办了 2017 年全国职业院校技能大赛高职组现代物流作业方案设计与实施比赛。来自全国 30 个省市自治区的 59 所院校、236 名参赛选手参加了比赛，大赛是对我国物流高职院校高技能物流人才培养成果的一次大检阅，为广大物流院校和企业搭建了一个校企合作、学习交流和展示技能的平台，为物流职业技能人才培养指引了方向。

组织召开了第十六届全国高校物流专业教学研讨会和第九届全国职业院校物流专业教学研讨会。会议分别于 2017 年 7 月和 8 月在合肥召开，分别由来自全国各地的高校（职业院校）、企业、教育培训机构、大众媒体代表等 400 余人参加。会议为院校代表搭建了交流合作的平台，内容丰富，亮点纷呈。

积极推广现代学徒制。中物联和行指委在 11 个省市举办物流现代学徒制研讨和推广活动，目前有 8 个试点项目正在开展，其中广州市商贸职业学校与广州天图物流有限公司、广西职业技术学院与广西德邦物流有限公司等试点项目已经完成，项目得到了企业的高度认可。

推进国际交流合作。继续深化与国际供应链与运营管理协会（APICS）在教育培训领域的交流与合作，开展职业标准体系的比较研究、供应链领域人才

培养等工作，共同推动中美物流与供应链行业的创新。

2017 年召开的第十六届全国高校物流专业教学研讨会上，邀请了英国格林威治大学商学院系统管理与战略系主任派特罗斯·逸诺瑞蒙纳霍博士、格林威治大学商学院系统管理与战略系供应链与物流研究生专业主任周莉教授、澳大利亚皇家墨尔本理工大学供应链管理夏姆斯·拉赫曼教授，分别就英国物流与供应链教育现状与发展趋势、物流与供应链管理研究生培养国际现状与发展等内容发表演讲。对于促进我国物流高等教育人才培养，吸收借鉴国际先进经验，提升高校物流专业建设水平具有十分重要的意义。

二、2018 年新时代下的物流人才培养工作展望

随着大数据、区块链、人工智能、机器人、无人机等先进技术和装备的应用，必将催生物流业在管理运营方式和运作效率方面发生一系列变革。新时代的物流需要大批具有创新意识、供应链理念、互联网思维、国际化视野，能脚踏实地解决实际问题的能力，又有锲而不舍的敬业精神和全新全意为客户服务的新人才。新人才的培养，是院校、企业、社会的责任，也是行业教育培训工作的主要任务。

1. 将质量作为培训认证工作的生命线

人才培养工作同企业生产活动一样，产品质量决定品牌的影响力。中物联培训认证工作已走过 15 年的发展历程，得到社会各界的一致好评，但与发达国家相比还存在很大差距。在教材建设、培训和认证的组织管理、学员理论学习和实战的结合、满足不同行业对物流人才的需求等方面，还存在诸多需要改进和提升的地方。下一步将继续完善全国培训、认证工作一体化信息网络服务平台建设，将现代信息技术与先进管理理念相融合，重新整合内外部资源，提高培训认证工作的效率和质量，以质量树品牌，推进培训认证工作的发展。

2. 加快推进培训认证业务与教育产品和服务的融合

一方面，将现有物流、采购知识体系和培训体系与院校教学、师资培养有机结合，实现课证融通；另一方面，针对院校需求，开发面向院校教育的培训产品与服务。同时，未来将进一步加强行业标准、能力单元在院校和企业培训的应用，围绕能力单元与部分院校和企业开发课程和证书。

3. 继续引领院校物流人才培养工作

充分发挥物流教指委和行指委的作用，切实推动教学改革，引领院校物流人才培养。以国家开放大学物流学院为平台，探索开展中职、高职、本科学历继续教育和非学历继续教育，配合教育主管部门，积极推动中职、高职和本科教育教学立体衔接，向国际化物流人才培养目标迈进。

4. 深化产教融合和校企合作

深入推进产教融合、校企合作，促进企业和教育优质资源深度融合，服务国家战略要求和区域经济发展需要，优化协同育人环境。在政府相关部门的领导下，搭建行业、企业和院校协同育人的平台，发挥全国物流职业教育人才培养基地的示范和辐射作用，积极推动现代学徒制和学分银行试点工作，努力搭建物流人才培养立交桥，满足物流业发展的人才需求。

5. 开展师资培养体系研究，推动优质课程开发与建设

高水平现代化职业学校离不开优秀的师资队伍和优质的课程资源，物流教指委、行指委将组织对师资培养体系的研究和优质课程资源的开发，整合全国师资力量开展骨干师资培训和研修，加强对外合作，推动国外优质课程资源的引进和转化，为院校的专业建设与发展提供支持。

6. 深化国际交流与合作

充分发挥行业组织在教育和人才培养工作中的引领作用，继续与各国行业组织和教育机构加强合作，学习发达国家在教育和人才培养工作中的先进经验，加强在标准制定、课程引进、项目合作、师资培训和合作办学等领域合作。

7. 提高为行业企业服务水平

加强行业人才需求调研，开发针对不同企业的人才培养服务，以中国物流企业家商学院为服务平台，为行业企业提供更加专业化、体系化的中高层人员培训和人才培养管理咨询。

（中国物流与采购联合会教育培训部　郭肇明）

第三篇

资 料 汇 编

2017年全国物流运行情况通报

2017年我国物流运行总体向好，社会物流总额增长稳中有升，社会物流总费用与GDP的比率有所回落。

一、社会物流总额增长稳中有升

2017年全国社会物流总额252.8万亿元，按可比价格计算，同比增长6.7%，增速比2016年同期提高0.6个百分点。分季度看，一季度56.7万亿元，增长7.1%，提高1.1个百分点；2017年上半年118.9万亿元，增长7.1%，提高0.9个百分点；前三季度184.8万亿元，增长6.9%，提高0.8个百分点。全年社会物流总需求呈现稳中有升的发展态势。

从构成看，工业品物流总额234.5万亿元，按可比价格计算，同比增长6.6%，增速比2016年同期提高0.6个百分点；进口货物物流总额12.5万亿元，增长8.7%，提高1.3个百分点；农产品物流总额3.7万亿元，增长3.9%，提高0.8个百分点；再生资源物流总额1.1万亿元，下降1.9%；单位与居民物品物流总额1.0万亿元，增长29.9%。

二、社会物流总费用与GDP的比率有所回落

2017年社会物流总费用12.1万亿元，同比增长9.2%，增速低于社会物流总额。

其中，运输费用6.6万亿元，增长10.9%，增速比2016年同期提高7.6个百分点；保管费用3.9万亿元，增长6.7%，提高5.4个百分点；管理费用1.6万亿元，增长8.3%，提高2.7个百分点。

2017年社会物流总费用与GDP的比率为14.6%，比2016年同期下降0.3个百分点。

三、物流业总收入较快增长

2017年物流业总收入8.8万亿元，比2016年增长11.5%，增速比2016年同期提高6.9个百分点。

国家发展改革委

中国物流与采购联合会

2013—2017年物流统计核算数据

表1　　社会物流总额

年份	指　标	工业品物流总额	农产品物流总额	进口货物物流总额	再生资源物流总额	单位居民物品物流总额	社会物流总额
2013	总额（万亿元）	181.5	3.1	12.1	0.8	0.2	197.8
	增长率（%）	2.0	8.7	5.1	4.8	3.8	111.5
2014	总额（万亿元）	196.9	3.3	12.0	0.8	0.4	213.5
	增长率（%）	8.5	5.4	-0.6	9.1	5.6	107.9
2015	总额（万亿元）	204.0	3.5	10.4	0.9	0.5	219.2
	增长率（%）	3.6	4.3	-13.2	1.9	7.4	102.7
2016	总额（万亿元）	214.0	3.6	10.5	0.9	0.7	229.7
	增长率（%）	6.0	3.1	7.4	7.5	42.8	6.1
2017	总额（万亿元）	234.5	3.7	12.5	1.1	1.0	252.8
	增长率（%）	6.6	3.9	8.7	-1.9	29.9	6.7

表2　　社会物流总费用

年份	指　标	运输费用	保管费用	管理费用	社会物流总费用
2013	费用（万亿元）	5.4	3.6	1.3	10.2
	增长率（%）	9.2	8.9	0.8	9.3
2014	费用（万亿元）	5.6	3.7	1.3	10.6
	增长率（%）	6.6	7.0	7.9	6.9
2015	费用（万亿元）	5.8	3.8	1.4	11.0
	增长率（%）	3.1	101.6	5.0	2.8
2016	费用（万亿元）	6.0	3.7	1.4	11.1
	增长率（%）	3.3	1.3	5.6	2.9
2017	费用（万亿元）	6.6	3.9	1.6	12.1
	增长率（%）	10.9	6.7	8.3	9.2

表 3　　物流业总收入

年份	物流业总收入（万亿元）	同比增长（%）
2013	7.2	9.2
2014	7.1	6.9
2015	7.6	4.5
2016	7.9	4.6
2017	8.8	11.5

2017 年中国物流行业十件大事

中国物流与采购联合会

二〇一七年十二月三十一日

第一，党的十九大报告提出，加强“物流等基础设施网络建设”；在“现代供应链等领域培育新增长点、形成新动能。”

第二，国务院办公厅先后发出《关于加快发展冷链物流保障食品安全促进消费升级的意见》（国办发〔2017〕29 号）；《关于进一步推进物流降本增效促进实体经济发展的意见》（国办发〔2017〕73 号）；《关于积极推进供应链创新与应用的指导意见》（国办发〔2017〕84 号）。

第三，国家发展改革委、工业和信息化部、财政部、国土资源部、住房城乡建设部、交通运输部、商务部、海关总署、国家税务总局、国家工商总局、国家质量监督检验检疫总局、国家统计局、国家铁路局、中国民航局、国家邮政局等有关部门密集出台支持、促进、引导和规范物流业发展的政策文件。

第四，由中国铁路总公司倡议发起的议事协调组织——中欧班列运输协调委员会成立；中欧班列已累计开行 6235 列，其中本年开行数量达 3271 列。

第五，全球制造业采购经理指数（CFLP - GPMI）由中国物流与采购联合会首次发布。

第六，全球最大自动化码头——上海洋山港四期开港试运营。

第七，全球第四、亚洲第一，以顺丰航空公司作为主运营公司的航空物流枢纽——湖北国际物流核心枢纽项目开工建设。

第八，物流类企业加快进入证券市场，年内有 8 家企业跻身国内主板，5 家在境外证券交易所上市，45 家登陆国内“新三板”。

第九，经中国物流与采购联合会组织评审，国家发展改革委、商务部发文确认，由京东、苏宁、顺丰、九州通、长春一汽、日日顺、菜鸟网络、招商物流、怡亚通和荣庆冷链 10 家物流企业报送的仓储物流基地入选首批“国家智能化仓储物流示范基地”名单。

第十，根据《国务院关于建立完善守信联合激励和失信联合惩戒制度、加快推进社会诚信建设的指导意见》，在国家发展改革委指导下，首批 270 家涉运输物流领域企业违法失信名单在“信用中国”网站公布。

2017 年物流相关规划与政策文件要目

序号	发文单位	发文题目	文号	发文时间	分类		
1	国务院	关于印发“十三五”现代综合交通运输体系发展规划的通知	国发〔2017〕11 号	2 月 28 日	运输	综合运输	
2	国务院	关于印发全国国土规划纲要（2016—2030 年）的通知	国发〔2017〕3 号	2 月 4 日	仓储		
3	国家发展改革委 交通运输部 公安部 中国民航局 中国铁路总公司	关于加强交通出行领域信用建设的指导意见	发改运行〔2017〕10 号	1 月 13 日			
4	国家发展改革委 交通运输部 中国铁路总公司	关于印发《推动交通物流融合发展近期重点工作及分工方案》的通知	发改办基础〔2016〕2722 号	2 月 23 日	运输	综合运输	

续 表

序号	发文单位	发文题目	文号	发文时间	分类			
5	交通运输部 财政部 国家铁路局 中国民用航空局 国家邮政局 中国铁路总公司	关于鼓励支持运输企业创新发展的指导意见	交运发〔2016〕227 号	2 月 8 日	创新创业			
6	交通运输部	关于开展智慧港口示范工程的通知	交水函〔2017〕101 号	1 月 24 日	智慧物流			
7	交通运输部 中国农业发展银行	关于合力推进交通扶贫脱贫攻坚工作的通知	交规划发〔2017〕2 号	1 月 20 日				
8	交通运输部	关于发布《绿色交通标准体系（2016 年）》的通知	交办科技〔2016〕191 号	1 月 16 日	绿色环保			
9	交通运输部	关于印发推进智慧交通发展行动计划（2017—2020 年）的通知	交办规划〔2017〕11 号	1 月 22 日	智慧物流			
10	交通运输部	关于界定严重违法失信超限超载运输行为和相关责任主体有关事项的通知	交办公路〔2017〕8 号	2 月 7 日	诚信建设			

续　表

序号	发文单位	发文题目	文号	发文时间	分类			
11	交通运输部	关于印发《港口危险货物安全监管信息化建设指南》的通知	交办水〔2016〕182 号	1 月 5 日	危险品物流			
12	工业和信息化部 公安部 交通运输部 工商总局 国家质检总局	关于开展货车非法改装专项整治行动的通知	工信厅装函〔2017〕21 号	1 月 17 日	安全	公路	治超	
13	商务部 国家发展改革委 国土资源部 交通运输部 国家邮政局	关于印发《商贸物流发展“十三五”规划》的通知	商流通发〔2017〕29 号	1 月 19 日	商贸物流			
14	国家邮政局	快递业发展“十三五”规划	国邮发〔2016〕122 号	2 月 6 日	快递			
15	国务院	关于印发国务院 2017 年立法工作计划的通知	国办发〔2017〕23 号	3 月 20 日				
16	国家发展改革委 中国民用航空局	关于印发全国民用运输机场布局规划的通知	发改基础〔2017〕290 号	3 月 15 日				

续 表

序号	发文单位	发文题目	文号	发文时间	分类			
17	国家发展改革委 国家粮食局	关于印发《粮食物流业“十三五”发展规划》的通知	发改经贸〔2017〕432 号	3 月 10 日	粮食物流			
18	交通运输部	关于废（终）止、转化 16 项交通运输强制性行业标准的公告		3 月 31 日				
19	交通运输部	关于加强危险货物道路运输安全监管系统建设工作的通知	交办运函〔2017〕333 号	3 月 17 日	危险品物流			
20	交通运输部	关于修改《中华人民共和国国际海运条例实施细则》的决定	交通运输部令 2017 年第 4 号	3 月 13 日				
21	交通运输部	关于加强港口危险货物储罐安全管理的意见	交办水〔2017〕34 号	3 月 13 日	危险品物流			
22	交通运输部	关于做好无车承运试点运行监测工作的通知	交办运函〔2017〕256 号	3 月 7 日	运输	公路		
23	国家铁路局	铁路标准化“十三五”发展规划	国铁科法〔2017〕15 号	2 月 27 日	运输	铁路		
24	国家质检总局 国家发展改革委等	关于推动物流服务质量提升工作的指导意见	国质检质联	3 月 2 日	质量提升			

续 表

序号	发文单位	发文题目	文号	发文时间	分类			
25	国务院	关于加快发展冷链物流保障食品安全促进消费升级的意见	国办发〔2017〕29 号	4 月 21 日	冷链物流			
26	财政部 税务总局	关于继续实施物流企业大宗商品仓储设施用地城镇土地使用税优惠政策的通知	财税〔2017〕33 号	4 月 26 日	降税清费			
27	交通运输部 国家发展改革委	关于组织开展第二批多式联运示范工程申报工作的通知	交办运〔2017〕53 号	4 月 25 日	运输	综合运输		
28	交通运输部 国家标准委	关于《交通运输标准化体系》的通知	交科技发〔2017〕48 号	4 月 17 日	运输	标准化		
29	国家发展改革委	关于调整完善邮政普通包裹寄递资费体系结构有关问题的通知	发改价格规〔2017〕629 号	4 月 12 日				
30	税务总局	关于进一步做好税收服务“一带一路”建设工作的通知	税总发〔2017〕42 号	4 月 24 日				
31	交通运输部	关于推进特定航线江海直达运输发展的意见	交水发〔2017〕53 号	4 月 18 日				

续 表

序号	发文单位	发文题目	文号	发文时间	分类			
32	交通运输部 公安部 工业和信息化部	关于做好车辆运输车第二阶段治理工作的通知	交办运函〔2017〕546 号	4 月 25 日	安全	公路	治超	
33	交通运输部	关于进一步加强港口设施保安工作的通知	交办水函〔2017〕419 号	3 月 31 日				
34	商务部 中国农业发展银行	关于共同推进农产品和农村市场体系建设的通知	商建函〔2017〕153 号	4 月 21 日				
35	工业和信息化部 国家发展改革委 科技部	关于印发《汽车产业中长期发展规划》的通知	工信部联装〔2017〕53 号	4 月 25 日				
36	工业和信息化部 税务总局	《免征车辆购置税的新能源汽车车型目录》（第十批）公告	2017 第 19 号	4 月 27 日	绿色环保			
37	国家发展改革委 交通运输部 中国铁路总公司	关于印发《“十三五”铁路集装箱多式联运发展规划》的通知	发改基础〔2017〕738 号	5 月 12 日	运输	综合运输		
38	国家发展改革委	国家发展改革委关于取消公民身份认证服务收费政府定价有关事项的通知	发改价格〔2017〕928 号	5 月 25 日				

续　表

序号	发文单位	发文题目	文号	发文时间	分类			
39	发展改革委 财政部 工业和信息化部 民政部	关于清理规范涉企经营服务性收费的通知	发改价格〔2017〕790 号	5 月 5 日	降费清税	铁路		
40	交通运输部	关于贯彻实施《超限运输车辆行驶公路管理规定》的通知	交办公路〔2017〕62 号	5 月 5 日	安全	公路	治超	
41	交通运输部	推进政务信息资源共享 部省平台全面对接 脱密信息无条件共享		5 月 11 日	政府信息开放			
42	国家铁路局	关于采用国际货约/国际货协运单的通知		5 月 3 日	运输	综合运输	一带一路	
43	国家邮政局	国家邮政局关于加快推进邮政业供给侧结构性改革的意见		5 月 18 日	供给侧改革			
44	国务院	国务院办公厅关于印发政务信息系统整合共享实施方案的通知	国办发〔2017〕39 号	5 月 18 日	政府信息开放			

续 表

序号	发文单位	发文题目	文号	发文时间	分类			
45	交通运输部	交通运输部办公厅关于印发深入推进水运供给侧结构性改革行动方案（2017—2020年）的通知	交办水〔2017〕75号	5月23日	供给侧改革			
46	交通运输部办公厅 广东省 人民政府办公厅 广西壮族自治区 人民政府办公厅 贵州省 人民政府办公厅 云南省 人民政府办公厅	交通运输部办公厅 广东省人民政府办公厅 广西壮族自治区人民政府办公厅 贵州省人民政府办公厅 云南省人民政府办公厅关于印发珠江水运科学发展行动计划（2016—2020年）的通知	交办水〔2017〕52号	5月18日				
47	住房城乡建设部 国家发改委	关于印发全国城市市政基础设施规划建设“十三五”规划的通知	建城〔2017〕116号	5月25日				
48	民航局	民用无人驾驶航空器实名制登记管理规定		5月16日				

续　表

序号	发文单位	发文题目	文号	发文时间	分类			
49	工商总局	工商总局关于印发《全面推进政务公开工作的实施方案》的通知	工商办字〔2017〕72 号	5 月 16 日	政府信息开放			
50	工商总局	工商总局关于深入推进“放管服”多措并举助力小型微型企业发展的意见	工商个字〔2017〕70 号	5 月 15 日				
51	中国人民银行 工业和信息化部 财政部 商务部 国资委 银监会 外汇局	七部门关于印发《小微企业应收账款融资专项行动工作方案（2017—2019 年）》的通知	银发〔2017〕104 号	5 月 17 日				
52	国家发展改革委	国家发展改革委关于印发《服务业创新发展大纲（2017—2025 年）》的通知	发改规划〔2017〕1116 号	6 月 21 日	物流战略			

续 表

序号	发文单位	发文题目	文号	发文时间	分类			
53	国务院	李克强主持召开国务院常务会议 讨论通过《关于强化实施创新驱动发展战略进一步推进大众创业万众创新深入发展的意见》决定将《快递条例（草案）》向社会公开征求意见		7月12日	创新创业			
54	国务院	国务院关于开展第四次大督查的通知	国发明电〔2017〕1号	5月31日				
55	国家发展改革委 工业和信息化部 财政部 人民银行	关于做好2017年降成本重点工作的通知	发改运行〔2017〕1139号	6月30日	降本增效			
56	财政部 税务总局	关于扩大小型微利企业所得税优惠政策范围的通知	财税〔2017〕43号	6月6日	减税清费			
57	工业和信息化部	关于对2016年严重违规的20家车辆生产企业的通报		6月2日				
58	国家邮政局	邮政局部署扎实推进邮件快件实名收寄工作		6月29日	快递	实名制		

续　表

序号	发文单位	发文题目	文号	发文时间	分类			
59	交通运输部	交通运输部办公厅关于使用车辆运输车申报信息进行执法检查的通知	交办运函〔2017〕774 号	6 月 6 日	安全	公路	治超	
60	保监会	保监会进一步深化商业车险改革，让改革成果更多惠及消费者		6 月 9 日				
61	国务院	国务院办公厅关于建设第二批大众创业万众创新示范基地的实施意见	国办发〔2017〕54 号	6 月 21 日	创新创业			
62	国务院	国务院办公厅关于印发全国深化简政放权放管结合优化服务改革电视电话会议重点任务分工方案的通知	国办发〔2017〕57 号	6 月 30 日	放管服			
63	国家发展改革委 国家海洋局	国家发展改革委和国家海洋局联合发布《“一带一路”建设海上合作设想》		6 月 20 日				

续 表

序号	发文单位	发文题目	文号	发文时间	分类			
64	国家发展改革委	国家发展和改革委员会（经济贸易司）委托综合运输研究所组织开展“骨干物流信息平台试点”评选工作		6 月 28 日	创新创业			
65	国家发展改革委	国家发展改革委委托中物联组织开展国家智能化仓储物流示范基地评选工作		6 月 27 日	仓储			
66	国家发展改革委 税务总局	国家发展和改革委员会　国家税务总局签署《信用联动合作框架协议》		6 月 22 日	诚信建设			
67	交通运输部 公安部	交通运输部公安部联合整治冲卡逃费		6 月 19 日				
68	国家邮政局	国家邮政局积极推进邮件快件实名收寄信息系统应用工作		6 月 15 日	快递	实名制		
69	国务院	国务院印发《关于强化实施创新驱动发展战略进一步推进大众创业万众创新深入发展的意见》	国发〔2017〕37 号	7 月 27 日	创新创业			

续 表

序号	发文单位	发文题目	文号	发文时间	分类			
70	国家发展改革委	国家发展改革委公开征求推进物流降本增效促进实体经济发展的意见		7月10日	降本增效			
71	国家发展改革委	国家发展改革委关于向社会公开征求对《政府制定价格成本监审办法》意见的公告	国发明电〔2017〕1号	7月25日				
72	国家发展改革委	国家发展改革委与苏宁集团签署《关于加强信用信息共享的合作备忘录》		7月5日				
73	国家发展改革委	国家发展改革委下调人民银行征信中心服务收费标准		7月3日				
74	税务总局 环保部	正式签署《环境保护税征管协作机制备忘录》		7月31日	绿色环保			
75	交通运输部 国家发展改革委	交通运输部 国家发展改革委关于印发《港口收费计费办法》	交水发〔2017〕104号	7月19日	减税清费			
76	国家邮政局	全面部署邮件快件实名收寄工作		7月10日	快递	实名制		

续 表

序号	发文单位	发文题目	文号	发文时间	分类			
77	保监会	发文整治车险市场乱象	国办发〔2017〕54号	6月21日				
78	国务院	国务院关于《印发新一代人工智能发展规划》的通知	国发〔2017〕35号	7月20日	智慧物流			
79	国务院	国务院关于印发《国家突发事件应急体系建设“十三五”规划》的通知	国办发〔2017〕2号	7月19日	应急物流			
80	国家发展改革委	国家发展改革委印发《关于促进分享经济发展的指导性意见》的通知	发改高技〔2017〕1245号	7月3日	创新创业			
81	工业和信息化部	工业和信息化部关于印发《国家中小企业公共服务示范平台认定管理办法》的通知	工信部企业〔2017〕156号	7月5日	智慧物流			
82	工业和信息化部	工业和信息化部关于印发《应急产业培育与发展行动计划（2017—2019年）》的通知	工信部运行〔2017〕153号	7月10日	应急物流			

续　表

序号	发文单位	发文题目	文号	发文时间	分类			
83	财政部	财政部关于印发《关于稳步推进财政电子票据管理改革的试点方案》的通知	财综〔2017〕32 号	7 月 10 日				
84	财政部 交通运输部	财政部、交通运输部关于印发《地方政府收费公路专项债券管理办法（试行）》的通知	财预〔2017〕97 号	7 月 12 日	运输	公路	收费	
85	国家邮政局	国家邮政局审议并原则通过《国家邮政局关于推进邮政业安全生产领域改革发展的指导意见》		7 月 24 日	安全			
86	国务院	国务院办公厅关于进一步推进物流降本增效促进实体经济发展的意见	国办发〔2017〕73 号	8 月 17 日	降本增效			
87	国家税务总局	国家税务总局关于跨境应税行为免税备案等增值税问题的公告	国家税务总局公告 2017 年第 30 号	8 月 22 日	减税清费			

续　表

序号	发文单位	发文题目	文号	发文时间	分类			
88	发展改革委 交通运输部 等部门	国家发展改革委联合多部门：签署《关于对运输物流行业严重违法失信市场主体及其有关人员实施联合惩戒的合作备忘录》	发改运行 〔2017〕1553 号	8 月 24 日	诚信建设			
89	交通运输部	交通运输部关于加快发展冷链物流保障食品安全促进消费升级的实施意见	交运发 〔2017〕127 号	8 月 24 日	冷链物流			
90	交通运输部	交通运输部办公厅关于《无车承运人试点中期运行监测分析报告》		8 月 9 日	运输	公路	无车承运	
91	交通运输部	交通运输部关于《铁路运输企业准入许可办法（修正案草案征求意见稿）》公开征求意见的通知	交通运输部令 2014 年第 19 号	8 月 10 日	运输	铁路		
92	国家邮政局	国家邮政局印发《寄递渠道安全综合整治工作方案》		8 月 25 日	安全			
93	国家发展改革委	国家发展改革委关于印发“十三五”国家政务信息化工程建设规划的通知	发改高技 〔2017〕1449 号	8 月 24 日	政府信息开放			

续　表

序号	发文单位	发文题目	文号	发文时间	分类			
94	交通运输部	交通运输部关于推进长江经济带绿色航运发展的指导意见	交水发〔2017〕114 号	8 月 10 日	绿色环保			
95	交通运输部	交通运输部关于全面推行“双随机、一公开”监管工作的实施意见	交法发〔2017〕120 号	8 月 22 日	简政放权			
96	交通运输部	交通运输部办公厅关于印发公路水路行业安全生产工作考核评价办法的通知	交办安监〔2017〕114 号	8 月 16 日	安全			
97	交通运输部	交通运输部关于学习借鉴浙江经验推进区域港口一体化改革的通知	交水函〔2017〕633 号	8 月 22 日	运输	水运		
98	商务部　财政部	商务部办公厅　财政部办公厅关于开展供应链体系建设工作的通知	商办流通发〔2017〕337 号	8 月 11 日	第三方物流			
99	商务部 财政部	商务部办公厅 财政部办公厅关于开展供应链体系建设工作的通知	商办流通发〔2017〕337 号	8 月 16 日				

续 表

序号	发文单位	发文题目	文号	发文时间	分类			
100	国家邮政局	国家邮政局关于印发《关于深入开展违法寄递危险化学品整治工作的通知》		8 月 18 日	危险品物流			
101	国家邮政局	国家邮政局党组召开会议审议通过推进邮政业安全生产领域改革发展指导意见		8 月 21 日	安全			
102	国务院办公厅	国务院办公厅关于积极推进供应链创新与应用的指导意见	国办发〔2017〕84 号	10 月 13 日	第三方物流			
103	交通运输部	交通运输部等十四个部门关于印发促进道路货运行业健康稳定发展行动计划（2017—2020年）的通知	交运发〔2017〕141 号	9 月 19 日	健康稳定			
104	工业和信息化部	五部委：联合发布《乘用车企业平均燃料消耗量与新能源汽车积分并行管理办法》		9 月 27 日	绿色环保			
105	工业和信息化部	工业和信息化部关于印发《工业电子商务发展三年行动计划》的通知	工信部信软〔2017〕227 号	9 月 11 日				

续 表

序号	发文单位	发文题目	文号	发文时间	分类			
106	交通运输部	交通运输部办公厅 公安部办公厅关于印发规范公路治超执法专项整治行动工作方案的通知	交办公路〔2017〕130 号	9 月 11 日	安全	公路	治超	
107	交通运输部	港口危险货物安全管理规定	交通运输部令 2017 年	9 月 4 日	危险品物流			
108	交通运输部	交通运输部办公厅关于印发《水路运输市场信用信息管理办法（试行)》的通知	交办水〔2017〕128 号	9 月 6 日	诚信建设			
109	交通运输部	大型飞机公共航空运输承运人运行合格审定规则	交通运输部令 2017 年	9 月 4 日				
110	税务总局	税务总局发布《关于跨省经营企业涉税事项全国通办的通知》	税总发〔2017〕102 号	9 月 7 日	减税降费			
111	民航局	民航局发布《关于把控运行总量调整航班结构 提升航班正点率的若干政策措施》		9 月 22 日				
112	国务院	国务院关于开展第三次全国土地调查的通知	国发〔2017〕48 号	10 月 16 日				

续 表

序号	发文单位	发文题目	文号	发文时间	分类			
113	交通运输部	交通运输部办公厅关于开展公路执法服务大走访活动的通知		9 月 20 日	安全	公路	治超	
114	交通运输部	交通运输部关于修改《铁路运输企业准入许可办法》的决定	交通运输部令 2017 年第 31 号	10 月 25 日	运输	铁路		
115	交通运输部	大型飞机公共航空运输承运人运行合格审定规则	交通运输部令 2017 年第 29 号	9 月 30 日				
116	商务部	商务部等 13 部门将开展扩消费专项行动联合督查		11 月 3 日				
117	国家铁路局	国家铁路局发布《铁路线路设计规范》和《铁路车站及枢纽设计规范》		9 月 30 日				
118	商务部	商务部办公厅印发《长江中游区域市场发展规划（2017—2020 年）》		10 月 17 日				
119	交通运输部	交通运输部办公厅关于印发《12328 交通运输服务监督电话系统运行服务质量考评暂行办法》的通知	交办运〔2017〕135 号	10 月 9 日	运输	公路		

续　表

序号	发文单位	发文题目	文号	发文时间	分类			
120	工业信息化部	工业和信息化部办公厅关于印发《中小企业公共服务规范评价指标（试行）》的通知	工信厅企业〔2017〕103号	10月17日				
121	邮政局	十部门联合发文协同推进快递绿色包装工作			绿色环保			
122	交通运输部 公安部	关于治理车辆超限超载联合执法常态化制度化工作的实施意见（试行）	交公路发〔2017〕173号	11月24日	安全	公路	治超	
123	交通运输部	关于进一步做好无车承运人试点工作的通知	交办运函〔2017〕1688号	11月21日	运输	公路	无车承运	
124	国务院	关于印发消防安全责任制实施办法的通知	国办发〔2017〕87号	11月9日				
125	国务院	印发《关于深化"互联网+先进制造业"发展工业互联网的指导意见》		11月27日				
126	国家发展改革委 交通运输部 国家铁路局 中国铁路总公司	印发《铁路"十三五"发展规划》		12月1日	运输	铁路		

续　表

序号	发文单位	发文题目	文号	发文时间	分类			
127	交通运输部	出台《长江干线水上交通安全管理特别规定》	交通运输部令2017年第32号	11月15日				
128	交通运输部	关于使用享受税收优惠政策船舶临时从事国内水路运输的公示		11月6日				
129	交通运输部	印发《交通运输行业重点实验室管理办法》	交科技发〔2017〕174号	11月21日				
130	交通运输部	关于印发《收费公路政府和社会资本合作操作指南》的通知	交办财审〔2017〕173号	11月29日	运输	公路		
131	民航局	印发《民航行业信用管理办法（试行）》	民航发〔2017〕136号	11月6日	诚信建设			
132	财政部 税务总局 商务部 科技部 国家发展改革委	关于将技术先进型服务企业所得税政策推广至全国实施的通知	财税〔2017〕79号	11月2日	第三方物流			
133	国家发展改革委	关于加强和规范运输物流行业失信联合惩戒对象名单管理工作的实施意见		12月25日	诚信建设			

续　表

序号	发文单位	发文题目	文号	发文时间	分类			
134	交通运输部 税务总局	关于收费公路通行费增值税电子普通发票开具等有关事项的公告	2017 年 66 号	12 月 14 日	减税降费			
135	交通运输部 公安部 国家质检总局	关于加快推进道路货运车辆检验检测改革工作的通知	交运发〔2017〕207 号	12 月 19 日	简政放权			
136	财政部 税务总局 工业和信息化部 科技部	关于免征新能源汽车车辆购置税的公告	2017 年第 172 号	12 月 26 日	绿色环保			
137	发展改革委、 民航局	推进京津冀民航协同发展实施意见	发改基础〔2017〕2048 号	11 月 27 日				
138	国家发展改革委	关于深化铁路货运价格市场化改革等有关问题的通知	发改价格〔2017〕2163 号	12 月 26 日	运输	铁路		
139	税务总局	货物运输业小规模纳税人申请代开增值税专用发票管理办法	国家税务总局公告 2017 年第 55 号	12 月 29 日	减税降费			

续 表

序号	发文单位	发文题目	文号	发文时间	分类			
140	税务总局	关于开展互联网物流平台企业代开增值税专用发票试点工作的通知	税总函〔2017〕579 号	12 月 29 日	减税降费			
141	交通运输部	关于全面深入推进绿色交通发展的意图		12 月 6 日	绿色环保			
142	交通运输部	交通运输行业质量提升行动实施方案	中发〔2017〕24 号	12 月 12 日	质量提升			
143	交通运输部 公安部 商务部	关于组织开展城市绿色货运配送示范工程的通知		12 月 18 日	绿色环保			
144	交通运输部	关于全面加强航运公司全员安全生产责任制工作的通知	安委办〔2017〕29 号	12 月 21 日	安全			
145	工业和信息化部	促进新一代人工智能产业发展三年行动计划（2018—2020 年）	工信部科〔2017〕315 号	12 月 13 日	智慧物流			
146	工业和信息化部	关于促进和规范民用无人机制造业发展的指导意见	工信部装〔2017〕310 号	12 月 22 日	智慧物流			

2016 年度物流企业负担及营商环境调查报告

中国物流与采购联合会

二〇一七年四月

为减轻物流企业负担，降低物流运营成本，优化行业营商环境，准确反映行业状况和企业诉求，中国物流与采购联合会于 2017 年年初选取 100 家重点物流企业开展了问卷调查。

一、被调查企业基本情况

（一）被调查企业构成情况（如表 1 所示）

表 1　　被调查企业构成情况

按企业性质分			
国有及国有控股企业	民营企业	外资及中外合资企业	集体企业
30.4%	54.3%	13.1%	2.2%
按业务类型分			
运输型	仓储型	综合型	
31.5%	10.9%	57.6%	
按业务范围分			
区域性	全国性	国际性	
7.6%	65.2%	27.2%	
按企业等级分			
5A 级	4A 级	3A 级	A－2A 级
19%	34%	12%	2%
按主营业务收入分			
5000 万元以下	5000 万～1 亿元	1 亿～5 亿元	5 亿～10 亿元
12.6%	9.2%	26.5%	11.5%

续　表

按企业性质分			
10 亿～30 亿元	30 亿～50 亿元	50 亿～100 亿元	100 亿元以上
16. 1%	5. 7%	2. 3%	16. 1%
按涉及的业务细分领域分（有兼类）			
公路货运	铁路货运	水路货运	航空货运
80%	25. 6%	17. 8%	14. 4%
多式联运	仓储	物流园区（地产）	综合物流
33. 3%	84. 4%	37. 8%	60%
快递	配送	货代	供应链管理
14. 4%	46. 7%	40%	48. 9%

（二）被调查企业经营状况

调查显示，百家重点物流企业主营业务收入与上年相比总体处于缓中有增态势，63% 的企业收入增长超过 5%，24. 7% 的企业收入增长超过 20%。

企业成本保持稳步增长，25% 的企业成本与 2015 年相比基本持平，56. 6% 的企业成本增长超过 5%，22. 4% 的企业成本增长超过 20%。

企业利润增长幅度慢于收入和成本，32% 的企业利润增长基本持平，29. 3% 的企业利润增长在 5% ～20%，14. 7% 的企业利润增长超过 20%，还有 24% 的企业利润出现下降，6. 7% 的企业利润下降超过 20%。

2016 年重点物流企业基本经营情况如表 2 所示。

表 2　　2016 年重点物流企业基本经营情况

	显著增长（>20%）	增长（5% ～20%）	基本持平（－5% ～5%）	下降（－5% ～ －20%）	显著下降（< －20%）
收入增减情况	24. 7%	38. 3%	19. 8%	14. 7%	2. 5%
成本增减情况	22. 4%	34. 2%	25. 0%	15. 8%	2. 6%
利润增减情况	14. 7%	29. 3%	32. 0%	17. 3%	6. 7%

2016 年百家重点物流企业平均利润率为 8.1%。37.3% 的企业利润率在 0～5%，15.7% 的企业利润率在 5%～10%，16.9% 的企业利润率为 10%～20%，3.6% 的企业利润率在 20% 以上，还有 14.4% 的企业利润率为负，处于亏损状态。

二、行政监管环境

调查显示，对于国家推行的简政放权政策，52.0% 的企业反映基本落实，34.6% 的企业反映还有一定差距。（如图 1 所示）

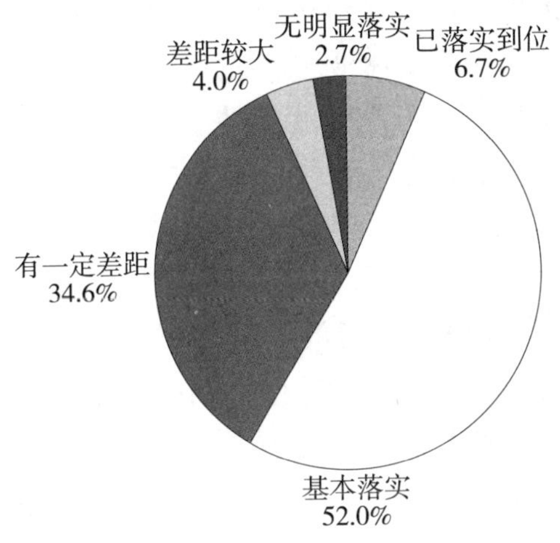

图 1　2016 年国家推行简政放权政策落实情况

对于国家推行的商事登记制度改革，73.3% 的企业反映有所简化，20.1% 的企业反映大幅简化。（如图 2 所示）

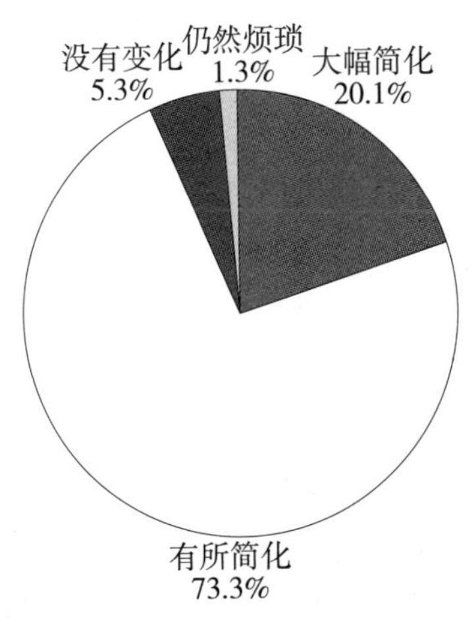

图 2　2016 年工商登记制度落实情况

1. 分支机构设立存在障碍

调查企业反映，物流业具有网络化经营的特征，往往存在分公司、分部、经营网点等多级非法人分支机构。各地工商登记部门往往要求企业分别办理营业执照，增加了企业的经营管理成本。

建议1：在物流行业实行工商注册登记“一照多址”模式，物流企业在同一登记机关设立和变更分支机构，可在已有营业执照上标注或变更新的经营地址。

2. 快递经营许可限制较多

调查企业反映，物流企业各类前置性行政审批多数已取消，但快递业务经营许可仍为前置审批事项。对于快递企业设立分支机构，需要先到邮政管理部门申请变更相关名录，与申请快递业务经营许可所需程序和材料类似，存在形式上的备案制转变为实质上的前置审批条件。目前，快递企业存在大量的末端网点，特别是与便利店、社区店的合作网点，很难达到分支机构设立条件，无法取得快递经营许可备案，因无照经营或超范围经营问题，使得这项便民措施难以落地。

建议2：取消快递业务经营许可的前置性审批，实现“先照后证”。

建议3：快递企业设立分支机构时，取消变更分支机构名录要求，凭企业法人快递业务经营许可证副本及营业执照副本到工商管理部门进行注册登记，企业分支机构取得营业执照后到所在地邮政管理部门办理备案手续或实行告知承诺。

建议4：研究解决快递企业末端网点及合作网点的备案制度，全面放开快递末端合作网点暂存快件业务。

调查企业反映，《快递业务经营许可管理办法》规定，快递企业需要有符合《快递业务员国家职业技能标准》并通过资格认定的快递业务员，经营同城快递业务的，快递业务员中具备初级以上资格的不低于30%，经营省内异地快递业务的，快递业务员中具备初级以上资格的不低于40%。2015年10月，《国务院关于第一批清理规范89项国务院部门行政审批中介服务事项的决定》（国发〔2015〕58号）要求，取消快递业务员职业技能确认，不再要求申请人提供员工的快递业务员国家职业资格证书，审批部门通过考试或抽测从业人员等方式对企业服务能力进行评价。而目前仍有一些企业反映被要求参加相关培训，按员工比例取得快递员职业资格证。

建议5：尽快修订《快递业务经营许可管理办法》，取消快递企业需要有一定数量通过资格认定的快递员的许可要求。

3. 道路运输许可比较烦琐

调查企业反映，货运司机取得道路运输从业资格证的申请和考试要求与驾驶证类似，存在重复许可、多次认定问题。驾驶员在户籍所在地或居住地学习合格领取从业资格证后，需要返回原办证地年审。还有，驾驶员每两年一次的从业资格继续教育学习时间长，费用高、效果欠佳，许多地方存在收费了事，流于形式的问题。

建议6：逐步取消普通货物运输驾驶员道路运输从业资格证，或与驾驶证合并申请，并开通异地网上年审。

调查企业反映，营运车辆需要车管所颁发的行驶证和运管所颁发的车辆营运证。车辆行驶证每年需要到公安机动车辆管理部门进行年检，车辆营运证每年需要到道路运输管理部门进行年审，且营运证需要回车籍所在地审验。由于年检需要进行车辆安全性能检测，年审需要综合性能检测，都是委托有资质的第三方车辆检测机构完成，所用检测标准、检测设备、检测项目大部分相同，检测机构出具的检测报告对于公安机动车辆管理部门和道路运输管理部门都是通用的，完全可以将两次年检和年审合并一次进行检测，检测结果报两部门审验使用。

建议7：合并车辆行驶证和营运证年审和年检，由第三方车辆检测机构提交检测报告供两部门审验使用，允许车辆异地审验。建议先行取消小吨位普通货运车辆的营运证。

调查企业反映，按照《道路运输车辆技术管理规定》要求，各地陆续取消二级维护强制性检测，改为由经营者自行决定，减轻企业负担，取得良好效果。但是还有一些地方落实不够，出现强制检测或只收费不检测的问题，车辆年审仍需要提供相关证明材料。

建议8：取消营运车辆二级维护强制性检测，道路运输管理机构不再对二级维护车辆进行年审备案。车辆年审时不附加任何额外要求企业提供各项制度、报表等。

4. 航空货运代理资格收费偏高，作用不大

调查企业反映，在航空运输销售代理资格证颁发过程中存在新办换证资格证书费用较高、附加其他从业资格多、审核变更手续烦琐、指定担保公司担保等问题，且对于企业经营实际价值不大。

建议9：取消航空运输销售代理资格证。

5. 快递安检成本过高

调查企业反映，根据“百分百收寄验视、百分百实名收寄、百分百过机安检”三个100%的要求，各地陆续要求快递企业安装安检机。有的地方要求末端网点、中转场站都要配备。一些企业新增安检机投入就要上亿元，还要配备专门的安检员。由于快递企业进行的安检并不被认可，航空和铁路快件需要进行二次安检，造成社会资源浪费和物流时间延长。

对于其他物流企业，执行“三个100%”政策难度较大。因为物流企业主要面向企业客户，运送标准化产品，物流量大、产品规格多、源头较为固定，很难也没有必要执行相关政策。

建议10：统筹推进快件寄递安全管理，对经营网点安装安检设备的要求应区别对待，将快递上飞机、上火车所需安检前置到分拨中心，减少重复安检，实行全程“一次安检”，减轻企业负担。

建议11：采取随机抽检方式，进行快件寄递安全监管，取消快递企业必须安装安检设备的硬性要求。

6. 政府公共信息获取难

调查企业反映，政府公共信息开放度不够。如，对于入职员工、外聘司机、外包企业的个人信息、车辆信息、经营信息、违章信息、违法信息、信用信息等的查验认证。这些信息分散在各种运输方式和不同监管部门的数据库中，缺乏资源整合和有序公开。目前，一些物流公共信息平台正在加强信息收集和资源整合，但是由于政府部门间还存在信息壁垒和“信息孤岛”现象，政府信息开放程度与企业需求相比还存在较大差距。

建议12：整合公路、铁路、航空、水运、邮政快递等方式和公安、工商、海关、质检等部门的物流数据资源，建设跨部门、全数据、公益性的国家物流大数据中心。

7. 清理涉企收费取得成效

调查显示，对于国家清理行政性收费政策的落实情况，53.3%的企业反映基本落实，36.0%的企业反映有一定差距。（如图3所示）

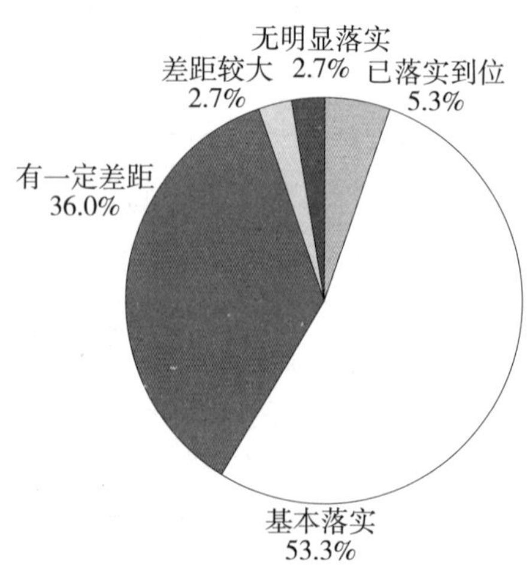

图3　2016年国家清理行政性收费政策落实情况

调查企业反映，目前还存在的行政性收费如土地评估费、安全化达标体系费、商检 EDI 报检费、船舶登记费、新车购置附加费、新车上牌费、车辆年审费、机场处置费、垃圾清运费、河道管理费、港口建设费、防洪工程维护费、污水处理费、环境监测服务费、卫生费、工商查询费等，有待进一步清理和整合规范。一些政府性基金，如价格调节基金、防洪基金、残疾人保障金、水利建设基金、工会经费等，收取费率有待调整。

调查企业反映，在北京、上海、深圳等主要口岸城市存在当地口岸运营方利用地段垄断，仓库、场地租金缺乏竞争机制。主要口岸面临的收费项目主要包括：地面操作费用、地面服务费用、日常运营费用三大项，涉及的具体收费项目林林总总达到 20 多项。其中，企业支出的主要项目包括：仓库租用、货站操作、办公室租用、物业、安保等。其中仓库租用尤为突出，定价不透明、不合理，且连年上涨，使用企业缺乏话语权。

建议 13：加强物流相关收费大检查工作，引入竞争机制，规范口岸经营服务性收费。

8. 行政审批流程有待优化

调查显示，年审、工商登记手续较为便捷，土地、规划、建设、消防、环保、检验检疫等手续较为复杂，车辆、营运、投资、海关、外汇管理手续总体一般。（如表 3 所示）

表 3　　2016 年行政审批流程手续便捷情况　　单位：%

	很便捷	便捷	一般	复杂	很复杂
车辆手续	8.2	19.7	55.7	16.4	0.0
土地手续	2.1	10.9	32.6	37.0	17.4
营运手续	0.0	27.7	55.6	14.8	1.9
年审手续	17.2	41.4	29.3	12.1	0.0
规划手续	2.2	17.4	32.6	34.8	13.0
建设手续	2.1	10.7	34.0	40.4	12.8
消防手续	6.0	18.0	40.0	30.0	6.0
环保手续	6.7	22.2	40.0	26.7	6.7
投资手续	0.0	28.6	47.6	19.0	4.8
工商登记手续	14.0	47.4	33.3	5.3	0.0
海关进出口手续	2.6	23.7	52.6	15.8	5.3
检验检疫手续	0.0	24.4	48.8	26.8	0.0
外汇管理手续	0.1	16.1	64.5	16.1	3.2

调查企业反映，与行政性收费相比，企业更加关注行政审批时效，一些审批事项耗时较多、审批流程和材料不统一、不透明，存在一些灰色地带，合规企业难以把控和应对。

建议 14：进一步取消前置性审批手续，加强审批的透明度和时效性。提供网上审批、异地审批等便捷方式，加强审批事中、事后监管。

三、税收负担情况

调查显示，30.0%的重点物流企业反映税收负担增加。被调查企业 2016 年缴纳各项税金及附加占主营业务收入的 4.3%，占企业净利润的 119.8%，税收负担超过企业净利润水平，企业税负依然较重。（如图 4 所示）

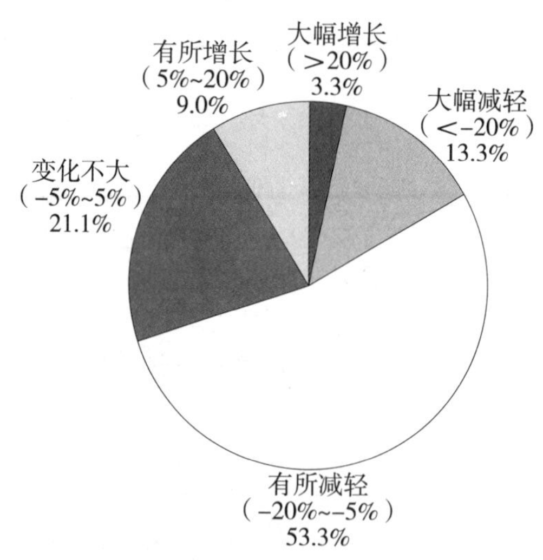

图 4　2016 年重点物流企业税负与 2015 年相比情况

2016 年 5 月 1 日，“营改增”全面实施。调查显示，换算成营业税体制，重点企业缴纳增值税平均增加 13.2%，其中，运输型企业中的公路货运企业交通运输业务缴纳增值税平均增长 76.2%，虽较上年增幅有所下降，但总体增长仍处于较高水平。

1. 通行费抵扣减税效应不足

2016 年 5 月 1 日开始，物流业最为关注的道路通行服务（包括过路费、过桥费、过闸费等）纳入经营租赁服务，并“按照不动产经营租赁服务缴纳增值税”，适用 11% 的税率。但同时规定，公路经营企业中的一般纳税人收取试点前开工的高速公路车辆通行费，可以选择适用简易计税方法，减按 3% 的征收率计算应纳税额。从政策实施情况看，公路经营企业都选择了 3% 的简易计税方法，政府还贷高速公路通行费无法抵扣。由于经营性公路仅占收费公路的57%，行业实际享受的抵扣率仅为1.72%。通行费作为物流企业特别是运输型企业重要成本支出之一，占成本支出的三成以上。由于抵扣水平偏低，对于物流企业的减税力度不够。此外，重点企业反映，纸质路桥通行费无法鉴别认证，存在假票风险。北京、重庆、福建等省市税务部门不允许对通行费进行进项抵扣。

建议15：将高速公路和一级、二级收费公路统一适用6%的税率抵扣进项。对于政府还贷高速公路也统一按照6%税率抵扣。建设全国统一的收费公路通行费发票服务平台，实现全国公路通行费电子发票抵扣。

2. 进项抵扣不足问题没有缓解

目前，公路货运企业税负大幅增加问题仍没有得到有效解决，主要原因是进项抵扣不足。与其他运输市场不同，公路货运业主要采取“个体业户分散经营、货运企业整合运力”的市场格局。由于承担公路货物实际运输服务的主要是个体运输业户，按照小规模纳税人管理，无法给下游整合运力的货运企业开具11%的增值税专用发票。个体运输户难以通过开具足额的销项票把税负传递给下游货运企业，增值税抵扣链条不完整，导致公路货运企业进项抵扣不足。

由于公路货运业具有网络化经营的特征，个体运输业户区域性或全国性异地经营是市场常态。当前税收征管制度对个体运输业户异地开票的限制没有解决，个体业户无法为下游企业提供发票，增值税抵扣链条出现断裂，更增加了公路货运企业的税收负担。

目前，国家明确将“无运输工具承运业务”纳入应税科目，并规定“按照交通运输服务缴纳增值税”，适用税率从6%变为11%。交通运输部开始无车承运人试点，为“互联网+政务”在物流行业的率先应用，完善物流行业税收征管模式，提供了重要平台。

目前，大部分公路货运企业外包公路运输业务时，代个体运输业户集中采购运输过程中所需的燃油、通行费等成本，由此取得企业可抵扣的增值税专用发票。

建议16：物流企业外包公路运输业务，为个体运输业户集中采购运输过程中所需的燃油费、通行费所取得的增值税专用发票，纳入物流企业进项抵扣。结合金税三期上线，明确交通运输业个体运输业户异地代开增值税专用发票管理制度。

3. “营改增”财政补贴政策不可复制、不能延续

从“营改增”试点起，为了解决“营改增”后部分企业税负明显增加的问题，许多地方政府推出了相应的补贴政策。对“营改增”后税负比营业税

体制下增加的部分，通过财政支持的方式返还。但此项政策各地执行不统一，不少地方没有补贴；一些开始有补贴的地方，也在减少甚至取消补贴，无疑提高了企业的税负成本，有违国家关于“所有行业税负只减不增”的要求。

建议17：将交通运输服务税率调整为6%，与物流辅助服务的税率相同，同时取消现有补贴政策。如延续现行税率，就应该顺延补贴支持政策，直至没有差额后自动停止。由于“营改增”补贴政策是以增值税税负高于计算营业税税负的差额来进行补贴的，只要存在差额，就应按原政策执行。

4. 土地使用税减半征收政策到期

调查显示，物流企业大宗商品仓储设施用地城镇土地使用税减半征收政策实施四年多以来，57.1%的企业享受到了土地使用税减半征收政策的实惠，物流企业税负明显下降。该项政策已于2016年年底到期，面临下一步政策接续问题。

调查企业反映，土地使用税减半征收政策在落实过程中还存在一些问题，部分地区调整土地级别导致减税效应不足，对于拥有仓储设施的物流企业定义范围过窄，降低了政策普适性。随着物流分工深化细化，出现了专门提供仓储设施的建设和运营商，如林安物流、传化公路港、宝湾物流等。但是，许多地区不把这类企业认定为物流企业，导致他们不能享受土地使用税减半征收政策，降低了政策的普惠性。此外，对仓储设施适用货物种类限制范围过小，与消费相关的商品仓储设施用地难以享受该政策。对于租用土地无法享受该项政策，减税效应大大降低。

建议18：延续和调整土地使用税减半征收政策。至少到2020年年底，对物流企业、物流园区、物流仓储设施投资运营商自有或租用的仓储设施用地，按所属土地等级适用税额标准减半计征城镇土地使用税，不再限制仓储设施适用货物种类。

四、道路通行环境

调查显示，48.2%的重点物流企业反映道路通行环境与上年相比变化不大，26.5%的企业反映通行环境出现好转，总体向好。（如图5所示）

调查显示，43.3%的重点物流企业反映货运价格与2015年相比上涨。调查企业反映，除受货运需求企稳回升影响，货运价格上涨与2016年9月21日开始的新一轮“治超”工作相关。（如图6所示）

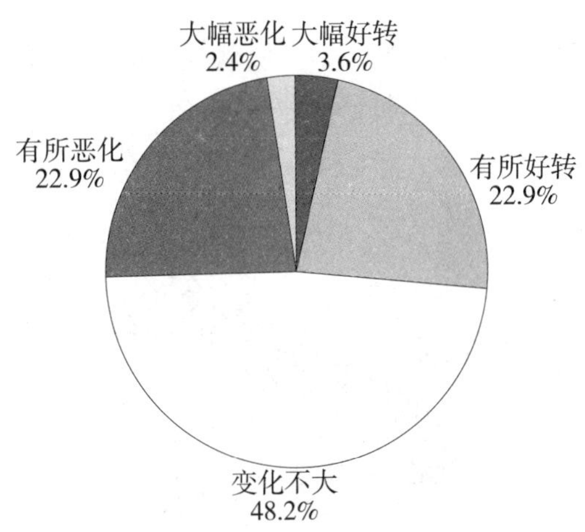

图 5　2016 年重点物流企业货车通行与 2015 年相比情况

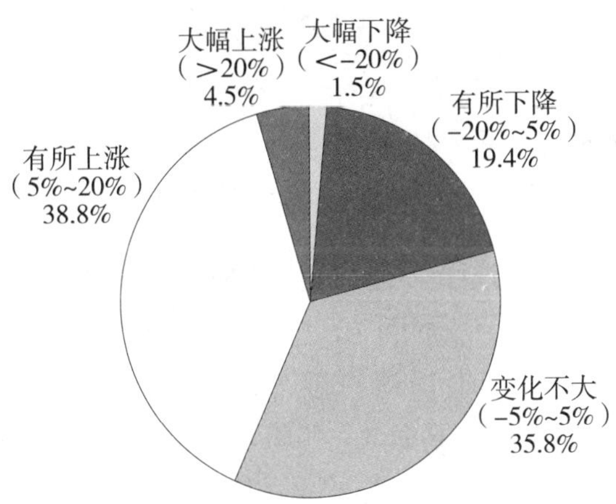

图 6　2016 年重点物流企业货运价格与 2015 年相比情况

1. 新一轮“治超”影响较大

自 2016 年 9 月 21 日开始，交通运输部、公安部等多部门联合开展新一轮治超行动，重点是统一了车货总重限值认定标准，主要是将 6 轴货车车货总重统一到 49 吨，货运市场价格总体恢复性上涨。由于同等运量所需运力增加，导致物流企业运输成本上涨。这对于钢铁、煤炭、建材等以重货为主的行业物流成本上涨压力较大。

调查企业普遍反映，拥护和支持国家开展“治超”工作，希望通过规范车辆治理，能够统一车型标准，保障市场公平，实现安全运输。行业企业积极应对，通过提高运输组织效率、转变运输组织方式、增加技术装备投入等方式。调查显示，19. 8% 的重点物流企业车辆月均行驶里程超过 1. 2 万公里，如图 7 所示。交通运输部开展试点的甩挂运输模式得到推广和应用，部分企业月均行驶里程超过 3 万公里。

但是企业普遍反映仍面临挂车标准化程度低、市场化的挂车租赁服务不足、场站设施不适应等问题。特别是由于我国车型繁多，不同企业的牵引车和挂车连接和匹配缺乏统一标准，导致牵引车和挂车“挂不上、拖不走”，制约了甩挂运输在企业间推广应用。

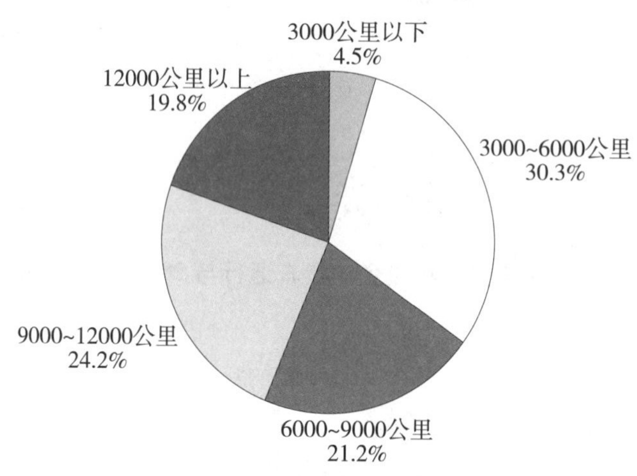

图 7　2016 年重点物流企业车辆月均行驶里程情况

更为重要的是，政策规定低平板半挂车和集装箱半挂车的整治工作另行部署，行业预期不清，增加了不确定性。按照新版《汽车、挂车及汽车列车外廓尺寸、轴荷及质量限值》（GB 1589—2016），半挂车长度限值缩短到 13. 75 米（45 英尺）。新一轮治超按照 GB 1589—2016 的规定，将出现全行业超限问题。调查显示，重点物流企业自有 17. 5 米平板半挂车及 16. 15 米（53 英尺）和 14. 6 米（48 英尺）厢式半挂车占自有车辆的 55. 9%，是我国长途干线运输的主力车型。其中，家电物流、汽车物流、快消品物流、快递、零担快运、零担专线等重点行业保有量较高。大部分车辆为个体司机所有，涉及面广、社会影响大。且车辆普遍拥有正规上路手续，尚未达到报废年限，如果“一刀切”地予以淘汰，存在社会资源大量浪费的问题。且由于装载体积大幅减少 30% ~ 50%，会出现运输成本大幅上涨局面。此外，集装箱半挂车在车辆和集装箱符合标准的情况下还存在全行业车货高度超标问题。

目前，美国干线运输主要采取 53 英尺（1 英尺≈0. 3048 米）厢式半挂车，一些州允许 57 英尺半挂车。欧盟采取了双挂、多挂等汽车列车的模块化运输方式，车辆长度 25. 25 米，并在试验 32 米的汽车列车。总体来看，干线运输有向大型化发展的趋势。调查企业反映，目前新一轮治超对车辆长度限制尚未作出明确规定，在 GB 1589—2016 实施前采购的 17. 5 米、53 英尺、

48 英尺半挂车上路行驶路权有待明确。此外，GB 1589—2016 规定了货车列车总长为 20 米，企业反映装载能力仍达不到现有车辆的水平，且会增加企业投入和操作难度，企业车型替换的积极性不高。由于《道路交通安全法》等法律法规的滞后，导致双挂车、多挂车不能上路，严重制约了车型替换的技术选型。

调查企业反映，近期超限超载问题有抬头迹象，政府监管有所松懈，有流于“运动式治超”趋势，治超衍生的“带路”现象出现蔓延，影响了合规企业的积极性和市场公平性。

建议 19：利用技术手段首先解决套牌车问题，借此摸清行业底数，清理违规套牌车辆。

建议 20：明确下一步 17.5 米平板半挂车、16.15 米厢式半挂车治理的具体实施办法和进度安排，尽快向社会公布，给行业明确预期。在没有合适替代车型的情况下放宽过渡期限。尽快启动 53 英尺内陆厢式半挂车的技术应用研究与论证，加快替代车型研制，引导企业分批、分步骤淘汰。

建议 21：加强源头治理，重点规范车辆生产厂和改装厂，允许不合规车辆合法改装为合规车辆。

建议 22：制定不合规车辆退出机制，以正向激励替代行政处罚。如，对合规车辆给予通行费优惠，实行合规车辆 ETC 试点，合规车辆通行费电子抵扣、车辆保险优惠，提高不合规车辆检验频次等，引导企业主动进行技术改造和车型替换。

建议 23：加强甩挂运输支持力度，鼓励平台型企业组织社会化甩挂，统一甩挂运输相关标准、提升甩挂运输场站条件、鼓励甩挂车辆租赁服务。

建议 24：开展模块化汽车列车试点，协调解决全挂、双挂汽车列车上路问题，增加模块化运输技术选型，引导合规车型替代。研究 25.25 米及以上模块化列车应用试点，适应车辆大型化、运输组织化的趋势。

建议 25：开展公铁联运试点工作，鼓励铁路驮背运输、集装箱运输方式，引导公路运力逐步向铁路转移。加强公路、铁路信息联网，研究解决多式联运“一次托运、一次收费、一单到底”机制。

建议 26：加强诚信奖惩机制建设，制定恶性超限超载诚信处罚措施。

建议 27：将治超过程中建立的联合执法机制常态化，加强治超联网。坚决治理治超“带路”问题，巩固治超成效。

2. 运输成本结构不合理

调查显示，重点物流企业自有运力运输成本中，燃油费支出占 25.2%，过路、过桥费占 31.3%，人力成本占 20.7%，此三项成本占运输成本的 77.2%。(如图 8 所示)

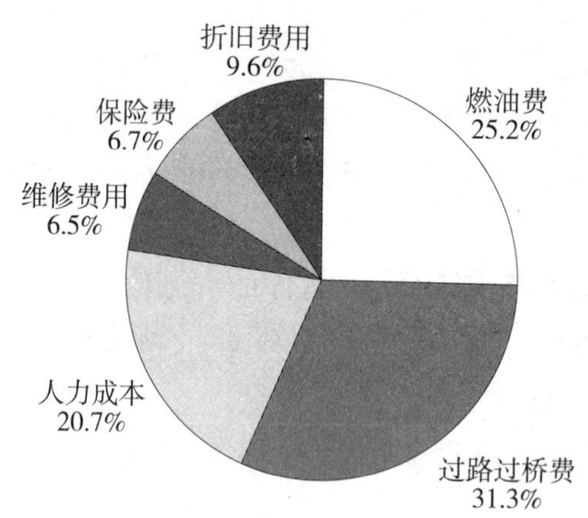

图 8　2016 年重点物流企业自有运力成本构成情况

调查显示，79. 2% 的企业反映收费标准偏高，68. 1% 的企业反映各地收费标准不统一，41. 7% 的企业反映超限收费标准不合理，20. 8% 的企业反映存在超期收费、延期收费问题，还有 20. 8% 的企业反映计重收费误差较大。（如图 9 所示）

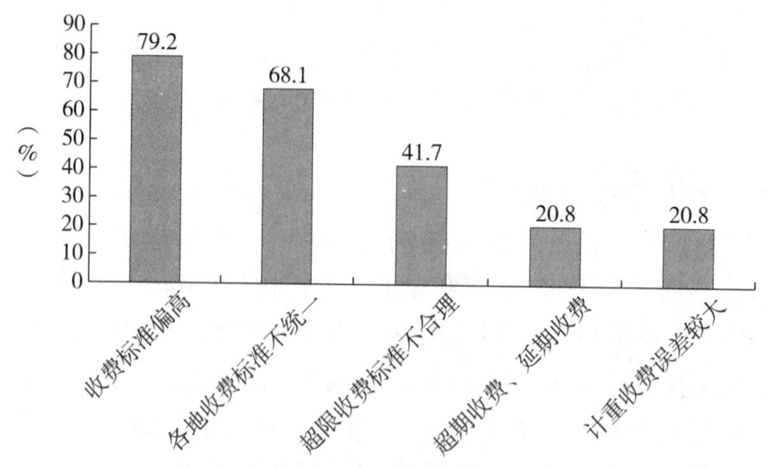

图 9　2016 年各地过路过桥费存在的问题情况

调查企业反映，一些省市对于使用本省市高速公路 ETC 卡的货运车辆给予通行费优惠，对于企业降成本有一定帮助，但是降幅较为有限。高速公路普遍采取计重收费，各地收费标准存在不统一问题，不同省市、不同路段公路收费标准不同。由于《收费公路管理条例》迟迟没有出台，各地到期高速公路延期收费问题较为普遍。

调查企业反映，目前，由于需要在出口计重收费，导致货车无法使用不停车收费系统（ETC），必须停车后计重收费。同时，由于管理体制原因，收费公路在省界主线公路设置收费站点分段收费较为普遍。货车在省界主线收费站口排队等待计重交费成为常态，收费站口拥堵也时有发生。

建议 28：加快修订《收费公路管理条例》，合理确定车辆通行费标准。将收费公路养护费纳入财政预算，加大财政投入，降低收费标准。对于高速公路上市公司的收费公路到期后明确退出机制。选择部分高速公路开展分时段差异化收费试点工作，调节忙闲余缺，优化路网资源。对于汽车列车、使用 ETC 卡的货运车辆以及符合国家标准车型的车辆予以通行费优惠。

建议 29：开展高速公路入口一次计重收费试点，疏解出口拥堵，全面推行货车高速公路不停车收费系统。

建议 30：在全国范围内开展取消省界高速公路收费站试点工作，实现高速公路“一次计重、一次收费”。

3. 城市通行限制较多

调查显示，城市道路通行存在较多限制。83.1% 的企业反映城市限行区域过大，影响正常通行；66.2% 的企业反映限行路线设置不合理；64.6% 的企业反映限行时间过长；21.5% 的企业反映没有允许城市通行的车型；10.8% 的企业反映受到“禁摩限电”政策影响较大。（如图 10 所示）

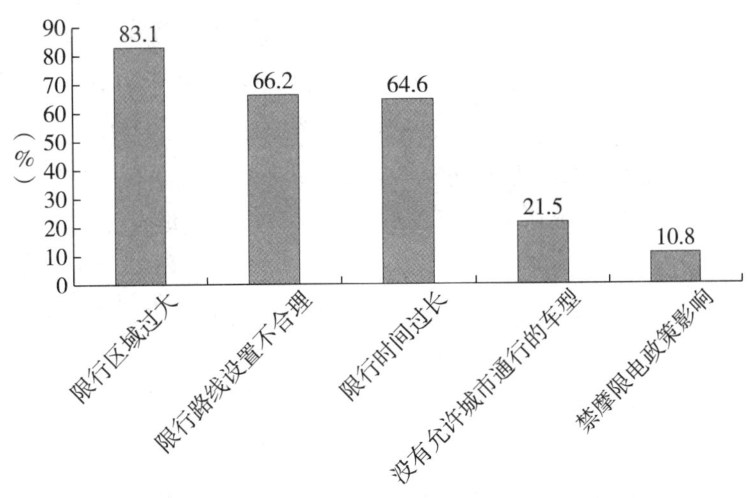

图 10　2016 年货车限行存在的问题情况

调查企业反映，二线以上城市交通管理基本采取了限制货车进城的管制措施。随着城市快速扩围，城市限行范围不断扩大。如，北京市每天 6：00 至 23：00 五环内限制本市大货车通行，限行区域范围大、时间长。由于 1 辆大货车拉的货往往需要 10 辆小货车拉进城，大大增加了城市拥堵和尾气排放。目前，货车进城必须办理通行证，调查显示，77.2% 的企业区域设限；

75.4%的企业反映通行证申请困难；59.6%的企业反映通行证数量不足。（如图11所示）

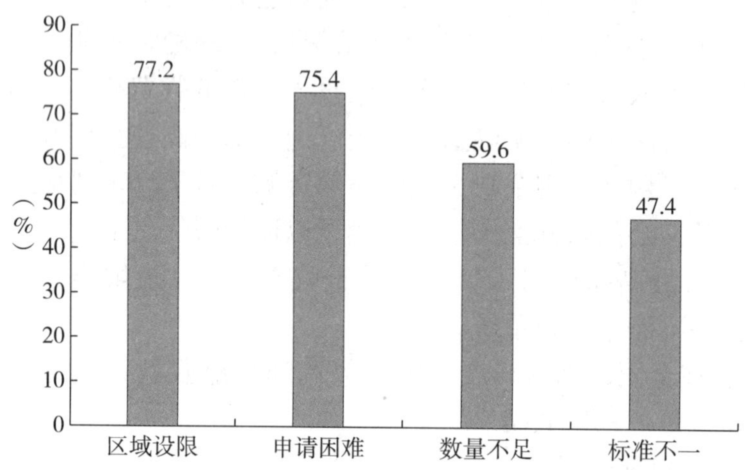

图11 2016年货车通行证办理存在的问题情况

重点企业反映，一些企业通行证配给数量不足，由于业务需要不得不采用金杯面包车或依维柯客车“以客代货”进城送货，原本1辆货车就可以运输的货物需要4辆载货客车违规运输，进一步增加了城市拥堵和尾气排放。据专家测算，在某特大型城市，目前保有6万辆配送货车和6万辆配送客车，通行证约1万张。如果取消通行证，放宽货车限行范围，取消送货时限，并适当采取夜间配送、共同配送等配送模式，只需要3万辆左右的配送货车即可承担原来12万辆车的配送业务。目前，济南、成都等一些城市对货车进城采取竞价、备案等创新机制，有效缓解了货车进城矛盾，值得总结推广借鉴。

建议31：在部分城市开展取消货车进城通行证试点，逐步在全国范围推广。推行电动货运汽车免通行证的做法逐步开放城市货运。

建议32：建设城市货运专线主通道，实行客货分流，货车与城市公交一样享受通行便利。

建议33：通行证管理从配给制改为备案制，由需要进城通行的合规企业根据需求网上申报、市场竞价，城市交通管理部门进行备案管理，降低审批门槛、减少审批手续，科学动态调节。

建议34：规范城市货车车型标准，增加企业选择范围，全面替代客车送货。支持中型货车（9.6米）为主的带板（带笼、带箱等）运输免检交接模式。

建议35：合理设置城市货车限行范围，出台货车限行方案前履行社会听证制度，进行科学论证，广泛听取社会意见。对于农产品、药品等关系国计民生的产品优先保障通行。

4. 配送“最后一公里”问题突出

调查企业反映，城市末端配送缺乏社会化物流设施配套。货车临时停靠没有专用区域，客车停车区域收费过高。特别是在大型商业区、办公区没有相应的货车停靠作业区域，末端配送微循环不畅。此外，近年来，城市末端配送由于货车进城限制往往采用电动三轮车，由于各地纷纷开展“禁摩限电”专项治理，电动三轮车快递配送受到严重影响。

建议 36：继续开展城市共同配送试点工作，鼓励建设一批社会化、公益性的市内共同配送中心。支持末端配送网点建设，简化网点审批手续。

建议 37：加强配送车辆停靠作业管理，在城市中心区域设置货车专用临时停车位，方便收货人收取货物；在大型商业区、办公区设置货车停靠作业区域，合理规划末端配送微循环。

建议 38：明确快递配送电动三轮车管理办法，对电动三轮车进城采取企业申报备案制度，强化企业主体责任，严格驾驶员交规管理，彻底解决电动三轮车路权问题。

5. 大件运输仍存在困难

新一轮治超也启动了大件运输治理工作，河南、湖北、湖南、重庆、四川、贵州、陕西七省市跨省大件运输许可实现由起运地完成网上一站式办理。但是，就全国而言目前审批手续还较为烦琐，跨省协调难度较大，审批办理时间较长，道路补偿收费标准过高，每次运输都需要重新进行道路验算不合理，大件运输所用的液压轴线车作为专用作业车办不了车牌往往受到不合理处罚。

建议 39：将跨省大件运输许可扩大到全国范围，建设国家大件运输大通道，简化和统一大件运输审批手续和流程，进一步缩短审批时限，统一大件运输各项收费标准，取消途经大件运输大通道的大件运输验算收费要求，明确液压轴线车的管理办法。

6. 公路“乱罚款”现象有所好转

调查显示，51.9%的企业认为公路“乱罚款”现象有所好转，公路规范执法取得初步成效。重点物流企业公路罚款占运输成本的0.5%，部分大件运输、汽车物流企业罚款占比较高，罚款占比有所下降。（如图12所示）

调查显示，重点企业反映公路罚款的主要问题，74.6%的企业认为自由裁量权大、随意性强；71.2%的企业认为监督管理不严、缺乏举报、问责和处罚机制；69.5%的企业认为政出多门、标准不统一；50.8%的企业认为存在只罚不纠现象。（如图13所示）

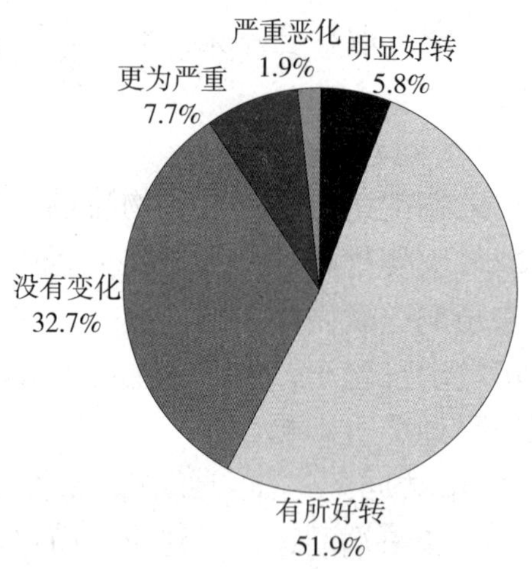

图 12　2016 年重点企业公路罚款与 2015 年相比情况

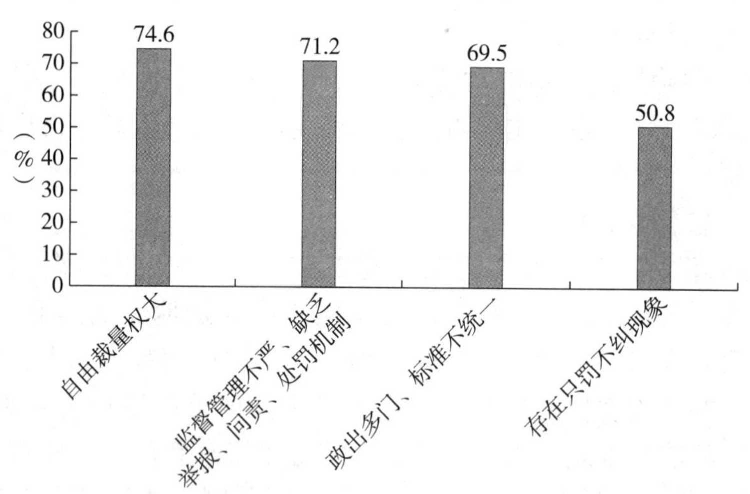

图 13　2016 年公路罚款存在的问题情况

调查企业反映，公路罚款主要是闯入禁行限行区域、车辆超载超限、非法改装等原因。公路执法虽然有较大改观，但是仍存在罚款自由裁量权较大，处罚标准不统一，处罚结果不同部门无法互认等问题。司机为少交罚款、不扣分往往采取“不开票”、多交罚款“私了”等违规手段。一些地方还滋生了“黄牛党”，专门处理罚款事宜，形成了执法“灰色地带”和利益链条。且路上执法部门较多，联动性不够，执法程序不规范，随意性强，缺乏监督。

建议 40：清理各部门相关规定，统一公路执法标准，规范执法流程，减少执法自由裁量权，加强部门间执法结果互认，将联合执法机制常态化、标准化、信息化。

7. 多式联运尚待发展

调查企业反映，目前，随着国家新一轮超限超载治理开始，公路运力有向铁路转移趋势，企业加大铁路、水路等其他运输方式的采用。目前，遇到的主要问题是，铁路缺乏灵活的市场定价机制，市场开放度不高，集装箱铁路班列占比不高，运输组织与现代物流便捷高效的服务模式还不适应。缺乏高标准、现代化的多式联运场站设施资源，大量物流园区缺少铁路专用线接入。多式联运缺乏统一规则，存在多头管理和地方保护，物流单证标准化程度低，不同运输方式间信息系统没有实现对接和互联共享。与多式联运配套的保险、税收、结算等配套措施不完善。

建议 41：建立更加灵活贴近市场的铁路定价机制，对于多式联运采取价格优惠措施。进一步开放铁路运输市场，加大集装箱班列开行力度，鼓励物流企业参与铁路运输组织，培育多式联运经营人，设计符合现代物流需求的多式联运运营模式。

建议 42：加大多式联运枢纽建设力度，实现公、铁、水、空等运输模式顺畅连接，支持铁路专用线进物流园区，加快园区运输方式升级。

建议 43：制定多式联运对接标准、设施标准、收费标准等，加强部门间统筹协调，完善多种运输方式的标准化单证，加强政府信息系统建设和有序开放，完善多式联运单证信息交换机制。

建议 44：切实完善多式联运保险、税收、结算等配套措施。

五、企业用工环境

调查显示，对于物流企业用工环境，29.2% 的重点企业反映趋紧，29.2% 的企业反映好转，29.2% 的企业反映没有变化。总体来看，企业用工环境有趋紧趋势。（如图 14 所示）

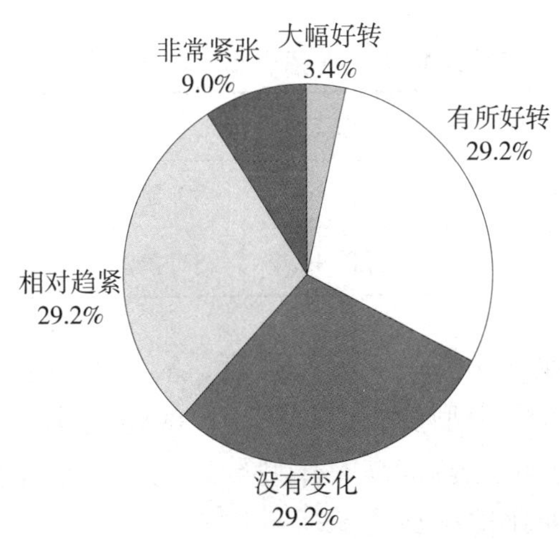

图 14　2016 年重点物流企业用工环境与 2015 年相比情况

表 5　　2016 年重点物流企业员工流失与上年相比情况

	比较严重，对企业影响大	严重，可以接受	一般	无影响
操作型员工	1.2%	27.7%	57.8%	13.3%
管理型员工	2.4%	9.4%	60.0%	28.2%

调查显示，员工流失的主要原因，67.5%的企业反映工资待遇，66.3%的企业反映生活成本，49.4%的企业反映职业晋升前景，33.7%的企业反映房价太高，13.3%的企业反映家庭关爱需要。从深层次看，随着物流产业加快升级和不断创新，对高端人才的职业素养也提出了更高要求。2016 年重点物流企业员工流失主要原因如图 16 所示。

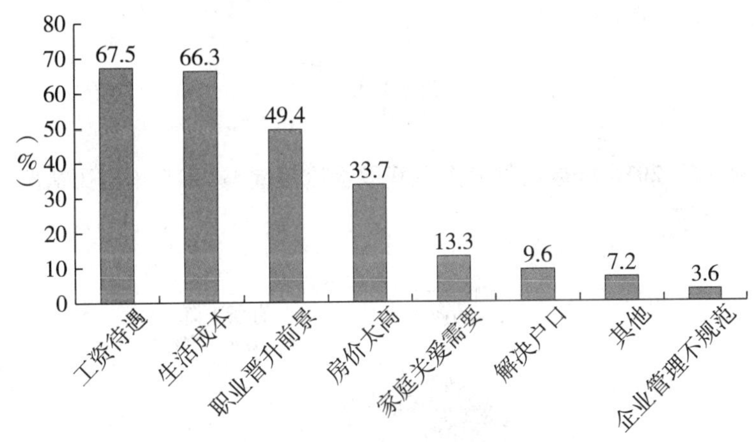

图 16　2016 年重点物流企业员工流失主要原因

建议 45： 加大校企合作力度，逐步放开学科教育和职业教育，让职业教育深入企业，按照企业需求培养人才，让学科教育加强实践驱动，深入推动产学研结合。

建议 46： 鼓励行业协会等专业培训机构开展专业化职业资格培训及认证，提高物流从业人员职业技能。

建议 47： 降低社保负担水平，对于高端物流人才给予人才落户等优惠政策。

六、用地负担环境

调查显示，61.4%的重点企业认为获取物流用地难度与上年相比变化不大；25.3%的企业认为获取物流用地更加困难。反映到用地价格上，49.2%的

企业认为变化不大，49. 2% 的企业认为价格有所增长或大幅增长。（如图 17、图 18 所示）

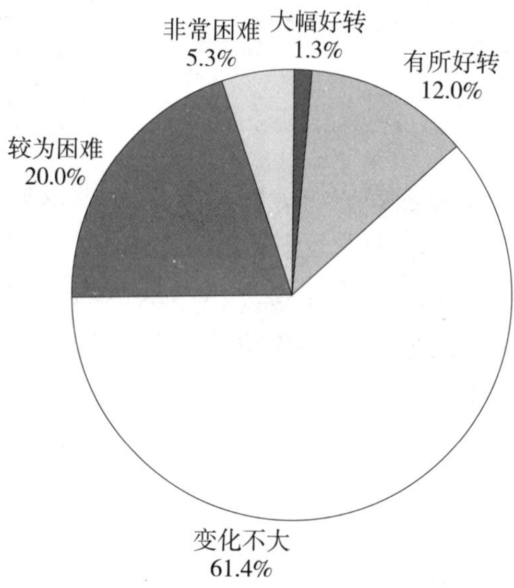

图 17　2016 年重点物流企业获取物流用地与 2015 年相比情况

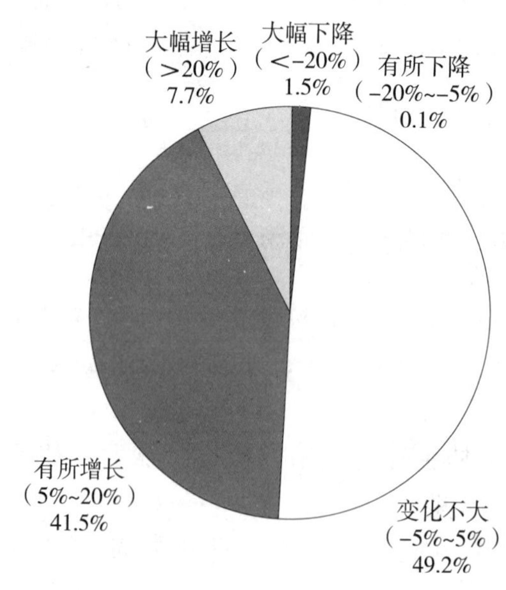

图 18　2016 年重点物流企业用地价格与 2015 年相比情况

从仓储货物吞吐量看，46. 1% 的企业认为有所增长或大幅增长，33. 4% 的企业认为变化不大。从仓库平均租金看，64. 9% 的企业认为变化不大，26. 3% 的企业认为有所增长。（如图 19、图 20 所示）

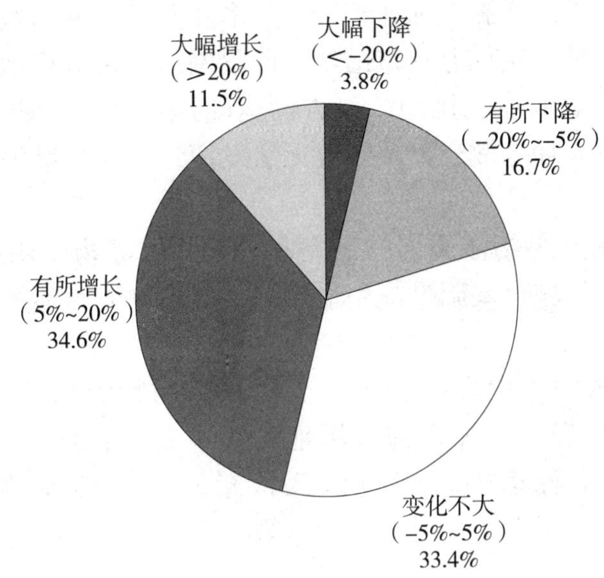

图 19　2016 年重点物流企业仓储吞吐量与 2015 年相比情况

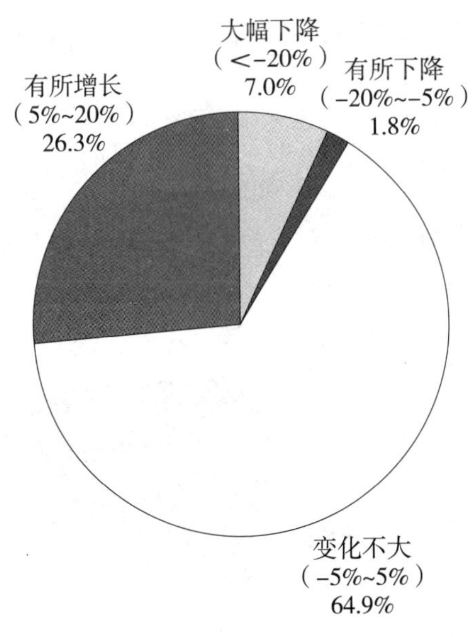

图 20　2016 年重点物流企业仓库平均租金与 2015 年相比情况

目前，全国土地资源较为紧缺，尤其是物流用地获取难。主要原因是物流用地属于基础设施用地，投资额度大、回收周期长、社会外部效应大，导致新增物流用地很难纳入城市规划并获得指标。物流用地指标难以获取，即使获得物流用地指标，也存在税收贡献、投资强度等具体约束。随着各地城市扩容改造，存量物流用地受拆迁影响加速缩减，新增和置换物流用地越来越向城市郊区甚至其他城市转移。例如北京市已经明确限制新增物流用地，物流企业不得不到相邻的天津市获取物流用地，一方面运输距离拉长，增加了物流配送成本；另一方面物流布局分散，集聚效应无法发挥，且人为增加了交通拥堵和环境污染。

建议48： 加强区域物流规划的制定和落实，保障物流用地指标的稳定供应，将物流用地纳入城市基础设施用地规划，取消物流用地投资强度、税收贡献等不合理指标。

建议49： 加大对消费保障和生产支撑作用的物流用地给予支持，充分利用城市周边闲置资源，加强物流用地的集中布局，加大对制造业集群配套，引导铁路等多种运输方式进园区，充分发挥集聚效应和产业支撑作用。

七、投融资环境

调查显示，39.3%的重点物流企业认为融资环境比上年趋紧，34.5%的企业认为融资环境与上年相比没有变化，认为好转的占26.2%。（如图21所示）

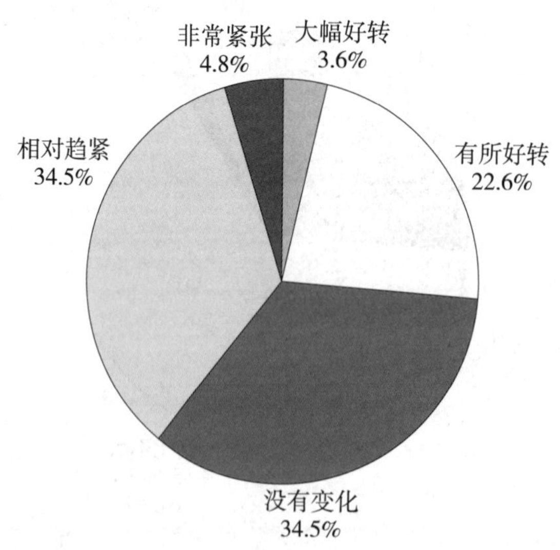

图21　2016年重点物流企业融资环境与2015年相比情况

调查显示，44.7%的企业融资成本在5%～10%，27.6%的企业融资成本在5%以下，17.1%的企业融资成本在10%～15%，10.5%的企业融资成本在15%～20%。（如图22所示）

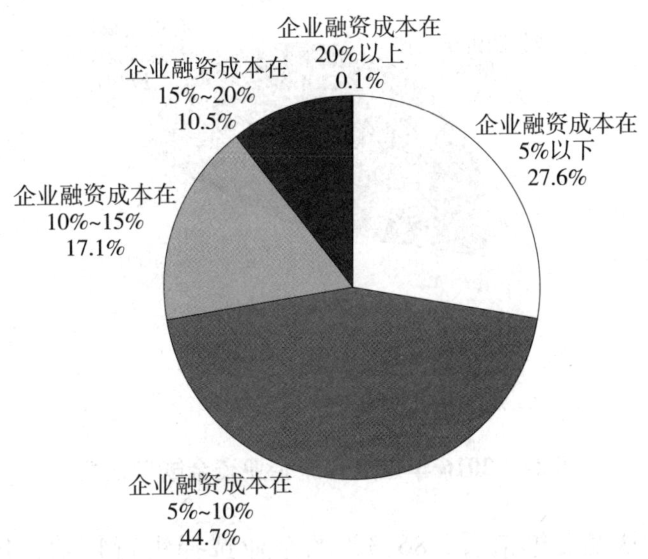

图 22　2016 年重点物流企业融资成本情况

调查显示，未来一年，58.3%的重点物流企业看好行业发展前景，计划追加投资；39.3%的企业保持谨慎态度，没有投资计划。超过半数的重点企业有投资计划，保持良好的投资需求。（如图 23 所示）

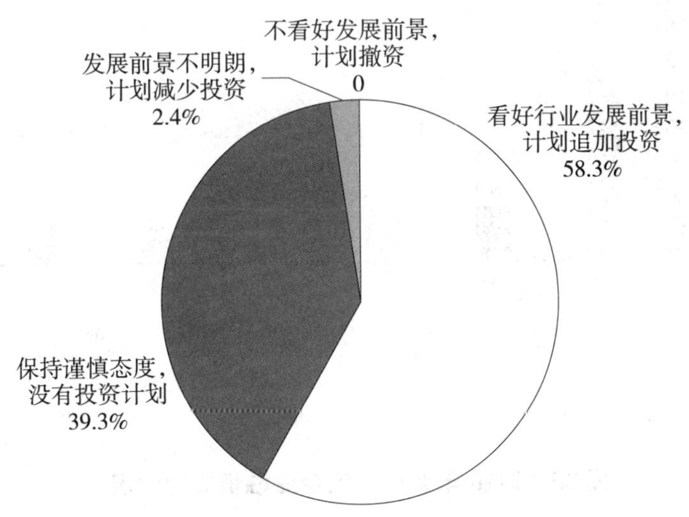

图 23　2016 年重点物流企业投资预期情况

对于企业资金缺口，调查显示，54.7%的企业反映略有缺口，需要融资，27.4%的企业反映自有或集团资金支持，无须融资，17.9%的企业反映有很大缺口，急需融资。企业普遍有融资需求。（如图 24 所示）

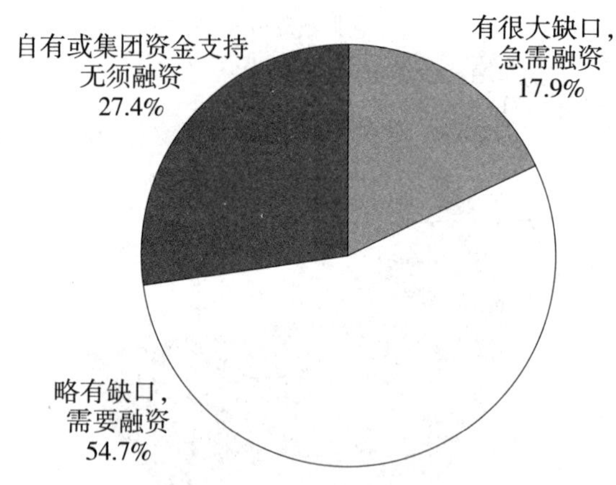

图 24　2016 年重点物流企业资金缺口情况

调查显示，从融资渠道看，86.3% 的企业选择银行贷款，16.4% 的企业选择上市融资，12.3% 的企业选择民间借贷，有 5.5% 的企业选择基金和风险投资。（如图 25 所示）

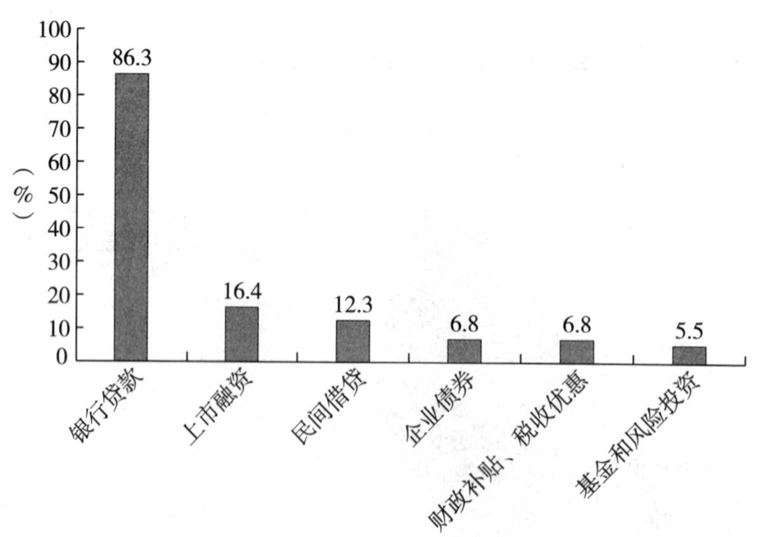

图 25　2016 年重点物流企业融资渠道情况

调查显示，企业融资的主要问题，48.6% 的企业反映融资渠道少；44.4% 的企业反映可抵押物少，折扣率高；33.3% 的企业反映贷款额度小；25.0% 的企业反映担保信用体系不完善；19.4% 的企业反映上市门槛高。（如图 26 所示）

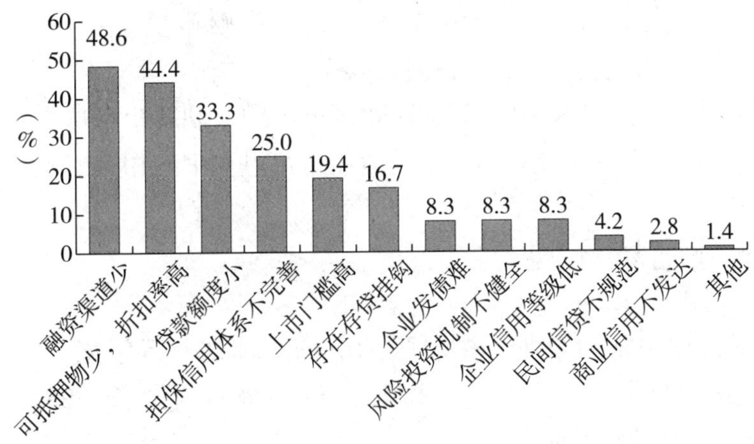

图 26　2016 年重点物流企业融资主要问题情况

对于企业上市融资面临的问题，调查显示，78.9% 的企业反映上市门槛高，61.4% 的企业反映发行成本高，成为制约企业上市的主要问题。（如图 27 所示）

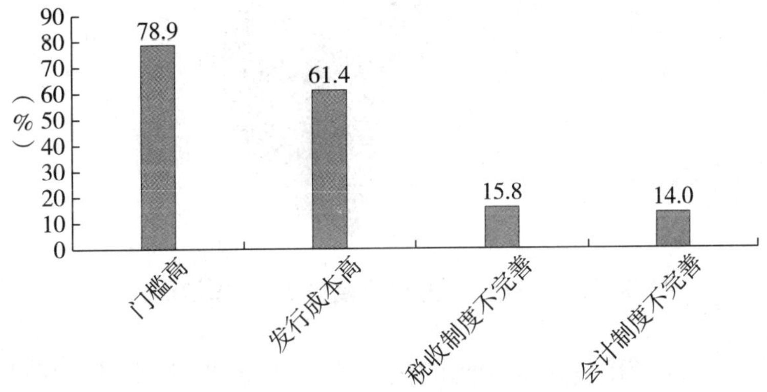

图 27　2016 年重点物流企业上市融资主要问题情况

调查企业反映，上市流程复杂，等待时间较长，财务整改投入大。一些财税政策难以落实，如根据财税〔2015〕37 号文件《关于进一步支持企业事业单位改制重组有关契税政策的通知》和财税〔2015〕65 号文件《财政部 国家税务总局关于企业改制上市资产评估增值企业所得税处理政策的通知》以及财税〔2015〕5 号文件《关于企业改制重组有关土地增值税政策的通知》，有的地方政策落实不到位。

调查企业反映，由于物流全流程存在大量的资金结算和沉淀，企业纷纷开展金融创新业务，启动物流小贷等普惠金融业务，取得了良好的社会效益和经济效益，但是仍面临金融监管等问题。

建议 50：加快上市审批流程，引导企业提高直接融资比例。开发符合物流特性的物流金融产品，降低对可抵押物的硬性要求。

建议51：建立物流行业政府引导基金，发挥财政资金引导作用，带动民间资本进入市场，加大物流基础设施投入。

建议52：引导银行支持物流企业开展普惠金融，创新金融服务，调整金融监管，切实解决企业融资难问题。落实企业改制上市过程中的相关财税政策。

八、国际市场环境

调查显示，30.0%的企业有拓展国际市场的计划。近年来，国家大力推进“走出去”战略，44.4%的企业反映国际市场环境有所改善，28.9%的企业反映变化不大。（如图28所示）

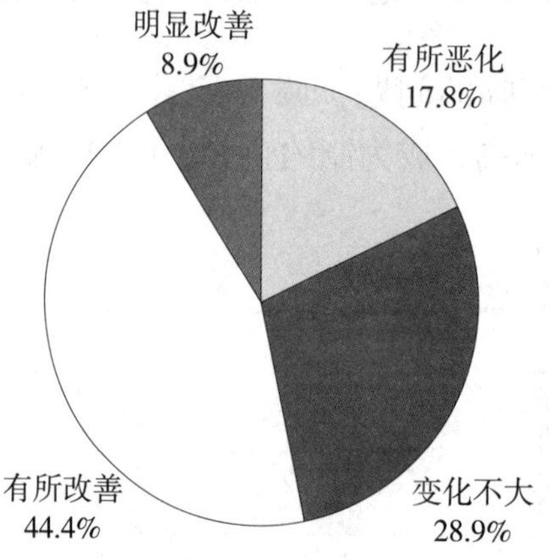

图28　2016年国际市场环境与2015年相比情况

对于企业进行海外市场拓展遇到的主要困难，50.0%的企业反映不了解投资环境，42.9%的企业反映缺乏商务信息，40.5%的企业反映缺少海外经营人才，40.5%的企业反映外汇管制严格，35.7%的企业反映审批程序复杂。（如图29所示）

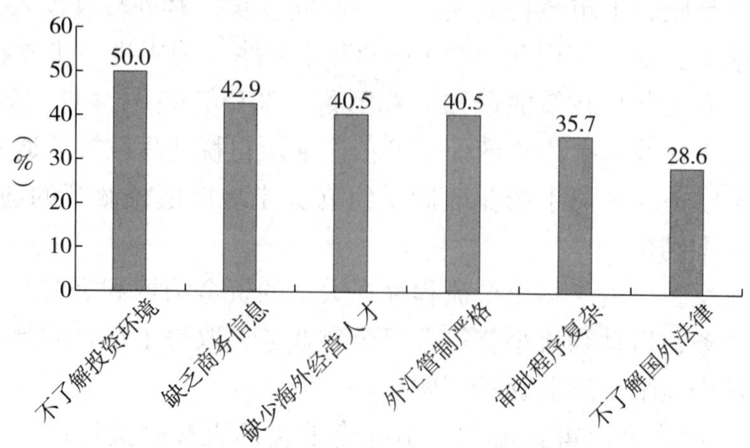

图29　2016年重点物流企业海外拓展的主要困难情况

调查显示，47.8%的企业认为海关通关环境有所改善。随着跨区域通关的全国实施、“单一窗口”政策的落实，海关通关环境进一步向好。（如图30所示）

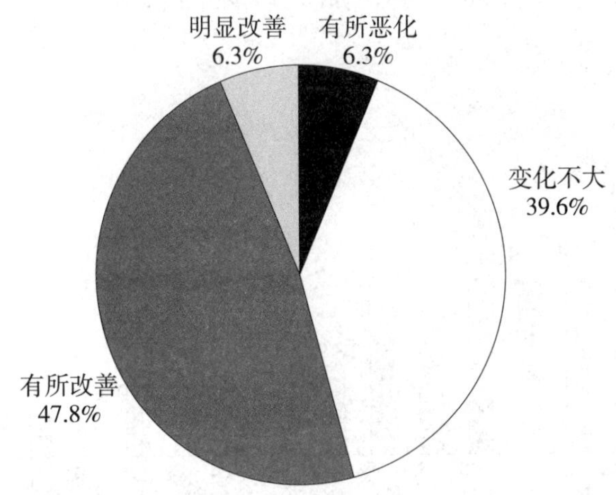

图30 2016年重点物流企业海关通关与2015年相比情况

调查企业反映，海关通关查验过多、重复查验、重复收费的现象依然存在。如，出入境车辆、货物，海关查验后边防武警又检查一次，检验检疫部门再查验一次，有的二线还要查验一至二次，不仅影响通关速度，而且增加了检查费用。国际中转货物仍需海关检验，存在重复检验问题。

建议53：配合国家“一带一路”倡议，建立国际物流投资服务平台，加大对企业提供海外市场动态、客户信息和市场需求等方面的信息服务支持。及时预报海外政治、经济、社会等方面的风险，提供各国相关行业及海关等方面的政策信息。

建议54：协助搭建与海外市场行业协会的沟通平台，与国内企业分享当地市场商务信息，并带领企业代表参加海外交流会或展览会，提升国内企业品牌知名度。帮助企业争取当地优惠政策，对企业“走出去”给予金融支持。

建议55：对于优质企业实行查验率下调的鼓励政策，落实“单一窗口”制度，深化海关与相关部门合作“三个一”，真正实现一次申报、一次查验、一次放行。

九、行业前景展望

调查显示，近三年阻碍企业发展的营商环境主要因素，排名前三的依次是劳动力成本高、税负较高、用地成本高，如图31所示。排名前十的依次是劳动力成本高、税负较高、用地成本高、专业性人才缺乏、市场恶性竞争、企业融资难、车辆通行难、缺乏行业标准和规范、行政审批和许可、劳动力短缺。企业仍面临较多营商环境问题。下一步，国家推进降低物流成本工作可从这些方面入手，加大政策出台和实施力度，增进行业减负的“获得感”。

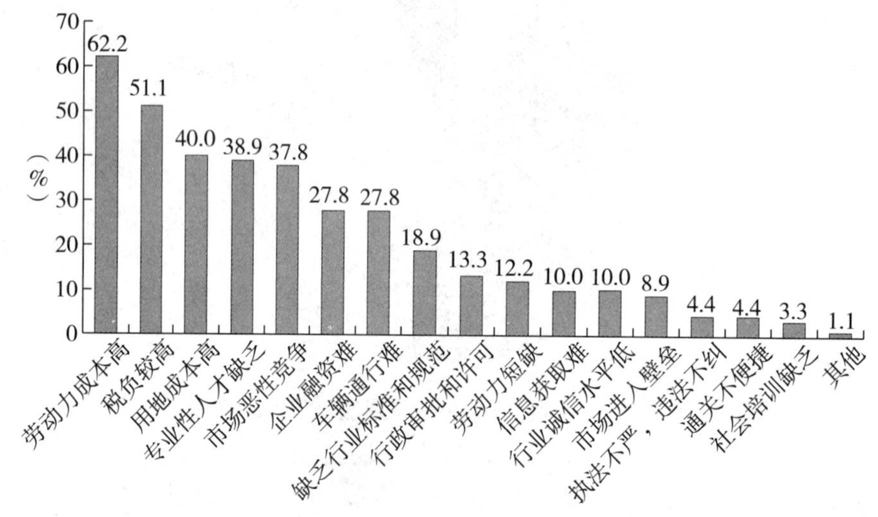

图 31　近三年阻碍重点物流企业发展的营商环境主要因素

调查显示，对 2017 年企业经营形势的总体看法，53. 0% 的企业保持谨慎乐观，38. 6% 的认为基本持平。（如图 32 所示）

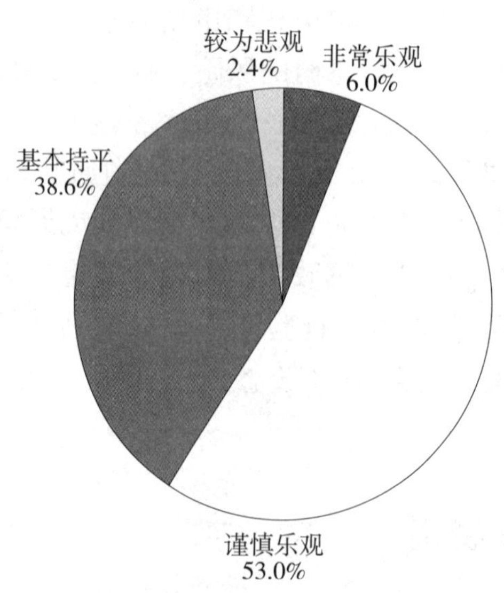

图 32　重点物流企业对 2017 年经营形势总体看法

对于2017年企业业务增长率的预期目标，56.4%的企业预期平稳增长，21.8%的企业预期基本持平，还有15.4%的企业预期快速增长，还有2.6%的企业预期实现高速增长。（如图33所示）

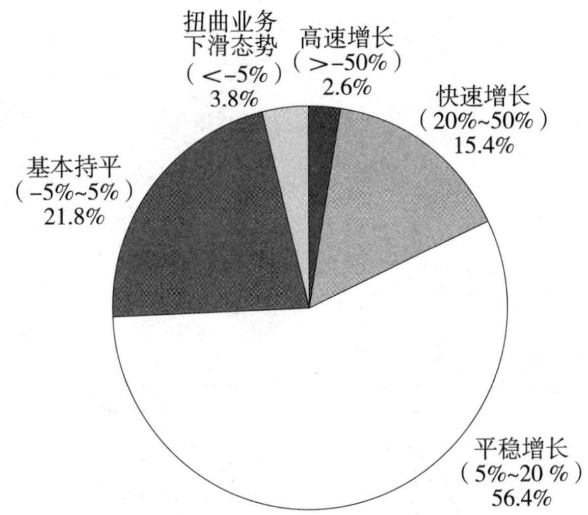

图33　重点物流企业对2017年企业增长率的预期目标

总体来看，物流企业对未来发展预期向好，行业普遍对未来发展充满信心。